KB180398

한국어 위치 공간말의 이해

한국어 위치 공간말의 이해

손 평 효

역락

 이 책은 한국어의 위치 공간말 '앞'과 '뒤', '위'와 '아래', '안'과 '밖' 등의 의미와 형태, 그리고 변화에 대해 살피기 위해 쓰였다. 일부는 그간 써두었던 논문들을 재정리하였고, 또 일부는 책을 위하여 새로 써 부족한 구색을 맞춘 것이다. 그 과정에서 체계와 구분이 다소 어색해진 구석도 보인다. 이 책에 나름대로의 의미 부여를 하자면, 학위 논문 이후 짧지 않은 시간 매달렸던 공간말 공부를 정리하는 자리, 라고 할 수 있겠다. 개인적으로, 이 책은 하나의 가치 있는 업적이라기보다는, 다만 내 자신에게 보내는 하나의 위열(慰悅)일 수도 있겠다는 생각을 해 본다. 오랜 시간 단지 책가방만 들고 학교를 들락거린 것은 아니었다는, 지극히 사적인 증거물이랄까.

 책은 공간말의 의미와 변화, 그리고 형태의 세 가지 주제로 접근하고 있다. 의미는 세 위치 공간말의 기본적인 의미에서부터 확장된 의미를 세부적으로 다루었다. 변화는 중세 이후 현대국어까지의 공간말이 겪어온 변화를 말한다. 여기에는 마땅히 문법화가 큰 비중을 차지하고, 의미와 형태 등 연관된 모든 국어학적인 변화가 포함된다. 끝으로 형태 문제는 이들 위치 공간말들이 생성해 낸 숱한 복합어 문제를 다루었다. 이 모든 연구의 바탕에는 수많은 중·근세 문헌자료와 여러 사전에서 가져온 자료들이 깔려 있다. 따라서 책은 철저하게 귀납적 방법론에 의지한다.

책의 본문은 내용에 따라 크게 5부로 구성하였다. 각각의 주제를 기준으로, '앞·뒤', '위·아래', '안·밖'의 순서대로 접근하였다. 우선, 공간말과 위치 공간말이란 무엇인가에 대해 살폈다. 둘째, 위치 공간말의 의미와 변화에 대해 살폈다. 셋째, 위치 공간말의 문법화 문제에 대해 살폈다. 넷째, 위치 공간말들의 복합어 문제를 살폈다. 다섯째, 위치 공간말 간의 여러 특징을 비교하였다.

　위치 공간말을 다루는 일은 참으로 지겹고 고단한 일이었다. 인간의 삶에 밀착돼 있는 말인 만큼, 그 쓰임새가 '너무' 생산적이었던 까닭이다. 수많은 알갱이들을 모으고 또 모아서, 그 하나하나의 의미를 살펴야 하고, 또 의미 부여를 해야 했다. 그러지 않으면 그 알갱이들은 무의미한 것이 되어 겉돌기 일쑤였기에, 농부가 끝없는 모내기를 하듯 엎드려야만 하는 시간이었던 것이다. 현대국어의 자료만으로는 답답하고 부족하다는 생각에, 중세와 근대국어의 문헌자료를 뒤진 것이 고난을 부채질하였다고 할까. 평소 자료의 소중함, 실증의 중요함에 대해 인지하고 강조하던 바인지라, 어쩌면 당연한 선택이고 결과였을 터이다. 그럼에도 이 책의 내용 가치에 관해서는 달리 자신이 없다. 지겨움은 부족한 인내의 탓이고, 고단함은 공부에 대한 무딘 자질 탓일 가능성이 크기 때문이다.

공부는 혼자 하는 게 아니라는 건 누구나 아는 사실이다. 대학원 시절에는 공부 동무가 필요하고, 그 이후에는 같은 주제에 대해 먼저 공부한 선배들과 동료들이 간절하다. 공부하는 시간이 길어질수록 이는 진실이 된다. 이런 얘기를 하는 까닭은 그간 오랜 기간 직·간접으로 함께해 왔던, 그리고 지금도 함께하는 선생님, 선배, 후배들, 그리고 부족한 부분을 채워주는, 숱한 논문들을 남긴 선생님들에게 감사하다는 말씀을 드리기 위해서이다. 이 책의 곳곳에 그분들의 흔적들이 내 손을 거쳐 스며들어 있다. 그런 점에서는, 이 책 또한 누군가에게 작은 쓰임새가 있기를 바라는 마음이 있다.

지난 봄, 벚꽃이 만개하던 시절에 어머니가 세상을 떠나셨다. 그 옛날 장터 다니시던, 그 신작로 길을 따라가서 볕 좋은 산 언덕으로 돌아가셨다. 늘 공부하는 자식 자랑스러워하시던 어머니셨다. 그런 어머니께 제대로 된 공부의 결실을 보여드리지 못함은 못내 죄송하고 아쉽다. 공부로 효도하고자 하였건만, 결국은 공부로 불효를 한 셈이 됐다. 뒤늦고 부족하지만, 어머니께 이 책을 바친다.

이 책을 세상에 펼치면서, 참으로 부족함을 느낀다. 시간적으로는 서두르고, 내용적으로는 거칠고 서툰 느낌을 지울 수 없다. 곳곳에서 그 흔적들이 툴툴거린다. 그럼에도 이렇게 거뜬한 책으로 엮어진 것은 〈역락〉의 도움이 있었기 때문이다. 그야말로 덩치만 큰 졸고, 흔쾌히 받아들여 주신 이대현 사장님과 고생하신 편집부 박윤정 과장께 감사의 마음을 전한다.

가을이 많이 깊었다. 좋아하는 계절에, 이 책을 세상에 드러낼 수 있어 기쁘다. 모처럼 기쁘다. 이런 기쁨은 자주, 그리고 언제까지나 누리는 게 좋을 것이다. 나를 소중해 하고, 또 내가 소중해 하는 사람들이 늘 편안하기를 바란다. 행복한 날이다.

2018년 늦은 가을에
손평효 씀.

03   위치 공간말의 문법화_145

05 위치 공간말의 비교_433

06 맺음말_503

공간말과 위치 공간말

01

1부에서는 공간이란 무엇인가에 대한 논의를 바탕으로, 이 책에서 다루는 공간말과 위치 공간말의 개념 및 범위에 대해 정리해 두었다.

이 책은 우리말 가운데 위치를 나타내는 말, 곧 위치 공간말에 대해 세부적으로 살피려는 목적에서 작성되었다. 공간말은 공간을 나타내는 말이다. 그런 점에서 보자면, 공간말이란 무엇인가에 대한 기본적인 개념을 설정하는 것은 그리 어려운 일이 아니다. 반면 공간이란 무엇인가 하는 질문에 대한 답은 그리 간단하지가 않다. 우리는 살아가면서 공간이라는 말을 너무나 쉽게, 그리고 아주 일상적으로 사용한다. 이는 인간이 늘 특정의 공간 속에서 존재하기 때문일 것이다. 그럼에도 정작 공간이란 무엇인가 하는 질문 앞에서는 쉬이 답을 내놓기 어려워한다. 그만큼 공간이란 개념을 규정하기는 쉽지 않다.

공간 개념을 파악하는 것이 어렵다는 사실은, 고대 플라톤(Platon)의 언급 이후에 보이는 수많은 학자들의 논의가 이를 증명해 준다. 지금까지의 공간에 대한 논의는 물리학을 비롯한 여러 학문적 논의에서부터 주관적이고 추상적인 정의에 이르기까지 숱한 예들이 있었다. 공간에 대한 지난 언급들을 잠깐 살피기로 한다.

플라톤은, 공간은 감각을 통해 접근할 수 있는 것이 아니라, 오로지 유추함으로써만 파악될 수 있는 것이지 규정되는 것은 아니라고 하였다. 또한 땅 위에 있지도 않고 우주 속에도 전혀 존재하지 않는 것으로 보았다. 이는 결국 공간이라는 것은 가시적인 것도, 구체적인 것도 아니어서 간접적인 인식을 통해서만 판단 가능한 것으로 본 셈이다.

뉴턴(Isaac Newton)은 공간을 절대적인 것으로 보았다. 공간이란 외적인 사물과는 무관하게 항상 동일하여 절대 변하지 않기 때문에, 모든 물질이 공간에서 멀어지더라도 공간은 여전히 존재하는 것으로 생각했다.

반면, 라이프니쯔(G.W. Leibniz)와 아인쉬타인(Albert Einstein)은 공간과 시간을 상대적인 것으로 보았다. 공간이나 시간은 어떤 실체적 현실을 갖는 것이 아니기 때문에, 어떤 물적(物的)인 것이 존재할 수 없다고 본 것이다. 따라서 공간과 시간은 절대적인 것이 아니라, 그때 그때의 관찰자의 기준에 따라 상대적으로 확정되는 것이라 생각했다. 모든 사물의 위치 관계는 반드시 다른 사물과의 관계 속에서 도출될 수밖에 없다는 것이다. 이는 공간과 시간은, 관찰자가 다른 지점에 있으면 달라질 수 있는 것임을 말한다(Markus Schroer, Raume, Orte, Grenzen(정인모·배정희 옮김 2006)).

결국 플라톤은 공간을 실재하지 않는 것으로 보았고, 뉴턴은 절대적인 존재로, 그리고 라이프니쯔와 아인쉬타인은 다만 관찰자의 위치에 따라 결정될 수 있는, 상대적인 것으로 본 셈이다.[1] 이 같은 역사적인 논의들을 종합해 보면, 공간이란 거기에 대한 인간의 인식 및 경험의 문제와 깊은 연관성이 있는 것으로 생각된다. 최창렬(1999: 115)에서 공간을 '개인이 경험하는 모든 사실을 연결하는 거리 및 방향 관계의 전체'로 규정하고 있는데, 이 또한 공간이 가진 이 같은 점을 포착한 것으로 보인다.

한편, 사전에서는 공간에 대해 아래와 같이 규정해 두고 있다〈표준국어대사전, 2017〉.

「1」 아무것도 없는 빈 곳.
¶ 좁은 공간/옷장과 천장 사이의 공간/공간을 메우다/공간을 차지하다/공간을 채우다/거실이 좁은데도 공간을 활용하여 가구를 배치하니까 꽤 널찍해 보인다./우리는 자리를 좁혀 한 사람 더 앉을 공간을 만들었다.
「2」 물리적으로나 심리적으로 널리 퍼져 있는 범위. 어떤 물질이나 물체가 존재할 수 있거나 어떤 일이 일어날 수 있는 자리가 된다.

---

1) 오늘날 공간 개념을 함의하는 공간말의 쓰임새는 관찰자의 상대적인 위치와 관련된다. 가령, 'X의 앞이라고 하면, 말하는 이의 관점이나 위치, 인식에 따라 위치가 달라질 수 있기 때문이다. 관찰자의 입장에서인지, 혹은 상대의 위치에서인지에 따라 달라질 것이다. 이는 기본적으로 아인쉬타인과 라이프니쯔의 견해에 바탕을 둔다.

¶ 도시 공간/문화 공간/생활 공간/우주 공간/휴식 공간/시간과 공간/인간은 공간을 초월할 수 없다.

「3」 영역이나 세계를 이르는 말.

¶ 삶의 빈 공간을 채우다/보편적인 인식의 공간을 획득하다.

「4」『물리』물질이 존재하고 여러 가지 현상이 일어나는 장소. 고전 역학에서는 삼차원 유클리드 공간을 사용하였는데, 상대성 이론에서는 시간을 포함한 사차원의 리만 공간을 사용한다. 늑현 간(玄間).

「5」『수학』어떤 집합에서 그 요소 사이 또는 그 부분 집합 사이에 일정한 수학적 구조를 생각할 때, 그 집합을 이르는 말. 이에는 n차원 공간, 위상(位相) 공간 따위가 있다.

「6」『철학』시간과 함께 세계를 성립시키는 기본 형식. 유물론에서는 공간의 객관적 실재를 인정하지만 칸트 철학에서는 이를 선험적인 직관 형식으로 파악한다.

「7」『북한어』사업이나 말 또는 글 같은 데서 앞뒤가 순조롭게 이어지지 않아 생긴 빈 곳.

¶ 작업과 작업 사이에 공간이 나지 않도록 로력을 합리적으로 짰다.〈선대〉

사전에서는 공간 개념을 대체로 추상적으로 규정해 두고 있다.[2] 이는 공간이라는 개념 그 자체에만 충실한 해석이라 할 것이다. 그런 까닭에 추상적인 공간 개념을 구체적인 인식을 갖게 하려는 과정에서 나타나는 어려움이 고스란히 느껴진다. 따라서 화자와 청자가 존재하는 대화나 문장 속에서 전개될 수 있는 상대적 개념에 대해서는 정리하지 않고 있다.

그러나 이 책에서 접근하려는 공간 개념은 그러한 추상화된 인식론적인 것이 아니라, 인간의 언어에 나타나는 공간에 대한 논의이다. 언어 속에 나타나는 공간에 대한 것이니 공간을 나타내는 말과 관련한 논

---

2) 앞으로 '사전'이라 함은 모두 〈표준국어대사전〉을 가리킨다.

의라고 해야겠다. 그렇다고 해서 저들의 공간 논의가 여기서의 공간말 논의와 전혀 무관하다는 것은 아니다. 저러한 추상적인 공간 개념에 대한 의식적, 무의식적인 인식이 언어 속에 내재되어 있는 것은 분명하기 때문이다.

이제 이 글에서 규정하려는 공간과 공간말의 개념과 범위에 대해 살펴보자.3) 기본적으로 공간 개념은 두 대상 간 상대적인 거리와 방향, 또는 판단으로 결정된다고 보는 것이 옳다. 이런 전제는 앞서 있었던 역사적인 논의 중에서, 상대적인 공간 개념에 바탕을 두고 있다고 해야 할 것이다. 전후(前後), 좌우(左右), 상하(上下), 내외(內外) 따위의 공간 개념은 말할이의 입장에서 어떤 기준점을 바탕으로 인식하는 공간 개념이기 때문이다. 여기에 시간적 개념이 개입되는 순서 관계도 공간 범주에서 다루어야 할 대상이다. 공간 개념에 대해 세부적으로 접근해 보자.

    (1) ㄱ. 그녀는 <u>도서관</u>에서 공부한다.
       ㄴ. 그 편지는 <u>책상</u>에 있다.
       ㄷ. 그녀는 집에서 <u>들판</u>으로 나갔다.

(1ㄱ)에서 '도서관'은 그녀의 공부하는 행위가 이루어지는 곳이다. 이와 같이 주체의 행위나 동작이 이루어지는 곳을 가리켜 '장소(場所)', 또는 '처소(處所)'라 한다. 여기서 장소는 '어떤 일이 일어나거나 어떤 일을 하는 곳'이라 할 수 있다. (1ㄴ)의 '책상'은 '그 편지'가 존재하는 위치(位置)를 나타내고 있다. 이와 같이 '사물이 차지하거나 놓여 있는 일정한 자리'를 가리켜 '위치(位置)'라 한다. 그리고 (1ㄷ)의 '들판'은 '그녀가 나간'

---

3) 공간을 나타내는 말은 주로 공간말, 공간어, 공간개념어 따위로 사용되는데, 여기서는 공간말이라는 용어를 사용한다. 공간말에 대한 연구는 박경현(1985), 이수련(2001), 임혜원(2004), 변정민(2005), 신은경(2005), 노재민(2009), 정수진(2011), 손평효(2012) 등이 대표적이다.

방향(方向)을 제시해 준다. '방향(方向)'이란 '어떤 뜻이나 현상이 일정한 목표를 향하여 나아가는 쪽'을 말한다. 정리해 보면, (1)의 '도서관'이나 '책상', '들판' 따위는 모두 '사물이 존재하고 사태가 일어나는 곳이거나 쪽'에 해당한다. 이들은 각각 '장소'와 '위치', 그리고 '방향'으로 개념화되는데, 이들을 묶어서 공간(空間) 범주를 설정할 수 있다.

그런데 단지 이 세 개념만으로 공간 범주를 온전히 규정할 수는 없을 것이다. 장소나 위치, 방향 등은 다시 '전후(前後)'와 '좌우(左右)', '상하(上下)'와 '내외(內外)' 따위로 구체화, 세분화될 수 있기 때문이다. (2)의 예를 보자.

(2) ㄱ. 그녀가 <u>인문관</u> {앞, 뒤}에 서 있다.
    ㄴ. 〈우리말본〉은 <u>책상의</u> {왼쪽, 오른쪽}에 있다.
    ㄷ. 〈우리말본〉은 <u>책상의</u> {위, 아래}에 있다.
    ㄹ. 그녀는 <u>영광도서</u> {안, 밖}에 있었다.

(2)는 공간 개념을 구체화해 주는 가장 기본적인 경우에 해당한다. (2ㄱ)의 '앞, 뒤'는 주체의 위치가 '인문관'이라는, 기준이 되는 대상의 '전후'에 있다는 사실을, (2ㄴ)의 '왼-, 오른-'은 주체의 위치가 '책상의 좌우'에 있다는 사실을 지적해 주고 있다. 이들 '전후좌우'는 평면적인 방향 관계를 설정해 주는 기본적인 공간 개념말이다. (2ㄷ)의 '위, 아래'는 주체의 존재 위치가 '책상의 위·아래'라는 점에서 상하(上下) 관계의 수직적인 방향 관계를 나타낸다. 그리고 (2ㄹ)의 '안, 밖'은 주체가 '영광도서의 안·밖'에 있다는 내외(內外) 관계를 표시해 주고 있다. 이들 네 방향 관계를 통해 결국 공간의 입체적인 방향 관계가 완성된다. 이처럼 공간 개념을 구체화한다는 것은 결국 수평, 수직, 입체 관계라는 방향 관계와 밀접한 연관성을 가지는 것으로 볼 수 있다(최창렬 1999: 120). 물론 이

공간 개념은 모두 특정한 기준점에 바탕을 두고 이루어지는 상대적인 판단과 맞닿아 있다. 좀 더 구체적으로 살펴보자.

먼저, 상하(上下) 관계는 인간이 심리적으로나 물리적으로 인지하는 공간 차원에서는 가장 뚜렷한 요소이자 기준점이 된다. 중력의 문제에서나 우리 인간의 신체 구조상의 문제에서나 수직 개념이 가장 선명하게 인식되기 때문이다.

(3) ㄱ. 그녀는 뒷산 {위, 아래}를 보았다.
ㄴ. 높은 지붕 {위, 아래}에는 흰 깃발이 펄럭인다.
ㄷ. 원호는 술잔을 천천히 상 {위, 아래}에 내려놓았다.

'위, 아래'의 핵심 의미는 어떤 대상 자체의 부분들이 가지는, 또는 어떤 대상을 기준으로 한 대상들 사이의 수직 차원상의 상하 관계를 지정하는 것이다. (3)의 '위, 아래'는 이런 사실을 잘 보여준다. '뒷산의 위·아래', '지붕의 위·아래', '상 위·아래' 따위는 모두 상하 관계를 드러낸다. '위'는, (3ㄱ)에서는 '어떤 기준보다 더 높은 쪽, 또는 사물의 중간 부분보다 더 높은 쪽'을, (3ㄴ)에서는 '길고 높은 것의 꼭대기나 그쪽에 가까운 곳'을, (3ㄷ)에서는 '어떤 사물의 거죽이나 바닥의 표면'을 가리킨다. 따라서 이들은 모두 물리적인 상황 속에서 제시되는 공간 개념이어서 구체적인 양상을 보인다. '아래'는 마땅히 '위'와는 대립적인 의미로 해석된다.

둘째, 전후(前後) 관계이다. 전후 관계를 나타내는 대표적인 공간 개념 표현은 '앞, 뒤'이다.

(4) ㄱ. 그녀는 내 차 {앞, 뒤}에서 걸음을 멈추었다.
ㄴ. 우정 앞에서 어떤 것도 중요하지 않다.
ㄷ. 그녀도 두 시간 {앞, 뒤}에 왔다.

'앞, 뒤'는 구체적인 대상을 기준으로 하여 그것의 '전(前)'과 '후(後)'를 나타내는 말이다. 핵심 의미는, '앞'이 대상의 눈이 향하는 쪽, 진행하는 쪽을, '뒤'는 그 반대편을 지정하는 데 있다. (4ㄱ)에서 '차 앞·뒤'는 모두 운전대가 있는 방향을 기준으로 전후(前後)를 가리키고 있다. 또한 '위, 아래'와 마찬가지로 구체적인 공간 개념을 표현하는 데 그치는 것이 아니라, 시간적인 의미나 추상적인 의미로까지 확장된 의미를 보여준다. 시간을 나타내는 말들이 대개 공간을 나타내는 말들에서 전이된 것을 전제로 할 때, 시간 의미를 나타내는 가장 대표적인 말이 '앞, 뒤'라 할 수 있을 것이다. 그것은 '앞'과 '뒤'가 전후라는 공간 개념이 인식상 일직선이라는 것과 관련될 것이다. (4ㄴ)의 '우정 앞'의 '앞'은 추상적인 공간 개념을 설정한 것이다. 추상적인 만큼, '우정 뒤'는 자연스럽지가 않게 된다. (4ㄷ)의 '앞, 뒤'는 시간적 개념을 함의하는 경우로, 공간 개념이 시간 개념으로 전이되었음을 보여준다.[4]

셋째, 좌우(左右) 관계이다. 일반적으로 좌우 관계를 구별하는 기준은 또렷한 편은 아니지만, 수평적 차원이라 할 수 있는 전후 관계가 먼저 정해진 뒤에야 가능한 개념이라 할 수 있다. 순우리말에는 좌우를 구분하는 단일어는 없다. 따라서 대상을 지칭하는 말에 '왼-'과 '오른-'이라는 꾸밈말을 결합시킴으로써 좌우 관계를 표출한다. 대응되는 한자어인 '좌우(左右)'에 비하면 '왼-', '오른-'의 경우 그 쓰임새가 미약한 편이다. 오히려 명사 '쪽'과 결합되어 쓰이는 '왼쪽'과 '오른쪽'이 좌우 관계를 나타내는 대표적인 표현이라 해야겠다. '왼쪽/오른쪽'은 참조

---

4) 시간 개념어는 공간 개념어에 뿌리를 두고 있는 예가 많다. 대표적인 것이 '앞, 뒤'이고 '위, 아래'나 '안, 밖'도 일부 해당한다. 그리고 '틈'이나 '사이', '녘', '즈음' 등도 여기에 해당된다. 물론 '틈, 사이'는 여전히 공간 개념도 함께 유지하고 있는 경우이다. '녘'이나 '즈음'은 오늘날 시간 개념이 강한 표현이지만, 중세국어의 시절만 하더라도 공간 개념이 또렷한 말이었다. 위치 공간말이 시간 개념을 가지는 경향에 대해서는 2부와 3부에서 다시 구체적으로 논의된다.

대상을 기준으로 '주체가 있는 곳이나 쪽'을 나타낸다. 이 경우 주체는 대상에 접한 것일 수도 있고 이격(離隔)된 경우일 수도 있다.

    (5) ㄱ. 축구공은 책상의 {왼쪽, 오른쪽}에 있다.
        ㄴ. 운전대는 차의 {왼쪽, 오른쪽}에 있다.

  (5)에서 보듯이, 이때의 공간은 (5ㄱ)처럼 주체가 기준 대상에서 떨어질 수도 있고, (5ㄴ)처럼 대상의 일부로 제시될 수도 있다.

  넷째, 내외(內外) 관계이다. 기본적으로 내외 관계는 작은 요소가 보다 큰 요소의 내부에 있는지 외부에 있는지에 대한 관계 개념이다. 여기에는 '안'과 '밖', '속'과 '겉'이 대표적인 공간 표현에 속한다.

    (6) ㄱ. 오늘은 수요일이니까, 교실의 {안, 밖}을 잘 청소하도록 하여라.
        ㄴ. 이번 기말고사 성적이 반에서 10등 {안, 밖}이다.
        ㄷ. 회사에서 일어난 일은 회사 {안, 밖}에서 처리해라.

  (6)에서처럼, '안'과 '밖'의 공간 개념은 구체적인 개념일 수도 있고 다소 확장된 공간 의미일 수도 있다. (6ㄱ)은 '안'이 가지는 가장 본디 의미로서 '어떤 물체나 공간의 둘러싸인 가에서 가운데로 향한 쪽, 또는 그런 곳이나 부분'에 해당한다. 이는 공간 개념이 가장 또렷하게 정리된 것이다. 그리고 (6ㄴ)은 '일정한 표준이나 한계를 넘지 않은 정도'를, (6ㄷ)은 '조직이나 나라 따위를 벗어나지 않은 영역'을 가리킨다. (6ㄴ, ㄷ)은 (6ㄱ)에 비하면, 공간 영역이 가시적이거나 구체적이지는 않다. '밖'은 자연히 이와는 대립적인 개념을 갖게 된다.

  공간 개념을 나타내는 말은 그 외에도 '가운데'나 '끝', '곳', '데', '녘', '가', '복판', '꼭대기', '밑'에 이르기까지 그 수가 많다. 이들은 모두 공간 개념을 머금고 있는 낱말 차원의 예들이다. 굳이 '있다'나 '가다' 따위의 존재·행위를 나타내는 동사들에 의해 공간 개념을 획득하는 것이 아니라 낱말 자체에 이미 공간적인 개념을 함의하고 있다는 얘기다. 이 책에서는 (2-6)의 예에서 언급되고 있는, 공간을 가리키는 낱말들을 가리켜 공간말이라 규정하였다.[5]

---

[5] 공간말에 대한 기존의 논의는 크게 두 방향에서 전개된다. 인지의미론적인 입장에서의 논의와 그 외 논의가 그것인데, 최근에는 주로 인지의미론의 입장에서의 것이 주를 이룬다. 먼저 인지의미론적 논의로 노재민(2009)과 정수진(2011)을 들 수 있다. 노재민(2009)는 21세기 세종계획 말뭉치 자료를 바탕으로, 공간 관련어들의 인지 과정과 의미 확장의 양상을 살피고 있다. 공간어를 '차원'을 기준으로 분류하여 '은유'를 통해 의미를 확장하는 것으로 결론짓고, 의미 확장의 방향을 '공간영역→시간영역→추상영역'으로 파악하였다. 그리고 공간어의 비대칭성을 구조적, 빈도적, 인지적 측면에서 분석하고 있다. 정수진(2011)에서는 공간 개념의 언어화 양상을 다루는 과정에서, 공간명사, 공간형용사, 공간동사, 공간조사로 구분하여 접근한다. 그리고 공간어의 의미 확장은 각각 경계의 확장과 이동의 확장에 의한 것으로 결론 내리고 있다. 변정민(2005)에서는 우리말의 다양한 인지적 표현에 대해 논의하고 있다. 그 가운데 '앞, 뒤'를 따로 다루고 있는데, 주로 '앞, 뒤'가 보여주는 인지적인 의미 확장에 대해서 접근한다. 위치 개념어로 사용되고 있는 '앞, 뒤', 시간 개념어로 쓰이고 있는 '앞, 뒤', 인식 개념어로서의 '앞, 뒤'를 다루었다. 위치 개념은 '앞, 뒤'가 보여주는 가장 핵심 의미로 처리하여 공간적 전후의 위치를 지정하는 것으로 파악한다. 이는 다시 '순서'와 '위신, 체면'의 의미로 확장되어 가는 것으로 설명하고 있다. 또한 시간 개념어에서는 시간 자체가 비가시적이어서 직접 파악하기 어려운 까닭에 공간 체계나 개념을 많이 사용한다고 본다. 마지막으로 인식 개념에서 사람들은 '앞'을 긍정적으로 인식하고 '뒤'를 부정적으로 인식하는 것으로 설명하였다. 다음으로 공간어, 또는 공간 개념어라는 용어를 사용하여 공간말의 세부적인 접근을 꾀하는 논의가 있다. 박경현(1985)과 신은경(2005)의 논의가 대표적이다. 박경현(1985)에서는 현대국어를 기준으로 공간 개념어의 의미에 대해 논하고 있다. 여기서는 공간 개념어를 설정하고 있는데, 공간 개념어란 공간을 차지하고 있는 대상의 위치, 방향, 크기, 거리, 상태 등을 인식하는 지각 능력, 곧 공간지각을 통하여 얻는 개념을 가리키는 것으로 규정한다. 그래서 상하 개념어, 전후 개념어, 좌우 개념어, 내외 개념어, 측위 개념어로 구분하여 접근하였다. 이들 공간 개념어가 갖는 공간적인 위치와 의미영역의 확장에 대해 구체적으로 다루고 있다. 공시적인 입장에서의 공간말 논의로는 일찍이, 그리고 심도 있게 다루어진 글이라 할 것이다. 신은경(2005)에서는 국어의 여러 가지 공간어 가운데 위치 어휘를 중심으로 의미의 변화를 논의하고 있다. 전후, 좌우, 상하, 내외, 표리 위치 개념을 바탕으로 '앞, 뒤', '왼, 오른, 옆, 곁', '위, 아래, 꼭대기, 밑', '안, 밖', '속, 겉' 따위를 통시적 측면에서 다루고 있다는 특징을 갖는다. 이수련(1988)은 풀이씨가 갖는 의미 바탕을 중심으로 공간말을 접근하고 있는 연구이다. 공간개념을 적용, 풀이씨의 추상적인 개념 구조와 격구조를 세워서 이들에 따라 월의 의미 구조가 어떻게 설정되는지를 고찰하고자 하였다. 그리고 의미바탕에 따라 풀이씨를 정지풀이씨, 이동풀이씨로 크게 구분하고 있다. 한편, 이수련(2001)에서는 이수련(1988)을 바탕으로 인지언어학적 입장으로 연관, 확대시켜서 공간과 인지, 월 짜임새와 인지의 관련성에 대해 다양하게 접근하고 있다. 그 외 최근의 손평효(2012, 2013, 1016, 2017) 등의 여러 논의들은 위치 공간말의 의미와 형태 변화, 그리고 문법화 따위를 중세 이후의 문헌자료를 중심으로 구체화한 연구이다.

그러나 공간을 나타내는 말이 이들처럼 반드시 낱말 차원에서만 이루어지는 것은 아니다. 애초에는 공간 개념을 함의하지 않았더라도, 문장 속에서 일정한 조건을 갖추게 되면 충분히 공간 개념이 획득될 수도 있다.

(7) ㄱ. <u>정(情)</u>은 한국인을 규정할 수 있는 대표적인 말이다.
　　ㄴ. 한국인의 성격은 무엇보다 <u>정(情)</u>에서 찾을 수 있다.

(8) ㄱ. <u>꽃</u>은 나무에서 피는 것이 더욱 아름답다.
　　ㄴ. 김춘수는 시의 아름다움을 <u>꽃에서</u> 찾았다.

(7ㄱ)의 '정(情)'은 추상적인 의미를 내포하고 있는 낱말이다. 따라서 거기에 구체적인 공간 개념을 설정하기는 어렵다. 그러나 (7ㄴ)에서의 '정(情)'은 좀 다르게 쓰였다. '찾다'라는 동사와 더불어 사용되는 과정에서 공간 개념을 가질 수도 있다는 점에서 그렇다. 동사 '찾다'는 반드시 '어디에'라는 논항을 요구한다. 이때의 '어디'는 공간 개념을 머금는다. 이렇게 되면, '찾다'와 공기하는 '정(에서)'은 공간 개념을 획득하게 된다. 또한 장소를 나타내 주는 표지인 조사 '에서'의 존재는 공간 개념을 확보하는 데 보탬을 준다. 물론 여기서의 공간 개념은 추상적인 것에 머물러 있다. (8ㄱ)에서 '꽃'은 단지 객관적인 사물로서의 한 대상일 따름이다. 그러나 (8ㄴ)에 쓰인 '꽃'은 (7ㄴ)과 마찬가지로 특정의 동사와 통합됨으로써 공간 개념을 가진 것으로 설명할 수 있다.

이는 (1)에서 언급되고 있는 공간 개념과는 다른 점이다. 뿐만 아니라 (2)에서의 '위, 아래' 따위는 문장 내의 조건과 무관하게 공간 개념을 갖고 있다. 반면, (7, 8)의 경우에는 문장 속에서 형성되는 일정한 환경에 의해, 원래는 전혀 공간적 개념을 갖지 않았던 추상적인 말이 새롭게 공간 개념을 획득하게 된다는 점에서 차이를 갖는다. 여기서 말하는 환경이란 동사와 조사의 존재를 두고 하는 말이다. 동사에 일정한 장소나 위치, 방향을 요구하는 낱말이 오게 되면 그와 공기하는 말은 특정의 조사 결합과 더불어 모두 공간말로 설정될 수 있는 여지가 생긴다는 것이다. 이렇게 보면, 공간말의 범위는 본디부터 공간 개념을 함의한 낱말 차원의 것과 특정의 문맥에 쓰임으로써 공간 개념을 얻게 되는, 두 가지 경우를 상정할 수 있겠다. 따라서 이 양자를 가르는 기준은 공간 개념을 본디 보유하고 있었느냐와 연관된다.

하지만 공간말 설정의 범위를 (7, 8)에서처럼, 문장 내에까지 확장하게 되면 논의 과정에서 적지 않은 문제가 생기게 될 것이다. 우선, 그 범위를 한정할 수 없다는 것이다. 어떠한 의미 범주에 속하는 낱말이라 하더라도 문장 속에서 일정한 조건만 갖추게 된다면, 모두 공간말의 범위에 포함될 수 있을 것이기 때문이다. 또한, 이는 허웅(1999)에서 규정하고 있는 '위치말'의 개념과 겹치게 되는 문제도 있다.6) 이런 점들을 고려하여 여기서는 (7, 8)에서처럼, 문장 내에서 일정한 환경을 부여받음으로써 공간 개념을 갖게 되는 경우는 제외하기로 한다. 이는 낱말 자체에서 이미 공간 개념을 가지고 있는 예만 공간말로 설정하겠다는 것이다.

공간말을 낱말 차원의 것에 한정시키고자 하는 까닭은, 무엇보다 이 글에서 취하는 연구의 방향이나 범위가 상당 부분 역사적인 것과 관련되기 때문이다. 이 글은 공간말의 역사적 변화 과정을 탐구하는 것에 많은 할애를 하고 있다. 어떤 대상을 제대로 논의하기 위해서는 일정한 범위 설정이 전제 조건이 될 수밖에 없는데, 그럴 경우 대상의 범위를

---

6) 허웅(1999: 385)에서 언급하고 있는 '위치말'은 대체로 공간말의 범위와 일치한다. 허웅(1999)에서는 위치말을 "풀이말에 이끌려, 주로 풀이말의 내용이 실현되는 '곳, 쪽, 떠난데, 닿는데, 시간과 같은 위치를 나타내는 말'로 규정한다. 이럴 경우, 만약 공간말의 범위를 문장 차원으로 확장하게 되면 중복을 피하기 어렵다.

고정시키는 것이 바람직하다. 이는 공간말의 범위를 어휘적인 것으로 설정할 때에만 가능한 목표가 된다. 따라서 여기서는 공간말을 어휘적 차원의 것으로 규정하고, 그 가운데서도 위치를 나타내는 공간말인 '앞'과 '뒤', '위'와 '아래', '안'과 '밖'에 논의의 초점을 둔다.

이들을 논의의 중심으로 삼는 까닭은 공간 인식의 기본이자 중심이기도 하지만, 무엇보다 관련 어휘의 생산성에 있어 압도적인 양상을 보이기 때문이다. 따라서 어휘 본디 의미로서 뿐만 아니라, 문법 차원에서의 논의거리도 많아질 수밖에 없다. 시간어와의 상관성이나 문법화 문제, 복합어 관련 문제, 그리고 이들의 역사적인 모습 및 변화 과정 등이 그에 해당된다. 따라서 이 책에서는, 이들 위치 공간말을 대상으로 아래 제시된 다섯 가지 문제를 집중 논의한다.

1) 위치 공간말들의 본디 의미에 대한 탐색
2) 위치 공간말이 개입되어 형성된 복합어들의 유형 및 분석
3) 위치 공간말들이 문법적인 요소로 전용된, 문법화에 대한 연구
4) 위치 공간말들 간 대비
5) 위치 공간말들의 역사적인 모습 및 변화의 과정

위치 공간말의 의미와 변화

02

2부에서는 위치 공간말이 가지는 기본적인 의미와 확장된 의미에 대해 살핀다. 아울러 문헌자료 중심의 역사적인 논의도 곁들인다. 위치 공간말은 공통적으로 공간 의미, 시간 의미, 추상 의미의 변화를 거치며, 나아가 그 일부는 문법적인 요소로까지 나아간다.

[1장] '앞'과 '뒤'의 의미와 변화

1장에서는 공간말 '앞'과 '뒤'의 의미를 알아보고 역사적으로 어떠한 의미의 변화를 겪는지에 대해 살핀다. 먼저 중세국어의 '앞, 뒤'가 보여주는 분포와 의미에 대해 접근함으로써 논의를 진행해 나가기로 한다.

1. '앞'과 '뒤'의 분포와 그 의미

'앞'과 '뒤'의 의미는 중세국어와 현대국어 사이에 커다란 차이가 존재한다. 공간 개념을 함의하는 낱말에 무슨 차이가 있을까 싶기도 하지만, 분명 확연한 차이를 보여 준다. 그것은 중세국어에 이루어지는 한자의 언해 과정과 깊은 연관성을 가지고 있다. 따라서 '앞, 뒤'의 의미 변화를 논하기에 앞서 '앞', '뒤'와 관계되는 언해의 문제를 다루는 것이 선결 과제라 하겠다.

현대국어에서 '앞'과 '뒤'는 각각 그 꼴, 곧 표기가 단일하게 통일되어 있지만 과거에도 그랬던 것은 아니었다. 특히 '앞'의 경우는 역사적으로 열 가지가 넘는 형태를 보여준다. 이처럼 그 꼴이 다양할 수밖에 없었던 까닭은 오늘날과는 달리 표기법에서 명확한 규정이 마련되어 있지 않은 것에서 우선 원인을 찾을 수 있다. 그 결과 소리가 표기에 그대로 반영되는 등 표기법에 있어 여러 기준이 적용된 까닭에 수많은 꼴을 남겨 놓았던 것이다. 따라서 웬만한 어휘치고 복수의 형태를 갖지 않은 예가 없을 정도로 다양한 형태를 보이는 것이 일반적이다. 이 같은 현상은 '앞', '뒤'에서도 그대로 나타나는데, 중세국어의 시기부터 여러 가지의 꼴을 보여 준다.[1]

먼저 '앞'의 경우를 보면, 이미 중세국어의 시기에 '앒, 앎, 앒ㅍ, 앒ㅎ, 압, 앞' 등 6가지의 형태를 찾을 수 있다. 다시 근대국어에서 '압ㅍ, 압ㅎ, 암, 앐, 앞ㅍ, 앞ㅎ' 따위의 꼴들이 추가될 만큼 많은 예를 보인다. 아래 (1ㄱ)은 중세국어의 예를, (1ㄴ)은 근대국어의 예를 제시한 것이다.

> (1) ㄱ. **앒**셔시니〈월석, 10.3〉, **앎**뫼해〈남명, 하19〉, **앒ㅍ로**〈번소,
>   7.39ㄱ〉, **앒ㅎ**〈소언, 3.16ㄱ〉, **압** 여흘〈성산〉, **아ㅍ로**〈소언,
>   5.70〉.
>   ㄴ. **압ㅍ**울〈가례, 도17〉, **압ㅎ**의〈동신, 열1.70〉, **앞** 남(南)〈칠류, 1ㄴ〉,
>   **암**면〈마경, 하88ㄴ〉, **앞ㅍ**을〈명듀, 8.565〉, **앞ㅎ**을〈명듀, 13.258〉.

이처럼 '앞'이 시기별로 다양하고 혼란된 꼴을 보여주었던 것에 비하면, '뒤'는 상대적으로 단순한 편이다. 중세에는 '뒤'와 '뒤ㅎ', 그리고 사이시옷 결합형인 '뒷' 정도의 꼴만 나타날 뿐이다. 그리고 근대국어에 와서는 (2ㄹ)에서처럼, 받침에 'ㅅ' 대신 'ㄷ'이 대체된 '뒫'의 예가 보일 따름이다.[2] '뒤'가 '앞'과는 달리 상대적으로 단순한 까닭은 여러 모양새를 가질 수밖에 없는 환경적 동인, 곧 받침을 가지고 있지 않다는 이유에서일 것이다. (2)는 이들 '뒤'의 예를 보인 것이다.

---

1) 이 글의 논의를 위해 필요한 국어사의 시대 구분은 이기문(1972)를 따르기로 한다.
2) 중세국어에서의 'ㄷ'은 선행 체언의 말음이 '-ㄴ'인 경우, 그 아래에서 주로 쓰였지만 근대국어에 와서는 자음 아래에서 사용된다. 대체로 합성어 표지로서 기능하여 'ㅅ'과 혼용되는 양상을 보이며, 17세기 문헌에서 주로 볼 수 있다(홍윤표 1994 : 436).

(2) ㄱ. 그 **뒤**롤 여희유메〈두시-초, 23.56〉

ㄴ. 거우루 엇데 **뒤**흘 비치리오〈남명, 하67〉

ㄷ. 앎 뫼해 고지 프니 **뒷뫼**히 벌거ᄒ도다〈남명, 하19〉

ㄹ. 미양 **뒷간**의 갈 제〈동신-열, 1.42〉

그런데 여기서 특이한 사실이 한 가지 발견된다. 그것은 공간말 '앞'이 중세국어 이후 형태의 다양성과 쓰임새에 있어서 지극히 생산적인 모습을 보인 것과는 달리, '뒤'는 중세국어에서든 근대국어에서든 전혀 생산적이지 않다는 점이다(표1 참조). '앞'과 '뒤' 모두 전후(前後)의 위치 관계를 나타내는 공간말이라는 동일한 자격을 가졌음에도 왜 유독 '뒤'만 그 쓰임이 저조한 것일까. 더구나 현대국어에서는 '뒤'가 오히려 '앞'보다 훨씬 다양한 양상으로 전개된다는 사실을 감안할 때(여기에 대해서는 뒤에서 논의), 분명한 이유가 있어야만 할 것이다.

여기서는 그 이유를 한자의 언해 과정과 깊은 연관성이 있는 것으로 보았다. 중세국어에서 '앞'에 대응되는 한자는 '前'이다. 원문의 '前'을 언해한 것이 '앞'이라는 것이다. 중세·근대 문헌자료에서 볼 때, 원전에서의 '前'은 거의가 {앞}으로 대체되어 있다. '前'이 언해되지 않고 그대로 쓰이고 있는 예를 찾기가 어려울 만큼, '前'은 {앞}으로 언해되어 나타난다.[3] 거기에 반해, {뒤}의 경우는 전혀 다른 양상을 보여준다. '앞'의 경우를 봐서는 마땅히 '뒤'에 대응되는 한자 '後'의 대부분이 {뒤}로 언해되었을 것 같지만 그렇지 않다.[4] 오히려 '後'가 '뒤'로 언해되지 않고, 한자

---

3) 〈남명집 언해(상, 하)〉에서 조사된 {앞} 35개는 모두 '前'을 언해한 것이었다. 그러나 드물지만 '前' 이외의 한자가 {앞}으로 언해된 경우도 있다. 아래의 예를 보자.

ㄱ. **앞픠**는 그저 ᄒᆞᆰ 텨 밍근 ᄃᆞ리러니〈번노, 상39〉

ㄴ. **앞**셔가다〈역어, 보25〉

(ㄱ)은 "在**先**只是土搭的橋來"를 언해한 것인데, 여기서 '앞픠'은 원문의 '先'에 해당된다. 그리고 (ㄴ)은 '**頭**裡走'를 언해한 것으로 頭를 '앞'으로 번역하고 있다.

4) '前 앞 전〈신증유합〉', '後 뒤 후〈천자문-광주본〉' 등을 보면, 주로 '前→{앞}', '後→{뒤}'로 언해되었다는 주장은 옳은 듯하다.

그대로 '後'로 쓰이거나 한자음인 '후'로 쓰인 예가 대부분이다5).

(3) ㄱ. <u>알픽</u> 빗나며 後에 그추미 곧후리오〈남명, 상31〉
ㄴ. 부텨 업스신 後에 法 디녀〈석보, 6.12〉
ㄷ. 冬至 니른 後에 히 처섬 기니〈두시-초, 10.43〉
ㄹ. 一日 後에 蓮ㅅ 고지 프리니〈월석, 8.3〉
ㅁ. 그 나그내 간 후에 일나니〈번노-상, 50〉

(3ㄱ)에서 원문의 '前'은 '앞'으로 실현되고 있지만 '後'는 {뒤}로 언해되지 않고 그대로 한자를 쓰고 있는 모습을 볼 수 있다. (3ㄴ-ㅁ)의 경우도 모두 '뒤'로 언해될 수 있는 환경이지만 '後'나 '후'가 사용되고 있다. 이처럼 중세 문헌에서 쓰이고 있는 '後'는 거의가 현대국어와 마찬가지로 '뒤'로 대체될 수 있는 환경이지만, 군이 번역하지 않고 있다는 점에서 그렇지 않은 '前'과는 또렷이 대조된다. 이는 중세나 근대국어에서 일관된 양상을 보이는 대목이다. 근대에 와서도 '後'가 {뒤}로 번역되는 것이 아니라 오히려 그 음만 따서 '후'로 나타나는 경우가 훨씬 많다.

이 같은 일련의 현상들이 나타난 원인을 유추하자면 두 가지 정도로 압축된다. 우선은 언중들이 생각하기에 '後'를 '뒤'로 대치하기에는 기본적인 의미가 다르다고 생각했을 가능성이다. 또 하나는 '後'와 '뒤'가 각각 다른 의미적 환경에서 쓰였을 가능성이다. 여러 자료들을 검토해 보면, 후자의 견해가 옳은 것으로 생각된다. 두 형태가 사용된 지점에서 엄밀한 차이를 발견할 수 있기 때문이다. 그것은 시간적인 의미가 요구되는 상황에서는 어김없이 '後'를 사용하고, 공간적인 의미를 나타내는 상황에서는 대개가 {뒤}를 사용하고 있다는 차이로 나타난다.

---

5) 이 같은 양상은 또 다른 공간말 '안ㅎ'과 '內'의 대비에서도 잘 드러난다. 15세기에 시간 개념어로 쓰인 예는 '안ㅎ'보다 '內'가 더 높은 빈도를 차지한다는 점이다. 여기에 대해서는 조남호(1998, 298-299) 참조.

이는 (3)에서도 잘 드러나는데, (3)는 모두 시간을 나타내는 상황에서 쓰이고 있다. (3ㄴ)이나 (3ㅁ)은 인물의 행위를 전제로 하고 있고, (3ㄷ, ㄹ)은 객관적인 수치를 통한 시간적 상황이라 할 수 있는데, 모두 '後'가 쓰이고 있다. 이들은 오늘날 '뒤'로 바꾸어 사용해도 아무 문제가 없다. 아래 (4)는 이를 잘 보여 준다.

(4) ㄱ. 앞에 빛나며 <u>뒤</u>에 그침이 같으리오.
　　ㄴ. 부처 없은 <u>뒤</u>에 법 지녀
　　ㄷ. 동지 이른 <u>뒤</u>에 해 처음 길어지니
　　ㄹ. 일일 <u>뒤</u>에 연꽃이 피리니
　　ㅁ. 그 나그네 간 <u>뒤</u>에 일어나니

(4)는 (3)을 모두 '뒤'로 바꾸어 처리한 예들인데, 전혀 의미 차이를 보이지 않는다. 이는 '後'와 '뒤'가 쓰이는 환경이 구분되었음을 말해 주는 것이다.

반면, (5)에서는 {뒤}가 공간적인 상황에서 쓰이고 있음을 보여준다.

(5) ㄱ. <u>아바닚 뒤헤</u> 셔샤〈용가, 28〉
　　ㄴ. 앏 뫼해 고지 프니 <u>뒷 뫼히</u> 벌거ᄒᆞ도다〈남명, 하19〉
　　ㄷ. 집 앏과 <u>집 뒤헤</u> 다 보밋 므리로소니〈두시-초, 22.5〉
　　ㄹ. 우리 이 <u>터 뒤헤</u> 잇ᄀᆞ젓 초댱이니〈번노, 상56〉
　　ㅁ. 앞뫼히 디나가고 <u>뒫뫼히</u> 나아온다〈어부, 춘〉

(5)에서 보듯이, '아바닚 뒤ㅎ'(5ㄱ), '뒷 뫼ㅎ'(5ㄴ), '집 뒤ㅎ'(5ㄷ), '터 뒤ㅎ'(5ㄹ), '뒫 뫼ㅎ'(5ㅁ) 따위는 'X의 뒤' 꼴을 갖는데, 이는 모두 'X의 후방'이라는 의미를 가진다. 중세국어에서 조사한 예 가운데에서 {뒤}가 공간 이외의 의미를 가진 예를 찾기는 쉽지 않다.[6]

---

6) 문법화의 입장에서 보면, 공간 개념에서 시간 개념으로 전이되는 것은 일반적인 현상에 속한다. 공간말 '뒤'의 경우, 구체적인 공간 개념을 벗어나 시간 개념을 보이기 시작하는 것

여기서 생각해 봐야 할 것은, 앞서 언급했듯이 중세국어에서 '뒤'는 그 출현 빈도에서 '앞'에 훨씬 못 미친다는 점이다. 그렇다면 문제는 중세국어에서 [후방]을 나타내는 표현(어휘)까지도 [전방]을 나타내는 표현(어휘)에 비해 그 쓰임이 인상적으로 적었느냐 하는 것이다. 조사된 문헌 자료의 통계를 보면, 전혀 그렇지 않다는 사실이 발견된다.[7]

〈표1〉 중세 문헌자료에 나타난 '앞/뒤'와 '前/後'의 빈도 비교[8]

구 분	[전방]			[후방]		
	{앞}	前, 전 단독(낱말)	합계	{뒤}	後, 후 단독(낱말)	합계
석보상절(1447)	38회	Ø(15)회	38회	6회	109(20)회	115회
월인석보(1459)	199회	10(70)회	209회	23회	352(36)회	375회
두시언해-초(1481)	88회	2(26)회	90회	18회	69(12)회	87회
남명집언해(1482)	35회	1(9)회	36회	6회	37(5)회	43회
번역노걸대(1517)	20회	Ø(5)회	20회	15회	5(2)회	20회

은 근대국어의 시기로 보인다. 물론, 중세국어의 시기에도 시간에 대한 인식은 있었지만, 그것은 '뒤'가 아니라 '後'의 몫이었기 때문이다. '後'의 의미영역을 결국은 '뒤'가 차지하지만 그렇다고 중세국어의 시기에 둘을 동일시할 수는 없는 노릇이다. 의미영역에서 엄격한 구분이 있던 시기였던 까닭이다. 한편, 15세기의 자료 가운데 '뒤'가 시간 의미를 나타내는 것으로 보이는 예가 하나 있다. "이 사르미 現흔 뒤…〈석상, 21.63〉"가 그것인데, 선행어로 짐작건대 시간 개념으로 생각된다. 그러나 '뒤' 아래의 내용이 소실되어 있어서 '뒤'가 다른 낱말의 일부인지, 시간 의미인지를 명확히 장담하기는 쉽지 않다. 하지만 16·17세기 문헌 자료에서 시간 관련 예가 보인다. 여기에 대해서는 뒤에서 다시 논의하기로 한다.

7) '앞', '뒤'의 언해과정을 보면, '前→앞', '後→뒤'인 것은 공식화 하더라도 무방할 것이나, "앏픠는 그저 흙 텨근(在先只是土)〈번노, 상39〉"나 '뒷길(背路)〈역어, 보5〉'처럼, '先→앞', '背→뒷'의 언해 과정을 보이는 예외적인 경우도 간혹 보인다.

8) 도표에서, '단독'은 '前, 後'로, '낱말'은 '前, 後'가 다른 낱말의 구성요소로 쓰이는 경우를 말한다. 그리고 '합계'는 낱말의 일부로 속해 있는 '前, 後'는 제외한 숫자이다. 한편, 〈석보상절〉에서 낱말의 일부로 쓰인 예는 20회 정도인데, 주로 '後生'이나 '後世', '後宮' 등의 몇 개 단어에 국한되어 있다. 〈월인석보〉에서 낱말의 일부로 쓰인 예는 36회에 불과한데, 이 또한 '後世', '後生', '後身', '後善', '最後' 등의 어휘에 집중되어 나타난다. 그리고 〈남명집언해〉에서 낱말의 일부로 결합된 예는 5회 나타나는데, '後際', '後身' 등이 여기 해당된다. 이들 중 복되는 낱말들은 대개가 불교 관련 어휘들이라는 공통점이 있다.

〈표1〉에서, '앞'과 '뒤'만 비교하게 되면 '앞'의 출현 빈도가 압도적으로 많은 사실을 볼 수 있다. 각각 '앞'과 '뒤'의 분포가 〈석보상절〉은 '38-6', 〈월인석보〉는 무려 '199-23', 〈두시언해(초)〉는 '88-18' 등으로 비교가 되지 않을 정도로 '앞'이 많다.9) 그러나 언해되지 않은 '前'과 '後'의 빈도는 전혀 다른 양상을 보여준다. 오히려 '後'가 '前'의 빈도를 압도하고 있기 때문이다. 이는 '前'이 거의가 '{앞}'으로 언해되고, '後'는 '{뒤}'로 언해된 예가 많지 않다는 점에서 당연한 현상으로 생각된다. '前'과 '後'만 비교하면 다음과 같이 된다.

〈표2〉 문헌자료에 나타난 '前'과 '後'의 빈도 비교

구분	前	後
〈석보상절〉(1447)	0회	109회
〈월인석보〉(1459)	10회	352회
〈두시언해(초간본)〉(1481)	2회	69회
〈남명집언해〉(1482)	1회	37회
〈번역노걸대〉(1517)	0회	5회

〈표2〉에서 보다시피, '뒤'로 언해되지 않은 '後·후'의 숫자는 '前'과는 비교할 수 없을 정도로 많다. 여기서 이 둘을 합치게 되면, 다시 말해 [전방]과 [후방]의 개념으로 묶을 경우, 현대국어의 것과 유사한 수치가 나올 가능성이 크다. 시대에 따른 변화 과정에서 '後'는 다시 '뒤'로 대부분 대치가 되기 때문이다. 아래 자료는 이를 실현해 본 것이다.

---

9) 16세기 자료인 〈번역노걸대〉(1517)의 경우는 '앞', '뒤'의 빈도가 20 : 15로 다른 자료에 비해 큰 차이가 나지 않는데, 이는 학습서로서 갖는 자료의 성격과 연관되는 것으로 보인다.

<표3> 문헌자료에 나타난 [전방]과 [후방]의 빈도 비교

구분	[전방]	[후방]
〈석보상절〉(1447)	38회	115회
〈월인석보〉(1459)	209회	375회
〈두시언해(초)〉(1481)	90회	87회
〈남명집언해〉(1482)	36회	43회
〈번역노걸대〉(1517)	20회	20회

〈표3〉을 보면, 〈두시언해〉와 〈번역노걸대〉를 제외하고는 오히려 [후방]의 빈도가 높다.10) 이는 시간적인 의미를 함의하는 '後·후'의 예가 그만큼 많다는 얘기가 된다. 이렇게 볼 경우, '後'의 경우는 {뒤}로 언해되지 않고 고스란히 [시간] 의미로 사용되었다는 사실을 알게 된다. 인간의 모든 행위는 시간 개념과 직결되어 있다. 따라서 그 횟수는 공간 개념을 나타내는 경우보다 훨씬 많게 마련이다. 여기서도 이 같은 현상이 잘 나타난 것으로 보인다. '後'가 공간을 나타내는 '뒤'와는 비교할 수 없을 만큼 많은 수를 보여주고 있는 것이다. 의미바탕에서는 [후방]으로 동일한데도 그 수에서는 '後'가 훨씬 우위를 점유하고 있다. 이는 시간과 관련되는 상황이 그만큼 많다는 사실을 증명하고 있다.

이상을 통해, 중세국어나 근대국어에서 '뒤'와 '後'는 일정한 구분 속에서 사용되었다는 결론에 도달하게 된다. 그렇지 않고서는 현대국어와는 전혀 다른 '앞', '뒤'의 빈도 현상을 설명하기가 어려울 것이기 때문이다. 그 기준은 공간적인 상황인가, 시간적인 상황인가 하는 의미적 환경의 차이로 파악된다. 앞의 예시 (3, 5)에서 살폈듯이, '뒤'는 공간적인 상황에서, '後'는 시간적인 상황에서 쓰였기 때문이라는 것이다. 결과적으로 이는 중세국어에서는 시간과 공간에 따라 '後'와 {뒤}를 이원

10) 현대국어에서도 '앞'과 '뒤'가 결합된 말들을 조사하면 '뒤'의 빈도가 훨씬 높게 나타난다. 여기에 대해서는 4부에서 논의된다.

화해서 사용했음을 말해 주고 있다. 이처럼 중세국어에서 [후방]을 나타내던 의미의 분할 양상은 현대국어에서 '뒤'가 가진 다양한 의미들을 효과적으로 설명하는 데 중요한 근거가 될 수 있다. 왜냐하면 중세, 근대국어에서 이원적으로 존재하는 '앞-前', '뒤-後'의 상황에 따라 의미의 방향이 결정되는 경향을 보여주기 때문이다. 나아가 중세 문헌자료에서 {앞}의 꼴에 비해 {뒤}의 꼴이 왜 생산적인 양상을 보여주지 못했는가 하는 의문에 대한 해답도 된다. 오늘날 '뒤'가 쓰일 수 있는 대다수의 자리를 '後' 또는 '후'가 대신하고 있었기 때문이다.11)

2. '앞'의 의미와 변화

현대국어에서 공간말 '앞'과 '뒤'가 갖는 의미는 다양하다. 사전에 따라 약간의 차이는 존재하지만 대개 10가지 안팎의 의미를 소개하고 있다.12) '앞', '뒤'의 의미가 이처럼 다양한 까닭은 '앞'과 '뒤'가 가진 기본적인 의미라 할 수 있는 공간 개념뿐만 아니라 시간적, 추상적인 의미로까지 확장되어서 사용되기 때문이다. 그러나 이들이 중세국어에서부터 이와 같은 의미 분포를 보였던 것은 아니다. 시대의 변화에 따라 조금씩 의미를 확장해 온 결과인 것이다. 먼저, '앞'을 대상으로 중세·근

---

11) 실제로 현대국어에서 '앞'과 '뒤'는 모두 고빈도어에 속한다. 뿐만 아니라 '앞'과 '뒤'의 출현 빈도수 또한 큰 차이가 없다. 〈21세기 세종계획〉에서 제공하고 있는 말뭉치 용례를 보면 이는 잘 드러난다. 형태 분석 말뭉치 총 7,364,815개 가운데, '앞'이 7,054항목, '뒤'가 6,744항목이나 차지하고 있는 것이다. 또한 임지룡(1991)에서 조사한 5차 교과 과정의 초등학교 국어 교과서 36권의 조사에 따르면 '앞', '뒤'가 나란히 고빈도어에 속한다는 사실을 보여준다. 주요 기초 어휘로 조사된 상위 997개 가운데 '앞'이 55위, '뒤'가 145위를 차지할 만큼 높은 빈도를 차지하고 있다. 강범모·김흥규(2009)의 '한국어 사용 빈도'에서도 유사한 결과를 보여준다. 품사별 형태소 사용 빈도에서 명사 항목의 경우 '앞'은 22위, '뒤'는 28위인 것으로 조사하고 있다.

12) 앞의 의미에 대해, 〈조선어 사전〉(1988)에서는 9가지, 〈우리말 큰사전〉(1992)에서는 11가지, 〈표준국어대사전〉(1998)에서는 8가지, 〈연세한국어 사전〉(2000)에서는 10가지의 의미를 제시하고 있다.

대 국어의 시기부터 살피기로 한다.

2.1. 중세·근대국어에서

현대국어가 중세국어를 그대로 계승한 만큼, 중세국어는 문법의 전 분야에 걸쳐 현대국어 문법의 기본적인 틀을 가지고 있다. 다만 의미 나 기능의 측면에서는 현대국어에 비해 채 분화가 되지 않은 상태에 머물러 있는 경우가 많다. 이는 '앞'의 경우에서도 마찬가지의 모습을 보인다.

우선 (6)에 제시된 중세국어의 예부터 살펴보자.

> (6) ㄱ. 大王이 드르시고 깃그샤 뜰헤 나샤 <u>比丘ㅅ 알픽</u> 세 번 절ㅎ시
> 고〈월석, 8.92〉
> ㄴ. 구틔여 <u>가슴 알픽</u> 卍字롤 스리오〈남명, 하65〉
> ㄷ. 오직 제 모믈 붉기고 눈 <u>알픿</u> 差別을 붉기디 몯호미〈남명,
> 상48〉
> ㄹ. <u>앒</u> 남(南)〈훈몽, 中4〉, <u>앒힛</u>류셩(南斗六星)〈두시-초, 상19〉

(6)은 '앞'이 가지는 중세국어의 여러 의미 가운데 4가지를 먼저 보인 것이다. (6ㄱ)의 '앒'은 '比丘의 앞에 절하다'의 의미에서 보듯이, 大王이 절하고 있는 행위의 위치가 기준 대상인 '比丘의 앞'이라는 사실을 말하 고 있다. 여기서 '앞'은 '향하고 있는 쪽이나 곳'의 의미로서 구체적인 장소를 지시한다. 이는 '比丘의 뒤'라는 공간 설정 또한 가능하다는 점에 서 구체적인 공간 의미로 쓰였다는 사실을 확신할 수 있다. 이 같은 '앞' 의 의미는 중세나 근대, 현대국어를 막론하고 어느 시기에서나 가장 많 은 예시를 보여주는데, 이는 공간말로서 '앞'이 가지는 가장 기본적인 의미에 해당되기 때문이다.

(7) ㄱ. <u>門 알픽</u> 묏 비치 티와드니〈남명, 상1〉

　　ㄴ. <u>五蘊山ㅅ 알픽</u> 눈 두워 보라〈남명, 상32〉

　　ㄷ. <u>묏 알픽</u> 미햇 늘그닐 호다가〈남명, 상59〉

　　ㄹ. 모든 <u>사룸미 알픽</u> 브려 잇느니 너겨〈남명, 하67〉

　(7)의 예는 모두 〈남명집 언해〉(1482)에서만 가려 뽑아낸 것이다. 〈남명집 언해〉에서 나타나고 있는 '앞' 어휘 30여 개 거의가 이 같은 구체적인 장소를 나타내는 예에 속한다. 기준이 되는 대상이 사물이든(7ㄱ-ㄷ) 사람이든(7ㄹ), 자연스럽게 사용되었음을 알 수 있는데, 이는 '앞'이 가진 의미는 언중들이 많이 쓸 수밖에 없었던 까닭에 있을 것이다.[13] 이들의 꼴은 일반적으로 'X{의/인, ㅅ, ∅}#{앞}'의 틀을 유지하고 있다. 여기서 X는 사람과 사물 모두가 포함되는 기준 대상이 되고 '앞'은 구체적인 장소나 위치가 된다.

　중세국어의 이런 쓰임으로 볼 때, 17세기 이후의 근대국어에서도 구체적인 공간 의미를 가지는 '앞'이 많이 발견되는 것은 당연한 일이다. (8)은 근대국어의 예를 보인 것이다.

(8) ㄱ. 每朝애 子孫이 <u>影堂 알픽</u> 나아가〈가례, 1.29〉[14]

　　ㄴ. 걸음을 물너 <u>섬 알픽셔</u> 그 浣洗호시기를 기드려〈여사서-천, 2.18〉

　　ㄷ. 종이 그른 일 잇셔 치고시부되 <u>싀부모 압희셔</u> 치지 말고〈계녀, 37〉

---

13) 이 같은 공간 의미의 '앞'은 모두 한자 '前'을 언해한 것으로 보인다.

14) 오늘날의 '앞' 형태는 이미 중세국어의 시기에 그 흔적을 보인다. 16·17세기에 나타나는 '앞'의 예를 몇 제시해 보면 다음과 같다.

　가. 16세기: ㄱ. <u>앞물</u> 타 나니 엇디 호ᄉ왜사〈장수, 5〉

　　　　　　ㄴ. <u>아프로</u> 옷기슬 둥긔고 뒤후로 옷기슬 글잇그러〈소언, 5.70〉

　　　　　　ㄷ. <u>아프로</u> 힝호고 뒤흘 쓰으며〈마경, 하74〉

　　　　　　ㄹ. 재배 닐어 반드시 무덤 <u>아픽</u>가 울고〈속삼강-중, 孝6〉

　나. 17세기: ㄱ. <u>아프로</u> 이끌고 뒤흐로 모니〈동신속-烈, 4.64〉

　　　　　　ㄴ. 도적이 칼흘 메고 믄득 니르러 바른 어미 <u>아프로</u> 향ᄒ거눌〈동신속-孝, 6.11〉

여기서도 마찬가지로 기준 되는 대상이 (8ㄱ, ㄴ)의 '影堂', '섬'과 같은 사물이든, (8ㄷ)의 '싀부모'처럼 사람이든 'X의#{앒}'의 꼴로 쓰이고 있다.

(6ㄴ)의 '가슴 알픠'는 'X # {앒}'의 꼴을 보여주고 있다. 여기서 기준 대상이 되는 X는 신체의 일부인 '가슴'을 나타내고, '가슴 앞'은 '가슴의 앞쪽 부분'을 가리킨다. 이렇게 볼 때, (6ㄴ)의 '앞'은 어떤 대상의 일부로서 '하나의 사물의 형체 중 먼저 있는 쪽'을 의미하고 있다. 이는 전체의 일부를 지시하고 있다는 점에서 공간 개념으로 처리할 수 있다. 반면, 인물의 행위가 이루어지는 구체적인 공간 개념을 나타내는 (6ㄱ)과는 다소 차이가 있는 공간 영역을 가리킨다.

중세나 근대국어에서 이 같은 의미의 '앞'을 찾기가 쉽지는 않는데, 그것은 문헌자료가 갖는 한계이거나 쓰임 자체가 상대적으로 생산적이지 않았던 이유에 있을 것이다. (9)는 근대국어의 예를 제시한 것이다.

(9) ㄱ. <u>술위 앒</u> 괴오는 나모(車頭)⟨역어, 하22⟩
    ㄴ. 輒으로 뻐 니마 <u>앒픠</u> 當케 ᄒᆞ야 ᄡᅩ고⟨가례, 1.46⟩
    ㄷ. <u>가슴 앒플</u> 나모로 ᄃᆞᆰ고⟨마경, 하83⟩

(9ㄱ)의 '술위 앒'은 '수레'라는 사물과 공간적인 거리를 두고 있는 어떤 전방 지점을 뜻하는 것이 아니라, '수레 그 자체의 앞부분'을 말한다. 수레라는 전체 가운데 앞쪽에 위치한 곳을 의미한다는 것이다. (9ㄴ)의 '니마 앒픠' 또한 이마와 동떨어진 어떤 공간을 가리키는 것은 아니다. '머리'라는 대상의 전체 가운데에서 앞쪽 부분을 가리키는 것이다. (9ㄷ)의 '가슴 앒프'도 '가슴의 앞쪽'을 의미하는 것이 아니라 '가슴의 한 부분'을 의미하는 것이다.

이 같은 공간 의미는 (6ㄱ)에 비하여 전형적인 것은 아니라 하더라도 특정 부분을 지칭한다는 점에서 공간 개념에 포함할 수 있는 것이다.

그리고 (6ㄷ)의 '앞'은 대상의 '바로 앞'을 의미하는 것으로 '목전(目前)'이나 '안전(眼前)'의 뜻을 가진 것으로 생각된다. (10)의 예를 보자.

(10) ㄱ. 目連의 神通力이 눈 알픠 뵈숩고〈월곡, 50〉
     ㄴ. 法王ㅅ 눗 알픠 니를 면혼 디위 붓그료물 免티 몯홀시라〈남명-하, 37〉
     ㄷ. 一二句는 이 淸風이 人人이 눗 알픠 洒洒落落ᄒ야〈남명-상, 67〉
     ㄹ. 馬援의 녀가미 눈 알픠 잇ᄂ니〈두시-초, 11.12〉
     ㅁ. 형상이 완연히 나의 눈 앏혜 잇ᄂ 듯ᄒ니〈윤음-유호남, 5〉

(10ㄱ-ㄹ)은 중세국어의 예를, (10ㅁ)은 근대국어의 예를 든 것이다. (10ㄱ)은 '목련의 신통력이 눈앞에 보이다', (10ㅁ)은 '형상이 완연히 나의 눈앞에 있는 듯하다'의 뜻인데, 여기서의 '앞'은 'X(의)#앞'이라는 의미가 아니다. 다시 말해서 '눗(의)#앒'이나 '눈(의)#앒'을 의미하는 것이 아니라, 그만큼 가까이에 있다는 정서적, 주관적인 판단이 개입된 것으로, '목전(目前)'의 의미로 봐야 한다는 것이다. 외형적으로는 'X+앞'의 짜임새나 그 의미는 'X의 앞'이라는 구체적인 개념을 갖는 게 아니라 두 요소가 결합됨으로써 형성된 의미로 파악해야 한다는 것이다. 이런 점에서 (10)에서의 '앞'은 관념적으로 인식되는 공간 개념이라 할 수 있겠다. 그런 측면에서 보면, (6ㄷ)이 보여주는 'X+앞'의 짜임새는 이미 형태적 짜임새에 가까워진 상태로 보인다. '눈-앞'이 '눈의 앞'이 아니라 '목전(目前)'이라는 새로운 의미를 내포하고 있기 때문이다.[15]

끝으로, (6ㄹ)의 '앞'은 '남쪽'의 의미로 사용되고 있다. 이는 전통적으로 집의 앞쪽을 남쪽으로 두는 우리의 문화적 풍습과 관련 있는 것으로

---

15) 그러나 이들은 아직 완전히 형태적인 것으로 결론짓기에는 섣부른 감이 있다. '눈 앞' 외에도 '눗 앒' 또한 존재한다는 차원에서 완전히 융합된 것으로 판단하기 어렵다는 것이다.

생각된다. '남산'은 '남쪽의 산'이라기보다는 '앞산'에 가깝다는 것이다. 남풍(南風)을 '앞바람(마파람)'이라 하고 북풍(北風)을 '뒤바람'이라 하는 데서도 이런 측면을 엿볼 수 있다. 아래 (11) 또한 그 흔적을 잘 보여준다.

(11) 南 압 남〈칠장, 21〉, 南 앏 남〈송광, 21〉, 압뼈 南道〈한영〉

(11)에서 보면, '남쪽'과 '앞쪽'이 동일한 의미를 지니고 있다. 이렇게 보면, (6ㄹ)의 '앞'은 방향을 나타낸다는 점에서 공간 범주에 포함시킬 수 있을 것이다. 하지만 현대국어에서는 더 이상 살아 있는 의미로 보기 어려울 만큼 비생산적이라는 점에서 화석화된 예로 처리한다.

이상에서 중세국어와 근대국어에서 '앞'이 보여주는 공간 의미를 살폈다. 그것은 모두 4가지인데, 1)구체적인 장소를 나타내는 공간 의미, 2)전체의 일부를 나타내는 공간 의미, 3)관념화된 공간 의미, 4)방위(方位)로서의 공간 의미 들이 그것이다.

반면, 아래 (12)는 '앞'이 공간 개념으로 사용된 것으로 보기는 어렵다.

(12) ㄱ. 부텨 滅度호 後에 <u>알픽 부텨</u> 업슨 적 外예는〈석보, 13.62〉
    ㄴ. 우리 알프로 하뎜에 가든 밥 사 먹고〈번노, 상59〉

(12ㄱ)의 '알픽 부텨'에 나타난 '앏'은 공간을 나타내는 것으로 보이지 않는다. (12ㄱ)은 '부처 멸도한 후에 이전의 부처가 없었던 적 외에는' 정도의 뜻을 가지는데, 여기서 '앞'은 '시간이나 차례에서의 먼저'라는 의미로 생각된다. '지금의 부처'가 아니라 '이전, 혹은 예전의 부처'를 의미한다는 것이다. 이는 현대국어에서 '앞 시간의 강의'나 '앞에 떠난 차'에서 살필 수 있는 '앞'의 의미와 유사한 경우가 된다. 따라서 (12ㄱ)의 '앏'은 시간, 특히 과거의 시간 개념이 투영된 예로 생각된다. 이처럼 시

간 개념을 머금은 [차례]를 나타내는 예는 중세국어 시기에 적지 않은 수를 볼 수 있다.

(13) ㄱ. 이 功德으로 <u>알픳</u> 功德에 가줄비건댄〈월석, 17.32〉
ㄴ. 現前僧은 <u>알핏</u> 現호 즁이라〈월석, 8.72〉
ㄷ. 빗난 元道州여 <u>알픳</u> 聖人이 後에 나는 사ᄅᆞ물 지흐시니〈두시 -초, 25.33〉

(13)은 그 예를 보인 것인데, (13ㄱ)의 경우 '이 공덕으로 이전의 공덕에 비유하건대' 정도로 해석된다. (24ㄴ)은 '現前僧은 이전에 나타난 중이라'로 해석된다. (13ㄷ) 또한 '이전의 성인' 정도의 뜻으로 인식된다. 이들 예에는 모두 과거의 시간 개념이 공통적으로 녹아 있다.

근대 문헌자료에서도 마찬가지의 예가 보인다. (14)의 예를 보자.

(14) ㄱ. <u>앏픳</u>논 그저 흙 텨 밍근 ᄃᆞ리러니(在<u>先</u>只是土搭的橋來)〈노언-상, 35〉
ㄴ. <u>알픳</u> 허므를 마고리라(塞<u>前</u>愆)〈두시-초, 20.13〉

(14ㄱ)은 '이전에는 그저 흙을 쳐서 만든 다리였더니', (14ㄴ)은 '이전의 허물을 막으리라' 정도의 의미로 받아들여진다. 모두 '지금보다 먼저'의 의미를 갖는다. (14ㄱ)의 '앏ㅍ'이 다른 예시들과는 달리 한자 '前'을 언해한 것이 아니라 '先'을 언해했다는 점도 이러한 의미와 연관성이 있는 것으로 보인다.

그리고 (12ㄴ)은 '우리 앞으로 하점에 가거든 밥을 사 먹고(ᄆᆞ自們前頭夏店時 買飯喫了)'의 뜻이다. 따라서 여기서 '앞'은 지금의 시간이 아니라 다가올 '미래의 시간'을 함의하는 것으로 이해된다. 중세 문헌자료에서 공간을 나타내던 '앞'이 이미 '시간'의 의미로 전용되어 쓰였음을 선명하게 보여주는 예이다. (15)는 근대국어의 예를 보인 것이다.

(15) ㄱ. <u>앒흐</u>로 村애 다듯디 못ᄒ고(<u>前</u>不着村)〈노언-상. 9〉

　　　ㄴ. 後를 헤아리며 <u>앒</u>을 싱각홀ᄶ이어다(<u>量後</u>思前)〈여사서. 2.36〉

　　　ㄷ. 네 이 <u>앒</u>부터는 알며 알지 못ᄒ믈 헤아리지 말고〈첩몽. 1.6〉

　　(15ㄱ)은 17세기의 자료. (15ㄴ. ㄷ)은 18세기의 자료이다. (15ㄱ)은 '앞으로 촌에 다다르지 못하고'. (15ㄴ)은 '후를 헤아리고 앞을 생각하라'. (15ㄷ)은 '네 이 앞부터는 알며 알지 못함을 헤아리지 말고'의 의미로 해석된다. 모두 오지 않은 미래의 시간들과 관계되는 표현들이다. 특히. (15ㄴ)에서의 '後'와 '앒(前)'은 대립적인 표현이 아니라 동일한 시간 개념을 나타내는 특징을 보여 준다.16)

　　이렇게 볼 때. 중세국어와 근대국어에서 '앞'은 과거와 미래의 시간 개념을 동시에 가지고 있었다는 사실을 알 수 있다. 공간말 '앞'이 네 가지의 공간 개념과 두 가지의 시간 개념을 중세와 근대국어에 각각 보유하고 있었다는 것이다. 결국. 중세국어와 근대국어에서는 '앞'이 모두 6가지의 의미를 가지고 있었다는 결론에 도달한다.

　　지금까지는 중세나 근대국어에서 '앞'이 담당한 의미에 대해 언급했다. 그러나 [전방]의 의미는 전적으로 {앞}만 담당했던 것은 아니다. {앞}이 한자 '前'을 언해한 것은 분명한 사실인 듯 보이지만. 그렇다고 해서 한자 '前'이 당대에 '앞'의 의미로 전혀 쓰이지 않았던 것은 아니기 때문이다. 뒤에서 언급될 '後'에 비하면 그 쓰임이 극히 일부에 지나지 않지만 여전히 일정한 역할을 담당하고 있었다는 것이다.

---

16) 현대국어에서는 (15ㄴ)은 다소 어색한 표현에 속한다. 차라리 "뒤를 헤아리며 앞을 생각해야 한다."가 자연스럽다. '뒤'와 '앞'은 현대국어에서 모두 '미래'의 의미를 가질 수 있기 때문이다. 이는 시간 개념을 가졌던 '後'가 '뒤'로 전이되었다는 데서 기인되고. '앞'과 '뒤'의 의미 영역의 중복 현상이 발생하는 이유이기도 하다. (15)의 원문에서는 '前'과 '後'가 동일 의미로 쓰인 셈인데. 현대국어에서는 이와 같이 '前'. '後'가 동일 의미로는 잘 나타나지는 않는다.

(16) ㄱ. 前엣 혼 相혼 맛 等文을 다시 ㅎ샤〈월석, 57〉

ㄴ. 이는 前엣 文字롤 다시 ㅎ시니 前엔 니르샤딕〈월석, 13.57〉

ㄷ. 前엔 正智롤브터 니르시고〈월석, 13.57〉

(16)은 언해본에 쓰인 '前'의 예를 제시한 것이다. 언해본에서 '前'이 {앒}으로 언해되지 않고 그대로 쓰인 예는 많지 않다. 여기서 보면 '前'은 '이전(以前)'이라는, 시간적인 의미로만 사용되고 있는 것으로 보인다. 이 같은 양상은 근대국어에 와서도 크게 달라지지 않는다.

(17) 내 前에 北京으로 올 제(我前北京從北京來時)〈노신, 1.32〉

(17)의 '前'은 '먼젓번'이나 '지난번' 정도의 의미를 갖는다. 따라서 (17)은 '내 지난번에 북경으로 올 때'로 해석할 수 있는데, 이는 과거의 시간을 함의하고 있는 것으로 봐야 한다. 이는 '前'을 굳이 {앒}으로 언해하지 않은 이유가 될 것이다.

문헌에서 '前'이 독립적인 쓰임으로 등장할 때는 오롯이 시간적 의미로만 나타난다. 그러나 '前'이 '驛前(역전)'에서처럼, 낱말의 한 구성 요소로 삽입되어 쓰일 때에는 반드시 '시간'으로서의 의미를 유지하지는 않는다. (18)에 제시된 '前山'이나 '巖前'의 '前'은 아무래도 [공간]으로서의 의미로 보는 것이 적절할 것이기 때문이다.17)

(18) ㄱ. 아득돈 前山도 忽 後山의 보이ᄂ다〈사제곡〉18)

ㄴ. 巖前에 某水某丘이 어제 본 둧 ᄒ예라〈농암가〉

---

17) 아래 예시는 한 낱말 속에서 '前'이 시간적인 의미를 갖는 것으로 보인다. "中間애 잇디 아니ᄒ야 前際예 가디 아니ᄒ며 後際예 오디 아니ᄒ며 中際예 잇디 아니ᄒ니라〈남명, 하60ㄴ〉" 여기서 '전제(前際)'는 전생(前生), '중제(中際)'는 現生(과거와 미래의 가운데), '후제(後際)'는 來世를 말한다.

18) (18ㄱ)의 '後山'에서 '後'는 시간보다는 공간 개념으로 파악된다. 이는 앞서 중세국어에서 '뒤'가 공간 개념, '後'가 시간 개념을 가지는 것으로 처리됐던 것과 배치된다. 이 또한 '前'이 그랬듯이, 낱말의 일부로 존재할 때는 달리 쓰일 수도 있었음을 말해 주는 것이다.

(18ㄱ)에서 '前山'은 뒤 구절인 '後山'에 대비되어 '앞산'으로 해석하는 것이 바람직할 것이다. (18ㄴ)은 '암전(巖前)', 곧 '바위 앞'의 뜻이기 때문에, (18)의 '前'은 공간적인 의미로 사용된 것이 분명하다.

이상의 논의를 생각한다면 중세국어와 근대국어에서 '앞'의 의미는 각각 6가지 정도를 가진 것으로 생각된다. 이 가운데 '장소', '부분', '목전', '남쪽' 등 공간 개념에 포함되는 것이 4개이고, 나머지 '과거'와 '미래'는 시간 개념에 속하는 것이다. 이는 결과적으로 '뒤'에 비하면 훨씬 폭이 넓은 의미의 영역을 보유했다 하겠는데, 그것은 '後'와는 달리 '前'이 취하는 의미적 기능부담량이 그리 크지 않았던 까닭일 것이다.[19] '앞'이 구체적인 공간 상황에서나 시간적인 상황 모두에서 사용된 반면, '前'은 시간적 상황만 일부 담당했다는 점에서 그렇다.

2.2. 현대국어에서[20]

중세국어나 근대국어에 나타나는 '앞'의 의미영역은 몇 가지에 불과하지만 현대국어에 와서는 훨씬 다양화되는 양상을 보인다. 현대 이전에 볼 수 있는 '앞'의 의미는 모두 6개 정도였다. '장소', '부분', '목전(目前)', '방향(남쪽)', '차례', '시간' 등이 그것인데, 이 중에서 '남쪽'의 의미를 제외한 나머지는 여전히 현대국어에서 생산적인 양상을 보인다.[21] (19)는 '남쪽'의 의미를 제외한 현대국어에서 쓰이고 있는 나머지 5개의 의미를 제시한 것이다.

---

19) 이는 '前'의 대부분이 '앞'으로 언해가 이루어진 것과 연관된다.
20) 여기서의 예시는 주로 〈우리말 큰사전〉(1992), 〈연세 한국어 사전〉(2000), 〈표준국어대사전〉(2008), 〈네이버 국어사전〉을 참조했다.
21) '앞'이 가졌던 '남쪽'의 의미는 여전히 표준어인 '앞바람'을 포함한 방언이나 문헌자료에서 그 흔적을 찾을 수는 있을 것이다. 하지만 이는 이미 화석화되었다는 전제에서 이해하기로 한다. 현대국어에서 언중들의 일반적인 인식에서는 더 이상 '앞'이 '남쪽'으로 인지되고 있다고 보기는 어렵다는 것이다.

(19) ㄱ. 우리는 교문 앞에서 만나기로 했다.

　　ㄴ. 우리 앞에 출발한 이들이 우승할 것 같다.

　　ㄷ. 젊은이는 앞으로 다가올 미래를 두려워해서는 안 된다.22)

　　ㄹ. 그 물건은 앞이 뾰족하게 만들어졌다.

　　ㅁ. 그녀는 내 눈앞에서 편지를 보여주었다.

(19ㄱ)은 구체적인 장소를 나타내는 '앞'이다. (19ㄴ)의 '앞'은 '차례의 앞쪽'을 의미하는데, 여기에는 시간 개념이 개입되어 있다. (19ㄷ)의 '앞'은 다가올 미래의 시간을 의미한다. (19ㄹ)의 '앞'은 물건의 앞쪽을 가리키고, (19ㅁ)의 '앞'은 '눈'과의 결합을 통해 아주 가까운 거리를 나타내기 위한 표현이다.

그러나 현대국어에서는 (19)에서 제시된 의미 몇 가지를 넘어서 훨씬 세분화되는 양상을 보인다. 이들은 대체로 구체적인 공간을 나타내던 의미에서 시간적인 의미와 추상적인 의미 등으로 전이, 확장되어 가는 쪽으로 전개되고 있다. (19)를 포함, 현대국어가 공시적으로 보여주는 '앞'의 의미들을 추가적으로 살펴보자.

(20) ㄱ. 그녀는 자리에서 일어나 학생들 앞으로 나갔다.

　　ㄴ. 예전에 그의 집 앞에는 야트막한 산이 있었다.

　　ㄷ. 앞길, 앞바퀴, 앞발, 앞방, 앞밭, 앞산, 앞자리, 앞집.

(21) ㄱ. 그녀는 자리에서 일어나 학생들 {앞, 뒤}으로 나갔다.

　　ㄴ. 예전에 그의 집 {앞, 뒤}에는 야트막한 산이 있었다.

　　ㄷ. 뒷길, 뒷바퀴, 뒷발, 뒷방, 뒷밭, 뒷산, 뒷자리, 뒷집.

(20)은 '앞'이 가진 가장 기본적인 의미인 공간 개념을 잘 보여주는 예이다. (20ㄱ)의 '앞'은 주체의 행위가 이루어지는 방향으로서의 공간을

---

22) '앞'이 나타내는 시간에는 과거의 시간과 미래의 시간이 있다. 현대국어의 '앞'은 과거와 미래의 시간을 다 포함하지만 중세에서 '앞'은 주로 미래의 시간에 국한된다. 과거의 시간은 '앞'보다는 주로 '前'이 담당했기 때문으로 보인다.

나타내고 있다. '그녀'가 '학생들의 앞쪽', 곧 전방(前方)으로 움직인다는 것이다. (20ㄴ)은 '산이 있던 곳'이 '그의 집 앞'이라는 점에서 구체적인 위치를 보여준다. 여기서의 '앞'은 지시물을 기준으로 했을 때의 '앞'이다. 그 집의 출입문이 있는 쪽을 앞으로 두었을 때의 전방을 의미한다는 점에서 구체적인 공간성을 생각할 수 있다. 이런 점에서 (20)은 '향하고 있는 쪽이나 곳'이라는, '앞'이 갖는 가장 1차적이고 기본적인 의미를 가진 예가 된다. 이는 (21)의 예에서 보듯이, 모두 '뒤'로 대치될 수 있다는 데서도 공간적 의미의 구체성은 두드러진다. (20)에 제시된 '앞'의 의미는 중세, 근대에서도 가장 생산적인 양상을 보였던 것이다.

이 같은 생산성은 단순히 (20ㄱ, ㄴ)의 '앞'이 단일어로서 가지는 기본 의미를 넘어서 다른 낱말을 형성하는 데까지 미친다. (20ㄷ)은 그 예를 보인 것인데, 여기서는 '앞'이 낱말 구성체의 일부로서 존재하지만 구체적인 의미는 여전히 보유하고 있는 것으로 생각된다. 예들은 모두 N_1+N_2의 짜임새를 가진 합성어들로, 이들은 'N_1(ㅅ)+N_2'의 꼴을 갖는다. 여기서 N_1은 N_2가 존재하는 위치를 정확히 지적해 주는 역할을 담당하고 있다. 이들 예는 (21ㄷ)에서처럼, 모두 대립어인 '뒤(뒷)'로 대치시킬 수 있다는 측면에서, '앞'이 머금고 있는 가시적인 공간 개념을 더욱 선명하게 해 준다. 의미상으로는 'N_1에 있는 N_2' 정도가 될 것이다. 한편, (20ㄱ, ㄴ)의 '학생들 앞'이나 '집 앞' 또한 외형상 N_1+N_2의 모양새를 가진다. 하지만 이들은 N_1#N_2의 통사적 환경이라는 점에서 차이가 있다. 통사적 단위에서는 주로 기준 대상이 N_1이고 '앞'은 위치를 나타내는 N_2에 처한다. (20ㄷ)처럼, 합성어의 일부로 작용하는 '앞'은 극히 일부를 제외하고는 N_1의 자리에 나타난다.[23] 그래서 N_2의 위치를 지시해 주는 역할을

---

23) '앞'이 합성어의 후행요소에 처하는 예로는 '눈앞', '불앞', '코앞' 따위를 찾을 수 있다. 이들은 '앞'이 선행요소에 위치하는 것과 달리 'X의 앞'의 내부 짜임새를 갖게 되는데, 이럴

하는데, 여기서 N₂는 대상이 아니라 주체로서의 입장이다. 결국 '앞에 있는 X'로서의 의미를 가진다. 이럴 경우, '앞'이 결합된 합성어에서는 기준이 되는 대상은 생략되어 있다고 봐야 한다. 가령, '앞개울'이면 '(집) 앞의 개울', '앞길'이면 '(동네) 앞의 길' 따위와 같이 될 것이다.

> (22) ㄱ. 그 물건은 {앞, 뒤}가 뾰족하게 만들어졌다.
> ㄴ. 거울 {앞, 뒤}를 잘 닦다.
> ㄷ. 연필은 {앞, 뒤}를 잘 깎아야 한다.
> ㄹ. 김소월 시집의 {앞, 뒤} 표지가 희미해져서 알아 볼 수가 없다.

(22)의 '앞'은 모두 '한 사물의 형체 중 먼저 있는 쪽'을 가리키는 의미로 사용된다. (22ㄱ)은 '물건', (22ㄴ)은 '거울', (22ㄷ)은 '연필', (22ㄹ)은 '시집' 등 그 대상의 차이만 있을 따름이지 모두 전체의 앞쪽 부분을 지시하고 있다. 여기서는 주로 사물의 앞부분을 가리키기 때문에 공간으로서의 기본 의미를 유지하고 있는 것으로 보인다. 이는 사물 전체의 일부를 가리키는 것이 가능하다는 의미적인 측면에서, 또 '을'이나 '은' 따위의 다양한 조사가 여전히 결합 가능하다는 문법적 환경의 측면에서 구체적인 의미를 인지할 수 있다. 또한 대칭적 의미를 형성하는 '뒤'가 자연스럽게 대치된다는 점에서도 이는 잘 드러난다. 따라서 (22)의 '앞'은 전체의 일부를 가리킨다는 점에서 공간 의미를 가지는 것으로 본다.

이 같은 현상들은 신체를 나타내는 표현에서도 유사한 경우를 엿볼 수 있다. (23)의 예는 신체를 대신하면서 전체의 일부를 형성하는 측면을 보여준다.

경우 X가 기준 대상이 된다. 아울러 원래는 'X#앞'이라는 통사적 짜임새였던 것이 그대로 녹아 붙어서 한 낱말로 형성된 것으로 보인다. 그 과정에서 문자 그대로의 뜻이 아니라 새로운 의미를 획득하게 된 것이다. 그리고 선행요소에 '앞'이 오는 경우는 '앞의 X'라는 기본 틀에서 그 기준 대상은 생략된 것으로 파악할 수 있다.

(23) ㄱ. 그들은 알몸으로 앞만 가리고 있었다.

ㄴ. 몇 가닥 남지 않은 {앞, 뒤} 머리카락 사이로 땀방울이 송글 송글 맺혔다.

ㄷ. 언제부턴가 책을 읽을 때면 앞이 침침하다.

(24) ㄱ. 정신을 바늘 끝에 모아 한참씩 일에 빠지다 보면 {앞, 눈앞, *뒤}가 침침했다.

ㄴ. 합격 소식을 들으니 갑자기 {앞, 눈앞, *뒤}가 환해지는 듯 했다.

(23)은 모두 '앞'이 신체의 일부를 가리키는 경우이다. (23ㄱ)의 '앞'은 신체의 일부를 가리키는데, 두 가지 해석이 가능하다. 하나는 '몸의 앞 부분, 곧 전면(前面)'을, 다른 하나는 은밀한 신체 부위를 가리킬 수 있다는 것이다. 전자의 경우는 '뒤'로 대치될 수 있을 것이지만, 후자의 경우는 '뒤'로 대치되는 것이 어색하다. 그러나 양쪽의 해석은 모두 신체의 일부, 곧 전체의 일부를 나타낸다는 점에서 공간 개념을 가진다. (23ㄴ)의 '앞'은 머리카락 가운데 앞쪽에 있는 것을 가리킨다는 점에서, 전체의 일부라는 관점으로 설명 가능하다. 그리고 (23ㄷ)의 '앞'은 '눈'을 대신하고 있는 경우이다. 또한 선행요소인 '눈'이 생략된 것으로 볼 수도 있다. 이런 점에서 (23ㄷ) 또한 신체의 일부로 처리할 수 있다.

한편, (24)는 단일어인 '앞'과 '눈'이 결합함으로써 새로운 의미를 획득한 경우에 해당한다. 여기서 '눈앞'은 단일어인 (23ㄷ)의 '앞'과 의미가 동일하다. 적어도 이 상황에서는 '앞'과 '눈앞'은 '눈', 또는 '시력'을 가리킨다는 점에서 동의어가 된다.[24] 한편, (24)에서는 '뒤'가 아예 어울리지 못하는데, 그것은 여기서의 '앞'은 (23)과 다르게 '눈앞'의 의미이기 때문

---

[24] '눈앞'은 다시 '아주 가까운 장래'라는 추상적인 의미도 일부 가진다. "네 성적을 보니 눈앞이 캄캄하다."에서 '눈앞'은 물리적인 거리로서의 개념을 가지는 것이 아니라, '가까운 미래', 혹은 '캄캄하다'와 연어 관계(collocation)를 형성하여 '암담하다'라는 새로운 의미를 파생시키는 것으로 파악된다.

이다.25)

(25) ㄱ. 그는 <u>눈앞</u>에 펼쳐진 광경을 믿을 수가 없었다.
　　ㄴ. 짙은 안개 때문에 <u>코앞</u>을 분간하기가 어려웠다.
　　ㄷ. 수능 시험이 <u>눈앞</u>에 다가왔다.

(25)의 예는 (24)와 유사하면서도 다른 점이 있다. 무엇보다 '앞'이 '눈'과 결합되어 한 낱말을 형성했다는 점에서는 유사하지만 그 의미는 다르다. (25)에서, '눈앞'과 '코앞'은 '앞'이 '눈'과 '코'라는 전혀 다른 신체기관과 결합되어 있지만 의미는 동일하다. 이들은 공통적으로 '눈으로 볼 수 있는 아주 가까운 곳'을 의미한다. 따라서 이들은 원래 '눈·코#앞'이라는 통사적 짜임새가 형태적 짜임새로 굳어지면서 새로운 의미를 파생시킨 경우로 볼 수 있다. '그만큼 가까이 있는 상태'를 가리키는, 전혀 다른 의미가 되었다는 것이다. 이는 '눈·코'와 '앞'의 선·후행요소 사이에 다른 언어적인 요소를 삽입시키게 되면 전혀 다른 의미가 될 수 있다는 측면에서도 확인된다. 여기서 공간 개념은 추상화되고 관념화된 것으로 봐야 한다. 다시 말해, 가시적으로 확인할 수 있는 공간 개념이 아니라는 것이다. 이는 다른 공간 개념들과는 확연히 차이가 나는 대목이다.

따라서 (23), (25)의 예들은 보다 큰 대상의 일부나 부분을 의미한다는 점에서 공통점을 가진다. 물론 경우에 따라 공간성이 구체적이기도 하고 추상적이기도 한 차이는 있지만, 공간 개념의 범주 안에서 설명하기로 한다. (20)이 공간 개념이 가장 구체적인 경우라면, (25)는 가장 언저리에 있는 예라 할 것이다.

이렇게 보면, 현대국어에서 공간 개념을 나타내는 경우는 모두 5가

---

25) 물론, 신체적인 측면에서 보면, 이 같은 현상은 '눈'이 앞쪽만 존재하기 때문일 수 있다.

지가 된다. 1)구체적인 장소, 2)전체의 일부, 3)신체1, 4)신체2, 5)관념적
공간 등이 그것이다.

반면, 아래 (26)의 '앞' 예시는 이들과는 다른 의미를 보여준다. '앞'이
더 이상 공간을 나타내는 것에 머무르지 않고 시간적 개념을 함의하고
있기 때문이다. 의미의 변화 과정에서 공간을 나타내던 말이 시간을 나
타내는 말로 전이되는 것은 자연스러운 현상인데, (26)이 그 예를 보인
것이라 하겠다.

> (26) ㄱ. 우리는 앞에 간 사람들보다 먼저 도착하였다.
>   ㄴ. 우리의 행복은 앞 세대의 희생 덕분임을 알아야 한다.
>   ㄷ. 통일은 우리 세대가 앞으로 해야 할 일이다.
>   ㄹ. 앞생각,[26) 앞사람[27) ; 앞기약, 앞날, 앞일.

> (27) ㄱ. 우리는 {앞, 뒤, ?전, ?후}에 간 사람들보다 먼저 도착하였다.
>   ㄴ. 우리의 행복은 {앞, 뒤, 前, 後} 세대의 희생 덕분임을 알아야
>   한다.
>   ㄷ. 통일은 우리 세대가 {앞, *뒤, *前, *後}으로 해야 할 일이다.

(26ㄱ)의 '앞'은 '차례에서의 먼저'라는 의미를 가진다. 여기에는 과거
의 시간적 개념이 녹아 있다. '우리'와 '앞에 간 사람들' 사이에 어떤 순
서적 입장이 존재한다는 것이다. 그런 점에서 일정 부분 시간적인 의미
를 가질 수밖에 없다. 또한 (27ㄱ)에서 보다시피, '뒤'와 대치 가능하다
는 점에서는 공간적인 의미도 일부 포함하고 있는 것으로 보인다. 또한
'前, 後'로의 대치가 다소 어색한 것으로 봐서는 중세에서는 공간 개념을

---

26) '앞생각'은 '앞으로 닥쳐올 일에 대한 생각'을 말한다.
27) '앞사람'은 사전적으로 세 가지 의미를 가진다. 여기서는 두 번째 의미가 해당한다. ①앞
   에 있는 사람, 또는 앞에 가는 사람: "코앞도 안 보이는 이런 어둠 속에서는 앞사람을 놓
   치지 않으려면 발뒤꿈치를 밟으며 따라갈 도리밖에 없다〈홍성원, 육이오〉." ②앞 세대의
   사람. ③전임자(前任者)(이전에 그 임무를 맡아보던 사람): "앞사람에게서 일을 넘겨받는
   며칠 동안, 그는 체포된 용의자들을 만나지 못했다〈최인훈, 광장〉."

가졌던 것으로 생각된다. (26ㄴ)의 '앞'은 '이미 지나간 시간'의 의미를 가진다. '이전(과거) 세대의 희생'이 오늘의 행복을 가져왔다는 것이다. 이런 점에서 보면, (26ㄴ)의 '앞'은 지나간 과거의 시간을 지칭하고 있다. 이는 (27ㄴ)에서 보다시피, '前'으로 대치 가능하다는 점에서 시간적인 의미가 내포된 것이 분명하다. 또한 '뒤'와 '後'로도 얼마든지 대치 가능하다는 점에서도 이 같은 설명은 설득력을 갖는다.28) 이렇게 볼 때, (26ㄴ)의 '앞'은 중세국어의 '前'에 대응되는 것으로 보인다. 중세에서 '앞'으로 언해되지 않은 채 쓰이는 '前'은 과거의 시간을 함의하기 때문이다. {뒤}로 언해되지 않은 '後' 또한 오로지 시간적인 상황에서만 쓰이는 특징이 있었다. 그러니까 현대국어 '앞'의 의미 가운데 과거의 시간을 의미하는 경우는 그것이 중세에서는 '前'이 담당하는 의미 영역 내에 있었다는 것이다.

(26ㄷ)의 '앞'은 '이 뒤에' 또는 '다음에'의 뜻을 가진다. 시간적으로 미래의 의미를 머금는다는 점에서 (26ㄴ)과 차이가 있다. 통일은 이루어져야 할 사명인데, 당장이 아니라 미래의 어느 시점에서는 반드시 이룩해야 한다는 것이다. (26ㄷ)의 경우 '뒤'와 '後' 모두 대치가 불가능하다. 따라서 이는 중세에서는 공간적 의미를 가졌던 '앞'이었을 것으로 생각된다. 또한 조사 '으로'와만 결합하여 '앞으로'의 꼴로서만 문장 속에서 등장한다. 그만큼 제한된 의미를 가진 것으로 생각할 수 있다.

이렇게 볼 때, (26)은 구체적인 공간으로서의 의미를 갖는 것이 아니라, 공통적으로 시간적 의미를 가진 것으로 처리된다. 기존의 공간 개념이 시간 개념으로 전이되었다는 것이다. 그 시간적 의미는 (26ㄱ, ㄴ)처럼 '과거의 시간'을 의미하기도 하고 (26ㄷ)처럼 '미래의 시간'을 함의

---

28) 여기서의 '뒤'는 중세의 '後'가 근대국어의 시기를 거치면서 '뒤'로 전용된 예로 생각된다. 구체적인 공간 의미를 나타내는 경우와는 차이가 있다.

하기도 한다. 따라서 중세나 근대에서보다는 '앞'이 보여주는 시간적인 의미는 더 다양화되었음을 알 수 있다.29)

한편, (26ㄹ)은 이 같은 시간 의미를 가진 '앞'이 결합되어 형성된 합성어들 가운데, '앞'이 시간 개념을 가진 예들이다. 이들은 모두 N_1+N_2의 짜임새를 가진 합성어들인데, '앞'은 N_1의 자리를 차지한다. 이들 합성어의 내부 짜임새를 보면 '앞+X'를 형성하고 있는데, 후행요소인 X에 속한 낱말들은 '앞'이 선행요소로 개입되면서 시간 의미가 선명해진다. 특히 '일'이나 '사람, 생각' 따위는 더욱 그렇다. 여기서 '앞생각', '앞사람'은 과거 시간을 나타내고 나머지는 미래의 시간을 갖는다. 이와 같은 시간성을 보이는 '앞'은 그 쓰임새에서도 공간성을 나타내는 예들 못지 않게 생산적이다. 따라서 '공간성'과 '시간성'은 '앞'이 가진 대표적인 의미라 하겠다.30)

이상의 논의로 볼 때, 공간말 '앞'이 시간 개념을 가진다는 사실을 알 수 있는데, 여기에는 세 가지 경우가 존재한다. 1)차례를 나타내는 과정

---

29) 물론 이 같은 결론은 다소 섣부르기도 하고 1차적인 것일 수밖에 없다. 과거의 문헌자료가 가지는 양적인 한계라는 것이 너무나 자명하기 때문이다. 부족한 대로, 이는 현재 살필 수 있는 자료 안에서의 결론이라는 점을 얘기해 둔다.

30) 이들 합성어의 '앞'은 모두 '뒤(뒷)'로 대치 가능하다. '뒷기약, 뒷날, 뒷사람, 뒷생각, 뒷시대, 뒷일'에서 보듯, 아무런 문제가 되지 않는다. 여기서 특징적인 것은 '앞', '뒤'가 서로 정반대의 의미를 가졌음에도 정작 동일한 의미로 사용된 예가 많다는 것이다. '앞/뒷기약', '앞/뒷날', '앞/뒷생각', '앞/뒷일'에서는 모두 미래의 시간을 의미한다. 이 같은 현상은 중세에서 시간적 개념을 가졌던 '後'가 현대국어로 이행되는 과정에서 모두 '뒤'로 대치될 수 있었기 때문이다. 따라서 중세국어 같으면 '後'가 쓰였음직한 자리에 '뒤'가 위치함으로써 기존의 '앞'과 중복될 수밖에 없었다는 것이다. 한편, 이에 대해 박경현(1985)에서는, 인간의 인지적 작용과 관련지어 설명하기도 한다. 공간 인식에서 사람은 움직이는 쪽을 '앞'으로, 그 반대쪽을 '뒤'로 인식한다. 공간 인식은 시간 인식으로 전이되는데, 그 과정에서 시간 또한 과거에서 미래로 이동하는 것으로 생각한다는 것이다. 거기서 미래의 시간은 '앞'으로, 그 반대인 과거의 시간은 '뒤'로 표시된다. 반면, 일에 대한 인식은 거꾸로 작용하는 경향이 있다. 이미 이루어진 일은 쉽게 인식할 수 있다는 점에서 '앞'으로, 아직 성취하지도 알지도 못하는 불투명한 일은 '뒤'로 파악한다는 것이다. 이 같은 인식의 방향성 때문에 미래를 나타내는 시간 개념에서 '앞', '뒤'가 충돌하게 되는 이유로 파악한다. 반면, '앞/뒷사람', '앞/뒷시대'에서는 각각 '과거'와 '미래'의 시간으로 대립되어 나타난다.

에서 시간 개념이 투영되는 경우, 2)과거의 시간을 나타내는 경우, 3)미래의 시간을 나타내는 경우가 그렇다. 이 중에서 1), 2)는 모두 과거의 시간에 해당한다.

한 가지 추가 논의가 필요한 것은 현대국어에서의 '前'의 쓰임이다. 중세 이후 '前'은 대개 '앞'으로 언해되지만 현대국어에 와서도 여전히 일정 정도의 쓰임새를 보여주고 있다.

(28) ㄱ. 그 사람을 <u>전</u>에 한 번 본 적이 있다.
　　 ㄴ. 사흘 <u>전</u>, 조금 <u>전</u>
　　 ㄷ. 부모님 <u>전</u> 상서(上書)

현대국어에서 '전(前)'의 쓰임은 대체로 (28)의 세 가지 경우로 압축된다. (28ㄱ)은 '막연한 과거의 어느 때'를 가리킨다. (28ㄴ)은 '기준이 되는 때를 포함하여 그 전', 즉 '이제보다 전(前)'을 의미한다. 이렇게 볼 때, '前'은 일반적으로 현대국어에서는 [공간]의 의미보다는 주로 [시간]의 의미를 담당하는 것으로 볼 수 있겠다. 이는 중세와 동일한 의미적 역할을 보인다. (28ㄷ)은 (28ㄱ, ㄴ)에 비하면 지극히 제한적인 쓰임을 갖는 예이다. '부모님 앞에 올리다'는 의미에서, 얼마간 '공간'으로서의 이미지를 가진 것으로 생각된다. 현실 언어에서는 서서히 그 존재감을 잃어가는 의미라 할 것이다.

한편, 아래 쓰인 '앞'은 시간적인 상황과는 또 다른 경우에 해당한다.

(29) ㄱ. 남자는 어떤 어려움 <u>앞</u>에서도 당당해야 한다.
　　 ㄴ. 우리 <u>앞</u>에 주어진 과제는 오늘까지 저 산을 넘어야 한다는 것이다.
　　 ㄷ. 네 <u>앞</u>이나 가리고 나서 남 걱정을 하여라.
　　 ㄹ. 욕심 부리지 말고 한 사람 <u>앞</u>에 두 개씩 가져라.
　　 ㅁ. 아침에 홍길동 씨 <u>앞</u>으로 편지가 왔다.

(29)의 '앞' 예들은 (28)처럼 시간적 의미를 갖지는 않는다. 그렇다고 (20)과 같이 구체적인 공간을 머금고 있는 것도 아니다. 여기서의 '앞'은 공간도 시간도 아닌 추상적인 상황에 쓰인 것으로 파악된다. (29ㄱ)의 '앞'은 기준점이 '어려움'이라는 추상어이기 때문에 구체적인 공간이나 시간적인 의미를 함의할 수가 없다. 따라서 (29ㄱ)의 '앞'은 '직접 당한 그 일이나 조건'이라는 추상적인 의미를 가진다. 주로 조사 '에'나 '에서 (도)'와 어울리는 것으로 보아 공간적 의미가 간접적으로 인지되지만 그 기준 대상은 '어려움'이라는 추상적인 것이다.

(30) ㄱ. 냉엄한 <u>현실</u> {앞, *뒤}에서 그들도 어쩔 수가 없었다.
ㄴ. 그 절박한 <u>필요성</u> {앞, *뒤}에 주저나 망설임이 있을 수 없었다〈조정래, 태백산맥〉.
ㄷ. 내가 어찌 잊고서라도 고기 한 점 입에 넣을까 보냐 하며 부친의 <u>죽음</u> {앞, *뒤}에 가슴을 치는 아들을 흔히 보지만〈박경리, 토지〉.
ㄹ. 그러나 왕건의 무서운 <u>기세</u> {앞, *뒤}에 견훤의 군대는 소나기 만난 소금마당이 되고 말았다는 걸세〈송기숙, 녹두장군〉.

이는 (30)의 예들에서도 확인된다. 'X(의)#앞'이란 짜임새에서 X에 해당하는 대상은 모두 '현실'이나 '필요성', '죽음', '기세' 따위의 추상적인 개념들이다. 결국 여기서의 '앞'은 특정 상황, 즉 추상적인 상황과 관계된 것이라는 사실을 알 수 있다. 또한 (29ㄱ)의 '앞'은 '뒤'와 대치되지 않는다는 점에서, 그리고 특정의 조사와만 통합된다는 점에서 지극히 제한된 의미를 가진다는 사실을 알 수 있다. 그것은 '앞'이 가진 공간이라는 본디 의미에서 멀리 와 있다는 것을 말한다.

(29ㄴ)의 '앞'은 '행동이 미치는 대상'을 가리키는 정도의 의미로 해석된다. 추상적이라는 점에서는 (29ㄱ)과 유사하나 다른 점도 있다. (31)을 보자.

(31) ㄱ. 겨레 {앞, *뒤}에 맹세한 일들을 잊어서는 아니 되오.
ㄴ. 내 {앞, *뒤}에 주어진 일에 최선을 다하는 수밖에 없다.

(31)에서 보면, 우선 '뒤'와 대치되는 것은 어색한 일이다. 이는 '앞'이 이미 구체적인 공간 의미에서는 멀어진 상태임을 말해준다. 또한 환경적으로 주로 조사 '에'와만 결합하고 (29ㄱ)과 같은 '에서'의 결합은 또 어색하다는 점에서, (29ㄱ)보다도 더 제한된 의미를 가진다는 사실을 알 수 있다.

(29ㄷ)의 '앞'은 '처리해야 할 당면한 일이나 처지' 정도의 의미에 해당된다. 주로 동사 '가리다'와 함께 사용된다는 점에서, 일종의 어휘적 제약을 가지고 있다.

(32) ㄱ. 제 {앞, *뒤}도 못 <u>가리는</u> 주제에 누구를 걱정하고 있느냐.
ㄴ. 사람은 무엇보다 자기 {앞가림, *뒷가림}을 잘해야 한다.

(32)의 (ㄱ)에서 보면, '앞'은 늘 '가리다'와 공기하면서 '뒤'와는 대치될 수 없음을 볼 수 있다. 이는 '앞'이 가지는 구체적인 공간 개념을 상실하고 추상화되었다는 사실을 말해 주는 것이다. '앞'과 동사 '가리다'가 긴밀하게 연관되어 있음은 (ㄴ)의 '앞가림'이라는 낱말을 통해서도 확인된다. '앞가림'은 '제 앞에 닥친 일을 제힘으로 해내다'의 뜻을 가진 파생어이다. '앞을#가리다'라는 통사적 짜임새가 늘 함께 쓰이는 상황에서 접사의 결합과 더불어 형성된 복합어이다.

(29ㄹ)의 '앞'은 '차례지는 몫'의 의미를 가진다. 이 또한 '앞'의 본디 의미에서는 멀어져 있는 경우이다.

(33) ㄱ. 우리는 두 사람 {앞, *뒤}에 10만원씩 할당했다.
ㄴ. 한 사람 {앞, *뒤}에 두 번씩 기회가 온다.
ㄷ. 한 사람{마다, 당} 두 번씩 기회가 온다.

여기서 '앞'은 문장에서 'N#앞에'라는 통사적 짜임새로 나타난다. 선행어로는 명사가, 후행어로는 조사 '에'가 늘 통합되는 환경이다. 이는 환경의 제약과 의미의 제약은 직결된다는 차원에서 (29ㄹ)의 '앞'은 제한된 의미를 갖는다. 또한 (33)의 (ㄱ, ㄴ)은 '뒤'와는 전혀 대치가 되지 않는다는 사실을 보여주는데, 이는 '앞'이 구체적인 공간 의미를 갖지 않는다는 사실을 말해 주는 것이다. 한편, (33ㄷ)의 조사 '마다'와 접미사 '-당'은 의미적 측면에서 (29ㄹ)의 '앞'과 유사한 점이 있다.[31]

(34) ㄱ. 김 과장 {앞, *뒤} → 김 과장에게
ㄴ. 제 {앞, *뒤}으로 온 편지가 있는지 봐 주세요. → 제게(저에게)
ㄷ. 외상값을 제 {앞, *뒤}으로 달아 놓으세요. → 제게(저에게)

(29ㅁ)의 '앞'은 [수신]의 의미를 갖는다. 주로 손아랫사람의 이름이나 직함 뒤에 쓰여서 'X에게'의 의미를 나타낸다. 따라서 (34)에서처럼, 주로 '에게'로 대치될 수 있는 것이 일반적이고, 이름이나 인칭 대명사 뒤에서도 나타난다. 또한 '뒤'와는 전혀 짝을 이룰 수 없다는 점에서도 구석진 의미를 가진 것으로 보인다. 하지만 공간 의미는 간접적으로 남아 있다.

(29)의 예들은 공통적으로 'X의#앞(에)'라는 의미구조를 가지고 있다. 이는 (29)의 '앞'들이 원래는 공간 의미의 것에서 유래했음을 암시해 주는 것이다. 그러나 일정 시기에서 본디 지녔던 구체적인 장소 개념은 퇴색되어 추상적인 개념을 머금게 된 것으로 생각된다. 그와 맞물려 'X의 뒤에'와는 전혀 대치가 되지 않고 특정의 조사나 낱말과만 주로 통

---

31) (수 또는 단위를 나타내는 대다수 명사 또는 명사구 뒤에 붙어) '마다'의 뜻을 더하는 접미사.
ㄱ. 마리당 삼천 원
ㄴ. 시간당 얼마
ㄷ. 열 마리당

합된다는 점 등, 의미나 통사 환경에서 극히 제한되는 특징을 가지게
된 것으로 보인다. 그리고 이들 (29)에서 언급된 '앞' 의미가 하나의 구
성 요소로 결합되어 형성된 낱말들을 찾기 어렵다는 것 또한 이를 보완
해 주는 점이다. 이렇게 볼 때, 현대국어에서 '앞'이 가지는 추상 의미는
모두 '조건', '대상', '처지', '몫', '수신' 따위의 5가지로 처리된다.

이상에서 논의된, 현대국어에서 '앞'이 가진 여러 의미를 정리하면 다
음과 같다.

〈표4〉 현대국어 '앞'의 의미

'앞'의 의미	예시	'뒤'의 대치 여부	'前'의 대치 여부	의미바탕	
1. 향하고 있는 쪽이나 곳을 가리킴	그녀는 일어나자마자 역 앞 광장으로 나갔다.	○	X	공간	장소
2. 하나의 사물의 형체 중 먼저 있는 쪽	그 물건은 앞이 뾰족하게 만들어졌다.	○	X		부분
3. 사람의 생식기가 있는 부분	그들은 알몸으로 앞만 가리고 있었다.	X	X		신체
4. 사람의 눈, 시야	언제부턴가 책을 읽을 때면 앞이 침침하다.	X	X		시야
5. '바로 앞', 목전(目前)	그는 눈앞에 펼쳐진 광경이 믿어지지 않았다.	X	X		목전
6. 차례에서의 먼저	우리는 앞에 간 사람들보다 먼저 도착하였다.	X	X		차례
7. 지나간 시간을 가리킴	중요한 것은 앞 세대의 희생이 있었다는 점이다.	○	○	시간	과거
8 '앞길'이나 '장래'	통일은 우리 세대가 앞으로 해야 할 일이다.	X	X		미래
9. '앞에', '앞에서' 따위로 쓰이어, 직접 당한 그 일이나 조건.	남자는 어떤 어려움 앞에서도 당당해야 한다.	X	X	추상	조건
10. '앞에'로 쓰이어, 행동이 미치는 대상을 가리킴	우리 앞에 주어진 과제는 오늘까지 저 산을 넘어야 한다는 것이다.	X	X		대상
11. '가리다'와 함께 쓰이어, 처리해야 할 '당면한 일이나 처지'의 뜻	네 앞이나 가리고 나서 남 걱정을 하여라.	X	X		처지
12. 차례지는 몫	욕심 부리지 말고 한 사람 앞에 두 개씩 가져가라.	X	X		몫
13. 부치는 문서나 물건 따위를 받을 편의 이름 다음에 쓰이어, '-에게', '-께'의 뜻	아침에 홍길동 씨 앞으로 편지가 왔다.	X	X		수신

아울러, '앞'이 가지는 다양한 의미를 시대에 따라 정리하면 다음과
같다.

(35) '앞' 의미의 시대별 정리

    [1] 중세국어

        1) 공간 의미: 장소, 부분, 목전(目前), 방위(남쪽)

        2) 시간 의미: 차례(과거), 시간(미래)

    [2] 근대국어

        1) 공간 의미: 장소, 부분, 목전(目前), 방위(남쪽)

        2) 시간 의미: 차례(과거), 미래

    [3] 현대국어

        1) 공간 의미: 장소, 부분, 신체, 시야, 목전

        2) 시간 의미: 차례, 과거, 미래

        3) 추상 의미: 조건, 대상, 처지, 몫, 수신

3. '뒤'의 의미와 변화

이제 '뒤'가 보여주는 의미와 그 변화에 대해 논의한다. 우선 중세와 근대국어는 자료와 현상의 측면에서 딱히 구분해야 할 만한 정도의 차이를 보이지 않으므로 한데 묶어서 파악한다.

3.1. 중세·근대국어에서

앞서 언급했듯이, 중세국어에서 공간말 '뒤'가 쓰인 예는 '앞'만큼 많지 않다. 이유는 언해 과정과 관련된 것이었다. 중세국어의 '뒤'는 한자 '後'가 언해된 것이다.[32] 그러나 '前'이 '앞'으로 언해된 것과는 달리, '後'가 '뒤'로 언해된 예는 극히 적다. '뒤'보다는 오히려 언해되지 않은 한

---

32) 언해본에 사용되고 있는 '後' 또는 '후'의 경우 원문에서 대응되는 한자는 여러 예가 있다. 〈번역노걸대〉와 〈노걸대언해〉에 나타난 예만 정리하더라도 6가지나 된다. 박성훈(2009) 참조.

  ㄱ. <u>落後</u>下的孩兒們 : 후즈식둘히〈노언-하, 43〉

  ㄴ. <u>然後</u>喫茶飯 : 후에 음식 머그라〈번노-하, 41〉

  ㄷ. <u>成交已後</u> : 흥졍 무춘 후에〈노언-하,15〉

  ㄹ. <u>今後</u>再將見時 : 일록 후에 다시 서르 보면〈번노-하, 73〉

  ㅁ. <u>後頭別處官司</u> : 후에 다룬 딋 마ᅀᅮ리〈번노-상, 28〉

  ㅂ. <u>後來使的家私</u> : 후에 지븨 뿔 거시〈번노-하, 55〉

자 '後'의 쓰임이 훨씬 생산적이었기 때문에 상대적으로 '뒤'는 위축된 모습을 보일 수밖에 없었다는 것이다. 이 같은 '後'의 생산적인 쓰임새는 반대로 중세에서의 '뒤'가 '앞'이 보여주는 만큼의 다양한 의미를 보여주지 못하고 거의가 공간을 나타내는 의미로만 한정되어 쓰이는 요인이 된다.[33)]

(36) ㄱ. <u>아바닚 뒤헤</u> 셔샤〈용가, 28〉
    ㄴ. 金蓮華애 안자 고지 어우러 <u>世尊ㅅ 뒤흘</u> 좃ㅈ바〈월석, 8.54〉
    ㄷ. 앏 뫼해 고지 프니 <u>뒷 뫼히</u> 벌거ᄒ도다〈남명-하, 19〉
    ㄹ. 어듸 우믈 잇ᄂ뇨 <u>뎌 집 뒤히</u> 곧 우므리라〈번노-상, 31〉
    ㅁ. 殿 앏과 <u>閣 뒤헤</u> 하ᄂᆞᆯ홀 괴와셔셔〈번박, 69〉

(36)의 밑줄 친 예들은 중세에서의 '뒤'의 쓰임을 보인 것이다. 여기서 (36ㄱ, ㄴ)의 '뒤ㅎ'의 경우, 선행어로 사이시옷 결합의 수식어가 위치하고 있다. 반면, (36ㄹ, ㅁ)의 경우에는 체언이 선행어로 자리하고 있다. 따라서 이들의 짜임새를 'X(ㅅ)#뒤'로 보았을 때, X는 기준 대상이 된다. (36ㄷ)의 '뒷 뫼ㅎ' 경우에는 'X(ㅅ)#뒤' 꼴은 아니다. X가 생략된 것으로

---

33) 그러나 오늘날의 '뒤'는 양상이 다르다. 현대국어에서 '뒤'는 '後(후)'보다 훨씬 다양하고 넓은 의미로 쓰인다.
  ㄱ. 우리 집 {뒤, *후}에는 작은 산이 있다.
  ㄴ. 경찰서에서도 그 사람의 {뒤, *후}를 캐기 시작했다.
  ㄷ. 오늘 할 일을 {뒤, *후}로 미루어서는 안 된다.
  ㄹ. 이 영화는 {뒤, *후}로 갈수록 재미있다.
  ㅁ. 지난달부터 영수의 성적이 영희 {뒤, *후}로 밀리기 시작했다.
  ㅂ. 왠지 {뒤, *후}가 꺼림칙해서 기분이 안 좋다.
  ㅅ. 그 집도 어서 {뒤, *후}를 보아야 할 터인데.
  ㅇ. 그분은 가난한 학생들의 {뒤, *후}를 돌본 훌륭한 사람이다.
  ㅈ. 지금부터 한 시간 {뒤, 후}에 여기서 다시 만나도록 하자.
  ㅊ. 그녀가 떠난 {뒤, 후}, 나는 아무 것도 하지 못했다.
  (ㄱ-ㅊ)은 모두 현대국어에서 사용되는 '뒤'를 예든 것이다. 여기서 보듯이, '뒤'는 '후'보다 훨씬 다양하고 생산적인 쓰임새를 보이고 있다. 반면, '후'는 (ㅈ, ㅊ)처럼 시간적 개념이 선명한 경우에만 자연스럽고 나머지의 경우에는 부자연스럽거나 아예 어울리지 않는 예가 되고 있는 것이다. 이는 중세 이후 '後'는 그 의미적 영역을 확장한 것이 전혀 없지만 '뒤'는 '後'의 영역에까지 확장되었음을 알 수 있다.

봐야 한다. '뒷산'은 언제나 '집이나 마을의 뒤'를 의미하기 때문에 '마을'이나 '집' 등이 기준 대상이 될 것이다. 이렇게 볼 때, 기준 대상으로는 '사람(ㄱ, ㄴ)'이나 '사물(ㄷ, ㄹ, ㅁ)' 모두 가능하다는 사실을 알게 된다.

여기서 '뒤'는 '향하고 있는 방향과 반대되는 곳'의 의미로, 구체적인 장소로서의 의미를 나타낸다. 이는 공간말로서 '뒤'가 갖는 가장 기본적인 의미로 사용된 경우에 속한다. 중세국어에서의 '뒤'는, 대개가 이처럼 장소를 나타내는 의미 속에 한정되는 양상을 보인다. 현대국어에서 '뒤'가 가지는 의미의 숫자가 10여 가지에 이르는 것을 생각한다면, 이 같은 한정된 쓰임새는 현대국어와는 다른 특수한 상황이 있음을 전제하는 것이다.

'앞'과는 다른, '뒤'가 보여 주는 이 같은 의미의 편중 양상이 '뒤'의 빈도가 극히 적은 데서 연유하는 것인지, 아니면 원래의 쓰임새가 그러했는지는 주어진 예만으로는 명백한 결론을 내리기가 쉽지 않다. 그러나 '뒤'의 언해 대상인 한자 '後'의 용례와 용법을 살핀다면 '뒤'의 의미영역이 왜 그처럼 다양하지 못했는가에 대한 이유를 살필 수 있을 것이다. 이는 그만큼 '後'가 많은 예시를 보여주고 있기 때문에 가능한 시도이다. 아래 예를 보자.

(37) ㄱ. 부텨 가신 後에 光明이 우션ᄒᆞ거ᄉᆞ 어두이다〈석보, 24.19〉
ㄴ. 成道ᄒᆞ신 後에 이 두 難ᄋᆞᆯ 보시니라〈남명, 하53〉
ㄷ. 一日 後에 蓮ㅅ 고지 프리니〈월석, 8.3〉
ㄹ. 冬至 니른 後에 ᄒᆡ 처섬 기니〈두시, 10.43〉

(38) ㄱ. 부처 가신 {후, 뒤}에
ㄴ. 성도(成道)하신 {후, 뒤}에
ㄷ. 1일 {후, 뒤}에
ㄹ. 동지(冬至) 이른 {후, 뒤}에

(37)의 예는 중세 문헌자료에서 한자 '後'의 쓰임새를 보이기 위해 마련한 것이다. 여기서 '後'는 철저하게 시간적인 의미로만 쓰이고 있다. (37ㄱ, ㄴ)에서 '後'는 선행어로 '부텨 가시-', '成道ᄒ시-'라는 인물의 구체적인 행위를 바탕으로 하여 형성되는 시간 개념을 감당하고 있다. (37ㄷ, ㄹ)에서의 '後'의 쓰임 또한 인물의 행위와는 관계없이 이루어지는 수치적인 시간 개념에 사용된 것으로 볼 수 있다. (38)의 예시는 '부텨 가신 뒤'나 '成道ᄒ신 뒤'에서처럼, 현대국어에서는 모두 '뒤'로 대치되어도 아무 문제가 없음을 보여준다. 이때의 '뒤'는 마땅히 시간 개념을 함의하고 있다. 이들에서 중세의 '後'는 시간 의미를 나타내는 상황에서 쓰였음이 파악된다.

반대로 중세에서, '뒤'가 이 같은 시간 의미를 내포하는 환경에서 쓰이는 예는 드물다. 그 자리에는 모두 '後'가 쓰이고 있기 때문이다. 이는 중세에서 '後'가 왜 '뒤'보다 생산적인 양상을 띨 수밖에 없는가에 대한 까닭을 보여준다. 인간이 행하는 모든 동작에는 시간 개념이 따라붙기 마련이다. 따라서 언어생활에서 인간의 행위가 전제된 시간 개념의 적용 현상은 그 수를 헤아리기 어렵다.[34] 더구나 수치화되는 시간 개념까지 더하게 될 경우에는 '後'의 쓰임새가 더욱 증가하는 것은 당연한 이치다.[35] 이렇게 볼 경우, 중세국어에서 '뒤'와 '後'의 쓰임 현상을 정리할 수 있다. 우선 공간적 상황에서는 '뒤'를 사용하고 시간적 상황에서는 '後'가 쓰인 이원적 쓰임새였다는 것이다. 이러한 규정은 문헌상에 나타나는 '뒤'와 '後'의 빈도 차이도 자연히 설명될 수 있을 것이라 생각된다.

---

34) 서술어에서 시제와 관계되는 형태소가 유형, 무형으로 실현된다는 점에서도 간접 증명된다. 시간 표현은 언어가 구성되어 있는 방식에서 필연적인 것이다. 시간과 공간은 모두 인지와 경험의 기본이 되는 것이지만, 시간이 공간보다 언어 구조에 깊숙이 개입된다는 사실을 알 수 있다. 언어와 시간의 상관성에 대해서는 Wolfgang Klein(신수송 역, 2001) 참조.
35) 〈표1〉 참조.

〈남명집 언해〉에 나타나는 두 개의 예시는 이런 현상을 잘 설명해 준다.

(39) ㄱ. 알픠 빗나며 後에 그추미 곧ᄒ리오 ᄒ시니라〈남명, 상31〉
ㄴ. 복셩화ᄂᆞᆫ 몬졔오 슬고ᄂᆞᆫ 後ㅣ라〈남명, 상60〉

(39ㄱ)에서, '앞에 빛나다'에 대응되는 구절은 현대국어라면 마땅히 '뒤에 그치다'가 보다 바람직할 것이다. 그러나 여기서는 '後에 그치다'가 대응 구절로 제시되어 있다. '뒤'가 아니라 한자 '後'가 사용되고 있는 것이다. 이는 시간적 개념이 요구되는 자리이기 때문에 나타나는 현상이라 믿는다. (39ㄴ) 또한 마찬가지다. 앞 구절인 '복숭아는 먼저'에 대응되는 구절은 '살구는 뒤'가 일반적일 수 있다. 그런데 '뒤'가 아니라 '後'를 대응시키고 있다. 여기서 필요한 것은 시간적 개념을 가진 '뒤쪽'을 의미하는 자리이기 때문에 '後'가 사용되고 있는 것이다. 이런 과정을 통해, 중세에서 '뒤'가 가지는 가장 큰 의미는 '장소'라는 구체적인 공간 개념이었다는 사실을 알 수 있다.

한편, 극히 드물기는 하지만 중세국어의 시기에도 '뒤'가 시간적인 의미를 내포하고 있는 예가 몇 있다. 따라서 중세국어에서 '뒤'가 갖는 두 번째 의미는 [시간] 개념이 된다.

(40) ㄱ. 둘흐란 ᄒ여 뒤헤 즘승 모라 오게 ᄒ고〈번노-상, 66〉
ㄴ. 므슴 갈 곧 업수미 늘근 뒤 쥐 쐬쓰레 드롬 ᄀ티야〈선종, 16〉
ㄷ. 이 외에도 뒤에 인빈이 된 昭容 김씨가 있다〈안락, 40〉

주로 16세기에 나온 문헌자료이기는 하지만 분명 중세국어의 시기에 속하는 예들이다. (40ㄱ)의 '뒤'는 공간적 의미의 '뒤'가 아니라 '나중에' 정도의 뜻을 가진 것으로 보인다. 그러니까 "나중에 짐승을 몰아서 오게 하고"의 뜻으로 해석된다는 점에서 시간 개념을 확인할 수 있다. 마땅히 '後에'로 바꾸어 해석하더라도 의미 전달에 문제가 없다. (40ㄴ) 은 "늙은 뒤에 쥐가 소의 뿔에 들어가는 것같이" 정도로 해석된다. 따라서 '늘근 뒤'는 '늘근 後에'로 해석해도 문제가 없다. (40ㄷ)의 '뒤'는 '나중에', '훗날' 정도의 뜻으로 생각된다. "이 외에도 나중에 인빈이 된"으로 해석된다는 것인데, 마찬가지로 '後에'로 바꾸어도 의미 전달에 아무런 문제가 없다. 이렇게 보면, 비록 그 수는 극히 적지만 중세 국어의 시기에도 '뒤'가 시간 의미를 함의한 채 사용되었음을 알 수 있다. 물론 '뒤'가 시간 개념을 가지는 것으로 생각되는 몇 예는 (39)의 '後'가 보여 주는 만큼의 다양한 경우를 보여 주지는 않는다. 선·후행 하는 행위의 시간적 순서 개념에 주로 한정되어 있다. 하지만 (40)의 예들이 '뒤'가 시간 개념을 머금고 있다는 사실을 보여 주는 예시인 것은 분명하다. 이렇게 본다면, 기본적으로 중세국어의 시기에는 '뒤→공 간 의미', '後→시간 의미'라는 큰 틀에서 의미의 분할 양상을 유지하고 있지만, 16세기를 기점으로 '뒤→시간 의미'인 경우도 일부 나타나기 시작했다는 사실이 확인된다.

그리고 중세에서 '뒤'가 가지는 세 번째 의미는 '북쪽'이라는 방위 개념이다. (41)은 그 예를 보여주고 있다.

(41) 北 뒤 븍〈훈몽─중, 2〉, 뒷심꼴(北泉洞)〈용가, 2.31〉, 뒷칠셩(北斗七星)〈번박, 상19〉.

(41)에서 보면, '뒤'는 모두 한자 '北'을 언해한 사실이 확인된다. 방위 개념으로서 '북쪽'을 '뒤'로 설정하고 있는 셈인데, 이는 우리 민족의 전통적 생활 구조와 밀접한 연관성이 있다고 봐야 한다. 마을을 형성할 때는 늘 앞이 남쪽이었고 뒤는 북쪽이었기 때문이다. 북쪽에서 부는 바

람을 가리켜 '뒤바람'이라 하는 데서도 그 흔적을 찾을 수 있다. 물론 이는 현대국어에서 더 이상 생산적인 모습은 아니다. 현대국어에서는 점차 화석화되어 가는 예 가운데 하나라 해야겠다.

이렇게 볼 때, 중세에서 '뒤'가 갖는 의미는 '장소'와 '방위'라는 공간 개념과 주로 순서적인 개념으로서의 시간 의미로 구분된다. 의미의 가짓수에 있어서는 현대국어에 비할 바가 아니지만 시대의 흐름과 더불어 그 의미의 수 또한 점차 증가된다.

근대국어의 시기에서도 중세의 세 가지 의미들은 그대로 살필 수 있다. 먼저, (42)와 (43)은 근대국어에서 볼 수 있는 공간 개념을 보여 준다.

(42) ㄱ. 귀 뒤희 실 ᄀᆞᄐᆞᆫ 블근 믹이 이실 쩌시니〈두창, 6〉
　　 ㄴ. 外執事者는 主人의 뒤헤 이셔〈가례, 1.25〉
　　 ㄷ. 복巾 밧그로 곡뒤 뒤헤 넘궈 서ᄅᆞ 미여 드리오라〈가례, 1.46〉

(43) 北 뒤 븍〈유합, 영장1〉

(42)에서 '귀 뒤ㅎ', '主人의 뒤ㅎ', '곡뒤 뒤ㅎ'는 모두 'X(의)#뒤'의 꼴을 가지는데, 이는 각 기준 대상인 '귀'나 '주인', '곡뒤' 따위의 '뒷면'을 나타내고 있다는 점에서 공간적 개념을 부여할 수 있다. 이처럼 공간말로서 갖는 기본적 의미에 해당되는 예는 근대국어에서도 마찬가지로 가장 많은 예를 보인다. 또한 (43)은 '뒤'가 여전히 '북쪽'의 의미로 사용되고 있는 모습을 확인시켜 준다.

(44) ㄱ. 먼져 난 뒤에도 할우은 쏭 먹이지 말고 후에 난 것과 갓치
　　　〈잠상, 9〉
　　 ㄴ. 사연을 다 쓴 뒤에 자기 이름 다음에 쓰는 말이다〈징보〉

ㄷ. 그 긔계에 잇는 빅테이라가 <u>다 죽은 뒤</u>에 다시 약물에 너허
〈독립〉

(45) ㄱ. 먼저 난 <u>後</u>에도
ㄴ. 사연을 다 쓴 <u>後</u>에
ㄷ. 그 기계에 있는 박테리아가 다 죽은 <u>後</u>에

(44)는 '뒤'가 시간 개념을 머금은 경우이다. 중세국어에서 찾기 어려 웠던 시간 개념의 '뒤'는 18세기의 문헌자료에서도 그 예를 찾기가 쉽지 않다. 비로소 19세 말의 문헌자료에 이르러서야 현대국어와 같은 예시 들을 흔하게 볼 수 있다. (44)의 예들은 모두 이 시기의 것들이다. 그러 니까 '뒤'가 공간 개념을 넘어서 시간적인 개념으로 의미 확장이 다양화 되고 본격화된 것은 문헌자료 상에서는 적어도 19세기에 이르러서라는 생각이다. (44)의 '뒤' 예들은 (45)의 예에서 보듯이, 모두 '後'로 대치가 가능하다. 중세의 시기였으면 오히려 '後'가 쓰이는 것이 자연스럽다. 주체의 행위를 전제로 한 시간 개념이 선행요소로 자리하고 있기 때문 이다. 다시 말해 여기서의 '뒤'는 모두 순서적인 개념이 개입된 시간 개 념이라는 것이다.

거기에 반해, 아래 (46, 47)에 제시된 '뒤'는 중세에서는 찾을 수 없었 던 예이다.

(46) 닉 급ᄒ고 <u>뒤히</u> 므즑ᄒ며(裏急**後**重)〈납약, 10〉

(47) 길ᄭᅵ에 <u>뒤보지</u> 말라(休在路邊**淨手**)〈노신, 1,47〉

(46)과 (47)의 '뒤ㅎ'는 장소 개념이나 시간 개념이 아닌 또 다른 의미 로 전용된 예이다. (46)의 '뒤ㅎ'는 "내 (속이) 급하고 뒤가 묵직하며" 정 도로 해석되는데, 여기서 '뒤ㅎ'는 아마도 엉덩이 쪽을 의미하는 것으로

생각된다. 신체의 일부를 지칭하는 표현으로 쓰였다는 것이다. 속이 안좋고 따라서 화장실에 가고 싶은 상황이 묘사된 것으로 보인다.

(47)의 경우 '길가에 뒤보지 말라'는 금지의 메시지를 전달하고 있는데, 여기서 '뒤'는 '용변'의 의미를 가진 것으로 생각된다. 이 또한 '뒤'의 의미가 '장소'라는 구체적인 공간 의미로 쓰인 것은 아니라는 사실을 증명해 준다. '대변'의 의미를 완화시키고 희석시키기 위한 노력의 일환이 투영되어 생성된 예로 보인다. 하지만 이들은 모두 신체의 일부이거나 신체와 관련된 요소를 지칭한다는 점에서 공간 개념으로 파악한다.

이렇게 볼 때, 근대국어에서는 중세국어가 갖는 (42-44)의 기존 의미 외에 (46), (47)의 의미 두 가지가 추가된다. 따라서 근대국어에서 '뒤'는 크게 공간 의미와 시간 의미 두 부류를 가지는 것으로 정리할 수 있겠다.

(48) 중세국어, 근대국어에서의 '뒤'의 의미
  1) 중세국어: 가. 공간 의미: 장소, 방위(북쪽)
                나. 시간 의미: 순서
  2) 근대국어: 가. 공간 의미: 장소, 방위(북쪽), 신체^1(엉덩이), 신체^2(용변)[36]
                나. 시간 의미: 순서

한편, 중세국어 '後'의 쓰임새는 근대국어에서도 여전하다.[37] 특히, 근대국어 초기 자료의 경우, 시간적인 상황에서는 거의 '後, 후'가 등장한다. 차이가 있다면 표기상에서 한자 '後'가 '후'로 나타나는 경우가 많다는 점이다. 몇 예를 보자.

---

36) 신체는 다시 신체^{1}과 신체^{2}로 구분했다. 신체^{1}은 '팔', '다리'처럼 전형적인 신체어를 지칭한 것이다. 반면 신체^{2}는 신체에 간접적으로 관계되는 것들, 가령 '눈물'이나 '똥오줌', '땀' 따위를 가리킨다.
37) 물론 중세국어에서와 같이 절대적으로 '後'가 쓰이고 있는 것은 아니다.

(49) ㄱ. 조식 나흔 후의 피로 어즐코〈납약, 4〉

　　ㄴ. 기른 갑술 비히 갑흔 후에 도로 츳자가 기를 허흐고〈윤음-
　　　　즈휼, 8〉

　　ㄷ. 두어 날 후의 눗과 몸의 블근 뎜이 만히 도다시니〈두창,
　　　　37〉

　　ㄹ. 삼사 경 후의 니르러 열긔운이 점점 느려〈두창, 44〉

　(49)는 근대국어에 등장하는 '후'의 예를 제시한 것이다. 여기서도 마
찬가지로 (49ㄱ, ㄴ)에서는 '낳은 이후', '갚은 이후'라는 인물의 구체적인
행위에 바탕을 둔 시간 의미로 쓰이고 있다. 거기에 반해 (49ㄷ, ㄹ)의
'후'는 수치화될 수 있는 시간적 개념을 바탕으로 한 쓰임을 보여주고
있다. 이들 또한 현대국어라면 모두 '뒤'로 치환 가능한 것들이지만 근
대에 와서도 '後'가 '뒤'로 언해된 예는 찾기가 쉽지 않다.[38]

3.2. 현대국어에서

　현대국어에서의 '뒤'는 이전 시기에 비해 의미적으로 다양하고 풍부
한 예시를 갖고 있다. 의미의 가짓수에 있어서 훨씬 많은 수를 보여준
다는 것인데, 이는 중세의 시기가 문법이나 의미 등에서 미분화 상태인
경우가 많다는 점에서, 당연한 측면이 있다. 현대로 넘어오면서 더욱
세분화되었기 때문이다. 중세나 근대국어에서 제시된 '뒤'의 의미 몇 가
지 가운데 '북쪽'은 현대국어에서는 언급하지 않기로 한다.[39] 그 외의
'공간'이나 '시간', '신체' 따위의 의미는 고스란히 현대국어에까지 이르

---

38) '뒤'의 의미가 '앞'에 비해 상대적으로 다양하지 못한 것은 '뒤'의 형태가 '앞'의 형태에 비
해 상대적으로 적은 이유와 유사하다. '前'의 의미 감당량보다 '앞'의 의미 감당량이 훨씬
컸던 것에 비해, '뒤'의 경우는 오히려 '後'가 의미의 주요 부분을 감당했기 때문이다. 이는
현대국어에 와서 '뒤'가 '後'의 자리를 대신하거나 공유함으로써 비로소 해소되고, '전후(前
後)'를 나타내는 대표적인 공간말로서 '앞'과 대등한 지위를 갖게 된다.
39) 물론, 아직도 '뒤바람' 등에서 화석화된 상태로 어휘 속에 남아 있거나 또는 방언 속에서
예를 찾을 수는 있겠으나 적어도 표준어의 언저리에서는 사라진 의미로 파악한다.

고 있다.

> (50) ㄱ. 우리는 해질 무렵 체육관 뒤에서 처음 만났다.
> ㄴ. 그녀는 의자에 털썩 뒤를 붙이고 앉았다.
> ㄷ. 그는 갑자기 뒤가 급해져서 화장실로 뛰었다.
> ㄹ. 그녀가 떠난 뒤에도 나는 한참을 서 있었다.

(50)은 중세와 근대국어에서 살필 수 있었던 '뒤'의 의미에 해당하는 현대국어의 예를 제시한 것이다. (50ㄱ)은 기준 대상인 '체육관'의 후방을 나타내고 있다는 점에서 구체적인 장소를 나타낸다. (50ㄴ)은 '뒤'가 '엉덩이'라는 신체의 일부를 나타낸 예이다. (50ㄷ)은 '용변'을 완곡하게 표현한 '뒤'이다. (50ㄹ)은 시간적 개념이 내포되어 있는데, '차례'나 '순서'의 의미를 가진 경우이다. (50)의 예들은 각각 중세와 근대를 거쳐 현대국어에서도 여전히 생산적인 전개를 보여 준다.

(50)에 제시된 경우를 포함, 현대국어에 나타나는 '뒤'의 다양한 의미적 양상들을 구분해서 정리해 보면, 세 부류로 나뉜다. 공간 의미와 시간 의미, 그리고 추상 의미가 여기에 해당한다. 먼저 공간 의미를 나타내고 있는 '뒤'의 예시부터 살펴보자.

(51)는 (50)의 예시 가운데 시간 개념이 내재된 (50ㄹ)의 예를 제외한 공간 의미를 나타내고 있는 예만 제시한 것이다.

> (51) ㄱ. 우리는 해질 무렵 체육관 {뒤, 앞, *후}에서 처음 만났다.
> ㄴ. 이 소설은 {뒤, 앞, *후}에서부터 스토리 전개가 치열하다.
> ㄷ. 그녀는 의자에 털썩 {뒤, *앞, *후}를 붙이고 앉았다.
> ㄹ. 그는 갑자기 {뒤, *앞, *후}가 급해져서 화장실로 뛰었다.

먼저, (51ㄱ)는 공간말 '뒤'가 보유한 가장 기본적인 의미인 구체적인 공간을 나타내고 있는 경우이다. '체육관 뒤'에서, '뒤'는 '향하고 있는 방향과 반대되는 쪽이나 곳'을 의미한다. '체육관'의 후방이라는 구체적인 장소를 나타내고 있다는 것에는 의심의 여지가 없다. 따라서 '후(後)'로 대치되지 않는 것은 너무나 당연한 것이다. '후'는 중세 이후 시간 개념을 함의하기 때문이다. (51ㄱ)과 같이 구체적인 공간 개념을 내포하는 '뒤'는 모든 사물에 적용될 수 있기 때문에 그 쓰임새는 무궁무진하다. 중세국어 이후 '뒤'는 줄곧 공간 의미를 담당했다는 점에서, 구체적인 공간 의미는 '뒤'가 가진 핵심적인 의미임이 분명하다. '체육관 앞과 대칭을 이룬다는 점 또한 이 같은 주장에 힘을 싣는다.

한편, 이러한 공간 의미를 가진 '뒤'의 생산성은 수많은 합성어를 통해서도 잘 드러난다. 몇 예를 제시해 보자.

(52) 뒤꼬리, 뒤뜰, 뒤표지, 뒷간, 뒷논, 뒷대문, 뒷동네.

(52)는 '뒤(뒷)'가 하나의 어근으로 개입하여 형성된 합성어들이다. 이들은 모두 $[[N_1(ㅅ)+N_2]]$의 꼴을 취하고 있는데, N_1에는 공통적으로 '뒤(뒷)'가 자리한다. 따라서 N_1은 위치를, N_2는 주체를 나타낸다. 그 의미는 '$N1$에 있는 N_2' 정도가 되는데, N_2가 위치하는 공간이 '뒤'라는 것이다. 여기서의 '뒤'는 (51ㄱ)과는 달리 한 낱말 구성체의 일부로 존재한다는 차이가 있다. 그럼에도 '공간'이라는 기본적인 의미는 그대로 유지된다.

(51ㄴ)의 '뒤'는 '특정한 대상이나 일의 뒤쪽 또는 끝'이라는 의미를 가진다. 이는 결국 전체의 일부라는 측면에서 공간 개념을 갖게 된다. (51ㄱ)보다는 약하지만, 이 또한 'X(의)#뒤'라는 틀 속에서 기준 대상을 가진 공간 개념으로 성립될 수 있다는 것이다. 여기서는 기준 대상이 되는 소설의 뒷부분이라는 점에서, 공간 개념을 가지는 것으로 처리한다.

(53) ㄱ. 아이가 승용차 {뒤, 앞}에 올라탔다.

　　　ㄴ. 뱀꼬리처럼 꿈틀거리는 줄 {뒤, 앞}에서는 이따금 고함이
　　　　　터져나오곤 한다.

(53ㄱ)에서 '승용차 뒤'는 '승용차'라는 기준 대상의 일부인 '뒤쪽'을 의미한다. 이 경우 전체의 일부라는 차원에서 공간 개념을 설정할 수 있다. (53ㄴ)의 '줄 뒤' 또한 '줄'이라는 전체 대상의 '뒤쪽' 부분이라는 차원에서 공간 개념으로 설정할 수 있다. 동시에 이들은 '승용차 앞, '줄 앞' 따위로 '앞쪽'이라는 대응되는 공간 개념을 설정할 수 있다는 점도 공간 개념이라는 자격을 부여할 수 있게 한다.

(51ㄷ)의 '뒤'는 신체의 일부인 '엉덩이'를 간접 지시하는 말이다. 특정한 신체 부위를 대신 가리키고 있다는 차원에서 보면 공간 개념을 가진다고 볼 수 있다. 이 경우의 '뒤'는 기준 대상을 갖지 않는데, 그것은 특정의 신체 부위를 대신 가리키기 때문이다. 이는 '앞'이 가진 의미에서도 유사한 예를 찾을 수 있다.

(54) ㄱ. 그녀는 겨우 앞만 가리고 빗속을 뛰었다.

　　　ㄴ. 예쁘장한 아주머니가 내다보고 화닥닥 앞가슴을 여미면서 일어서더니, 나에게 인사하는 눈짓을 보냈다.〈이호철, 소시민〉

　　　ㄷ. 뒷물, 뒷물대야.

(54)의 예에서 '앞'은 몸에서 주로 '젖가슴이나 음부'를 가리킬 때 쓰는 말이다. (54ㄱ, ㄴ)은 이를 잘 보여 준다. 이렇게 본다면, '앞'과 '뒤'는 모두 신체의 일부를 대신하는 의미로 쓰인다는 사실을 알 수 있다. 신체의 은밀한 부위를 완화시키기 위해 차용된 공간말이라 해야겠다. (54ㄷ)의 '뒷물'이나 '뒷물대야'는 (51ㄷ)의 '뒤'가 가진 의미가 합성어의 일부로 작용하고 있는 예에 해당한다. (54)의 예는 모두 여성의 은밀한 신체

부위를 가리킨다는 공통점이 있다.

그리고 (51ㄹ)의 '뒤'는 신체와 간접 관련된 표현으로 '똥'을 완곡하게 나타낸 경우이다. 여기서는 '뒤'가 대상을 직접 대치하고 있기 때문에 기준이 되는 대상은 필요치 않다. 이는 (51ㄱ)과 같은 구체적인 공간 개념으로 처리하기에는 다소 부족함이 있음을 말하는 것이다. 그러나 신체에 준하는 부분을 의미한다는 차원에서 마찬가지로 공간 범주에 포함시키기로 한다. 여러 측면에서 (51ㄷ)의 '뒤'와 유사하지만, (51ㄷ)의 것이 '은밀한 부위'에 대한 간접 지시인 반면, (51ㄹ)은 다소 더러운 인상을 줄 수 있는 것을 완화시키기 위한 시도의 결과물이라는 점에서 차이가 있다. (55)의 예시는 이를 잘 보여준다.

(55) ㄱ. 학생은 뒤가 마려우면 왼쪽 눈을 자꾸 찌푸리더군요.〈이상문, 황색인〉

ㄴ. 아침 일찍이 나는 뒤가 마려워 안방에서 나오려니까 형님이 그제서야 식식거리며 장에서 돌아오는 길이었다.〈김유정, 형〉

ㄷ. 삭불이가 돌이를 보며, "자네, 뒤를 굉장히 오래 보네." 하고 바로 옮겨 선이를 보며 "훌륭한 사윗감이지. 천하 일등인 뒤보는 것만 가지고도." 하고 하하 웃으며 돌이도 머리를 긁적긁적하며 웃었다.〈홍명희, 임꺽정〉

ㄹ. 밤뒤, 새벽뒤.

(55)의 '뒤'는 모두 이에 해당하는 예들인데, 예를 통해서 '뒤'가 '용변'을 대신하고 있는 표현임을 알 수 있다. 따라서 '용변' 그 자체를 신체라 하기는 어려울 것이지만, 분류의 편의를 위해 신체와 직접 관련되는 물질을 지시한다는 점에서 포괄적인 의미로 공간 개념에 포함시키겠다는 것이다. 한편, '뒤'는 '뒤를 보다'나 '뒤가 마렵다'에서 알 수 있듯이 여전히 일상에서 흔히 볼 수 있는 표현이다. 이 같은 생명력은 어휘 생성에

서도 흔적을 볼 수 있는데, (55ㄹ)에 제시된 '밤뒤'와 '새벽뒤'가 그것이다. '밤뒤'는 '밤에 대변을 보는 일'을 말하고 '새벽뒤'는 '어른들이 새벽에 누는 똥을 점잖게 이르는 말'을 가리킨다. 아래 (56)은 이들의 쓰임새를 보인 것이다.

(56) ㄱ. 동생은 속탈이 나서 <u>밤뒤</u>까지 보았는데요.〈홍명희, 임꺽정〉
ㄴ. <u>새벽뒤</u>를 보다.

한편, (51)의 예들은 모두 '후(後)'로 대치가 되지 않는다는 사실을 볼 수 있다. 따라서 이들은 기본적으로 공간적인 개념을 내포하고 있는 의미들로 생각된다. 중세국어에서 이미 '뒤'로 언해되어 공간적인 의미를 가졌던 것이 이어져 온 예라는 것이다.

이상은 현대국어의 '뒤'가 가진 공간 의미를 구분해 본 것이다. 그 과정에서 현대국어 '뒤'가 가진 공간 의미는 다음 네 가지 정도로 파악된다.

1) 구체적 장소를 나타내는 공간 의미
2) 전체의 일부를 나타내는 공간 의미
3) 신체의 일부인 '엉덩이'를 나타내는 공간 의미
4) 신체와 관련되는 '똥'을 나타내는 공간 의미

다음으로 논의할 것은 현대국어에서 '뒤'가 시간 개념을 함의하고 있는 경우이다. (57)의 예시는 '뒤'가 공간 개념에서 멀어져 있음을 알게 한다.

(57) ㄱ. {뒤, *후}를 돌아보고 울기보다는 앞을 바라보고 웃으랬다.
ㄴ. 그녀가 떠난 {뒤, 후}에도 나는 한참을 서 있었다.
ㄷ. 그녀는 내게 {뒤, 후}에 다시 만나거든 혼인하자고 말했다.

(57ㄱ)의 '뒤'는 공간이 아니라 '지나간 시간'을 함의한다. 애초에는 공간 개념을 지녔던 '뒤'가 시간 개념을 가지게 되었다는 것이다. 여기서 '뒤'는 (57ㄴ)과는 달리 '후'로 대치되지 않는다. 이는 (57ㄱ)의 '뒤'가 어원적으로 공간적인 의미를 내포하고 있기 때문이 아닌가 한다. '돌아보다'라는 공간 동사와 공기되었다는 점도 이 같은 점을 보완해 준다.

(57ㄴ)의 '뒤'는 어떤 행위가 끝난 '이후'의 상황에 쓰이는 예로 '다음이나 나중'의 의미를 가진다. 순서적 의미가 강한 이 같은 '뒤'의 쓰임에는 시간적인 의미가 강하게 스며들어 있다. 여기에 해당하는 모든 예시는 '후(後)'로 대치가 가능한데, 그것은 중세의 시기에 '後'의 자리였기 때문으로 생각된다. 그런 점에서 보면, 이 경우는 오히려 '後'가 현대국어로 오면서 '뒤'로 대치된 경우라 해야겠다. 이는 결과적으로 미래의 시간을 나타내는 '앞'과 중복되는 현상을 만드는 계기가 된다. 아울러 '뒤'의 쓰임새 가운데 가장 생산적인 양상을 보인다.[40]

(57ㄷ)의 '뒤' 또한 시간 개념을 간직한 쓰임새로 보인다. '혼인하자'는 행위는 훗날에 가능한 것이므로 여기서의 '뒤'는 '미래'의 의미를 가진다. 이렇게 보면, '뒤'는 (57ㄱ)처럼 과거의 의미와 (57ㄷ)처럼 미래의 의미를 동시에 함의하는 특징을 보여준다. (57)에 제시되는 '뒤'의 시간적 의미는 공간 개념과 더불어 주요한 의미영역을 구축하여 낱말 형성에도 적극적인 양상을 띤다. (58)에 몇 예를 제시해 둔다. 더 세부적인 것은 뒤에서 다시 논의하기로 한다.

---

[40] 이 시간 개념의 '뒤'는 통사론적 입장에서 문법적 기능을 가진 것으로 처리하기도 한다. 명사 '뒤(에)'가 선행하는 관형절을 후행절에 시간적 관계로 이어주는 기능을 가지는 것으로 접근한다는 것이다.
  ㄱ. 여진이는 숙제를 마친 <u>뒤에</u> 밖으로 나갔다.
  ㄴ. 여진이는 설거지를 한 <u>다음에</u> 청소를 했다.
  (ㄱ)에서 '뒤(에)'는 부사어의 위치에서 앞뒤 마디를 시간적 선후관계로 연결해 주고 있다. (ㄴ)의 '다음(에)'로 대치해도 아무런 의미적 차이를 느낄 수 없다는 사실은 (ㄱ)의 '뒤'가 시간적 선후관계에 있음을 증명해 준다. 여기에 대해서는 정희정(2000: 224-232 참조).

(58) ㄱ. 뒷기약, 뒷날, 뒷시대.
ㄴ. 뒤끝, 뒤탈, 뒤태도, 뒷걱정, 뒷이야기.

(58)에 제시된 낱말들에 내재되어 있는 '뒤'는 모두 시간성을 가진 것으로 생각된다. 이들 또한 N₁(ㅅ)+N₂의 짜임새를 가진 합성어인데, N₁이 N₂를 꾸며주는 꼴이다. 여기서 N₁은 일정 기간의 시간성을 내포하고 있다는 것이다. 그 가운데 (58ㄱ)의 '뒷기약, 뒷날, 뒷시대'의 경우, N₂인 '기약, 날, 시대' 따위가 이미 시간성이 함의된 상태에서 구성요소로 결합되고 있다. 물론 여기서의 시간은 막연한 훗날의 의미이다. 반대로 (58ㄴ)의 '뒤끝, 뒤탈, 뒤태도, 뒷걱정, 뒷이야기' 따위는 '뒤'가 결합함으로써 비로소 시간성이 가미된 예인데, 어떤 일이 벌어진 뒤에 나타나는 정서적인 반응들이 주축을 이루는 공통점이 있다. 아래 (59)에 제시된 사전적 의미에서 이는 다시 확인된다.

(59) 사전적 의미
ㄱ. 뒤끝: ① 일의 맨 나중이나 끝. ② 어떤 일이 있은 바로 뒤. ③ 좋지 않은 감정이 있은 다음에도 여전히 남아 있는 감정.
ㄴ. 뒤탈: 어떤 일의 뒤에 생기는 탈.
ㄷ. 뒤태도: ①뒤에서 본 모양이나 몸매. ② 어떤 일이 있은 뒤의 태도.[41]
ㄹ. 뒷걱정: 뒤에 벌어질 일이나 뒤로 미루어 둔 일에 대하여 걱정함. 또는 그런 걱정.
ㅁ. 뒷이야기: ① 이어지는 이야기의 뒷부분. ② 어떤 일이 있은 뒤에 나오는 이야기.

이렇게 보면, 현대국어에서 '뒤'가 시간 개념을 가진 경우는 크게 세 가지가 있음이 확인된다.

---

41) 물론 여기서는 ②의 의미가 해당한다.

1) 행위가 순서를 나타내는 경우

2) 과거의 시간을 나타내는 경우

3) 미래의 시간을 나타내는 경우

마지막으로 현대국어에서 '뒤'가 가지는 의미는 추상적인 의미를 가진 경우이다. 이들은 문헌 기준으로는, 거의가 현대국어에 와서 추가된 의미로 생각된다. (60)의 예를 하나씩 살피도록 하자.

> (60) ㄱ. 너는 영희의 <u>뒤</u>도 못 따라간다.
> ㄴ. 사람은 <u>뒤</u>에서 딴소리를 하면 안 된다.
> ㄷ. 그녀가 염려했던 일들은 <u>뒤</u>가 깨끗하도록 처리되어 있었다.
> 〈이문구, 장한몽〉
> ㄹ. 그는 성격은 괄괄하나 <u>뒤</u>는 없는 사람이다.
> ㅁ. 어서 <u>뒤</u>를 보아야 한다는 시어머니의 말이 서운했다.
> ㅂ. 그녀는 결혼하고 나서도 동생들의 <u>뒤</u>를 계속 보살폈다.
> ㅅ. 창가의 <u>뒤</u>를 이어 새로운 시가가 나타났다.
> ㅇ. 너는 일을 저지르고 나는 그 <u>뒤</u>를 거두란 말이냐?
> ㅈ. 네 <u>뒤</u>를 노리는 놈이 많으니 조심해야 한다.

(60ㄱ)의 '뒤'는 '어떤 기준에 미치지 못하는 상태나 정도'라는 의미를 가진다. 영희의 수준에 미치지 못함을 질책하는 양상을 보이고 있는 장면이다. 여기서는 동사 '따라가다'와 공기한다는 점에서 어느 정도 공간의 흔적을 확인할 수 있다. 하지만 (60ㄱ)의 '뒤'가 가진 의미는 이미 추상화된 상태로 봐야 한다. 또한 '後'로 대치되지 않는다는 점에서, (60ㄱ)의 '뒤'가 시간성을 갖는 것은 아니다. '뒤'가 '後'로 대치되는 것이 부자연스럽다는 사실은 (61)의 예에서도 잘 드러난다.

> (61) ㄱ. 이번 기말 시험에서는 성적이 {뒤, *後}에 처져서는 안 된다.
> ㄴ. 그래 가지고서는 영수의 {뒤, *後}도 못 따라가겠다.

(60ㄴ)의 '뒤'는 '보이지 않는 배후나 겉으로 드러나지 않은 부분'을 의미한다. 조사 '에서'의 결합은 이것이 애초에 공간 개념을 가졌던 예임을 감지할 수 있게 한다. 그러나 더 이상 그것이 어떤 지점을 나타내는 구체적인 공간을 의미하지는 않는다. (62)의 예시는 이 같은 사실을 보여주고 있다.

(62) ㄱ. 그리고 그 {뒤, *앞, *후}를 캐어묻는 인호의 질문에 도저히
　　　　요령을 알지 못할 대답만 하였다.〈김동인, 젊은 그들〉
　　ㄴ. 심 형, 그 과학 선생인가 누군가, 조심하시오. 그 녀석도
　　　　{뒤, *앞, *후}가 구린 인물이니깐.〈김원일, 불의 제전〉
　　ㄷ. 아무리 {뒤, *앞, *후}를 파 봐도 좌익으로부터 사주를 받은
　　　　증거를 못 잡아냈으니〈김원일, 불의 제전〉
　　ㄹ. 뒷조사, 뒤캐다, 뒷구멍캐다.

공간성이 구체화될수록 '앞'과 '뒤'는 대응되는 측면이 있다. 하지만 여기서는 '앞'과는 전혀 대치되지 않는다. 적어도 가시적이거나 물리적인 개념을 나타내는 것은 아니라는 얘기다. 이는 이미 추상화의 과정을 밟은 까닭으로 봐야 한다. 한편, (60ㄴ)의 '뒤'가 또 시간성을 띠는 경우는 아니다. 중세국어에서와 마찬가지로, 이들이 시간성을 가졌다면 '後'로 대치될 수 있을 것이다. 하지만 그 또한 가능하지 않다. (62)의 예에서 보다시피, '後'의 쓰임은 불가하다. 따라서 (60ㄴ)은 구체적인 공간 개념을 갖지도 않고 시간성을 띠지도 않는다는 점에서 공간 개념이 추상화된 예로 파악된다. 그리고 (62)의 (ㄹ)의 예들은 (60ㄴ)의 의미를 가진 '뒤'가 형성한 합성어들이다. 이들 낱말은 모두 [배후]의 의미를 머금고 있다는 점에서 공통된다.42)

---

42) 그러나 구체성이 약화된다고 해서 '앞·뒤' 대응 관계가 모두 사라지는 것은 아니다. "그는 내 앞에서는 아무 말 안 하다가 뒤에 가서는 딴소리 한다."에서의 '앞'과 '뒤'는 구체적인 공간 의미와 추상적인 의미 중간쯤에 해당되는 예로 생각된다. 여기서 '앞', '뒤'는 '나의

(60ㄷ)의 '뒤'는 '어떤 일이나 사건이 끼친 흔적이나 자취'의 의미를 가진다. 이 또한 지극히 지엽적인 상황에서만 쓰이는 예이다. (63)은 모두 이와 관련되는 예들이다.

(63) ㄱ. 그 일이 어떻게 되었는지 {뒤, *앞, *후}가 궁금하다.
ㄴ. 나는 {뒤, *앞, *후}를 짐작할 수 없는 일은 벌이지 않는다.
ㄷ. 악한 자는 {뒤, *앞, *후}가 좋지 않은 법이다.
ㄹ. 뒷이야기, 뒤따르다, 뒤밟다, 뒤좇다, 뒤쫓다.

(63)의 예들을 보면, '앞'이나 '후'와는 대치가 되지 않음을 알 수 있다. 여기서의 '뒤'는 '어떤 일의 뒷모습'을 나타낸다. '앞'과 대응되지 않는다는 것은 이미 구체적인 공간 의미에서는 멀어진 상태이기 때문이다. 그리고 '후'가 쓰일 수 없다는 점에서, 시간성과는 또 거리가 있다고 봐야 할 것이다. 따라서 (60ㄷ)의 '뒤'는 구체적인 공간 의미나 시간적인 의미를 나타내는 것이 아닌 추상화된 의미로 파악된다. 한편, (63)의 (ㄹ)의 예들은 이 같은 '뒤'의 의미가 녹아 있는 합성어들을 제시한 것이다. 특히, 합성동사들은 모두 N+V의 꼴을 띠고 있는데, 이들은 '뒤를 V하다'로 해석된다. V가 대개 '따르다' 류의 이동 동사라는 점에서, '뒤'는 [흔적, 자취]의 속성을 가진 것으로 생각할 수 있다.

(60ㄹ)의 '뒤'는 '좋지 않은 감정이 있은 다음에도 여전히 남아 있는 감정'을 가리킬 때 쓰이는 경우이다. '감정'을 의미하는 경우인 만큼, 이미 공간성은 상실된 상태라 할 것이다. (64)는 그 예를 제시한 것이다.

(64) ㄱ. 그는 성격이 괄괄하지만 {뒤, *앞, *후}는 없는 사람이다.
ㄴ. 우악스럽기는 하지만 비위만 좀 맞춰 주면 {뒤, *앞, *후}가

앞·뒤'라는 구체적인 장소 개념이 아니라 '내가 있는 자리'와 '내가 없는 자리'의 의미이다. 구체적이지는 않되 '자리'라는 점에서 공간 개념이 남아 있다.

없이 풀리는 사람이니까 별 염려 없겠지.〈홍명희, 임꺽정〉

ㄷ. 그와 싸운 후 나는 아직도 {뒤, *앞, *후}가 찜찜하다.

(64)의 예에서 보면, 마찬가지로 '앞'이나 '후'로 대치가 되지 않는 상황을 볼 수 있다. 이런 점에서 (60ㄹ)의 '뒤'는 이미 구체적인 공간 의미에서는 멀어져 있을 뿐만 아니라 시간성을 나타내지도 않는다는 사실을 알 수 있다. 애초에는 구체적인 공간을 나타내던 것에서 추상화가 이루어진 의미라는 것이다. 한편, (64)의 '뒤'는 모두 '뒤끝'으로 대치시킬 수 있다. 이로 보아 (60ㄹ)의 '뒤'가 '여전히 남아 있는 감정'이라는 의미를 가졌다는 것이 또렷해진다.

(60ㅁ)의 '뒤'는 '대를 이을 자손'이라는 의미가 있다.

(65) ㄱ. 형님은 {뒤, *앞, *후}를 이을 후사가 없어 선조에게 항상 죄
　　　스러운 마음을 가졌다.

ㄴ. 네 형수가 어서 {뒤, *앞, *후}를 보아야 집안이 편안할 터인데.

ㄷ. 뒷자손

(65)의 예를 보면, 여기서도 '앞'이나 '후'로 대치되지 못함을 볼 수 있다. 이는 이미 구체적인 공간 의미를 상실했을 뿐만 아니라 시간적인 의미와도 거리가 있음을 알게 한다. (65ㄷ)의 '뒷자손'은 이러한 의미를 가진 '뒤'가 결합된 합성어에 해당하는 예이다.

(60ㅂ)의 '뒤' 또한 추상적인 의미로 변한 경우로, '무슨 일을 다 할 수 있게 도와주거나 이바지하는 힘'을 가리킨다. (66)은 그 예를 제시한 것이다.

(66) ㄱ. 마음이 성치 못한 누님을 떼 내 버리고 간다면 그의 {뒤, *앞,
　　　*후}는 누가 돌보아 주겠는가.〈김유정, 생의 반려〉

ㄴ. 그는 수습 과정에서 관계 기관에 있는 사람들에게 정기적

으로 돈을 주면서 {뒤, *앞, *후}를 보아주도록 하는 길을
열었고〈한수산, 유민〉.
ㄷ. 김덕호가 일본 상인들과 대립을 할 때는 서문모가 은근히
{뒤, *앞, *후}를 봐 주기도 했고〈송기숙, 녹두장군〉.
ㄹ. 뒷바라지, 뒷배,43) 뒷보증, 뒤보아주다.

여기서의 '뒤' 또한 '앞'이나 '후'로 대치가 되지 않는다. 구체적인 공
간성이나 시간성을 갖지 않는 '뒤'라는 것이다. 구체적인 공간을 나타내
던 의미에서 점차 확장됨으로써 형성된 '뒤'의 의미로 파악된다. 그리고
(66ㄹ)의 낱말들은 (60ㅂ)의 의미를 가진 '뒤(뒷)'가 결합되어 형성된 합
성어들이다. 이 가운데, '뒷바라지'는 특히 여기서의 '뒤'의 의미를 오롯
이 간직한 예로 생각된다.

(60ㅅ)의 '뒤'는 '선행한 것의 다음을 이어가는'의 의미를 가진다. 아래
예를 보자.

(67) ㄱ. 창가의 {뒤, *앞, 후*}를 이어 새로운 시가가 나타났다.
ㄴ. 목종의 {뒤, *앞, *후}를 이은 현종의 즉위는 결코 정당한 순
서를 밟은 것이 아니었다.〈정병욱 외, 한국의 인간상〉
ㄷ. 탱크들의 {뒤, *앞, *후}를 이어 공산군 보병 병사들이 뒤따
랐다.〈박영한, 머나먼 쏭바강〉

이 또한 구체적인 공간이나 시간적인 의미와는 거리가 있는 것으로
보인다. (67)에서 보듯이, '앞'으로도, '후'로도 대치가 되지 않는 사실은
이를 반증한다. 따라서 애초에는 구체적인 공간 의미였을 것이나 현재
에는 추상화된 의미만 존재하는 것으로 판단된다.

---

43) '뒷배'는 '겉으로 나서지 않고 뒤에서 보살펴 주는 일'을 말한다(구가가 뒷배 봐 주고 무대
에 서고 할 땐 장사 참 잘 됐다.〈박완서, 도시의 흉년〉)

(68) ㄱ. 너는 일을 저지르고 나는 그 {뒤, *앞, *후}를 거두란 말이냐?

ㄴ. 동생이 엄마에게 이를까봐 그는 단단히 {뒤, *앞, *후}를 눌러 놓았다.

ㄷ. 너에게 {뒤, *앞, *후}를 맡길 테니 잘 부탁한다.

(60ㅇ)의 '뒤'는 '남은 일', 즉 '뒷일'을 함의한 경우이다. (68)에서 보다시피, '앞'이나 '후'와 전혀 대치가 되지 않는 것으로 봐서는 그 쓰임새에서 제약이 많은 예로 생각된다. 시간이나 공간과는 거리가 먼 추상화되어 있는 의미로서 현대국어에서 생산적인 예는 아니다.

끝으로 (60ㅈ)의 '뒤'는 '약점이나 결점'을 의미하는 경우이다.

(69) ㄱ. 네 {뒤, *앞, *후}를 노리는 놈이 많으니 조심해야 한다.

ㄴ. 막상 큰소리를 치긴 했어도 {뒤, *앞, *후}가 꿀리지 않는 바도 아니었다.〈염상섭, 무화과〉

ㄷ. 그는 {뒤, *앞, *후}가 켕기는지 슬슬 꽁무니만 빼려 하였다.

(69)의 예에서 보면, (60ㅇ)과 마찬가지로 '앞'이나 '후'와는 전혀 대치되지 않는다는 점에서, 추상화되어 있는 의미로 파악된다. 주로 관용적인 표현에서 많이 남아 있는 경우에 해당하는 예이다. 이 또한 중세의 공간 개념에서 파생된 예로 생각된다.

이상에서 논의된 9가지의 추상적 개념을 가진 '뒤'의 의미를 정리하면 아래와 같다.

1) 어떤 기준에 미치지 못하는 상태나 정도

2) 보이지 않는 곳, 즉 배후나 그늘

3) 어떤 일, 사건이 끼친 흔적이나 자취

4) 여전히 남은 감정, 뒤끝

5) 대를 이을 자손

6) 무슨 일을 다 할 수 있게 도와주거나 이바지하는 힘

7) 선행한 것의 다음을 잇는 것

8) '뒷일'이나 '남은 일'을 가리킴

9) '약점'이나 '결점', '잘못'을 가리킴

이렇게 본다면, 현대국어에서 추가되었다고 생각되는 '뒤'의 예들은 추상적인 의미를 가진다는 점에서 유사한 경우가 된다. 구체적인 공간 의미를 가지지도 않았고, 그렇다고 시간적인 의미를 가진 것도 아니라는 측면에서 그렇다. 따라서 현대국어에 추가되었다고 생각되는 (60ㄱ-ㅈ)의 '뒤'의 예들은 모두 구체적인 공간을 나타내던 '뒤'가 추상화된 상태의 것으로 결론짓는다.[44]

끝으로 현대국어의 공간말인 '뒤'가 가진 의미를 중심으로 정리하면 다음과 같다.

〈표5〉 현대국어 '뒤'의 의미

'뒤'의 의미	예 시	'앞' 대치 여부	'후(後)' 대치 여부	의미바탕	
1. 향하고 있는 쪽과 반대되는 쪽	학교 뒤에 있는 동산	○	×	공간	장소
2. 마지막이나 끝이 되는 부분	아이가 자전거의 뒤에 탔다. 이 영화는 뒤로 갈수록 재미있다.	○, ×	×		부분
3. '엉덩이'를 완곡하게 이르는 말	그는 의자에 털썩 뒤를 붙이고 앉았다.	×	×		신체
4. '똥'을 점잖게 일컫는 말	뒤가 급해서 더 할 수가 없네.	×, ?	×		신체
5. 시간이나 순서상 다음이나 나중	대학을 졸업한 뒤, 그는 농사를 지었다.	×	○	시간	순서
6. '지난 일이나 시간'	자꾸 뒤를 돌아보는 건 바람직하지 않다.	○, ×	×		과거
7. 미래의 시간	그녀는 내게 뒤에 다시 만나거든 혼인하자고 말했다.	×	○		미래

---

44) 그런데 이들은 대체로 관용적인 표현과 구별이 선명하지 않다는 점에서 추가 논의의 필요성은 남아 있다.

'뒤'의 의미	예시	'앞' 대치 여부	'후(後)' 대치 여부	의미바탕	
8. 어떤 기준에 미치지 못하는 상태나 정도	남의 뒤도 못 따라 간다.	X	X		정도
9. 보이지 않는 곳, 즉 배후나 그늘	뒤를 조사하다	X	X		배후
10. 어떤 일, 사건이 끼친 흔적이나 자취	악한 자는 뒤가 좋지 않은 법이다.	X	X		흔적
11. 여전히 남은 감정, 뒤끝	그는 뒤가 없는 사람이다.	X	X		감정
12. 대를 이을 자손	어서 뒤를 보아야 할 텐데.	X	X	추상	후손
13. 무슨 일을 다 할 수 있게 도와주거나 이바지하는 힘	가난한 학생의 뒤를 보아주다.	X	X		도움
14. 선행한 것의 다음을 잇는 것	창가의 뒤를 이어 새로운 시가가 나타났다.	X	X		다음
15. '뒷일'이나 '남은 일'을 가리킴.	너는 일을 저지르고 나는 그 뒤를 거두란 말이냐?	X	X		뒷일
16. '약점', '결점' 등을 가리킴.	네 뒤를 노리는 놈이 많으니 조심해야 한다.	X	X		약점

아울러, '뒤'의 의미를 시대에 따라 정리하면 아래와 같이 된다.

   (70) '뒤'의 시대별 의미 정리
      1) 중세국어: 1) 공간 의미: 장소, 방위(북쪽)
              2) 시간 의미: 순서
      2) 근대국어: 1) 공간 의미: 장소, 신체[1], 신체[2], 방위(북쪽)
              2) 시간 의미: 순서
      3) 현대국어: 1) 공간 의미: 장소, 일부, 신체[1], 신체[2]
              2) 시간 의미: 순서, 과거, 미래
              3) 추상 의미: 정도, 배후, 흔적, 감정, 후손, 도움, 다음, 뒷일, 약점

4. 정리

의미 변화의 방향성은 단일한 것이 아니다. 의미가 축소되는 방향을 취하기도 하고 의미가 확장되는 방향으로 전개되기도 한다. 때로는 의미의 이동으로 나타나기도 하고 심지어는 여러 개의 의미로 나아가기도 한다. 또 형태는 변하지 않고 의미만 변하는가 하면, 형태와 의미 모두 변하는 예도 있다. 물론 이 모든 변화의 중심에는 시간의 흐름이 있다. 변화에는 반드시 시간이 동반된다. 그리고 그 변화 과정에는 변화의 원인이나 원리가 존재하기 마련이다.

'앞', '뒤'는 의미의 변화에 따른 형태의 변화는 보여주지 않는다. 15세기의 '앞'과 '뒤'가 보여주는 의미의 변화 양상은, 시대에 따라 의미가 마치 부챗살처럼 퍼져 나가는 양상으로 전개된다. 다의화를 통한 의미의 확장 양상을 일정하게 보여주는 것이다. 그리고 그 의미 확장의 중심에는 한자인 '前', '後'의 언해 과정이 자리하고 있다. 그 과정을 순서에 따라 정리해 보면 '앞', '뒤' 의미의 변화 과정을 보다 수월하게 관찰할 수 있을 것이다.

〈표6〉 '앞'의 시대별 의미 확장

기본의미	중세·근대국어		현대국어	
[전방]	前: 시간(과거)		전(前): 시간(과거)	
			앞: 시간(과거)	
	{앞} [공간]: 장소, 부분, 목전, 방위(남쪽) [시간]: 순서, 미래	앞	[공간]: 장소·쪽, 부분, 신체¹, 신체², 목전	
			[시간]: 차례, 미래	
			[추상]: 조건, 대상, 처지, 몫, 수신	

〈표7〉 '뒤'의 시대별 의미 확장

기본의미	중세국어	근대국어	현대국어		
[후방]	後[시간]	後·후[시간]	후(後)[시간(순세)]		
			뒤[시간]: 과거, 순서, 미래		
	{뒤} [공간]: 장소,방위 (북쪽) [시간]: 순서	{뒤} [공간]: 장소, 신체¹, 신체², 방위(북쪽) [시간]: 순서	뒤	[공간]: 장소, 부분, 신체¹, 신체²	
				[추상] 정도, 배후, 흔적, 감정, 후손, 도움, 다음, 뒷일, 약점	

〈표6, 7〉에서 '앞'은 중세에서부터 적지 않은 수의 의미를 보여주는 반면, '뒤'의 경우는 겨우 3가지 의미만 보여준다. 이는 중세의 대응 한자인 '前, 後'의 언해 과정이, 결국 시대별 '앞, 뒤' 의미를 결정하는 데 있어 하나의 기제로 작용한 이유에서이다. '前'은 그대로 {앞}으로 언해되는 데 반해, '後'는 {뒤}로 언해되지 않은 경우가 훨씬 많았기 때문이다. 중세국어에서 '後'가 갖는 가장 대표적인 의미는 [시간]이었다.

무엇보다, [전방]과 [후방]이라는 공간에 대한 언중들의 인식이 언해하는 과정에서 각각 '앞—前', '뒤—後'로 구분되었을 것으로 생각된다. 이후 시대를 거듭하면서 의미가 점차 다양해졌을 것이다. 이를 정리하면 아래와 같다.

첫째, '앞'은 [전방]의 개념이 중세에는 {앞}, 前으로 구분된다. 여기서 '{앞}'은 6가지의 의미를 보인다. '前'은 '시간(과거)'의 의미를 가진다. 이는 근대에도 동일한 양상으로 전개된다. 현대국어에서 '前'은 '前'과 '앞'으로 세분되어 '시간(과거)'의 의미를 보여준다. 물론 중심은 '前'이 아니라 '앞'이었다. 나머지 '앞'의 의미는 모두 중세국어 {앞}의 의미에서 파생된 것으로 생각된다.

둘째, '뒤'는 [후방]의 개념이 중세에는 '{뒤}, 後'로 구분되어 나타난다. '{뒤}'는 중세, 근대국어에서 '장소'나 '방위' 등의 공간 개념을 중심

의미로 가지지만 시간 개념을 가지는 경우도 간혹 보인다. 현대국어에서는 시간 개념을 제외한 의미가 모두 여기서 파생된다. '後'는 중세에서 시간 의미를 전담하다시피 하고, 근대에서는 시간을 나타내는 '後·후(시간)'와 역시 시간을 나타내는 '뒤(시간)'를 보인다. 시간 개념으로 쓰인 '뒤'가 문헌자료에서 본격적으로 나타나는 시기는 19세기에 와서이다. 이는 그대로 현대국어까지 이어진다.

또한 '앞'과 '뒤'의 의미 변화에는 일정한 패턴이 있는 것으로 보인다. 우선 장소를 중심으로 한 공간 의미를 기본으로 하여 점차 시간적인 의미를 나타내다가 종국에는 추상적인 의미까지로 나아간다는 것이다. 이는 문법화 과정에서 공간 개념이 보여주는 전형적인 변화의 양상을 고스란히 보여준다.

결국 현대국어에서 보여주는 '앞'과 '뒤'의 다양한 의미는 중세국어의 의미들이 공간과 시간으로 구분되고 그것이 확장되면서 현대국어에 이른 것으로 볼 수 있다. 그리고 이는 언해 과정에서 나타나는 형태와 의미의 이원적 구조와 관계되는 것으로 정리된다.

'앞'과 '뒤'가 보여 주는 이 같은 의미의 변화 과정은 실상 '앞', '뒤'에만 국한된 것은 아니다. 특히, 시간적인 표현들은 대개가 공간을 나타내던 말에서 전이되는 경우가 많기 때문이다. '위'나 '아래'가 그러하고 '틈'이나 '사이'가 그러하다.

이처럼 공간말이 시간을 나타내는 말로, 나아가 추상적인 의미에 이르기까지 다양한 의미의 확장 과정을 보이는 까닭은 무엇보다 특정 표현이 필요한 언어적 상황이 있기 때문이다. 인간이 기존에 가진 언어들로서는 모든 상황이나 장면을 표현해 낼 수는 없다. 그리고 새로운 언어가 필요한 상황들은 언제나 새롭게 생성되고 파생되기 마련이다. 그때마다 인간은 새로운 말들을 만들어 낼 수는 없다. 기억하는 데 한계가 있을 뿐만 아니라 창조 내지는 시간의 한계성도 있다. 따라서 일반적으로는 기존의 형태나 의미 가운데에서 유사한 예를 발췌하거나 기존 의미의 경계를 확장시키는 방법을 택하게 된다. 이는 합성어의 형성 과정과 일맥상통하는 점이다.

특히, 시간 개념은 면이 아니라 선적인 개념이기 때문에 '앞', '뒤'가 본디 가지는 의미적 속성과 잘 맞닿아 있다. 역사적으로 '위'나 '아래'가 '앞', '뒤'와 유사한 시간적인 개념을 가지기도 하였지만, 결국 '앞', '뒤'가 선택을 받은 까닭은 시간 개념을 나타내는 데 가장 유리하고 합당하였기 때문이다.

[2장] '위'와 '아래'의 의미와 변화

2장에서는 공간을 나타내는 말 가운데, '위, 아래'의 의미와 이들의 의미 확장과 변화에 대해 살핀다. '위'와 '아래'가 기본적으로 보유하고 있는 의미는 무엇인지, 그리고 다양한 의미들이 어떻게 확장되고 있는지에 대해 알아보자는 것이다.

> (1) ㄱ. 보름이면 언제나 우리 집 <u>위</u>에는 둥근 보름달이 떴다.
> ㄴ. 소년은 저 멀리 하늘 <u>아래</u> 앉은 지리산을 바라보았다.

'위'와 '아래'는 (1ㄱ, ㄴ)에서 보듯이, 기준이 되는 일정한 대상의 상부(上部)와 하부(下部)의 공간을 나타내는 말이다. (1ㄱ)에서는 '우리 집'이라는 기준을 중심으로 그 상부를, (1ㄴ)에서는 '하늘'이라는 기준을 중심으로 한 하부의 공간을 나타낸다. 이 같은 '위', '아래'의 의미는 '위, 아래'가 가진 다양한 의미들 중 가장 기본적인 것에 불과하다.

> (2) ㄱ. 어릴 적, 나보다 다섯 살 <u>위</u>의 누나는 나를 키우다시피 하였다.
> ㄴ. 위로는 양반에서부터 <u>아래</u>로는 상민에 이르기까지 누구나 나라를 위해 싸웠다.

(2)에서 보면, (2ㄱ)의 '위'는 (1)과 같은 구체적인 공간 개념을 나타내는 것이 아니다. '세 살 위'에서 '위'는 '나이가 많다.'는 뜻이다. (2ㄴ)의 '아래' 또한 구체적인 공간 개념이 아니라, '신분이나 지위가 낮은 경우'

를 의미한다. 이처럼 '위'와 '아래'는 단순히 공간을 나타내는 의미를 가지는 것에 그치는 것이 아닌, 훨씬 다양한 의미를 보유하고 있다.

여기서는 우선 '위', '아래'가 가진 이러한 다양한 의미적 영역을 규명하고자 한다. 아울러 그 과정에서 파생되는 여러 가지 문제들도 함께 살핀다. '위', '아래'와 유사한 의미를 가진 공간말들, 가령 '꼭대기'나 '밑' 등과의 의미적 상관성을 함께 살핌으로써, '위', '아래'가 가지는 공간적 개념을 구체화해 보자는 것이다. 또한 의미 확장에 따른 '위, 아래'의 문법화 과정을 '앞, 뒤'와 견주어 살핀다.

1. 공간말과 의미 확장

공간이란 어떤 일이나 행위 등이 발생하는 장소나 위치, 방향 등을 가리킨다. '전후(前後)'와 '좌우(左右)', '상하(上下)'와 '안팎' 따위는 이와 같은 공간이 구체화되는 개념말이라고 할 수 있다. 공간 개념은 언제나 일정한 공간 표현에 의해 세분화되는데, 이처럼 공간을 나타내 주는 표현들을 가리켜 공간말이라 한다. 일반적으로 공간말은 '학교'나 '산, 집, 바위', 혹은 '위, 아래, 앞, 뒤, 밑, 꼭대기' 따위처럼 이미 낱말 차원에서 공간적인 개념을 함의하고 있다.

그러나 이와 같이 본래부터 공간적인 개념을 함의하지 않더라도 공간말의 자격을 가지는 경우도 있다. 이는 물론 문장 속에서만 가능한 논의이다. (3)의 예를 보자.

(3) ㄱ. 오늘 나는 그녀의 마음에서 사랑의 감정을 찾았다.
ㄴ. 그녀의 순수한 마음을 나는 그녀의 나이에서 발견하였다.

(3)에서, 굳이 공간적 개념을 함의한 낱말이 아니더라도 공간말로 설

정할 수 있는 가능성을 보게 된다. (3ㄱ)의 '마음'과 (3ㄴ)의 '나이'가 그 것인데, 이들은 애초에 낱말 차원에서는 전혀 의미적으로 공간 개념과 는 무관한 예들이다. 그러나 (3)의 문장에서는 이들이 공간말로 설정될 수 있는 개연성이 있다. 왜냐하면 (3ㄱ)의 '찾다'와 (3ㄴ)의 '발견하다'라 는 동사의 논항으로 제시된 것이 '마음'와 '나이'이기 때문이다. 알다시 피, '찾다'와 '발견하다'는 모두 '어디에서'라는 논항을 필요로 하는 동사 이다. 그 '어디'는 마땅히 공간 개념을 바탕으로 하는 것이다. 따라서 (3 ㄱ)의 '마음'과 (3ㄴ)의 '나이'는 적어도 이 문장 내에서는 공간말로 설정 가능해진다. 장소를 나타내는 조사인 '에서'의 결합은 이 같은 설정에 무게를 더해 준다. 다시 말해서, 낱말 차원에서는 전혀 공간적인 의미 를 함의하지 않더라도 문장 내에서 특정의 동사와 공기하게 된다면 공 간말로 치환될 수도 있다는 것이다. 물론 이는 문장 속이라는 일정한 제약 속에서만 가능한 이야기이다.

여기서는 (3)과 같이 문장 속에 주어진 상대적 환경에 따라 규정되 는 공간 개념은 근본적으로 공간을 나타내는 공간말로 설정하지 않는 다. 이를 인정할 경우, 웬만한 낱말치고 공간말로 설정되지 않을 예가 없을 것이다. 문장의 서술어 위치에 공간 개념이 요구되는 동사만 위 치하게 되더라도 어김없이 공간말은 형성될 수 있을 것이기 때문이다. 따라서 애초에 공간 개념을 함의하고 있는 낱말들만을 가리켜 공간말 이라 한다.[1]

공간을 나타내던 말들은 단지 공간 개념을 함의하는 것에 머무르지 않는다. 시간이나 추상적인 말들로 확장되어가는 경우가 많다는 것이 다. 의미의 전이나 문법화는 이 같은 흐름을 잘 반영하고 있다.

---

1) 이에 대해서는 앞 장에서 논의가 있었으므로 간단히 언급하기로 한다.

(4) ㄱ. 그날 오후 창문 {틈, 사이}로 들어오는 햇볕은 정말 따사로웠다.
　　ㄴ. 어제는 너무 바빠서 시 한 편 읽을 {틈, 사이}가 없었다.

(5) ㄱ. 하늘 따 즈스메 빈 따 업시 マ독ᄒ야 다려 잇ᄂ니〈칠대, 14〉
　　ㄴ. 저녁 노을이 질 즈음에 나는 집으로 돌아왔다.

　예시 (4, 5)는 모두 원래는 공간적 개념을 가졌던 낱말들이 시간적 개념을 함의하게 된 경우에 해당된다. 여기서 보면, (4ㄱ)의 '틈'은 '벌어져 사이가 난 자리', '사이'는 '여럿이 촘촘히 들어있는 속이나 가운데'를 의미하는 것으로 특정의 공간을 지칭하는 표현임이 분명하다. 하지만 (4ㄴ)의 '읽을 틈/사이'에서, '틈'과 '사이'는 어떠한 공간적 개념도 인지하기 어렵다. '틈'은 '어떤 행동을 할 만한 기회나 겨를', '사이'는 '어느 때에서 다른 한때까지의 동안'을 나타내는 것으로, 공간 개념에서 벗어나 이미 시간적 개념을 머금고 있는 상태로 존재한다. 의미의 전이가 일어남으로써 의미 범주가 달라져 있다는 것이다.

　(5)의 예는 어떠한가. (5ㄱ)의 '즈스'는 중세국어에서는 현대국어의 '즈음'과는 달리 공간적 개념을 가졌던 말이다. (5ㄱ)은 '하늘과 땅 사이에 빈 땅이 없이' 정도로 해석된다. 여기서 '즈스'는 '사이'라는 공간적 개념을 함의한 명사이다. 그러나 (5ㄴ)의 '즈음'은 '일이 어떻게 될 무렵'을 나타내는 의존명사로, 의미뿐만 아니라 범주의 전이까지 일어난 상태에 있다. 이 또한 공간 개념의 어휘가 시간 개념을 갖게 된 예가 될 것이다. 이처럼 애초에 공간적 개념을 함의했던 말들이 시간적 개념을 획득하게 되는 과정은 흔한 일이다. (6, 7)은 한 발 더 나아가 공간 표현들이 아예 문법적인 요소로까지 나아가고 있음을 보여준다.

(6) ㄱ. 그 집안의 부귀영화는 모두 집의 <u>터</u>가 좋아서라고 이야기들
　　　한다.
　　ㄴ. 그녀는 이제 이곳으로 다시는 돌아오지 않을<u>텐</u>데.

(7) ㄱ. 百千 比丘ㅣ <u>그어긔</u> 이시며〈월석. 17. 38〉
　　ㄴ. 나는 그녀에<u>게</u> 백석의 시집을 선물하였다.

(6ㄱ)의 '터'는 '어떤 구조물을 지을 수 있는 장소'를 나타내는 것으로 전형적인 공간말이다. 반면 (6ㄴ)의 '텐-'에서의 '터'는 그 본래 모습을 찾기 어려울 만큼 다른 요소와 버무려져 있음을 보게 된다. 다시 말해, '터'의 선행, 후행하는 요소들과 녹아있다는 것인데, 이는 '터'가 어미의 일부로 굳어져 가고 있다는 사실을 말해 준다. (7ㄱ)의 '그어긔' 또한 중세국어에는 일정한 장소를 나타내 주던 낱말이었다. 그러나 '그어긔'는 현대국어에서는 문법 요소인 조사 '(에)게'로 정착해 있다. 이는 공간 의미를 나타내던 어휘적 의미가 가장 추상화된 상태에까지 갈 수 있음을 말하는 것이다. 이처럼 공간을 나타내던 말들이 그 의미적 범주를 달리하여 시간적 개념을 가지게 되거나 때로는 문법적인 범주로 전이되는 경우가 종종 있다.

'위'나 '아래'의 경우도 이와 다르지 않다. 현대국어 사전에서는 대개 공간말 '위'가 가진 의미를 7-9가지 정도로 구분하고 있다.[2] 보다 엄밀하게 그 의미를 추구해 본다면 의미의 가짓수는 더 늘어날 개연성도 있다. 그러나 이들의 의미가 모두 공간 개념으로만 작용하는 것이 아니다. 이들 의미를, 그 의미적 속성에 따라 분류해 보면 크게 3가지 정도가 된다. 다음 예시를 보자.

---

2) 〈표준국어 대사전〉에서는 9가지, 〈우리말 큰사전〉에서는 7가지로 제시하고 있다.

(8) ㄱ. 집 <u>위</u>의 감나무에는 언제나 까치들이 앉아 있었다.
　　ㄴ. 수천 년 <u>위</u>로 거슬러 올라가면 우리 조상들과 마주할 수 있다.
　　ㄷ. 우리나라의 야구 열풍은 여성들의 열광적인 관심 <u>위</u>에 가능
　　　한 것이었다.

　(8)의 예에서 각각의 '위'가 나타내는 의미는 동일하지가 않다. (8ㄱ)
의 '위'는 '집'이라는 사물을 기준으로 하여 그보다 높은 쪽을 가리키고
있다. '감나무'가 '집'보다 위에 있다는 의미를 드러낸 것인데, 여기서
'위'는 구체적인 공간 개념이 투입된 것으로 볼 수 있다. 이는 '위'가 가
지는 가장 기본이 되는 의미이다. 한편, (8ㄴ)의 '위'는 이와 같은 공간
개념을 가진 것으로 보기는 어렵다. 여기서의 '위'는 '과거의 시간'이라
는 시간적 개념을 함의하고 있는 것으로 보이기 때문이다. 그리고 (8ㄷ)
의 '위'는 공간적 개념도 시간적 개념도 아니다. 여기서는 어떤 조건 속
에서 이루어지는 '범위'나 '테두리'로서의 의미를 가진다. 이럴 때의 '위'
는 추상화된 의미를 가진 것으로 봐야 한다. 그러나 '위'가 갖는 의미는
이들 세 가지가 전부는 아니다. 이들 의미는 하나의 부류적 의미로 파
악된다. 그 의미를 더욱 세분화할 수 있다는 얘기이다.
　공간말 '아래' 또한 마찬가지다. '위'가 그랬듯이, '아래'도 일정한 대
상을 기준점으로 한 특정의 위치를 나타낸다는 점에서 그렇다. 그리고
그 공간적 개념을 바탕으로 하여 시간과 추상적인 개념으로의 변화를
보인다.
　그런 점에서 본다면, 공시적으로 현대국어에서 '위'와 '아래'는 공간,
시간, 추상 의미 등 세 가지의 부류적인 의미를 가진다. 거기에 일부는
문법적인 의미에까지 나아간다. 이들을 중심으로 본격적인 논의를 진
행해 보자.

1) 공간적 의미를 가지는 경우

2) 시간적 의미를 가지는 경우

3) 추상적 의미를 가지는 경우

4) 문법적인 의미를 가지는 경우

2. 공간 의미로

기본적으로 '위', '아래'는 어떤 기준에 대해 '상하(上下)'의 위치를 나타내낸다는 점에서 공간 개념을 가지는 것은 분명하다. 그렇다고 하여 그 위치 개념이 단일 영역에 한정되어 있는 것은 아니다. 공간을 나타낸다는 전제에서 다시 여러 경우로 구분된다.[3)

> (9) ㄱ. 그녀의 머리 위로 비행기가 지나가고 있었다.(위[1])
> ㄴ. 우산 아래로 나란히 걸어가는 연인들의 모습은 정겹다.(아래[1])

(9ㄱ)의 '위[1]'는 '일정한 기준보다 높은 곳이나 그쪽'을 의미한다. '머리'라는 기준점을 바탕으로 그 상부의 일정 위치에 비행기가 지나가고 있다는 것이다. (9ㄴ)의 '아래'은 '기준으로 삼는 일정한 높이보다 낮은 쪽의 공간 또는 위치'를 나타낸다. '우산'을 기준점으로 '그 이하의 공간'을 지시하는 것인데, 기준점인 '우산'이 구체적인 사물인 까닭에 공간 개념이 선명하게 인지된다. 이는 '위, 아래'가 가진 의미 중에서, 가장 기본적인 것에 해당한다. 이들은 'N#위·아래'라는 환경을 공통적으로 가지는데, 기준점이 되는 N에는 어떤 사물이든 위치할 수 있다. 이는 '위, 아래'가 그만큼 생산적이라는 사실을 말해 준다.

---

3) 여기서는 편의상 '위', '아래'가 가지고 있는 다양한 의미들을 구분하기 위하여 '위[1], 아래[1], 위[2], 아래[2], 위[3], 아래[3]' 따위의 부호를 사용하기로 한다.

‘위’, 아래”은 위치적 개념의 입장에서 보면 다시 두 가지로 구분할 수 있다. 그것은 기준점이 되는 대상과 인접(隣接)한 위치 개념을 나타내는 경우와 기준점과는 일정 거리를 둔, 이격(離隔)된 위치 개념을 나타내는 경우이다. 우선 ‘위’부터 살펴보자.

(10) ㄱ. 내 <u>무릎 위</u>로 개미 두 마리가 놀고 있었다.
ㄴ. 방패연이 <u>마을 위</u>를 빙글빙글 돌고 있었다.

(10ㄱ)의 ‘무릎 위’는 ‘위”의 위치가 기준이 되는 대상인 ‘무릎’과 맞닿아 있는 상태에 있다. 반면, (10ㄴ)의 ‘마을 위’의 경우, ‘위”은 ‘마을’이라는 기준점과는 한참 거리를 두고 있는 지점을 가리킨다. 아래 그림은 이 같은 차이를 잘 보여준다.

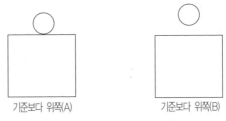

기준보다 위쪽(A)　　　　　기준보다 위쪽(B)

〈그림1〉 ‘위’의 개념에 따른 위치 구분

〈그림1〉은 (10)에 제시된 두 가지 공간 개념을 구분하여 그림으로 나타낸 것이다. 〈그림A〉는 (10ㄱ)과 같이, 기준점이 되는 대상과 인접한 공간 개념을, 〈그림B〉는 (10ㄴ)처럼, 기준 대상과 동떨어진 상태에 있는 공간 개념을 나타낸다.

‘아래’ 또한 마찬가지다.

(11) ㄱ. 한때 <u>무릎 아래</u>를 살짝 가리는 치마가 유행했다.
ㄴ. 그 집의 <u>지붕 아래</u>에는 곶감들이 햇살을 받고 있었다.

(11)에서 보면, '무릎 아래'나 '지붕 아래'에서 보다시피, '아래'은 기준점이 되는 대상과 접촉된 상태에서의 공간 개념을 의미할 수도 있고, 이격(離隔)된 상태에서의 '아래'를 지칭할 수도 있다. 〈그림2〉는 이 같은 양상을 보인 것이다. 〈그림A〉는 기준점과 밀착된 대상을, 〈그림B〉는 기준점과 대상이 이격된 장면을 나타낸다.

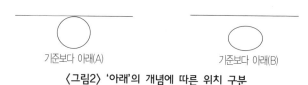

〈그림2〉 '아래'의 개념에 따른 위치 구분

한편, '아래1'은 또 다른 공간말인 '밑'과도 유사한 의미를 가진다. '밑'은 사전적으로 '드리워진 특정한 사물보다 낮은 쪽에 있는 공간'을 나타내는 공간말이다.

(12) ㄱ. 책상 밑에 있는 연필을 어서 주워라.
     ㄴ. 먼 하늘 밑에는 푸른 바다가 넘실거리고 있습니다.

(12)의 '책상 밑'이나 '하늘 밑'의 경우, '책상 아래'나 '하늘 아래'로 대치시키더라도 의미 전달에는 아무런 문제가 되지 않는다.4) 반대로 '위'

---

4) 〈표준국어대사전〉에 정리된 '아래'와 '밑'에 대한 설명을 보면 이들의 의미적 유사성을 짐작할 수 있다. '밑'「5」의 한복 관련 의미를 제외하고는 거의 일치한다.

아래	밑
「1」 어떤 기준보다 낮은 위치. 「2」 신분, 연령, 지위, 정도 따위에서 어떠한 것보다 낮은 쪽. 「3」 조건, 영향 따위가 미치는 범위. 「4」 글 따위에서, 뒤에 오는 내용. 「5」 '음부(陰部)'를 완곡하게 이르는 말.	「1」 물체의 아래나 아래쪽. 「2」 나이, 정도, 지위, 직위 따위가 적거나 낮음. 「3」 (('밑에서' 꼴로 쓰여))그 명사의 지배, 보호, 영향 따위를 받는 처지임을 나타내는 말. 「4」 일의 기초 또는 바탕. 「5」 한복 바짓가랑이가 갈리는 곳에 붙이는 헝겊 조각. 긴밑과 고깔밑이 있다. 「6」 =밑구멍「2」

의 경우에는 이와 같이 대체할 수 있는 공간말이 없다.

(13) ㄱ. 봄날 마당의 장대 <u>위</u>는 언제나 고추잠자리의 놀이터였다.
(위²)
ㄴ. 왜 수부 하나가 돛대 <u>위</u>로 기어오른다.〈유현종, 불꽃〉

(13ㄱ)의 '위²'은 '어떤 사물의 맨 꼭대기'의 지점을 가리킨다. 여기서 '장대 위'는 단순히 '장대'라는 대상의 상부를 말하는 것이 아니다. 또한 '장대'를 기준으로 하여 그보다 높은 쪽을 말하는 것도 아니다. 가장 높은 위치인 꼭짓점을 의미한다. (13ㄴ)의 '돛대 위'는 돛대의 중간이나 그 이상의 위치를 말하는 것이 아니라 '돛대의 맨 꼭대기'를 의미한다. 따라서 '꼭대기'라는 공간말과는 그대로 대치 가능하다. 이런 점에서 '위²'는 (9ㄱ)의 '위¹'과 달리 그 대상에 있어서 많은 제약을 가진다. 무엇보다 꼭대기가 있는 대상이어야 할 것이기 때문이다.

'아래²'는 '위²'보다는 상대적으로 넓은 개념을 함의하지만 대립적으로 설명 가능한 측면이 있다.

(14) 기둥의 <u>아래</u>를 잘 보면 뭔가 보일 것이다.(아래²)

(14)의 '아래²'는 '높이를 지닌 물체에서 지면에 가까운 부분이나 바닥 부분'을 가리킬 때 쓰인다. '어떤 사물의 낮은 쪽'을 의미하고 특정 물체의 맨 아랫부분을 의미한다는 점에서 전체의 일부를 나타내는 경향이 짙다. 따라서 선행어로 가능할 수 있는 범위는 '아래¹'에 비해서는 상대적으로 제약이 있을 수밖에 없다.

(15) ㄱ. 이 <u>스피커의</u> 아래에는 볼륨 조절 장치가 있다.
ㄴ. 그녀는 길을 건너 <u>축대</u> 아래에 쪼그리고 앉았다.

(16) ㄱ. <u>산 밑</u>에 자리 잡은 마을은 한 폭의 그림이었다.

　　　ㄴ. <u>탑 밑</u>에서 움직이는 사람들의 모습이 보인다.

(15ㄱ, ㄴ)의 '스피커의 아래'와 '축대 아래'에서, 선행어 '스피커'와 '축대'는 모두 일정 높이를 지닌 물체이다. 그 물체의 전체에서 아래쪽을 의미한다는 것인데, (15ㄱ)의 '아래²'는 대상의 일부를, (15ㄴ)의 '아래²'는 물체와는 동떨어진 위치를 가리킨다는 차이가 있다. 한편, (16)은 (14)의 '아래²'가 '밑'과 얼마든지 대치될 수 있음을 말해 준다. 여기서 '밑'은 '사물이 높이 솟아 있을 때, 그 사물과 지면(地面)이 닿는 언저리'를 나타낸다. 따라서 '스피커의 밑(부분)', '축대 밑(부분)'으로 대치가 가능하고 (8)의 '산 밑'이나 '탑 밑'은 '산 아래', '탑 밑'으로도 대치 가능하게 된다. 그림 (3)은 (15)의 '아래²'의 두 경우를 제시한 것이다. 〈그림A〉는 대상의 맨 아래를, 〈그림B〉는 대상과 동떨어진 상태를 제시한 것이다.

대상의 아랫부분(A)　　　　　대상의 아랫부분(B)

〈그림3〉 '아래'의 개념에 따른 위치 구분

한편, '위¹', '위²' 양쪽 모두에 관계되는 것이 '위³'이다. 다음 예를 보자.

(17) 그녀는 <u>언덕 위</u>에 올라 마을을 내려다보았다.(위³)

(17)의 '위³'은 '어떤 사물의 중간보다 높은 쪽'을 지칭할 때 쓰는 표현이다. (17)의 '언덕 위'에서 '위'는 언덕이라는 구체적인 대상의 위쪽 부분을 가리킨다. 이는 전체의 일부를 가리킨다는 점에서 '위¹'과는 차별

화된다. 기준점보다 위쪽을 뜻하는 것이 아니라 특정 사물의 일부를 지시하는 공간 개념이다. 따라서 이 경우에는 〈그림1 B〉와 같이, 기준점과 이격된 공간 개념은 포함되지 않는다. 전체와 부분으로 이원화될 수 있는 대상에 한정된다는 점에서 '위^3'은 '위'에 비해 상대적으로 그 쓰임에서 제약을 가진다.

(18) ㄱ. <u>산 위</u>에서 바라본 내 고향은 새삼 아름다웠다.
ㄴ. 그 아이는 <u>책상 위</u>에 올라가 앉았다.

(18)의 '산 위'는 반드시 산에서 가장 높은 부분인 '산꼭대기'를 의미하는 것은 아니다. 그보다는 '중간의 위쪽' 지점이면 충분하고 화자의 위치가 그냥 산이라면 감당할 수 있을 정도의 공간 개념이다. 반면, (18ㄴ)의 '책상 위'의 '위'는 전체의 일부로서의 위치가 아니다. '책상'의 일정 기준 이상의 높이에 앉아 있는 것이 아니라 책상의 '표면'에 앉아 있는 것이다. 따라서 (18ㄴ)은 (18ㄱ)과는 차이가 있다.

(19) 저 <u>강 위</u>로 거슬러 올라가면 천 년 고찰 쌍계사가 나온다.(위^4)

(19)의 '위^4'는 '강이나 냇물에서, 물이 흐르는 방향의 반대쪽'을 가리킬 때 쓰는 표현이다. 강은 아래로 내려가는 것인데, 그 역방향이라는 점에서 '위'로 설정된 공간 의미이다. 여기서 '위^4'는 다른 '위'와는 달리, 특정의 지점이나 위치를 나타내는 것이 아니라 방향을 지시한다는 점에서 차이가 있다. 따라서 이 경우의 '위'는 오히려 '위쪽'이 훨씬 그 의미를 선명하게 해 준다. 뿐만 아니라 '강'이나 '냇물' 따위의 흐르는 물에 대상이 한정된다는 점에서 쓰이는 범위에 제약이 많은 예가 된다. 이는 (20)의 '아래'도 유사한 측면을 갖는다.

(20) ㄱ. 서울을 떠나 <u>아래</u>로 내려가다 보니 이윽고 천안에 다다랐다.
  (아래³)

  ㄴ. 예부터 한강 <u>아래</u>에 사는 사람들은 물난리에 익숙했다.(아
  래⁴)

(20)의 두 '아래'는 일정한 방향을 나타낸다는 점에서 공통점이 있다. (20ㄱ)의 '아래³'은 '일정한 공간에서 입구(入口) 또는 시선(視線)의 출발점으로부터 상대적으로 먼 곳, 또는 상대적으로 방위(方位)의 남쪽에 해당하는 곳'을 의미한다. '서울'에서 '아래'라 함은 결국 '남쪽'을 의미하게 되는데, 이는 어디까지나 '서울'을 기준점으로 했을 때 가능한 계산이다. 따라서 (20ㄱ)의 '아래³'은 방향적 개념이 강한 공간말이라 할 것이다.

(20ㄴ)의 '아래⁴' 또한 방향으로서의 공간 개념을 함의한다. 이는 '강 따위의 물이 흘러가는 쪽, 또는 그 부분'을 가리킨다. 따라서 (20ㄴ)은 '한강이 흘러가는 쪽에 사는 마을'을 의미하게 된다. 이는 '강'이나 '냇물' 따위의 '물이 흘러가는 것'에 한정되는 것이므로 거기에 쓰일 수 있는 대상에는 제약이 있을 수밖에 없다.

(21) ㄱ. 그 냇물의 <u>아래</u>에 사는 마을을 하촌이라 했다.
  ㄴ. 물이 <u>아래</u>로 흐르지 거꾸로 흐르는 것을 봤나.
  ㄷ. 물이 <u>아래쪽</u>으로 흐르지 거꾸로 흐르는 것을 봤나.

(21)은 이 같은 상황을 잘 보여주고 있다. 여기서 (21ㄷ)처럼, '아래쪽'으로도 대치가 자연스러운데, 이는 '아래⁴'가 가지는 '방향'으로서의 의미를 잘 드러내 주는 것이다.

(22) ㄱ. 동사무소 {아래, 밑}으로 가면 그 건물이 보일 겁니다.
  ㄴ. 쭉 읽어서 {아래, 밑}으로 내려가다 보면 그 인용문이 나올 거야.
  ㄷ. 서울을 떠나 <u>밑</u>으로 내려가니 어느새 날씨가 갰다.

한편, (22ㄱ, ㄴ)은 '아래³'이 '밑'과 얼마든지 대치 가능함을 말해 준다. '밑' 또한 방향적 개념이 개입되어 있고 (22ㄷ)처럼, '남쪽'을 의미하기도 한다.

(23)의 '위⁵'와 '아래⁵'는 각각 '신체'와 관련되는 경우이다.

> (23) ㄱ. 그는 몸이 아래보다 <u>위</u>가 부실한 편이다.(위⁵)
> ㄴ. 목욕탕에 불이 나자 사람들은 <u>아래</u>도 채 가리지 못하고 뛰쳐나왔다.(아래⁵)

'위⁵'는 '몸에서 허리보다 높은 부분'을 가리키는 표현이다. (24)에서 보면, '위' 대신에 '상체'를 써도 무방하다는 사실은 이를 잘 반영해 준다. 이는 신체의 특정 부위를 공간말화한 것으로 신체의 일부를 지칭한다는 점에서 다른 개념에 비하면 제약이 많다.

> (24) ㄱ. 그는 몸이 <u>위</u>보다 아래가 더 약하다.
> ㄴ. 그는 몸이 <u>상체</u>보다 하체가 더 약하다.

(23ㄴ)의 '아래⁵' 또한 신체를 가리키는 것으로, '하체'를 완곡하게 이를 수도 있고 보다 특수하게로는 '음부(陰部)'를 지칭할 수도 있다. 이는 신체의 특정 부위를 직접 지칭하는 것에 대한 부담을 줄이기 위한 시도에서 나타나는 현상으로 보인다.⁵⁾ 따라서 '아래⁵'는 '위⁵'에 대응되는 의미를 갖는다.

> (25) ㄱ. 엄마는 아기의 {위, 윗도리}는 그대로 두고 {아래, 아랫도리}를 벗겨 놓았다.
> ㄴ. 똥을 누고 <u>밑</u>을 제대로 닦아야지, 이 녀석!
> ㄷ. 사내가 그렇게 <u>밑</u>이 가벼워서야 어디에 쓰겠느냐?

---

5) 이는 '앞'의 예에서도 유사한 경우가 있다. "그녀는 수치심에 앞을 가리다."에서 '앞'은 여성의 아랫도리나 음부를 지칭한다.

한편, (25ㄱ)에서 보듯이, '아래'는 '아랫도리'와의 대치가 일반적인데, 이럴 경우 '아래'의 의미가 보다 선명해지는 측면이 있다. 이 경우에는 '밑'과의 대치는 원만하지 않다. '밑' 또한 기본적으로 신체 일부를 함의한다. 그런데 (25ㄴ, ㄷ)에서처럼, 신체에서의 '밑'은 주로 엉덩이나 항문에 국한되는 특징을 가진다.[6]

그리고 (26)의 '위[6]', '아래[6]'은 글 속에서 만날 수 있는 공간 개념이다.

(26) ㄱ. <u>위</u>에서 말한 바와 같이, 현대 소설은 새로운 방향을 찾아야
한다.(위[6])
ㄴ. 기재할 때의 주의 사항은 <u>아래</u>와 같으니 참고하시기 바랍
니다.(아래[6])

(26ㄱ)의 '위[6]'은 주로 말이나 글에서, '앞에 적거나 이미 든 내용'을 지칭할 때 쓰이는 표현이다. 따라서 선행된 내용이 존재할 경우에 한해서만 가능한 경우가 된다. (26ㄴ)의 '아래[6]'은 '그 다음에 적혀 있는 글이나 내용'을 의미한다. 따라서 구체적인 기준을 정하기는 쉽지 않다. 대체로 '위[6]', '아래[6]'은 글에서 많이 쓰인다는 점에서 문어적인 경향이 짙은 표현이라 할 수 있겠다.

(27) ㄱ. {이상, 앞}에서 언급했듯이, 나는 그 프로젝트를 맡고 싶다.
ㄴ. {*이하, 뒤}에서 언급하겠지만, 우리는 이겨야 한다.

한편, (27)에서 보듯이, '위[6]'은 한자어인 '이상(以上)에서'와 대체 가능하다. 그리고 '앞'과도 대치 가능한데, 이는 '위'와 '앞'이 의미적으로 중복되는 영역이 있다는 사실을 말해 준다. 반대로 '아래[6]'은 '이하'와는 대

---

6) '아래'의 경우 '밑'과 대부분의 의미가 대응되는 것과는 달리, '위'는 그 의미적 영역을 대신
할 수 있는 다른 공간말이 그렇게 많지 않다. '꼭대기' 정도인데, 이는 '위'의 10여 가지 의
미 가운데 단지 하나의 영역만을 감당할 수 있을 따름이다.

치가 어렵고 '뒤'와의 대치는 자연스럽다. 이 또한 '아래'와 '뒤'가 의미적으로 겹치는 영역이 있음을 말해 준다.

끝으로, 다음의 '위[7]'과 '아래[7]'은 각각 상하 관계의 짝을 찾기가 어려운 경우에 해당한다.

> (28) 상호는 들고 있던 술잔을 상 위에 도로 놓으며 고개를 푹 수그렸다.〈김동리, 까치소리〉(위[7])

(28)의 '위[7]'은 '어떤 대상의 거죽이나 표면'을 가리키는 공간말이다. 따라서 (28)에서 '상 위'는 '상의 표면'을 가리키게 된다.

> (29) ㄱ. 그녀는 벌레가 기어가는 <u>장판 위</u>를 물끄러미 쳐다보았다.
> ㄴ. <u>마루 위</u>로 기어 올라가서 뚫어진 창호지 틈으로 방안을 들여다본다.〈서정인, 강〉

(29ㄱ)에서 '벌레'는 장판의 표면을 기어가는 것이다. (29ㄴ)은 주인공이 마루의 표면을 기어 올라가서 들여다보는 것이다. 따라서 여기에는 일정한 기준보다 위쪽이거나 전체의 일부로서 위쪽을 말하는 것이 아니라, 단지 대상의 표면을 가리킬 따름이다. '장판'이나 '마루'는 특정의 기준점을 두는 것도 아니고 대상의 맨 위쪽을 나타낼 수 있는 대상도 아니다. 수직적인 공간 개념보다는 철저하게 평면적인 공간 개념이다. 이를 그림으로 제시하면 다음과 같다.

〈그림4〉 '위'의 개념에 따른 위치 구분

> (30) 이 색깔의 카디건 아래에 검은색 티셔츠를 받쳐 입으면 아주 잘 어울립니다.(아래[7])

(30)의 '아래7'은 '서로 겹쳐진 가운데 다른 것에 의해 가려진 부분'을 의미한다. 이 경우는 '겹쳐진 상황'이라는 한정된 장면으로 인하여 쓰임새에 제약이 많을 수밖에 없다. '아래7' 또한 '밑'과의 대치에는 아무런 문제가 없다.

(31) ㄱ. 그 책 아래에 〈우리말본〉이 있을 것이다.
ㄴ. 그 책 밑에 〈우리말본〉이 있을 것이다.

이상의 논의에서처럼, '위'와 '아래'가 공간 개념을 가지는 경우는 각각 7가지로 파악된다. 이 가운데는 구체적인 공간 개념에서부터 신체와 방향을 지시하는 것에 이르기까지 다양한 영역이 존재한다. 이를 정리하면 다음과 같다.

〈표8〉 '위', '아래'의 공간 의미

구분	'위'의 공간 의미	'아래'의 공간 의미
1	일정 기준보다 위쪽의 공간이나 위치	기준으로 삼는 일정한 높이보다 낮은 쪽의 공간이나 위치
2	어떤 사물의 중간보다 높은 쪽	높이를 지닌 물체에서 지면에 가까운 부분이나 바닥 부분, 또는 사물의 낮은 쪽
3	대상의 맨 꼭대기	서로 겹쳐진 가운데 다른 것에 의해 가려진 부분
4	어떠한 대상의 거죽이나 표면	일정한 공간에서 입구 또는 시선의 출발점으로부터 상대적으로 먼 곳, 또는 방위에서 남쪽
5	물이 흐르는 방향의 반대쪽	강 따위의 물이 흘러가는 쪽, 그 부분
6	신체에서 허리보다 위쪽	'음부', 또는 '하체'를 완곡하게 이르는 말
7	앞에 적거나 이미 든 내용	그 다음의 글이나 내용

그런데 '위'가 가지는 이 같은 공간 의미는 반드시 현대국어에 국한되어 나타나는 것은 아니다. 이미 중세국어의 시기에도 현대국어와 별 차이 없는 의미적 다양성을 내포하고 있었음이 문헌자료를 통해 확인된다. 이는 전후관계를 나타내는 공간말 '앞', '뒤'의 경우와는 다른 양상이

다. '앞', '뒤'의 경우, 중세국어에서 살필 수 있는 의미 영역과 현대국어의 의미 영역 사이에는 상당한 차이가 있었다. 이 같은 사실은 '위'가 시대적인 흐름에 따른 의미 변화가 크지 않았음을 반증해 준다.7)

3. 시간 의미로

앞서 살폈듯이, 공간 개념은 시간 개념으로 전이되는 경우가 많다. '위', '아래' 모두 이 같은 경향을 보여 준다.

(32) 우리 역사는 <u>위</u>로는 5천 년이지만 <u>아래</u>로는 언제까지일지 알 수 없다.(위[8], 아래[8])

(32)의 '위[8]', '아래[8]'은 구체적인 공간을 나타낸다고 보기 어렵다. 어떤 기준을 바탕으로 그것의 위쪽과 아래쪽을 나타낸다고도 볼 수는 있겠으나 기준의 대상이 구체적인 것이 아니라 '지금(현재)'이라는 시간 개념이다. (32)에서 '위[8]'은 '일정한 기준보다 시간적으로 앞서는 과거'를 가리키고 있다. '지금'이라는 시간적 개념을 기준으로 하여 위쪽, 즉 '과거로 5천 년 전'으로서의 의미이다. 반대로 '아래[8]'은 미래의 시간을 함의하고 있다. 이렇게 보면, 시간 개념을 전후관계로 인식한 '앞, 뒤'와 달

7) ㄱ. 내 <u>집 우흿</u> 세 넚 뛰롤 거더〈두시-초, 17.3ㄴ〉
   ㄴ. <u>迦葉</u>이 <u>須彌山 우희</u> 사롬 브려〈석상, 24.1ㄴ〉
   ㄷ. <u>須彌</u> 뎡바깃 <u>우콰</u> 大海ㅅ 믌겺 가온티왜로다〈금강해, 2.48ㄱ〉
   ㄹ. <u>못 우희</u> 이제 鳳의 터리 잇도다〈두시-초, 6.5ㄱ〉
   ㅁ. 모딘 더운 긔운이 <u>우흐로</u> 올아〈구간, 3.4ㄱ〉
   중세국어의 시기에 '위'가 보여주는 공간 개념은 5가지 정도를 찾을 수 있는데, 이는 현대국어와 별 차이가 없는 것이다. (ㄱ)은 '집'을 기준으로 한 '위쪽'을 의미한다. '일정한 기준보다 높은 곳'의 의미이다. (ㄴ)은 '수미산 위'의 뜻으로 '산'이라는 대상 전체의 높은 일부를 의미한다. (ㄷ)은 '수미 꼭대기의 위'의 의미로서 '어떤 사물의 꼭대기'를, (ㄹ)은 '鳳'의 털이 있는 곳이 '못 위'라는 의미다. 여기서 '못 위'는 물 위를 나타내는 것이기에 '어떤 대상의 표면'으로서의 의미가 강하다. (ㅁ)의 '위'는 '방향'을 나타낸다.

리, '위, 아래'의 경우 시간 개념을 '위에서 아래로' 내려오는 것으로 인식했다는 사실을 알게 된다. '앞, 뒤'가 시간 개념을 수평적으로 인식했다면 '위, 아래'는 수직적으로 인식했다는 것이다.[8]

(33) 영수는 아내보다 두 살 <u>위</u>이지만, 철수는 두 살 <u>아래</u>다.(위[9], 아래[9])

(33)의 '위[9]', '아래[9]'는 '나이'와 관계되는 개념이다. 나이 역시 시간과 관련된다는 점에서 시간 범주에 포함되는 것으로 판단한다. 여기서 '위[9]'는 '연령이 일정한 기준보다 많은 경우'에 해당하는 의미를 가진다. '아래[9]'는 '연령이 일정 기준보다 적은' 경우에 해당하는 의미이다.

그리고 (34ㄱ)에서처럼, '위'와 '앞'은 '위 세대', '앞 세대'로 서로 대치될 수 있는데, '앞'과 '위' 둘 사이의 의미적 유연성이 확인된다. 아울러 '아래[9]'는 '두 살 밑'에서 보듯, '밑'과도 대치 가능하다.

(34) ㄱ. 우리보다 {위 세대, 앞 세대}가 이루어 놓은 일을 존중해야 한다.
　　 ㄴ. 그녀는 나보다 두 살 밑이다.

반대로, '아래[9]'는 (35ㄱ)에서 보듯, 시간 의미에서 '뒤'와 유사한 의미를 가질 수도 있고, (35ㄴ)에서처럼, '밑'으로 대치되는 것도 자연스럽다.[9]

(35) ㄱ. 우리는 {아래 세대, 뒤 세대}에 대하여 책임의식을 가져야 한다.
　　 ㄴ. 우리 역사는 위로는 5천 년이지만 밑으로는 언제까지일지 알 수 없다.

---

8) 한편, '앞'의 경우, '앞 세대'에서는 '과거의 시간'을, '앞으로 10년'에서는 '미래의 시간'을 나타내기도 한다. 과거와 미래의 시간을 동시에 함의할 수 있다는 얘기다. 반면, '위'는 과거의 시간'을 함의하나 미래의 시간을 함의하지는 않는다.
9) 이렇게 보면, 공간말 '아래'와 '밑'은 거의가 대치 가능함을 알 수 있다. 그런데, '아래'와 '밑'이 의미적으로 대립관계에 있는 공간말은 둘 모두 '위'에 대응된다.

끝으로, '위'와 '아래'가 시간 개념으로 전이되어 쓰이는 경우의 의미를 정리하면 다음과 같다.[10)]

〈표9〉 '위', '아래'의 시간 의미

구분	'위'의 시간 의미	'아래'의 시간 의미
1	일정한 기준보다 앞서는 과거	일정한 기준보다 미래의 시간
2	일정한 기준보다 많은 연령	일정한 기준보다 적은 연령

4. 추상 의미로

'위', '아래'가 구체적인 공간 개념이나 시간 개념에서 벗어나 추상적인 개념으로 쓰인 경우도 있다. 이는 공간말에서 중심이 되는 의미가 가장 옅어진 경우여서 더 이상 공간적인 구체성을 확인하기는 어려운 예이다.

(36) 그 아이는 머리 쓰는 것이 형보다는 한 수 위이지만, 누나보다는 한 수 아래이다.(위[10], 아래[10])

(36)의 예에 사용되고 있는 '위'와 '아래'는 공간적 의미도, 그렇다고 시간적인 의미를 나타내는 것도 아니다. (36)의 '위[10]'은 이미 의미의 전이를 통해 추상화된 의미로만 사용되고 있다. 이는 '위'가 공간적 구체

10) 이와 같이 '위'나 '아래'가 가지는 시간 의미 또한 중세국어에서는 이미 일반화되어 있었다.
ㄱ. 其 九十一 無量劫 우희 燃燈如來ㄹ 보ᅀᆞᄫᅡ 菩提心ᄋᆞ로 出家ᄒᆞ더시니〈월천, 33ㄴ〉
ㄴ. 千載上ᄋᆞᆫ 즈믄 힛 우히라〈월석1, 10.22〉
ㄷ. 千世 우희 미리 定ᄒᆞ산 漢水北에〈용가, 125장〉
ㄹ. 모딘 相ᄋᆞᆯ 니ᄌᆞ실씨 千載 아래 聖德을 ᄉᆞᆯᄫᆞ니〈용가, 76〉
(ㄱ-ㄷ)의 예는 중세국어의 '위(우ㅎ)'가 공간적 개념에 한정되어 쓰였던 것이 아니라 각각 시간적 개념을 함의하고 있는 예이다. 선행어인 '무량겁'이나 '즈믄 힛', '千世' 등은 과거의 시간 개념으로 의미의 전이가 이루어지고 있다. (ㄹ)의 '千載 아래'에서 '아래'는 '이전'이라는 시간적 의미를 반영한다.

성이라는 본래적 의미를 상실한 것이기에 마땅히 공간 의미로서의 '위'에 비해 의미적으로 제약이 많을 수밖에 없는 처지가 된다. 여기서 '위[10]'은 '일정 기준보다 수준이나 정도, 등급 따위가 나은 쪽'이라는 의미이다. 그런 까닭에 기준점 또한 모두 추상화되는데, '머리 쓰는 수준'이 여기에 해당한다. 이런 기준점의 존재는 그 뿌리가 공간 개념에서 출발한 것이라는 사실을 반영한다.

(36)의 '아래[10]'은 '지위나 등급 따위의 비교에서 낮은 위치'를 차지한다는 의미로서 구체적이거나 가시적인 의미와는 거리가 있는 추상화된 개념이다. '한 수 밑'에서 보듯, 유사 공간말인 '밑'으로도 대치 가능하다.

한편, (37)의 '위[11]', '아래[11]'은 더욱 추상화된 쓰임새를 보여 준다.

(37) ㄱ. 세계화는 어디까지나 고유 문화의 바탕 위에서 이루어져야 한다.(위[11])
ㄴ. 개방화의 물결 아래에서 우리가 살아남을 길이 과연 무엇일까?(아래[11])

여기서 (37ㄱ)의 경우에는 일정한 기준점조차 희미할 만큼 추상화되어 있다. (37ㄱ)의 '위[11]'은 '일정하게 특징지어지는 범위나 테두리'를 일컫는다. 그러니까 '고유 문화'의 테두리 속에서 세계화가 이루어져야 한다는 것인데, 여기서 '위'는 어떤 기준점을 찾아내기가 쉽지 않다. 이 같은 '위'의 쓰임새는 일부 명사 뒤에서 '위에(서)'의 꼴로 한정되어 쓰인다는 환경적 제약을 갖는다. 제약이 많다는 것은 추상화되었다는 것과 깊은 연관성이 있다. 아래 예는 이 같은 제약을 잘 보여준다.

(38) ㄱ. 그의 학자적 명성은 지난날 각고의 업적 위에 이루어진 것이다.

ㄴ. 그 선수의 연봉 인상은 어디까지나 단단한 <u>실력 위에서</u> 가
능한 것이었다.

ㄷ. 회복되어진 건강과 이미 사라져 버린 <u>위험 위에</u>, 과거 없는
<u>새바람 위에도</u>, 나는 그리하여 이제 너의 힘으로 나의 생을
다시 시작한다.〈박태순, 어느 사학도의 젊은 시절〉

(38ㄱ)의 '업적'이나 (38ㄴ)의 '실력', (38ㄷ)의 '새바람' 따위에서 보듯,
선행어가 모두 추상적인 개념이다. 또한 후행하는 조사가 단지 '에(서)'
에 국한된다는 점도 이런 제약을 말해 준다.

(37ㄴ)의 '아래[11]'는 '어떤 조건이나 영향 따위가 미치는 범위'라는 의미
를 가진다. 대개가 'X 아래에서'의 짜임새를 형성하는 것으로 보아 그
쓰임새에 제약이 많다는 사실을 알 수 있는데, 이는 의미의 추상화와도
밀접한 연관성이 있는 것으로 생각된다. '밑'과의 대치는 다소 어색한
것으로 보인다.

(39) 자고로 <u>위</u>가 맑아야 <u>아래</u>가 맑은 법이다.(위[12], 아래[12])

(39)의 '위[12]', '아래[12]' 또한 마찬가지다. (39)의 '위[12]'는 '높은 지위에
있는 사람, 상급의 위치에 있는 기관' 등을 나타낼 때 쓰이는데, 여기
서도 일정한 기준점을 찾는 것은 어렵다. '위[12]' 역시 쓰일 수 있는 의
미적 범위는 지극히 한정된다. (39)의 '아래[12]'는 '신분이나 지위에서 어
떠한 것보다 낮은 쪽'을 의미한다. 일정 기준을 바탕으로 한 구체적인
공간을 나타내던 말이 신분이나 지위라는 추상적인 개념을 나타내게
된 것이다. 여기에는 신분(지위)의 높고 낮음을 상하관계의 공간 개념
으로 전이시켜 이해했다는 인간의 인지적 관점이 개입되어 있다.[11]

---

11) 중세국어에서도 이미 '위'나 '아래'가 이와 같은 추상적인 의미를 나타내는 경우는 쉬이 찾
을 수 있다.
ㄱ. 내 엇뎨 <u>우흐로</u> 先帝ㅅ 쁘들 지여ᄇ리고 <u>아래로</u> 先人의 德을 ᄒ야ᄇ려〈내훈2, 47ㄴ〉

이상에서 논의된 '위', '아래'의 추상 의미는 다음과 같다.12)

〈표10〉'위', '아래'의 추상 의미

구분	'위'의 추상 의미	'아래'의 추상 의미
1	일정 기준보다 수준이나 정도가 나음	일정 기준보다 수준이나 정도가 낮음
2	일정하게 특징지어지는 범위나 테두리	어떤 조건이나 영향 따위가 미치는 범위
3	높은 지위에 있는 사람이나 상급 기관	상대적으로 낮은 지위에 있는 사람이나 하급 기관

5. 문법 의미로[13]

한 낱말의 의미가 구체적인 것에서 벗어나 점차 추상적인 의미를 띠게 된다면, 그 변화의 종착지는 결국 문법적인 요소가 될 가능성이 크다. 가장 어휘적인 의미가 강했던 애초의 낱말에서 그 의미가 가장 추상화되고 옅어지는 단계가 문법적인 의미를 갖게 되는 것이다. 이 단계에서는 어휘 의미는 사라지고 문법적인 기능만 존재하게 된다. 이른바 문법화 현상이다. 이는 공간을 나타내는 말들 또한 마찬가지다. 다음 예를 보자.

ㄴ. 우흘 恭公敬경ᄒ고 아랠 ᄉᆞ녑ᄒ며〈육조-중, 21ㄴ〉
ㄷ. 내 벼슬이 비록 우희 이시나 녯 사ᄅᆞ미 다 ᄉᆞ양ᄒ며 피ᄒᆞ야 아래 좌애 안쩌〈번소, 7. 47ㄱ〉
ㄹ. 이 法華經법도 ᄯᅩ 이 ᄀᆞᆮᄒᆞ야 諸經ㅅ 中에 ᄆᆞᆺ 우희 ᄃᆞ외니라〈법화, 6.164ㄴ〉
ㅁ. 비록 理 우희 노가 둘히 업스나컨마론 聖과 凡괏 일후미 ᄀᆞᆮᄒᆞ미〈금삼해, 4.40ㄱ〉
(ㄱ-ㄷ)에 제시된 '우ㅎ'이나 '아래'는 모두 '지위'나 '신분' 따위를 나타내는 추상적인 의미로 생각된다. 또한 (ㄹ)의 '諸經ㅅ 中에 ᄆᆞᆺ 우희'에서 '우ㅎ'은 '여러 경전 가운데 가장 위'라는 의미로 해석된다. 따라서 여기서는 '어떤 수준이나 정도, 등급 따위가 일정 기준보다 나은 쪽'의 의미를 가진다. (ㅁ)의 '우ㅎ'은 '일부 명사 뒤에서 '위에'의 꼴로 쓰여, '일정하게 특징지어지는 범위나 테두리를 이르는 말'을 가리킨다.
12) 공간 의미나 시간 의미에서와는 달리, 추상 의미를 간직하고 있는 '위, 아래'의 경우에는 '앞, 뒤'와 '위, 아래'가 의미적으로 대치될 수 있는 영역은 보이지 않는다.
13) 문법화 논의는 뒤에서 세부적으로 다시 다룬다. 그럼에도 여기에서 언급하는 까닭은 '위, 아래'의 변화를 논의하는 과정·단계에서는 피할 수 없는 부분이 있기 때문이다. 대신 간단하게 처리하도록 한다.

(40) ㄱ. <u>해질녘</u> 하늘은 인생을 함축하고 있는 모습을 보일 때가 있다.

　　　ㄴ. 어제는 밥을 <u>먹는데</u> 너무나 서러워서 눈물과 함께 먹었다.

　　　ㄷ. 그 학생은 <u>이른바</u> 명문학교의 학생회장이 되어 있었다.

역사적으로 '녘'이나 '데', '바' 따위는 모두 공간을 나타내는 명사였다. 하지만 (40)에서 보듯, 현대국어에서는 선행요소와 융합하여 그 본래적 의미는 사라지고 문법적인 요소로만 기능하고 있다.

(41) ㄱ. 그 학교 <u>뒤</u>에는 그녀가 사는 마을이 있었다.

　　　ㄴ. 세상이 불안정하여 <u>뒷</u>기약을 하기가 어렵겠다.

　　　ㄷ. 그 사람의 <u>뒤</u>를 조사해 보면 진실은 드러날 것이다.

　　　ㄹ. 비바람이 감나무를 <u>뒤</u>흔들어 감이 많이 떨어졌다.

(41)은 위치를 나타내는 공간말 '앞, 뒤' 가운데 '뒤'의 문법화 과정을 보인 것이다. 이들은 공간말이 보여 주는 의미 변화의 과정을 잘 나타낸다. '뒤'는 (41ㄱ)처럼 구체적인 공간 의미를 나타내던 것이 (41ㄴ)에서는 시간 의미를 함의한다. 그리고 (41ㄷ)의 '뒤'는 공간 개념이 아니라 [배후]라는 추상적 의미를 나타내다가 결국 (41ㄹ)에서는 기능적인 요소만 남고 어휘적 의미는 완전히 상실하게 된다. (41ㄹ)의 '뒤'는 '마구'라는 부가적 의미를 지닌 접사로만 기능하고 있는 것이다.[14]

　　그렇다면 '앞', '뒤'와 유사한 공간말인 '위', '아래'를 문법화의 측면에서 살피면 어떠한가. 지금까지 논의한 '위'와 '아래'의 의미를 거슬러 보면, '앞', '뒤'와 유사한 과정을 보이고 있음을 알게 된다. 논의된 내용을 바탕으로 '위', '아래'의 의미들을 종합해 보면, 1)구체적인 공간 의미를 나타내는 경우, 2)시간적인 의미를 나타내는 경우, 3)추상적인 의미를

---

14) (41ㄴ)의 '뒷기약'은 '뒷날에 대한 약속'의 의미를, (41ㄷ)의 '뒤'는 '배후'를 나타내는 추상적인 의미로 작용하고 있다. 그리고 '앞'은 추상적인 의미를 보이는 단계에까지만 나아가고 문법적인 요소로의 변화는 보이지 않는다.

나타내는 경우로 정리되기 때문이다. 이를 다시 제시해 보자.

(42) ㄱ. 은행나무 {위, 아래}에는 새 한 마리가 앉아 있었다.
　　 ㄴ. 우리나라의 역사는 위로는 5천 년, 아래로는 언제까지일지
　　　　 알 수 없다.
　　 ㄷ. 그 영수가 머리 쓰는 건 영희보다 한 수 {위, 아래}이다.

(42ㄱ)은 각각 공간 의미, (42ㄴ)은 시간 의미, (42ㄷ)은 추상 의미를
나타낸다. 이 가운데 '아래'는 의미의 추상화 단계에서 더 나아가지 못
한다. 적어도 공시적으로는 '앞'과 마찬가지로 의미의 확장 단계에서 머
문다는 것이다. 반면, '위'의 경우는 변이형태인 '웃'의 쓰임에서 문법화
가 더 진행된 흔적을 발견할 수 있다.

(43) ㄱ. 보기만 해도 고리타분한 막걸리 웃국이오.〈심훈, 상록수〉
　　 ㄴ. 요즘 날씨가 추워서 웃옷을 입어야 한다.
　　 ㄷ. 웃어른의 말씀은 잘 새겨들어야 한다.
　　 ㄹ. 나는 결국 웃돈을 주고 그 책을 샀다.
　　 ㅁ. 화분의 나무가 웃자라서 볼품이 없게 됐다.

(43)에 제시된 여러 낱말들에서, '웃-'은 단순히 '위'가 가지는 공간 개
념이나 추상 개념을 가지고 있지 않다. (43ㄱ)의 '웃국'은 '위쪽에 있는
국'이 아니라, '간장이나 술 따위를 담가서 익힌 뒤에 맨 처음에 떠낸 진
한 국'이라는 의미이다. 여기서의 '웃'은 일부의 명사 앞에 붙어, '위에
있거나 덧붙은' 또는 '위쪽으로 올린'의 뜻을 더하는 형태소이다. '웃고
명'이나 '웃더껑이', '웃물' 따위에서 더 예를 찾을 수 있다. (43ㄴ)의 '웃
옷'은 '위쪽에 입는 옷'이 아니라, '맨 겉에 입는 옷'을 말한다. 일부 명사
앞에 붙어, '바깥쪽에 있는' 또는 '바깥쪽에서 들어온'의 뜻을 더하는 형
태소이다. '웃바람'과 '웃풍' 따위를 더 예들 수 있다. (43ㄷ)의 '웃어른'은

마땅히 '위쪽에 있는 어른'이 아니라 일부 명사 앞에 붙어, '윗사람인', '나이가 많은'의 뜻을 더하는 형태소이다. (43ㄹ)의 '웃돈'은 '본래 정해진 값에 더하는 돈'을 의미한다. 여기서 '웃'은 일부 명사 앞에 붙어, '본래 의 것에 덧붙은' 또는 '본래의 것보다 나은'의 뜻을 더하는 형태소이다. (43ㅁ)의 '웃자라다'는 '위쪽에 자라다'가 아니라 '지나치게 많이 자라 연 약하게 되다.'의 뜻이다. 여기서 '웃'은 일부 동사 앞에 붙어, '본래의 것 을 넘어서서' 또는 '본래의 것을 넘어서게'의 뜻을 더하는 형태소이다. '웃돌다, 웃보다, 웃치다' 따위를 더 예들 수 있다.

따라서 (43)에서 쓰인 '웃'은 모두 공간 의미나 시간 의미 따위의 어휘 적 의미로 쓰인 것이 아니다. 여기서는 후행하는 어근에 결합하여 일정 한 뜻을 더해 주는 역할을 하고 있다. 이미 의미의 탈색(bleaching)이 진 행됨으로써 접사로서의 기능이 본질이 되었다는 것이다. 이렇게 보면, 형태적으로 '위'나 '윗'은 모두 어휘적 의미로, '웃'은 기능적인 의미를 가진 것으로 정리된다.15)

6. 정리

공간을 나타내는 말을 가리켜 공간말이라 했을 때, '위'와 '아래'는 전형적인 공간말이라 할 수 있다. '위'와 '아래'는 대상을 기준으로 한 상하관계(上下關係)에 있는 위치 개념을 여러 방면에서 구체화해 주는 역할을 담당하고 있기 때문이다. 여기서는 이러한 공간 개념말인 '위'

---

15) 한편, '앞'과 '뒤'의 경우, '공간 의미 → 시간 의미 → 추상의미'라는 단계적인 의미 변화가 중세국어 이후 시대적인 흐름에 따라 점진적인 변화의 모습을 보인다. 따라서 통시적인 논의만으로도 문법화의 과정을 짐작할 수 있다. 반면, '위'와 '아래'의 경우는 중세국어에 서부터 이미 '공간, 시간, 추상'의 세 가지 의미들을 동시에 엿볼 수 있다. 따라서 문헌자 료를 통하여 제시된 예를 바탕으로 하여 '위'와 '아래'의 문법화가 전개되는 양상을 살피기 는 어려운 예가 된다.

와 '아래'가 가지는 기본 의미와 의미의 확장에 대해 살피고자 하였다.

'위'와 '아래'의 의미를 분석해 본 결과, 공간 의미를 나타내는 것, 시간 의미를 나타내는 것, 추상 의미를 나타내는 것, 문법 의미를 나타내는 것 등 경우로 구분됨을 알 수 있었다. 이는 '위', '아래'가 단순히 공간 개념만 함의하는 것이 아니라, 때로는 시간적인 의미를 함축하기도 하고 더 추상화된 개념을 나타내기도 한다는 것이다. 공간 개념 내에서도 단순히 일정 기준을 중심으로 한 상하관계만을 나타내는 데 그치지 않고 다시 몇 가지의 공간 의미가 존재함을 살필 수 있었다. 이는 공간 개념 내에서도 미세한 의미의 확장이 나타났음을 말해주는 것이다. 시간 의미는 과거의 시간과 나이를 나타내는 경우로 구분하였다. 추상 의미는 '수준'이나 '범위', '지위', '이전 내용' 등의 의미로 파악하였다. 그리고 공간, 시간 의미에서 '앞, 뒤'와 '위, 아래'의 의미가 서로 대치되는 의미적 유연성 또한 찾을 수 있었다.

'위', '아래'의 의미가 구체적인 공간 개념에서 점차 그 의미가 확장되는 현상은 자연스럽게 문법화의 과정과 연계된다. '위'와 '아래'를 문법화의 측면에서 볼 때, '아래'가 문법화의 최종 단계에 이른 예는 보이지 않았다. 의미 확장 단계에서 머문 셈이다. 반면, '위'는 변이형태인 '웃'을 통하여 접두사로 기능하는 예들을 볼 수 있었다. 이는 '뒤'의 경우와 유사한 경우에 해당된다. 정리하자면, '아래'는 문법화 초기 단계인 의미 확장에 그치지만 '위'는 그 일부가 문법 요소에까지 나아간 경우가 있다는 것이다.

[3장] '안'과 '밖'의 의미와 변화

3장에서는 위치 개념어 중 내외 개념어에 속하는 '안'과 '밖'에 대해 살핀다. 먼저 현대국어에서 보여주는 '안'과 '밖'이 가지는 의미를 사전을 중심으로 알아본다. 그리고 '안'과 '밖'의 의미적 변화를 문헌자료를 통해 다시 구체화한다.

1. '안'과 '밖'의 기본 의미

내외 개념어인 '안'과 '밖'을, 사전에 드러난 의미를 중심으로 정리해 보자. 〈표준국어대사전〉에 의하면, '안'과 '밖'은 각각 6개의 의미를 가지는 것으로 처리된다.

먼저, '안'이 가지는 사전적 의미이다.

(1) ㄱ. 나는 그녀와 극장 안에 들었다.
　　ㄴ. 그녀는 그 어려운 문제를 한 시간 안에 다 풀었다.
　　ㄷ. 아버지께서 사랑에서 안으로 들어가셨다.
　　ㄹ. 저고리에 명주로 안을 넣었다.
　　ㅁ. 변변치 않지만, 제 안이 차린 음식입니다.
　　ㅂ. 회사 일은 회사 안에서 처리해야 한다.

(1ㄱ)의 '극장 안'의 '안'은 '어떤 물체나 공간의 둘러싸인 가에서 가운데로 향한 쪽. 또는 그런 곳이나 부분'을 가리킨다. 일정 대상을 기준으

로 하여 그것의 내부를 지칭한다는 것으로, '안'이 가진 가장 보편적이고 기본적인 의미라 할 것이다. 모든 위치 공간말은 선행어인 사물을 기준으로 하여 위치를 지정해 준다. 그 기준점이 필요하지 않은 경우에는 해당 위치 공간말의 본디 개념이 이미 퇴색된 예가 될 것이다. (1ㄴ)의 '한 시간 안'에서의 '안'은 '일정한 표준이나 한계를 넘지 않은 정도'의 의미를 가진다. 기준점이 구체적인 사물은 아니라 하더라도 '안'의 의미가 확장 적용된 경우가 된다. (1ㄷ)의 '안'은 '안방'을 의미한다. 여기서는 기준점이 보이지 않는데, 아마도 '집의' 정도가 생략된 것으로 보인다. (1ㄹ)의 '안'은 '안감'을 뜻한다. '감'은 '옷감'을 뜻하므로, '옷의 안에 받치는 피륙 따위를 가리킨다. (1ㅁ)의 '안'은 '아내'를 가리킨다. 공간 개념어가 사람을 지칭하는 것으로 의미 범주가 바뀐 경우이다. 여기서의 '안'은 '안방'의 '안'과도 연계되는 것으로 보인다. 안방에는 아내가 있는 곳이기 때문이다. 끝으로 (1ㅂ)의 '회사 안'의 '안'은 '조직이나 나라 따위를 벗어나지 않은 영역'을 가리킨다. 공간 개념을 바탕으로 추상적인 공간에 덧보태어진 경우라 할 것이다. 이들 중 (1ㄱ, ㄷ, ㅂ)은 공간과 관계된다. 물론 (1ㅂ)의 경우는 다소 추상화된 공간일 것이다. (1ㄴ)은 시간과, (1ㄹ)은 사물과, (1ㅁ)은 사람과 관계되는 '안'의 개념이다.

다음으로, '밖'이 가지는 사전적 의미 6가지이다.

(2) ㄱ. 그는 <u>건물 밖</u>으로 뛰어나갔다.
　　ㄴ. 옷장 안은 깨끗했으나, <u>밖</u>은 긁힌 자국으로 엉망이었다.
　　ㄷ. 그녀는 <u>기대 밖</u>의 높은 점수를 얻었다.
　　ㄹ. <u>밖</u>은 추우니 나오지 말고 집 안에만 계십시오.
　　ㅁ. 당장 머물 곳이 없으니 <u>밖</u>에서 밤을 지새워야 할 판이다.
　　ㅂ. <u>밖</u>에서 하시는 일을 안에서 어찌 알겠습니까?

(2ㄱ)의 '건물 밖'의 '밖'은 '어떤 선이나 금을 넘어선 쪽'을 의미한다.

(1ㄱ)의 '안'에 대응되는 것인데, '건물'을 기준으로 '그것의 외부 지점'을 지칭하는 위치 개념어이다. (2ㄴ)의 '밖'은 기준점 '옷장'이 생략된 경우이다. '겉이 되는 쪽. 또는 그런 부분'을 의미한다. (2ㄷ)의 '기대 밖'의 '밖'은 '일정한 한도나 범위에 들지 않는 나머지 다른 부분이나 일'의 의미를 가진다. 이 경우는 위치 개념어가 추상적인 범위로 나아간 예가 된다. (2ㄹ)의 '밖'은 '무엇에 의하여 둘러싸이지 않은 공간. 또는 그쪽'을 가리킨다. 그리고 (2ㅁ)의 '밖'은 '한데'를 나타낸다. 마지막 (2ㅂ)의 '밖'은 '바깥양반', 곧 '남편'을 뜻한다. 이 중에서 (2ㄱ, ㄴ, ㄹ, ㅁ)은 각각 공간 개념, (2ㄷ)은 추상 개념, (2ㅂ)은 사람과 관련되는 개념이다.

이들을 다시 정리하면 아래와 같다.

〈표11〉 '안', '밖'의 사전적 의미

구분	안	밖
1	어떤 물체나 공간의 둘러싸인 가에서 가운데로 향한 쪽, 또는 그런 곳이나 부분.	어떤 선이나 금을 넘어선 쪽
2	일정한 표준이나 한계를 넘지 않은 정도	겉이 되는 쪽. 또는 그런 부분
3	안방	일정한 한도나 범위에 들지 않는 나머지 다른 부분이나 일
4	안감	무엇에 의하여 둘러싸이지 않은 공간, 또는 그쪽
5	'아내'를 이르는 말	한데
6	조직이나 나라 따위를 벗어나지 않은 영역	바깥양반

그런데 보다시피, 이들의 의미영역이 모두 동일한 것은 아니다. 그리고 '안'과 '밖'이 가지는 의미 모두가 제시됐다고 보기도 어렵다. 정확히 말하자면, 공간말 '안'과 '밖'이 다른 의미 범주로 변화해 가는 과정에서 보이는 의미와 유형들에 대해서는 세세하게 언급되어 있지 않다는 것이다.

〈표11〉에서, '안'의 경우 (5)는 '아내'이므로 엄밀한 의미에서 장소나

공간 범주와는 다소 거리가 있다. 그리고 나머지는 공간 개념의 기본에서 조금씩 그 의미가 확장된 예로 다룰 수 있을 것이다. '밖'의 경우도 (6)은 '남편' 또한 마찬가지다. 그리고 나머지는 전형적이지는 않지만, 확장된 개념에서 공간 개념으로 처리할 수 있다.

또한 사전에는 세분화되어 있지 않지만, '안, 밖'은 다음과 같은 개념에 많이 노출되어 있다.

(3) ㄱ. <u>하루 안</u>에 우리는 자료 조사를 마쳐야 한다.
    ㄴ. <u>십 리 안</u>에는 학교가 없다.
    ㄷ. 그것은 내 <u>꿈 안</u>에 다 포함되어 있다.

(4) ㄱ. 우리에게 남은 시간은 <u>하루 밖</u>이다.
    ㄴ. <u>십 리 밖</u>에 가야 겨우 역이 하나 있다.
    ㄷ. 그것은 내 <u>생각 밖</u>의 일이다.

(3, 4)에 사용된 '안', '밖'은 시간과 거리, 추상적인 상황에 쓰인 경우이다. (3ㄱ, 4ㄱ)은 시간적 상황에, (3ㄴ, 4ㄴ)은 거리 개념에, (3ㄷ, 4ㄷ)은 추상적 상황에 적용되고 있다. 이들은 '안'과 '밖'이 공간 개념 못지않게 많이 쓰이는 경우가 될 것이다. 이에 대해서는 문헌자료를 통하여 구체화해 볼 것이다.

한편, 공간 개념어로서 '안'과 '밖'을 논의함에 있어, 함께 논의해야 할 말 중에 '속'과 '바깥, 겉' 따위가 있다. 먼저 '안'과 함께 다루어야 할 '속'에 대해 살펴보자. (5)는 사전에서 정리한 '속'에 대한 설명과 그에 대한 예시를 '안'과 대비시킨 것이다.

(5) 사전의 '속'
    가. 거죽이나 껍질로 싸인 물체의 안쪽 부분.
        → 밤송이를 까 보니 {속, 안}은 거의 다 벌레가 먹었다. 수

박 {속, [?]안}, 연필 {속, *안}
　나. 일정하게 둘러싸인 것의 안쪽으로 들어간 부분.
　　→ 건물 {속, 안}으로 들어가다. 이불 {속, 안}, 우물 {속, 안}
　다. 사람의 몸에서 배의 안 또는 위장.
　　→ {속, *안}이 거북하다. {속, *안}이 아프다. {속, *안}이 더부
　　룩하다.
　라. 사람이나 사물을 대하는 자세나 태도.
　　→ {속, *안}이 넓다. 그 사람이 {속, *안}이 좋아 가만있는 거지.
　마. 품고 있는 마음이나 생각.
　　→ {속, *안}이 검다. {속, *안}을 털어놓다. {속, *안}이 후련하다.
　바. 어떤 현상이나 상황, 일의 안이나 가운데.
　　→ 드라마 {속, 안}에서나 가능한 이야기. 잠 {속, *안}으로 빠
　　져들다.
　사. 감추어진 일의 내용.
　　→ 겉으로는 화려하게 보이지만 {속, 안}을 들여다보면 힘들
　　고 괴로운 일이 많다.
　아. 사리를 분별할 수 있는 힘이나 정신. 또는 줏대 있게 행동하
　　는 태도.
　　→ {속, *안}도 없나? 남에게 이용만 당하게.
　자. 『식물』 식물 줄기의 중심부에 있는, 관다발에 싸인 조직.

　(5)의 예시 대비를 보면, 이들 중, '안'과 대치 가능한 것과 그렇지 않
은 것이 있다. 다음 세 가지 항목에서는 '속'이 '안'으로 대치 가능하다.
이를 대비해 보면, '안'이 가진 공간 의미가 더 세부적이고 구체화될 것
이다.

　(6) ㄱ. 일정하게 둘러싸인 것의 안쪽으로 들어간 부분.
　　ㄴ. 어떤 현상이나 상황, 일의 안이나 가운데.
　　ㄷ. 감추어진 일의 내용.

또한 '안'과 '속'은 아래와 같이 동일 의미를 가진 것으로 분류되는

낱말들도 상당수 있다. 이는 '안'과 '속'의 의미가 대체될 수 있는 여지가 많다는 사실을 나타내는 것이다.

(7) 안침-속옷, 안겉장-속표지, 안주머니-속주머니, 안창-속창, 안표지-속표지.

'안'과 '내(內)' 또한 마찬가지다. 현대국어에서 접두사로 처리되는 한자 '內-'는 여러 낱말들에서 '안-'과 대체 가능한 경우가 많다. 이는 한자와 우리말의 직접적인 대응 관계에 있는, 동일 표현이라는 점에서 당연한 측면이 있다. (8)은 그 예를 보인 것이다.

(8) 안편지-내간(內簡), 내서(內書), 안판-내판, 안각-내각(內角), 안맞각-내대각, 안면-내면, 안소리-내성(內聲), 안소주방-내소주방, 안손님-내객(內客), 내빈(內賓), 안지름-내경(內徑), 안주장-내주장, 안쪽-내측(內側), 내방(內方), 안채-내사(內舍).

하지만 언해 과정에서의 선후 관계 등을 고려하면 무조건적으로 수용 가능한 대목은 아니다. 이러한 연관성은 중세국어 이후 많은 문헌 자료를 통해 확인된다. 이에 대해서는 뒤에서 다시 언급하기로 한다.

반대로 '밖'과 연관되는 공간말 중에는 '바깥'과 '겉', 그리고 접사인 '밭-'[1] 따위가 있다. 먼저 '바깥'의 경우를 보자. 사전에서 처리되고 있는 '바깥'을 재정리하면 (9)와 같다. 설명과 예시를 보면, '밖'으로 대치하더라도 거의 어색함이 없다는 사실을 알게 된다.

(9) 사전의 '바깥'
　　1) 밖이 되는 곳.
　　　가. 따스한 바깥 날씨.

---

[1] 접사 '밭-' 관련 논의는 다른 장에서 논의될 것이므로 여기서는 중복을 피하도록 한다.

나. 바깥에는 비가 내린다.

　　다. 아이들이 바깥에서 뛰어논다.

　　라. 이십 리 바깥에 큰 절이 하나 있다.

　　마. 오래된 장롱 바깥 부분에 페인트칠을 했다.

2) 한데

　　가. 바깥에서 벌벌 떨었더니 감기가 들었다.

　　나. 모처럼 찾아간 손님을 추운 바깥에 세워 둔 채 앉으란 소리
　　　　도 안 하는 그들의 태도가 탐탁지 않았던지….〈이병주, 행복
　　　　어 사전〉

3) '바깥주인'을 구어적으로 이르는 말.

그리고 '겉'의 사전적 설명을 참고해 보자.

(10) 사전의 '겉'

1) 물체의 바깥 부분.

　　가. 봉투 겉에 주소를 쓰다.

　　나. 이 화로는 겉은 쇠로 되어 있고, 안은 황토를 두껍게 발
　　　　라 만들었다.

　　다. 뫼비우스의 띠는 안과 겉을 구별할 수 없는 곡면으로 되어
　　　　있다.

2) 밖으로 드러난 모습이나 현상.

　　가. 사람을 겉만 보고 판단해서는 안 된다.

　　나. 겉으로 보기에는 취한 것 같지 않다.

　　다. 너는 겉으로는 태연한 척하지만 속으로는 겁을 먹고 있다.

(10)에서 보면, 설명1)의 경우 '밖'으로 대치하더라도 의미적 차이가 별로 없다. 반면 2)의 경우에는 '밖'을 대입하기가 어렵다는 사실을 알 수 있다. 그러니까 외부적으로 드러난 현상 등에는 '밖'이 부적절하고 '물체의 바깥 부분'을 가리킬 때는 '밖'의 쓰임새가 어울린다는 사실이다. 이는 2)가 1)보다는 본디 의미에서 멀어져 있다는 얘기와 상통한다.

이처럼 공간말인 '안'과 '밖'의 의미는 다양하게 전개된다. 기본적인

공간 개념에서부터 시간적인, 추상적인 의미에 이르기까지 다양하다. 이들은 '속'이나 '내', '바깥'이나 '곁' 등의 유사 개념어의 의미를 파악함으로써 더 구체화할 수 있다.

2. 공간 의미로

앞서 살폈듯이, 공간 개념은 단일하지가 않다. 세분화할 경우, 더 많은 가짓수의 의미영역을 갖게 된다. 공간 개념만 하더라도 그렇다. 공간 개념 내에서도 의미의 확장이 이루어지는 셈이다. 그런데 이 같은 공간 개념의 확장은 어느 시기 동시에 이루어진 것은 아닐 터이다. 역사적인 논의가 필요한 까닭이다. 먼저, '안'과 '밖'이 공간 개념을 함의하는 경우이다.

> (11) ㄱ. 宮內ᄂᆞᆫ <u>宮 안</u>ᄒᆡ라〈석상, 3.6ㄴ〉
> ㄴ. <u>大闕 안</u>ᄒᆡ 고론 金ㅅ 비치러이다〈석상, 24.19ㄱ〉
> ㄷ. 太子ㅣ <u>東門 밧ᄀᆡ</u> 나가시니〈석상, 3.16ㄴ〉
> ㄹ. 이틄날 아ᄎᆞ미 세 분이 <u>門 밧ᄀᆡ</u> 나샤〈월석, 8.95ㄱ〉

> (12) ㄱ. ᄒᆞ나히 <u>집 안</u>ᄒᆡ 드러와〈박언-하, 53ㄱ〉
> ㄴ. 母ㅣ <u>中門 안</u>ᄒᆡ셔〈여사, 4.46ㄱ〉
> ㄷ. 主人이 <u>門 밧ᄀᆡ</u> 보내여 再拜ᄒᆞ고〈가례, 3.16ㄱ〉
> ㄹ. 齊ㅣ 魯ᄅᆞᆯ 텨 <u>城 밧ᄀᆡ</u> 니르러〈어제훈, 3.43ㄱ〉

(11, 12)는 중세국어 및 근대국어의 '안, 밖' 예를 제시한 것이다. (11)에서 '안ᄒᆞ'은 '宮 안ᄒᆞ', '大闕 안ᄒᆞ'을 보면, '宮'이나 '大闕'이라는 기준점을 대상으로 '그 내부'를 지칭하고 있다. '東門 밧ᄀᆡ'와 '門 밧ᄀᆡ' 또한 '東門'과 '門'을 기준으로 '그 외부'를 가리키고 있다. 이러한 구체적인 장소 개념은 공간말 '안, 밖'이 가지는 가장 기본적인 의미를 함의한 경우이

다. 따라서 그 어느 의미영역보다 생산적인 쓰임새를 가질 수밖에 없다. 자연 근대국어의 자료에서도 이런 예는 흔히 발견된다. (12)의 '안ㅎ', '밧'의 예가 그렇다.

'앞, 뒤'나 '위, 아래'에서도 보았듯이, 이러한 기본적인 위치 개념어들은 곧잘 특정의 신체어와 결합되는 경향을 보인다.

(13) ㄱ. 가슴과 녑과 빈 안히 ㄱ장 알파 문지디 몯ㅎ며〈구급방-상, 18ㄴ〉
ㄴ. 포랍 소리 곧고 다리 안히 더우니〈구급방-상, 39ㄴ〉
ㄷ. 白藥散은 목 안히 더워〈구급방-상, 44ㄴ〉

(14) ㄱ. 과글이 부러나 입 밧긔 나거든 둘기 벼를 뻘어 피 내야〈구급방-상, 46ㄴ〉
ㄴ. 빈 밧긔 나서 죽은 者눈〈무원록, 2,3ㄱ〉

(13)은 의학서인 〈구급방언해〉에서 발췌한 예들이다. '안ㅎ'이 '빈'와 '다리', '목' 등의 신체어를 기준으로 하여, 그것의 내부를 지칭하는 위치 개념어로 사용되고 있다. (14)의 '밧'의 경우 또한 마찬가지다. '밧'이 '입'이나 '빈, 손' 따위의 신체어와 함께 나타나고 있다. 구체적 장소 개념어가 신체 지칭의 영역으로 확장되어 간 것이다.

그런데 다음의 '밧'은 선행하는 신체어와 맞물려 다른 의미를 파생시키는 예가 된다.

(15) ㄱ. 소리롤 모로매 펴며 입 밧긔 두시니 잇거든〈내훈, 1,5ㄴ〉
ㄴ. 우숨과 야쇽ㅎ 말ㅅ믈 입 밧긔 내디 아니ㅎ며〈번소, 10,23ㄱ〉
ㄷ. 김샹궁이 일졀 입 밧긔 내디 아니ㅎ고〈서궁록, 35ㄱ〉

(15)는 '입#밧'의 구성으로 이루어진 예이다. 이 가운데, (15ㄱ)은 (14ㄱ)과 마찬가지로, '입의 바깥' 정도의 의미로 파악된다. 반면, (15ㄴ,

ㄷ)의 '입#밖'는 이들과는 달리 이해된다. '입 밖'은 후행하는 동사 '내다'와 맞물려서 사용되어, '입 밧긔 내다'가 하나의 관용어처럼 사용된 것으로 보인다. 그 뜻 또한 단순한 신체 개념어가 아니라 전용된 '말하다'의 의미로 파악된다. 그러니까 '입#밖'이라는 구성은 동일하지만, 그 의미는 전혀 달라져 있는 상태라는 것이다. 오늘날 '말하다'의 뜻을 가지는 관용어, '입 밖에 내다'의 역사적인 예시가 아닐까 싶다.[2]

공간 개념의 생산성은 구체적인 대상뿐만 아니라, 그 범위를 넓혀 다소 추상화된 공간에까지 확장되어 나타난다.

(16) ㄱ. 禮ㅣ이시면 四海ㅅ 안히 다 兄弟니〈논어, 3.21ㄴ〉
ㄴ. 이러모로 四海ㅅ 안히 각각 그 벼술로 뻐 와〈효경, 14ㄴ〉
ㄷ. 우리 사름이 四海 안히 兄弟 곳트니〈몽어, 8. 21ㄴ〉

(17) ㄱ. 娑婆世界 밧긔 버서나시니라〈월석, 1.21ㄴ〉
ㄴ. 世間 밧긔 나디 아니호딕〈법화, 2.28ㄴ〉

(16)과 (17)의 '안ㅎ, 밖'의 선행어는 각각 '四海'와 '娑婆世界'이다. 그런데 이들은 딱히 손에 잡히는 구체적인 공간은 아니다. '四海'는 '온 세상'을 뜻하고, '娑婆世界'는 불가의 세계에 등장하는 속세를 가리키는 말이기 때문이다. 그러나 이들을 추상적인 의미나 시간적인 의미에서 다룰 수는 없다. '추상화된 공간'으로 파악해서 공간 개념을 가지는 것으로 파악돼야 한다.

---

2) 이는 마치 오늘날 '뜻밖에'의 형성과 유사하다 싶다. 오늘날 '뜻밖에'는 '뜻의 바깥에'라는 의미가 아니라, '생각이나 기대 또는 예상과 달리' 정도로 전용된 의미를 가진다. 그런데 애초부터 '뜻밖에'가 하나의 낱말이었던 것은 아니다. 중세의 "字 뜯 밧긔 註엣 말을 아오로"〈소언-범, 1ㄴ〉에서 '뜯 밧긔'는 '뜯#밧긔'의 통사적 구성으로 생각되기 때문이다. 그 의미 또한 '뜻의 바깥에' 정도로 파악된다. 근대국어를 거치는 과정에서 오늘날 하나의 낱말로 굳어지고, 그 의미 또한 달라지게 되었다는 것이다. 이에 대해서는 3부 4장 '밖'의 문법화 논의에서 세부적으로 다루도록 한다.

아무튼 구체적인 공간을 나타내는 '안, 밖'의 쓰임새는 중세, 근대국어의 문헌자료에는 수없이 등장할 정도로 많은 예가 있다. 인간의 움직임은 공간과 시간 속에서 이루어지는 까닭에 마땅한 측면이 있다. 이같은 생산성은 결국 '이, 그, 저' 등의 지시 관형사가 기준점을 대신 제시하는 예들까지 나아가게 된다. (18)은 중·근대국어의 예를, (19)는 중세국어 시기에 한정하여 제시한 것이다.

(18) ㄱ. 그 안해 사룸 罪 줄 연자올 地獄 ᄀ티 밍ᄀ니라〈석상, 24. 14ㄱ〉
ㄴ. 부모는 보내시고 그 안히 엇디 ᄒ시뇨〈순천, 3.18〉
ㄷ. 디하의 가 다시 감히올가 홀 제 그 안히 엇더 ᄒ리오〈서궁록, 14ㄱ〉
ㄹ. 그 안히 둥그러 스면으로 빅여 보 되고〈을병1. txt(570)〉[3]
ㅁ. 이 밧그 ᄯ 본 거시 업ᄂ냐〈텬로, 54ㄱ〉

(19) ㄱ. 그 밧그 各別히 더으라〈월석, 25. 56ㄱ〉
ㄴ. 이 밧그 ᄯ 어늬 親ᄒ료〈금삼, 5.6ㄱ〉
ㄷ. 이 밧그 다른 親이 업스니〈금삼, 5. 7ㄱ〉
ㄹ. 그 밧그 이리 므스 이리〈순천, 163.5〉
ㅁ. 곡셕이나 그 밧그 거시나 싱각도 업다〈병자, 66〉
ㅂ. 져구맛 모미 이 밧그 다시 므스글 求ᄒ리오〈두시-중, 7.4ㄱ〉

이런 간접 표현이 이미 중세국어의 시기에 그 흔적을 보인다는 점에서, 위치 공간말이 얼마나 일찍부터 생산적으로 쓰이기 시작했는지를 인지할 수 있다. (18, 19)는 그 예의 일부를 보인 것이다. 지시 관형사를 앞세운 '안'과 '밖'의 경우, '안'보다는 '밖'이 보다 생산적이다. 이는 오늘날도 '그 밖에'의 활발한 쓰임새를 생각하면 이러한 역사적인 전개와 맞물린다. 조사로 문법화의 완성 단계까지 나아간 '밖에' 또한 그것의 연장선에서 이해된다.

---

3) 이와 같은 출전 표기는 검색기 '유니콩크'에서 참조한 것을 가리킨다.

끝으로, '안'과 '밖'이 '아내(집 안)'와 '남편(집 밖)'을 표현하는 예들이 문헌자료에서는 다수 발견된다.

(20) ㄱ. 남진 겨집이 친히 흐느니 뻐 <u>밧</u>과 <u>안햇</u> 소임을 구초는 배니
〈소언, 2.25ㄴ〉
ㄴ. 스나히는 <u>안흘</u> 닐으디 아니흐고 겨집은 <u>밧글</u> 닐으디 아니
흐며〈소언, 2.51ㄴ〉
ㄷ. <u>밧</u>ㄱ 말숨이 무네 들게 말고 <u>안햇</u> 말숨이 문에 나게 말올찌
니라〈어내, 1. 4ㄱ〉
ㄹ. 밧 말이 <u>안희</u> 들어오디 아니탄 뜻이라〈여사, 3. 10ㄴ〉

(21) 겨집이 <u>안희</u>셔 자는 거시여〈박통-상, 36ㄴ〉

(20)의 '안ㅎ'과 '밖'의 경우, 단순히 구체적인 공간 개념으로 쓰인 것이 아니라 '부부(夫婦)'의 의미로 쓰였다. 물론 공간말로서의 '안'과 '밖'으로부터 의미 전이된 것이다. 그런 점에서 (21)의 '안ㅎ'은 다소 공간 개념이 감지되는 경우이다. '안방' 혹은 '집안' 정도의 의미로 파악되는데, 조사 '의'의 결합도 이를 보증한다. 물론 여기서의 '안ㅎ'은 곧 '아내'의 의미와 직결되어 있다. '아내'는 '안방'에 존재했던 사람이기 때문이다.

현대국어에서는 이런 쓰임새는 간혹 가능하기도 하지만, 점차 화석화되어 가는 경향에 있다. '안사람'과 '바깥양반'에 그 흔적이 남아 있을 뿐, 드라마에서나 자주 접할 수 있을 따름이다. 그러나 중세, 근대국어의 경우에는 상식적인 쓰임새였던 것으로 봐야 한다. 과거 유교 사회에서 여자는 늘 집 안에 거주하는 존재였고, 남자는 주로 밖에 머무는 시간이 많은 존재였던 사회 분위기가 언어에 그대로 반영되었기 때문이다. '안사람'이나 '바깥양반' 또한 이러한 공간 의미가 전이되어 남아 있는 예가 될 것이다.

이상에서 보면, 역사적으로 '안', '밖'의 공간 개념은 단지 장소 개념

에만 국한되어 나타나지는 않는다. 의미 확장을 통해, 신체나 추상적인 공간, 남편과 아내까지 대신하기도 한다.

3. 시간 의미로

반복되는 이야기지만, 시간 개념어들은 대개가 공간 개념에서 넘어온 것들이다. '안'과 '밖' 또한 예외가 아니다. '안'과 '밖'은 일정한 기준이나 대상의 '안쪽'과 '바깥쪽'의 위치를 가리킨다. 이 같은 공간 개념이 시간의 범위로 전이된 것이다. 이 가운데 '밖'보다는 '안'이 시간 개념에 보다 적절한 것으로 언중들은 판단하는 듯하다. 그도 그럴 것이 어떤 기한이나 약속을 할 경우, 마땅히 '특정 시간의 이내'를 한정할 것이기 때문이다. 반대로 '밖'의 경우, 시간 개념을 가진 예가 '안'에 비하면 흔한 것이 아니다. "시간이 넘었다."라는 말에서 보듯이, '밖'은 특정 시간 범위를 지났을 때, 넘었을 때의 시간 개념을 갖는다. '밖'이라는 위치 개념은 특정의 기준점을 넘었을 때 가리키는 개념이다. '담 밖', '문 밖' 등에서의 위치 개념이 시간 개념으로 범주 이동했다는 것이다.

현대국어에서 시간 개념을 함의하는 내외 개념어 속에 '안'이 개입된 말이 몇 있다. (22)의 '안날, 안달, 안해' 등이 여기에 해당한다.

(22) 안날, 안달, 안해.

(23) ㄱ. 수난녀는 보름 <u>안날</u> 저녁에 지은 오곡밥을 한 숟가락씩 줘 보냈다.〈오유권, 대지의 학대〉
ㄴ. 그들은 <u>안달</u>에 결혼한 신혼부부입니다.
ㄷ. 그 일은 <u>안해</u>에 끝냈다.

'안날'은 '바로 전날', '안달'은 '바로 전달', '안해'는 '바로 전년, 지난해'의 의미를 가진다. 예시 (23)을 통해서 보면, '안'은 '바로 이전'의 뜻을 가진 듯 보인다. 한자 '前'의 의미를 '안'이 대체하고 있는 경우라 할 것이다.

오늘날 '안날'이나 '안달, 안해' 따위가 그렇게 일상적으로 쓰인 예로 보기는 어렵다. 그러나 공간 개념어인 '안'이 번듯하게 시간 표현 낱말의 일부로 자리하고 있다는 사실은 중요하다. 공간말인 '안'의 시간 개념으로의 전이를 또렷하게 보여주는 현존 증거물이라는 데서 그렇다. 이 같은 흐름은 공간말의 역사적인 변화, 과정이 있었기 때문이다. 중세국어의 시기에서부터 더듬어 보자.

(24) ㄱ. 四時 추례로 가맨 <u>百年 안햇</u> ᄆᆞ솜미로다〈두시-초, 10.13ㄱ〉
ㄴ. 사ᄅᆞ미 사로미 <u>빅 년 안해</u> 病병이 이시며〈번소, 3.4ㄴ〉

(24)의 '안ᄒ'은 흔치는 않으나 중세국어에서 살필 수 있는 시간 개념과 관련해서 쓰인 예이다.4) '百年 안햇'과 '빅 년 안해'의 '안ᄒ'은 시간적인 의미가 분명히 내포되어 있는 것으로 생각된다. '밖'의 경우는 중세 문헌자료에서 쉽게 찾아지지 않는다.

그런데, 근대국어의 자료에서는 '안', '밖'이 시간 개념을 함의한 예들이 무더기로 발견된다. (25)의 예들은 17세기 문헌자료들을 일부 제시한 것인데, 선행어가 모두 시간 의미를 내포한 말들이 자리하고 있다. 이로 보아, 이 시기에는 공간말의 시간 개념어로의 전이가 아주 활발했다는 사실이 확인된다.

(25) ㄱ. <u>빅일 안해</u> 아히란 훈 환을 세혜 쓰고〈두창-하, 3ㄱ〉
ㄴ. <u>열 둘 안해</u> 디나 훈 증이라〈태산, 31ㄴ〉
ㄷ. 역녀의 병은 다 <u>훈 힛 안희</u> 시졀 긔운이 사오나와〈벽온, 1ㄱ〉

---

4) 엄밀히 말해, (24)의 '안ᄒ'은 (22)에서와 같이 시간 개념을 직접 함의하는 것이 아니라, 선행 요소와 맞물려 시간적 상황에 놓인 경우라 해야겠다.

ㄹ. 병 어든 이 <u>사흘 안희</u> 머리와 몸이 알프며〈벽온, 2ㄱ〉

ㅁ. <u>빅일 안희</u> 아희란 반 환이오〈납약, 31ㄱ〉

ㅂ. 이 <u>二三日 안희</u>는 江戸에 브트실 써시니〈첩해-초, 7.14ㄱ〉

중세문헌자료에서 발견되지 않던 '밖'의 예 또한 근대 문헌자료에서는 여럿 발견된다. 다음을 보자.

(26) ㄱ. 닷쇄 안해 돋거든 즉제 그치라 <u>닷쇄 밧긔</u> 없느니는 역질이
　　　아니라〈두창-상, 12ㄴ〉

ㄴ. 금산 뫼ㅅ 가온대 가만이 무덧더니 <u>마온 날 밧긔</u> 처엄으로 념
　　습ㅎ니〈동신-충, 1.37ㄴ〉

ㄷ. 녜 孔子ㅣ 沒커시놀 <u>三年 밧긔</u> 門人이 任을 다스려〈맹률, 3.31ㄴ〉

ㄹ. 만일 어린 아히 나히 <u>十歲 밧긔오</u> 눌으고〈무원록, 3.82ㄴ〉

ㅁ. 百日 안희는 닐오ᄃᆡ 점라 ㅎ고 <u>百日 밧긔</u>는 服次ㅣ라 ㅎ고
　　〈가례, 9.41ㄴ〉

(26ㄱ)은 '닷새 넘어 없는 것은 역질이 아니다'로, (26ㄴ)은 '40일이 지나 처음으로 염습을 하니' 정도로 이해된다. 따라서 여기서의 '밖'은 '초과(超過)'의 의미로 시간 개념을 함의한 것으로 보인다. 특히, (26ㄱ)의 '닷쇄 밖'이나 (26ㅁ)의 '百日 밖'은 선행하는 '닷쇄 안ㅎ', '百日 안ㅎ'과 맞물려 그 시간적 범위가 또렷이 확인된다. (25, 26)의 예를 보면, '안'과 '밖'의 선행 자리에는 늘 기간을 나타내는 수치가 빠짐없이 자리하고 있다. '안, 밖'의 원래 의미 범주라면 '담 안/밖'이나 '학교 안/밖'처럼 공간 개념의 선행어가 왔을 자리다. 여기서 '안'의 경우에는 현대국어에서도 시간 개념으로 쓰이는 것이 아주 생산적인 측면이 있지만, '밖'의 경우는 그렇게 일상적으로 쓰이는 예가 아니다. 이 같은 현상은 문헌자료 상으로 볼 때, 17세기부터 극명하게 대비된다. 근대국어의 시기에는 '안'이 시간 개념을 함의하는 예들이 많이 발견된다. 현대국어에서도 이는

마찬가지다. 그러나 '밖'이 시간 개념으로 쓰인 예는 흔치가 않다. 이 또한 현대국어에서도 마찬가지인데, 현대국어에서는 '밖' 대신에 '외(外)', '이외(以外)' 따위의 한자어가 그 자리를 대체하고 있다. 반대로 '안'은 '내(內), 이내(以內)'보다는 생산적이다. 이는 '안'이 '밖'보다는 시간 개념을 표현하는 데는 훨씬 적절한 개념이라는 사실을 말해주는 것이다.

그런데 중세·근대국어의 경우 시간 개념으로 반드시 살펴야 할 게 '안, 밖'에 대응되는 한자 '內', '外'이다. (27)은 중세국어의 '內'의 쓰임새를 제시한 것이다.

> (27) ㄱ. 내 ᄒᆞᄅᆞ 內에 八萬四千 佛塔ᄋᆞᆯ 閻浮提에 세오져〈석상, 24.24ㄱ〉
> ㄴ. 天下ᄅᆞᆯ ᄒᆞᄅᆞ 內예 다 도라오샤딕〈월석, 1.28ㄱ〉
> ㄷ. 蓮華ㅣ 프거든 닐웻 內예 부텨를 보ᅀᆞᆸᄃᆞᆯ〈월석, 8.54ㄱ〉
> ㄹ. 주근 後에 七七日 內예 여러가짓 善을 너비 지ᄉᆞ면〈월석, 21.104ㄱ〉
> ㅁ. 三七日 內예 殺害 아니ᄒᆞ야〈월석, 21.175ㄱ〉
> ㅂ. ᄯᅩ 産後 닐웻날 內예 모딘 피 흗디 아니ᄒᆞ야〈구급방-하, 91ㄴ〉
> ㅅ. 百年 內예 萬事ᄅᆞᆯ 므던히 너기간마ᄅᆞᆫ〈두시, 3.13ㄱ〉
> ㅇ. ᄒᆞᆫ ᄃᆞᆲ 內예 다 ᄲᅳ고〈삼강-런던,효, 11〉
> ㅈ. 一歲 內예 시절 긔운이 됴화티〈간벽, 1ㄴ〉
> ㅊ. 七年ㅅ 內예 반ᄃᆞ시 天下애 政을 ᄒᆞ리라〈맹자, 7.23ㄴ〉

보다시피, '內'의 선행어로 시간 표현들이 등장하는데, '안ㅎ'의 경우보다도 언해되지 않은 한자 '內'가 훨씬 생산적으로 쓰였다. '안ㅎ'의 경우, 중세국어에서 (24)의 예 외에는 찾기가 어려운 반면, '內'의 경우에는 (27)에서 보듯, 아주 흔하게 발견된다. 이는 언해된 '안ㅎ'보다는 한자인 '內'가 더 시간 개념으로 원용되었음을 말하는 것이다. 마치 '앞, 뒤'에서 '後'가 '뒤'로 제대로 언해되지 않은 채, 시간 개념을 담당했던 사실을 떠올리게 한다.

물론 근대국어의 자료에서도 동일한 양상으로 전개된다. (28)의 예에서 보듯, 시간 개념으로 쓰인 '內'를 아주 쉽게 발견할 수 있다. 근대국어 또한 중세국어와 다르지 않은 양상인 셈이다.5)

(28) ㄱ. 다만 <u>正月 內</u>예 홀롤 굴희미 可ᄒ니라〈가례, 3.2ㄴ〉
　　 ㄴ. <u>百年 內</u>예 萬事롤 므던히 너기간마론〈두시-중, 3.13ㄱ〉
　　 ㄷ. ᄯ오 <u>二三 日 內</u> 出船이라 니르시니〈첩해-초, 8.21ㄱ〉
　　 ㄹ. <u>二三日 內</u>예 홀 양으로 ᄒ오리〈개첩해, 1.40ㄴ〉
　　 ㅁ. <u>七年 內</u>예 반ᄃ시 天下의 졍ᄉ롤 ᄒ리라〈맹율, 4.25ㄴ〉
　　 ㅂ. <u>三年 內</u>예 온갓 글ᄌ를 다 알 ᄭ림심으로〈첩몽, 1.2ㄴ〉
　　 ㅅ. 내 몸이 이 <u>數日 內</u>예 ᄯ호 ᄀ장 싀훤치 아니ᄒ여〈첩몽, 2.6ㄴ〉
　　 ㅇ. 이 <u>數日 內</u>예〈첩몽, 3.9ㄴ〉

이처럼, 중·근대국어에서 시간 개념으로 생산적인 양상을 보이던 '內'는 20세기를 전후하여서는, 다시 '以內'로 변화·등장하는 양상을 띤다. (29)에 그 예를 보인다. 오늘날은 '안'이나 '內', '以內'가 모두 자연스럽다.

(29) ㄱ. <u>前年度 七月 三十一日 以內</u>로 內部 大臣〈경보, 1.114〉
　　 ㄴ. <u>本年 六月 二十日 以內</u>로 限ᄒ야〈경보, 1.txt(1345)〉
　　 ㄷ. <u>一個年 以內</u>에 事業에 着手치 아니ᄒ거나〈경보, 1.323〉
　　 ㄹ. <u>三個年 以內</u>에 森林山野의 地籍 及〈경보, 4.6〉

(30) ㄱ. <u>두 시간 안</u>에 이 자리에서 다시 보자.
　　 ㄴ. <u>두 시간 내</u>에 여기서 다시 만나자.
　　 ㄷ. <u>두 시간 이내</u>에 여기서 다시 만나자.

반대로 '外'가 시간 개념으로 쓰인 예는 찾기가 어렵다. '밖' 또한 역사적으로 시간적 상황에 쓰인 예가 생산적이었던 것은 아니지만, (26)의 자료에서 보듯 몇 예를 찾을 수 있다.6) 이로 보면, 시간 개념에서는 역

---

5) 반대로 공간 개념에서의 쓰임새는 '內'와 '안ᄒ' 모두 생산적인 양상을 띤다.
6) 그 몇 예조차 근대국어의 시기를 거치는 과정에서 대체로 조사 '밖에'로 문법화되어 간다. 따라서 오늘날 '밖'이 단독으로 시간적 상황에서 쓰이는 것은 극히 드문 일이 됐다.

사적으로 '안'이 '밝'보다, '안'과 '內' 가운데서는 '內'가 '안'보다 더 중용되었다는 사실을 알 수 있다. 그리고 '안, 內'에 비하면 아주 소극적이지만, '밝, 外' 중에서는 '밝'이 선택되는 양상을 보인다. 그 이유가 단순히 언해의 문제인지, 다른 의미적 요인인지 대해서는 고민이 더 필요해 보인다.

한편, '안', '밝'이 보이는 의미 변화 가운데, 시간 개념과 맞물려 추가 논의가 필요한 게 있다. 그것은 '거리' 개념과 관련한 '안, 밝'의 쓰임새이다. 시간과 거리는 모두 추상적인 대상, 개념을 수치화 내지 계량화함으로써 구체화한다는 점에서 공통점을 가진다. 거리 관련하여 '안, 밝'의 양상은 현대국어보다는 오히려 중·근대국어에서 훨씬 생산적인 양상을 보인다. 중세, 근대국어의 자료를 보자.

(31) ㄱ. 室羅筏城 四十里 안히 훈뻐 氣分을 맏ᄂ니〈능엄, 3.24ㄱ〉
ㄴ. 千 尺 안해 사리 몯 드더니〈남명-상, 53ㄱ〉
ㄷ. 八萬里 밧긔 다 가 더뎌 사기 봇아디게 호리라〈석상, 23.57ㄴ〉
ㄹ. 귀 머근 사ᄅ미 百步 밧긔 디나 모기 소리 듣둧ᄒ야〈능엄, 4.3ㄴ〉
ㅁ. 善ᄒ면 千里 밧긔 應ᄒᄂ니〈주역, 5.15ㄱ〉

(32) ㄱ. 하ᄂᆯ과 짯 萬里 안해 몸 容納홀〈두시-중, 2.65ㄱ〉
ㄴ. 일빅 거름 안희 니ᄅ거든〈연병, 23ㄴ〉
ㄷ. 도ᄌ기 오십 보 안희 니ᄅ거돈〈연병, 3ㄱ〉
ㄹ. 오십 보 안희 니ᄅ믈 기다려〈병학, 19ㄴ〉
ㅁ. 열두어 거름 안희 츙돌ᄒ야〈병학, 18ㄴ〉

(33) ㄱ. 梅花 픈 萬里 밧긔 雪片이 훈 겨으레 기펫도다〈두시-중, 21.16ㄱ〉
ㄴ. 빅 보 밧긜 보게 ᄒ미오〈을병, 5.txt(354)〉
ㄷ. 닉일 뿔을 수빅 니 밧긔 가져와〈동국-효, 6.71ㄴ〉
ㄹ. 빅 니 밧긔 뿔을 져 오더니〈오륜-효, 4ㄱ〉
ㅁ. 다ᄉᆺ 거름 안희 신이 시러곰 목의 피로 셔디〈사략, 2.51ㄱ〉
ㅂ. 수만 리 밧긔 련졉ᄒ야 경긱간의 쇼식을 통ᄒ며〈이언, 1.2ㄴ〉

(31)의 예는 '안'과 '밝'이 거리 개념과 연관되는 중세국어의 예들이다. 그리고 (32)는 근대국어의 '안ㅎ'을, (33)은 근대국어의 '밝'에 해당하는 자료들이다. 여기서 보면, '안', '밝'의 선행어에는 주로 '理, 尺, 보, 거룸/거름' 따위의 거리 개념어가 자리하고 있다. 보다시피, 이들은 중세국어에서나 근대국어에서 아주 흔한 예들이다. 그런 측면에서 시간 개념의 '안, 밝'과는 차이가 있다. 이는 시간 개념에 비해 거리 개념이 여전히 공간 개념을 많이 내포한 까닭과 연관성이 있는 것으로 생각된다.

그런데, (34)의 예시를 보면, '안, 밝'의 대응 한자인 '內, 外'의 쓰임새가 중세국어의 시기에 예상보다 빈약하게 드러난다. '內, 外' 각각 서너 개 정도를 제외하고는 찾기가 어렵다.

(34) ㄱ. 西南北 <u>百 由旬 內</u>예〈월석, 21.99ㄱ〉
　　　ㄴ. <u>百 由旬 內</u>예 여러 가짓 衰ㅎ〈법화, 7.114ㄴ〉
　　　ㄷ. ㅎ마 <u>三千里 內</u>예 앉디 아니ㅎ고〈금삼, 3.36ㄱ〉
　　　ㄹ. <u>萬里 外</u>ㅅ 일이시나 눈에 보논가〈월천, 1ㄱ〉
　　　ㅁ. <u>萬里 外</u>ㅅ 일이시나 눈에 보논가〈월석, 1.1ㄴ〉
　　　ㅂ. <u>八萬劫 外</u>논 어드워〈능엄, 10.7ㄴ〉
　　　ㅅ. <u>千里ㅅ 外</u>예 距ㅎㄴ니〈맹자, 12.34ㄱ〉

그나마 (34)는 모두 중세국어에 국한된 자료이다. 근대국어의 시기로 접어들면, 거리 개념에서 '內, 外'가 쓰인 예를 아예 만나기가 어려워진다. 이는 시기적으로 '안ㅎ, 밝'의 쓰임과 절묘하게 맞아떨어진다. 근대국어의 시기가 되면, 거리 개념에서 '안ㅎ, 밝'의 쓰임이 아주 생산적이 된다. 중세국어의 시기에는 '안, 밝'과 '內, 外'가, 비록 '안, 밝' 중심이기는 하지만, 양자가 혼용되어 쓰이다가 근대국어의 시기에 와서는 '안'과 '밝' 중심으로 재편되는 것으로 정리된다. 그 과정에서 거리 개념에서의 '內, '外'는 자연스럽게 쇠퇴하는 운명을 맞이하게 되었다는 것이다.

4. 추상 의미로

'안'과 '밖'의 경우, '안, 밖' 그 자체에 추상적인 의미가 있다고 보기는 어렵다. 다만 선행어에 어떤 의미자질을 가진 낱말이 오는가에 따라 추상적인 의미를 가질 수도 있다. 가령, '안, 밖'의 의미 중, '어떤 범위의 이내', 혹은 '어떤 범위의 이외'의 의미가 있다 했을 때, (35)와 같이, 선행어가 '학교'일 경우에는 '안'과 '밖'이 추상적인 의미를 가지지 않는다. 반면, (36)과 같이 그것이 '꿈'이나 '기대' 따위의 추상적 개념어가 위치했을 때는 '안, 밖'의 의미가 달라질 수밖에 없다. 선행어가 갖는 추상적인 의미가 고스란히 전이된다는 얘기다. 여기서 말하는 '안, 밖'의 추상적인 의미는 이 경우에 해당한다.

(35) 나와 그 아이는 학교 (안, 밖)에 있다.

(36) ㄱ. 사업은 내 <u>꿈 안</u>에는 없다.
ㄴ. 그녀는 <u>기대 밖</u>의 높은 점수를 얻었다.

이러한 추상적 환경에 있는 '안'과 '밖'은 중세·근대국어의 시기에서도 많은 예를 볼 수 있다. 그런데 '안ㅎ'의 경우, 무슨 일인지 근대국어 들어서는 그 쓰임새를 찾기가 어려워진다. (37)은 주로 중세국어 자료 가운데 선행어로 추상 개념어가 위치한 경우의 '안ㅎ'의 자료이다. 보다시피 일정량의 수를 찾을 수 있지만, 근대국어에서는 쉬이 보이지 않는다.

(37) 중세국어의 '안ㅎ'
ㄱ. <u>무슴 안히</u> 賢현티 몯ᄒ리라〈육조-상, 118ㄱ〉
ㄴ. <u>꿈 안해</u> 右脇으로 드르시니〈월천, 6ㄱ〉
ㄷ. 오직 제 <u>色心 안해</u> 迷홀씨〈월석, 14.7ㄴ〉

ㄹ. 네 ᄆᆞᅀᆞᆷ 안해 나미〈능엄, 9.44ㄴ〉
ㅁ. 오직 色心 안해 제 迷惑호미 ᄃᆞ욀ᄊᆡ〈법화, 3.85ㄱ〉
ㅂ. 緣慮ㅅ 안해 수므며 ᄒᆞ다가〈금삼, 2.34ㄱ〉
ㅅ. ᄠᅳᆮ 안해 길며 뎔우미 마ᄌᆞ니〈두시-초, 11.23ㄱ〉
ㅇ. 諸佛ㅅ ᄆᆞᅀᆞᆷ 안해 衆生이 時節에 道ᄅᆞᆯ 일우며〈금삼, 4.47ㄱ〉
ㅈ. 三四 句ᄂᆞᆫ 大千沙界 다 智 안해 잇거니〈남명-상, 69ㄱ〉

반면, '밖'은 중세 이후 17, 18, 19세기 내내 생산적인 자료를 보여준다. 그리고 (38)은 중세 이후 19세기까지의 '밖'의 자료를 제시한 것이다.

(38) 중세·근대국어의 '밖'
가. 중세
ᄒᆞ물며 ᄆᆞᅀᆞᆷ 밧긔 境이 업거니〈월석, 8.32ㄱ〉
色心 밧긔 좀ᄌᆞ미 得ᄒᆞ리니〈월석, 11.101ㄴ〉
거우루 밧근 곧 正智ㅅ 밧긔 方便을 셰여〈능엄, 7.15ㄱ〉
律儀 밧긔 精苦ᄅᆞᆯ ᄯᅩ 더ᄒᆞ야〈능엄, 9.103ㄴ〉
色心 밧긔 좀ᄌᆞ미 得호미 어려울ᄊᆡ니라〈법화, 1.153ㄴ〉
思議 밧긔 머리 나니라〈원각-서, 41ㄱ〉
知 밧긔 智 업스니라〈원각-상1, 1.68ㄴ〉
聰明이 사ᄅᆞᄆᆡ ᄠᅳᆮ 밧긔 나샤〈내훈, 2.86ㄴ〉
倫理 밧긔 나며〈번소, 8.41ㄴ〉
心性 밧긔 ᄒᆞᆫ 法도 어로 어두미〈법집, 18ㄴ〉
제 소임 밧긔 ᄂᆞᆷ의 소임을 침노홈이라〈소언, 5.105ㄱ〉
나. 17세기
당초의 환난을 념 밧긔 만나〈계축-상, 43ㄴ〉
오ᄂᆞᆯ은 ᄉᆡᆼ각 밧긔 술술이 ᄆᆞᄎᆞ니〈첩해-초, 4.5ㄱ〉
다. 18세기
聰明이 사ᄅᆞᆷ의 ᄠᅳᆺ 밧긔 나샤〈어제훈, 2.77ㄱ〉
下愚 밧긔 엇디 이 道ᄅᆞᆯ 아디 몯ᄒᆞ리오〈어제훈-서, 5ㄱ〉
샹히 만만 혜아림 밧긔 여ᄃᆞᆲ ᄌᆞ로ᄡᅧ〈경문-속, 14ㄴ〉
만만 몽샹 밧긔 이런 거죄 이시니〈경문-속, 15ㄴ〉
칠슌의 혜아림 밧긔 복졍ᄒᆞ니〈경문-속, 16ㄱ〉

유정 밧긔 다 츠비의 겸병ㅎ미 되니〈어훈-경세편, 11ㄴ〉
만스를 혬 밧긔 부쳐시되〈명의-하, 존현,3ㄱ〉
진휼 밧긔 별노 흔 슌을〈진자윤음, 4ㄴ〉
싱각 밧긔 수이 오오니〈개첩, 5.16ㄱ〉

라. 19세기
인정 밧긔라 미안ㅎ시니 션〈한중록, txt(136)〉
셜음 밧긔 ㅎ시던 말슴을 싱각ㅎ니〈한중록, txt(252)〉
싱각 밧긔 신령의 알옴을 닙엇도다〈감응, 3.27ㄱ〉

그런데 '안, 밖'의 대응 한자인 '內, 外'가 추상 개념을 함의한 예는 찾기가 어렵다. '外'의 예가 18세기 후반 〈인어대방〉(1790)에 두어 개가 보이지만, 지극히 드문 경우이다. '內'의 쓰임은 더욱 찾기가 어렵다.

(39) ㄱ. 念 外예 好츕롤 드러 계시다〈인어, 5.3ㄱ〉
ㄴ. 오놀은 念 外예 와 겨옵시매〈인어, 6.11ㄱ〉

이렇게 보면, 추상 개념과 연관되는 위치 개념어 '안, 밖'은 중세 이후 '안ㅎ'과 '밖'이 담당했다는 사실을 알게 한다. 추상 의미가 요구되는 환경에서는 한자 '內, 外'를 그대로 쓰지 않고, 언해된 '안ㅎ, 밖'이 사용되었다는 것이다.

5. 문법 의미로

본디 구체적인 어휘 의미를 가졌던 낱말이, 점차 그 의미가 확장이 되면 결국 그 의미는 추상적인 것이 된다. 그러한 의미의 전이 과정의 종착점은 문법적인 기능을 가진 존재이다. 그런데, 이들 가운데는 그 본디의 의미를 완전히 탈피해서 오로지 문법적인 기능만을 유지한 예가 있는 반면, 그 어휘 의미의 흔적을 일부 유지한 채 문법적인 요소로 작용하는 예도 있다. 접사의 경우, 어휘의 본디 의미를 감지할 수 있는 경우가 많다. 반면, 조사나 어미의 경우에는 그렇지 않은 예가 많다. '안', '밖'의 경우, 정확히는 '밖'의 경우 후자 쪽에 가깝다 해야 할 것이다.

'안'이 문법적인 의미를 가지는 예는 없다. '밖'은 변이형태라 할 '밭'이 접사로 쓰인 경우가 있고, 또 조사 '에'와 융합되어 쓰인 조사 '밖에'도 있다. '밭'과 '밖에'에는 '밖'의 본디 의미가 고스란히 담겨 있다.

접사로 처리되는 '밭'은 사전에서, '바깥'의 뜻을 더하는 접두사로 처리하였다.

    (40) ㄱ. 밭다리, 밭사돈, 밭주인, 밭쪽.
         ㄴ. 바깥다리, 바깥사돈, 바깥주인, 바깥쪽.

(40ㄱ)은 그 예를 보인 것이다. 이들은 거개가 (40ㄴ)과 같이 '바깥-'으로 모두 대응되는데, '바깥(外)'이라는 어휘적인 의미가 그대로 감지된다. 이들 외에 '밭'이 접두사로 결합된 예들이 더 있다. 이 가운데 '밭걸이하다'를 제외하고는 모두 명사에 속한다.

    (41) ㄱ. 밭각, 밭걸이, 밭다리감아돌리기, 밭다리걸기, 밭다리후리기, 밭당, 밭둘렛간, 밭둘렛기둥, 밭번지기, 밭벽, 밭부모, 밭빗면, 밭상제, 밭섶, 밭소주방, 밭어버이, 밭장다리, 밭집, 밭짝, 밭쪽, 밭칠성.
         ㄴ. 밭걸이하다.

한편, 조사 '밖에'는 그 형태 속에 '바깥'의 의미가 진하게 남아 있는 경우이다. 형태론적으로도 공간 개념의 '밖'과 조사 '에'가 선명하다. 이로 보면, 조사 '밖에'의 역사가 그리 오래된 것은 아니라는 생각을 할 수 있다.

    (42) ㄱ. 西門 밧긔 白馬寺ㅣ라 홇 뎔 이르샤〈월석, 2.67ㄱ〉
         ㄴ. 城 밧긔 닐굽 뎔 일어 즁 살이시고〈월석, 2.77ㄱ〉

(42)의 중세국어에서 보듯, '밝'은 공간 개념을 명확히 보여주는 대표적인 말이다. 그러다가 근대국어인 (43) 예시에 이르러서는 다른 양상의 '밝'이 등장한다.

(43) 치가ᄒᄂ 법은 <u>졀용 밧긔</u> 업ᄂ니라.(계녀서, 297)

〈계녀서〉의 '졀용 밧긔'의 '밝'은 의미가 모호한 면이 있다. 해석을 하자면, '졀용 외에는 없다'나 '졀용밖에는 없다' 둘 모두 가능한 듯 보인다. 그간의 문헌자료에 나타난 '밝'의 쓰임새를 볼 때, 그리고 '밖에'가 조사로 쓰인 예가 한참 이후인 19세기 말에야 본격화된다는 걸 생각해 보면 전자의 해석에 공감이 간다. 그러나 후행하는 서술어가 부정 서술어인 '없다'라는 점, 의미적으로 조사로 해석해도 전혀 무리가 없다는 점 등에서는 조사로 봐도 무방하기 때문이다.

(44) ㄱ. 다믄 ᄒᆞᆫ <u>쬐밧긔</u>ᄂ 업시니〈독립. txt(6824)〉
ㄴ. 대한을 흥왕케 ᄒᆞ랴면 <u>교육 밧긔</u>ᄂ 업다 ᄒᆞ노라〈독립. txt (12385)〉
ㄷ. 먹은 <u>쬐밧긔</u> 업소 ᄒᆞ더라〈대한. txt(12176)〉

(45) ㄱ. 내가 가진 것은 <u>책밖에</u> 없다.
ㄴ. 나는 그녀를 좋아할 <u>수밖에</u> 없었다.

20세기를 전후한 (44)의 자료에서는 '밧긔'를 조사로 처리할 수밖에 없다. 주로 명사류 뒤에 붙어서 '그것 말고는', '그것 이외에는', '기꺼이 받아들이는', '피할 수 없는'의 뜻을 나타내고, 뒤에는 부정을 나타내는 말이 따르기 때문이다. (45)의 현대국어 것과 전혀 다르지 않다. 물론 조사라는 지극히 문법적인 요소로 전이된 '밖'이라 하더라도, 어떤 범위적인 제한성을 가진다는 점에서 어휘적인 흔적은 감지된다.

6. 정리

사전 기준으로 '안'과 '밖'은 구체적인 공간 개념에서 시간, 추상적인 개념에 이르기까지 다양한 의미를 가진다. '안'과 '밖'은 대표적인 내외 개념어라 할 수 있는데, 여기에는 '속'이나 '바깥, 겉' 따위도 포함된다. 이들과의 대비를 통하게 되면, '안', '밖'의 의미를 더욱 세부적으로 추출할 수 있을 것이다.

'안'과 '밖'의 의미는 크게 1)공간 의미, 2)시간 의미, 3)추상 의미, 4)문법 의미로 구분한다.

공간 개념은 단일하지가 않다. 공간 개념 내에서도 의미의 확장이 이루어지는 까닭이다. 이에 대해서는 역사적인 논의를 필요로 한다. 가장 기본적이면서도 구체적인 장소 개념의 '안, 밖'은 중세와 근대국어의 시기에 모두 생산적인 양상을 보인다. 또한 의미의 확장을 통해, '안, 밖'이 신체 개념과도 연관되는 예들도 확보되는데, 주로 의학서들에서 그 예를 찾을 수 있다. 한편, '안, 밖'은 역사적으로 '四海'나 '娑婆世界' 따위의 추상화된 공간, '아내'나 '남편'을 대신하는 표현으로도 나타난다.

공간 개념은 곧잘 시간 개념으로 전용된다. '안', '밖'의 경우도, 역사적으로 그 흔적이 잘 드러난다. 그런데 중세국어의 시기를 보면, '안'의 경우 드물게나마 그 예를 찾을 수 있지만, '밖'은 찾기가 어렵다. 근대국어 들어서는 '안, 밖' 모두 생산적인 양상을 띤다. 중세국어 시기, '안'의 쓰임새가 빈약한 까닭은 대응 한자인 '內'가 상대적으로 생산적이었기 때문이다. 반대로 시간 개념으로서의 '밖'이나 '外'는 모두 그 예를 찾기가 어렵다. 이는 시간 관련어로서는 '안'이 중용되었음을 의미한다.

그리고 '안', '밖'이 추상적인 환경에서 쓰인 예들은 중세·근대국어를 통해 자주 발견된다. 그런데 '안'의 경우, 중세국어에서는 생산적이지만 근대국어의 시기에서는 찾기가 어렵다. '밖'은 중세와 근대국어 모두 생산적인 모습을 보인다. 대응 한자인 '內, 外'는 모두 빈도가 극히 낮다. 추상적인 상황에서는 대응 한자인 '內, 外'보다는 '안, 밖'이 담당했던 것으로 생각된다.

끝으로, '안'과 '밖'에서 '안'이 문법적인 의미로 쓰인 예는 없다. 반대로 '밖'은 본디 의미를 유지한 채, 문법적인 의미도 가지는 형태로 나아간다. 접사인 '밭-'과 조사인 '밖에'가 거기에 해당한다.

위치 공간말의 문법화

03

3부에서는 위치 공간말의 문법화에 대해 다룬다. 공간말은 시간 개념어로, 추상 개념어로 이어지고 종내는 문법적인 요소로까지 나아간다. 물론 모든 공간말이 그런 것은 아니다. '앞, 뒤' 중에서는 '뒤' 중심으로, '위, 아래' 중에서는 '위' 중심으로, '안, 밖' 중에서는 '밖' 중심으로 문법화 논의를 진행한다.

[1장] 공간말의 문법화

여기서는 위치 공간말의 문법화 과정을 다룬다. 공간말이 시간 개념으로 전이되어 쓰이는 예가 많다는 것은 이미 언급했거니와, 단지 거기에 머물지 않고 종내는 문법적인 요소로까지 나아가는 공간말들이 적지 않다. 위치 공간말 가운데는 '뒤, 위, 밖' 따위가 대표적이다.

이들의 문법화를 논의하기에 앞서 문법화에 대한 일반적인 논의를 잠시 전개할까 한다. 문법화 전반에 대한 것보다는 위치 공간말이 모두 명사에 준하는 것이기 때문에, 명사 중심의 문법화에 대한 개괄적인 논의를 하고 넘어가자는 것이다. 아울러 시간을 나타내는 말들과의 관련성에 대해서도 부가한다.

1. 명사의 문법화

시간의 흐름에 따라 변하지 않는 게 없듯이, 언어 또한 변화한다. 하지만 변화라고 해서, 그 방향이나 결과가 모두 동일한 것은 아니다. 형태만 변하는 경우도 있고, 반대로 의미만 변하는 경우도 있다. 형태와 의미가 동시에 변하는 것도 있고, 거기에 기능까지 변하는 경우도 있다. 문법화는 이 같은 변화들을 함축한다. 의미는 물론이고 기능의 변화까지 포함하기 때문이다.

문법화 논의는 이와 같은 언어의 변화에 질서를 부여하는 작업이라 할 수 있다. 문법화는 글자 그대로 문법적인 요소로 변화했다는 뜻이다. 전혀 문법적이지 않던 요소, 곧 어휘적인 요소였던 것이 시간과 환경의 영향에 힘입어 어휘적인 이미지를 벗어버리고 문법적인 요소를 획득하였다는 것이다. 이러한 전개 과정은 문법화 가운데 전형적인 예에 해당한다. 그러나 문법화의 최종 단계인 문법소에 이르지는 못하였지만, 그 과정에 있는 경우도 많이 있다. 이 또한 문법화로 봐야 하는 것 아닌가에 대해서는 논란이 많다. 문법화의 과정에 있는 것까지 포함해야 하느냐의 여부는, 곧 문법화를 좁은 의미로 해석할 것인가 넓은 의미로 받아들일 것인가의 문제이다. 또한 소극적으로 받아들일 것인가 적극적으로 해석할 것인가와 관련된다. 이는 문법화의 범위 설정과 관계되는 문제이다. 이렇게 보면, 문법화는 크게 두 가지 유형이 있음을 알게 된다. 문법화의 과정이 종결된 것과 문법화의 과정에 있는 것이 그것이다.

'뒤'와 '위', '밖' 따위의 명사 공간말 중심으로 문법화를 다루려는 이 글에서는 문법화의 범위를 문법화의 과정에 있는 것까지도 포함시킨다. 1) 문법화의 과정은 일정한 틀을 가지고 있다. 따라서 문법화의 길로 가고 있는 것을 문법화의 테두리에 집어넣어야 한다는 것은 당연한 논리라는 생각에서이다. 명사의 가장 일반적인 문법화의 경로는 '1)자립명사의 단계 → 2)의미의 확장 단계 → 3)의존명사의 단계 → 4)문법소 단계'라 할 수 있다. 4)의 단계는 주로 어미나 조사의 단계이다. 이는 이미 문법화가 완성된 단계이며, 여기까지 이른 경우는 전형적인 문법화의

---

1) 문법화에 대한 초기 연구는 대체로 문법화가 완성된 경우에 한정했다. 그러나 최근의 논의들에서는 문법화가 진행 중인 것뿐만 아니라, 덜 문법적인 것에서 더 문법적인 것으로 나아간 것까지도 문법화에 포함시켜 그 범위를 확장하고 있는 추세에 있다. 상대적인 상황까지도 포괄하자는 것이다. Hopper·Traugott(1993)이나 고영진(1995), 안주호(1997) 등은 문법화에 대한 포괄적인 논의를 하고 있어 유용한 자료가 된다.

예라 해야겠다. 아울러 2)의 의미 확장 단계는 문법화의 시작 단계에 있는 것으로, 3)의 의존명사 단계는 문법화의 중간 단계로 파악할 수 있다. 이 같은 과정은 문법화의 시작은 의미의 변화에서부터이고, 이어 범주와 기능의 변화로 이어진다는 사실을 말해 준다.2)

아래 예시는 명사가 문법화의 완성 단계에 있는 경우를 보인 것이다.

(1) ㄱ. 무엇보다 집은 터가 좋아야 한다.
　　ㄴ. 학위도 못 받은 터에 무엇을 하겠느냐?
　　ㄷ. 나는 몇 년 뒤 귀향할 터이다(테다).
　　ㄹ. 나는 이제 그만 울테야.

(2) ㄱ. 百千 比丘ㅣ 그어긔 이시며〈월석, 17.38〉
　　ㄴ. 大衆의 거긔 닙 위ᄒᆞ야〈석상, 19.40〉
　　ㄷ. 넓굽재는 나믹 게 잇는 거슬 구ᄒᆞ며〈번소, 8.21〉
　　ㄹ. 그녀는 나에게 〈우리말본〉을 선물했다.

(3) ㄱ. 如來 겨신 ᄃᆡ롤 모ᄅᆞᅀᆞ바이다〈석보, 11:10〉
　　ㄴ. 지금 네가 가는 데가 어디냐?
　　ㄷ. 집에 가는 데 3일이나 걸렸다.
　　ㄹ. 나는 지금 가는데, 너는 안 가느냐?

(1-3)의 예들은 오늘날 문법화가 완결된 것으로 보인다. 먼저, (1ㄱ)의 '터'는 '집이나 건물을 지었거나 지을 자리'를 가리키는 말이다. 온전한 뜻을 가진 자립적인 명사에 해당한다. (1ㄴ, ㄷ)의 '터'는 관형어 뒤에 위치함으로써 [[ ]ㄹ # 터]의 통사적 짜임새를 가지는데, 각각 '처지, 형편', '예정, 의지'와 같은 양태 의미를 가리키는 의존명사로 쓰이는 경우이다. 은유적 확장을 통해 명사가 의존명사로의 범주 이동이 일어난 것

2) 안주호(1997)에서는 '명사의 문법화'를 세 단계로 구분하고 있다. 의존명사화 단계, 접어화 단계, 어미/조사/접미사화 단계가 그것이다.

이다. 양태 의미를 가진다는 것은 구체적인 의미를 상실하여 추상화된 단계로 접어들었음을 말한다. 그리고 (1ㄹ)은 '터+ㅣ'가 결합된 '테'가 선행 어미인 '-ㄹ'과 융합되어 '[[ ]ㄹ테]'라는 또 다른 어미로 기능하는 모습이다.3) 자립명사인 '터'가 의미의 확장과 의존명사의 과정을 거쳐 어미로 변해 가는 흐름을 보여주고 있는 것이다. 이렇게 볼 때, (1)에서는 자립적인 명사, 의존명사, 문법소의 단계를 거치는 과정이 고스란히 드러나고 있다.

한편, (2)는 오늘날 조사 '(에)게'가 중세국어의 '그어긔'에서 유래된 것임을 보여준다. 선행요소인 조사 '익/의'와 융합됨으로써 체언인 '그어긔'가 조사로 문법화되었다는 것이다. 이 또한 (2ㄴ)의 의존명사 '거긔'의 단계를 거쳐 조사로 나아가는 과정으로 문법화의 전형적인 양상을 보인다.4)

(3ㄱ)의 '디'는 중세국어에서 물리적인 공간을 나타내던 것이었다. 이는 현대국어인 (3ㄴ)의 '데'에서도 그 의미를 찾을 수 있다. (3ㄷ)의 '데'는 어떤 '일'이나 '것'의 의미를 가진 의존명사이다. 하지만 (3ㄹ)의 '데'는 다른 예시들과 환경에서는 차이가 없지만, 선행요소인 어미 '-는'과 통합되어 '-는데'가 이미 하나의 어미를 형성하고 있는 모양새이다. 이는 이미 문법적인 요소로 문법화가 완성된 상태에 있음을 말해 준다.

(1-3)에서 제시된 것처럼, 문법화가 종결된 경우에는 자립적인 명사가 의존명사로의 범주 이동을 거쳐 문법적인 요소로 나아간다는 공통

---

3) 여기서 (1ㄹ)의 '-ㄹ테'는 사전적으로는 아직 붙여 쓰지 않고 있다. 통사적 짜임새로 처리하고 있는 셈이다. 그러나 언중들의 인식과 발화를 따져 보면, 이들은 이미 하나의 어미로 파악할 수 있다고 본다. 일상의 언어생활에서 "나는 그만 울 터이야." 따위의 표현이 오히려 어색한 쓰임이 되는 데서도 이 같은 처리는 설득력을 얻는다. 따라서 여기서는 '-ㄹ테'를 문법화가 완성된 하나의 '어미'로 처리하고자 한다.

4) 중세의 '그어긔'는 '거긔'와 '그에'로 분화되어서 동시대에 함께 쓰이는데, 이들은 각각 대명사와 의존명사로 쓰인다. 그 가운데 의존명사로 결합되었던 '그에'와 '거긔'가 조사 '(에)게'로 문법화에 이르게 된다. '그어긔'의 문법화에 대해서는 손평효(1999) 참조.

점을 보인다. 그런데, 그 과정에서 두 가지 경로를 발견할 수 있다. 하나는 원래의 어휘적인 요소가 다의어를 형성하지 않고 오롯이 문법적인 요소로 변한 경우이다. 이 경우에는 어휘적인 의미를 가졌던 원 형태는 더 이상 현대국어에 공시적으로 존재하지 않는다. 문법화된 최종 결과물만 남아 있다는 것이다. (2)의 '그어긔'가 여기에 해당된다. 오늘날 '그어긔'는 문헌자료 속에서나 찾을 수 있다. 역사적인 변화 과정에서 소멸되어 갔기 때문이다.[5] 다른 하나는 원래의 어휘적인 요소가 다의어를 형성함으로써, 일부는 문법적인 요소로 변하여 문법화가 완결되고 일부는 여전히 어휘적인 의미를 유지하고 있는 경우이다. (1)과 (3)이 이와 관련되는 예다.[6] (1)에서 (ㄱ-ㄷ)은 체언과 의존명사로서 여전히 어휘적인 의미를 유지하고 있지만 (1ㄹ)은 그렇지 않다. (3)에서도 (ㄱ, ㄴ, ㄷ)은 어휘적인 요소를 가지는 반면, (3ㄹ)의 경우 문법적인 요소이기 때문이다.

이상의 논의와 달리, 문법화가 현재 진행 중인 예도 여럿 있다.[7]

   (4) ㄱ. 길은 다시 다른 길로 이어진다.
      ㄴ. 뜻이 있는 곳에 길이 있다.
      ㄷ. 성하는 돌아오는 길에 아버지를 만났다.

---

5) 물론 중세국어의 '그어긔'가 오롯이 현대국어의 '(에)게'에만 대응되는 것은 아니다. '그어긔'는 역사적으로 '거긔'와 '그에' 등의 변이형을 가지는데, 그 일부는 현대국어의 대명사 '거기'로 나아간다. 여기서는 문법화와 관련되는 전자의 경우에 한정하여 논의하기로 한다.

6) 오늘날 조사 '(에)게'는 중세의 '그어긔'가 '그에/거긔'를 거쳐 형성된 꼴이다. 형태와 기능의 변화가 맞물려 있는 경우이다. 반면 '터'나 '데'는 어휘적인 의미를 가진 꼴을 고스란히 유지하는 한편, 또 다른 꼴은 문법적인 요소로 나아간다는 것이다. '뒤' 또한 마찬가지다. 어휘적인 모습과 형식적인 접사의 모습을 동시에 보유하고 있는 것이다. 여기서 어휘적인 꼴과 접사로서의 꼴에는 차이가 없다. 오늘날 '뒤'의 쓰임새는 후자의 경우에 속한다. 형식적 요소로 바뀐 '뒤'가 있는 반면, 여전히 자립적인 어휘로서도 생산적이기 때문이다

7) 의존명사나 보조용언 따위들이 모두 여기에 포함될 것이다. 그런데 이들 수많은 예들이 모두 같은 경로를 거칠 것이라고 보기는 어렵다. 다시 말해 한 단계 더 나아가 결국은 모두가 문법소에 이르지는 않을 것이라는 사실이다. 일부는 계속 나아가서 종착점에 다다르고 나머지는 현 단계에서 머물거나 더 나아가더라도 문법소 쪽으로의 변화는 아닐 수 있다는 것이다.

(5) ㄱ. <u>법</u>은 지키라고 존재하는 것이다.

　　ㄴ. 유하는 공부하는 <u>법</u>을 몰라서 힘들어 한다.

　　ㄷ. 빌린 돈을 안 갚는 <u>법</u>이 있니?

(6) ㄱ. <u>바</u> 소(所)〈자회, 중8〉〈석봉, 13〉

　　ㄴ. 地方通稱 곳, <u>바</u>〈한청, 1.33〉

　　ㄷ. 우리가 나아갈 <u>바</u>를 밝혀야 한다.

　　ㄹ. 한국 축구의 미래는 이른<u>바</u> '해외파'에 달려 있다.

　(4, 5)는 문법화 과정에 있는 예를 보인 것이다. 문법화의 단계에서 의미의 확장을 거쳐 중간 단계인 의존명사에 도달한 모습이다. (4ㄱ, 5ㄱ)의 '길'과 '법'은 각각 '도로[路]'와 '규칙'을 나타내는 자립적인 명사이다. (4ㄴ, 5ㄴ)들은 각각 (4ㄱ, 5ㄱ)의 의미들이 확장된 양상이다. (4ㄴ)의 '길'은 '방법이나 수단'을 의미하는 것으로 여전히 자립적인 의미를 유지하고 있다. 반면 (4ㄷ)의 '길'은 선행어인 관형어와 통합되고 있는 의존명사로서 '어떤 상황이나 처지'의 의미를 갖는데, 여기서는 양태적인 의미가 감지된다. 범주의 변화와 더불어 문법적인 성질을 띠기 시작하는 단계이다.

　(5ㄴ, ㄷ)의 '법' 또한 (5ㄱ)의 '규칙'이라는 어휘적 의미를 넘어 각각 '방법'과 '어떤 경우나 상황'을 의미하는데, 이들 또한 선행요소와 어울려 양태적인 의미를 가진 것으로 생각된다. 이들은 문법화가 완성된 상태는 아니지만, 그 방향으로 나아가고 있는 중인 상태이다. 물론 선행어와는 통합되지 않고 여전히 통사적인 환경에 놓여 있는 단계라 하겠다.

　(6)에서 '바'는 (6ㄱ)에서처럼, 중세국어에 장소를 나타내는 '所'의 뜻으로 쓰였거나, (6ㄴ)처럼 '곳'의 의미를 가졌던 꼴이다. 이때의 '바'는 물리적 공간을 나타내던 명사였다. 하지만 이는 역사적으로 이내 어휘적 의미를 상실하게 된다. (6ㄷ)에 와서는 본디 의미를 느끼기 어렵다. (6ㄷ)

의 '바'는 관형어 뒤에 이어져서 '어떤 일의 방법이나 방도'를 나타내는 의존명사로 쓰이고 있다. 양태적 의미를 가진 것이다. 따라서 (4-6)의 예들은 모두 문법화가 진행 중인 예들로 처리된다.

이와 같이 문법화가 아직 완성되지는 않았으나 문법적인 요소로 나아가고 있는 경우도 상정할 수 있다. 이 또한 두 가지로 구분된다. 하나는 문법화의 초기 단계로 의미의 확장에만 머무르고 있는 경우이다. 주로 다의화의 단계를 보이는 경우에 해당한다. 다른 하나는 의미 확장을 넘어 의존명사 단계에까지 나아간 경우이다. 의존명사는 문장 속의 의미나 기능 면에서 의존적인 위치에 있다. 어휘적이면서 동시에 문법적인 기능을 가진 존재인 것이다. 따라서 의존명사 단계는 이미 문법적인 역할을 하는 지점에 도달한 것으로 봐야 한다.

현대국어에서 '앞'이나 '아래', '안' 따위는 여러 가지 의미로 분화되어 다의화 과정을 한창 보여주고 있다. 하지만 이들은 아직 문법적인 기능은 제대로 갖지 못한 단계이다. 다시 말해, 조사나 어미 따위의 문법적인 요소로 나아가지는 못하고, 의미가 추상화되는 단계에 머물러 있다는 사실을 말해 주는 것이다. 위치 공간말들은 대개 문법화의 두 경우를 모두 보여준다. 물론 '뒤'나 '위, 밖' 등과 마찬가지로 '앞'이나 '아래, 안' 따위도 시간의 흐름에 따라 미래 어느 시점에서는 의존명사나 접사 따위로 문법화의 경로를 거칠 여지는 여전히 존재한다. 정리하자면 위치 공간말들은 현재 문법화의 최종 단계에까지 나아간 경우와 의미가 분화되는, 문법화의 초기 단계에 있는 예들이 공존한다고 하겠다.

문법화는 각 단계마다 문법화 현상을 일으키는 요인들, 즉 문법화의 기제들이 개입된다. 여러 가지가 있을 것이지만, 그 가운데 명사의 문법화와 관련되는 것은 대체로 은유와 재구조화, 유추, 융합 따위가 해당한다.[8]

은유(metaphor)는 의미의 확장을 설명해 줄 수 있는 기제이다. 적용되는 대상이 다른 범주로 이동되는 것을 말하는데, 이는 자립적인 요소가 어휘적 의미를 상실하고 추상적인 경향을 띠어 가는 것을 말한다. 그 과정에 은유적 확장이라는 기제가 개입된다는 것이다. (4ㄱ)에서 [도로]를 나타내던 '길'이 (4ㄷ)의 '돌아오는 길'에서는 [상황, 장면]을 나타내는 의존명사로 범주 설정이 달라지는 것은 거기에 은유라는 기제가 작용한 것으로 본다. 구체적인 지시 대상이었던 것이 추상적인 의미만을 갖게 되었다는 측면에서 그렇다. Heine et al(1991)에서 범주들의 이동 방향을 '사람 〉 물체 〉 행위 〉 공간 〉 시간 〉 질'의 순서로 규정하고 있는 것 또한 이를 반영한 것이다.9) 문법화 과정에서 은유 기제의 적용은 필수적이다. 문법화의 시작은 의미의 변화, 곧 의미의 확장으로 시작되는데 여기서 은유적 상황은 필연적이 될 수밖에 없다는 것이다. 위치 공간말들 또한 예외일 수 없다. 구체적인 공간 개념에서 점차 추상적인 개념으로 전이가 일어나기 때문이다.

재분석(reanalysis)은 형태, 통사, 의미론적으로 변화가 발생한 표상을 강조한 것이다. 이는 심리적인 측면을 지적하는 것으로, 실제 융합이 일어나기 이전에 이미 융합된 짜임새로 파악하려는 경향을 가리킨다.

    (7) ㄱ. be going [to visit Bill]
       ㄴ. [be going to] visit Bill
       ㄷ. [be going to] like bill
       ㄹ. [gonna] like/visit Bill10)

(7ㄴ)은 목적절을 가진 진행형인 'going'을 'be going to'로 파악함으로

8) 문법화의 기제에 대해서는 이성하(1998), 안주호(1996) 등 참조.
9) 여기에 대해서는 이성하(1998: 219-226)에 잘 정리되어 있다.
10) Hopper 외(1993: 61). 전정례(2005: 34)에서 재인용.

써 조동사로 인식되고 있는 모습을 보인 것이다. 이는 어형 변화형을 다른 것으로 해석하려는 언중들의 심리적인 의도를 나타낸다. 융합되기 이전, 미리 융합된 구조로 인식하려는 심리적 단계인 셈이다. 이런 점에서 재분석은 낱말이나 형태소의 경계가 약해지려는 단계이지 그 경계가 아예 사라지는 것은 아니다.

유추(analogy) 또한 심리적인 과정이라 할 수 있다. 이는 어떤 언어의 형태가 의미나 기능, 음성적으로 유사한 언어 형태에 동화하여 변화되어 가는 경향을 가리킨다. (7ㄷ)은 유추의 전형적인 양상을 잘 보여준다. 'visit'와 같은 이동, 행위 동사에 사용되던 'be going to'가 상태 동사인 'like'에 이르러서도 조동사의 기능을 갖는 것으로 확대되었다는 점이다.

융합(fusion)은 통사적인 짜임이 형태적인 짜임으로 굳어지는 현상을 말한다. 이는 재분석이나 유추가 일어난 다음에 나타나는 현상이다. 선·후행하는 요소들이 녹아 붙어 더 이상 본래의 통사적 짜임새로 돌아갈 수 없는 상태를 말한다. 의미 또한 새로운 방향으로 설정된다. (7ㄹ)은 재분석과 유추의 과정을 거쳐 음운론적으로도 변화가 일어났음을 보여준다. 그 결과 하나의 형태소로 굳어져서 후행하는 동사에도 제약을 받지 않는 모습이다. 앞에 예든 (1ㄹ)이나 (2ㄹ)에서 결과된 '-ㄹ테'나 '에게' 또한 선행요소와 완벽하게 융합된 양상을 보여준다. 음운론적인 변화뿐만 아니라 형태, 기능 등의 변화를 통해 하나의 짜임새를 형성하고 있는 것이다.

2. 공간과 시간의 상관성

Givon(1979)에서는 '공간'과 '시간', '존재'의 세 자질의 내포 관계를 '공간〉시간〉존재'로 설정하고 있다. 여기서 '공간'을 구체적인 것으로, '존재'를 추상적인 것으로 파악하여 시간 개념을 기준으로 아래와 같이 제시하고 있다.

(8) 공간 속에 있다 〉 시간 속에 있다 〉 있다

이 관계는 공간 속에 있는 것은 시간 속에도 있으나 그 역은 성립되지 않으며, 시간 속에 있는 것은 존재하나 또한 그 역은 성립되지 않는다는 사실을 전제하고 있다. 그래서 '의자'는 공간 속에 존재하지만 '행동'이나 '사건', '기간' 따위는 시간적으로만 존재할 뿐 공간적으로는 존재하지 않는다고 본다. 또한 '생각'이나 '사랑', '자유' 따위의 명사는 공간적으로든 시간적으로든 존재하지 않는다는 것이다. 이는 공간적 의미가 시간적 의미로는 바뀌어 쓰이지만 반대의 변화는 일어나지 않고, 또 시간적 의미가 존재나 정체의 의미로는 바뀌어 쓰이지만 그 반대 현상은 일어나지 않는다는 전제를 두고 있다. 이른바 '의미 퇴색(semantic bleaching)'의 과정이 개입된다는 것이다(이기동 역1981: 375-379 참조).

이 같은 현상은 시간 개념을 가지는 말들이 거의가 공간 개념을 가진 말들과 밀접한 연관성을 가지는 까닭을 설명해 준다.11) 시간이라는 개념은 공간 개념을 바탕으로 할 때 선명하게 인식될 수 있다.12) 그것은 상대적으로 추상적인 시간 개념을 그 자체로 구체화하기는 어렵기 때문이다. 따라서 이를 구체화하기 위해서는 공간 개념을 활용할 수밖에 없다는 것이다. 우리말에서도 이런 모습들은 흔하게 포착된다.

---

11) 공간과 시간의 상관성에 대해서는 정경숙(1989), 민현식(1999) 등을, 장소에 대한 문법적인 논의에 대해서는 최규수(1982)를 참조할 것. 또한 문법화의 차원에서 공간에 대한 문제는 Givon, Talmy, 문법이해론(이기동 옮김, 1981)과 이성하(1998) 참조.
12) 여기에 대해서는 안주호(1996), 김현정(1997), 이성하(1998) 등 참조.

(9) ㄱ. 창문 {틈, 사이}으로 햇빛이 들어오고 있다.

　　ㄴ. 너무 바빠서 쉴 {틈, 사이, 겨를}이 없다.

　　ㄷ. 뭐라고 변명할 {틈, 사이, 겨를}도, 어떻게 피할 {틈, 사이,
　　　 겨를}도 없이 맞고 말았다.

(9)는 공간을 나타내는 '틈'과 '사이'가 시간 개념을 가지게 되는 예를 보인 것이다. (9ㄱ)에서 '틈'은 '벌어져 사이가 난 자리'를 가리키는데, 이는 공간적 개념을 가지고 있다. '사이' 또한 마찬가지다. 그러나 (9ㄴ)에서는 '틈'과 '사이' 모두 시간적 상황에 쓰이고 있다. 그래서 시간 개념을 간직한 '겨를'과도 대체되는 모습을 보여준다. (9ㄷ)에서도 마찬가지다. 인물의 행위와 관련하여 모두가 시간적 개념으로 쓰이고 있는 장면이다. 이처럼 공간 개념이 시간적 상황으로 전이되어 쓰이는 것은 자연스러운 현상으로 볼 수 있다.

(10) ㄱ. 方面은 <u>너기</u>라〈석상, 19.22〉

　　ㄴ. 므리 왼 <u>녀긘</u> 덥고 올흔 <u>녀긘</u> 츠더라〈월석, 39〉

　　ㄷ. 그는 햇볕이 잘 드는 <u>녘</u>으로 집 터를 잡았다.

　　ㄹ. 그는 해가 질 <u>녘</u>을 참 좋아한다.

(10ㄱ)에서의 '녁(녘)'은 원래 '쪽, 가[邊]'를 나타내는 공간 개념을 가진 자립적인 말이었다. 하지만 (10ㄴ,10ㄷ)의 '녁(녘)'은 '쪽'의 의미를 가졌지만 [방향]이라는 의미적 성분으로 확장된 의미를 나타낸다. 여기서는 이미 자립적인 의미는 상실한 의존명사의 단계에 있다. 선행요소인 관형어와 통합되어 [[-는#녘]]이라는 통사적 짜임새를 형성하게 된다. 그리고 (10ㄹ)에서는 의미적 성분이 [시간]으로 전용되어 쓰이는 모습이다. '해가 질 무렵'의 뜻으로, 공간 개념이 시간 개념으로 은유적 전이를 보인 것이다.

(11) ㄱ. 하늘 짜 즈스메 뷘 짜 업시 ᄂ특ᄒᆞ야 다려 잇ᄂ니〈칠대, 14〉
    ㄴ. 내 七月ㅅ 초싱애 뼈나 ᄯᅩ 엇디 이 즈스메사 ᄀᆞᆺ 온다〈번노, 하3〉
    ㄷ. 저녁 노을이 질 즈음에 집으로 돌아왔다.
    ㄹ. 민하는 네 살쯤부터 학교에 가고 싶어 했다.

(11)의 '즈음' 또한 마찬가지다. 애초에 '즈음'은 중세국어의 예에서 보다시피, [공간]으로서의 의미를 가졌다. (11ㄱ)은 '하늘과 땅 사이에 빈 곳 없이 가득하여'로 해석된다. 여기서 '즈음'은 '사이'라는 공간 개념을 간직하고 있다. 하지만 (11ㄴ)의 '즈음'은 '이 무렵에야, 이때에야' 정도의 의미로 파악된다. 시간적인 위치를 나타내고 있는 것이다. 그리고 (11ㄷ)에 와서는 시간적 개념을 선명하게 살필 수 있다. '저녁노을이 질 무렵'이라는 것은 시간 개념이 분명하기 때문이다. (11ㄹ)의 '쯤'은 체언 뒤에 결합되는 접미사로 나타나는데, 이는 이미 문법화가 완성된 꼴을 보여준다.13) 이는 영어에서도 유사한 예를 찾을 수 있다.

(12) ㄱ. They're right <u>behind</u> the desk.
    ㄴ. It's coming from <u>behind</u> this wall.
    ㄷ. He is half an hour <u>behind</u> time today.
    ㄹ. The train was twenty minutes <u>behind</u> time.

(12ㄱ, 12ㄴ)의 'behind'는 'desk나 wall의 뒤(아래)'라는 [장소]의 의미를 가지는 공간말로 쓰이고 있다. 반면 (12ㄷ, 12ㄹ)의 'behind'는 모두 시간적인 개념을 가진다. 이처럼 시간 관련 말들은 대개 공간말에서 전이된 경우가 많다. 따라서 공간말인 '앞'이나 '뒤'가 시간적인 의미로 확장되어 쓰일 수 있는 개연성은 충분히 가지는 셈이다.

---

13) '즈음'과 '쯤'의 관계에 대해서는 정동경(2010) 참조.

(13) ㄱ. 그녀는 부산역 앞에 서 있었다.
    ㄴ. 우리의 행복은 앞 세대의 희생 덕분임을 알아야 한다.
    ㄷ. 중요한 것은 앞으로 우리가 무엇을 할 수 있느냐이다.

(14) ㄱ. 그녀는 은행나무 뒤에 숨어 있었다.
    ㄴ. 대학을 졸업한 뒤, 그는 주저하지 않고 고향으로 내려갔다.
    ㄷ. 지금보다는 뒷날을 더 중시하는 사람이 돼야 한다.

(15) ㄱ. 오늘 오후 두 시 안팎으로 학교에 갈게.
    ㄴ. 우리나라의 역사는 오천 년 위로 올라가기는 어렵다.

(13ㄱ)의 '앞'은 기준이 되는 대상인 '부산역'의 앞쪽이라는 차원에서 [장소]의 의미를 가지는 전형적인 공간말로서의 모습을 보여준다. 반면, (13ㄴ, 13ㄷ)의 '앞'은 공간보다는 [시간]으로서의 의미를 함의하는 것으로 처리된다. (13ㄴ)의 '앞 세대'의 '앞'은 과거의 시간을 내포하고, (13ㄷ)의 '앞'은 미래의 시간을 함의하고 있다. (14)에 제시된 '뒤' 또한 마찬가지다. (14ㄱ)의 '뒤'는 기준 대상인 '은행나무'의 뒤쪽을 나타내는 [장소]의 의미를 갖고 있다. 반대로 (14ㄴ, ㄷ)의 '뒤'는 [시간]으로서의 의미를 가진다. (15)의 예 또한 마찬가지다. 공간 개념의 '안', '밖', '위' 등이 (15ㄱ)과 (15ㄴ)에서는 시간 개념을 함의하고 있다. 이는 공간 속에 있는 것은 반드시 시간 속에 존재한다는 T. Givon(1979)의 견해를 뒷받침해 준다.

[2장] '앞'과 '뒤'의 문법화
-'뒤'를 중심으로-

　위치 공간말 가운데 먼저 '앞'과 '뒤'의 문법화에 대해 살펴보자. '앞'과 '뒤'가 어휘적인 의미로서 갖는 가장 기본적인 자격은 마땅히 공간말로서이다. 그러나 '앞', '뒤'는 단지 공간 개념을 나타내는 데 머무르지 않고, 다양한 경로를 통해 의미의 확장을 보여준다. 다시 말해 문법화의 전개 양상을 보여주고 있다는 것이다.

　문법화는 대개 언중들에 의해 일상적으로 많이 사용되는 꼴에서 일어난다. 그 의미가 구석지고 특수한 것보다는 기초적인 어휘나 생산성이 높은 어휘에서 발생한다는 것이다. 이런저런 상황에서 자주 쓰임으로써 다의화가 될 것이고 마침내는 문법적인 요소로까지 나아갈 개연성이 커진다는 것이다. 영어의 'let'이나 'will, go' 따위가 그렇고 우리말의 수많은 의존명사들과 '버리다', '가다', '보다' 따위의 동사들이 그렇다. 이런 점에서는 '앞, 뒤' 또한 마찬가지이다. '앞, 뒤'는 어떤 상황에서도 쓰일 수 있는 높은 빈도를 가진 공간말이기 때문이다.

　문법화 과정의 초기 단계에 공통적으로 나타나는 현상은 의미의 확장이다.[1] 이는 명사라고 해서 예외가 될 수 없다. 의미가 확장된다는

---

1) 이에 대해 이성하(1998: 258-264)에서는 '일반화(generalization)'로 설명하고 있다. 여기서 '일반화'란 어휘소의 의미가 점점 특수성을 잃어 일반적인 의미를 갖게 되는 의미 변화의 과정을 가리킨다. 일반화는 문법화에서 두 가지 중요 의미를 가지는 것으로 보는데, 하나는 의미의 특수성이 적을수록 그 해당 어휘소가 쓰일 수 있는 범위가 넓기 때문에 그것이 쓰이는 분포가 넓다는 점에서 일반적이라 할 수 있고, 둘째는 그 어휘소의 의미자질이 특

것은 단단하고 구체적이던 어휘의 본래 의미가 점점 묽어지고 옅어진다는 사실을 말한다. 이는 변화의 다음 단계로 나아가기 위한 준비 단계로서는 필수적인 것이다. 옅어진 상태가 되어야만 새로운 의미로 변하기도 수월하고 다른 기능이 추가될 수도 있을 것이기 때문이다. '앞', '뒤'에서도 이 같은 현상은 다양하고도 생산적으로 접할 수 있다.

이와 같은 '앞', '뒤' 의미의 확장을 여기서는 세 가지로 구분접근하였다. 첫째, '앞', '뒤'가 가지는 가장 핵심적인 의미인 공간 개념 내에서의 의미 확장이다. 둘째, 공간 의미를 바탕으로 한 시간 개념으로의 의미 확장이다. 셋째, 추상적인 단계로의 확장이다. 이는 공간 개념을 가진 말이 문법적인 요소로 나아가는 가장 전형적인 과정을 보여 주는 것이다.2)

1. 공간 의미로

'앞'과 '뒤'가 가지는 가장 본질적인 의미는 [공간]이다. 여기서의 공간 개념은 항상 일정한 기준을 전제로 한다. 아무런 기준도 없이 그냥 '앞', '뒤'라고 하면, 이는 언어적 상황에서 무의미한 것이 되기 일쑤다. 반드시 일정한 기준점을 둔 상태에서야 '앞'은 [전방], '뒤'는 [후방]이라는 수평적 개념을 나타내는 의미를 가질 수 있다. 이는 '앞', '뒤'가 공간상에서 대상의 위치를 규정해 주기 때문이다.

    (1) ㄱ. 그녀는 {앞, 뒤}에 서 있었다.
        ㄴ. 그녀는 은행나무 {앞, 뒤}에 서 있었다.

수 자질들이 적다는 점에서 일반적이라 할 수 있다는 것이다.
2) 의미 확장에 대한 집중적인 논의는 배도용(2002) 참조.

(1)에서 (1ㄱ)은 문장 형식의 입장에서는 별 문제가 없을지도 모르나 뭔가 어색함이 있다. 그것은 '앞, 뒤'라는 공간을 나타내는 말들이 기준점이 없이 제시되어 있기 때문이다. 반면, (1ㄴ)의 '앞, 뒤'는 그 의미가 선명하다. '은행나무'라는 기준이 되는 대상을 보유하고 있기 때문이다. 이처럼, 공간말 '앞, 뒤'는 문장 속에서 기준점이 없을 경우에는 다소 허전한 표현이 될 수밖에 없다. 물론, (1ㄱ)이 대화 상황에서는 소통될 수 있는 여지가 있을 것이다. 하지만 대화에서조차 이미 상황 논리에서 기준점이 전제되었을 때에 가능한 일이다. (2)의 대화는 이를 보여준다.

(2) ㄱ. 영희 만나기로 했니?
　　ㄴ. 응.
　　ㄷ. 어디, 본관 <u>[앞, 뒤]</u>에서 만나기로 했니?
　　ㄹ. 아니, <u>∅ [앞, 뒤]</u>에서 만나기로 했어.

(2)에서는 기준 대상이 없더라도 의미 전달에 문제가 없다. 그것은 '본관'이라는 기준점이 이미 전제되어 있기 때문에 가능한 장면이다. 이처럼 공간말 '앞, 뒤'는 기준점이 예정되지 않으면 효과적인 공간 개념을 설정할 수 없게 된다. 이 기준점이야말로 '앞, '뒤'가 가진 공간 개념을 분명히 할 수 있는 필수적인 존재이다. 그로 인해 공간 의미는 '위치'나 '장소', '방향' 등으로 명확해지게 된다는 것이다. 이 같은 공간 인식은 관찰자에 따라, 혹은 지시 대상에 따라 경우의 수가 있지만 가장 큰 기본이 되는 것은 '눈이 향하는 곳이나 쪽'이라 할 수 있다. 눈이 향하는 쪽이 '앞'이고 그 반대쪽은 '뒤'가 된다는 것이다.

하지만 공간 개념에는 (1)이나 (2)와 같이 구체적인 장소를 나타내는 것과 같은 전형적인 경우만 존재하는 것은 아니다. 포괄적으로는 공간 개념에 속한다고 볼 수 있지만, 구체적인 장소로서의 공간 개념이 옅어져 있는 경우 또한 많다는 것이다.

(3) ㄱ. 우리는 인문관 {앞, 뒤}에서 자주 만났다.
ㄴ. 연필은 {앞, 뒤}가 뾰족해야 글씨도 좋다.
ㄷ. 아침에 보니 누군가 차 {앞, 뒤}를 닦아 놓았다.

우선, (3ㄴ, 3ㄷ)에서의 '앞, 뒤'는 핵심 의미가 되는 장소 개념과는 다소 차이가 있다. (3ㄱ)의 경우 '인문관'이라는 기준 대상을 바탕으로 전후의 위치 개념을 설명할 수 있다. (3ㄴ)의 '앞, 뒤'는 '연필'이라는 보다 큰 대상의 일부를 지칭하는 개념으로 사용된다. '연필 앞'은 '연필'이라는 대상의 앞쪽 부분을, '연필 뒤'는 뒤쪽 부분을 의미한다. '연필'이라는 대상을 기준점으로 하여 그 대상과 거리를 둔 '전후(前後)'를 나타내고자 한 게 아니라는 것이다. (3ㄷ)의 '차 앞/뒤' 또한 마찬가지다. 이는 '차'를 기준점으로 한 '앞쪽/뒤쪽'을 의미하는 것이 아니다. 오히려 전체와 부분 관계에 있는 개념으로 파악해야 한다. 이는 기존의 구체적인 공간 개념과는 다소 차이를 보이는 것이 사실이다. 하지만 공간 개념을 포괄적인 범위에서 접근하여 어떤 지점을 나타낸다는 점에서 공간 개념으로 처리할 수 있다.

(4) ㄱ. 그녀는 겨우 {앞, 뒤}만 가리고 있었다.
ㄴ. 그는 요즘 {앞, *뒤}가 흐릿해져서 휴대폰 문자가 안 보인다.
ㄷ. 아침 일찍이 나는 {?앞, 뒤}가 마려워 안방에서 나오려니까 형님이 그제서야 식식거리며 장에서 돌아오는 길이었다(김유정, 형).

(4)의 예 또한 비슷한 입장에서 설명되어야 할 공간 개념이다. (4ㄱ)의 '앞, 뒤'는 몸의 일부를 가리키는 것으로, [신체]의 의미를 가지고 있다. 몸이라는 전체의 일부로서 '앞'은 '젖가슴'이나 '음부' 또는 '몸의 전

면'을 가리킬 수 있다. 반면 '뒤'는 '엉덩이'나 '몸의 후면'을 가리킬 수 있다. (4ㄴ)의 '앞'은 '눈'을 대신 가리키는 의미로 봐야 한다. 이 또한 [신체]의 범주에 속한다. 이 문장 속에서 '뒤'는 존재하기가 어려운데, 그것은 '눈'이 앞에만 존재하는 신체 기관이기 때문이다. (4ㄷ)의 '뒤'는 '똥'을 대신 가리키는 의미로 사용되고 있다. 항문이 뒤에 있는 것과 관련되어 선택되었음 직하다. '뒷물, 뒷물대야, 새벽뒤, 뒷간' 따위에서의 '뒤'는 이 같은 신체 의미가 파생시킨 합성어라 해야겠다. (4ㄱ, 4ㄴ)보다는 구체성이 덜하지만, 마찬가지로 [신체]의 범주 내에서 다룰 수 있다. 이렇게 본다면, (4ㄱ-4ㄷ)의 '앞, 뒤'는 모두 보다 큰 대상의 일부라는 점에서 공통된 의미를 가진다. '앞, 뒤'가 구체적인 장소로서의 의미에서 벗어나 대상의 일부라는 의미에서 쓰인다는 사실을 말하는 것이다. 이 또한 [공간]이라는 큰 테두리 속에서 의미가 확장된 경우로 파악된다.[3]

앞서 언급했듯이, (3ㄴ, 3ㄷ)과 (4)의 예들은 (1, 2)에서 언급하고 있는, 특정의 기준점을 가지고 전개되는 구체적인 장소를 나타내는 공간 개념으로 보기에는 부족한 것이 사실이다. 그것은 모두 구체적인 공간 개념이 확장된 결과이다. 하지만 이들은 사물의 일부를 가리키고 있다는 점에서, 위치 개념이 어느 정도 감지되는 경우들이다. 따라서 이들 또한 넓은 개념에서는 공간 개념을 가졌다고 봐야 한다. '앞, '뒤'가 갖는 본디 의미에서는 다소 멀어져 있지만 여전히 [공간] 의미 내에서 다룰 수 있다는 것이다. 이는 '공간 의미 내에서의 확장'이 되는 셈이다. 이 같은 공간 인식은 합성어들에서도 충분히 확인된다.

---

3) (4)의 예에서 볼 수 있는 신체와 관계된 '앞, '뒤'는 모두 해당하는 신체 부분과 대치가 된다는 특징이 있다. 즉, '앞→가슴', '뒤→엉덩이/똥'으로 대치 가능하다는 것인데, 이 대목에서는 '앞, '뒤'가 신체를 대신해 주는 기능을 가진다는 사실을 알 수 있다.

(5) ㄱ. 그녀는 <u>앞볼</u>이 넓어서 신발 고르기가 어렵다고 투덜댄다.

ㄴ. {앞, 뒤}표지에는 꼭 선생님 얼굴이 나오도록 하여라.

(5ㄱ)의 '앞볼'은 '발, 신발 따위의 앞쪽 너비. 또는 그 부분'을 가리키는 표현이다. '발'이나 '신발' 전체의 일부를 지칭하고 있는데, 이는 선행요소인 '앞'이 일정한 공간을 지시해 주기 때문에 가능한 일이다. 여기서 '앞'은 신체의 일부를 가리키지만 공간 개념이 될 수 있다. (5ㄴ)의 '앞/뒤-표지'는 '책'이라는 사물 전체의 일부에 해당하는 표현이다. 역시 '앞', '뒤'가 정확한 지점을 지시해 준다. 마찬가지로 사물의 일부를 가리키는 '앞', '뒤'는 여기서 공간 개념으로 성립된다. 구체성은 떨어지지만 여전히 공간 의미 속에서 다루어진다는 것인데, 이처럼 본디 의미가 약해진 것은 의미가 확장된 까닭에 있다. 물론 아직은 의미의 범주가 바뀌었다고 볼 수는 없다. 하지만 이는 의미 범주가 달라지는 의미 확장의 전 단계에 있다는 것으로 파악된다. 이 같은 상황을 재정리하면 다음과 같다.

〈표12〉 '앞, 뒤' 공간 의미 내 확장

'앞, 뒤'의 원 의미	확장된 의미	'앞, 뒤'와의 대치 여부
공간[장소, 위치]	1) 부분	'앞, 뒤' 가능
	2) 신체¹[가슴, 엉덩이]	'앞, 뒤' 가능
	3) 신체²[눈]	'앞'만 가능
	4) 신체³[똥]	'뒤'만 가능

2. 시간 의미로

시간 개념을 가진 말들은 대개가 공간말과 깊은 연관성을 가진다는 사실은 앞에서도 이미 언급했다. 이는 시간이 공간과 더불어 존재를 개

넘화시키는 데 필수적인 요소인 점이 우선 작용했을 것이다. 공간 없는 시간, 시간 없는 공간은 존재하기 어렵기 때문이다. 그리고 비가시적인 시간 개념을 구체화하기 위한 필요에 의해서도 중용되었을 것이다. 추상적인 것은 직접 그 본질을 파악하기가 어렵다. 따라서 구체적인 것에서 대체할 수 있는 대상을 찾을 수밖에 없다. 공간말을 가져올 수밖에 없는 이유이다. 시간에 대한 인간의 인식은 수평적인 것이기 때문에 이를 구체화하기 위해서는 여러 가지 공간말 가운데 '앞', '뒤'가 자연스럽게 선택된다.

(6) ㄱ. He hid in <u>back</u> of the curtain.
　　ㄴ. But it's more useful now, I think, to look <u>back</u> at the last quarter-century.

(7) ㄱ. May I <u>come</u> to your house next Sunday?
　　ㄴ. It should be essential reading for international security leaders for years to <u>come</u>.
　　ㄷ. It is thought that computers will play a greater role in the <u>coming</u> age.

(8) ㄱ. 드디어 때가 <u>이르렀다</u>.
　　ㄴ. 하루가 정말 빨리 <u>간다</u>.
　　ㄷ. 시험이 내일로 <u>다가왔다</u>.

(6ㄱ)에서 'back'은 '커튼 뒤'라는 구체적인 장소를 가리킨다. 반면 (6ㄴ)에서는 시간적인 개념으로 사용되고 있다. (7)의 'come'의 예 또한 마찬가지다. (7ㄱ)에서 'come'은 '오다/가다'라는 공간 개념을 나타내는 동사의 의미를 가지지만, (7ㄴ)에서는 '앞으로의 오랜 시간'으로, (7ㄷ)에서는 '앞으로의 시대'라는 뜻으로 전이되어 시간 개념으로 나타나고 있는 것이다. 반대로 (8)의 예에서는 시간적 개념을 공간화시키는 장면을 볼

수 있다. 동사 '이르다'나 '가다', '다가오다'는 모두 공간 개념과 관계되는 낱말들이다. '때'나 '하루', '내일'이라는 시간 개념이 공간 동사를 통해서 구체화하고 있는 셈이다. 따라서 공간말은 시간말로 전이되기도 하고, 시간 개념은 공간 개념을 통해 구체화된다는 사실을 알 수 있다. 이 같은 전이의 과정에는 반드시 은유적 확장이라는 기제가 개입된다. 이처럼 공간과 시간은 서로 넘나들면서 화자가 원하는 메시지를 효과적으로 만들게 되는 것이다.

우리말에서 공간말 가운데 시간 개념과 가장 밀접한 연관성을 보이는 것은 '앞', '뒤'이다. 그것은 '앞'과 '뒤'가 전후(前後) 관계를 함의하는 수평적인 위치 개념어라는 것과 관련될 것이다. 과거, 현재, 미래의 시간이라는 것은 일직선상에 놓인 것으로 볼 수 있기 때문에 '앞'과 '뒤'가 우선 선택될 수밖에 없었다는 얘기다. 앞장에서도 살펴보았듯이, '앞, 뒤'가 시간 개념을 함의하고 있는 예는 많다. 단순히 과거, 현재, 미래 따위의 직선적인 시간 개념만 가지는 것은 아니라는 것이다.[4]

> (9) ㄱ. 자네들 앞 세대도 그랬고, 또 그 앞 세대, 도대체 갇히지 않은 세대가 어디 있었겠나.〈최인훈, 회색인〉
> ㄴ. 사람은 앞을 내다보며 산다. 괴로울 때에도 앞에 닥쳐 올 괴로움까지 내다보기 때문에 더 괴롭다.〈박종홍, 새날의 지성〉
> ㄷ. 앞으로 닥쳐올 일에 대해 준비를 해야 한다.

(9)의 '앞'은 더 이상 '장소'로서의 공간 의미로 설정하기는 어려울 것이다. (9ㄱ)은 순서와 시간의 의미를 동시에 가지고 있다. 시간적으로는

---

[4] 물론 시간 개념을 '앞, 뒤'만 가진 것은 아니다. 중세에는 '위, 아래'도 종종 시간 개념으로 쓰였다. 〈용비어천가〉(1447)에 그 예가 나란히 나타난다. "千世 우희 미리 定ᄒᆞ샨 漢水北에 〈용가, 125장〉"에서 '우ᄒᆞ'은 '전(前)'의 뜻이다. 그리고 "千載 아래 盛德을 술ᄫᅣ니〈용가, 76장〉"에서는 '아래'가 '뒤[後]'의 의미로 사용되었다. 그 외에도 '안'이나 '밖'도 시간적인 의미로 쓰인다. 보다 구체적인 것은 민현식(1999) 참조.

지나간 세대, 즉 [과거]의 시간을 함의하는 '앞'이다. 물론 [장소]의 의미 성분을 가진 '앞'과 마찬가지로 'X(의)#앞'이라는 틀 속에서 기준 대상도 가지고 있다.5) 이는 애초에 시간적인 의미로서의 '앞'이 공간 개념에서 전이되었음을 암시해 주는 것이다. (9ㄴ)의 '앞'은 기준 대상이 표면적으로 드러나지는 않는다. 하지만 '사람/자신의 앞' 정도로 생략된 부분을 짐작할 수 있을 것이다. 여기서의 '앞'은 미래의 시간을 짐작하게 한다. (9ㄷ) 또한 미래의 시간을 함의하는데, 이는 '앞'이 가지는 방향성과 연관이 있다. 방향을 나타내는 조사 '으로' 또한 이를 반영한다. 이 같은 시간 개념은 다음 예시에서도 살필 수 있다.

(10) ㄱ. 그대는 아직 앞날이 창창하니까 두려워할 필요는 없다.
ㄴ. 사람이 앞생각도 없이 일을 하면 되느냐.
ㄷ. 앞일을 헤아리지 못하면 큰일을 하기가 어렵다.

(10)은 합성어의 일부로 존재하는 '앞'이 시간 의미를 가진 것으로 생각되는 예이다. (10ㄱ)의 '앞날'은 '앞으로 닥쳐올 날이나 때'를 가리킨다는 점에서 [미래]의 시간 의미를 보여준다. (10ㄴ)의 '앞생각'은 '앞으로 닥쳐올 일에 대한 생각'의 뜻을 가진다는 점에서, 그리고 (10ㄷ)의 '앞일'은 '앞으로 닥쳐올 일'을 나타낸다는 점에서 각각 시간적인 의미를 함의하고 있다. '앞'이 낱말 구성체의 일부로 삽입될 경우에는 자연스럽게 기준 대상을 더 이상 필요로 하지 않는다. 그러니까 'X의 {앞날, 앞생각, 앞일}'의 틀은 요구되지 않는다는 것이다. 그것은 이미 합성어 내에 포함되어 버리는 경우가 대부분이기 때문이다. 또는 필요 대상을 갖고 안 갖고의 문제는 이제 합성어라는 낱말 자체의 성질

---

5) (9ㄱ)의 경우, X는 '자네들'이 될 것이다. (9ㄴ)은 생략된 것으로 봐야겠다. '자신의 앞' 정도로 기준 대상을 설정할 수 있을 것이다.

에 달린 것이 되어 버린다.

(11) ㄱ. 친구는 대학 다니는 게 싫다고 중퇴를 한 뒤, 농사와 김 양
　　　식업을 하며 살고 있었다.〈한승원, 해일〉
　　ㄴ. 자꾸 뒤를 돌아보는 사람은 새로운 일을 도모하기가 어렵다.
　　ㄷ. 그녀는 내게 뒤에 다시 만나서 계약을 하자고 했다.

　(11)의 '뒤' 또한 마찬가지다. 여기서 '뒤'는 '학교#뒤'와 같은 구체적인
공간 개념을 나타내지는 않는다. 철저하게 은유적 확장에 따라 시간적
인 의미로 전이된 예들이기 때문이다. 이 확장된 시간 의미는 다시 세
가지 정도로 세분된다. 우선 (11ㄱ)의 '뒤'는 '시간이나 순서에서의 다음
이나 나중'의 의미를 가진다. '농사와 김 양식업을 하다'라는 행위는 '중
퇴를 하다'라는 일정한 행위가 있은 다음에 이어지는 상황인 것이다.
(11ㄴ)의 '뒤'는 과거의 시간 의미를 가지는 경우다. 그리고 (11ㄷ)의 '뒤'
는 미래의 시간을 함의한다. 과거와 미래라는 정반대의 시간 의미를 동
시에 머금은 것이 '뒤'인 셈이다. 이 같은 시간 개념을 가진 '뒤'는 'X의
뒤'라는 틀은 갖지 않는다. 기준이 되는 대상은 필요치 않다는 것이다.
이 또한 구체적인 공간 개념에서는 멀찌감치 확장되어 있는 상태임을
암시해 주는 대목이다. 아래 (12)의 예 또한 시간 의미를 추가해 주는
예들이다.

(12) ㄱ. 세상이 하도 불안해서 뒷기약을 하기도 어렵구나.
　　ㄴ. 내 지난날의 자취와 허물은 뒷날 내 아들이 다시 와서 온전
　　　히 허물고 불태워 없앨 것이다.〈이문열, 사람의 아들〉

　(12)는 합성어의 일부로 내재되어 있는 것 가운데 시간 개념을 가진
'뒤'의 예들이다. (12ㄱ)의 '뒷기약'은 '뒷날에 대한 약속'의 의미를 가진
다는 점에서, (12ㄴ)의 '뒷날'은 '시간이 지나 뒤에 올 날'의 뜻을 가진다

는 점에서 미래를 나타내는 [시간] 의미를 가진 것은 분명하다. '앞'의 경우와 마찬가지로 합성어의 일부로 속한 '뒤'는 딱히 기준 대상을 필요로 하지 않는다.

한편, '앞', '뒤'가 시간을 표현할 경우에는 기존의 공간 개념과 다른 점이 있다. 전형적인 공간말로서의 '앞', '뒤'는 마땅히 반의관계를 형성할 것이다. 기준점을 중심으로 한 전후관계에 있기 때문이다. 그러나 시간 개념을 나타낼 경우의 '앞', '뒤'는 둘 다 과거와 미래를 나타내기도 하는 까닭에, 딱히 반의관계를 형성한다고 보기는 어렵다.

(13) 그녀는 어제 약대의 {앞길, 뒷길}을 걷고 있었다.

(14) ㄱ. 민요 분야에서 앞 시기에 이어 후학들의 연구가 지속적으로 이어졌다.
ㄴ. 지금 상황에서 앞일을 논하기는 무리가 있다고 본다.

(15) ㄱ. 자꾸 뒤를 돌아보는 습관이 있다면 당장 버려라.
ㄴ. 뒷날에 대한 걱정을 미리 하는 것은 어리석다.

(14)에서 보면, 시간 의미에서 '앞'은 과거와 미래 모두를 제시하고 있다. (14ㄱ)에서의 '앞'은 '과거'의 시간 개념을 함의한다. 또한 (14ㄴ)의 '앞일'에서 '앞'은 '미래'의 시간을 함의한다. 물론 '앞 시기'는 '뒤 시기'와 반의 관계로 설정할 수 있을 듯하지만, '앞일'의 경우 이 문장에서의 '뒷일'은 반의어가 아니라 유의어가 될 것이다. 둘 모두 '다가오는 미래의 시간'을 나타내기 때문이다. 이는 (13)에서 '앞', '뒤'가 보여주는 것과는 확연히 다르다. '뒤'는 '앞'과는 달리 과거의 시간 개념으로 쓰이는 예는 생산적이지 않다. 이는 '뒤'가 결합된 합성어에서도 잘 드러난다. '뒷기약, 뒷날, 뒷시대', '뒤끝, 뒤탈, 뒤태도, 뒷걱정, 뒷이야기' 따위들은 시간 개념이 강하게 개입된 합성어들이다. 이들에서 '뒤'는 모두 다가올

시간 개념을 함의하고 있는 것으로 생각된다. (15ㄴ)에서, '뒷날'에 대한 '앞날'은 마찬가지로 반의관계라기보다는 미래의 의미를 가지는 유의관계에 있는 것이다.

이상 시간 개념과 연관되는 '앞'과 '뒤'의 의미 확장 모습을 정리하면 아래와 같이 된다.

〈표13〉 '앞', '뒤'의 시간 의미로의 확장

'앞', '뒤'의 원 의미	공간말	확장된 의미	대치 여부
공간[장소, 위치]	앞	1) 차례	'뒤', '前' 불가
		2) 과거	'뒤', '前' 가능
		3) 미래	'뒤', '前' 불가
	뒤	1) 차례	'앞' 가능, '後' 불가
		2) 과거	'앞' 일부 가능, '後' 불가
		3) 미래	'앞' 가능, '後' 불가

3. 추상 의미로

공간말은 시간 개념을 가진 말로 확장되어 가는 것이 일반적이지만 단순히 그 단계에서 머무르지는 않는다. 추상적인 의미로도 나아가기 때문이다. 이는 문법화 차원에서 의미의 변화를 당연시할 때, 구체적인 것이 추상적인 것으로 변화해 간다는 방향성 또한 당연한 측면이 있다. 잘 알려진 것처럼, Heine et al(1991)는 범주의 이동 방향을 '사람〉물체〉행위〉공간〉시간〉질'로 파악하고 있다.[6] 이런 점에서 보면, 대표적인 공간말인 '앞', '뒤'가 공간 의미에서 시간 의미와 추상 의미로 나아가는 것은 별스런 것이 아니다.

---

6) 여기에 대한 세부적인 논의는 이성하(1998) 참조.

(16) ㄱ. 그 절박한 필요성 {앞, *뒤}에 주저나 망설임이 있을 수 없었다.〈조정래, 태백산맥〉

　　 ㄴ. 먼저 네 {앞, *뒤}이나 가리고 나서 다음 일을 생각하여라.

(16)에 주어진 '앞'의 예는 구체적인 공간과는 거리가 먼 예들이다. 기준 대상을 가지고 있는 'X(의)#앞'의 꼴을 가진다는 점에서는 동일한 측면이 있으나[7] 그 의미까지 같은 것은 아니다. 무엇보다 일반적인 공간 개념의 '앞'과는 달리, 'X(의)#뒤'와 전혀 대응관계를 형성하지 못한다. 그렇다고 해서 (16ㄱ)이 시간 개념을 가지는 경우도 아니다.

(16ㄱ)과 같은 '앞'은 무엇보다 선행어가 대체로 '필요성'이나 '기세', '죽음' 따위의 추상적인 개념들을 보유한 명사들이 위치한다. 따라서 추상적인 대상을 선행요소로 둔 '앞', '뒤' 또한 마땅히 추상적인 의미를 가질 수밖에 없게 될 것이다. 이런 방향에서 접근해 보면, (16ㄱ) '필요성 앞'의 '앞'은 [상태]로서의 의미를 갖는다. 선행어 X에는 모두 '어떤 상황이나 조건'이 오게 되는데, 이들과 당면한 상태라는 추상적 의미를 가진 '앞'이라는 것이다. (16ㄴ)의 '앞'은 선행어로 '사람'이 주로 위치한다. 그래서 그 인물의 [처지]라는 의미적 바탕을 갖는다. 이 경우에는 어김없이 일정한 동사와 공기하게 되는데, '가리다'가 이에 해당된다. 여기서 '가리다'는 '감당하다, 해결하다' 정도의 의미이다. 이렇게 볼 때, (16ㄴ)의 '앞'은 '체면'과도 관련되는 부분이 있다. '앞가림'을 못하게 된다는 것은 곧 자신의 체면에 손상을 가져오기 때문이다. '앞'과 '가리다'의 공기는 필수적인 것이어서 결국은 합성어 '앞가림'을 파생시켰다고 볼 수 있다.

(17)과 (18)의 예시 또한 추상적인 의미를 보유한 '앞'의 예시에 해당한다.

---

7) 이는 공간 개념의 '앞'이 전이된 것이라는 사실을 암시한다.

(17) ㄱ. 우리 {앞, *뒤}에 주어진 과제는 내일 아침까지 저 산을 넘
  어가야 한다는 것이다.
ㄴ. 우리에게 주어진 과제는 내일 아침까지 저 산을 넘어가야
  한다는 것이다.
ㄷ. 제 앞으로 온 편지가 있는지 좀 봐 주십시오.
ㄹ. 제게 온 편지가 있는지 좀 봐 주십시오.

(17ㄱ)은 '우리가 마주한 과제', 즉 당면한 과제를 나타낸다. 따라서
여기서 '앞은 [당면] 정도의 의미를 가진다. 또한 (17ㄱ)의 '앞은 상당히
굳어진 꼴로 생각되는데, 이는 (17ㄴ)에서 볼 수 있듯이, 조사 '에게'와
대치하더라도 의미상 별다른 차이를 느낄 수 없다는 데서 찾을 수 있
다. 그다지 실질적인 어휘로서의 무게감을 갖지 못한다는 것을 말하는
것이다. (17ㄷ)의 '앞 또한 마찬가지다. (17ㄷ)은 주로 우편물을 보낼 때
사용되는 [수신] 정도의 의미성분을 가진 '앞이다. 그 쓰임새가 지극히
한정되어 있는 꼴인데, (17ㄹ)과 같이 조사 '(에)게'와 대치되는 것에 무
리가 없다는 데서 이를 살필 수 있다.

(18) ㄱ. 욕심 부리지 말고 한 사람 {앞, *뒤}에 두 개씩 가져라.
ㄴ. 욕심 부리지 말고 한 사람{마다, 당} 두 개씩 가져라.

(18)의 '앞은 각자에게 주어지는 [몫]의 의미로 생각된다. 따라서 조
사 '마다'나 접미사인 '-당'으로 해석될 수 있는 여지를 갖는다. 이미 제
한된 쓰임새를 가진 예에 해당된다.

이처럼 (16-18)에서 제시된 '앞이 추상적인 의미를 가진다고 봤을 때,
이들에게 공통점이 발견된다. 무엇보다 고정된 쓰임새를 가진다는 것
인데, 이는 통사적 환경에서 조사 결합에 심한 제약을 보인다는 점에서
잘 드러난다. 또한 의미적 측면에서 구체적인 공간 개념이나 시간 개념
과는 거리를 두고 있다는 것이다. 이는 고정된 환경과 맞물려 의미의

범위가 제약되는 상황을 만들어 낸다.

다음으로 '뒤'가 보여주는 추상적인 의미를 살펴보자.

> (19) ㄱ. 남의 <u>뒤</u>도 못 따라간다.
> ㄴ. 그 사람 <u>뒤</u>를 조사해 보면 뭔가 나올 거다.
> ㄷ. 그는 평생 가난한 학생의 <u>뒤</u>를 봐 주었다.
> ㄹ. 창가의 <u>뒤</u>를 이어 새로운 시가가 나타났다.
> ㅁ. 너는 일을 저지르고 나는 그 <u>뒤</u>를 거두란 말이냐.
> ㅂ. 네 <u>뒤</u>를 노리는 놈이 많으니 조심하여라.

(19)는 '뒤'가 추상적인 의미로 전이된 예를 보인 것이다. (19ㄱ)의 '남의 뒤'에서의 '뒤'는 '어떤 수준이나 정도'와 관계되는 의미이다. (19ㄴ)의 '뒤'는 물리적인 공간을 말하는 것이 아니라, 드러나지 않은 [배후]로서의 의미를 가진다. 물론 그 배후는 물리적인 것일 수도 있고, 정신적인 요소일 수도 있을 것이다. (19ㄷ)의 '뒤'는 [도움]을 의미한다. 그래서 '뒤를 봐 주다'는 것은 '도움을 주다'로 해석된다. (19ㄹ)의 '뒤'는 [다음]의 뜻으로 읽힌다. (19ㅁ)의 '뒤'는 '뒷일'의 줄임말과도 같다. (19ㅂ)의 '뒤'는 [약점]의 뜻이다.

'뒤'가 구체성을 띠는 경우는 두 가지가 있다. 하나는 '뒤'가 가진 본디 의미인 '장소'나 '위치' 등 구체적인 공간을 나타낼 때이다. 이 경우는 'X(의)#뒤'라는 짜임새를 가지는데, 여기서 X는 반드시 '뒤'가 갖는 의미적 방향의 기준점이 된다. 둘째는 '뒤'가 다른 사물을 대신할 때이다. 이는 주로 [신체]와 관련되는데, '엉덩이'나 '똥'을 대신할 때이다. 여기서는 'X(의)#뒤'라는 전형적인 틀은 갖지 않게 된다. 이처럼 '뒤'가 공간 개념이 선명한 경우에는 대개가 '앞'과 짝을 이루는 경우가 많다. 그러나 (19)와 같이 '뒤'가 구체성을 결여한 상황에 쓰이게 되면 '앞'과의 대칭은 이루어지지 않는다. 추상적인 의미는 일반적으로 전후(前後)의 관계는 갖지 않는다는 것이다. 한편, (19)에서도 'X(의)#뒤'라는 틀을 갖추고 있는 것으로 보인다. 이는 (19)의 '뒤'가 중세국어에서 공간 개념만을 나타내던 '뒤'의 의미가 확장된 것이라는 사실을 말해 준다.

(20) ㄱ. 악한 자는 뒤가 좋지 않은 법이지.
ㄴ. 그는 무엇보다 뒤가 없는 사람이다.
ㄷ. 어서 뒤를 보아야 할 텐데.

(20)에 제시된 '뒤'는 대개 기준 대상이 되는 요소가 제시되지 않은 상태의 경우들이다. 다시 말해, 'X(의)#뒤'라는 전형적인 틀을 갖지 않는다는 것이다. 이는 (19)의 예와 다른 점이다. (19)는 선행요소로 기준점이 제시되지만 '앞'과는 대응을 이루지 않는 특징이 있다. (20)의 경우는 선행어로 기준점이 제시되지 않으면서 '앞'과 대응되지 않는 것들이다. 물론, 생략된 것으로 볼 수도 있지만 단독으로 사용되어도 의미에 큰 무리가 없다. 이는 관용적인 의미를 많이 내포한 까닭으로 풀이될 수도 있을 것이다. 이들 표현 자체가 마치 하나의 굳은 의미처럼 쓰이기 때문에, 굳이 기준 대상을 외형적으로 드러낼 필요가 없다는 것이다. (20ㄱ)의 '뒤'는 [흔적]의 의미를 가진다. (20ㄴ)의 '뒤'는 [감정]의 의미를 가진다. (20ㄷ)의 '뒤'는 [후손]의 의미를 가진다.

'뒤'가 갖는 추상성을 띤 예들은 다음과 같은 합성어 차원에서도 찾을 수 있다.

(21) ㄱ. 엄마는 초등학생인 아들 뒷바라지에 여념이 없었다.
ㄴ. 엄마는 어려운 이웃들을 언제나 뒤보아주었다.
ㄷ. 그 날 이후 선거 결과가 조작됐다는 뒷소문이 나돌았다.
ㄹ. 그 사람의 뒷조사를 해 보라고 명령해 두었다.

(21ㄱ)의 '뒷바라지'는 '뒤에서 보살피며 도와주는 일'이라는 의미를

가진다. (21ㄴ)의 '뒤보아주다'는 '남을 뒤에서 돌보아주다'라는 의미를 가진다. 따라서 이들은 [몰래 도움] 정도의 추상적인 의미를 함의한다. (21ㄷ)의 '뒷소문'은 '일이 끝난 뒤에 그 일에 관하여 들리는 소문'을 가리킨다. (21ㄹ)의 '뒷조사'는 '드러나지 않게 은밀히 살피고 알아보다'의 뜻을 가진다. 따라서 (21ㄷ, ㄹ)은 [배후]의 의미를 가지는데, 여기에는 음성적이고 부정적이라는 느낌을 부여한다.

이와 같이, '앞', '뒤'가 갖는 추상적 의미를 살피는 과정에서 두드러지는 점은 특히 '뒤'가 부정적인 의미를 가지는 경우가 많다는 것이다. 이는 '앞'에 비하면 압도적이라고 할 수 있을 만큼, 강한 성향을 보인다. 몇 예를 보도록 하자.

(22) ㄱ. 뒷눈질, 뒷말, 뒷소문, 뒷손가락질.
　　 ㄴ. 뒤까불다, 뒤꼬다, 뒤떠들다, 뒤캐다, 뒷구멍캐다.

(23) ㄱ. 뒷눈질: 뒤쪽으로 눈을 흘깃흘깃하는 짓.
　　 ㄴ. 뒷말: 일이 끝난 뒤에 뒷공론으로 하는 말.
　　 ㄷ. 뒷소문: 뒤에서 이러니저러니 하는 소문.
　　 ㄹ. 뒷손가락질: 직접 맞대 놓고는 못하고 뒤에서 흉보거나 비
　　　　 난하는 일.

(24) ㄱ. 뒤까불다: 몸이나 몸의 일부를 경망스럽게 뒤흔들다.
　　 ㄴ. 뒤꼬다: 함부로 마구 꼬다.
　　 ㄷ. 뒤떠들다: 왁자하게 마구 떠들다.
　　 ㄹ. 뒷구멍캐다: 남의 허물을 찾아내다.

(25) 앞서다, 앞장서다, 앞서가다, 앞차다.

(22ㄱ)은 체언 가운데서, (22ㄴ)은 용언 가운데서 가려 뽑은 것들이다. 여기서 보면, '뒤'가 결합된 말들에서, '뒤'는 대개가 부정적인 의미를 내포하고 있다. 이는 (23)과 (24)의 뜻풀이를 통해서도 여실히 증명된

다. '뒤'에 후행하는 체언이나 용언 가운데, '뒷손가락질', '뒤까불다', '뒤떠들다'의 후행요소인 '손가락질', '까불다', '떠들다' 정도는 이미 그 자체에서 부정적인 의미가 감지된다. 하지만 나머지들은 후행요소가 중립적인 의미를 가졌음에도, '뒤'가 선행요소로 결합됨으로써 [+부정성]이 획득되는 경우들이다. 이는 추상적인 의미라는 것이 인식의 문제와 깊은 관련성을 갖기 때문에 발생하는 것으로 생각된다.

반면, (25)의 예에서 보면 '앞'이 결합된 말들은 하나같이 긍정적이거나 밝고 힘찬 느낌을 주는 말들로 채워져 있다. 후행요소인 '서다, 차다' 따위는 중립적인 의미를 갖는 말들이다. 이는 '앞'이 결합됨으로써 긍정적인 의미를 획득했다는 사실을 말해 주는 것이다. 또한 '앞'에 이어지는 내용은 대개가 밝은 것들로 채워지는 것이 일반적이다. 따라서 일반적으로 '앞'은 [+긍정성]의, '뒤'는 [+부정성]의 의미자질을 내포한다는 사실을 말해 준다. 이 같은 현상은 어떤 이유에서 일어나는 것일까.

여기에 대해, 채완(1987: 125-127)에서는 보다 근원적이고 자연적인 차원에서 그 원인을 제시하고 있다. 사람이 서 있을 때 그 앞의 공간과 지면 위는 눈이나 귀, 촉각의 지각에 적절하기 때문에 '위'나 '앞'은 긍정적인 방향성을 가진다고 본다. 따라서 '위, 앞, 오른쪽'을 긍정적인 가치를 가지는 것으로 정리하고 있다. 또한 인식상의 관점에서도 원인을 찾고 있다. 앞쪽은 시야가 훤히 트인 상태여서 거리낄 것이 없다. 또한 걸어가야 할 방향을 가리킨다. 반면에 '뒤'는 보이지 않는, 어둡고 음침한 곳이다. 그래서 무슨 일이 벌어지더라도 판단하기가 어려운 공간이다. 또한 나아가야 할 방향과는 대립적인 곳이다. 이 같은 방향에 대한 원초적인 인식이 언어에 고스란히 반영된 결과, 어둡고 부정적인 메시지를 머금게 되었다는 것이다.

4. 문법화의 결과

이미 언급한 바와 같이, '앞'은 전형적인 문법화의 양상을 보이지는 않는다. 현대국어에서의 '앞'은 의미의 확장이라는 문법화의 초기 단계에 머물러 있다고 보는 것이 정확한 진단일 것이다. 이는 공간 개념에서 선후관계의 대응 관계에 있는 '뒤'가 형식적 요소까지 나아간 것과는 사뭇 다른 모습이다. 문법화 측면에서 '앞', '뒤'의 가장 큰 차이는 문법화의 정도성에 있다고 생각된다. 어느 선까지 문법화가 진행되었느냐의 차이인 셈이다.

현대국어에서 '앞'은 13가지 정도의 의미를 보여주고 있다. 구분하기에 따라서는 더 세분화할 수도 있을 것이다. 중세국어에 나타난 '앞'의 의미가 6가지 정도였던 것을 감안한다면 의미 확장이 다양하게 이루어져 왔음을 말해 준다.[8] 그러나 웬만한 의미는 중세국어의 시기에 이미 존재했던 것을 생각할 때, 수백 년 사이에 '앞'은 문법화의 과정이 더디게 진행된 것은 분명하다. 그렇다고 해서 '앞'이 언제까지 어휘적인 단위로만 머물러 있을 것이라 단정할 수는 없을 것이다. 다의어화가 심화될수록 어휘적 의미는 희미해지기 마련이다. 그 다음의 단계는 기능적인 측면에서의 변화가 뒤따른다. 이 같은 유추는 기존의 숱한 예들이 증명해 준다. 수많은 의존명사들의 존재가 예증하듯이, 그 다음은 기능적인 요소로 넘어간다. 무엇보다 언어는 현재도 계속 변화하는 중간에 위치해 있기 때문이다.

'앞'의 의미가 가장 약화되어 있는 예로 '앞서다'를 들 수 있다. '앞서다'는 여러 쓰임새를 통해 실질적인 의미가 아주 약화되어 있다는 사실

---

8) 중세국어의 경우, 이는 어디까지나 문헌자료를 기준으로 한 숫자에 국한된다. 한정된 문헌자료가 당대 언어생활을 모두 담았을 리는 만무하기 때문에, 실제는 그보다 더 많았을 개연성이 크다.

이 확인된다. 이는 형식적인 요소에 근접해 있음을 말해 주는 것이다.

(26) ㄱ. 나는 그의 앞에 섰다.
　　ㄴ. 행상이 고개를 숙이고 묵묵하게 <u>앞서서</u> 걸었다.〈황석영, 돼
　　　　지꿈〉
　　　→ 행상이 고개를 숙이고 묵묵하게 <u>앞에 서서</u> 걸었다.

(26ㄱ)의 '앞'은 공간 개념이 구체화되어 있는 경우이다. '내가 서 있
는' 위치가 '그의 앞'이라는 것이다. (26ㄴ)의 '앞서다'는 기준 대상보다
순서적으로 앞쪽에 있음을 나타낸다. 여기서는 '앞에#서서'의 통사적 환
경으로 환원시키더라도 의미에 큰 차이가 없다는 사실을 알 수 있다.
또한 여전히 '누구보다 앞'이라는 차원에서 위치적인 의미를 감지할 수
있다. 이는 어휘적인 의미가 또렷하게 살아 있음을 말해 주는 것이다.

(27) ㄱ. 이번 기말고사에서 드디어 내가 그를 <u>앞섰다</u>.
　　　→*이번 기말고사에서 드디어 내가 그를 <u>앞에 섰다</u>.
　　ㄴ. 논문을 쓸 때는 <u>앞선</u> 연구를 검토하는 것이 중요하다.
　　　→*논문을 쓸 때는 <u>앞에 선</u> 연구를 검토하는 것이 중요하다.
　　ㄷ. 그렇게 마음만 <u>앞서서</u> 어찌하려고 그러느냐.
　　　→*그렇게 마음만 <u>앞에 서서</u> 어찌하려고 그러느냐.

(27ㄱ)의 예 또한 일정한 차례가 지어져 있는 상태에서, 순서적인 의
미를 보여준다는 점에서는 (26ㄴ)과 다를 바 없다. 하지만 (27ㄱ)이 (26
ㄴ)과 순서를 나타낸다는 점에서 유사하다 하더라도, (26)의 '앞서다'는
물리적이고 가시적인 상황에 나타나고, 반대로 (27)의 예들은 모두 시
간적, 추상적인 상황에서의 순서적 의미를 가진다는 점에서 차이를 보
인다. 그래서 (27ㄱ)에서는 '앞섰다'가 '앞에#섰다'로 환원되지 않는다.
이는 행위를 나타내는 (26ㄴ)과 성적을 나타내는 (27ㄱ)의 차이에서 기
인되는 것인데, 구체적인 대상과 추상적인 대상과의 차이를 말해 주는

것이다. 구체적인 양상이 아니므로 공간적인 의미를 가진 통사 환경으로는 환원되지 않는 것이 당연하다. (26ㄴ)은 '뒤서다'가 대체되지만 (27)의 경우는 가능하지 않다. 이 또한 부수적인 근거가 될 수 있다.

(27ㄴ)과 (27ㄷ) 또한 마찬가지다. 여기서도 '앞에#선 연구'나 '마음만 앞에#서서' 따위의 통사적 짜임새로는 치환되지 않는다. 이는 추상적이거나 시간적인 상황을 구체적인 공간 상황으로 치환시키려는 데서 오는 부당성에서 기인된다. (27ㄴ)은 시간적 개념에서의 [순서], (27ㄷ)은 추상적 개념에서의 [순서] 의미에 해당한다. 이처럼 의미가 확장되어 간다는 것은 어휘적인 의미를 점차 상실해 간다는 것으로, 이는 곧 형식적인 요소에 가까워졌음을 말해 준다. 통사적 제약은 그 증거의 일부가 될 수 있다.

이상에서 볼 수 있듯이, '앞서다'에서 '앞'은 구체적인 공간 의미가 점점 약해지는 양상을 보여 주고 있다. 이는 '앞'의 원 의미와는 다른 차원으로 전개되고 있음을 말하고 있는데, 마치 접두사와 같이 후행요소인 어근의 뜻을 강조해 주는 요소로 해석될 수 있다는 것이다.

이는 유사한 환경을 가진 '앞두다'나 '앞당기다'와는 확연한 차이를 보인다는 점에서 확인된다.

(28) ㄱ. 그 의자는 책상 앞에 두어라.
ㄴ. 그녀는 학교 정문을 100미터 앞두고 있었다.
→그녀는 학교 정문을 100미터 앞에 두고 있었다.
ㄷ. 그녀는 의학전문대학원 시험을 앞두고 있다.
→그녀는 의학전문대학원 시험을 앞에 두고 있다.
ㄹ. 그녀는 대학 졸업을 한 달 앞두고 있다.
→그녀는 대학 졸업을 한 달 앞에 두고 있다.
ㅁ. 그들은 이별을 앞두고 함께 여행을 떠났다.
→그들은 이별을 앞에 두고 함께 여행을 떠났다.

(28)은 '앞두다'의 쓰임을 보인 것이다. (28)에서 '앞두다'는 모두 '앞에 #두다'라는 통사적 쓰임새로 환원되더라도 의미 파악에는 전혀 지장을 받지 않는다는 사실을 보여 준다. 그것이 (28ㄴ)과 같은 구체적인 행위에서든, (28ㄹ)과 같이 [시간]의 경우이든, 아니면 (28ㅁ)처럼 [추상성]을 가진 상황에서든 아무런 문제가 없다. 이는 '앞두다'의 경우, '앞'이 어휘적인 의미를 가진 어근으로서의 역할을 톡톡히 하고 있기 때문에 가능한 일이다. 따라서 (28)의 '앞두다'에서 '앞'은 어휘적인 의미가 또렷하게 살아 있는 합성어가 분명한 예이다.

> (29) ㄱ. 그녀는 책상을 자기 앞으로 당겼다.
> ㄴ. 그녀는 시험을 한 달 앞당기고 싶었다.
> →그녀는 시험을 한 달 앞으로 당기고 싶었다.
> ㄷ. 그녀는 토요일 약속을 앞당기고 싶었다.
> →그녀는 토요일 약속을 앞으로 당기고 싶었다.

(29)의 '앞당기다'도 유사한 경우를 보인다. (29ㄱ)의 '앞'은 구체적인 공간 개념을 가지고 있다. (29ㄴ, 29ㄷ)의 '앞당기다' 또한 (29ㄱ)이 보여 주는 통사적 환경으로 바꾸어도 의미 차이를 느낄 수 없다. 그러니까 (29ㄱ)의 물리적인 행위에서나, (29ㄴ)의 시간적 상황에서나, (29ㄷ)의 추상적인 상황에서나 동일한 의미를 가진다는 것이다. 이는 '앞당기다'에서, '앞'이 여전히 어휘적인 의미를 유지하고 있고, 따라서 이 형태는 합성어로 자리매김하고 있음을 증명해 준다.

이처럼, (28, 29)의 예들은 '앞서다'와 동일한 꼴과 결합관계를 가지고 있지만 어휘적 의미가 그대로 남아 있음이 확인된다. 반면, '앞서다'의 경우는 '앞'이 어휘적 의미로서의 영향력을 점차 잃어가고 있음을 보게 된다. 통사적 짜임새로의 치환이 불가능하다는 것은 이를 잘 대변해 주는 장면이다. 이런 점에서 볼 때, '앞서다'에서 '앞'은 어휘적 의미를 어느 '앞'보다 많이 상실한 경우로 생각된다.

그러나 대부분의 '앞'은 여전히 의미의 확장 단계에 머물러 있다. 이는 아래 합성어들에서도 확인된다.

(30) ㄱ. 앞개울, 앞날개, 앞깃, 앞바퀴, 앞산, 앞집, 앞짱구, 앞쪽.
ㄴ. 앞기약, 앞날, 앞뒷일, 앞사람, 앞생각, 앞일.

(30ㄱ)에서는 '앞'이 합성어의 일부로 포함되어 있지만, '앞'이 가진 본디 의미를 그대로 유지하고 있는 상태이다. 모두 '앞에 있는 X'의 의미적인 틀을 충족시키는 구체적인 공간 개념을 보유한 상태를 보인다. 반면, (30ㄴ)의 '앞'은 공간 개념인 상태로 합성어의 일부로 존재하는 게 아니다. '미래'나 '과거' 따위의 시간 개념을 함의하고 있는 것이다. '앞'은 대개가 이런 정도의 의미 확장 상태에 있는 것으로 결론짓는다.

거기에 비하여 '뒤'의 경우는 '앞'과는 다소 다른 양상을 띤다. 일차적으로 의미가 다양해지는 것은 '앞'의 경우와 차이가 없다. 이는 앞장에서도 충분히 논의가 된 부분이다. 그러나 '뒤'는 이 같은 어휘적 의미에만 그치지 않는다는 점에서 '앞'과 차이를 보인다. 결국은 형식적인 요소로 실현되어 문법화로 나아가기도 하기 때문이다.[9]

(31) ㄱ. 그녀는 학교에서부터 <u>뒤따라</u> 온 듯했다.
→ 그녀는 학교에서부터 <u>뒤를 따라</u> 온 듯했다.
ㄴ. 아이는 소를 따라가지 못해 자꾸만 <u>뒤처졌다.</u>
→ 아이는 소를 따라가지 못해 자꾸만 <u>뒤에 처졌다.</u>

(32) ㄱ. 그날 밤, 최동원을 연호하는 소리가 사직 야구장을 <u>뒤덮었다.</u>
→ [*]그날 밤, 최동원을 연호하는 소리가 사직 야구장을 <u>뒤</u>

---

9) 접두사를 문법적인 요소로 파악하기에는 다소 무리가 있을 것이다. 접두사가 문장 등에서 문법적으로 어떤 영향을 미친다고 보기는 어렵기 때문이다. 그래서 여기서는 '문법소'라는 용어 대신에 '형식적'이라는 용어를 사용하였다.

를 덮었다.

ㄴ. 내가 더 놀란 것은 넓은 강당을 <u>뒤엎는</u> 듯한 그 환영이다 (김유정, 이런 음악회).

→ *내가 더 놀란 것은 넓은 강당을 <u>뒤를</u> 엎는 듯한 그 환영이다.

(31)의 '뒤따르다', '뒤처지다'와 (32)의 '뒤덮다', '뒤엎다'는 그 짜임새에 있어서 동일한 모습이다. 다시 말해, 명사와 동사가 결합되어 있는 N+V의 꼴을 가지고 있다는 것이다. 그러나 (31)과 (32)의 낱말은 전혀 다른 구성 요소들로 이루어진 낱말들이다. 그것은 선행요소인 '뒤'가 낱말 속에서 차지하는 정체성이 다르기 때문이다. (31ㄱ)의 '뒤따라'는 '뒤를#따라'로, '뒤처졌다'는 '뒤에#처졌다'의 통사적 환경으로 환원시키더라도 그 의미가 감해지거나 더해지지 않는다. 이는 '뒤'가 철저하게 어휘적 의미로 쓰이고 있기 때문이다.

반면, (32)의 '뒤덮였다'나 '뒤엎었다'는 특정의 조사 삽입을 통한 통사적 짜임으로 환원시키는 것은 불가능하다. '뒤'가 더 이상 어휘적 의미를 갖지 않은 상태이기 때문인데, 이미 '뒤'가 가지고 있던 공간 의미로의 복원은 어려운 상태에 있다. 이는 후행요소인 '덮다'와 '엎다'와는 더 이상 분리시킬 수 없는 상태임을 말하는 것이다. 여기서의 '뒤'는 동사의 의미에 [몹시]나 [온통] 정도의 일정한 의미가 추가되는 특징을 가진다. 이미 어휘적인 '뒤'가 형식적인 요소인 접사로 전환된 상태에 있다는 것으로, 문법화의 완성 상태에 있음을 말해 준다. 접두사는 원래의 의미를 갖지 않고 낱말의 형성에 활발하게 참여하는 특징을 가지고 있다. 이처럼 '뒤'가 접두사로 결합되는 낱말은 이들 외에도 많은 수를 보이고 있다. 알다시피, 접두사는 접미사에 비해 어휘적인 의미를 많이 내포하는 특징이 있다. 그래서 그 경계에 있어 어근과 구분되지 않는,

나아가 접두사 파생어의 경우 합성어와 헛갈리게 되는 면도 가진다.[10] 접두사로서 '뒤'가 가진 의미는 세 가지 정도로 구분된다. 먼저 (33)은 '뒤'가 가진 세 가지 의미 가운데 가장 많은 예를 보이는 파생동사이다.

(33) ㄱ. 그는 흥분으로 뒤끓는 가슴을 진정하지 못했다.
　　 ㄴ. 수백 명 여공의 손은 마치 타이프라이터를 누르는 것처럼 방직기 위에서 뒤놀고 있다.〈이기영, 고향〉
　　 ㄷ. 폭풍우로 흘변하자 해가 지기도 전에, 지척을 분별할 수 없고 다만 천지가 뒤눕는 듯 뇌성을 할 뿐이다.〈이기영, 고향〉
　　 ㄹ. 뒤늦은 후회는 아프기만 할 뿐, 달라지는 것은 없다.
　　 ㅁ. 모두들 뒤떠드는 통에 정신을 차리지 못했다.
　　 ㅂ. 예상을 뒤엎고 한국 야구는 우승을 차지했다.
　　 ㅅ. 비바람이 감나무를 뒤흔들어 밤새 감이 많이도 떨어졌다.
　　 ㅇ. 사람들이 그물로 잔챙이까지 뒤훑어 버리니 강에 물고기가 남아나지 않는다.

(34) 낱말 뜻풀이
뒤끓다: ㄱ. 한데 마구 섞여서 몹시 끓다.
　　　　 ㄴ. 많은 사람이나 동물 따위가 한데 섞여서 마구 움직이다.
뒤놀다: ㄱ. 한곳에 붙어 있지 않고 이리저리 몹시 흔들리다.
　　　　 ㄴ. 정처 없이 여기저기 돌아다니다.
뒤눕다: 물체가 뒤집히듯이 몹시 흔들리다.
뒤늦다: 제때가 지나 아주 늦다.
뒤떠들다: 왁자하게 마구 떠들다.
뒤엎다: ㄱ. 물건의 위와 아래가 뒤집히도록 엎어 놓다.
　　　　 ㄴ. 물건을 엎어서 안에 담긴 것을 엎지르다.
　　　　 ㄷ. 일이나 상태를 전혀 딴 것으로 바꾸어 놓거나 틀어지게 하다.
　　　　 ㄹ. 체제, 제도, 학설 따위를 없애거나 새것으로 바꾸다.
　　　　 ㅁ. 요란하게 떠들고 볶아 대다.

10) 접두사 가운데 '헛-', '암/수-' 따위는 특히 어휘적인 의미가 강하게 감지된다.

뒤흔들다: 함부로 <u>마구 흔들다</u>.
뒤훑다: <u>마구 훑다</u>.

　이들 접두사는 모두 [몹시, 마구] 정도의 뜻을 가지는데, 이 의미는 뒤에 이어지는 용언들을 꾸며주는 기능을 갖고 있다. 여기서는 더 이상 '뒤'가 공간 의미를 나타내는 것으로 보기 어렵다. 접두사의 특징 가운데 하나는 후행요소인 어근을 꾸며주는 기능을 가진다는 점이다. 파생 명사에서 접두사는 관형사와, 파생동사에서 접두사는 부사와 유사한 역할을 한다. (33)의 예들 또한 마찬가지다. '뒤끓다(마구 끓다)', '뒤놀다(몹시 흔들리다)', '뒤눕다(몹시 흔들리다)', '뒤늦다(몹시 늦다)', '뒤떠들다(몹시 떠들다)', '뒤엎다(마구 엎다)', '뒤흔들다(마구 흔들다)', '뒤훑다(마구 흔들다)' 따위에서 '뒤'는 모두 접두사로 기능하여 후행요소에 일정한 의미를 부여한다. 여기서 접두사 '뒤'에 이어지는 후행요소는 모두 동작 동사에 국한되는 특징을 보인다.

　아래 (35)의 경우는 접두사 '뒤'가 [반대로] 정도의 의미를 가진 예들이다.

(35) ㄱ. 석탄 냄새는 바람결에 코를 거슬러 비위를 <u>뒤놓으니</u> 두 손으로 걸상을 겹쳐 붙들고 아무리 진정하려 하여도 점점 견딜 수가 없으며〈이해조, 고목화〉
　　ㄴ. 그는 늙어 갈수록 <u>뒤되지</u> 않도록 모든 일에 조심하였다.
　　ㄷ. 이 책 한 권이 나의 부정적인 세계관을 긍정적인 것으로 완전히 <u>뒤바꾸어</u> 놓았다.
　　ㄹ. 형님이 꾸중하는 말을 <u>뒤받아</u> 버리고 뛰쳐나왔다.
　　ㅁ. 그는 마음이 손바닥 <u>뒤집듯</u> 순식간에 표변하는 사람들을 싫어했다.〈문순태, 타오르는 강〉

(35ㄱ)의 '뒤놓다(뒤집어 놓다)', (35ㄴ)의 '뒤되다(위치나 차례가 거꾸

로 바뀌다)', (35ㄷ)의 '뒤바꾸다(어떠한 상태를 정반대의 상태로 바꾸다)', (35ㄹ)의 '뒤받다(남의 의견에 반대가 되는 말로 받다)', (35ㅁ)의 '뒤집다(안과 겉을 바꾸다)'는 모두 여기에 해당한다.

끝으로, 후행요소인 용언에 [온통, 전부]의 뜻을 가미해 주는 경우이다. 여기에는 '뒤덮다' 정도만 확인된다.[11]

> (36) 밤새 내린 눈이 <u>뒤덮은</u> 지리산은 그야말로 영산(靈山)이었다.

이상에서 보듯이, 공간말 '뒤'는 다양한 의미 변화를 거쳐 결국은 형식적인 요소에까지 이르는 문법화의 과정을 보여 주고 있다. 중세국어에서는 전혀 그 예를 보이지 않았던 접두사로서의 '뒤'는 근대국어에 첫 모습을 보인 이후, 현대국어에 와서는 합성어 못지않게 생산적인 예시를 보인다. 여전히 어휘적인 의미를 선명하게 보여주는 예들과 접두사라는, 어휘적 의미를 상실하고 기능적 요소로서의 지위를 동시에 가지고 있다는 점에 '뒤'의 특징이 있을 것이다.

5. 정리

문법화의 본령은 어휘적인 요소가 문법적인 요소로 변화되는 것에 있다. 물론 그 범위를 넓히면 의미나 형태에서, 변화의 과정에 있는 것 또한 문법화에 포함시킬 수 있다. '앞', '뒤'의 경우는 전자보다는 후자의 영역에 속한다. '앞', '뒤' 모두 문법소로 완결되었다고 보기는 어렵기 때문이다. 그러나 '앞', '뒤'는 문법화의 정도성에서 확연한 차이를 보인다는 특징이 있다.

'앞'은 문법화의 단계에서 의미의 변화 단계에 머물러 있다고 해야 할

---

11) 접사의 의미를 중심으로 한 더 세부적인 전개는 4부에서 이루어진다.

것이다. 의미의 변화를 거쳐 기능적 요소에까지 이른 예는 아직 또렷하게 보이지 않기 때문이다. 그러나 10여 가지의 다양한 의미 가운데는 시간이나 추상적인 의미로 전이된 예를 여럿 살필 수 있다. 또한 '앞서다'를 포함한 여러 합성어 예시를 통해 범주의 변화가 심화되는 예들도 보인다. 이는 '앞'이 의미 변화를 통해 형식적인 단계에까지 이를 가능성이 있음을 말해 주는 것이다.

반면, '뒤'는 '앞'에 비해 보다 다양한 양상을 띤다. 우선, '앞'과 마찬가지로 시간이나 추상적인 의미 등으로 다양한 의미 변화를 보인다는 점에서는 '앞'과 다를 바가 없다. 하지만 '뒤'는 결정적으로 '앞'에서는 엿볼 수 없는 형식 요소로까지 변화된 결과를 보여준다는 점에서 차이가 있다. 체언이나 용언과의 결합을 통해 접두사로 전이되는 기능의 변화를 보여주기 때문이다. 이는 언중들에게 있어 '앞'보다는 '뒤'가 더욱 다양한 쓰임새와 방향성을 가졌음을 의미하는 것이다.

'앞'과 '뒤'의 문법화 과정을 살펴보면, 한 가지 특이한 점이 발견된다. 자립적인 명사의 일반적인 문법화 과정에서는 대개 의존명사의 단계를 거쳐 문법소에 이르는 특징을 보인다. 그러나 '앞'과 '뒤'는 이 같은 의존명사 단계가 보이지 않는다.

> (37) 보편적인 문법화와 '앞, 뒤'의 문법화 과정 대비
> 　　1) 보편적 문법화: 가) 자립명사 → 나) 의미 확장 → 다) 의존명
> 　　　사 → 라) 문법소(조사, 어미, 접사)
> 　　2) '앞'의 경우: 가) 자립명사 → 나) 의미 확장 → 다) ∅ → 라) ∅
> 　　3) '뒤'의 경우: 가) 자립명사 → 나) 의미 확장 → 다) ∅ → 라)
> 　　　문법소(접사)

(37)에서 보다시피, 자립적인 명사의 경우 문법화 과정에서 의존명사의 단계를 거친다. 오늘날 문법소로 변했거나 의존명사로 존재하는

예들은 이를 잘 반영한다. '즈음'이나 '터, 데'는 문법소로 전이된 경우에, '셈, 바람, 김, 지경, 나름, 노릇' 따위는 현재 의존명사 단계에 머물러 있는 경우에 해당된다. 하지만 '앞', '뒤'는 그렇지 않다. 아직 문법화 초기 단계에 머물러 있는 '앞'이야 그렇다 하더라도 '뒤'의 경우는 이미 문법화의 마지막 단계를 보여주고 있기 때문이다. 그 이유는 무엇일까? 그것은 '뒤'가 보여주는 문법화의 최종 단계가 어떤 문법소로 종결되었느냐와 관련된다. 자립명사의 문법화는 그 종착지가 어미이거나 조사인 것이 일반적이다. 이런 경우의 문법화 과정은 반드시 문장 내 선후 환경과 밀착되어 있다. 통사적인 환경을 전제한다는 것이다. 선행하는 체언이나 용언과의 친소 관계에 따라 짙은 영향 관계를 가진 상황에서 때로는 어미로, 때로는 조사로 문법화된다. 그 과정에서 통사적 짜임새가 형태적 짜임새로 융합되는 과정을 거치게 되는데, 일반적으로 어미의 경우에는 선행어의 어미와 융합되고, 조사의 경우는 선행어의 조사와 결합하거나 단독으로 조사화되기도 한다.[12]

그런데, '뒤'의 경우 문법화의 최종 단계는 조사나 어미가 아닌 낱말 구성체의 일부인 접두사이다. 접두사는 파생어의 한 구성 요소에 해당한다. 다시 말해 선·후행하는 통사적 환경으로 인해 문법화가 이루어진 것이 아니라는 논리다. 파생어는 낱말 차원에 있는 것이지 통사적 차원의 것으로 보기 어렵다는 것이다. 그보다는 의미적인 측면에서 관계 맺은 결과로 생각된다. 공간 의미를 가진 '뒤'가 선행하는 어떤 요소의 영향 때문이 아니라, 점차 어휘적인 의미를 상실함으로써 접두사로 형성되었다는 것이다.[13] '뒤'가 가진 어휘적 의미의 속성과 접두사로서

---

12) '-는걸, -ㄹ걸', '은커녕, 에게', '밖에, 조차' 따위를 통해 짐작할 수 있다.
13) 문법화에서는, 이처럼 의미의 약화나 소실을 가리켜 탈색 모형(Bleaching Model)으로 설명한다. 이는 본래 의미가 점차 희미해지는 것을 탈색 과정에 비유한 것이다.

의 필요 의미가 일치되었던 까닭에 진행될 수 있었음을 말한다.

'뒤'의 문법화 과정에서 의존명사 단계가 빠져 있는 이유는 이 같은 차원에서 기인한다. 이렇게 볼 때, '뒤'가 접두사로 문법화되는 과정은 자립적인 요소였던 것이 합성어로 형성된 연후에 접두사로 파생된 것으로 정리된다.14) 이미 어휘적 의미를 상실한 상태에서 다른 요소와 결합한 것으로 보기는 어려울 것이기 때문이다. 이는 다른 예시에서도 마찬가지의 양상을 띤다. 그러니까 의미가 확장되고 추상화되는 의존명사의 단계는 거치지 않는다는 것이다. 의존명사를 거치는 경우는 조사나 어미 따위의 문법소로 나아간 경우가 일반적이다.

> (38) 자립명사의 문법화 과정
>   1) '어미, 조사'로의 문법화 과정
>   가) 자립명사 → 나) 의미 확장 → 다) 의존명사 → 라) 문법
>   소(어미, 조사)
>   2) '접사'로의 문법화 과정
>   가) 자립명사 → 나) ∅ → 다) ∅ → 라) 접사

(38)에서 보듯이, 파생접사로 문법화되는 경우에는 의미의 확장이나 의존명사의 단계는 거치지 않는다. 바로 다른 요소와의 결합을 통해 합성어를 형성하는 과정에서 문법소로 전화(轉化)된다는 것이다. '암탉'이나 '수퇘지'에 나타나는 '암, 수'는 접두사인데, 이들이 의미의 확장을 거치거나 의존명사로 쓰인 예는 찾기 어렵다. 마찬가지로 '햇곡식'이나

---

14) Hopper/Traugott(1993)에서는 'full'의 문법화 과정을 'basket full(of eggs) 〉 a cupful (of water) 〉 hopeful'로 보고 있다. 그러나 접두사의 형성 과정이 모두가 이와 같은 순서를 거친 것이냐에 대해서는 회의적이다. 단일어가 합성어의 일부(주로 선행요소)로 결합된 후에 그것이 점차 의미 상실로 이어진 것인지, 애초에 결합 과정에서부터 형식요소로 전이된 상태에서 결합된 것인지는 선명하게 결론 내리기는 어려운 문제이다. 이는 어원 문제와도 연관되는 것이어서 보다 심층적인 논의가 따로 필요한 대목이다. 여기서는 우선 설명의 편의를 위해 합성어를 형성한 뒤, 합성어의 일부가 파생접사로 나아간 것으로 정리한다.

'햇나물, 햅쌀'에 위치하는 '햇-, 햅-' 따위는 '해'에서 유래한 접두사인데, 이 또한 마찬가지다.

이상에서의 논의를 바탕으로 공간말 '앞'과 '뒤'가 보여주는 문법화를 정리하면 다음과 같다. 첫째, '앞'과 '뒤'는 문법화의 양상과 방향에서 차이를 보인다. '앞'은 문법화의 완결 상태는 보이지 않고 다양한 방향에서 의미의 확장을 보인다. 반면, '뒤'는 의미의 확장을 통해 형식 요소로의 전이를 보여준다. 어휘적 요소와 형식적 요소를 동시에 보여준다는 것이다.15) 둘째, '앞', '뒤'의 문법화 양상은 여타의 명사가 보여주는 문법화와 다른 점이 있다. 일반적으로 명사가 문법화 과정을 거칠 때에는 의존명사의 단계가 있지만, '앞', '뒤'의 경우 생략되고 있다. 이는 문법화의 최종 단계가 조사나 어미가 아니라 접두사인 것과 연관된다. 기본적으로 의존명사는 선행어에 매어 있는 꼴이므로, 문법화가 더 진행되면 조사나 어미와 같이 중심부의 뒤쪽에 결합되는 문법소로 나아가는 속성을 보이기 때문이다.

---

15) '뒤'는 결국 현대국어에서 형태론적으로 세 가지의 모습을 가진다. 첫째, 형태적으로 1음절인 '뒤'의 꼴을 유지하면서 어휘적인 의미를 유지하고 있는 유형이다. 여기에는 다시 구체적 공간 개념을 가지는 경우와 시간이나 추상적인 의미로 확장되는 경우가 있다. 둘째, 다른 꼴과의 결합을 통해서 합성어를 형성하는 경우이다. 이때의 의미는 첫째와 다르지 않다. 셋째, 본래 가졌던 어휘적인 의미를 상실하여 형식 요소인 가지로 기능하는 경우이다. (ㄱ)은 첫째, (ㄴ)은 둘째, (ㄷ)은 셋째에 해당하는 예가 된다.
ㄱ. 그녀는 집 뒤 장독대에 숨었다.
ㄴ. 뒷길, 뒷산, 뒷동네 ; 뒤잇다, 뒤쫓다, 뒤따르다.
ㄷ. 뒤넘다, 뒤엎다, 뒤덮다, 뒤집다, 뒤늦다.

　현대국어에서 위치 개념인 '上'의 의미를 나타내는 말로는 '위, 윗, 웃' 따위가 있다. 이 가운데 '웃'은 파생어 형성 요소인 접사로 처리된다. 합성어에서는 '웃'을 제외한 '위'나 '윗'이 후행하는 환경에 따라 어근의 일부로 자리한다. 이로써 현대국어에서는 '웃–'은 파생어에, '위, 윗'은 합성어의 구성요소로 자리한다는 사실을 알 수 있다.

　그런데 현대국어에서 '웃'은 파생어 형성요소인 접사로 단순하게 처리되지만 역사적으로는 그렇지가 않다. (1)의 예를 보자.

　(1) ㄱ. 웃어른, 웃돈, 웃국, 웃자라다.
　　　ㄴ. 웃니〈석상, 23.7ㄴ〉, 웃옷〈월석, 12.16ㄱ〉
　　　ㄷ. 웃 두 德〈월석, 11.23ㄴ〉, 웃 블근 거플〈구간, 3.42ㄱ〉

　(1ㄱ)은 우리 현대국어에서 볼 수 있는 '웃'의 용례들이다. 여기서 '웃'은 어휘적인 의미보다는 특정의 의미를 어근에 더하는, 파생어 형성의 표지인 접사로 인정된다. 이와 같이 현대국어에서 '웃'이 접사로 쓰이는 예는 대략 20개 정도를 찾을 수 있다.[1]

　반대로 (1ㄴ)은 '웃'이 합성어의 선행요소인 어근으로 작용하고 있는

---

1) 파생명사에 '웃거름, 웃고명, 웃국, 웃그림구이, 웃기, 웃기떡, 웃길, 웃날, 웃더껑이, 웃돈, 웃비, 웃소금, 웃소리, 웃어른, 웃옷, 웃짐' 등이 있고, 파생동사에 '웃거름하다, 웃돌다, 웃보다, 웃자라다, 웃치다' 등이 있다.

경우이다. 이러한 예들은 중세국어와 근대국어에서 쉽게 찾을 수 있다. 현대국어의 '웃'은 접사로 처리되어 하나의 형태소 역할을 할 수 있을지 모르나 중세국어 시절의 '웃'은 사이시옷이 결합된 꼴로 생각된다. 그리고 (1ㄷ)의 '웃'은 형태론적인 쓰임새로서가 아니라 통사적인 환경에 노출되어 있는 경우가 된다. '웃'이 문장 내에서 단독으로 쓰인다는 것은 현대국어에서는 생각하기 어려운 모습이지만 중세국어에서는 어렵지 않게 만날 수 있다. 물론, 현대국어에서는 더 이상 (1ㄴ, 1 ㄷ)과 같이, '웃'이 어근으로 쓰이거나 통사적 구성의 일원으로서 존재하는 꼴은 나타나지 않는다.

이렇게 보면, '웃'은 역사적으로 세 가지 유형으로 구분된다는 사실을 알 수 있다. 첫째, 현대국어에서 규정하고 있는 접사로서의 역할을 가진 경우이다. 둘째, 중세국어 이후 이어지는 합성어 형성요소로서의 역할을 가진 경우이다. 셋째, 중세국어의 시기에 엿볼 수 있는 통사적 구성으로서의 역할을 가진 경우이다. 이러한 유형들을 적절하게 분석하고 파악해 가게 되면 '웃'에 대한 여러 가지 의문점이 해결될 것으로 본다.

이러한 통시적 논의 과정에서 필연적으로 맞닥뜨리게 되는 것이 중세국어의 사이시옷에 관한 것이다. 중세국어에서의 '웃'은 '우ㅎ'에 'ㅅ'이 결합된 꼴로 생각되기 때문이다.[2] 따라서 이 논의는 현대국어의 '웃'과는 전혀 다른 방향에서 이루어질 수밖에 없다. 먼저 '웃'의 역사적인 쓰임새에 바탕을 두고 '웃'이 통합되는 여러 환경에서의 역할과 그 변화

---

2) 중세국어에서는 '웃'이 '우ㅎ'과 'ㅅ'으로 분리되어 쓰이는 예를 찾을 수 없다. 그것은 이미 '웃'이 하나의 형태소로 굳어져서 그러한 것인지, '우ㅎ' 뒤에 'ㅅ'이 결합될 경우 'ㅎ'이 탈락하고 '우+ㅅ'이 결합된 꼴로 남은 것인지에 대해서는 판단하기가 쉽지 않다. 그럼에도 중세의 '웃'을 '우ㅎ+ㅅ'의 짜임새로 파악하는 것은 '우ㅎ'이 다른 요소와 결합할 때 'ㅎ'이나 'ㅅ'과의 결합이 없는 '우' 꼴도 나타나기 때문이다. 또한 단독형 '우ㅎ'의 쓰임이 워낙 생산적인 까닭도 있다. 이상억(2007: 103)에 따르면, 중세국어 '우ㅎ-우'의 빈도 조사에서 '우ㅎ'이 무려 94.3%에 이르는 것으로 파악하고 있다.

의 과정을 살핀다. 아울러 파생어 형성에서의 모습 등을 통해 접사로서
의 '웃'의 역사적 전개 또한 논의한다. 그렇게 함으로써, 현대국어 '웃'의
정체성을 명확히 해 보자는 것이다.

1. 중세국어의 사이시옷

'웃'에 대한 제대로 된 논의를 위해서는 마땅히 사이시옷에 대한 논의
가 이루어져야 한다. 중세국어의 '웃'은 분명 '우ㅎ'에 'ㅅ'이 결합된 형태
이기 때문이다. 일반적으로, 사이시옷이라 하면 형태소나 단어 차원의
선·후행 요소가 서로 어울리는 과정에서 특정의 환경에 따라 앞말에
받치어 적는 시옷(ㅅ)을 말한다. 현대국어에서는 형태소 결합 과정에서
'ㅅ'이 삽입되는 것은 합성어 형성 요소인 사이시옷이 유일하다.

그러나 중세국어에서의 사이시옷은 보다 복잡한 통합 양상을 띠고
있다. '므숤 사ᄅ미'〈월석, 10.25〉에서처럼 앞말에 결합되기도 하고, '時
節ㅅ 스싀예'〈법화, 5.112〉에서처럼 선행요소와 독립적으로 존재하기도
하고, '몸 쓰싀예'〈능엄, 1.55〉에서처럼 뒷말의 첫소리에 함께 나타나기
도 하는 것이다.[3] 또한 한 낱말 안에서 출현하기도 하고, 통사적인 구
성에서 등장하기도 한다.[4] 중세국어의 사이시옷에 대한 논의가 그처럼
다양하게 이루어지는 것도 결합 환경이 단일하지 않은 까닭에서일 것
이다.[5]

---

[3] 예시는 이익섭(1993: 181-183)에서 참조.
[4] 애초에는 사이시옷이 'ㅅ' 외에도 여러 개가 더 있었다. 그래서 중세국어에서의 사이시옷은
보다 다양하게 나타난다. 훈민정음 초기 자료인 〈훈민정음 언해본〉(1446)에는 'ㄱ, ㄷ, ㅂ,
ㅸ, ㆆ, ㅅ' 등의 6개가, 〈용비어천가〉(1447)에는 'ㄱ, ㄷ, ㅂ, ㆆ, ㅿ, ㅅ' 등 6개가 보인다(전
철웅1990: 187). 그 이외의 문헌에서는 거의가 'ㅅ'으로 통일되는 양상을 보인다. '우ㅎ'의
경우에는 'ㅅ'(웃) 이외의 사이시옷이 결합된 예는 보이지 않는다.
[5] 이익섭(1993: 184)에서는 사이시옷의 표기 위치를 다음과 같이 정리하고 있다. "사이ㅅ은
앞 단어 끝의 받침으로 표기함을 원칙으로 한다. 이때 앞 단어 끝에 이미 받침이 있건 없

기존의 중세국어 사이시옷에 대한 논의는 크게 음운론적인 해석과 문법론적인 해석으로 나뉜다. 전자에는 된소리화와 연관된 음운현상으로 파악하는 경우(허웅, 1975: 67-69)가 해당된다. 문법론적인 관점에서는 체언과 체언을 묶어 보다 큰 명사구를 만드는 기능을 갖는 속격조사로 보는 경우(안병희, 1992: 47-56), 통사적 연결의 부자연스러움을 극복하는 수단이라는 통사적 차원(임홍빈, 1980: 1-36)의 해석으로 구분된다.6) 예 (2-4)를 통해 다시 구체화해 보기로 하자.

(2) 바닷가, 나뭇가지, 아랫방 ; 아랫니, 뒷머리, 예삿일

(3) 믌결〈석상, 13.9〉, 보룺둘〈월석, 2.41〉, 묾골〈월석, 2. 41〉7)

(4) ㄱ. 나랏 말ᄊᆞ미 中國에 달아〈훈언, 서〉
ㄴ. 世間애 부텼 道理 비호ᅀᆞᄫᆞ리〈석상-서, 2〉
ㄷ. 狄人ㅅ 서리예 가샤 野人ㅅ 서리예 가샤〈용가, 4〉
ㄹ. 내 겨지븨 고ᄫᆞᆷ이 사룺 中에도 ᄲᅡ 업스니〈월석, 7.11ㄱ〉
ㅁ. 如來ㅅ 秘密ᄒᆞᆫ 法門을 내 衆中에 微妙히 여러〈능엄, 5.58ㄴ〉

(2)는 현대국어에서 사이시옷의 존재를 가늠해 볼 수 있는 대표적인 예들이다. 여기서 보면, 합성어 형성과정에서 발생하는 된소리화나 'ㄴ'의 첨가 현상 등 어근과 어근 사이에서 발생하는 음운현상을 보여주고

건, 또 받침이 하나이건 둘이건 상관하지 않는다. 다만, 후속하는 명사의 첫 子音이 'ㅅ'이나 'ㅈ'일 때는 사이시옷을 이들과 竝書하여 표기할 수 있다."

6) 그러나 이들의 어느 주장도 사이시옷의 쓰임새에 대한 모든 것을 완벽하게 설명하지는 못한다. 그만큼 사이시옷의 쓰임새가 다양하다는 얘기가 된다. 된소리와 연관시키는 경우, '눈물, 어젯일, 나뭇잎' 따위의 된소리와 무관한 예외들이 있고, 속격조사로 처리하는 경우에는 사이시옷이 N₁+N₂의 환경에서만 도출되는 것이 아니라 이 같은 관형적 기능 이외의 상황에서도 출현한다는 문제점이 있다. 그리고 통사적 차원의 해석의 경우, 보다 예외적인 예들은 명쾌한 설명이 가능한 반면, 오히려 명사와 명사의 연결에서는 이를 부자연스러운 통사 환경으로 처리하기 어렵다는 데 문제가 있다. 그런데 현대국어의 사이시옷이 중세국어의 사이시옷에 그대로 소급된다는, 문법적 혹은 역사적 연계성에서 생각해 본다면 속격조사로 파악하는 것이 적절하다는 생각이다.

7) 권용경(1993: 417)에서 예시 참조.

있다. 아울러 합성어 형성 표지로서의 형태론적인 역할 또한 찾을 수 있다. 이는 현대국어에서의 사이시옷이 단어 내부에서 일어나는 언어적 현상이라는 사실을 말해 준다.

그러나 (3, 4)에서 보듯이, 중세국어에서의 사이시옷 문제는 현대국어처럼 일정하지가 않다. (3)은 단어 내부의 것이라는 측면에서 현대국어의 것과 유사한 측면을 보인다. 또한 사이시옷에 이어지는 후행요소인 '결, 돌, 골' 등의 첫소리가 된소리인 것과 연관된다는 측면에서는 음운론적인 현상과도 연관성이 깊다.[8]

반면, (4)의 경우는 (3)과는 전혀 다른 모습이다. (3)이 $[[N_1+ㅅ]+[N_2]]_N$의 짜임새를 가진 형태론적 환경인 반면에,[9] (4)의 사이시옷은 선행요소와 후행요소 사이에 쉼이 개재된 $[[N_1+ㅅ]\#[N_2]]_{NP}$의 통사적인 명사구를 형성하고 있기 때문이다. 더구나 (4ㅁ)은 N_1과 N_2 사이에 '秘密훈'이라는 수식어까지 내포되어 더욱 확장된 통사적 구성을 보인다. (3)에서의 사이시옷이 선·후행요소를 합성명사로 이끄는 표지로 작용하고 있다면, (4)에서의 사이시옷은 다소 거리가 있는 다른 요소들을 'ㅅ'이라는 표지를 통해, 비록 통사적인 구성이지만 하나의 울타리 안으로 이끄는 역할을 하고 있다. '나라'와 '말씀', '부텨'와 '道理'는 애초에 무관한 것일 수 있지만, 'ㅅ'이 개입됨으로써 두 요소가 문법적으로, 또는 의미적으로 밀접한 연관관계를 가지게 되었다는 것이다. 그런 점에서 (4)는 사이시옷이 '속격 조사' 내지는 '관형격 조사'와 같은 기능적 명칭으로 불림

---

8) 물론, 중세국어의 시기에 단어 내부에 사용된 사이시옷이 모두 음운현상과 연관된 것은 아니다.

9) 중세국어라는 점에서 언어 직관에 한계가 있는 것은 분명하지만, 이들은 형태적 구성으로 처리되어야 한다고 본다. 선·후행요소의 분리성 문제나 의미변화의 측면에서 볼 때, 이들은 충분히 형태적 구성으로 판단할 만하기 때문이다. 무엇보다 N_1과 N_2 사이에 다른 성분을 개입시키기가 어렵고, 선·후행요소의 결합 이전과 이후의 의미에도 변화가 있는 것으로 생각된다. 그러니까 '믌결'과 '믈의 결', '보롮둘'과 '보롬의 달', '몺골'과 '몸의 골' 사이에는 의미 차이가 있다는 것이다.

직한 근거를 가지고 있다 하겠다.10) 그러나 (3)과 (4)는 비록 형태적이냐, 통사적이냐는 환경적인 차이는 있지만, 중세국어의 시기에 사이시옷이라는 동일한 역할 아래 형성되는 짜임새라는 점에서는 공통점을 가진다.

중세국어의 시기에는 (4ㄱ-ㄹ)의 예뿐만 아니라 (4ㅁ)과 같은 전형적인 통사적 구성도 흔하게 발견된다. (5, 6)를 살펴보자.

(5) ㄱ. 世間ㅅ 한 受苦ᄒᆞᄂᆞᆫ 雜소리를 ᄒᆞᄢᅴ 보아〈석상, 21.20ㄱ〉
ㄴ. 本來ㅅ 몱곤 性이 가싀디 아니ᄒᆞ야〈월석, 1.50ㄴ〉
ㄷ. 世間ㅅ 모든 法이 五塵에 여희디 아니ᄒᆞ니〈능엄, 3.59ㄱ〉

(6) ㄱ. 우리 高祖ㅅ 寡ᄒᆞᆫ 命을 壞티 마ᄅᆞ쇼셔〈서전, 5.50ㄴ〉
ㄴ. 白帝ㅅ 치운 城에 錦袍 닙고 머므러 이셔〈두시-중, 16.55ㄴ〉
ㄷ. 天下ㅅ 사ᄅᆞ미 이베 傳ᄒᆞ고〈두시-중, 24.37ㄴ〉

(5)는 중세국어의 예인데, N_1과 N_2 사이에 N_2를 꾸며주는 말들이 존재함으로써 사이시옷의 통사적 구성을 그대로 보여준다. (5ㄱ)의 '한 受苦ᄒᆞᄂᆞᆫ', (5ㄴ)의 '몱곤', (5ㄷ)의 '모든'이 여기에 해당한다. 이 같은 흐름은 (6ㄱ-ㄷ)의 밑줄 그은 부분에서 보듯, 17세기까지도 계속된다. 비록 '唐虞ㅅ 盛ᄒᆞᆫ 뻐를 즈음ᄒᆞ고(女四, 4.6ㄴ)'와 같이 드문 예가 있지만, 18세기 이후에는 보편적으로 N_1과 N_2가 단지 사이시옷을 매개로 하여 통합되는 $[[N_1 + ㅅ]\# [N_2]]_{NP}$의 짜임새로 재편된다. (7)은 그 예를 보인 것이다.

---

10) 안병희(1992: 47-56)에서는 통사적 환경에서의 'ㅅ'을 속격 어미로 처리하고 있다. 그래서 '의/의'를 제1류 속격어미, '-ㅅ'을 제2류 속격어미로 구분한다. 제1류는 유정물 지칭의 체언에 연결되는 것으로, 제2류는 유정물 지칭의 존칭 체언과 무정물 지칭 체언에 연결되어 후속하는 체언의 소유주임을 표시하는 것으로 처리하였다. 그러다가 안병희·이광호(1996: 172-176)에서는 다시 속격 조사로 파악하였다.

(7) ㄱ. 三年ㅅ 밥을 더 먹고〈오륜, 1,52ㄴ〉

ㄴ. 이 新羅ㅅ 蔘이라 新羅ㅅ蔘이면 ㄱ장 죠흐니〈노걸-중, 하2ㄴ〉

ㄷ. 朝鯛 술위ㅅ 박희〈한청, 12,26〉

ㄹ. 過樑 들ㅅ 보〈동문-상, 34〉

(8) ㄱ. 희ㅅ빗흘 바로 밧지 못ㅎ면〈사민, 5〉

ㄴ. 누에와 믈ㅅ고기가 만코〈사민, 30〉

(7)의 근대국어의 자료를 보면, 모두 N₁과 N₂가 중간 수식어의 개입 없이 통합되고 있는 양상이다. 그런데, (7ㄱ, 7ㄴ)과 (7ㄷ, 7ㄹ)의 예시 사이에는 근본적인 차이가 존재하는 것으로 생각된다. (7ㄱ, 7ㄴ)의 '三年ㅅ 밥'과 '新羅ㅅ 蔘'의 경우, N₁과 N₂ 사이에 다른 성분의 개입이 가능하다는 점에서 선·후행요소간 결합력이 느슨한 반면, (7ㄷ, 7ㄹ)의 '술위ㅅ 박희'와 '過樑 들ㅅ 보'의 경우에는 다른 요소의 개입이 쉽지 않다는 점에서 선·후행요소의 결합도가 상대적으로 강하다는 것이다. 이는 형태적 구성으로 처리하더라도 별 문제될 게 없을 정도이다. 일반적으로 근대국어의 시기는 사이시옷 구성이 통사적인 것에서 형태적인 것으로 본격 옮겨 가는 시기로 알려져 있다. (7ㄱ-ㄹ)의 예시들은 이 같은 통사적, 형태적 구성들의 혼재 현상을 보여주는 것으로 생각된다. 그러다가 (8)의 19세기 즈음에 와서는 '희ㅅ빗'이나 '믈ㅅ고기'와 같이 형태적 구성으로 볼 수밖에 없는 예들이 집중적으로 등장하게 된다. 따라서 사이시옷 구성은, 중세국어의 시기가 통사적 구성의 시기였다면 근대국어의 시기는 통사적 구성에서 형태적 구성으로 이행되는 시기인 것으로 정리된다.

한편, (3)과 (4)의 사이시옷에 대한 지금까지의 논의는 사이시옷의 정체를 논하는 과정에서 나온 각각의 주장일 따름이지 상호 연관성에 대한 논의와는 거리가 있었다. 그러나 (2)와 (3)이 공시적으로 동일 시기에 존재하고는 있지만, 문법론적인 추론 과정에서 보자면 일정한 순서를 상정할 수 있다고 본다. 이는 형태적 구성의 뿌리는 결국 통사적인 구성에서 나온다는, 문법의 상식에 그 바탕을 두고 있다. 따라서 (4)와 같은 통사적 구성의 사이시옷은 시간적으로나 문법적으로나 (3)보다 앞선 사이시옷 구성으로 생각된다. (4)의 경우, 사이시옷의 결합을 통해 선행 명사가 후행 명사를 꾸며주는 기능을 하게 할 뿐만 아니라 선행요소에 후행요소가 속하게 된다는 메시지를 가능케 하는 기능을 가지고 있다. 선·후행하는 명사를 하나의 명사구로 확장하게 만드는 기능을 가진다는 것인데, 이는 결국 거리가 있는 두 가지 의미적 대상을 하나의 의미체로 만든다는 것이 사이시옷의 근본 역할임을 말하고 있다. 원래는 무관했을 수도 있는 요소들을 사이시옷이 개입됨으로써 의미적으로 단단하게 묶어 준다는 것이다.

이 같은 통사적 짜임새들 가운데, 의미적으로 필연성을 획득하게 된 예들이 통사적인 구분을 넘어서 융합의 단계로 넘어가게 되는데, 이것이 (3)과 같은 형태적 구성의 합성어 단계라는 생각이다. 결국 합성어 내의 사이시옷은 통사적 구성에서 존재하던, 이른바 속격조사의 역할을 하던 사이시옷의 흔적으로 파악된다. 근대국어 이후, (4)와 같은 통사적 구성의 사이시옷이 자취를 감추게 되는 것도 이 같은 설명과 궤를 같이 한다.[11] 그렇다고 해서 모든 통사적인 사이시옷 구성이 형태적인 짜임새로 예외 없이 이어졌다는 것은 당연히 아니다. 사이시옷에 의해 이어져 있던 선·후행 요소 간 의미적 결합의 강도가 얼마나 단단한가에 따라서 그 운명이 달라졌다는 얘기이다. 이는 보통의 합성어 형성 과정과 동일한 장면이다. 한 단어로 녹아들기 힘든 통사적 구성의 경우

11) 18세기 문헌자료에서는 N₁과 N₂ 사이에 꾸미는 말이 개입된 통사적 구성의 사이시옷은 찾기 어렵다. 명사와 명사를 통합시키는 사이시옷만 존재한다는 것이다.

사이시옷은 그 기능을 다른 유사 기능을 가진 '인/의'로 떠넘기고, 의미적 친밀도가 높은 경우는 합성어로 더욱 고정, 구체화되었다는 것이다.

이상의 중세국어 사이시옷의 논의는 다음과 같은 결론에 도달할 수 있다. 중세국어에서의 사이시옷의 기능은 현대국어의 것과는 달리 복잡한 양상을 띤다. 현대국어의 사이시옷은 모두 형태적 구성이지만 중세국어의 경우는 형태적인 것도 있고 통사적인 것도 있다. 그리고 통사적 구성의 일부가 형태적 구성으로 전이되었다고 본다. 그 기준은 선행요소와 후행요소 간 의미적 결합이 얼마나 강한 것인가 하는 정도성과 연관된다. 근대국어, 즉 17세기까지는 이 같은 흐름이 지속된다. 18세기 이후부터는 수식어가 삽입된 확장된 개념의 통사적 구성은 찾기 힘들고 명사와 명사를 이어주는 역할의 사이시옷 구성이 주류를 형성하게 된다.

2. 사이시옷과 '웃'

이러한 사이시옷 논의의 연장선에서 중세국어 '웃'에 대한 논의 또한 가능해진다. 물론 이것은 '웃' 속에 사이시옷이 통합되어 있다는 전제에서 그렇다.

아래 (9, 10)은 중세국어의 시기에 살필 수 있는 '웃'의 유형을 제시한 것이다.

> (9) ㄱ. 웃 두 德〈월석, 11.23ㄴ〉, 웃 세 뜯〈금강, 8ㄱ〉, 웃 두 德, 웃
> 혼 굴비〈영가-하, 26ㄴ〉, 웃 두 굴비〈영가-하, 27ㄱ〉, 웃 두
> 句〈영가-하, 98ㄱ〉, 웃 二 敎〈원각-상1, 1.35ㄱ〉, 웃 세 時〈월
> 석, 14. 63ㄱ〉, 웃 다숫 字〈원각-상1, 2.13ㄱ〉, 웃 아홉 일홈
> 〈원각-상1, 2.86ㄱ〉, 웃 두 句〈원각-상2, 3.20ㄱ〉, 웃 두 對〈원

각-상2, 3.39ㄴ〉, 웃 두 段〈원각-상1, 2.191ㄴ〉, 웃 세 句〈원
각-상2, 1.49ㄴ〉, 웃 열 句〈원각-하3, 1.12ㄴ〉, 웃 네 節〈원각
-하3, 1.100ㄱ〉, 웃 네 門〈원각-하3, 1.111ㄴ〉, 웃 세 가지 것
〈구급-하, 69ㄴ〉.

ㄴ. 그룸 웃 프른 뫼ㅎ〈두시, 16.28ㄴ〉, 웃 블근 거플〈구간, 3.42ㄱ〉.

(10) 웃句〈영가-상, 3ㄴ〉, 웃字〈원각-하1, 1.41ㄴ〉, 웃거플〈구간, 6.92〉.

중세국어에서 '웃'은 항상 후행하는 N과 함께 하나의 짜임새를 이루
어 나타난다. (9)처럼 통사적으로 맺은 경우도 있고, (10)처럼 형태적으
로 맺은 예도 있다. 그런데 (9, 10)에서의 '웃'은 단순히 '웃' 하나의 형태
소로 자리 잡은 것이 아니라 '우ㅎ+ㅅ'의 짜임새가 녹아 붙은 것으로 생
각된다. 이를 두고서 이미 중세국어의 시기에 '우ㅎ'과 'ㅅ'의 결합 정도
가 강하여 하나의 형태소로 자리 잡은 것으로 판단하는 것은 섣부른 감
이 있다. 그보다는 'ㅅ'이 결합됨으로써 기존의 'ㅎ'이 탈락된 결과 형성
된 것이 '웃'의 꼴로 나타났다고 보는 게 더 바람직할 것이다. 또한 중세
국어의 시기에 '웃'의 쓰임새가 완전히 형태론적인 것에 한정된 것은 아
니라는 점, 그리고 {위}의 대표 형태였던 '우ㅎ'이 너무나 생산적으로 쓰
였던 까닭도 한몫한다.[12]

더불어 중세국어에서는 이와 같이 '우ㅎ+ㅅ'이 후행요소인 'N'이나
'NP'와 통합되어 이루어진 예는 쉽게 찾을 수 있다. 여기서 인상적인 것
은 선·후행요소 사이에 개입되어 있는 관형 요소가 수사와 형용사만이
등장한다는 사실이다. 여기서 볼 때, (9)과 (10)의 두 '웃'은 그 쓰임에서
일정한 차이를 보여준다. 먼저, (9)의 '웃'은 (10)과는 결합 양상이 다르
다. (9)에서 '웃'은 통사적 구성 속의 일부로 존재하고 있다. 한 낱말의

12) 유창돈(1971: 375)에서는 '웃'을 '우'에 'ㅅ'이 결합된 것으로 설정하고, 이 '웃'을 아예 관형
사로 처리하였다.

일부가 아니라 후행요소에 대한 꾸밈의 역할을 맡은 독립된 어휘로서의 역할을 가진다는 것이다. 이는 '웃'이, 통합되는 다른 요소와 통사적인 짜임새로 존재하고 있음을 말하는 것인데, 앞장의 (4)에서 살필 수 있는 사이시옷 환경과 동일한 경우가 된다. 이들은 현대국어 같으면 결합 구성에서 다소 부자연스러운 표현으로 처리되기에 십상이다. 사이시옷이 결합된 상태라는 것은 다른 요소의 개입 없이 바로 후행요소인 명사가 이어지는 것이 상식인 까닭이다. 결론적으로 (9)의 '웃'의 쓰임새는 중간에 관형적 요소가 개입된 통사적 짜임새를 가졌다는 점에서 단지 $[[N_1(ㅅ)]+[N_2]]_N$의 짜임새에 불과한 (10)과는 다르다는 것이다. 이처럼 중세국어의 시기에는 '웃'이 단순히 합성어 형성요소로만 작용한 것이 아니라 통사적인 환경에서도 낯설지 않게 나타난다.

짜임새의 측면에서 보면, '웃 두 德'에서의 '웃'은 '德'을 꾸미는 것이 아니라 '두 德'이라는 명사구를 수식함으로써 확장된 명사구를 형성하는 핵심 요소로 기능한다. 여기서 '웃' 뒤의 수식어 위치에는 대체로 수사가 자리한다는 공통점을 가진다. 나머지 두 개는 '프른, 블근' 등 색채를 나타내는 형용사가 꾸미는 말로 자리한다. 이로 보면, 수식어의 위치에는 수사 몇 개와 색채어 두어 개가 전부인 셈이다. 이는 사이시옷 구성의 그것에 비하면 빈도와 생산성에서 극히 빈약한 것인데, 그것은 (10) 등에서 보이듯 '웃+N'의 형태가 이미 생산적으로 존재했던 것과 맞물리는 까닭으로 생각된다. 다시 말해, 중세국어의 시기가 이미 '웃+N'의 형태적 구성으로 넘어가던 과도기였음을 암시해 준다는 것이다.

실제로 (9)와 같은 통사적 구성에서의 '웃'의 쓰임새는 16세기를 기점으로 해서 그 흔적을 찾기가 어렵다. 이후로는 한 낱말의 일부로 통합되어 쓰이는, 다시 말해 합성어 상당어 형성요소로서만 존재하게 되는 것이다. 일반적인 사이시옷의 경우, '우리 兄弟와 邦人ㅅ 모든 벋〈시경,

10.17ㄱ〉이나 '萬里ㅅ 프른 묏 寂靜ᄒ며 閑散훈 짜ᅙ'〈두시-중, 7.28ㄴ〉에서처럼, 17세기까지는 수식어가 개입된 통사적 구성이 여전히 생산적이다가 18세기부터는 [N₁+ㅅ]#[N₂]의 구성이거나 N₁+N₂의 합성어에 등장하게 된다는 사실을 감안한다면 '웃-통사적 구성'은 보다 일찍이 그 생명을 다한 셈이 된다. 이 또한 '웃'이 가진 형태적 공고함에서 기인되는 것으로 생각된다. '우ᅙ'과 'ㅅ'의 분리가 현실적으로 힘들어질 만큼 강한 융합이 이루어짐으로써, 시기가 상대적으로 앞당겨 졌다는 것이다.

'웃-형태적 구성'으로만 등장하는 16세기 이후, '웃'은 이 시기부터 이미 현대국어 합성어로 가는 길의 출발점에 선 것으로 판단된다. 이는 보편적인 'ㅅ-통사적 구성'의 예보다는 훨씬 빠른 행보이다. 16세기 이후에 등장하는 '웃-형태적 구성'의 경향을 보이는 예들을 제시하면 다음과 같다.13)

> (11) 16세기 이후 '웃+N' 유형
> ㄱ. (16세기) 웃블, 웃골, 웃딕, 웃벼슬, 웃관원, 웃녁, 웃집, 웃스롭, 웃굿, 웃태우, 웃位, 웃글.
> ㄴ. (17세기) 웃뎐, 웃각시, 웃쉬, 웃옷, 웃사롬, 웃거흠, 웃시옭, 웃츌두됴, 웃입시울, 웃닛믜윰, 웃날, 웃문안, 웃옷, 웃터, 웃집, 웃니, 웃법, 웃거품, 웃네, 웃녀, 웃부믜, 웃귿, 웃플, 웃臺, 웃기슭, 웃가지, 웃부리, 웃머리, 웃골, 웃거리, 웃풀쪽, 웃믈, 웃동(上身).
> ㄷ. (18세기) 웃녁ᅙ, 웃옷, 웃층, 웃부리, 웃뎐, 웃뎐교, 웃병, 웃비유, 웃머리, 웃명, 웃자리, 웃사롭, 웃짐, 웃권, 웃목, 웃동(上身), 웃ᄆ듸, 웃편, 웃젼레, 웃쯧, 웃동닉.
> ㄹ. (19세기)14) 웃옷, 웃국슐, 웃짐, 웃官員, 웃디궐, 웃뎐, 웃말

---

13) 여기서는 사이시옷 중심의 논의에 한정하여 언급한다.

14) 19세기에 이처럼 자료가 많은 까닭은 〈한영자전〉(1897) 등 사전 편찬과 독립신문 등 신문이 창간됨으로써 많은 자료를 확보할 바탕이 있었기 때문이다. (11ㄹ)에서 보면, 이 시기에 접사 결합 낱말인 '웃어른'이 처음 보이기 시작한다.

(웃말쳐로), 웃의논, 웃사룸, 웃과즈, 웃나라ㅎ, 웃태우, 웃물, 웃머리(上頭), 웃凧(上只), 웃픔(上品), 웃등(上等), 웃틱, 웃가지, 웃법, 웃불, 웃어른, 웃스람, 웃디방, 웃경, 웃층, 웃말, 웃줌, 웃글, 웃어룬, 웃치, 웃동리, 웃대츄물골, 웃것, 웃경계, 웃아즈, 웃관원, 웃입살, 웃아즈, 웃다즈, 웃여즈, 웃간, 웃모통이, 웃방, 웃광, 웃무을, 웃죠회, 비웃죽엄(腹上尸), 웃바다(上洋), 웃말숨(上言), 웃영문(上營), 웃더울(上熱), 웃낫(上午), 웃읏듬(上元), 웃아래(上下), 웃구멍(上穴), 웃손(上客), 웃계교(上計), 웃긔운(上氣), 웃기동(上棟), 웃녜(上古), 웃벼술(上官), 웃칙(上卷), 웃나라(上國), 웃물(上馬), 웃쌀(上米), 웃맛(上味), 웃나모(上木), 웃목(上項), 웃드릴(上納), 웃히(上年), 웃방(上房), 웃번(上番), 웃봉오리(上峰), 웃다음(上副使), 웃패(上牌), 웃칙(上篇), 웃픔수(上品), 웃들보(上樑), 웃뫼(上山), 웃집(上舍), 웃빗(上色), 웃맛흘(上司), 웃ㅎ여곰(上使), 웃비암(上巳), 웃글(上書), 웃비(上船), 웃소래(上聲), 웃시험(上試), 웃밥(上食), 웃글(上疏), 웃목숨(上數), 웃열흘(上旬), 웃조삭(上段), 웃논(上畓), 웃님금(上帝), 웃법(上典), 웃무리(上等), 웃쯔롤(上湯), 웃글월(上狀), 웃지조(上才), 웃지혜(上智), 웃님(上主), 웃반찬(上饌), 웃쳥(上聽), 웃층(上層), 웃바늘(上針), 웃풀(上草), 웃틱, 웃님금, 웃바람, 웃통, 웃저고리, 웃텬즈, 웃진(上陣), 웃강, 웃관원, 웃동리.

ㅁ. (20세기)[15] 웃동닉, 웃말, 웃사룸, 웃방, 웃목, 웃간, 웃지판소, 웃편, 웃골, 웃옷, 웃권, 웃분부, 웃ㅅ간, 웃누의, 윗수염.

  '웃-통사적 구성'이 사라진 16세기 이후의 '웃+N' 짜임새의 많은 예들 중 대개는 'N₁의 N₂'라는 의미적 틀을 벗어나지 않는 예들이다. 이것은 아마도 이들 '웃+N'의 짜임새를 가진 예들이 (9ㄱ, ㄴ)과 같은 통사적인 속격 구성의 예들에서 연유하는 것과 연관성이 있다고 생각된다. 김창섭(1996: 25)의 지적대로, 이른바 '구(句)의 단어화' 과정을 거쳤거나 과정

---

15) '웃'은 20세기 초까지도 여전히 생산적인 양상을 보이지만 그 전 시기에는 못 미친다. 이는 '위'나 '윗' 등이 이미 19세기 근대국어의 끝자락에 그 흔적을 보이기 시작하면서 셋이 혼재하던 시기인 까닭으로 생각된다.

에 있는 것으로 파악된다는 것이다.[16]

(12) 19세기 '윗+N' 유형
윗옷, 윗돗단, 윗머리, 윗편, 윗딕귈, 윗장슈, 윗짜ᄒ, 윗군ᄉ,
윗나라ᄒ, 윗정승, 윗사룸, 윗사람.

그런데 여기서 주목되는 것은, 예 (12)에서 보다시피 '윗+N'의 예시들을 19세기에 와서 살필 수 있다는 것이다. (10)에서 보다시피, 19세기 이전까지는 오늘날 {위} 계열의 위치말은, 그것이 단독형이든 형태, 통사적 구성의 일부였든 오직 '우ᄒ(웃)' 계열에 한정되었다. 그런데 19세기에 와서 처음으로 '위(윗)' 계열이 등장하기 시작했다는 것이다. '웃+N'의 유형에 비할 바는 아니지만 결코 그 수가 적지 않다. '윗옷, 윗머리, 윗딕귈, 윗사룸' 따위는 '웃옷, 웃머리, 웃딕귈, 웃사룸' 등과 함께 나타난다. '웃'과 '윗'의 혼재의 시기가 19세기였던 셈이다. 그렇다 하더라도 그 생산적 쓰임의 측면에서는 '웃'과는 비교할 정도는 아니다. 이는 여전히 이 시기의 대표 유형은 '웃'이 결합된 짜임새라는 사실을 말해 준다. 이 시기에 '웃'이 존재함에도 불구하고, 왜 '윗'이 왜 등장하기 시작했는지에 대한 것은 달리 논의할 필요가 있을 것이다.[17]

한편, (10)은 사이시옷이 결합된 '웃'과 후행하는 명사가 어울려서 합성어 상당어를 형성하고 있는 꼴이다. 이들은 (9ㄱ)의 통사적인 짜임새와 공시적으로 존재하지만 문법적인 흐름으로 봐서는 (9)가 (10)의 전 단계로 생각된다. 중세 이후에 '웃-통사적 구성'이 보이지 않는 까닭도

---

16) 물론, 현존하는 합성어의 모든 예들이 '구의 단어화' 과정에 해당된다는 것은 아니다. 특히 현대국어의 경우 그런 예는 많은데, '칼국수'나 '돌부처, 불고기, 누이동생' 등과 같이 사이시옷이 결여된 꼴은 모두 속격 구성에서 유래한 것으로 보기 어렵다.

17) 물론 '윗'의 등장은 '위'의 등장과 맞물려 있을 것이다. 문제는 '위'가 등장하기 이전 '우ᄒ'으로 통일되어 있던 흐름에 '위'가 왜 등장했느냐 하는 것이다. 음운론적인 현상의 결과일 수도 있고 특정 방언의 새로운 등장으로 인한 변이형태로도 볼 수 있을 것이다.

이와 연관성이 있을 것이라는 생각이다.

(13) ㄱ. 웃 두 句는 空藏울 사기더니〈원각-상1, 2.185ㄴ〉
　　　ㄴ. 웃句에 브트니라〈영가-상, 3ㄴ〉
　　　ㄷ. 웃句는 곧 苦와 樂과 두 受ㅣ오〈영가-상, 21ㄱ〉
　　　ㄹ. 웃句는 食울 혜요미오 아랫 句는 衣를 혜요미라〈영가-상, 23ㄱ〉

(14) ㄱ. 웃 다슷 字는 所詮이니〈원각-상1, 2.13ㄱ〉
　　　ㄴ. 웃字는 이 動ㅅ 뜨디〈원각-하1, 1.41ㄴ〉
　　　ㄷ. 웃字즈룰 避피ᄒ니라〈육조-상, 55ㄱ-6〉

(15) ㄱ. 흙과 웃 블근 거플롤 믄득 업게 ᄒ고〈구간, 3.42ㄱ〉
　　　ㄴ. 계피 웃거플 아ᅀᆞ니〈구간, 6.9ㄴ〉
　　　ㄷ. 버듨 불휘 웃거플 밧겨 니기 디허봇가〈구간, 7.72ㄴ〉

(13-15)의 예들에서, 이 같은 논의의 근거를 찾을 수 있다. (13-15)의
(ㄱ)들은 모두 '웃#NP'로 이루어진 통사적 구성이다. 그러나 (13ㄴ-ㄹ)이
나, (14ㄴ, ㄷ), (15ㄴ, ㄷ) 따위는 후행하는 NP에서 꾸미는 말인 '두'나 '다
섯', '블근' 등이 생략되거나 소멸된 모습이다. 따라서 (13-15)의 예시들
은 통사적 단계에서 형태적 단계로 넘어가는, 다시 말해 구(句) 구성이
었던 것이 형태적 구성으로 넘어가는 과정을 고스란히 보여주는 셈이
된다.[18] 'ㅅ-구성'과 마찬가지로 '웃-구성' 또한 중세국어의 시기가 통
사적 구성과 형태적 구성이 혼재하던 시기였음을 보여주는 것이다.[19]
　형태적 구성의 외형을 가진 '웃+N'의 꼴은 중세국어의 시기에서부터

---

18) 구의 통시적 단어화 과정에 대해서는 김창섭(1996: 26)을 참조.
19) 물론, (13-15)의 '웃句, 웃字, 웃거플' 따위를 형태적 구성으로 단정하는 데는 무리가 있을
　　것이다. 단지 수식어구가 없다고 해서 당장 한 낱말로 고착화된 것이라 보기는 어렵기 때
　　문이다. 그러나 중세국어의 시기에 형태적·통사적 구성이 혼재되어 나타난다는 점, 그리
　　고 16세기 이후 더 이상 전형적인 웃-통사적 구성을 찾기가 어렵다는 점 등을 고려하여
　　형태적 구성으로 볼 수 있는 개연성을 가진 예로 제시하였다.

이미 생산적인데, 그 흐름은 현대국어까지 내내 이어진다. 차이라면 N_1 과 N_2 사이의 의미·형태적 공고함에 있을 것이다. 이들은 모두 N_1+N_2 의 짜임새로서 합성어의 형상을 취하고 있지만, 이들이 모두 동일한 짜임새를 가진 것으로 생각되지는 않는다. (13-15)의 예에서 보면, (13ㄱ, 14ㄱ, 15ㄱ)의 통사적 구성인 경우와 나머지 형태적 구성의 예들이 공존하는 혼재의 시기를 보여준다. 이 같은 현상은 (13ㄴ-ㄹ)의 '웃句'나 (14ㄴ, ㄷ)의 '웃字', (15ㄴ, ㄷ)의 '웃거플' 따위가 아직 내부적으로 단단히 굳어진 형태가 아니라는 사실을 말해준다. '웃+N'의 짜임새에서 '웃'과 후행요소인 'N(句, 字, 거플)' 사이에는 여전히 다른 수식어가 들락거릴 수 있는 여지가 있음을 의미한다는 점에서 그렇다. 외형적으로는 형태적 완전체를 구축한 듯 보이지만, 내부적으로는 아직 느슨한 단계에 있다는 것이다.

(16) 웃사룸〈석상, 9.14ㄱ〉, 웃머리〈월석, 10.44ㄱ〉, 웃니〈석상, 23.7ㄴ〉, 웃옷〈월석, 12.16ㄱ〉.

이는 (16)의 '웃사룸'이나 '웃머리', '웃니, 웃옷' 따위와는 확연히 차이가 나는 대목이다. 따라서 중세국어 시기에 외형적으로 [N_1+ㅅ]+[N_2]의 짜임새에 개입된 사이시옷은 유형에 따라 역할의 차이가 있음을 생각하게 된다.

(16)에서의 사이시옷은 단순히 선행 어근과 후행 어근을 연결시켜 주는 합성 표지의 기능으로, 의미적 동질성은 유지시키지만 완전히 융합된 것으로 보기는 어렵다는 것이다. 이럴 경우, (16)의 사이시옷은 의미상 거리가 있던 두 선·후행요소를 하나의 의미망으로 묶어주는, 다소 느슨한 기능의 표지라 해야겠다. N_1과 N_2 사이에 존재하던 수식어가 소멸된 단계에 있는 셈이다. 따라서 이들은 속격 표시인 통사적 기능의

사이시옷과 형태적 짜임새 사이에 놓인 것으로 파악된다.

이 같은 느슨함은 당장 17세기 이후에는 더 이상 찾아보기 어렵다. '웃-통사적 구성'은 문헌상에서 완전히 자취를 감추고 오로지 '웃+N'의 형태적 구성으로 보이는 예들에 국한해서 찾을 수 있기 때문이다.[20] 아래 (17)은 그 예를 보여준다.

> (17) ㄱ. (17세기) 웃던〈계축-상, 7ㄱ〉, 웃사롬〈계축-하, 42ㄴ〉, 웃집
> 〈두시-중, 18.11ㄱ〉, 웃기슭〈두시-중, 13.42ㄱ〉.
> ㄴ. (18세기) 웃녁ㅎ〈선조, 111〉, 웃머리〈천의, 2.45ㄱ〉, 웃사롬
> 〈경신, 2ㄴ〉, 웃짐〈역해, 46ㄴ〉.
> ㄷ. (19세기) 웃짐〈광재, 수축 2〉, 웃물〈규합, 22ㄱ〉, 웃사롬〈사
> 략, 1.48ㄱ〉, 웃어른〈징보, 2ㄴ〉.

이 같은 현상은 사이시옷 구성의 보편적인 흐름에 비추어 적어도 이백 년 이상의 괴리가 발생하는데, 이는 '웃'이 가진 형태적 공고함이 가져온 결과라 생각된다. '웃'은 '우ㅎ+ㅅ'의 결합체이지만 이미 15세기부터 고정된 꼴을 보여 왔기 때문이다. 이렇게 보면, 비록 '웃-구성'과 'ㅅ-구성'은 시간적으로 상당한 격차를 갖지만, 중세국어의 시기에서는 속격이었던 '-ㅅ'이 근대국어의 시기에 와서 합성 명사 사이에서 나타나는 표지로서의 사이시옷이 되었다는 주장을 되짚게 한다(이기문 1990: 209).

이상에서의 논의를 바탕으로 사이시옷 구성과 '웃-구성'을 비교해 보면 다음과 같다.

---

20) 현대국어에서 '웃+V'의 결합 양상인, 합성동사나 합성형용사를 여러 개 살필 수 있는데, 중세와 근대국어의 시기에는 보이지 않는다.

〈표14〉 사이시옷 구성과 '웃-구성'의 비교

구분		ㅅ-구성	웃-구성
실현모습	1) 중세국어	가. 통사적 구성 ㄱ. 수식어가 삽입된 경우 諸佛ㅅ 조흔 나라홀〈월석, 8.65ㄱ〉 ㄴ. 수식어가 삽입되지 않은 경우 太子ㅅ 머리〈석상, 3.6ㄱ〉 나. 형태적 구성 묽결〈석상,13.9〉, 보롮돌〈월석, 2.41〉	가. 통사적 구성: 수식어가 삽입된 경우 웃 블근 거플〈구간, 3.42ㄱ〉 나. 형태적 구성 웃사룸〈석상, 9.14ㄱ〉, 웃옷〈월석, 2.16ㄱ〉
	2) 근대국어	가. 통사적 구성 ㄱ. 수식어가 삽입된 경우 萬里ㅅ 긴 ᄀᄅ미〈두시-중, 17. 9ㄴ〉 ㄴ. 수식어가 삽입되지 않은 경우 陶唐ㅅ 다ᄉ료몰〈두시-중, 23.16ㄴ〉 나. 형태적 구성 눈쑵〈박해-중,48〉, 묽거품〈역해-상, 2〉	가. 형태적 구성만 존재 웃면〈계축-상, 7ㄱ〉, 윗집〈두시-중, 18. 11ㄱ〉
통사적구성 → 형태적 구성 전환 시기		중세국어 시기에 형태적 구성이 일부 나타나지만 근대국어의 시기에도 여전히 통사적 구성은 적지 않게 출현, 20세기에 와서 완전히 형태적 구성으로 전환됨.	중세국어 시기에 형태적 구성이 상당수 나타나고 16세기 이후, 전형적인 통사적 구성이 사라지면서 적어도 외형적으로는 모두 형태적 구성을 취함.

3. 접사 논의와 '웃'

접사나 조사, 어미 따위의 형식적인 형태소들은 본래 어휘적인 요소였던 것이 문법적인 필요에 의해 어휘적인 의미가 약화됨으로써 성립된 것이 대부분이다. 현대국어에서 어휘적인 의미를 도저히 찾기 어려운 문법 형태소라 하더라도 거슬러 올라가면 어휘적인 이미지를 형성하고 있다는 것이다. 그것은 단지 어느 시기에서였는가가 문제가 될 따름이다.

오늘날 접사로 평가받는 '웃-' 또한 마찬가지일 것이라 생각된다. 다시 말해, 현대국어에서는 '웃'이 형식적인 요소로 처리되지만 과거 어느 시기까지는 분명 어휘적인 요소였을 것이라는 점이다. 실제로 3장에서 보았다시피, 중세·근대국어의 시기에 '웃'은 접사가 아니라 사이시옷이 결합된 어휘적 성질의 낱말이었다.

접사로서 '웃-'에 대한 현대국어의 규정은 표준어 규정을 통해 그 단면을 인식할 수 있다. 표준어 규정 제2절 12항에 보면 '위-, 윗-, 웃-'에 대해 다음과 같이 규정해 두었다. "'웃-' 및 '윗'은 명사 '위'에 맞추어 '윗-'으로 통일한다." 그러니까 '웃넓이, 웃니, 웃도리, 웃입술'이 아니라 '윗넓이, 윗니, 윗도리, 윗입술'이라는 것이다. 거기에 대한 부대 조건으로 다음 두 가지를 따로 제시하고 있다.

1) 된소리나 거센소리 앞에서는 '위-'로 한다.
2) '아래, 위' 대립이 없는 단어는 '웃-'으로 발음되는 형태를 표준어로 삼는다.

1)에 대한 예시로 '위짝, 위쪽, 위채, 위층, 위치마, 위턱, 위통, 위팔' 따위를 제시하고 있고, 2)에 대한 예시로 '웃국, 웃기, 웃돈, 웃비, 웃어른, 웃옷' 따위를 제시하고 있다. 그런데 1)과 2)의 조건에는 미묘한 차이가 있다. 1)의 경우는 발음을 중시한 음운론적 기준을 제시하고 있고 2)는 '아래, 위'가 가지는 의미적인 기준을 적용하고 있는 것이다. 문제는 이들의 문법적 정체성에서까지 차이가 난다는 데 있다. 1)은 모두 합성어로 처리되는 예들이다. 반면, 2)는 모두 파생어로 처리되고 있다. 이는 '웃-'을 모두 접사로 규정했다는 뜻이 된다. 그렇다면 2)의 '웃-'은 경우에 따라 "'{위}+X'의 짜임새를 가진 낱말 중, {위}가 접사로 처리되는 경우는 모두 '웃-'으로 적는다."는 규정으로 바꾸어도 문제가 없을 것이다. 아울러 "'{위}+X' 짜임새가 합성어인 경우는 모두 {위}를 '위'나 '윗'으로 적는다."라고 하더라도 문제가 없을 것이다. 실제로 〈표준국어

대사전〉(1999)에서도 '옷'을 접사로 한정하고 있다는 점에서 '웃-'에 대한 규정은 다음과 같이 정리할 수도 있겠다.[21]

> (18) 현대국어에서 '웃-'으로 표기된 예는 모두 접사로 처리한다. 그리고 의미적으로는 '위/아래' 대립이 안 되는 경우에 한정한다.

이상의 설명에서, 현대국어 '웃-'과 관련된 논의는 접사라는 기능적인 측면과 표기적인 측면을 일치시켜 놓았다는 사실을 알 수 있다. 다시 말해, {위}에서 접사에 해당하는 경우는 모두 '웃'이라는 표기로 한정해 놓았다는 것이다.

그런데 중세국어 시기의 문헌자료에서는 3장에서 보았듯이, '위'나 '윗-'은 아예 존재하지 않는다.[22] 적어도 복합어 상당어에서의 {위}는 모두 '웃'으로 나타나기 때문이다. 그렇다면 중세·근대국어의 시기에 현대국어에서 언급되는 접사로서의 {위}는 존재하지 않는 것인가, 이런 의문이 생긴다. 현대국어의 접사 '웃-'의 정체성을 또렷이 하기 위해서는 이 같은 물음에 대한 통시적인 논의가 뒤따를 때 가능할 문제이다. 그런 점에서 {위} 관련 표준어 규정은 이 같은 목적을 달성하는 데 일정한 기준으로 삼을 수 있겠다.

역사적으로 {위}는 여러 가지의 꼴로 나타난다. 중세국어 이후, '우ㅎ, 우, 위'와 사이시옷 결합형인 '웃, 윗' 등이 그것이다. 그리고 이들 중 다른 형태와 결합하여 형성된, 이른바 복합어에 나타나는 예로는 '웃'과 '위', '윗'이 있다. 이 가운데, '윗-합성어'는 19세기 들어 일부 나타나기

---

21) '웃' ((아래위의 대립이 없는 몇몇 명사 앞에 붙어))
  '위'의 뜻을 더하는 접두사. '아래'와 '위'의 대립이 있는 명사 앞에는 '윗'을 쓴다. '아랫니', '아랫도리', '아랫목'처럼 대립하는 말이 있는 경우는 '윗니', '윗도리', '윗목'이 된다.
  ¶ 웃거름/웃국/웃돈/웃어른
22) 여기에 대해서는 손평효(2013: 137-138) 참조.

시작하고 '위-합성어'는 현대국어의 시기에나 나타나는 예들이다.[23] 그러나 근대국어 이전의 시기에는 '웃'만이 복합어 형성요소로 자리한다. 이 역사적인 존재로서의 '웃'은 어근의 앞에 형성되어 접사로서만 작용하는 현대국어의 '웃-'과는 근본적인 차이가 있다.

(19) 웃거름, 웃어른, 웃국, 웃돈, 웃자라다

(20) ㄱ. 웃니〈석상, 23.7ㄴ〉, 웃옷〈월석, 12.16ㄱ〉, 웃사룸〈석상, 9.14
       ㄱ〉, 웃머리〈월석, 10.44ㄱ〉.
    ㄴ. 웃 두 德〈월석, 11.23ㄴ〉, 웃 세 쁜〈금강, 8ㄱ〉, 웃 블근 거
       플〈구간, 3.42ㄱ〉.

(19)의 '웃-'은 현대국어에 사용되는 경우로, 모두 접사로 처리된다. 여기서의 '웃'은 공간 개념어로서의 '上'의 의미를 가진 게 아니라 상하 대립이 없는 일부 낱말에 붙어서 단지 '上'의 뜻을 일부 가미하는 것으로 보인다.

(21) ㄱ. 웃거름: 씨앗을 뿌린 뒤나 모종을 옮겨 심은 뒤에 주는 거름
         (追肥).
    ㄴ. 웃어른: 나이나 지위, 신분, 항렬 따위가 자기보다 높아 직
            접 또는 간접으로 모시는 어른.
    ㄷ. 웃국: ㄱ. 간장이나 술 따위를 담가서 익힌 뒤에 맨 처음에
            떠낸 진한 국.
          ㄴ. 솥이나 그릇에 담긴 국의 웃물.
    ㄹ. 웃돈: ㄱ. 본래의 값에 덧붙이는 돈(加金, 加錢, 덧돈).
          ㄴ. 물건을 서로 바꿀 때에 값이 적은 쪽에서 물건
             외에 더 보태어 주는 돈.
    ㅁ. 웃자라다: 쓸데없이 보통 이상으로 많이 자라 연약하게 되다.

---

23) 윗-합성어가 19세기에 그 모습을 보이는 것은 단독형인 '위'가 처음 그 싹을 보이는 시기가 19
세기라는 것과 연관된다. 그리 보면, 단독형 '우ㅎ'과 복합어 상당어에서의 '웃-'의 등장 시기
가 일치하고, '위'와 복합어 상당어에서의 '윗-'의 존재 시기가 일치한다는 사실을 알 수 있다.

(21)에 제시된 이들 낱말의 사전 뜻풀이를 보면, {위}의 본디 의미라 할 구체적인 위치 개념은 찾기가 어렵다. 가령, '웃거름'은 '무엇의 <u>위쪽 에</u> 주는 거름', '웃국'은 '무엇의 <u>위쪽에</u> 있는 국', '웃돈'은 '무엇의 <u>위쪽 에</u> 있는 돈' 정도의 의미여야 하는데, 실제 의미에서는 이 같은 위치 개 념은 존재하지 않는다는 사실이다. 이는 상하 구분이 없다는 것과도 직 결된다. 일반적으로 사물의 경우 '위, 아래'가 공존하는 것이 상식이기 때문이다. 따라서 현대국어에서 '웃'이 결합된 낱말의 경우, [[pre]+[N]]ₙ 이거나 [[pre]+ [V]]ᵥ의 짜임새를 가진 파생어로 처리된다. 나머지 합성 어의 경우에는 '위칸, 위쪽, 윗마을' 등에서처럼 '위'나 '윗'에게 맡겨 두 었다.

그러나 중세국어에 등장하는 (20)의 '웃'은 앞에서 살폈듯이, 현대국 어의 그것과는 사뭇 다른 양상을 보여준다. (20ㄱ)은 '웃'이 복합어 형성 요소로 쓰이고 있음을 보여준다. 여기서 사용되고 있는 '웃'이 현대국어 의 그것처럼 접사로 쓰인 것인지, 합성어 형성요소인 어근으로 쓰인 것 인지 살피기 위해서는 보다 세밀한 점검이 필요하겠지만, 어쨌든 (20ㄱ) 은 중세국어에서 낱말의 일부로 쓰이고 있는 '웃'의 예를 보여주고 있 다. 그리고 (20ㄴ)의 '웃'은 통사적 구성에 쓰이고 있는 경우이다. 통사 적 구성의 경우는 어차피 형태적인 측면의 것이 아니기 때문에 접사의 논의에서는 제외한다. 접사 논의는 (20ㄱ)의 유형에서만 유의미한 논의 가 진행될 것이기 때문이다. (20ㄱ)을 다시 살피기로 하자.

(22) ㄱ. 혓그티 웃닛 머리예 다ᄂᆞ니라〈훈언, 15ㄱ〉
　　 ㄴ. 各各 웃옷 바사 부텨끠 供養ᄒᆞ숩더니〈월석, 12.16ㄱ〉
　　 ㄷ. <u>웃사ᄅᆞᆷ</u> 두고 더은 양ᄒᆞ야〈석상, 9.14ㄱ〉
　　 ㄹ. 迦葉은 衆의 <u>웃머리</u> 두외야실ᄊᆡ〈법화, 4.29ㄱ〉

구체적인 짜임새로 볼 때, 이들은 모두 외형적으로 '웃+N'의 짜임새로 이루어져 있다.[24] '웃'이 '니(이)'나 '옷', '사룸'이나 '머리' 따위의 어근과 결합된 경우인데, '웃니'는 '위쪽의 이'를 뜻한다. 그리고 '웃옷'은 '위쪽의 옷', 즉 '상의(上衣)'을 뜻한다. 이들 '웃-'은 '일정한 기준보다 위쪽'이라는 의미와 함께 '아래+X'와 자연스럽게 대응된다. 여기서의 '웃-'은 마땅히 어근으로 처리될 것이다. 반면, '웃사룸'과 '웃머리'는 다르다. '웃사룸'은 '나보다 연령적으로 위의 사람'이라는 뜻으로 나이 개념이 개입되어 있다.[25] '웃'은 본디 물리적인 공간 개념을 가진 말인데, 여기서 벗어나 '신분'이나 '나이' 등의 추상적인 개념으로 전이가 된 것이다. 따라서 '웃'이 가진 원 의미에서 이탈된 차원의 형태로 볼 수 있다. '웃머리' 또한 마찬가지다. 오히려 '웃사룸'보다 더욱 이탈된 꼴로 보인다. '웃머리'는 '무리의 우두머리'의 뜻으로 '높은 위치'라는 신분적 개념이 개입되어 있다. '웃사룸'은 '아랫사룸'과 상하 개념의 짝을 이루기라도 하지만 '웃머리'는 *아랫머리'로 상하 대응관계를 형성할 수 없는 꼴이다. 공간 의미도 갖지 않은 상태에서 상하 대응관계도 이루지 못한다면, 이런 '웃'은 접사로 처리해야 하는 것 아닌가 하는 생각을 갖게 된다. 현대국어의 예를 보자면 더욱 그렇다.

(23) ㄱ. 위층, 위치마, 위짝, 위쪽, 위층, 위턱, 위턱뼈, 위팔, 위팔뼈.
　　 ㄴ. 윗니, 윗막이, 윗목, 윗몸, 윗변, 윗수염, 윗입술, 윗잇몸, 윗넓이.

(23)에 제시된 '위+X'의 합성명사를 보면, '위' 자리에 모두 '아래'를 대응시킬 수 있다. 위치를 나타내 주는 본디 의미에 충실하고 있다는

---

24) 중세국어와 근대국어의 시기에 '웃+V'의 짜임새를 형성한 예는 보이지 않는다.
25) 여기서 의미적으로 보자면, '웃사룸'이나 '웃머리'는 '나이'와 '신분'이라는 추상적인 의미로서의 '웃'이다. (위의 본의미라 할 구체적인 공간 개념에서 벗어나 있다는 것이다. '웃옷'은 신체적 개념으로서의 공간 의미를 가진다.

얘기다. 이들은 명백한 합성어 구성요소의 일부로 존재하고 있다. 반면, 파생어 형성요소로 제시된 '웃+X'의 경우에는 모두 본디 의미에서 벗어나 있는 모습이다. 아울러 '아래'와의 대응도 어색하다. 이는 '웃-'이 접사로 처리되는 데는 의미적 요소가 깊숙이 개입되어 있다는 사실을 알게 한다.

따라서 중세국어의 '웃머리'는 파생어로서의 속성을 가지고 있다고 본다. 다시 말해, '웃머리'의 '웃-'을 접사 '웃-'으로 규정하자는 것이다. 이는 현대국어의 '웃-'과 접사에 대한 기본 규정을 전제로 판단한 것이다. '위, 아래'의 대립을 상실하고 있고, 위치 개념의 본디의미에서 멀어졌을 뿐만 아니라, 후행 어근의 의미를 덧보태는 기능을 하고 있다는 점에서이다.

(24) 웃뎐의 문안 가면 대군의 소릐 듯기 슬터라〈계축-상, 7ㄱ〉

근대국어 시기의 '웃뎐' 또한 마찬가지다. '웃뎐'의 경우 [*]아랫뎐'이라는 상하 대립 개념을 상정하기가 어렵고 '웃' 또한 단순히 위치 개념어로서의 본디 의미를 유지하고 있지도 않다. '웃뎐'이 '위쪽에 있는 뎐'의 뜻이 아니라 '임금이 거처하는 궁전, 즉 大殿의 의미를 가지기 때문이다. '웃머리'와 '웃뎐'은 중세국어 및 근대국어의 시기에 '웃-'이 접사로 쓰인 예 가운데 살필 수 있는 대표적인 경우라 할 것이다. '웃뎐'과 비슷한 예들 중에는 '웃뜰', '웃각시', '웃문안', '웃디궐', '웃의논' 등이 있다.

(25) ㄱ. 웃쁘들 무리 사기샤〈법화, 1,180ㄱ〉
ㄴ. 대군 겻 웃각시 녜환이 슈모 향가히 등〈계축-상, 20ㄴ〉
ㄷ. 웃문안 뭇ᄌ오시던 말을 한대 ᄶ지져 닐오ᄃᆡ〈서궁록, 9ㄴ〉
ㄹ. 창황이 힝보로 웃디궐의 가시니〈한중록, 250〉
ㅁ. 웃의논 ᄀᆞ트면 경모궁겨오셔〈한중록, 542〉

(25)에 제시된 '웃' 관련어들은 임금이나 대비 등 지위가 높은 사람과 관계되는 표현들이다. 대개가 궁중과 관련된 문헌자료에 집중되어 있다. 이 가운데 17세기 궁중 암투를 그린 〈계축일기〉에서는 '우ᄒ'이 '인목대비'를 가리킨다. 그리고 '웃문안'은 '인목대비에 대한 문안'을 가리키는 의미이다. 따라서 이런 예들에서의 '웃'은 마땅히 '아래+X'라는 대응관계를 갖지 않는다. '웃던'과 마찬가지로 이들 '웃' 또한 접사로 처리되어야 하는 이유이다.

이 같은 과감한 논리는 유사 위치말인 '뒤'에서도 마찬가지로 확인된다. 이는 공간 개념을 가진 말이 접사로 처리되는 것은 시기적으로도 낯선 일이 아니라는 사실을 말해 준다. 전후(前後)를 가리키는 공간말 '앞, 뒤' 중 '뒤'의 경우도 중세국어에 이미 접두사로 쓰인 예를 어렵지 않게 찾을 수 있기 때문이다. '뒤트다'(두시-초, 63), '뒤젓다'(노언-상, 19), '뒤버므리다'(첩해, 6.20) 따위가 여기에 해당한다. 한편, '뒤-'와 '웃-'을 비교해 보자면, 접사 '뒤-'는 주로 동사에 결합되고 '웃-'은 주로 명사에 결합되었다는 형태론적인 차이점과 공시적으로 이들은 각각 어근과 접사로 존재한다는 점에서 공통점이 있다.

그러나 '웃사롬'의 경우는 비록 '웃-'이 본디 의미에서 벗어나 있다 하더라도 접사로 처리하기는 어렵다는 생각이다. 이는 '아랫사람'과 대응될 뿐만 아니라, 단독형인 '우ᄒ'의 의미를 고스란히 머금은 상태에 있다는 점에서 접사로서의' 웃-'의 범위 내에서는 다룰 수 없다는 것이다. 중세국어에서 '우ᄒ'은 단순히 공간 의미로서만 존재하지는 않는다.

(26) ㄱ. 무덤 <u>우희</u> 엱고〈월석, 23.76ㄱ〉
　　 ㄴ. 千載上온 즈믄 힛 <u>우히</u>라〈월석, 1.2ㄱ〉
　　 ㄷ. <u>우흘</u> 恭敬ᄒ야〈내훈, 2.99ㄱ〉

여기서 (26ㄱ)은 공간 의미를, (26ㄴ)은 시간 의미를, (26ㄷ)은 추상적 의미인 '신분'을 나타낸다. 보다시피 '우ㅎ'은 단독형으로서도 공간 개념 외의 의미를 가진다. 이 경우, 비록 본디 의미로서는 아니지만 어휘적인 의미는 여전히 유지하고 있다는 것이다. 이는 '웃사롬'이 '웃'과 후행 요소인 '사롬'이 만나서 새로운 의미를 파생시켰다는 점에서 단일한 의미를 보유한 형태적 구성으로, 완결된 의미에서의 합성어로는 처리할 수 있다고 본다. 그러나 여기서의 '웃-'을, 어휘적인 의미를 결여한 접사로 처리하기는 어렵다.

이렇게 본다면, {웃}이 접사로 쓰이기 시작한 것은 문헌에 한정해서 볼 때, 이미 중세국어의 시기에서부터였다고 생각된다. 이는 '뒤'의 예에서 보더라도 충분히 논의가 가능한 시점이다. 현대국어에서 접사로 처리되는 낱말 가운데 문헌자료상에서 찾을 수 있는 것은 19세기의 '웃어른'〈징보언간독, 1826〉이 시초인 것으로 보인다. 그 외 현대국어에 존재하는 대다수 웃-파생어가 형성된 것은 20세기에 와서의 일이다.

20세기 들어 현대적인 표준어나 맞춤법 개념이 등장한 이후에 편찬된 국어사전을 몇 살펴보면 {웃}에 대한 이 같은 고민의 흔적들을 엿볼 수 있다.

〈표15〉 20세기의 사전별 '웃+X'의 낱말 비교

이윤재(1947), 〈표준조선말사전〉	이희승 편저(1961, 1982), 〈국어대사전〉	최동전(1990), 〈조선말사전〉
웃거리, 웃국, 웃기, 웃녘, 웃니, 웃닛몸, 웃더껭이, 웃도리, 웃돈, 웃동, 웃동아리, 웃목, 웃물, 웃배, 웃사람, 웃사랑, 웃아귀, 웃옷, 웃니, 웃닛몸, 웃자리, 웃저고리, 웃집, 웃층 ; 웃비걷다 (25개)	웃간, 웃거름, 웃고명, 웃국, 웃기, 웃기떡, 웃대, 웃더껑이, 웃도들이, 웃도리, 웃돈, 웃동네, 웃목, 웃물, 웃방, 웃비, 웃사람, 웃아귀, 웃알, 웃어른, 웃옷, 웃짐, 웃집, 웃청, 웃통 ; 웃자라다, 웃돌다(27개)	웃간, 웃거름, 웃거죽, 웃국, 웃기, 웃기떡, 웃길, 웃누이, 웃눈썹, 웃더껑이, 웃도리, 웃돈, 웃동, 웃동아리, 웃손, 웃사랑, 웃사람, 웃수염, 웃심, 웃자리, 웃저고리, 웃중방, 웃짐, 웃집, 웃청, 웃초리, 웃층, 웃치마, 웃채, 웃터, 웃통, 웃풍, 웃짝, 웃아귀, 웃알, 웃어른, 웃옷, 웃이, 웃이몸, 웃입술(40개)

이윤재(1947)에서는 '上'에 대응되는 {위}를 '웃'으로 설정하여 25개 정도를 제시하였는데, '웃'을 머리가지(접두사)로 파악한다. 그러니까 '웃'이 결합된 모든 낱말은 파생어로 처리한 셈이다. 그러나 '웃니, 웃닛몸'이나 '웃도리, 웃동, 웃동아리, 웃목, 웃사람, 웃자리, 웃저고리, 웃집, 웃층'과 같이 접사로 보기에는 힘든 예들이 포함되어 있다. 그리고 '위'는 '중간의 이상이 되는 곳'으로만 규정하여 위치를 나타내는 공간말임을 지적하고 있다. 이희승(1961)에서는 '웃-'을 '명사 위에 붙어 위의 뜻을 나타내는 말로 규정하여 접사에 대한 인식이 있었음을 보여준다. 반면, '위'는 '어떤 표준을 넘어 중간 이상이 되는 부분'으로 규정하여 공간을 나타내는 말임을 인지하였고 사이시옷 결합형인 '윗'을 설정하여 '윗구멍, 윗길, 윗누이, 윗눈시울, 윗눈썹, 윗동아리, 윗막이, 윗머리' 등 많은 예시들을 등재하고 있다. 그러나 마찬가지로 '웃간'이나 '웃대, 웃도리, 웃동네, 웃목, 웃물, 웃방, 웃사람, 웃알, 윗집, 웃통, 웃청' 등에서처럼 접사로 처리하기 어려운 예들을 포함하고 있다. 그리고 최동전(1990)의 〈조선말사전〉에서는 아예 '웃'을 {위}의 대표형으로 설정하여 모두 '웃-복합어'로만 제시하였다. 이상의 사전들을 종합해 보면, '웃'에 대한 문법적 인식은 통일이 되지 않고 있지만 사전마다 대체로 '웃'을 접사로 규정하고 있다는 특징을 보인다. 물론 이론과 예시가 제대로 어우러지지 못하는 예들이 다수 포함되어 있다. 그러나 '웃'이 가진 접사적 성격을 이론적으로 제시하기 시작했다는 점에서 의의를 가진다.

한갑수(1968: 425)에서는 '웃'에 대한 그 시기의 인식을 잘 보여준다.

"'웃-'은 독립된 하나의 낱말이 아니고 다른 낱말의 머리에 붙을 때에 비로소 '위'라는 뜻을 발휘하는 앞가지(접두사)이다. '위'는 하나의 독립된 낱말로 취급된다. '上'의 뜻을 가진 우리말은 '웃(앞가지)'과

'위'(이름씨)가 있다. '웃옷'과 '윗옷' 중 '웃옷'이 표준어이며 '윗니'의 'ㅅ'
은 사이소리이다."

"'웃-'은 독립된 하나의 낱말이 아니고 다른 낱말의 머리에 붙을 때에
비로소 '위'라는 뜻을 발휘하는 앞가지"라는 선명한 개념 정리가 있음에
도 불구하고, 이희승(1961)에 나타난 '웃' 관련 낱말들은 그 경계가 선명
하지 않다. 그러니까 접사가 결합된 것으로 보는 '웃간'과 '웃대, 웃동
네, 웃목, 웃집' 등과 합성어로 처리되는 '윗길, 윗눈썹, 윗머리, 윗수염,
윗자리' 등과의 차이를 알기 어렵다는 것이다. 양쪽 모두 'N₁의 N₂'라는
의미적 틀에 부합하고 '위-아래'라는 상하 구분에 있어서도 아무런 제
약이 없다는 점에서 어떤 구분점이 있는지 파악하기 힘들다. 이렇게 본
다면, 맞춤법 통일안(1933) 이후, 제시되고 있는 '웃'에 대한 언급들은 '웃'
과 '위', '윗'에 대한 구분이나 접사와 어근에 대한 선명한 인식이 결여
되어 있거나 뭉뚱거려서 처리하고 있는 것으로 생각된다.

'웃'을 접사로 처리하고자 할 때에는 적어도 두 가지 기준을 충족하는
것에 바탕을 두는 제약이 있어야 한다. 첫째, 접사는 어휘적인 의미가
탈색된 문법적인 요소이므로, 접사로서의 '웃'은 '上', 특히 공간적인 위
치 의미가 개입되어 있는 예는 제외돼야 한다. 둘째, '上下로 구분되는
예'는 제외돼야 한다. 사물이 상하 구분이 된다는 것은 물리적인 위치
개념이 개입되어 있음을 말해 주기 때문이다. 그렇게 되면 이희승(1961)
의 경우, 앞서 언급한 대로 제외해야 할 예들이 많이 있다.

이상에서 논의된 '웃'에 대한 논의를 역사적으로 정리해 보자면 이렇
게 된다. '웃'은 중세국어의 시기에는 통사적 구성의 한 요소로서 그 역
할을 하였다. 물론 그 시기에 형태적 구성의 구성요소로서 합성어의 일
부인 어근의 기능으로, 또 접사의 기능을 하는 예로 보인다. 근대국어에
'웃'은 통사적 구성의 한 요소로서의 역할은 상실하고 거개가 형태적 요

소의 일부로만 존재하였다. 19세기 이전까지는 복합어 형성소로서의 '웃'만 존재하였고 '위'나 '윗'은 사용되지 않았다. 그 후 19세기에 들어서 비로소 '윗-합성어'가 등장하기 시작하면서 복합어 형성소로서 모든 역할을 담당하던 '웃' 대신에 '윗'이 등장하기 시작하였다. 그리고 20세기 중반 이후에는 '웃'과 '위, 윗'의 구분이나 접사와 어근에 대한 고민이 이루어지고 있었다.

4. 정리

오늘날 '웃'은 {위} 계열 가운데 접사로 처리되는 형태이다. 그래서 '웃'이 결합된 낱말의 경우 마땅히 파생어로 분류되는데, 이는 '위'나 '윗'과는 엄연히 구분되는 측면을 가진다. '위'나 '윗'이 결합된 복합어의 경우, 모두 합성어로 취급되기 때문이다. 이 글은 이처럼 현대국어에서 접사로만 취급되는 '웃'의 정체성을 살피고자 하는 목적에서 출발하였다. 그렇다면 {웃}의 중세·근대국어에서의 모습은 어떠했을까 하는 것이 궁금하였기 때문이다. 그 시기에 {웃}은 어떻게 존재했고, 또 '위'나 '윗'은 어떻게 복합어 형성요소로 작용하고 있는지를 검토해 보면, '웃-'의 모습이 선명해질 것이라 생각했기 때문이다.

그런데 중세국어 시기의 '웃'은 현대국어의 '웃-'과 달리 접사로만 쓰이는 게 아니었다. 나아가 '웃'은 하나의 형태소가 아니라 '우ㅎ'과 'ㅅ'이 결합된 형태였던 것이다. '웃'이 쓰이는 환경 또한 형태론적인 상황뿐만 아니라 통사적인 구성에서도 아주 활발하게 사용되었다. 명사와 명사가 만나서 합성어를 형성할 때, 일정한 환경이 주어지면 거기에 사이시옷이 개입되는 현대국어와는 달리, 중세국어의 시기에는 사이시옷이 보다 복잡한 양상을 띠고 있었던 셈이다. 그래서 통사적인 환경에서의 사이시옷은 속격조사 등으로 취급하여 문법적인 측면에서 접근해야 한다는 생각에 공감할 수밖에 없다.

자연히 중세국어 '웃'에 대한 논의는 사이시옷과 관련하여 접근하게 된다. 그 결과 중세국어에서 '웃'이 쓰인 두 가지 유형, 곧 통사적인 구성과 형태적 구성은 시간적 측면에서 선후 관계에 있다는 판단에 도달했다. 그러니까 원래는 통사적 구성에서의 '웃' 짜임새에서 형태적 구성으로 전이되었다는 것이다. 그 결과 '웃+X'의 짜임새에서 'ㅅ'은 통사적 구성이었던 과거의 흔적이 남아 있는 것으로 본다는 것이다. 원래는 거리가 있던 선·후행요소를 사이시옷으로 인해 의미적 결합체를 형성하게 되는데, 그게 형태적 구성으로 나아가게 만들었다는 사실이다. 이 같은 흐름은 근대국어로 넘어가는 시기에 굳어진 것으로 생각된다. 사실 16세기 이후 '웃−통사적 구성'의 예는 찾기가 어렵다. 모두 '웃+N'의 예시들만 가득하다. 이 가운데 '웃'이 중세국어의 시기에 이미 접사로서의 기능을 담당하는 '웃머리', '웃쁠' 등의 예들이 몇몇 존재하는 것으로 보았다. 이들에서 '웃'은 공간 개념을 가지는 것도 아니고 상하 구분의 대응관계에 있는 것도 아니어서 현대국어 '웃−'이 가지는 접사로서의 기능을 오롯이 가지는 것으로 보았기 때문이다. 따라서 접사로서의 '웃−'은 중세국어에 이미 시작된 것으로 생각하였다.

[4장] '안'과 '밖'의 문법화
-'밖에'를 중심으로-

현대국어는 과거로 거슬러 올라가면 전혀 다른 모습을 가진 경우가 많다. 그것은 음운, 형태, 통사의 언어학 전 분야에 걸쳐 있다. 우리가 그 변화의 모습을 지켜볼 수 있는 까닭은 남아 있는 문헌자료들, 특히 훈민정음 창제 이후 존재하는 우리말 자료의 덕이 크다. 여기서 다루는 '밖에' 또한 그 가운데 하나가 된다.

이 글의 목적은 현대국어 '밖에'가 가지는 여러 가지 모습을 문헌자료 속에서 살펴보자는 것이다. 그럴 경우, 우리가 알고 있는 '밖에'의 모습 과는 전혀 다른, 새로운 사실을 알게 될 것이라는 확신에서이다. 현대 국어 '밖에'에 대한 깊은 논의는 문법화를 다룬 박승윤(1997), 안주호(1997) 외에는 보이지 않는다.[1] 그러나 이들의 논의는 모두 그 범위가 현대국 어의 것에 한정된 것이라는 점에서 보완의 필요성이 있다 생각된다. 문 법화가 변화와 연계된 문법 현상인 만큼, 역사적인 살핌이 뒤따라야 한 다는 것이다.

한편, 현대국어의 '밖에'는 크게 어휘적으로 쓰이거나 조사나 어미 따 위의 문법소로 쓰이거나 하는 두 경우로 나타난다. 이런 점에서 '밖에' 는 문법화를 제외하면 연구할 거리가 달리 없을 것이라는 생각도 함직

---

1) 박승윤(1997)에서는 의미와 통사적인 환경 논의를 통하여 '밖에'가 문법적인 요소임을 증명 하고 있다. 안주호(1997)에서는 구체적 공간을 지시하던 '밖'이 심리적 공간으로 확대되어 의존명사화하고, 종내는 조사로서의 기능을 갖게 되는 과정을 살피고 있다.

하다. 그러나 다양한 쓰임새를 가진다는 점에서, '밖에'는 여전히 논의할 거리가 남아 있다.

(1) ㄱ. 저 창 <u>밖에</u> 낙엽이 진다.
    ㄴ. 그 <u>밖에</u> 우리가 할 일은 무엇일까.
    ㄷ. 오늘 아침 <u>뜻밖에</u> 그녀를 만났다.
    ㄹ. 내가 가진 것은 <u>책밖에</u> 없다.
    ㅁ. 나는 그녀를 사랑할 <u>수밖에</u> 없었다.
    ㅂ. 선생님이 시키는데 <u>할밖에</u>.

'밖에'는 (1ㄱ, 1ㄴ)과 같이, 자립명사 '밖'에 조사 '에'가 결합되어 쓰이는 경우가 있고, (1ㄷ)과 같이, '뜻'과 결합하여 이미 부사로 굳어져 있는 예가 있다. 거기에 문법적인 요소로 자리매김한 경우가 추가된다. (1ㄹ, 1ㅁ)은 체언 뒤에서 조사로, (1ㅂ)은 문장 끝에서 종결어미로 위치하고 있다.

하나의 형태가 이처럼 다양한 양상으로 존재한다는 것은 역사적인 과정에서 그 변화의 방향을 달리했다는 얘기가 된다. '밖에'의 여러 모습을 제대로 파악하기 위한 역사적인 접근이 반드시 요구되는 이유이다. 이러한 입장에서, (1ㄷ)을 '어휘화'로,[2] (1ㄹ, 1ㅁ)을 '조사화'로,[3] (1ㅂ)을 '어미화'로 규정하고, 문헌자료들을 통해 이들을 검증하고자 한다.

1. 어휘화

오늘날 '뜻밖에'는 '생각이나 기대 또는 예상과 달리' 정도의 뜻을 가진 부사로 처리된다. 그러나 문헌자료 속의 '뜻밖에'는 지금과는 전혀

---

2) 여기서 '어휘화'라 함은 통사적인 환경에 있던 앞뒤 요소가 융합됨으로써 하나의 단어로 나아간 경우를 지칭한다.
3) '밖에'가 조사화되는 역사적인 과정에 대해서는 손평효(2016)에서 일부 다룬 적이 있다.

다른 양상으로 나타난다.

(2) ㄱ. 聰明이 <u>사른미 뜯 밧긔</u> 나샤(聰明이 出人意表ᄒ샤)〈내훈, 2. 86ㄴ〉
　　 ㄴ. <u>字 뜯 밧긔</u> 註엣 말을 아오로 드려(字義之外예 並入註語爲解)
　　　 〈소언-범, 1ㄱ〉

(2)는 오늘날 '뜻밖에'에 대응되는 중세국어의 모습들이다. (2ㄱ)은 15
세기, (2ㄴ)은 16세기의 자료이다.[4] 이 둘을 중심으로 살피자면, 중세국
어의 시기에는 하나의 낱말이 아니었을 것으로 판단된다. 그러니까 (2
ㄱ)의 '뜯'과 '밧긔'는 각각 별개의 형태로 존재하였다는 얘기다. 그것은
(2ㄱ)의 '뜯 밧긔'의 '뜯'은 후행요소인 '밧긔'와 통합된 것이 아니라, 선
행요소인 '사른미'와 더 긴밀한 관계에 있기 때문이다. 다시 말해, '뜯
밧긔'는 하나의 낱말 짜임새로서가 아니라, 선행하는 '사른미'가 관형어
로서 '뜯'을 제한하는 짜임새를 이루고 있다는 것이다. 그렇게 되면 '사
른미'와 '뜯'이 우선 맺어지게 되어 결국 '[[사른미#뜯]#밧]의'의 짜임새를
갖게 되고, 그 뜻은 '사람의 뜻의 바깥에' 정도가 된다.[5] 이는 결국 중
세국어에서는 '뜻밖에'가 형태적으로가 아니라 통사적인 구성으로 존재
하였다는 사실을 말해 준다. (2ㄴ) 또한 마찬가지다. '뜯 밧긔'가 한 낱말
로서의 단독 의미를 가지는 것이 아니라, 선행 요소인 '字'와 먼저 통합
된 뒤에 '밧'과 다시 이어진다. 그래서 그 짜임새는 '[[字#뜯]#밧]의'가 되
고, 그 의미는 '字 뜯 이외에 註의 말을 아울러 드려'가 된다.

이처럼, 중세국어의 시기에 '뜻밖에'가 한 단어로 인식되는 예는 보
이지 않는다. 이는 중세 이후의 어느 시기에 '뜻'과 '밖'이 하나의 형태

---

4) 이 글의 예시는 검색기 유니콩크를 통해 검색한 결과를 바탕으로 한다.
5) 〈두시언해〉의 "뜯 안해 길며 덜우미 마즈니(두시-초, 11.23ㄱ)"에 보이는 '뜯 안해'는 상대
　 적인 비교를 가능케 함으로써, 이 같은 '뜯 밧긔'의 초기 존재를 보다 명확하게 인식하게
　 한다.

적 단위로 맺어졌음을 의미하고 있다. 아울러 '뜻밖에'의 본디 의미는 '뜻의 바깥에'로서, '밖'이 가지는 가장 근원적인 의미에 바탕을 두고 있다는 사실도 알려 준다.

여기서 관심을 끄는 것은 '밧긔'의 선행요소가 추상적인 의미를 가진 형태라는 점이다. 다른 '밧긔'의 대개가 장소를 나타내는 명사 뒤에 위치하는 것과는 차이가 있다. 이런 의미적 추상성을 띠는 선행 요소와의 잦은 쓰임이 결국은 선·후행 요소를 하나로 묶이게 하는 계기가 되었을 것이라는 예상이 가능해진다. 그 과정에서 구체적인 공간을 나타내던 '밧긔'의 의미 또한 약화 내지는 추상화되었을 것이라는 점은 상식이다. 그래야만 다른 형태와의 화학적 결합이 가능할 것이기 때문이다.

'뜻밖에'의 흔적은 17세기 근대국어에서는 찾기가 쉽지 않다. 18세기에 와서야 여러 개의 예들이 발견된다. 그 가운데 현대국어처럼 하나의 낱말로 처리해야 하는 예가 발견된다.

> (3) ㄱ. 삭일에 힝코져 ᄒ엿더니 <u>뜻밧긔</u> 블결혼 일을 인ᄒ야〈경세-
> 속, 25ㄱ〉
> ㄴ. 박물노 약간 정셩을 표ᄒ얏거늘 <u>뜻밧긔</u> 후히 주믈 닙으니
> 〈을병6, txt253〉

(3)이 그 예들인데, (3ㄱ)에서 '뜻밧긔'는 선행 요소가 아닌 '불결한 일로 인하여'라는 후행 요소와 긴밀하게 통합되어 있다. (3ㄴ) 또한 후행하는 '후히 주믈 닙으니'와 통합되는 부사적 기능을 담당한다. 거기에 (2)와는 달리, '뜻'과 통합되는 선행 요소를 전혀 갖지 않고 있다는 데서도 하나의 낱말임이 파악된다. 이는 '뜻밧긔'가 18세기에 들어서 선행하는 '뜻'과 후행하는 '밧긔'가 녹아 붙어 비로소 하나의 낱말로 굳어져 자립적으로 쓰였음을 말한다. 그렇다고 해서 18세기에 등장하는 '뜻밧긔'

가 모두 이 같은 어휘화 과정을 거친 것은 아니다. 여전히 '뜯#밧긔'의 통사적 구성을 보이는 예들도 존재한다. 이는 근대국어의 시기가 혼재의 시기, 과도의 시기였음을 알려 주는 것이다.

(4) ㄱ. 總明이 <u>사룹의 뜯 밧긔</u> 나샤〈어제훈, 2.77ㄱ〉
ㄴ. 계동 <u>삭초의 뜯 밧긔</u> 힝네호오니〈경세-속, 32ㄴ〉
ㄷ. 만일 <u>이조의 뜯 밧긔</u> 망랄이 아니면 엇디 오늘이 이시리오
〈조훈, 17ㄱ〉

(4)에서 보면, 중세국어와 마찬가지로 '뜯'이나 '뜯'은 후행 요소인 '밧긔'와 융합된 것이 아니라, 선행 요소인 '사룹의'나 '삭초의', '이조의'에 매여 있는 상태에 있다. 이 같은 통사적 모양새는, 적어도 문헌상으로는 17세기까지 유지된 것으로 파악된다. 18세기에 들어서야 오늘날과 같은 한 단어로 처리할 수 있는 예를 만나게 되는 것이다.

19세기에는 이전 시기와는 달리, '뜯밧긔'를 많이 찾아볼 수 있다. 그것은 과거에 비해 상대적으로 문헌자료가 풍부하다는 이유가 있고, 또한 선·후행요소가 녹아 붙어 하나의 형태가 됨으로써 그 쓰임새가 생산적으로 변했으리라는 추정도 가능하다. 이 시기에는 모두 한 단어로 처리되는 예만 발견된다. 이는 19세기에 와서는 형태적 짜임새인 '뜯밖에'로 고정되는, 어휘화가 완성된 시기임을 말해 주고 있다.[6] 다

---

6) 한편, 부사 '뜯밖에' 외에 '뜯'과 '밖'이 융합된 '뜯밖'이 있다. '뜯밖'은 '전혀 생각이나 예상을 하지 못함'의 뜻을 가진 명사로 '<u>뜯밖</u>의 선물', '그가 안 와서 <u>뜯밖</u>이다' 따위로 쓰인다. 그런데 이 '뜯밖' 또한 문헌자료에서 '뜯밖에'와 유사한 변화 과정을 보여준다. 아래 주어진 (ㄱ-ㄹ)은 모두 19세기 자료인데, 이미 한 낱말로 굳어진 상태로 보인다. (ㄱ, ㄴ)은 '이다'의 선행요소로, (ㄷ, ㄹ)은 명사적 요소의 선행요소로 위치하여 하나의 낱말로 쓰이고 있음을 보여 준다.
(예) ㄱ. 당긔여 말호는 거슨 진실노 <u>뜯밧기</u>오〈매일4, txt156〉
ㄴ. 이 디경에 니룸은 <u>뜯밧기</u>라 호고〈기해, txt412〉
ㄷ. 나라이 평안훈 째에는 <u>뜯밧긔</u> 위퇴홈을 염녀호고〈독립, txt4619〉
ㄹ. 빅셩이 평안훈 째에는 <u>뜯밧긔</u> 평아치 못홀 일을 싱각호야〈독립, txt4619〉

음은 그 예를 제시한 것이다.

(5) ㄱ. 슈일이 못ᄒ여 <u>ᄯᅳᆺ밧긔</u> 니부의셔 과도롤 쌘는지라〈감응, 4.17ㄱ〉
   ㄴ. 감샤치 아니ᄒ야 <u>ᄯᅳᆺ밧긔</u> ᄇ려 두어〈쥬년, 48ㄴ〉
   ㄷ. 칼놀노 샹ᄒ 것이 <u>ᄯᅳᆺ밧긔</u> 낫스니〈독립, txt10849〉
   ㄹ. 한로가 겨오 지내엿거ᄂᆯ <u>ᄯᅳᆺ밧긔</u> 일긔가 죨한되고〈독립13,
      txt622〉

이처럼 19세기 들어서 한 단어로 굳어지는 양상을 보이는 'ᄯᅳᆺ밧긔'는
20세기 초의 문헌자료에서는 그 사실이 더 뚜렷이 확인된다. 이 시기의
자료는 모두 선행요소와는 무관하게 독립적으로 사용되고 있어 한 낱
말로 굳어졌음을 알게 한다.

(6) ㄱ. 예수끠셔 <u>ᄯᅳᆺ밧긔</u> 홀연히 오심을 ᄀᄅ침이니〈신학, 1.47〉
   ㄴ. 혁명당에 속ᄒ 쟈는 <u>ᄯᅳᆺ밧긔</u> ᄉ변을 당홈으로〈대한, txt11658〉
   ㄷ. 밤에 졀노 들어가니 즁들이 <u>ᄯᅳᆺ밧긔</u> 당ᄒ 여러 손님을 디졉ᄒ
      고〈경보, 1.32〉
   ㄹ. 평안ᄒ 째를 엇엇더니 <u>ᄯᅳᆺ밧긔</u> 신도교가 그리스도로 ᄀᆺ치 나
      아와〈신학, 6.168〉

이상의 논의를 바탕으로 문헌자료에 나타난 '뜻밖에'의 역사적인 전
개를 정리하면 다음과 같이 된다. 우선 중세국어를 포함, 17세기 이전
까지는 'ᄯᅳᆺ'과 '밧긔'가 녹아 붙은 것이 아니라, 'ᄯᅳᆺ'이 선행 요소에 얽매
인 통사적 구성이었다. 18세기 근대국어에서는 어휘화가 이루어져, 한
단어로 처리할 수밖에 없는 예들이 통사적 구성인 예와 함께 등장, 통
사적 구성과 형태적 구성이 혼재된 시기라는 사실을 말해 준다. 이후
19세기 말, 20세기 초에 이르러서는 어휘화가 완성된 단계로 오늘에 이
르게 된다.

2. 조사화

오늘날 체언 뒤에 놓이는 '밖에'가 애초부터 조사였던 것은 물론 아니다. 이는 어느 시기부터 '밖에'가 조사로 쓰였을 것이라는 사실을 짐작하게 한다. 문헌자료에는 이러한 '밖에'의 변화 과정이 고스란히 노정되어 있을 가능성이 있다. 여기서는 이 작업을 진행한다. 이는 자연스럽게 '밖에'의 조사화, 혹은 문법화 과정을 더듬는 것이 된다. 세부적인 논의를 위해, '밖에'의 선행요소가 자립명사인 경우와 의존명사인 경우로 구분· 접근한다.

2.1. 먼저, 자립명사 뒤의 '밖에'부터 논의해 보자. 조사나 어미 따위의 현대국어 문법소들의 상당수는 중세국어 어름으로 올라가 보면 문법형태소의 지위를 갖지 않고 어휘적인 형태로 존재하는 경우가 많다. '밖에' 또한 마찬가지다. 중세국어의 시기에는 '밖에'가 조사로 나타나는 예를 찾기가 쉽지 않다. 이 시기의 '밖에'는 '밧긔' 혹은 밧기'의 꼴로 나타나는데,[7] 문장 내에서 이들이 쓰이는 환경은 다음 네 경우로 구분된다.[8]

---

7) 명사 '밖'에 처격의 조사 '의, 의'가 짝을 이루는 것은 명사 '밖'이 가진 장소 속성과 연관된다. 이들 변이형태 중에서는 '밧긔'가 압도적인 빈도를 보이고 있다. 15세기에만 하더라도 수백 개의 예를 찾을 수 있는 '밧긔'에 비해, '밧기'는 겨우 6회 정도의 예를 보인다. 이 둘의 문장 내 쓰임새의 차이는 없는 듯하다. 다만 15세기에 기준할 경우에, '밧기'는 모두 단독형으로 등장한다는 차이가 있다. '밧긔'가 주로 'N#밧긔'의 꼴로 나타나는 데 비해, '밧기'는 선행요소 없이 나타난다는 것이다. 그러나 '밧긔' 또한 단독형으로 나타나는 경우도 흔하다. 거기에 16세기 문헌자료에서는 '문 밧기 몰 브려〈여씨, 20ㄴ〉', '대문 밧기 가 마자〈여씨, 22ㄱ〉' 등의 예에서처럼, '밧기'가 선행요소에 명사를 둔 예도 보인다. 그 횟수는 여전히 15세기와 별 차이가 없이 빈약한 수준에 머물러 있다. 이로 보아 현대국어 '밖에'의 중세국어 주요 대응형은 '밧긔'인 것으로 생각된다. 더욱이 17세기 문헌자료에서는 '밧기'를 아예 찾기가 어렵고, 18세기, 19세기 문헌자료에서는 겨우 한두 번 예를 찾을 수 있을 따름이다. 그리고 20세기 자료에서는 전혀 보이지 않는다.
8) 중세국어의 '밖'은 주로 한자 '外'를 언해한 것으로 생각된다. "萬里外는 萬里 밧기라〈월석, 1.1ㄴ〉"는 이 같은 생각에 믿음을 준다. 그렇다고 중세국어 언해본에 등장하는 모든 '밖'이

7) ㄱ. 太子ㅣ 東門 밧긔 나가시니〈석상, 3.16ㄴ〉

　　ㄴ. 眞理 여흰 밧긔 片事도 어루 得홀 것 업슨 젼치라〈원각-상2,
　　　2.140ㄱ〉

　　ㄷ. 그 각시 도로 글어 밧긔 내야 더디니라〈석상, 3.24ㄴ〉

　　ㄹ. 그 밧긔 쏘 鐵圍山이 둘어 잇ᄂᆞ니〈월석, 1.28ㄴ〉

첫째, (7ㄱ)에서 보듯, N의 뒤에 위치하는 경우이다. 이 '밧에'는 'N의 바깥에'라는 가장 기본적인 의미를 가지며 '밧에'의 결합 환경에서는 가장 일반적인 예이다. N의 자리에는 모든 공간 개념뿐만 아니라, 경우에 따라서는 추상적인 개념까지도 가능하다. 그런 까닭에 중세국어에서도 아주 생산적인 양상을 띤다. 둘째, V의 뒤쪽에 나타나는 경우이다. 이는 구체적인 장소 개념이 아니기에 현대국어에서는 만나기 어렵지만 중세 문헌자료에서는 흔한 쓰임으로,9) '-의 바깥에, -외에' 정도의 뜻을 가진다. 의미적으로 (7ㄱ)과 별 차이는 없으나 보다 추상화된 상태에 있다. 현대국어에서는 '-는 外에'가 더 자연스럽게 쓰이는 까닭에,10) 점차 소멸되어 가는 환경이라 하겠다. 셋째, 단독형으로 쓰이는 경우이다. (7ㄷ)의 경우 선행요소로 명사나 동사가 오지 않는다. 물론 원래는 'N#밧긔'였겠지만, 문맥상 없어도 무방한 까닭에 생략된 것으로 생각된다. 인물들의 행위가 '집 안'이었으면 '집 밖'이 될 것이고, '성 안'이었으면 '성 밖'이 될 것이다. 끝으로, (7ㄹ)은 선행요소에 지시관형사 '이, 그, 저'가 오는 유형이다. 오늘날도 여전히 생산적으로 쓰이는 이 유형은 이미 중세국어의 시기에 생산적이었음이 확인된다.11) 이때의 '밖'은

'外'에 대응되는 것으로 봐야 한다는 얘기는 아니다. 당장 앞선 예 (2ㄴ)의 '뜯 밧긔〈내훈, 2.86ㄴ〉'나 '名言 밧긔〈선종-서, 2ㄴ〉'의 '밝'만 하더라도 '表'를 언해한 것이기 때문이다.

9) 이와 달리, 선행어로 V가 오는 경우에도 장소 개념으로 쓰인 예가 있다. "비오는 밧긔셔 섄롣고〈두시-초, 7.6ㄴ〉", "아오골 힘뻐 민던 밧긔 쌰롤 지고〈두시-초, 21.33ㄴ〉" 따위가 그것이다.

10) 이 경우에도 '-는 것 외에'로 쓰여서 의존명사 '것'이 개입되는 경우가 일반적이다. 내가 먹는 ⌜밖에는, ?외에는, 것 외에는⌟ 다른 방법이 없다.

(7ㄱ)에 비하면 추상화가 많이 진행된 상태로 보인다.

여기서 관심을 두는 것은 (7ㄱ)이다. 오늘날 조사로서의 '밖에'는 마땅히 N 뒤에 결합되어 있는 꼴이기 때문이다.[12] 따라서 (7ㄱ)과 같은 환경에 놓인 '밖에'가 논의의 초점이 된다. 그런 방향에서, 아래 (8)의 예는 N 뒤에 통합된 '밧긔'의 꼴 가운데서 눈길을 끈다.

(8) 跡이 名을 <u>밧긔</u> 업스시니〈선종-서, 2ㄴ〉

(8)은 '밧긔'가 '名을'이라는 체언 뒤에 결합되어 있지만, 환경적인 차이가 있다. 그것은 후행 요소로 '없다'라는 부정어가 통합되어 있다는 점인데, 이는 여기서 가장 관심을 가져야만 하는 대목이기도 하다. 그 까닭은 오늘날 조사로서의 '밖에'가 가지는 조건 가운데 하나가 후행 요소로 부정어를 위치시킨다는 점 때문이다. '밧긔'가 일종의 부정극어의 위치인 셈이다.[13] 현재 중세국어 문헌자료에서 '밖에'가 부정어와 공기하는 예는 (8) 외에는 찾기가 어렵다. 따라서 이 예시에 대한 논의는 아

---

11) 중세국어에서 '저 밧긔'의 예를 발견하기는 어렵다. 물론 '저 밖에'는 현대국어에서도 흔히 쓰이는 꼴은 아니므로 달리 인식할 필요는 없을 것이다. 이는 지시관형사 '이, 그, 저' 가운데 '저'의 쓰임새가 가장 협소한 것과 그 궤를 같이하는 것이기 때문이다.

12) 한편, '밖에'의 선행요소인 N이 가지는 의미에 따라 구분하게 되면, 장소 개념 외에도 여럿 된다. 먼저, "<u>八萬里 밧긔</u> 다 가 더러〈석상, 23.57ㄴ〉"에서는 '팔 만리 밖에'로서 거리 개념을, "<u>무슴 밧긔</u> 부톄 잇고 性 밧긔</u> 法 잇다 니르면〈목우자, 2ㄴ〉"에서는 '마음의 바깥에', '성 바깥에'의 뜻이어서 추상적 개념을 함의한다. 이들은 모두 '-의 바깥에'라는 점에서는 공통적이다. 그런데 중세 문헌 자료에서 '밖'이 시간 개념을 나타나는 예는 찾기가 어렵다. "<u>百年 안행</u> 무스미로다〈두시-초, 10.13ㄱ〉"나 "<u>빅 년 안해</u> 病이 이시며〈번소, 3.45ㄴ〉"에서 보듯, '안'이 시간 개념으로 쓰인 경우를 흔히 볼 수 있는 것과는 대조적이다. '밖'이 시간 개념을 보이는 예는 17세기 근대국어에 와서야 그 흔적을 찾을 수 있다. "<u>마온 날 밧긔</u> 처엄으로 넘습ㅎ니〈동신-충, 1.37ㄴ〉" 등에서와 같이, 시간 개념을 함의하는 '밖'이 더러 보이는 것이다. 그렇다고 해서 중세국어의 시기에 '밖'이 시간 개념을 전혀 나타내지 않은 것으로 단정하기는 어렵다. 무엇보다 '밖'과 짝이 되는 공간 개념인 '안'이 이미 시간 개념으로 많이 쓰이고 있기 때문이다. 아울러 근대국어의 시기에 '밖'이 시간 개념을 함의한 예가 보인다는 것은 이미 그 이전 시기에서도 그러했을 가능성을 충분히 점칠 수 있다는 점에서 그렇다.

13) 여기에 대해서는 박승윤(1997) 참조.

주 중요한 의미를 갖게 된다. '밖에'의 문법화가 완성된 시기를 판단하는 데 중요한 기준이 될 것이기 때문이다.

표면적으로는 어휘적인 쪽, 문법적인 쪽 모두 가능한 듯 보인다.

(9) ㄱ. 跡이 <u>名言의 바깥(외)</u>에 없으시니
　　ㄴ. 跡이 <u>名言밖에</u> 없으시니

(9ㄱ)은 '밧긔'를 '-의 바깥에, -의 외에'로 해석한 것이다. 이는 '밧긔'를 어휘적인 의미를 보유한 것으로 처리한 기준에서이다. 그리되면, '跡이 名言의 바깥/외에는 없다'는 뜻이 되어서, '名言 속에만 존재하는'의 의미를 갖는다. 이는 '名言' 이외의 것을 모두 부정함으로써, 초점을 '名言' 내에 한정시킨다. 반면, (9ㄴ)의 경우는 '跡이 오직 名言밖에 없다'는 뜻이니, '밧긔'는 조사로 처리된다. 이는 '名言'을 강조함으로써, '名言만 있다'는 뜻이 되어서 양자 간에 약간의 의미 차이가 도출된다. 여기에 다른 조사 '만'을 대치시켜 보면 의미가 보다 엄밀해진다.

(10) ㄱ. 나는 <u>책밖에</u> 없다.
　　 ㄴ. 나는 <u>책만</u> 있다.

(10)에서 보듯이, 조사 '밖에'와 '만' 사이에는 의미 차이가 별로 없다. 이와 같이 조사 '만'을 (9)에 대입시켜 보면, (9ㄴ)은 '跡이 名言만 있다'는 뜻이 된다. 따라서 이는 (9ㄱ)의 '跡이 名言 내에 있다'는 의미와는 달라진다.

앞뒤 문맥을 좀 더 살펴보자.

(11) ㄱ. <u>覺路</u>애 <u>遙登</u>ᄒ샤 <u>跡晦名言之表</u>ᄒ시니
　　 ㄴ. <u>覺路</u>애 머리 오ᄅ샤 跡이 <u>名言 밧긔</u> 업스시니〈선종-서, 2ㄴ〉

(11ㄱ)은 원전 그대로의 예시이고, (11ㄴ)은 원전을 언해한 대목이다. 원전에서, '覺路'는 '깨달음의 길'을 의미하고, '遙登'은 '멀리 오르다', '跡'은 '흔적', '晦'는 '없다'에 해당한다. 그리고 '名言之表'는 언해의 '名言 밧긔'에 대응된다. 그러니까 '表'가 '밧긔'에 대응되는 셈이다. 이로 보면, '表'는 '오직 그것'의 의미를 가지는 조사로서의 것보다는 어휘적 개념인 '바깥'의 의미로 파악하는 것이 더 자연스러운 것으로 생각된다. 이는 〈월인석보〉의 다음 한 구절에서도 도움을 받을 수 있다.

(12) 經의 호 德을 表ᄒᆞ니라. 表ᄂᆞᆫ 밧기니 나토다 혼 ᄠᅳ디라〈월석, 11.23ㄱ〉

(12)에서는 '表'가 '바깥'의 의미와 연관되어 있음을 확인해 준다. 만약에 (11ㄴ)의 '밧긔'가 조사로 쓰인 것이라면, 대응되는 한자는 '表'가 아니었을 것이다. 명사 뒤에 나타나는 '밧긔'의 예를 살피면 '밧긔'의 의미가 더 또렷해진다.

(13) ㄱ. 시혹 二乘에 자바 걸이ᄂᆞᆫ 말ᄉᆞᆷ 밧긔 두려니와〈원각-상1, 2.93ㄴ〉
ㄴ. 聰明이 사ᄅᆞ미 ᄠᅳᆮ 밧긔 나샤〈내훈, 2.86ㄴ〉

(13)의 '밧긔'는 선행요소에 구체적인 장소 개념이 아닌, 추상적인 개념이 온 경우이다. 자연히 이때의 '밖'은 구체적인 공간 개념으로 쓰인 것이 아니다. 이들을 보면 (13ㄱ)은 '말씀의 바깥에', (13ㄴ)은 '사람의 뜻 바깥에'로 해석되어 '밧긔'가 '바깥에'로 이해된다. 이런 표현은 현대국어에서는 감안하기가 쉽지 않다. 따라서 중세국어의 시기에는 '밧긔'가 명백하게 조사라 할 만한 다른 예가 아예 보이지 않는다는 것, 명사 뒤에 위치하는 '밧긔'가 '바깥에'의 의미를 가진 예들이 많다는 것 등은 (8)의 예를 조사로 판단하기에는 아직 섣부르다는 생각을 하게 된다.

이런 논의를 종합하여, (8)의 문맥 전체를 헤아리자면 '깨달음의 길에 멀리 오르샤 그 흔적이 명언의 바깥에는 없으시니' 정도가 될 것이다. 이는 중세국어에서는 '밖에'가 아직 문법적인 요소로 쓰인 예가 없다는 사실을 말해 주는 것이기도 하다.

국어사적으로 17세기부터 시작되는 근대국어의 시기에도 '밖에'의 쓰임은 중세국어와 다를 바가 없다. '동문 밧긔'〈산성, 38〉, '숣는 밧긔'〈첩해-초, 6.23ㄴ〉, '밧긔 나가'〈가례, 2.25〉, '그 밧긔'〈병자, 66〉14) 등에서처럼, 체언 뒤와 용언 뒤에, 그리고 독립적으로, 지시관형사 뒤에서 등여전히 생산적이다. 선행요소가 체언인 경우에도 마찬가지로 '만리 밧긔'〈병자, 134〉, '념 밧긔'〈서궁, 32ㄱ〉 등과 같이, 거리나 추상적인 개념 뒤에서도 생산적인 양상을 보인다. 이들은 어디까지나 어휘적인 의미로 쓰인 예들이다. 그러나 17세기 〈계녀서〉에서 살필 수 있는 '밧긔'의 다음 두 예시는 더 이상 어휘적인 요소로 취급하기는 어려워 보인다.

(14) ㄱ. 치가하는 법은 <u>절용밧긔</u> 업ᄂ니라〈계녀서, 22〉
ㄴ. <u>노비밧긔</u> 귀훈 거시 업ᄂ니라〈계녀서, 26〉

여기서 '밧긔'는 선행하는 명사 '절용'에만 국한된다는 의미를 부여한다. 그러니까 '부자가 되는 법은 절약하는 것 외에는 없다'는 의미를 나타낸다는 것이다. 거기에 후행어로 '업(없)다'라는 부정어가 통합되고 있다. 그리고 보조사 '만'을 투입하더라도 크게 어색하지 않다. 이런 점에서, 주로 체언 뒤에 결합하여 '그것 말고는', '그것 이외에는'의 뜻을 가진다는 점과 뒤로는 반드시 부정의 말이 뒤따른다는 환경 등은 조사로서 갖는 '밖에'의 문법적인 환경을 제대로 지키고 있다. 이런 점은 (14ㄴ)도 마찬가지다. '노비밖에 귀한 것이 없다'는 '노비만이 귀하다'는 뜻

---

14) 중세국어의 문헌자료와 다른 것 가운데 하나는 '이/그 밧긔'의 예시가 압도적으로 많다는 점이다.

으로, '노비'에 한정된 의미를 부여한다. 아울러 부정어 '업다'도 함께한다. 이렇게 본다면, 오늘날 '밖에'가 조사로서의 기능을 가지며, 문법 요소로 등장하는 시기는 17세기 근대국어부터라 할 수 있겠다.15)

이 외에 18세기 근대국어의 시기에 다음 두 예가 추가된다.

(15) ㄱ. 니마두 탕약망 두 <u>사롬밧긔</u>는 아디 못홀너라〈을병3, txt302〉
　　 ㄴ. 오직 북지 왕침과 졔갈쳠 등 두어 <u>사롬밧긔</u> 들니미 업스니
　　　　〈자성편-외, 34ㄴ〉

(15ㄱ)은 '두 사람만 안다'는 것이며, (15ㄴ)은 '두어 사람만 들렀다'는 의미가 된다는 점에서 조사로 파악된다.

그리고 근대국어의 후반기인 19세기에 들어서면, 현대국어와 다를 바 없을 만큼, '밖에'는 많은 예를 통하여 이미 조사로 굳어진 상태임을 보여준다.16)

---

15) 여기서 근거로 제시되는 〈계녀서〉는 일부 논란의 여지를 안고 있다. 〈계녀서〉는 원래 17세기 중반의 여성 교육서로 순 한글로 이루어진 자료이다. 현재는 필사본이 전해지는데, 문제는 그것이 20세기 초에 다시 필사된 자료인데다가, 그 표기는 중세, 근대국어뿐만 아니라 현대국어적 요소까지 뒤섞여 있다는 데 있다(박형우 2001 참조). 만약 〈계녀서〉를 염두에 두지 않는다면, '밧긔'의 조사 출현은 18세기로 파악해야 할 것이다.

16) 이들 외에도 다음과 같은 예들을 더 찾을 수 있다. 자료적인 가치를 위해서 실어 둔다.
　ㄱ. 외국보다 오분지 <u>일밧긔</u>는 못 되나〈독립, txt456〉
　ㄴ. 법률 ㅎ나밧긔 업는지라〈독립, txt656〉
　ㄷ. 님금 은혜 더옥 크다 <u>츙효밧긔</u> 쏘 잇는가〈독립, txt1673〉
　ㄹ. 살 물건은 쇠가죽장과 <u>쓸셥밧긔</u>는 업다고 ㅎ엿더라〈독립, txt10564〉
　ㅁ. 가량이 <u>이만밧긔</u>는 업는 고로〈독립, txt12194〉
　ㅂ. <u>교육밧긔</u>는 업다 ㅎ노라〈독립, txt12385〉
　ㅅ. 하ㄴ님 ㅎ 분<u>밧긔</u>는 사롬은 능히 알 슈 업는〈독립, txt12636〉
　ㅇ. 나의 복은 <u>쥬밧긔</u> 업습ㄴ이다〈시편, txt299〉
　ㅈ. 그 <u>한덩밧긔</u>는 더 지나가지 못ㅎ되〈협성, txt46〉
　ㅊ. 빌엉방이 <u>싹정이밧긔</u> 더 될 것이 업단대〈협성, txt224〉
　ㅋ. <u>쟝스밧긔</u> 난리 볼 사롬이 업겟스니〈독립13, txt1049〉
　ㅌ. 겨오 二千량 <u>엇치밧긔</u> 못 될 터이라〈독립17, txt132〉
　ㅍ. 죠션 사롬은 빅분지 <u>이십이분밧긔</u>는 돈을 못 모드니〈독립, txt456〉

(16) ㄱ. 부귀공명밧긔 업논디 슉데는 그 지쳐와〈한중록, 472〉

　　ㄴ. 브즈런밧긔 업다 ᄒ니〈성해, 119ㄱ〉

　　ㄷ. 쳥국 십분지 일밧긔 못 되는 나라이라도〈독립, txt167〉

　　ㄹ. 무식ᄒᆫ 사롭은 나밧긔 업논지라〈독립, txt10183〉

이와 같은 19세기 문헌자료에 나타나는 '밖에'의 양상은 20세기 초에
도 별 차이 없이 이어진다.[17]

(17) ㄱ. 고난과 근심 즁이면 하ᄂᆞ님밧긔 피홀 디가 어더 잇스리오
　　　〈신학 1, 177〉

　　ㄴ. 일본 하인들이 도젹질밧긔 아모것도 모로는 거시며〈매일,
　　　txt1356〉

　　ㄷ. 유로바와 아메리카 나라밧긔 뎨일 놉흔 나라가 업다〈매일,
　　　txt1575〉

　　ㄹ. 샹쳐는 ᄒᆫ 곳밧긔 업다 ᄒ고〈경향1, txt1825〉

　　ㅁ. 례배ᄒᆫ 지 열잇흘밧긔 못된 거슬 하문하시면 아실지라〈신
　　　학, 3,305〉

2.2. 의존명사에 조사 '밖에'가 결합된 꼴은 '수밖에'가 대표적이다.
현대국어에서는 아예 한 단어로 처리해도 무방할 만큼, '수밖에'는 생산

---

17) 이들 외의 나머지 문헌자료는 여기에 실어 둔다.

　ㄱ. 십원 월급이 식비밧긔 되지 못ᄒᆞᆫ즉〈매일, txt1818〉

　ㄴ. 말이 오즘눈 죄밧긔 업소 ᄒ더라〈매일, txt2641〉

　ㄷ. 사롭은 어머밧긔 업슨즉〈매일, txt7006〉

　ㄹ. 엇지 쳔만 몽민밧긔 싱각도 못 홀 것이 그리 만흔지〈매일, txt11505〉

　ㅁ. 먹은 죄밧긔 업소 ᄒ더라〈매일,txt11945〉

　ㅂ. 여긔 열닷 량밧긔 업셔오〈매일, txt14205〉

　ㅅ. 아모리 발동히도 찬밥밧긔 못 먹을썰〈매일, txt17812〉

　ㅇ. 제 집에 기람 조곰밧긔 업다 하엿스나〈신학4, 546〉

　ㅈ. ᄯ라갈 ᄆᆞ옴밧긔 다시 업ᄂᆞ이다〈경보1, 407〉

　ㅊ. 셩유는 일 년밧긔 못 쓰는 고로〈경보2, 7〉

　ㅋ. 그 누의동성을 그더의게밧긔 부탁홀 곳이 업스니〈경보2, 400〉

　ㅌ. 모든 은혜밧긔 부죡홈이 엇시 흠은〈신학5, 63〉

　ㅍ. 하ᄂᆞ님밧긔는 평안홈을 구홀 더 업ᄂᆞ니라〈신학2, 488〉

　ㅎ. 이 두 가지밧긔 더 춧지 못ᄒᆞ엿ᄂᆞ니라〈신학2, 531〉

적으로 쓰인다. 그런데 이 '수밖에'는 19세기에 와서야 대량 발견된다.

(18) ㄱ. 불가불 그 사람은 굴머 죽을 슈밧긔는 업눈지라〈독립, txt1328〉
ㄴ. 불가불 갈 슈밧긔 업셔요〈독립, txt12535〉
ㄷ. 구원하여 줄 슈밧긔 업스니〈매일1, txt378〉
ㄹ. 세샹에 낫하 날 슈밧긔 업눈지라〈매일1, txt388〉
ㅁ. 그 뷕셩의게 글경이질을 홀 슈밧긔 업슨즉〈매일3, txt215〉
ㅂ. 기독도ㅣ 싱각ㅎ디 죽을 수밧긔 업다 ㅎ고〈텬로, 20ㄱ〉

(18)의 '슈(수)밧긔눈'은 의존명사 '슈'에 '밧긔'가 결합한 꼴인데, 이때의 '밧긔'는 명백히 조사로 봐야 할 것이다. 의미적으로나 후행하는 부정어의 존재를 통해, 조사로서의 지위를 뚜렷이 보여준다. 이로 보아, 문헌자료를 기준해서 판단하자면, '밖에'의 조사로의 문법화는 자립명사보다는 의존명사 뒤에서 훨씬 후대에 성립된다는 사실을 알 수 있다. 자립명사에서는 이미 17세기에 그 형태를 보이고 있지만, 의존명사 뒤에서는 19세기에야 그 모습이 확인되기 때문이다.

이처럼 의존명사 '수' 뒤의 조사 '밖에'는 19세기 이전 문헌자료에서는 그 흔적을 찾을 수 없다. 그러다가 19세기에 들어 갑자기 등장한다. 이런 점에서 그 앞선 꼴이 궁금해질 수밖에 없다. (19)는 그 해답을 보여준다.

(19) ㄱ. 대단히 어리석은 줄노 싱각홀 밧긔 슈 업고〈독립, txt1651〉
ㄴ. 대단히 히로올 밧긔 슈가 업눈지라〈독립, txt6428〉
ㄷ. 그 흰 것을 검정이라 홀 밧긔 슈가 업눈 모양으로〈독립, txt6793〉
ㄹ. 정흔 물들을 먹게 ㅎ여 줄 밧긔 슈가 업눈지라〈독립, txt7315〉
ㅁ. 둘나 ㅎ면 다 줄 밧긔 슈가 업슨즉〈독립, txt10762〉
ㅂ. 일은 대개 공변될 밧긔 슈가 업고〈독립, txt10801〉

ㅅ. 구원호여 줄 밧긔 슈가 업스니〈독립, txt11547〉
ㅇ. 일을 간섭호야 도아줄 밧긔 슈가 업다고 호엿더라〈독립, txt11605〉

(19) 또한 19세기에 많이 나타나는 예들이다. 이들의 문장 내 쓰임새를 보면, '밧긔'의 앞에는 모두 용언이 위치하고 있고, 뒤에는 '슈가 업다'가 짝을 이룬다. 따라서 이들의 짜임새는 '[V#밧긔]#[슈#부정어]'가 된다. (18)과 (19)의 짜임새에 나타나는 차이점은 '슈(수)'의 위치에 있다. (18)의 '슈'는 '밧긔(밖에)'의 바로 앞에 위치하고 있고, 의존명사의 지위를 가진다. 반면 (19)의 '슈(수)'는 '밧긔'의 뒤에 자리하고 있고, '수단, 방법'의 의미를 가진 자립적인 명사의 지위에 있다.

그렇다면 (19)의 '밧긔'가 갖는 문법적 정보는 대체 무엇일까. 문법적 범주는 (의존)명사인가, '-ㄹ밧긔'는 연결어미인가, 그리고 그 의미는 어휘적인가. '밧긔'가 처한 앞뒤의 환경을 정리하게 되면, 그 문법적 정체는 얼추 밝힐 수 있을 것이다.

우선, 선행어로는 관형사형 어미가 결합된 용언이 위치한다. 이로 보면 의존명사나 연결어미가 가능할 수 있다. 다음으로 '밧긔'의 의미를 보자면, '-는 것 외에' 정도로 파악된다. 이는 '밧긔'의 기본 의미라 할 구체적인 장소로서의 개념은 상실한 상태이나 추상화된 의미는 유지하고 있다. 선행요소로 관형사형 어미가 위치하고 추상화된 의미를 갖춘 꼴이라면, (19)에 드러난 '밧긔'의 지위는 마땅히 의존명사가 어울린다. 한편, '밧긔'의 뒤에는 '슈가 업(없)다'라는 주어-서술어의 짜임새를 갖춘 꼴이 위치하고 있다. 이런 조건을 감안하자면, 관형사형 어미와 의존명사가 통합되어 마치 연결어미와 같은 기능을 하는 의존명사 짜임새의 상태인 것으로 파악된다.

그렇다면 왜 조사로 보기는 어려운가. 이 짜임새의 '밧긔'가 가지는 의미는 오늘날 조사로서의 '밖에'와 유사한 것이다. 그러나 조사가 갖추어야 할 기본적인 조건, 곧 선행어로 체언을 두지 않았다는 점에서 조사로 보는 데는 무리가 있다. 그런데 19세기와 20세기 초의 동일 시기의 문헌자료에 (18)과 (19), 이 두 가지 유형이 각각 다수 등장한다. 전혀 다른 상태의 '밖에'와 '수'가 동일 시기에 등장하는 셈이다. 이 혼재의 시기를 거쳐 오늘날 '의존명사+ 조사'의 짜임새인 '수밖에'로 굳어진 것으로 생각된다.

여기서 또 하나 확인되는 것은 오늘날 의존명사와 조사의 구성체인 '수밖에'에서 '수'의 원형을 또렷이 보게 되었다는 점이다. '수완, 방법'이라는 어휘적 의미를 선명하게 가진 (20)의 '슈(수)'에서 의미적 추상화를 통하여 의존명사로 범주에 변화를 갖게 되었다는 얘기다.

이들은 20세기 초 문헌자료에서도 여전히 등장한다.

(20) ㄱ. 필경 다 내여ㅂ릴 <u>밧긔</u> 수 없ㄴ니〈경보, 3.28〉
ㄴ. 공히 시러주기를 쳥구홀 <u>밧긔</u> 수 업거늘〈경보, 3.42〉

이렇게 보면, '-ㄹ 밧긔 슈 업다' 꼴은 18세기에 등장하여 20세기 초까지 이어지는 것으로 볼 수 있다.[18]

이상에서 논의된 조사 '밖에'의 역사적인 변화 과정에 대해 정리하면 다음과 같다. 이는 곧 '밖에'의 문법화 과정의 일단을 정리하는 것과 마찬가지다. 우선 자립명사 뒤의 '밖에'는 중세국어의 시기에 '-의 바깥에'라는 어휘적인 의미로서만 존재하였다. 17세기 근대국어의 시기에 들어오면 '밧긔'가 조사의 양상을 보이다가, 19세기에 집중적으로 등장

---

18) 현대국어에서는 관형어 뒤에 바로 '밖에'가 위치하는 것은 다소 어색하게 생각된다. 이런 경우, 주로 의존명사 '것'을 매개하여서 실행시키는 경우가 일반적이다. '내가 떠나는 <u>것</u> <u>밖에</u>는 방법이 없다'와 같은 것인데, 이때는 '내가 떠나는 <u>것</u> 외에는 방법이 없다'로 대체 가능하다.

하여 20세기로 이어진다. 그리고 의존명사 뒤의 '밖에'는 19세기에 들어와서 갑자기 그 모양을 드러낸다. 의존명사 '수'와 결합된 '수밖에'가 그것인데, 그 뿌리는 같은 시기에 대량으로 등장하는 '-ㄹ 밖에 슈가 없다'의 꼴이라 생각된다. 이때의 '-ㄹ 밖에'는 의존명사 구성인데, 후행하는 '슈'와 결합하는 과정에서 자립명사였던 '슈'가 의존명사로 추상화되고 '밖에'는 조사화된 것으로 보았다.

3. 어미화

끝으로 '밖에'가 선행 요소인 다른 문법소와 결합하여 문법적인 요소로서의 기운을 강하게 가지는 경우가 있다. 선행하는 어미 '-ㄹ'과 '밖에'가 결합된 '-ㄹ밖에'가 그것이다. 〈표준국어대사전〉에서는 이 '-ㄹ밖에'를 종결어미로 규정하고, '-ㄹ 수밖에 다른 수가 없다', '그것 이외에는 다른 도리가 없음'의 뜻을 가지는 것으로 파악하였다. '-ㄹ밖에'를 선행 어미 '-ㄹ'과 뒤따르는 '밖에'가 녹아 붙어서 하나의 문법소로 인정하는, 문법화가 완성된 꼴로 처리한 셈이다.[19] 그리고 이에 대한 예시로 다음을 들고 있다.

(21) ㄱ. 선생님이 시키는데 할밖에.
ㄴ. 어른들이 다 가시니 나도 갈밖에.
ㄷ. 자식들이 속을 썩이니 어머니가 저렇게 늙으실밖에.

(21ㄱ-ㄷ)의 '할밖에', '갈밖에', '늙으실밖에'에 각각 결합되어 있는 '-ㄹ밖에'가 문장을 맺는 종결어미의 역할을 하고 있다는 것이다. 물론 이

---

19) 어미 가운데 '-ㄹ뿐더러', '-는바/-은바', '-ㄹ망정' 따위도 이와 유사한 결합 환경을 가지고 문법화에 이른 예들로 생각된다. 그러나 이들 중 종결어미로까지 쓰이는 예는 보이지 않는다.

'-ㄹ밖에'가 원래부터 종결어미였던 것은 당연히 아니다. 종결어미가 아니었던 요소들이 어떤 변화를 거쳐 종결어미로서의 역할을 하고 있는 것이다.

그런데 종결어미가 아닌 요소가 종결어미화할 때, 주로 그 변화의 대상이 되는 것은 연결어미이다. 이 경우 종결어미화한 요소는 마땅히 종결어미가 갖는 일련의 문법적 기능을 갖추어야만 종결어미라는 문법 요소로 인정받게 될 것이다. 그런 점에서 종결어미는 문장을 끝맺는 기능을 수행하므로 문장 종결의 억양을 지녀야 하고, 상대경어법을 표시해 줄 수 있어야 하며 평서문이나 의문문, 청유문과 같이 문장의 유형을 결정해 줄 수 있어야 한다.[20] 이에 대해서는 유현경(2003:137)에서 다루고 있는 연결어미 '-게'와 '-려고'를 중심으로 알아본다.[21]

(22) ㄱ. 형 붙었나 떨어졌나 <u>보게</u>.
ㄴ. 빨래 갖다 주러 <u>가게</u>?
ㄷ. 문장은 <u>짤막하게</u>!

(23) ㄱ. 병석이가 어떻게 하려는지 <u>보려고</u>.
ㄴ. 교실에서 껌 씹다 들키면 <u>어떡하려고</u>!
ㄷ. 물 길러 <u>가려고</u>?

(22)는 연결어미 '-게'가 종결어미의 위치에 놓인 경우를 보인 것이다. 여기서 보면 '-게'가 평서, 의문, 감탄문의 문장 유형을 맺음 짓는 기능을 하고 있다. 아울러 '-보게요, -가게요?' 따위에서처럼, 청자존대 '-요'의 결합을 통하여 상대경어법을 실현시키는 데도 아무런 문제가 없다. 이는 (23)의 '-려고'의 경우에도 마찬가지로 적용된다.

---

20) 여기에 대해서는 김태엽(1998, 2000), 구현정·이성하(2001), 유현경(2003) 등 참조.
21) 정진(2013), 이현정(2014) 등에서도 종결어미화 문제를 다루고 있다.

(24) ㄱ. 윗물이 <u>맑아야</u> 아랫물도 맑지.
　　ㄴ. *그 사람이 <u>가야</u>!
　　ㄷ. *그 사람이 <u>가</u>?

　　반면 (24)의 연결어미 '-어야' 같은 경우는 문장 종결의 위치에서는 제대로 문법적인 메시지를 갖지 못하고 있다. 이는 연결어미라고 해서 모두 종결어미의 위치에 가능한 것이 아니라는 사실을 말해 준다. 아울러 '-게'나 '-려고'의 경우, 몇 가지 조건이 종결어미로 수용 가능하다는 것은 이들이 연결어미의 지위를 벗어나 종결어미라는 더 문법적인 요소로 탈바꿈하였다는 사실을 증명해 주는 것이기도 하다. 이러한 논의들의 바탕에서 '-ㄹ밖에'를 과연 종결어미로 처리할 수 있을지가 판단 가능해진다.

(25) ㄱ. 선생님이 시키는데 <u>할밖에</u>.
　　ㄴ. 선생님이 시키는데 <u>할밖에</u>!
　　ㄷ. [?]선생님이 시키는데 <u>할밖에</u>?

　　(21)의 예를 종결어미화한 '-게'의 경우에 적용시켜 보면, 그 문법성을 가늠할 수 있다. 우선 '-ㄹ밖에(요)'와 같이, 청자 존재의 상대경어법을 실현시키는 데는 아무런 문제가 없다. 그리고 (25)에서 의문문을 제외한, 평서문이나 감탄문 형성은 문제가 없어 보인다. 이는 현대국어의 '-ㄹ밖에'가 문법적인 요소로 정착되고 있음을 확인시켜 주는 것이다. 만약 '-고'나 '-게', '-거든' 따위에 비해, '-ㄹ밖에'가 종결어미로서 가지는 어색함을 더 가지고 있다면, 그는 문법화가 덜 진행된 증거 정도로 생각하면 될 것이다.

　　그런데 종결어미로 문법화한 '-ㄹ밖에'의 기원은 무엇일까. 그 뿌리 찾기는 '밖에'가 선행하는 관형사형 어미에 통합되는 환경을 가진 데에서부터 시작해야 할 것이다. 이 같은 예는 이미 중세국어에서부터 그 싹을 보인다.

(26) ㄱ. ᄆ슴 방핫소리ᄂ 비 오ᄂ 밧긔셔 샌ᄅ고〈두시-초, 7.6ㄴ〉
　　ㄴ. 眞理 여흰 밧긔 片事도 어루 得홀 것 업슨 젼치라〈원각-상2, 2.140ㄱ〉
　　ㄷ. 定과 慧 와 닷ᄂ 밧긔 無心道애 契合혼 門니 잇ᄂ니〈법집, 86ㄱ〉

(26)은 '밧긔'가 선행어로 관형어를 취하는 중세국어의 예이다. (26ㄱ) '비 오ᄂ 밖에'에서는 '밖'이 공간 개념을 함의하고 있지만 선행어가 장소를 나타내는 명사가 아니라 용언이 자리하고 있다. 그럼에도 '비가 오는 바깥'이라는 의미이니, 여기서의 '밖'은 여전히 공간 개념에서 비껴 있지는 않다. 그러나 (26ㄴ)의 경우, '밖'의 선행어는 '眞理 여흰'이라는 추상적 개념을 함의하는 관형어가 자리한다는 점에서 (26ㄱ)과는 차이가 있다. (26ㄷ) 또한 추상 개념인 '定과 慧'와 관련되는 '밖에'는 장소적인 개념일 수가 없다. 따라서 여기서의 '밖'은 '바깥'이라는 의미를 갖더라도 더 이상 공간 개념으로서의 것은 아니다. 구체적인 공간을 나타내던 명사에서 의존명사 내지는 문법적인 요소로 나아가려는 애초의 모습을 보이는 셈이다.

(27) ㄱ. 官人의게 두 분을 바틴 밧긔 ᄒ 분을 뎨ᄒ여 풀리 풀고〈박통-하, 37〉
　　ㄴ. 사톄 엇더ᄒ관ᄃ 응졔ᄒᄂ 밧긔 감히 더 뻐 드려〈천의, 4.48ㄴ〉
　　ㄷ. 마로의 안자 스부롤 맛ᄂ 밧긔 일즉이 쓸히 ᄂ리디〈어속자, 10ㄱ〉
　　ㄹ. 당습이 난 후로브터 경알ᄒᄂ 밧긔 그 남은 거슨〈조훈, 13ㄱ〉

(27ㄱ)은 17세기, 나머지는 모두 18세기의 자료이다. 이 시기가 되면 관형어 뒤에 통합되는 '밖'은 거개가 추상적 개념을 띤 예들이 자리한

다. 의미적으로는 이들 짜임새 모두 '-는 것 외에' 정도이다.

　그런데 18세기에 와서 '밧긔'의 선행어에 미세한 차이가 드러나는 게 보인다. 선행어에 관형사형 어미 '-ㄹ'이 결합된 예들이 새롭게 출현하기 때문이다. 이는 18세기 이전의 '밧'에 선행하는 관형어에 결합된 어미가 모두 '-ㄴ'에 한정되는 양상을 보였던 것과는 차이가 나는 대목이다.22) 현대국어의 종결어미 '-ㄹ밖에'와 동일한 모양새를 갖춘 꼴이 18세기에 비로소 등장하는 셈이다.23)

　　　(28) ㄱ. 김참의 니르되 소비도 득홀 밧긔 소하뉴인을 반드시〈천의, 2.49ㄴ〉
　　　　　 ㄴ. 공ㅅ흥되 죽을 밧긔 다른 도리 업느이다〈명의록2, 29ㄴ〉

　(28)은 그 예를 보인 것인데, 여기서의 '밧' 또한 추상화된 의미를 가졌음은 물론이다. 특히 (28ㄴ)의 '밧긔'는 후행어로 부정어 '업다'를 동반하고 있을 뿐만 아니라, 그 의미 또한 조사 '밖에'가 가지는 그것과 별반 차이를 느낄 수 없다는 점에서 인상적이다. 거기에 후행하는 '다른 도리 업느이다'를 생략한 '공ㅅ흥되 죽을 밧긔'만으로도 문장 전체의 의미를 웬만큼 가진다는 점은 오늘날 종결어미로 처리되는 '-ㄹ밖에'의 원형적인 모습을 보는 듯하다.

　19세기 근대국어의 시기에 오면 이러한 '-ㄹ#밧긔'의 짜임새는 쉽게 찾을 수 있다. 물론 '-ㄴ#밧긔'의 꼴 또한 여전히 그 예를 보인다.

---

22) 물론 주어진 문헌자료상의 결과만으로 중세국어의 시기에는 '밧' 앞에 관형사형 어미 '-ㄹ'은 쓰이지 않았다는 선언을 하는 것은 무리다. 어디까지나 조사된 문헌자료라는, 한정된 자료에서의 임시적인 결론일 따름이다.

23) 주로 연결어미가 종결어미화하게 되는데, 이는 대체로 구어적 상황에서 쓰이는 게 일반적이다. 알다시피 입말이라는 것은 글말보다는 훨씬 앞서가는 경향을 띤다. 특정 시기의 문헌자료에서 그 흔적을 찾기가 쉽지 않은 것도 이와 무관하지 않을 것이다. 또한 이 '-ㄹ밖에'의 종결어미화가 진행된 것이 그리 오래된 것이 아니라는 얘기도 할 수 있겠다.

(29) ㄱ. 대단히 희로올 밧긔 슈가 업논지라〈독립, txt642〉

　　　ㄴ. 그 흰 것을 검정이라 홀 밧긔 슈가 업눈 모양〈독립, txt6793〉

(29)는 19세기 말의 예들인데, 물론 이들은 모두 종결어미로서가 아니라 문장의 중간에 삽입된 양상이다. 이들은 '-(으)ㄹ#밧에'의 환경을 가지고 있고, 그 앞뒤에 각각 절을 갖는다는 점에서, 비록 통사적 짜임새이지만 두 절을 연결하는 기능을 가질 수 있는 위치에 있다.24) 물론 이들에는 여전히 '-의 외에'라는 일말의 어휘적 의미가 감지되기도 하지만, '오직 그것'이라는 문법화되어 가는 요소로서의 의미가 더 강한 것으로 생각된다. 의미적으로는 추상화되어 있고, 자립성은 상실된 상태인 데에서의 접근이다.

그런데 이와 같은 '-ㄹ밧에'의 종결어미화가 언제부터 진행되었는지에 대해서는 세부적인 확인을 하기가 어렵다. 막연하게는 '-ㄹ 수밧에'가 등장하기 시작한 18세기 근대국어 이후일 것이라 가정할 수 있지만, 구체적인 시기를 잡는 것은 간단하지가 않다. 그것은 이 같은 종결어미화의 쓰임새는 대개가 구어적인 상황에서 노출되기 때문에 문헌자료에서는 그 흔적을 찾기가 쉽지 않기 때문이다.

동일 선상에서 문헌자료상의 검토를 통해 유추할 수 있는 종결어미로서의 '-ㄹ밧에'의 기원은 두 가지로 접근 가능하다. 첫째는 (28), (29) 등에서 확인되는 '-ㄹ 밧에'이고, 둘째는 의존명사 '수'가 통합된 '-ㄹ 수밧에'이다.

이 가운데 오늘날 종결어미화된 '-ㄹ밧에'의 뿌리는 무엇일까. 후자의 논의는 '-ㄹ#수밧에'의 짜임새에서 의존명사 '수'가 생략됨으로써 선

---

24) '-ㄹ 밧에'의 뒤에는 공통적으로 '슈가 업다(수가 없다)'가 위치하는데, 이는 (28ㄴ)의 '다른 도리 업ᄂ이다'에서 이어진 것으로 판단된다. 물론 '도리'가 '수로 바로 변화의 전 단계라 보기는 어렵다. 그러나 '도리'는 '수'와 동일한 의미일 뿐만 아니라, '-ㄹ 밧에'의 뒤쪽에 위치한다는 점에서 유추해 봄 직하다.

행 어미와 조사 '밖에'가 녹아 붙은 것으로 파악한다는 것이다. 그러니까 '[-ㄹ#밖에] [수 없다] 〉 [-ㄹ#수밖에] 〉 [-ㄹ밖에]'의 과정을 거친 것으로 본다는 얘기이다. 그러나 이 같은 분석은 문법화의 일반적인 논의에서는 공감하기가 어려운 전개다. 의존명사로서의 '수'를 제외하고 남은 선행 어미와 후행하는 조사가 바로 융합된다는, 문법적으로 설명하기 어려운 결론에 도달하기 때문이다. 따라서 선행 어미 '-ㄹ'과 '밖에'가 녹아 붙은 결과가 오늘날의 종결어미 '-ㄹ밖에'일 것이라는 판단이 보다 자연스럽다. 이런 점에서 보자면, 문헌자료 속에서의 '-ㄹ밖에'의 기원은 18세기에 나타나는 (28)의 "공ᄉᄒᆞ되 죽을 밧긔 다른 도리 업ᄂ이다〈명의록2, 29ㄴ〉"의 '-ㄹ#밧긔'에서 찾아야 할 것으로 생각된다. 이는 후행요소를 생략한 '공ᄉᄒᆞ되 죽을 밧긔'만으로도 문장 전체의 의미를 머금고 있다는 데서도 간접 증명된다.

이상 종결어미 '-ㄹ밖에'에 대한 논의를 정리하면 다음과 같다. 우선 '-ㄹ밖에'는 종결어미가 가지는 기본적인 문법 기능을 감당하고 있다. '-ㄹ밖에'의 기원은 '밖에'가 관형사형 어미와 통합되는 환경에서 찾아야 하는데, 이런 모양새는 이미 중세국어에서부터 그 모습을 보인다. 그러나 어미 '-ㄹ'과 통합되는 모양새인 '-ㄹ#밖에'의 출현은 18세기에 들어서이다. 여기서부터 어미 '-ㄹ밖에'의 출발점을 잡아야 할 것이다.

4. 정리

이상에서 현대국어 '밖에'가 갖는 다양한 모습들을, 문헌자료를 통하여 어휘화와 조사화, 어미화로 구분하여 살펴보았다. 이를 정리하면 아래와 같다.

우선 '뜻밖에'는 중세국어를 포함, 17세기 이전까지는 '뜯'과 '밧긔'가 통합된 것이 아니라, '쯧'이 선행 요소에 얽매여 있던 통사적 구성이었다. 18세기 근대국어에서는 한 단어로 처리할 수밖에 없는 예들이 통사적 구성인 예와 함께 등장, 통사적 구성과 형태적 구성이 혼재된 시기였지만, 이후 19세기 말과 20세기 초에 이르러서는 완전한 하나의 낱말로 굳어져 오늘에 이르게 되었음을 파악하였다.

한편, 오늘날 조사로서의 '밖에'는 선행어가 자립명사인 경우와 의존명사인 경우로 구분하였다. 우선 자립명사 뒤의 '밖에'는 중세국어의 시기에는 '-의 바깥에'라는 어휘적인 의미로서만 존재하였다. 17세기 근대국어의 시기에 들어오면 '밧긔'가 조사의 양상을 띠는 모습을 보이다가, 19세기에 집중적으로 등장하여 20세기로 이어진다. 그리고 의존명사 뒤의 '밖에'는 19세기에 들어와서 갑자기 그 형태를 드러낸다. 의존명사 '수'와 결합된 '수밖에'가 그것인데, 그 뿌리는 같은 시기에 대량으로 등장하는 '-ㄹ 밖에 슈가 없다'의 꼴이라 생각된다. 이때의 '-ㄹ 밖에'는 의존명사 구성으로, 후행하는 '슈'와 결합하는 과정에서 자립명사였던 '슈'가 의존명사로 추상화되고 '밖에'는 조사화된 것으로 보았다.

끝으로 종결어미 '-ㄹ밖에'는 종결어미가 가지는 기본적인 문법 기능을 감당하고 있다. '-ㄹ밖에'의 기원은 '밖에'가 관형사형 어미와 통합되는 환경에서 찾아야 하는데, 이런 모양새는 이미 중세국어에서부터 그 모습을 보인다. 그러나 어미 '-ㄹ'과 통합되는 모양새인 '-ㄹ#밖에'의 출현은 18세기에 들어서이다. 종결어미 '-ㄹ밖에'의 기원은 여기서 시작된 것으로 생각된다.

위치 공간말의 복합어

04

    4부에서는 위치 공간말의 복합어 문제를 다룬다. '앞, 뒤'나 '위, 아래', '안, 밖' 따위가 어근의 일부로 삽입되어 형성된 합성어나 파생어에 대한 논의를 하자는 것이다. 그런데 이들 복합어는 획일적 기준으로 접근하기에는 다소 차이점이 발견된다. 다른 예와 달리, '위, 아래' 복합어의 경우에는 사이시옷 결합형이 다수 존재하기 때문이다. 이는 역사적인 논의가 뒤따라야 함을 의미한다. 따라서 '앞, 뒤'와 '안, 밖'의 경우, 현대국어를 기준으로 형태론적인 논의를 중심으로 하지만, '위, 아래'는 복합어 형성이 이루어지는 역사적인 전개에 대한 논의에까지 접근한다.

위치 공간말이 개입된 복합어들은 거개가 명사에 몰려 있다. 그것은 복합어의 선행요소(어근)에 위치 공간말(위·아래, 앞·뒤, 안·팎)이 놓여 있기 때문이다. '[위·아래, 앞·뒤, 안·팎]+X'의 짜임새를 형성하고 있다는 것인데, X의 자리에는 위치나 장소의 대상이 자리한다. 그리되면 의미적으로는 '어디에 있는 무엇' 정도가 된다. 마땅히 그 무엇 또한 장소를 나타내는 명사일 개연성이 커진다. 그런 까닭에 위치 공간말 관련 복합어 논의는 기본적으로 품사 중심의 논의를 바탕으로 접근하는 것이 자연스럽다.

합성어나 파생어는 낱말의 짜임새가 단일하지가 않고 복합적인 경우를 가리킨다. 여기서는 위치 공간말이 결합됨으로써 형성된 낱말들을 논의하기 위한 자리이기 때문에, 단일어에 대한 언급은 주 관심사가 아니다. 모든 예들이 합성어이거나 파생어에 해당하는 것들이기 때문이다. 선행요소에는 이미 위치 공간말로 굳어져 있는 상태여서, 또한 접두사는 '뒤'나 '웃' 등 일부에 국한된 상태여서 위치 공간말 관련 복합어 논의는 합성어가 중심이 될 수밖에 없다. 이런 이유에서 여기서는 합성어 논의를 중심에 두고 파생어 논의를 부가하는 방식을 취한다.

기본적으로 합성어는 선행요소와 후행요소인 두 어근의 결합으로 이루어져 있다. 합성어의 정체성이나 개념을 논하는 자리에서 가장 우선적으로 접근하는 문제는 합성어와 구(句)의 경계에 관한 것이다. 아무래도 합성어라는 것이 두 개 이상의 어근이 결합된 꼴인 까닭에, 이 같은 문제는 필연적인 측면이 있다. 상식적이지만 합성어와 구를 구분하는 가장 중요한 기준은 분리 가능성(isolability)이다. 이는 합성어가 하나의 낱말이기 때문에 중간에 휴지(pause)를 두거나 다른 낱말을 개입시킬 수 없다는 사실을 말한다. 또한 의미적인 기준에서 보면, 합성어는 구성성분의 의미를 합친 것과는 다른 의미로 쓰인다는 특징도 있다.1)

다음으로 중요한 문제는 합성어의 짜임새를 파악하는 일이다. 이는 합성어의 구성요소를 중심으로 한 접근법이다.

우선, 구성요소의 성분에 따라 구분할 수 있다. 구성요소가 모두 체언이나 용언 등의 단일한 어근들로 이루어진 경우와 구성요소의 하나가 파생형, 혹은 용언의 씨끝으로 이루어진 경우가 있다. 전자를 어근합성어(root compound)라 하고 후자를 종합합성어(synthetic compounds)라 한다.

채현식(2003: 126-143)에서는 N_1+N_2의 짜임새를 가진 합성명사를 통사적 합성명사와 형태적 합성명사로 구분하기도 한다. 전자는 합성명사가 통사부에서 통사규칙에 의해 결합된 $[N_1+N_2]_{NP}$ 구성이 어휘화되어 형성된 명사를 뜻한다. 어휘부 밖에 있던 요소(통사적 구성)가 어휘부 안으로 들어오는(어휘화) 예들을 지칭하는 것이다. 이들은 통사적 구성의 어휘화라는 기제로 설명될 수 있다. 반면, 후자는 어휘부에서 어휘부의 조어 기제에 의해 형성된 명사를 가리킨다. 이 경우는 주로 유추의 기제를 통해 설명된다.2) 이렇게 보면, 위치 공간말 합성어의 경우에

---

1) 그 외에도 합성어를 판별하는 기준은 많다. 음운변화에 대한 기준도 있고 통사적인 기준에서도 접근할 수 있다. 여기서는 합성어에 대한 기본적인 전개를 하는 자리이므로 핵심적인 기준 몇 개만 언급하기로 한다. 나머지 구체적인 논의는 고영근·남기심(1985), 이승연(1998), 임홍빈·장소원(1998), 고영근·구본관(2010), 김일병(2000) 등 참조.

2) 통사적 합성명사에는 '봄가을'이나 '눈비' 따위의 대등하게 결합된 경우나 '개다리, 현대음악'처럼 선행요소 뒤에 조사 '의'의 결합이 자유로운 경우가 해당한다. 이는 이들이 원래는 통

는 거의가 통사적 합성명사에 해당될 것이다. 왜냐하면 합성어의 대부분이 선행요소로 '앞·뒤, 위·아래, 안·밖' 등이 결합되는데, 이때의 선행요소가 공간 개념을 나타내는 경우에는 모두 통사적 합성명사가 될 것이기 때문이다.3) 이 같은 채현식(2003)의 구분법은 논의 과정에서 필요한 접근법이 될 것이다.

합성어의 짜임새에 대한 전통적인 논의 가운데, 가장 일반적인 것으로 통사적 합성어와 비통사적 합성어가 있다. 이는 합성어가 갖는 구성요소 간 배열관계를 중심으로 나눈 것이다. 다시 말해서, 결합 낱말들의 배열관계가 우리말의 일반적인 낱말들의 배열법과 일치하느냐의 여부에 따라 일치하는 경우를 통사적 합성어, 일치하지 않는 경우를 비통사적 합성어라 한다. 위치 공간말 관련 합성어의 경우, 선행 요소는 이미 공간말로 굳어져 있는 형태가 대부분이다. 또 '눈앞'이나 '손아래'처럼, 공간말이 후행요소에 위치하는 일부 경우에도 선행요소가 명사이기 때문에 비통사적 합성어는 찾기 어렵다. 합성어에서 가장 많은 양을 차지하는 것은 합성명사와 합성동사이다. 이들은 후행요소에 체언이나 용언이 위치하게 되는데, 위치 공간말의 경우 선행요소에 이미 명사인 공간말이나 다른 명사가 고정된 상태에 있다. 이 같은 유형은 우리말에서 모두 통사적 합성어를 형성하게 된다. N_1+N_2의 짜임새나 N+V의 짜임새는 우리말의 배열 방법과 일치할 수밖에 없는 틀을 가지고 있기 때문이다. 이런 점에서 통사적·비통사적 합성어식의 기존 구분법으로는 공간말-복합어가 갖는 문제들을 효과적으로 설명할 수 있는 방법이 아

사적 환경에 있었다는 사실을 암시한다는 것이다. 반면, 형태적 합성명사는 이 같은 개입을 허용하지 않는 경우이다. 이는 원래가 형태적 환경 속에서 결합되었다는 사실을 의미하기 때문이다. '소나기밥'이나 '주먹코' 따위는 선행요소 뒤에 조사 '의'의 개입을 허용하지 않는다. '칼국수'나 '물방아' 또한 마찬가지다.
3) 가령, '앞·뒷-동산'의 경우, 이들은 원래 '앞·뒤에 있는 동산'이라는 의미를 가진 '앞·뒤(의)#동산'이라는 통어 짜임새에서 융합된 경우일 것이기 때문이다.

니라는 결론에 도달한다. 이런 방향은 파생어 논의를 또 달리 해야 한다는 점에서도 한계가 있다. '앞', '뒤'가 결합하여 형성된 낱말들의 경우에는 파생어도 상당수 포함되어 있기 때문이다.

그 다음으로 내세울 수 있는 전통적인 방법은 품사에 따른 구분이다. 합성어에 속하는 낱말들이 가지는 대표적인 품사는 합성명사, 합성동사이다. 물론 그 외에도, 수가 많지는 않지만 합성부사와 합성대명사, 합성관형사, 합성수사, 합성감탄사 따위도 존재한다. 이 같은 양상은 위치 공간말 결합의 합성어에서도 유사하게 나타난다. 차이가 있다면 명사나 동사, 부사만 나타난다는 것이다. 이는 공간말이 명사이기 때문에 나타나는 당연한 현상이다. 합성명사나 합성동사가 합성어에서 차지하는 양은 압도적인 것이다. 따라서 '공간말-합성어' 논의에서는 합성명사나 합성동사의 예들이 논의의 중심이 될 수밖에 없다.

'앞', '뒤'가 결합되어 형성된 파생어에서는 '앞'이 접사로 결합하는 '앞-파생어'는 존재하지 않고, 접사인 '뒤'가 결합된 '뒤-파생어'만 나타나는 특징을 보인다. 물론 '앞'이 접두사로 결합된 파생어는 없더라도 여타의 접미사가 결합됨으로써 형성되는 파생어는 존재한다. 일반적으로 파생어 가운데 논란이 되는 것은 합성어가 파생법에 의해 다시 새로운 파생어로 형성되는, 이른바 '합성어의 파생'이라 할 수 있다. '해돋이'나 '꺾꽂이, 재떨이' 따위가 여기 해당되는데, 이들은 주장에 따라서 합성어로 처리하기도 하고 파생어로 처리하기도 한다.[4] '앞·뒤-파생어' 논의에서도 이는 여전히 해결해야 할 문제점으로 대두된다.

따라서 여기서는 '앞', '뒤'가 결합함으로써 형성되는 낱말들을 처리하

---

[4] '해돋이'류를 합성어로 파악하는 경우는 이익섭(1965), 유목상(1974), 성기철(1969), 김동식(1994), 채현식(2003), 김인균(2004)가 있고, 파생어로 처리하는 경우는 김계곤(1969), 허웅(1975), 김창섭(1996), 시정곤(1994) 등이 있다.

는 데 있어서 품사에 따른 방법을 중심으로 논의를 전개한다. 부분적으로 여타의 구분법을 보완하는 방법을 취하겠지만, 중심되는 방법은 품사에 따른 것으로 하겠다는 것이다.

일반적으로 합성어 형성에 나타날 수 있는 품사는 다음과 같다.

   (1) ㄱ. 고무신, 앞치마, 콧물, 늦잠, 부슬비.
      ㄴ. 힘들다, 본받다, 굶주리다, 날뛰다.
      ㄷ. 낯설다, 재미있다, 검붉다, 굳세다.
      ㄹ. 밤낮, 온종일, 곧잘, 이리저리.
      ㅁ. 이것, 그것, 이이, 저이.
      ㅂ. 한두, 서너.
      ㅅ. 웬걸, 천만에.

(1)은 이를 보인 것인데, (1ㄱ)은 합성명사, (1ㄴ)은 합성동사, (1ㄷ)은 합성형용사, (1ㄹ)은 합성부사, (1ㅁ)은 합성대명사, (1ㅂ)은 합성관형사, (1ㅅ)은 합성감탄사에 해당한다. 물론 동일한 합성어에 포함되는 예들이라고 해서 그들의 세부적인 짜임새가 모두 일치하는 것은 아니지만, 품사라는 보다 포괄적인 측면에서 보면 합성어의 범위는 이 정도가 될 것이다. 한편, (2)와 (3)은 '앞'과 '뒤'가 낱말의 일부로 결합된 '앞·뒤-합성어'와 '앞·뒤-파생어'의 예를 제시한 것이다.

   (2) ㄱ. 앞발, 앞이마, 앞바퀴, 앞일 ; 뒤짱구, 뒤차, 뒤틈.
      ㄴ. 앞-두다, 앞-서다, 앞세우다 ; 뒤좇다, 뒤돌다, 뒤서다.
      ㄷ. 앞차다.
      ㄹ. 뒤미처, 뒤뚝뒤뚝, 뒤스럭뒤스럭.

   (3) ㄱ. 앞발질, 앞소리꾼, 앞발질하다.
      ㄴ. 뒤범벅, 뒤끓다, 뒤덮다.
      ㄷ. 뒷걸음질, 뒤꽂이, 뒷걱정하다.

(2)는 '앞', '뒤'가 결합된 합성어의 여러 예를 제시한 것이다. 여기서 보면, 비록 (1)만큼 다양하지는 않으나 몇 가지 경우는 생산적인 양상을 보인다. (2ㄱ)은 합성명사, (2ㄴ)은 합성동사, (2ㄷ)은 합성형용사, (2ㄹ)은 합성부사 등이 여기에 해당된다. 합성형용사는 '앞차다'만 보인다. '뒤-형용사'는 찾기 어렵다. 반대로 합성부사는 '앞'이 결합된 예를 찾기 어렵고 '뒤'가 결합된 예는 몇 개 보인다. 한편, 합성대명사와 합성관형사, 합성감탄사는 나타나지 않는다. 그것은 합성어의 한 축을 이미 '앞'과 '뒤'라는 명사가 차지하고 있는 상황과 연결된다.

(3)은 '앞', '뒤'가 결합된 낱말이 파생어를 형성한 경우에 해당한다. (3ㄱ)은 '앞'이 선행요소인 어근으로 결합한 예이다. 언급했듯이, '앞'은 접두사로 존재하는 예는 나타나지 않는다. 따라서 (3ㄱ)이 파생어인 까닭은 '-질'이나 '-꾼', '-하다' 따위의 접미사가 결합된 이유에서이다. 정리하자면 (3ㄱ)의 '앞-파생어'는 '앞'이 아니라 접미사에 따른 파생어 형성이라는 것이다. 그리고 (3ㄴ)은 '뒤'가 접두사로 결합됨으로써 형성된 파생어를 제시한 것이다. 여기서 '뒤'는 '몹시'나 '마구'의 뜻이 개입됨으로써 후행요소의 의미를 수식해 주는 기능을 하고 있다. 반면, (3ㄷ)은 '뒤(뒷)'는 어근이지만 '-질'이나 '-이', '-하다' 따위의 접미사가 결합됨으로써 형성된 파생어의 예를 보인 것이다. 이처럼 '앞·뒤-파생어'의 형성 또한 여러 가지 양상을 보여준다. 여기서는 이같이 위치 공간말이 개입되어서 이루어지는 다양한 복합어들의 짜임새를 중심으로 전개하려 한다.

[2장] '앞'과 '뒤'의 복합어

2장에서는 '앞'과 '뒤'가 결합되어 있는 합성어와 파생어를 대상으로 형태론적인 분석을 시도하는 것을 목적으로 한다. '앞', '뒤'가 결합된 낱말들에서, '앞·뒤-합성어'는 모두 존재하지만 파생어의 경우에는 '뒤-파생어'만 존재한다.[1] 여기서 말하는 '뒤-파생어'는 '뒤'가 접두사로 결합된 경우를 말하는 것이다. 그렇다고 해서 '앞'이 결합되어 있는 예 가운데 파생어가 전혀 없다는 것은 아니다. 비록 '앞'은 어근으로만 결합된다 하더라도, 여타의 접미사가 결합함으로써 형성되는 파생어들이 있기 때문이다. 이는 '뒤'의 경우도 마찬가지다. 접두사를 통해 파생어를 형성하기도 하지만, 접미사에 의해 형성되기도 한다.

합성어나 파생어의 짜임새를 분석하고 유형을 파악하는 방법에는 여러 가지가 있지만, 여기서는 가장 기본적이라 할 수 있는 품사를 중심으로 살핀다.

---

[1] 논의의 편의를 위해, 이 글에서는 '앞'과 '뒤'가 결합되어 형성된 합성어는 '앞·뒤-합성어'로, '앞'과 '뒤'가 결합되어 형성된 파생어는 '앞·뒤-파생어'로, 그리고 이 둘을 함께 가리킬 때는 '앞·뒤-복합어'라는 용어를 사용한다. 또한 낱말 형성법에 대한 구분은 남기심·고영근(1987)을 기준으로 한다. 이는 '복합어'(complex word)를 상위 개념으로 두고 '합성어'(compound word)와 '파생어'(derived word)를 그 하위에 두겠다는 것이다.

1. '앞'의 복합어

먼저 '앞'이 결합되어 형성된 '앞-복합어'에 대해 살피고자 한다. '앞'은 낱말의 형성 과정에서 모두 어근으로만 존재한다. 그래서 다른 어근과 만나면 합성어가 되고, 접미사가 결합하게 되면 파생어를 형성한다. 이는 '앞'은 접사로 존재하지 않는 것과 연관된다. 따라서 '앞'이 접두사를 이루어서 형성되는 파생어는 존재하지 않는다. '앞-복합어'를 합성어인 것과 파생어인 것으로 구분하여 접근해 보자.

1.1. 합성어에서

'앞'이 결합해서 형성된 '앞-합성어'에는 합성명사, 합성동사, 합성형용사 따위가 있다. 여기서는 편의상 '합성명사'와 '합성동사'로 구분하는데, 합성형용사는 합성동사에 포함하여 전개한다.[2]

앞-합성명사

N_1+N_2의 짜임새를 가진, '앞'이 결합된 합성명사의 경우, '앞'은 N_1에 위치하기도 하고 N_2에 위치하기도 한다. '앞'이 결합된 합성명사는 그 짜임새에 따라 세 경우로 구분하였다.

1) '앞'의 위치에 따라
2) N_1의 형태에 따라
3) N_2의 형태에 따라

1)은 '앞-합성어'를 다루기 때문에 '앞'의 위치에 따라 형성된 낱말은

---

2) '앞-합성어' 가운데 형용사로는 '앞차다' 정도가 확인된다.

어떤 것이 있고, 그 특징은 무엇인가에 대해 살필 필요가 있다. 2)와 3) 은 합성어를 형성하는 기본적인 요소라 할 수 있는 선행요소와 후행요 소의 꼴에 대한 것이기 때문에 논의는 필수적인 것이다.

먼저 '앞'의 위치에 따라 '앞-합성어'를 구분하면 아래와 같다.

(1) '앞'의 결합 위치에 따라
ㄱ. '앞'이 선행요소에 결합하는 경우: 앞-가르마, 앞-가지, 앞-문, 앞-표지.
ㄴ. '앞'이 후행요소에 결합하는 경우: 눈-앞, 불-앞, 코-앞, 인모-앞.3)
ㄷ. '앞'이 선·후행요소 모두에 결합하는 경우: 앞-앞.

(1)은 '앞'의 결합 위치에 따라 구분해 본 '앞-합성어'이다. (1ㄱ)은 '앞'이 모두 선행요소로 결합되어 있는 경우, (1ㄴ)은 '앞'이 후행요소로 결합되어 있는 경우이다. (1ㄱ,ㄴ)은 공통적으로 $[[N_1]+[N_2]]_N$의 짜임새를 가지는데, 차이가 있다면 '앞'의 위치가 선행요소인가 후행요소인가에 있다. 그리고 (1ㄷ)은 선·후행요소가 모두 '앞'으로 결합된 형태로서 유일한 예이다. '앞앞'은 '앞'이 반복해서 결합되어 있는 합성어인데, '각 사람의 앞'의 뜻을 가진다. "멍석만 하던 모판이 네 사람 앞앞에 겨우 방석 넓이로 남는다."〈김춘복, 쌈짓골〉에서 그 쓰임이 확인된다. 이 가운데 가장 많은 예를 차지하는 것은 단연 (1ㄱ)이다. '앞'이 선행요소에 오는 경우로서, 여기서 '앞'은 대개가 후행요소인 X의 위치를 나타내는 기능을 가진다. (1ㄱ)의 '앞가르마'나 '앞가지', '앞문', '앞표지' 등에서 선행요소인 '앞'은 '가르마, 가지, 문, 표지' 따위의 위치를 가리킨다는 것이다. 이 같은 예들은 '앞-합성어'의 90% 이상을 차지한다.4)

---

3) '인모(人毛)앞'은 '사람의 머리털로 뜬 망건에서 이마에 닿는 부분'을 말한다.
4) (1)의 '앞-합성어'는 모두 N_1+N_2의 짜임새를 가지고 있다. '앞-합성어'는 결합 방식으로 보

여기서 보면, (1ㄱ)의 선행요소에 '앞'이 결합되는 경우는 다시 네 가지로 구분된다. 1)선행요소가 '앞' 하나만으로 이루어진 경우, 2)선행요소가 2음절 이상인 예 가운데, '앞'이 첫음절에 결합된 경우, 3)선행요소가 2음절 이상인 예 가운데, '앞'이 2음절 이하에 결합된 경우, 4)선행요소가 '앞'과 '뒤'의 합성어로 형성된 경우가 그것이다. 각각에 해당하는 예들을 제시하면 다음과 같다.

(2) '앞'이 선행요소에 결합된 합성명사
　　가. 선행요소가 '앞' 하나만으로 이루어진 예
　　　　앞-가르마, 앞-가리개, 앞-가슴, 앞-가슴마디, 앞-가지, 앞-각, 앞-갈망, 앞-갈무리, 앞-갈비, 앞-강토, 앞-개, 앞-개울, 앞-갱기, 앞-거리^1, 앞-거리^2, 앞-거리^3, 앞-걸, 앞-걸음, 앞-곤두, 앞-과장, 앞-교대, 앞-굽, 앞-글, 앞-기약, 앞-길^1, 앞-길^2, 5) 앞-돛대, 앞-깃, 앞-꾸밈음, 앞-나비, 앞-날, 앞-날개, 앞-내, 앞-널, 앞-녘, 앞-놀이, 앞-늘품, 앞-니, 앞-다리^1, 앞-다리^2, 앞-단, 앞-대, 앞-대문, 앞-도, 앞-도련, 앞-돈, 앞-동산, 앞-동테, 앞-모습, 앞-문, 앞-바닥, 앞-바퀴, 앞-바탕, 앞-발, 앞-발굽, 앞-발질,6) 앞-방, 앞-밭, 앞-배, 앞-벌, 앞-볼, 앞-부리, 앞-빵, 앞-뿌리, 앞-사람, 앞-산, 앞-새, 앞-생각, 앞-섶, 앞-소리, 앞-수갑, 앞-수표, 앞-시금, 앞-시대, 앞-시름, 앞-쌍홍잡이, 앞-악절, 앞-어금니, 앞-위, 앞-윷, 앞-이마, 앞-일, 앞-자락, 앞-자리, 앞-작은악절,7) 앞-장, 앞-쟁기, 앞-전, 앞

면 채현식(2003)에서 말하는 '통사적 합성명사'에 해당한다. N₁+N₂ 짜임새에서 N₁의 뒤에 조사 '의'가 결합될 수 있기 때문인데, 합성어가 통사적 환경에서 시작된 것임을 말해 주는 것이다.
5) 앞길^1: 집채나 마을의 앞에 있는 길, 앞으로 남은 길, 장차 살아갈 나날.
　앞길^2: '서도'나 '북도'에 맞대어 '남도'를 가리키는 말.
　앞길^3: 웃옷의 앞쪽에 있는 가는 길.
6) '앞발질'은 해석에 따라 합성어로, 파생어로 처리된다. '앞발을 들어서 마구 움직이는 짓'의 뜻인 경우에는 파생어로, '앞으로 차는 발길질'의 뜻인 경우에는 합성어로 처리한다. 여기서는 합성어 논의이므로 합성어에 포함시킨다.
7) '앞악절'과 같은 말이다.

−정강이, 앞-조각, 앞-주, 앞-죽, 앞-줄, 앞-집, 앞-짱구, 앞-쪽, 앞-차, 앞-참, 앞-창^1, 앞-창^2, 앞-창자, 앞-채^1, 앞−채^2, 앞-채^3, 앞-철기, 앞-초리, 앞-치마, 앞-치배, 앞-코^1, 앞-코^2, 앞-태, 앞-터, 앞-턱, 앞-토씨, 앞-판, 앞-팔꿉, 앞-편짝, 앞-폭, 앞-표지, 앞-품, 앞-항, 앞-홀소리.

(가)는 선행요소가 '앞' 하나만으로 이루어진 합성명사를 제시한 것이다. 따라서 이들은 모두 [앞+N]$_N$의 짜임새를 공통적으로 가지는데, N$_1$이 모두 '앞'으로 이루어진 경우가 된다. '앞-합성어' 가운데 가장 보편적인 유형이다.

> 나. 선행요소가 2음절 이상인 예 가운데 '앞'이 첫음절에 결합된 경우
> ㄱ. 앞가슴-샘, 앞깃-선, 앞니-엄니, 앞동갈-베도라치, 앞씨-눈, 앞햇-돈, 앞판-싸움, 앞혀-홀소리, 앞혓바닥-소리, 앞줄-댕기, 앞산-타령.
> ㄴ. 앞선-음, 앞선-자, 앞짧은-소리.8)
> ㄷ. 앞붉은점빛-불나방.
> ㄹ. 앞트기-식, 앞지르기-경기.

(나)는 선행요소가 2음절 이상인 예 가운데 '앞'이 1음절에 결합된 예들이다. 이들은 다시 선행요소의 결합 형태에 따라 네 가지로 구분된다. 먼저, (나ㄱ)은 선행요소가 'N$_1$+N$_2$'의 합성어를 형성한 경우이다. 여기서 N$_1$은 '앞'이 차지한다. 따라서 이들은 [[앞+N]$_{N1}$+N$_2$]$_N$의 짜임새를 갖게 된다. 여기서 N$_2$에는 단일어와 합성어, 파생어가 모두 올 수 있다. (나ㄴ)은 모두 N+V 꼴의 통사적 합성어에 관형사형 어미가 결합된 선행요소와 각각 '음', '자', '소리' 따위의 후행요소가 결합됨으로써 합성어를 형성한 경우이다. 이른바 종합합성어에 속한다. 따라서 이들은

---

8) '앞짧은소리'는 '장래성이 없거나 장래의 불행을 뜻하게 된 말마디'와 '앞으로 하지 못할 일을 하겠다고 섣불리 하는 말'을 가리킨다.

[[[N+V]-은(ㄴ)]+N]$_N$이라는 짜임새를 공통적으로 갖는다. 그리고 (나ㄷ)의 경우는 인공어이지만 선행요소가 보다 복잡한 양상으로 결합되어 있다. 선행요소인 '앞붉은'은 '앞붉-'라는 동사적 합성어가 '점'과 결합하고, 이들이 다시 '빛'과 결합되는 복잡한 짜임새를 가지고 있다. 다시 말해서, [[[V-은]+점]+빛]$_N$의 짜임새를 형성하고 있다는 것이다. 그리고 (나ㄹ)은 선행요소가 파생어를 형성하고 있는 경우이다. 이들은 형태상으로는 '앞+트기', '앞+지르기' 등과 같은 틀을 보이지만 의미상으로는 '앞트-기', '앞지르-기'의 짜임새를 가진 것으로 생각된다. 이 같은 주장은 '트기'나 '지르기'를 하나의 독립된 낱말로 설정하기는 무리라는 사실에서 기인한다. 결국 이들은 [[N+V]-suf]$_{N1}$ +N$_2$]$_N$의 짜임새를 갖는다는 것이다.

다. 선행요소가 2음절 이상인 예 가운데 '앞'이 2음절 이하에 결합된 경우
겹앞-꾸밈음, 모둠앞-무릎치기, 자기앞-어음, 제단앞-기도.

(다)는 선행요소가 2음절 이상인 예 가운데 '앞'이 2음절 이하에 결합된 경우이다. 이들은 대체로 인공적인 어휘들이 많다.

마지막으로 (라)는 특이하게도 '앞'과 '뒤'가 합성어를 형성한 채 선행요소로 위치한 경우이다. 이들은 대개가 어떤 대상이나 일이 전후(前後)로 대칭을 이루는 과정에서 형성된 까닭에, 둘을 한꺼번에 인식하고 전달하기 위한 언중들의 노력이 만들어낸 결과물로 생각된다. 다섯 개 정도의 예가 보인다.

라. '앞뒤'가 선행요소에 결합된 합성명사
앞뒷-문, 앞뒷-일, 앞뒤-같이, 앞뒤-짱구, 앞뒷-길.

한편, (3)은 합성명사 가운데 '앞'이 후행요소에 결합되어 나타나는 경우를 제시한 것이다. '앞'이 선행요소에 등장하는 것과 비교하면 그 수에 있어서는 극히 적은 편이다.

(3) '앞'이 후행요소에 결합된 합성명사
　　망건-앞, 베틀-앞기둥, 짧은-앞꾸밈음, 눈-앞, 코-앞, 불-앞, 인모
　　-앞.

다음으로는 '앞-합성어'의 선행요소인 N_1과 후행요소인 N_2를 구분해서 정리해 본다. '앞-합성어'에서, 몇 예를 제외하고는 '앞'은 선행요소에 위치한다. 그렇지만 결합되는 양상은 단일하지가 않다. (4)는 그 결합 양상을 제시한 것이다.

(4) N_1의 형태에 따라
　ㄱ. N_1이 '앞'으로만 이루어진 경우: 앞-글, 앞-가리개, 앞-날개,
　　앞-꾸밈음.
　ㄴ. N_1이 '앞+X'로 이루어진 경우: 앞가슴-마디, 앞편-짝 ; 앞선
　　-음, 앞선-자 ; 앞지르기-경기', '앞지름-줄, 앞트기-식.
　ㄷ. N_1이 'X+앞'으로 이루어진 경우: 겹앞-꾸밈음, 자기앞-어음,
　　제단앞-기도,9) 겹앞-꾸밈음, 모둠앞-무릎치기.
　ㄹ. N_1이 'X'만으로 이루어진 경우: 눈-앞, 코-앞, 불-앞.
　ㅁ. N_1이 '앞뒤'로 이루어진 경우: 앞뒤-짱구, 앞뒷-길, 앞뒷-일,
　　앞뒷-문, 앞뒤-갈이.

우선 (4ㄱ)은 선행요소가 '앞'으로만 이루어진 경우이다. 반대로 후행요소에는 '앞-글'처럼, 단일어가 올 수도 있고 '앞-가리개'나 '앞-꾸밈음'처럼, 복합어가 올 수도 있을 것이다. 따라서 이들은 크게 보아 [앞 $_{N_1}$+N_2]$_N$의 짜임새를 갖게 된다. 여기서 '앞'은 형식 형태소인 접두사로

---

9) '제단앞기도'는 '미사가 시작될 때에, 사제가 제단 아래에서 드리는 기도'를 말한다.

쓰인 예가 없기 때문에 '앞'이 가진 어휘적인 의미를 고스란히 유지하고 있다고 봐야 한다. 이렇게 본다면 선행요소인 '앞'은 자연스럽게 후행요소가 존재하는 위치적 의미를 함의한다.[10] 따라서 의미구조에 있어서도 'N₁의 N₂', 다시 말해 '앞의 X'의 틀을 갖는다. 그 외에 선행요소의 구성에 따라, 먼저 '앞'으로만 이루어진 예를 제시하면 다음과 같다.

> (5) 선행요소의 구성에 따라
> (5-1) N₁이 '앞'으로만 이루어진 예
>   앞-가르마, 앞-가리개, 앞-가슴, 앞-가지, 앞-각, 앞-갈망, 앞-갈무리, 앞-갈비, 앞-강토, 앞-개, 앞-개울, 앞-갱기, 앞-거리¹, 앞-거리², 앞-거리³, 앞-걸, 앞-걸음, 앞-곤두, 앞-과장, 앞-교대, 앞-굽, 앞-글, 앞-기약, 앞-길¹, 앞-길²,[11] 앞-깃, 앞-꾸밈음, 앞-나비, 앞-날, 앞-날개, 앞-내, 앞-널, 앞-녘, 앞-놀이, 앞-늘품, 앞-니, 앞-다리¹, 앞-다리², 앞-단, 앞-대, 앞-대문, 앞-도, 앞-도련, 앞-돈, 앞-동산, 앞-동테, 앞-돛대, 앞-뒤, 앞-모습, 앞-문, 앞-바다, 앞-바퀴, 앞-바탕, 앞-생각, 앞-섶, 앞-소리, 앞-수갑, 앞-수구미, 앞-수정, 앞-수표, 앞-시금, 앞-시대, 앞-시름, 앞-시눈, 앞-쌍홍잡이 앞-악절, 앞-앞, 앞-어금니, 앞-위, 앞-옷, 앞-이, 앞-이마, 앞-일, 앞-자락, 앞-자리, 앞-장, 앞-쟁기, 앞-전, 앞-정강이, 앞-조각, 앞-주, 앞-죽, 앞-줄, 앞-집, 앞-짱구, 앞-쪽, 앞-차, 앞-참, 앞-창¹, 앞-창², 앞-창³, 앞-창자, 앞-채¹, 앞-채², 앞-채³, 앞-철기, 앞-청, 앞-초리, 앞-총, 앞-치레,[12] 앞-치마, 앞-치배, 앞-코¹, 앞-코², 앞-태, 앞-터, 앞-턱, 앞-토씨, 앞-판, 앞-팔꿉, 앞-폭, 앞-표지, 앞-품, 앞-항, 앞-홀소리.

---

10) '앞·뒤-복합어'에 나타난 '앞'과 '뒤'의 의미에 대한 구체적인 논의는 2부 1장을 참조할 것.
11) 앞길¹: 집채나 마을의 앞에 있는 길, 앞으로 남은 길, 장차 살아갈 나날.
  앞길²: '서도'나 '북도'에 맞대어 '남도'를 가리키는 말.
  앞길³: 웃옷의 앞쪽에 있는 가는 길.
12) '치레'는 명사와 접미사로 쓰이는데, 여기서는 명사로 파악된다.

(4ㄴ)은 선행요소인 N_1이 '앞+X'의 꼴로 이루어진 예들이다. 이는 X의 꼴에 따라 세 경우로 구분된다. '앞가슴-등, 앞깃-선'처럼, '앞'이 다른 명사와 결합함으로써 다시 합성명사를 형성하는 예가 있다. 따라서 이들은 $[[앞+N]_{N_1}+N_2]_N$의 짜임새를 갖는다. 그리고 '앞선-음'이나 '앞선-자'처럼, 합성동사인 '앞서-'에 관형사형 어미 '-ㄴ'이 결합됨으로써 선행요소를 형성한 꼴이 있다. 따라서 이들은 $[[V-ㄴ]+N]_N$의 짜임새를 갖는다. 또한 '앞지르기-경기', '앞지름-줄, 앞트기-식' 등에서처럼, 합성동사에 접미사 '-기'나 '-음' 따위가 결합함으로써 선행요소를 형성하는 예가 있다. 종합합성어의 양상을 띠는 경우가 된다. 따라서 이들은 공통적으로 $[[V-suf]_{N_1}+N_2]_N$의 내부 짜임새를 갖는다. 이들 세 유형들이 가지는 선행요소들은 모두 통사적 합성어에 속한다는 점에서도 공통점이 있다.

이들 예를 제시하면 아래와 같다. 이 가운데 아래 (5-2ㄱ)은 선행요소가 [앞+N]의 짜임새인 경우, (5-2ㄴ)은 선행요소가 [[앞+V]-은(ㄴ)]인 경우이다.

(5-2) N_1이 '앞+X'로 이루어진 경우의 예시
ㄱ. 앞가슴-등, 앞가슴-마디, 앞가슴-샘, 앞깃-선, 앞니-엄니, 앞동갈-베도라치, 앞아래-팔뼈, 앞줄-댕기, 앞판-싸움, 앞팔-뼈, 앞편-짝, 앞햇-돈, 앞혀-홀소리, 앞혓바닥-소리 ; 앞지르기-경기, 앞지름-줄, 앞트기-식.
ㄴ. 앞선-음, 앞선-자 ; 앞붉은점빛-불나방, 앞짧은-소리, 앞찬-소리, 앞작은-악절.

그리고 (4ㄷ)은 '겹앞-', '모둠앞-', '베틀앞-', '자기앞-', '제단앞-' 등에서 보다시피, '앞'이 선행요소의 첫머리가 아닌 2음절 이하에 결합되어 있는 유형이다. 선행요소가 'X+앞'의 형태를 이루고 있는 경우에 해

당한다. 따라서 이들은 [[X+앞]N1+N2]N의 짜임새를 가진다.

(4ㄹ)은 N1이 X만으로 이루어진 경우이다. '눈-앞'이나 '코-앞', '불-앞' 등의 예를 살필 수 있다. '눈앞'이나 '코앞' 등 신체 관련어가 선행요소로 결합된 경우는 각각 '아주 가까운'의 뜻을 가지는데, 이는 심리적으로 인지할 수 있는 개념이라는 점에서 공간이 이미 관념화된 예이다. 반면, '불앞'은 '활의 양냥고자에서 출전피까지의 안쪽'을 가리킨다. 따라서여기서는 구체적인 위치를 나타내는데, 그 위치는 '앞쪽'보다는 '안쪽'의의미를 함의하고 있다고 봐야겠다. 그 외 다소 인위성이 느껴지는 조어인 '베틀-앞기둥'이나 '망건-앞', '짧은-앞꾸밈음' 따위가 있다.

마지막으로 (4ㅁ)은 선행요소인 N1에 '앞'과 '뒤'가 합성되어 나타나는예들이다. 여기에는 모두 5개 정도의 예가 보인다. 이들 합성어는 결국'앞-합성어'와 '뒤-합성어'에 해당되는 두 낱말들을 한꺼번에 인식하기위한 언중들의 노력 끝에 합성된 말로 생각된다. 그러니까 '앞뒤-짱구'는 '앞짱구'와 '뒤짱구'를, '앞뒷-문'은 '앞문'과 '뒷문'을 한꺼번에 발음하고 인식하기 위한 노력의 결과물이라는 것이다.

이상에서 살핀 것처럼, '앞-합성어'에서 선행요소의 경우만 하더라도여러 모양새를 살필 수 있었다. 후행요소인 N2의 짜임새를 논의하게 되면, '앞-합성어'의 전체 모습을 보다 선명하게 살필 수 있을 것이다.

(6)은 '앞-합성어'의 후행요소인 N2의 형태에 따라 자료를 정리한 것이다. 여기에는 N2가 1) 단일어인 경우, 2) 합성어인 경우, 3) 파생어인경우 등 3가지로 구분된다.

(6) N2의 형태에 따라
　ㄱ. N2가 단일어인 경우: 앞-개울, 앞-굽, 앞-길, 앞-방, 앞-생각.
　ㄴ. N2가 합성어인 경우: 앞-가슴마디, 앞-토씨, 앞-팔꿉.
　ㄷ. N2가 파생어인 경우: 앞-걸음, 앞-놀이, 앞-치배.

(6)은 후행요소의 형태에 따라 구분해 본 것이다. 여기서 (6ㄱ)은 후행요소가 단일어로 결합된 예를 말하는데, 가장 많은 예가 해당하는 유형이다. 이들은 모두 선행요소인 '앞'이 후행요소를 꾸미는 입장에 있다. 이렇게 보면, (6ㄱ)의 모든 예들은 의미상 '앞(의) N₂'의 짜임새를 가지게 된다. 간혹 N₂가 '앞-쪽'이나 '앞-녘' 따위처럼 의존명사로 이루어진 예도 있으나 거의는 명사가 그 자리를 차지한다.

(7)은 나머지 예를 제시한 것이다. 그 가운데 (7ㄱ)은 선행요소가 1음절 '앞'만 있는 경우, (7ㄴ)은 선행요소가 2음절 이상인 예이다.

(7) N₂가 단일어인 예13)

ㄱ. 앞-가르마, 앞-가슴, 앞가슴-등, 앞가슴-샘, 앞-가지, 앞-각, 앞-갈망,14) 앞-갈무리, 앞-갈비, 앞-강토, 앞-개, 앞-개울, 앞-갱기, 앞-거리¹, 앞-거리², 앞-거리³,15) 앞-걸, 앞-곤두, 앞-과장, 앞-교대, 앞-굽, 앞-글, 앞-기약, 앞-길¹, 앞-길², 앞-길³,16) 앞-깃, 앞-나비, 앞-날, 앞-내, 앞-널, 앞-녘, 앞-니, 앞-다리¹, 앞-다리²,17) 앞-단, 앞-대, 앞-대문, 앞-도, 앞

---

13) 여기서는 한자어라 하더라도 우리말 기준으로 단일 의미를 가진 것은 단일어로 처리한다. 가령, '앞표지', '앞대문'에서 '표지(表紙)'나 '대문(大門)'을 단일어로 본다는 것이다.

14) '갈망'은 '어떤 일을 감당하여 수습하고 처리하다.'의 뜻이다.("영어를 한답시고 혓바닥을 제대로 꼬부랑거리면 사회에 나가서도 제 한 몸 갈망은 해낼 수 있지 않겠느냐 하는 엉뚱한 배짱도 키워 가지고 있었다."〈박태순, 어느 사학도의 젊은 시절〉). 그리고 '앞갈망'은 '자기에게 생기는 일을 감당하여 처리하다.'의 뜻으로 '앞갈무리'와 비슷한 말이다.("세상이야 어떻게 돌아가든 자기 앞갈망은 분명히 하고 또 그런 나름의 청결 감각을 가지고 있었다."〈박태순, 어느 사학도의 젊은 시절〉) 이런 점에서, '갈망'은 우선 한자어가 아니라는 사실을 알 수 있다. 역사적으로 '갈망'은 '갊+앙'이 녹아 붙은 것이다. '갊-'는 중세국어에서 '갈무리하다, 감추다' 정도의 뜻을 가진다.

15) 앞거리¹: 가운데 큰길을 끼고 있는 거리.
앞거리²: 투전 노름에서, 일·이에 돈을 태울 때에 일에 태우는 돈. 홑거리.
앞거리³: 소의 앞다리 사이에 있는 고기.

16) 앞길¹: 1)집이나 마을의 앞에 있는 길. 2)앞으로 가야 할 길. 3)장차 살아갈 나날.
앞길²: 저고리나 두루마기 따위의 앞쪽에 대는 가는 길.

17) 앞다리¹: 1)네발짐승이나 곤충의 앞쪽 두 다리. 2)두 다리를 앞뒤로 벌렸을 때 앞쪽 다리. 3)책상이나 걸상 따위의 앞쪽에 달린 다리.
앞다리²: 1)집을 남에게 내어 주고 새로 옮겨 갈 집. 2)여러 사람이 이어서 일할 때 자기의 바로 앞에 있는 사람.

-도련, 앞-돈, 앞-동산, 앞-문, 앞-바닥, 앞-바퀴, 앞-바탕, 앞-발, 앞-방, 앞-밭, 앞-배, 앞-벌, 앞-볼, 앞-부리, 앞-빵, 앞-뿌리, 앞-사람, 앞-산, 앞-새, 앞-생각, 앞-섶, 앞-소리, 앞-수갑, 앞-수표, 앞-시금, 앞-시대, 앞-시름, 앞-악절, 앞-앞, 앞-위, 앞-웃, 앞-이마, 앞-일, 앞-자락, 앞-자리, 앞-장, 앞-조각, 앞-전, 앞-주, 앞-죽, 앞-줄, 앞-집, 앞-짱구, 앞-쪽, 앞-정강이, 앞-차, 앞-참, 앞-창¹, 앞-창²,18) 앞-창자, 앞-채¹, 앞-채², 앞-채³,19) 앞-철기, 앞-초리, 앞-치마, 앞-코¹, 앞-코²,20) 앞-태, 앞-터, 앞-턱, 앞-폭, 앞-판, 앞-표지, 앞-품, 앞-항.

ㄴ. 앞깃-선, 앞늘-품, 앞뒤-짱구, 앞뒷-길, 앞뒷-문, 앞뒷-일, 앞산-타령, 앞줄-댕기, 앞지르기-경기, 앞지름-줄, 앞트기-식, 앞햇-돈, 앞혓바닥-소리.

그리고 (8)은 (6ㄴ)과 같이, N₁+N₂의 짜임새에서 N₂가 합성어인 경우를 제시한 것이다. 여기서 N₂는 다시 구성 요소에 따라 두 가지로 구분된다. 하나는 '앞-발굽'의 '발굽'처럼 N₂가 다시 N₁+N₂의 짜임새를 가진 경우이다. 이는 [앞ₙ₁+발굽ₙ₂]ₙ의 짜임새를 가지는데, '앞-가슴마디', '앞붉은점빛-불나방', '앞-토씨', '앞-팔뼈', '앞-씨눈', '앞-편짝' 따위가 해당한다. 반면, '앞-꾸밈음'은 유일하게 N₂의 구성요소에서 파생명사가 결합된 특징을 보인다.

(8) N₂가 합성어인 예
앞-가슴마디, 앞-발굽, 앞붉은점빛-불나방, 앞-어금니, 앞-토씨, 앞-팔굽, 앞-편짝 ; 앞-꾸밈음.

---

18) 앞창¹: 신이나 구두의 앞쪽에 대는 창.
    앞창²: 앞쪽에 나 있는 창문.
19) 앞채¹: 1)한 울 안에서 몸채 앞쪽에 있는 집채.
    앞채²: 1)가마나 상여 따위에 달린 채의 앞부분. 2)같은 말: 앞마구리. 3)일을 벌여 나감에 있어 중요한 부분.
20) 앞코¹: 바늘 앞쪽의 뜨개코.
    앞코²: 선손.

끝으로 (6ㄷ)은 N_2의 자리에 파생어가 위치한 경우이다. (6ㄷ)은 'N_1(앞)+N_2'의 꼴을 이룬 합성어 가운데 N_2의 자리에 접미사가 결합된 파생명사가 위치한 예를 제시한 것이다. 이들은 N_2가 대체로 [V-suf]의 꼴을 갖게 되어, 모두 $[[N_1+[V\text{-}suf]_{N2}]_N$의 짜임새를 형성하게 된다. 이들유형은 다시 N_2를 형성해 주는 접미사의 종류에 따라 몇 가지로 세분화할 수 있다.

첫째, 접미사 '-음(ㅁ)'이 결합된 예이다. 접미사 '-음'은 주로 '어떤 행위나 상태' 따위를 나타낼 경우 사용된다. '앞-걸음'의 경우, 동사 '걷-'에 접사 '-음'의 결합을 통해 명사 '걸음'이 형성되고, 그것이 다시 N_1인 '앞'과 통합된 것이다. '앞판-싸움' 또한 동사 '싸우-'에 접사 '-ㅁ'의결합을 통해 '싸움'이라는 명사가 형성되고, 그것이 다시 N_1인 '앞판'과통합되어 합성명사가 완성된 것으로 본다. 따라서 이들은 $[[앞]_{N1}+[V\text{-}음]_{N2}]_N$과 $[[앞+판]_{N1}+[V\text{-}ㅁ]_{N2}]_N$의 짜임새를 각각 갖는다.[21]

둘째, 접사 '-이'에 의해 명사가 파생된 경우이다. 여기서 '-이'는 '어떤 행위나 사건'을 나타내는데, '앞-놀이'와 '앞뒤-갈이'의 예를 살필 수있다. '앞-놀이'는 '앞'과 '놀이'의 합성어로 생각된다. 동사 '놀-'에 접사'-이'가 우선 결합되어 '놀이'라는 명사를 파생시키고, 이것이 다시'앞'과 통합되었다는 것이다. 따라서 '앞-놀이'나 '앞뒤-갈이'는 $[[앞(뒤))]_{N1}+[V\text{-}이]_{N2}]_N$의 짜임새를 가진 것으로 생각된다.

---

21) '앞걸음'과 '앞가림'은 외형상은 동일 짜임새로 보이나, 이 둘은 다른 짜임새로 처리한다.
'앞걸음'은 '걸음'을 완전한 명사로 생각하여 '앞+걸음'의 합성어로, '앞가림'은 통사적 합성어 '앞가리-'에 접사 '-ㅁ'이 결합된 꼴인 '앞가리-+ㅁ'으로 생각한다는 것이다. 이처럼 낱말 형성에서 선·후행 요소 가운데 하나가 접사의 결합으로 이루어진 경우에는 그것이 합성어인지 파생어인지를 판단하기에 어려움이 있다. 그래서 '해돋이'의 경우, '해+돋이' 또는 '해돋+-이'로 분석하기도 한다. 여기서는 파생가지 결합형인 요소가 하나의 낱말로 선명하게 자리 잡은 것인가의 여부와 의미상의 적절성 여부를 통해 가늠하기로 한다. 그래서 '뒷발길질'은 '발길질'이 선명한 낱말이어서 '뒤(뒷)+발길질'로 인식하여 합성어로, '뒷넘기'는 '넘기'가 아직 완전한 낱말로 굳어진 것이 아닌 것으로 판단하여 '뒤넘-기'로 판단, 파생어로 처리하였다.

셋째, N_2가 접사 '-개'에 의해 파생어를 이루는 경우이다. 접미사 '-개'는 주로 동사 어근에 결합하여 '어떤 일을 하는 수단이 되는 도구'의 의미를 가진다. '앞-가리개'와 '앞-날개'에서, '-개'는 '가리는 무엇', '날아다닐 수 있는 무엇'의 의미를 가지고 있다는 것이다. '앞-가리개'는 '앞'과 '가리개'가 합성된 것인데, 동사 '가리-'에 접사인 '-개'가 결합됨으로써 완성된 '가리개'와 '앞'이 통합되었다는 것이다. 따라서 '앞가리개'는 $[앞_{N1}+[V-개_{suf}]_{N2}]_N$의 짜임새를 갖는다. '앞-날개'도 마찬가지다. 동사 '날-'와 접사 '-개'가 결합된 '날개'가 형성되고 이것이 필요에 의해 '앞'과 통합됨으로써 '앞-날개'라는 합성어를 이루었다고 본다. 따라서 이들은 공통적으로 $[[N_1+[V-개_{suf}]]_{N2}]_N$의 내부 구조를 가진다.

넷째, 그 외에도 물고기를 가리키는 접사 '-치'와 '무리를 이루는 사람'을 가리키는 접사 '-배(輩)', '무엇을 다루는 사람'의 뜻을 더하는 '-잡이' 따위가 결합됨으로써 형성된 N_2가 있다. '앞동갈-베도라치'는 '앞동갈'과 '베도라치'의 합성어로 생각된다. N_2에 해당되는 '베도라치'는 다시 '베도라'와 접사 '-치'의 결합하여 N_1인 '앞동갈'과 다시 통합된 것으로 생각된다. '앞-치배'는 '앞'과 '치배'의 합성어로 보인다. N_2인 '치배'는 풍물놀이에서, 타악기를 치는 사람을 통틀어 이르는 말이다. 따라서 '치배'는 동사 '치-'에 사람을 가리키는 접사인 '-배(輩)'가 결합된 명사이다. 이럴 경우, '앞치배'는 $[앞_{N1}+[V-배_{suf}]_{N2}]_N$의 짜임새를 갖게 된다. '앞-쌍홍잡이'는 민속놀이인 줄타기에서, '줄 위에서 풀쩍 뛰어 앞으로 나가는 재주'를 가리키는 말이다. 따라서 '앞-쌍홍잡이'는 '앞+쌍홍잡이'의 합성어로 생각되는데, '쌍홍잡이'는 명사 '쌍홍'에 접사 '잡이'가 결합되어 하나의 명사를 형성한 것으로 보인다. 이럴 경우 '앞-쌍홍잡이'는 $[앞_{N1}+[N-잡이]_{N2}]_N$의 짜임새를 가진 것으로 파악된다.

다섯째, N_2가 파생어인 이유가 접미사에 의해서가 아니라 접두사로 인한 예가 있다. '앞혀-홀소리'와 '앞-홀소리'가 그것인데, 여기서 '홀소리'의 '홀-'은 몇몇 명사 앞에 붙어서 '짝이 없이 혼자뿐인'의 뜻을 더하는 접두사이다. 따라서 이들은 $[N_1+[pre-N]_{N2}]_N$의 짜임새를 갖는다.

(9)는 이상의 논의에 해당하는 예를 정리한 것이다.

(9) N_2가 파생어인 예
ㄱ. -음: 앞-걸음, 앞판-싸움.
ㄴ. -이: 앞-놀이, 앞뒤-갈이.
ㄷ. -개: 앞-가리개, 앞-날개.
ㄹ. -치: 앞동갈-베도라치.
ㅁ. -배: 앞-치배.
ㅂ. -잡이: 앞-쌍홍잡이.
ㅅ. 홀-: 앞혀-홀소리, 앞-홀소리.

앞-합성동사

일반적으로 합성동사는 선행하는 요소의 품사에 따라 세 경우로 나뉜다. '잠자다, 성내다'처럼 선행요소가 명사인 경우와 '돌아가다, 들여다보다'처럼 동사인 경우, 그리고 '곧이듣다, 곧추서다'처럼 부사인 경우가 그것이다. 후행요소는 모두 용언으로 고정된다. 따라서 '앞'이 결합된 합성동사는 선행요소가 모두 '앞'으로 고정되어 있는 까닭에 기본적으로 'N+V' 꼴의 합성동사만 존재한다. 선행요소인 N은 대개 '앞'이나 '앞+X'의 꼴로 나타나는데, 이에 해당되는 합성용언을 제시하면 다음과 같다.22)

---

22) 〈우리말 사전〉에 등재되지 않은 예 가운데 '앞뒤치기-하다'와 '앞뒤-하다'가 있다. '앞뒤하다'는 '일정한 시점의 직전 또는 직후 무렵에 있다.'는 뜻이다(예: 설을 앞뒤하여 극장가가 붐빈다.) '앞뒤치기하다'는 북한어인데, "어떤 일을 하다가 환경과 조건이 달라지면 그에 맞게 다른 일을 하는 식으로 서로 다른 두 가지 일을 모두 하다."는 뜻을 가진다.

(10) 합성용언의 선행요소에 따른 구분

　ㄱ. 앞-나서다, 앞-넣다, 앞-당기다, 앞-두다, 앞-서다¹, 앞-
　　서다², 앞-지르다, 앞-차다.

　ㄴ. 앞장-서다.

　자료 (10)은 선행요소의 꼴에 따라 구분해 본 것이다. (10ㄱ)은 선행요소가 '앞' 하나로 이루어져 있는 것, (10ㄴ)은 선행요소가 '앞+X'의 꼴을 취한 예이다. (10ㄱ)의 경우, '앞'은 접사로서가 아니라 모두 어근으로 자리 잡고 있는데, 이는 '앞'이 어휘적인 의미를 그대로 가지고 있기 때문이다. 이렇게 본다면, 선행요소인 '앞'은 후행하는 용언들의 움직임이 갖는 위치를 나타내는 것으로 볼 수 있다. 따라서 이들은 어떤 형태로든 뒤의 용언들과 자연스럽게 공기하게 된다. 마치 용언을 수식해 주는 부사와 같은 기능을 가졌다는 것이다.

　반면, (10ㄴ)은 선행요소가 '앞+X'로 이루어진 예이다. '앞장-'는 선행어가 '앞'과 더불어 합성어를 형성하여 동사 '서다'와 관계하는 경우이다.

(11) 합성용언의 내부 짜임새에 따른 구분

　ㄱ. 앞-차다.

　ㄴ. 앞-다투다, 앞-지르다, 앞장-서다..

　ㄷ. 앞-나서다, 앞-넣다, 앞-두다, 앞-서다¹, 앞-서다.²³⁾

　ㄹ. 앞-당기다.

　ㅁ. 앞서-가다.

　(11)은 '앞-합성용언'들을 내부 짜임새에 따라 정리한 것이다.²⁴⁾ 이들

---

23) 앞서다¹: 먼저 앞으로 나아가다. 남보다 앞에 서다. 다른 것보다 먼저 작용하다.
　　앞서다²: 배우자나 손아래 가족이 먼저 죽다.
24) 김기혁(2001:114)에서는, 합성동사는 '주어+서술어, 목적어+서술어, 부사어+서술어, 동사
　　+동사, 부사+서술어, 어근+동사'의 내부 구조를 갖고 있고, 통사적 구성과 비통사적 구
　　성으로 이루어진 것으로 정리하고 있다.

은 모두 통사적 합성어로, 우리말의 구성 방식과 일치한다. 이는 무엇보다 선행어로 명사인 '앞'이 위치한 이유가 크다. (11ㅁ)을 제외하고는 모두 N+V의 짜임새로 이루어진 까닭이다.

(11ㄱ)은 선행요소인 '앞'이 주어로 기능하는 경우이다. '힘들다', '빛나다'와 같이, '앞차다'는 '앞이#차다'라는, '주어+서술어'의 통사적 짜임새였던 것이 조사의 소멸과 더불어 통사 경계가 무너지고 하나의 합성어가 된 경우이다. (11ㄴ)의 예는 각각 '목적어+서술어'라는 통사적 짜임새였던 것이 하나의 낱말로 합쳐진 경우이다. '본받다'나 '힘쓰다'와 같이, '앞을#다투다', '앞을#지르다', '앞장을#서다'처럼, 원래는 선행요소와 후행요소 사이에 통사적인 경계가 있었던 것이 조사의 소멸과 함께 하나의 낱말로 굳어진 것들이다. 원래 통사부에서는 통사 경계였던 것이 어휘화를 통해 합성어로 형성되었다는 것이다. (11ㄷ)의 '앞나서다, 앞넣다, 앞두다, 앞서다¹, 앞서다²' 따위는 모두 선행요소인 '앞'이 이어지는 용언들에 대해 부사어로 기능하고 있음을 보여주는 예들이다. 모두 '앞에#V'라는 통사적 환경을 가진다는 공통점이 있다. 어느 시기에 조사 '에'의 소멸로 그 경계가 무너짐으로써 하나의 합성어로 통합되었다는 것이다. (11ㄹ)의 '앞당기다'는 '앞'이 동사 '당기다'에 대해 부사어로 기능하고 있는 예이다. 그러니까 원래는 '앞으로#당기다'라는 통사적 환경을 가졌던 것이 경계가 사라지면서 조사 '(으)로'가 소멸되고 합성어 '앞당기다'가 만들어졌다는 것이다. (11ㅁ)의 '앞서가다'는 선행요소인 '앞서-'가 부사와 같은 기능을 하는 경우이다. 애초에는 '앞서#가다'라는 통사적 짜임새였던 것이 합성어로 녹아 붙었다는 것이다. 정리하자면, (11)은 모두 N+V로 이루어진 합성어들이다. 나아가 여기서 선행요소인 N은 뒤의 동사에 대해 각각 주어, 목적어, 부사어 등으로 기능하여 통사적 합성어를 형성한다는 공통점을 보여준다.

이상에서 '앞'이 어근의 일부로 결합되어 형성된 합성체언과 합성용언을 살펴보았다. 여기서 인상적인 것은 모든 예들이 통사적 합성어로 존재한다는 사실인데, 이는 선행요소가 '앞'이라는 명사로 이루어졌다는 점과 밀접한 연관성을 갖는다.

일반적으로 합성명사에서 나타나는 비통사적 합성어는 선행요소가 용언인 경우가 대부분이다. 우리말에서 용언이 주어를 꾸미고자 할 때는 '먹는 밥'이나 '예쁜 꽃'에서 보다시피, 반드시 일정한 어미의 결합을 통해서야 가능해진다. 그 과정이 제대로 지켜지지 않을 경우, '접칼'이나 '늦잠'에서 알 수 있듯이 용언의 어간이 주어와 직접 마주하게 되는 비통사적 합성어를 형성하게 된다. 그러나 '앞'이 결합된 합성명사의 경우 선행요소가 이미 '앞'이라는 명사로 굳어져 있기 때문에, 이 같은 비통사적 짜임새가 될 수 있는 여지가 애초에 없어지는 셈이다. 그래서 후행요소가 체언이면 '앞뒤'처럼 대등합성어를 형성하거나 후행요소를 꾸며 주는 종속합성어를 이룬다.

합성용언 또한 마찬가지다. 합성용언 가운데 비통사적 합성어를 이루는 경우는 '오가다', '높푸르다'에서처럼, 대개 $V_1 + V_2$ 결합 시에 V_1 다음에 연결어미를 결합시키지 않음으로써 발생한다. 그러나 합성동사가 N+V로 이루어질 경우, 비통사적 짜임새가 될 가능성은 희박해진다. 우리말의 통사 구조에서 N+V의 짜임새일 경우에 N은 거의가 '주어'이거나 '목적어'로 기능하여 '주어+서술어' 짜임새, 혹은 '목적어+서술어'의 짜임새를 형성하게 된다. 결국 '앞'이 결합된 합성어에서는 '앞'이 이미 선행 요소인 N의 위치를 점유하고 있기 때문에 N+V의 짜임새로서 통사적 짜임새가 될 수밖에 없는 조건을 갖추고 있다는 셈이다.

1.2. 파생어에서

'앞'이 결합되어 있는 파생어에서, '앞'이 접사로 쓰이는 예는 없다. '뒤'와는 달리, '앞'은 오직 어근으로서만 작용하기 때문이다. 그렇다고 해서 '앞-파생어'가 존재하지 않는다는 것은 아니다. 비록 '앞'은 어근으로 위치하더라도 다른 접미사에 의해 파생어로 형성되는 예가 있다. 따라서 여기서는 파생어에 의해 '앞-파생어'로 형성된 예들을 중심으로 논하고자 한다. 이런 기준에서 보게 되면, '앞-파생어'는 아래 세 가지 경우로 나뉜다.

1) 명사 앞-파생어
2) 동사 앞-파생어
3) 부사 앞-파생어

명사 앞-파생어

접미사에 따라 형성된 '앞-파생어'는 크게 명사로 파생되는 것과 동사로 파생되는 것으로 나뉜다. 먼저 명사 파생부터 살피기로 하자. 명사를 파생시키는 접미사의 종류는 많은데, 여기서는 모두 8가지 정도를 살필 수 있다. 먼저, 파생명사를 형성시키는 대표적인 접미사인 '-기', '-음', '-이' 등으로 인한 '앞-파생어'부터 파악해 보자.

(12) 접미사 '-기', '-음', '-이'에 따른 '앞-파생어' 형성
    ㄱ. -기: 앞감-기, 앞넘-기, 앞누르-기, 앞다리들-기, 앞지르-기, 앞치-기, 앞턱따-기, 앞트-기 ; 앞걸어뜨-기 ; 앞으로가-기.
    ㄴ. -음(ㅁ): 앞가림, 앞꾸림, 앞여밈, 앞줄임, 앞찌름, 앞처짐, 앞트임.
    ㄷ. -이: 앞갈-이[1], 앞갈-이[2], 앞걸-이, 앞닫-이.

(12ㄱ)은 접미사 '-기'에 의해 형성되는 '앞-파생어'의 예를 보인 것이다. 이들은 '앞감기', '앞넘기', '앞누르기' 따위에서 보듯이, 선행 어근이 모두 'N+V' 꼴의 합성동사라는 공통점을 가진다. 따라서 이들은 모두 [NV-기$_{suf}$]$_N$의 짜임새를 가진다. '앞걸어뜨-기'는 선행 어근인 'V$_1$ +V$_2$'가 연결어미에 의해 결합된 꼴이라는 점에서, '앞으로가-기'는 선행 어근이 [[앞-으로]+V]$_V$의 짜임새를 가진다는 점에서 다른 예들과 차이를 보인다. 이 합성동사들은 모두 통사적 합성어라는 점 또한 공통적이다.

(12ㄴ)은 접미사 '-음'에 의해서 파생되는 '앞-파생어'의 예를 보인 것이다. 이들 예의 선행 어근들 또한 (12ㄱ)과 마찬가지로 'N+V' 꼴의 짜임새를 가진 통사적 합성동사라는 공통점을 가지고 있다. 이 같은 예들은 합성어인가 파생어인가의 문제로 논란이 되는 경우가 많다. 여기서는 후행요소라 할 수 있는 '가림'이나 '꾸림', '여밈' 따위가 아직 독립적인 명사로 쓰일 만큼, 생산적이지 않은 것으로 파악하여 동사를 파생시키는 접미사가 결합된 파생어로 처리한다.[25] 그러니까 '앞가리-', '앞꾸리-', '앞여미-', '앞줄이-', '앞찌르-' 따위의 선행 어근에 명사 형성 접미사인 '-음(ㅁ)'이 결합됨으로써 파생명사가 완성되었다는 것이다. 따라서 이들은 전체적으로 [V-ㅁ]$_N$의 짜임새를 가진다.

(12ㄷ)은 접미사 '-이'에 따라 형성된 '앞-파생어'의 예를 보인 것이다. 이들 또한 선행 어근이 'N+V'의 짜임새를 가진 합성동사가 위치하는데, 합성어인가 파생어인가에 대해 끊임없이 고민되는 예들에 해당된다. 여기서 '앞갈-', '앞걸-', '앞닫-' 따위의 선행 어근들은 모두 사전 올림말이 아니다. 그렇다고 해서 '갈이', '걸이', '닫이' 따위가 명백하게 자립

---

25) 만약에 접미사에 따른 명사 형성 요소가 '갈림길'과 같이 N$_1$+N$_2$ 짜임새의 합성어에서 N$_1$의 위치에 오게 되면 상황은 달라질 것이다. 여기서 '갈림'은 후행요소인 '길'을 합성어로 만들기 위해 선택되었다는 점에서 하나의 어근으로 파악할 수밖에 없다. 이처럼 더 큰 복합어를 만들기 위해 형성된 요소를 가리켜 '잠재어(潛在語)'로 규정하기도 한다(김창섭 1996: 19).

적인 낱말로 보기도 어렵다. 이렇게 본다면, 선행 어근인 '앞갈-', '앞걸
-', '앞닫-' 따위는 파생명사 형성을 위해 만들어진 임시 합성동사로 생
각된다. 김창섭(1996: 10)의 '잠재어(潛在語)' 등은 이 같은 경우를 설명하기
위한 것이다. 따라서 (12ㄷ)의 예들은 접미사 '-이'에 의한 파생명사로
처리한다. 이렇게 본다면, 이들은 대개 [V-이suf]N의 짜임새를 갖게 될
것이다.

다음 (13)은 그 외의 접미사에 따라 형성되는 '앞-파생어'의 예를 제
시한 것이다.

> (13) 접미사 '-질', '-꾼', '-감', '-치레', '-잡이'에 따른 '앞-파생어'
> 형성
> ㄱ. -질: 앞발-질, 앞뒷질, 앞잡이-질.
> ㄴ. -꾼: 앞소리-꾼.
> ㄷ. -감: 앞장-감.
> ㄹ. -치레: 앞-치레.26)
> ㅁ. -잡이: 앞-잡이, 앞채-잡이.

(13ㄱ)의 '-질'은 일정한 행위의 반복을 나타내고자 할 때 쓰이는 접
미사이다. (13ㄱ)에서 보다시피, 선행 어근은 주로 명사가 된다. 따라서
이들은 대개 [N-질suf]N의 짜임새를 갖게 된다. '앞발-질'과 '앞뒷-질'은
합성명사인 '앞발'이, '앞잡이-질'은 파생명사인 '앞잡이'가 선행 어근
으로 위치한다. (13ㄴ)의 '앞소리꾼'은 '앞소리를 메기는 사람'이라는 뜻
이다. 따라서 [앞+[소리-꾼]]이 아니라 [[앞+소리]-꾼]으로 결합된 것임
을 알 수 있다. '앞장-감'의 '-감(感)'은 '우월감', '책임감' 따위에서 보듯
이, 일부 명사 뒤에 붙어서 '느낌'의 뜻을 더해 주는 접미사이다. (13ㄹ)

---

26) '치레'는 두 경우가 있는데, 명사로서의 '치레'와 접미사로서의 '-치레'가 그것이다. 명사로
서의 '치레'는 '잘 손질하여 모양을 내다.'의 뜻이다. 접사로서의 '-치레'는 '치러 내는 일'
또는 '겉으로만 꾸미는 일'의 뜻을 더해주는 역할이다. '겉치레, 병치레, 옷치레, 앞치레,
책치레' 따위가 해당된다.

의 '-치레'는 '겉치레, 병치레, 옷치레, 앞치레, 책치레' 따위의 예들에 보다시피, '치러 내는 일' 또는 '겉으로만 꾸미는 일'의 뜻을 더해주는 접미사이다. '앞치레'는 '몸의 앞부분을 꾸미는 치레' 또는 '제 앞의 몫을 치르는 일' 등의 뜻을 갖는데, [[앞]-치레]ₙ의 짜임새를 가진 파생명사이다. 그리고 (13ㅁ)의 '앞잡이'나 '앞채잡이'는 접미사를 '-잡이'로 할 것인가, '-이'로 할 것인가 논란이 있을 수 있는 것인데, 여기서는 '-잡이'를 접미사로 삼는다. 우선 '앞잡이'에서 '앞잡-'를 선행 어근으로 하기에는 의미의 연관성이 약한 것으로 생각되며 '앞채잡이' 또한 가끔씩 이루어지는 어떤 일을 지칭하는 것이 아니라 '그런 일을 행하는 사람'을 가리킨다는 점에서 '-잡이'를 접미사로 처리하는 것이 옳다는 것이다. 따라서 이들 또한 [NV-이ₛᵤf]ₙ가 아니라 [N-잡이ₛᵤf]ₙ의 짜임새를 가지는 것으로 생각된다.

동사 앞-파생어

아래 (14)의 예들은 접미사가 결합됨으로써 '앞-파생동사'를 형성하는 예들이다. 이들은 크게 접미사 '-하다'에 의한 것과 사동동사를 형성하는 접미사 '-우-'에 의한 것으로 구분된다.

(14) 접미사 '-하다', '-우-'에 의한 동사 파생
　가. ㄱ. 앞갈망-하다, 앞갈무리-하다, 앞면도-하다.
　　　ㄴ. 앞가림-하다, 앞걸음-하다, 앞갈이-하다¹, 앞갈이-하다².
　　　ㄷ. 앞뒷질-하다, 앞발질-하다, 앞잡이질-하다 ; 앞뒤-하다.
　나. 앞-세우다¹, 앞-세우다.²⁷⁾

(14가ㄱ)은 접미사 '-하다'에 의해 형성된 '앞-파생어'들이다. 여기

---

27) 앞세우다¹: 앞에 서게 하다. 먼저 내어 놓다.
　　앞세우다²: 배우자나 손아래 가족이 먼저 죽는 일을 당하다.

서 접미사 '-하다'가 결합된 선행 어근은 마땅히 명사이다. '-하다'는 명사를 동사로 만들어 주는 기능을 가졌기 때문이다.[28] 따라서 (14가ㄱ)의 예들이 가지는 짜임새는 포괄적으로 보아 [N-하다]$_V$가 될 것이다. 그러나 이들도 N의 형태에 따라 일정한 차이를 가진다. 먼저 (14가ㄱ)의 '앞갈망-', '앞갈무리-', '앞면도-' 따위는 선행 어근이 명사와 명사의 합성어로 이루어져 있다. 따라서 이들은 [[N$_1$+N$_2$]N-하다$_{suf}$]$_V$의 짜임새를 갖게 될 것이다. 반면, (14가ㄴ)의 '앞가림-', '앞걸음-', '앞갈이-' 따위는 선행 어근이 'N+V' 꼴의 합성동사에 명사 형성 접미사인 '-음(ㅁ)'이나 '-이' 따위가 결합된 꼴이다. 따라서 이들은 [[N-suf]$_N$-하다]$_V$의 짜임새를 갖게 된다. 그리고 (14가ㄷ)의 '앞뒷질-', '앞발질-', '앞잡이질-' 따위는 모두 선행 어근이 명사에 접미사 '-질'이 결합함으로써 형성된 경우이다. 그 중에서 '앞뒷-질'과 '앞발-질'은 모두 합성명사에, '앞잡이-질'은 파생명사에 '-질'이 결합되어 있는 형국이다. 따라서 전자는 [[N-질$_{suf}$]-하다$_{suf}$]$_V$의 짜임새를, 후자는 [[[N-잡이]$_{suf}$-질$_{suf}$]$_N$-하다$_{suf}$]$_V$의 짜임새를 갖는다. 특히 '앞잡이질하다'는 '-잡이'와 '-질', '-하다' 등의 접미사가 층위를 달리하여 3회 연속 결합된 특징을 보여준다. 한편, (14나)의 동사 '앞세우다'는 합성동사 '앞서다'에 접미사 '-(이)우-'가 결합됨으로써 사동동사를 형성하고 있는 예이다. 따라서 이는 [[V]-(이)우$_{suf}$]의$_V$ 짜임새를 형성한다.

부사 앞-파생어

'앞'이 결합된 '앞-파생어'는 그 수가 많지 않다. '앞서'와 '앞앞이'를

---

[28] 우리말 '하다'는 아주 다양한 의미와 기능이 있다. 일반적으로는, '구체적인 어휘 의미를 갖지 않고, 동사의 문법화에 따라 파생접미사화 된 것으로, 선행요소에 동사성을 더해 주는 형식적 요소'라 할 수 있다. '하다'에 대한 구체적인 논의는 최현배(1971), 서정수(1975), 심재기(1980), 김영희(1984) 등 참조.

찾을 수 있을 따름이다.[29] 부사를 형성하는 파생법에서 가장 일반적인 방법은 동사에 부사를 만드는 접미사가 결합되는 것이다. 그 중에서도 접미사 '-이', '-히', '-오/-우' 등이 대표적인데, 특히 접미사 '-이'는 가장 생산적이어서 수많은 부사를 형성해 낸다. '곳곳이'나 '집집이'처럼, 명사에 결합하기도 하고 '같-', '굳-', '길-' 따위의 용언에 결합해서 '같이, 굳이, 길이' 따위의 부사를 형성하기도 한다. 또한 '-하다' 동사에도 결합해서 '꼿꼿이', '뚜렷이', '반듯이' 따위를 형성해 낸다. 접미사 '-히'에 의한 부사는 '가만히', '고요히', '조용히' 따위에서 보듯이, 원래는 역사적으로 동사 'X하(ᄒ)-'에서 ᆞ가 탈락되고 '-히'가 결합된 경우가 많다. 반면, '도로', '너무', '자주' 등 접미사 '-오/-우'에 따라 생성된 부사들은, 본래 동사 '돌-', '-넘-', '잦-'와 관련된 것이겠지만 오늘날은 더이상 생산적인 예가 아니다.

'앞앞이'도 이 같은 부사 만들기의 예라 할 수 있다. 명사 '앞'이 중복된 '앞앞'에 접미사 '-이'가 결합됨으로써 형성된 부사인 것이다. '앞앞이'는 '각 사람의 앞에' 또는 '각 사람의 몫으로' 정도의 뜻을 가진다.[30]

'앞서'는 합성동사 '앞서-'에 부사 형성 접미사인 '-어'가 결합된 경우이다. 물론 모음의 충돌로 인해 '-어'가 탈락된 상태이다. 이처럼 접미사 '-어/-아'가 결합됨으로써 형성되는 부사는 역사적으로 많은 예를 찾을 수 있다. (15)는 이를 보여준다.

(15) 접사 '-어/-아' 결합의 부사
　　ㄱ. '드듸- + 어' → 드듸여
　　ㄴ. '마초- + 아' → 마초아

---

29) 백문식(2010)의 〈부사사전〉에서는 '앞으로', '앞뒤없이'도 부사로 처리하고 있다.
30) '앞앞이'가 쓰인 예는 다음과 같다.
　　ㄱ. 심진학은 네 사람 앞앞에 놓인 찻잔에 고루 뜨거운 차를 따른다〈최명희, 혼불〉.
　　ㄴ. 제 머리 굵은 애들은 앞앞이 다 통장이 있더라던데요.〈이문열, 사람의 아들〉

ㄷ. '더블- + 어' → 더브러
ㄹ. '좇- + 아' → 조차
ㅁ. '춤- + 아' → 츠마

이렇게 볼 때, '앞'이 어근으로 참여하고 접미사에 의해 파생어를 형성하고 있는 '앞-파생어'의 경우 다음과 같은 특징을 갖는다.

1) '앞'이 접두사로 쓰여 파생어를 형성하는 예는 없다. 오직 어근으로서만 결합한다. 이는 합성어 형성 요소로서는 기능하지만 파생어 형성 요소로는 아무런 영향을 미치지 못한다는 사실을 말한다.
2) 그러나 '앞'은 다양한 접미사의 결합을 통하여 '앞-파생어'가 형성된다. 여기서 '앞-파생명사'를 형성하는 접사는 다양한 반면, '앞-파생동사'를 형성하는 예는 접미사 '-하다'에 의한 경우로 집중되어 있다.
3) '앞-파생어'는 명사, 동사, 부사가 있다.

2. '뒤'의 복합어

여기서는 '뒤'가 결합됨으로써 형성된 '뒤-복합어'에 대해 살핀다. '뒤'가 '앞'과 다른 점은 '앞'이 어근으로만 존재했던 것과는 달리, '뒤'는 낱말 형성 과정에서 어근으로도, 또 접사로서도 역할을 가진다는 데 있다. 또한 '뒤-합성어'에서는 사이시옷이 결합된 꼴인 '뒷-합성어'가 오히려 '뒤-합성어'보다 많은 수를 차지한다는 것도 하나의 특징일 수 있다. 여기서는 '뒤-합성어'와 '뒤-파생어'로 구분하여, 그 유형과 짜임새를 중심으로 논의하기로 한다.

2.1. 합성어에서

공간말 '뒤'가 결합된 '뒤-합성어'를, 품사에 따라 구분하면 합성명사, 합성동사, 합성부사 따위가 있다.

명사 뒤-합성어

외형적으로 구분되는 '뒤-합성명사'는 먼저 사이시옷이 결합된 것과 결합되지 않은 것이 있다. 사이시옷이 결합된 것이 무려 세 배 가량 많은데, 이는 대상이 합성어라는 것과 밀접한 이유가 있다. 사이시옷은 본래 합성어 형성 표지이기 때문이다. 이렇게 본다면, '뒤(뒷)'가 결합해서 형성된 합성명사의 경우에는 'N_1-ㅅ$+N_2$'의 짜임새가 다수를 차지한다고 하겠다.[31]

'뒤(뒷)-합성어'들을 효과적으로 분석하기 위한 핵심은 결국 '뒤(뒷)'가 존재하는 위치와 관련되어 있다. 이를 중심으로 여기서는 다음 세 가지 사항에 주목하기로 한다.[32]

1) 사이시옷의 결합 여부에 따라
2) N_1의 형태에 따라
3) N_2의 형태에 따라

여기서 1)은 '앞-합성어'와는 다른 '뒤-합성어'에서만 관찰된다는 점에서 언급이 필요하다. 2)는 선행요소인 N_1의 구성요소에 따라, 그

---

31) 예외적으로, '뒤선자'는 N_1+N_2의 짜임새를 취하지 않았다. '뒤선자'는 합성동사 '뒤서-'에 어미 '-ㄴ'이 결합된 것으로 단어보다 큰 단위가 선행요소로 나타난 예이다. 이른바, 종합합성어에 해당한다.
32) 이렇게 '뒤(뒷)'의 위치를 중심으로 논의할 경우 일부 중복될 수 있는 여지가 있다. 이는 간단하게 처리하거나 설명을 약하는 쪽으로 해결한다.

리고 3)은 후행요소인 N₂의 구성 요소에 따라 분석할 필요성이 있다는 것이다.

먼저, 사이시옷의 결합 여부에 따라 구분해 보자.

(16) 사이시옷의 결합 여부에 따라
ㄱ. 사이시옷이 결합된 경우(뒷): 뒷-가지, 뒷-갈망, 뒷-대문, 뒷-경과, 뒷-발.
ㄴ. 사이시옷이 결합되지 않은 경우(뒤): 뒤-꼬리, 뒤-끝, 뒤-울, 뒤-창자.

(16)은 '뒤-합성어'에서, 선행요소에 사이시옷이 결합되는가의 여부에 따라 구분한 것이다. 사이시옷은 중세에는 주로 속격 구성으로 통사적인 관계를 나타내는 기능이었다가 근대국어 이후 통사적 기능은 상실하고 주로 합성명사 형성 표지로 남게 된다.[33] 현대국어에 와서 사이시옷은 그 형태를 'ㅅ'으로 드러내기도 하고 드러내지 않기도 한다. 또한 형태적 환경으로 보면 충분히 사이시옷 현상이 적용될 만한데도 나타나지 않는 경우도 많다. 이는 특히 말할이의 발음 습관 등과도 관련되어 있는 문제여서 명확하게 규정하기도, 파악하기도 쉽지 않다. 그러나 '뒤-합성어'에서는 사이시옷이 'ㅅ'으로 선명하게 드러난다는 점에서 구분하기가 용이한 측면이 있다.[34]

---

33) 이기문(1972: 209), 김창섭(1996: 42~72) 등 참조. 한편, '뒤-합성어'에서 '뒤' 대신 '뒷'이 쓰이는 꼴은 이미 중세국어의 시기에 찾아볼 수 있다. 중세국어의 시기에 '뒤-합성어'는 합성명사와 합성동사에서 각각 몇 개씩 예를 볼 수 있다. 합성명사에서는 '뒷내ㅎ', '뒷간', '뒷다리', '뒷뫼ㅎ', '뒷심꿀', '뒷칠셩', '뒷터ㅎ' 따위에서 사이시옷이 결합된 '뒷'의 꼴을 살필 수 있다. 반면, 합성동사는 '뒤돈니다, 뒤돌다, 뒤보다, 뒤셔다, 뒤좃다' 따위를 볼 수 있지만, 사이시옷이 결합된 예는 보이지 않는다. 이는 어근이 합성명사인 예가 존재하지 않았던 결과라 해야겠다.

34) 사이시옷은 일반적으로 두 단어나 형태소가 합하여 합성명사가 될 때, 앞 말의 끝소리가 울림소리이고, 뒷말의 첫소리가 안울림 예사소리이면, 뒤의 예사소리가 된소리로 변하는

앞서 언급했듯이, '뒤-합성어'는 사이시옷이 결합되어 나타나는 '뒷-합성어' 꼴이 '뒤-합성어'의 꼴보다 그 양에서 있어서 거의 세 배 가까이 많다.35) 그러나 사이시옷의 결합 여부에 따른 특별한 차이를 찾기는 어렵다. 이는 그로 인해 후행요소에 특별한 변화가 발생하거나 어떤 제약을 가진다고 보기는 어렵기 때문이다. '뒤꼬리, 뒤끝' 등의 사이시옷이 결합되지 않는 경우나 '뒷대문, 뒷경과' 등 사이시옷이 결합한 경우나 상관없이 구체적, 혹은 추상적인 요소들이 모두 결합되고 있기 때문이다. 이는 단순히 음운론적인 환경에 따른 차이에서 오는 현상일 따름이다.

다음은 합성어를 형성하는 기본 요소인 선행요소와 후행요소에 따라 구분해 보기로 한다. '뒤-합성어'는 일차적으로 'N₁+N₂'의 짜임새를 가지고 있다. 따라서 이들은 모두 통사적 합성어를 유지하게 된다. 그 과정에서 '뒤(뒷)'은 선행요소에 위치하기도 하고 후행요소에 위치하기도 한다.36)

먼저, 선행요소인 N₁이 가지는 형태에 따라 살피도록 하자. '뒤-합성어'에서 N₁의 자리에 위치하는 형태를 보면 다시 몇 가지로 구분된

경우에 나타나는 현상을 말한다. 그러나 사이시옷 현상은 뚜렷한 규칙성이 없어서 '은돈'이나 '기와집, 말방울' 따위에서는 사이시옷이 첨가되지 않는다. 또한 한자어 합성어에서도 '방법(方法)'이나 '고가(高價), 간단(簡單)' 따위에서도 사이시옷을 볼 수 없다. 그리고 동일 낱말에 대해서도 시대나 지역, 개인에 따라 차이 나는 경우가 많다. 한편, 김창섭 (1996)에서는 사이시옷이 나타나는 환경에 대해 통사·의미론 측면에서도 접근하고 있다. 그리고 사이시옷이 나타나지 않는 경우, 국어 통사구조상 속격 표현이 아예 불가능한 의미 관계이거나 속격 표현이 가능하더라도 중세의 시기에 '-ㅅ'이 아니라 '의/의'의 표지를 가졌던 것이기 때문이라는 주장도 한다. 그 외 사이시옷 현상의 깊은 논의에 대해서는 김창섭(1996: 42-71), 김기혁(2001: 110-113) 등 참조.

35) 조사된 예를 보면, '뒷-합성어'가 170여 개, '뒤-합성어'는 60개 정도가 된다.
36) '앞-합성어'와 달리, '뒤-합성어'는 '앞앞'과 같이 '뒤'가 선·후행요소 모두에 나타나는 '*뒤뒤' 따위는 존재하지 않는다.

다. 1) N₁이 '뒤'로만 이루어진 경우, 2) N₁이 '뒤+X'로 이루어진 경우,
3) N₁이 'X'만으로 이루어진 경우, 4) N₁이 '앞뒤'로 이루어진 경우 등
이 그것이다.

(17) N₁의 결합 형태에 따라
    (17-1) N₁이 '뒤' 하나만으로 이루어진 경우의 예시
        ㄱ. 뒤-곁누르기, 뒤-꼬리, 뒤-굄돌, 뒤-곁, 뒤-꼭지, 뒤
            -꽁무니, 뒤-꾸밈음, 뒤-끝, 뒤-대, 뒤-딱지, 뒤-
            땅, 뒤-뜨락, 뒤-뜰, 뒤-란, 뒤-대패, 뒤-바람, 뒤-
            쓰레질, 뒤-악절, 뒤-안, 뒤-어금니, 뒤-울, 뒤-웅,
            뒤-집, 뒤-짱구, 뒤-차, 뒤-창, 뒤-창자, 뒤-채[1/2, 37]
            뒤-축, 뒤-처리, 뒤-치다꺼리,[38] 뒤-치배, 뒤-치송,
            뒤-코, 뒤-탈, 뒤-태, 뒤-태도, 뒤-쪽, 뒤-턱, 뒤-
            통수, 뒤-퇴, 뒤-틈, 뒤-파도, 뒤-판, 뒤-편, 뒤-폭,
            뒤-표지, 뒤-품, 뒤-함박, 뒤-항, 뒤-홀소리.
        ㄴ. 뒷-가리개, 뒷-가슴, 뒷-가슴마디, 뒷-가지, 뒷-간,
            뒷-갈망, 뒷-갈무리, 뒷-감당, 뒷-거래, 뒷-거름,
            뒷-거리[1/2, 39] 뒷-거조, 뒷-걱정, 뒷-걸음, 뒷-겨드
            랑이, 뒷-결박, 뒷-경과, 뒷-골, 뒷-골목, 뒷-골방,
            뒷-공, 뒷-공론, 뒷-과장, 뒷-구멍, 뒷-군두, 뒷-그
            루, 뒷-그림자, 뒷-글, 뒷-기둥, 뒷-기약, 뒷-길[1/2/3, 40]
            뒷-깃, 뒷나무, 뒷-날, 뒷-날개, 뒷-내, 뒷-널, 뒷
            -논, 뒷-눈, 뒷-눈질, 뒷-다리, 뒷-단장, 뒷-담, 뒷
            -담당, 뒷-대문, 뒷-대야, 뒷-덜미, 뒷-도, 뒷-도

---

37) 뒤채[1]: 어떤 집채의 뒤쪽에 있는 집채.
   뒤채[2]: 가마나 들것 따위의 채의 뒷부분.
38) '치다꺼리'는 명사로 두 가지의 의미를 갖고 있다.
   ㄱ. 일을 치러 내는 일(잔치 치다꺼리, 제사 치다꺼리).
   ㄴ. 남의 자잘한 일을 보살펴서 도와줌. 또는 그런 일(자식 치다꺼리). = 뒷수쇄
39) 뒷거리[1]: 뒤쪽 길거리.
   뒷거리[2]: 상대방에게 넘겨짚어 물어물어 자백을 구하는 수단.
40) 뒷길[1]: 집채나 마을의 뒤에 있는 길.
   뒷길[2]: 남도 지방에서 서도나 북도를 가리키는 말.
   뒷길[3]:웃옷의 뒤쪽에 있는 길.

랑, 뒷-도련, 뒷-도장, 뒷-돈, 뒷-동, 뒷-동네, 뒷-
동산, 뒷-들, 뒷-등$^{1/2}$,41) 뒷-등성이, 뒷-마감, 뒷-
마구리, 뒷-마당, 뒷-마디, 뒷-마루, 뒷-마을, 뒷-
막, 뒷-말, 뒷-맛, 뒷-맵시, 뒷-머리, 뒷-년, 뒷-면
도, 뒷-모, 뒷-모개, 뒷-모도, 뒷-모습, 뒷-모양,
뒷-목$^{1/2}$,42) 뒷-몸, 뒷-무, 뒷-무릎, 뒷-문, 뒷-물,
뒷-바닥, 뒷-바대, 뒷-바라지$^{1/2}$,43) 뒷-바람, 뒷-바
퀴, 뒷-받침, 뒷-발, 뒷-발길, 뒷-발길질, 뒷-발막,
뒷-발치, 뒷-발톱, 뒷-방, 뒷-밭, 뒷-배$^{1/2}$,44) 뒷-배
포, 뒷-벽, 뒷-보증, 뒷-볼, 뒷-불, 뒷-사람, 뒷-산,
뒷-생각, 뒷-설거지, 뒷-세상, 뒷-셈, 뒷-소리, 뒷-
소문, 뒷-손$^{1/2/3}$,45) 뒷-솔기, 뒷-쇠, 뒷-수덕, 뒷-수
쇄, 뒷-수습, 뒷-시대, 뒷-시세, 뒷-시중, 뒷-심,
뒷-욕, 뒷-윷, 뒷-이야기, 뒷-일, 뒷-일꾼, 뒷-입
맛, 뒷-자락, 뒷-자리, 뒷-자손, 뒷-장$^{1/2}$,46) 뒷-전,
뒷-정리, 뒷-정신, 뒷-조각, 뒷-조사, 뒷-죽, 뒷-
줄, 뒷-지느러미, 뒷-짐, 뒷-집.

(17-1)은 선행요소에 '뒤(뒷)' 하나만 결합된 예들을 제시한 것이다.
(17-1ㄱ)은 '뒤-합성어', (17-1ㄴ)은 '뒷-합성어'이다. 조사된 '뒤(뒷)-합성
어' 가운데 90% 이상이 여기에 해당된다. 이는 중세국어나 근대국어의
시기에서도 유사한 양상을 보여준다.47)

---

41) 뒷등^1: '등'을 힘주어 하는 말.
   뒷등^2: 뒤를 비추는 차의 등.
42) 뒷목^1: 타작할 때에 북더기에 섞여 남거나 마당에 처진 찌꺼기 곡식, 뒷목^2: 뒤를 본 뒤에
   밑을 닦을 때 쓰는 것.
43) 뒷바라지^1: 뒤에서 보살피며 사물을 주선하여 도와주는 일.
   뒷바라지^2: 방의 뒷벽에 난 작은 창.
44) 뒷배^1: 겉으로 나서지는 않고 남의 뒤에서 보살펴 주는 일, 뒷배^2: 뒤에 떠나거나 오는 배.
45) 뒷손^1: 뒤로 내미는 손.
   뒷손^2: 뒷수쇄하는 손.
   뒷손^3: 판소리 장단들에서, 왼손바닥으로 북의 왼쪽 가죽을 치는 것.
46) 뒷장^1: 뒷일이나 뒤끝, 뒷장^2: 다음 장날에 설장, 한낮이 지나고 파장이 가까운 무렵의 장.
47) 중세국어에 조사된 '뒤-축(뒤측), 뒷-내ㅎ, 뒷-간, 뒷-다리, 뒷-뫼ㅎ, 뒷-심꼴, 뒷-칠성,

그리고 (17-2)는 선행요소가 2음절 이상인 예로 '뒤'가 첫 음절에 결합하여 '뒤(뒷)+X'의 형태를 가진 경우이다. (17-2ㄱ)은 사이시옷이 결합되지 않은 것, (17-2ㄴ)은 결합된 예를 제시한 것이다.

(17-2) N$_1$이 '뒤+X'인 경우의 예시48)
　　　ㄱ. 뒤선-자,49) 뒤안-굿, 뒤안-길, 뒤웅-박, 뒤혀-홀소리,
　　　　　뒤혓바닥-소리, 뒤죽-박죽.
　　　ㄴ. 뒷궁-자리, 뒷깃-선, 뒷물-대야, 뒷문-가출옥, 뒷문-거
　　　　　래, 뒷간-지신풀이, 뒷방-공론, 뒷방-마누라, 뒷발-굽,
　　　　　뒷손-자리, 뒷전-거리, 뒷전-놀이, 뒷전-풀이, 뒷전-무
　　　　　당, 뒷전-소용돌이, 뒷짐-결박.

여기서 보면, '뒤선-자'를 제외하고는 모두 선행요소가 '뒤'와 명사의 결합으로 형성되어 있다. 이는 결국 (17-2)의 예들이 'N$_1$+N$_2$'의 짜임새를 가지고 있다는 것이다. 따라서 이들 짜임새는 1차적으로 $[[N_1+N_2]_{N1}+N_2]_N$의 짜임새를 갖는다. 그러나 '뒤선-자'의 경우는 선행요소가 'N+V' 꼴의 통사적 합성동사인 '뒤서-'에 어미 '-ㄴ'이 결합된 양상을 보인다. 따라서 '뒤선-자'는 $[[V-ㄴ]+N]_N$의 짜임새를 가진다는 점에서 다른 예들과는 차이가 있다.

셋째, (17-3)은 선행요소에 '뒤'가 위치하지 않은 예이다.

(17-3) N$_1$이 'X'만으로 이루어진 경우
　　　꼭-뒤, 망건-뒤, 새벽-뒤, 용수-뒤, 흙-뒤, 요-뒤, 밤-뒤,
　　　낮-뒤 ; 두벌-뒤.

뒷-터ㅎ' 따위는 모두 선행어에 '뒤(뒷)'가 위치할 뿐만 아니라 '뒤(뒷)' 하나만 결합되어 나타난다. '뒤+X'의 꼴은 보이지 않는다.
48) '앞-합성어'와는 달리, '뒤-합성어'에서는 선행요소가 2음절 이상인 예 가운데 '뒤'가 2음절 이하에 결합된 경우는 보이지 않는다.
49) '뒤선자'는 사자춤을 출 때, 사자탈 속에서 뒤꼬리를 놀리는 사람을 말한다.

(17-3)에서, N_1에는 일반적으로 단일어가 오고 '뒤'는 후행요소에 결합되고 있다. 그리고 '뒤'가 선행요소에 결합한 경우에 비하면 그 수는 많지 않다. 8개 정도의 예에서 보면, '뒤'는 후행요소에 오되 다른 요소와의 결합은 전혀 없는 꼴을 보이고 있다. 따라서 이들은 $[N_1+N_2]_N$의 짜임새를 갖는다. '뒤'가 다른 요소와 결합을 통해 합성어의 한 성분을 형성하는 경우는 모두 선행요소에 위치했을 때라는 사실을 알게 된다.

그리고 (17-4)는 선행요소에 '앞'과 '뒤'가 결합해서 합성어를 형성한 '앞뒤'가 위치한 경우이다. 이는 '앞-합성어'와 중복될 수밖에 없는 경우가 된다.

(17-4) N_1이 '앞뒤'로 이루어진 경우
앞뒷-길, 앞뒷-문, 앞뒷-일, 앞뒷-집, 앞뒤-같이.

다음으로 후행요소인 N_2의 형태에 따라 '뒤-합성어'를 살펴보자. 이 또한 후행요소의 결합 양상에 따라 몇 가지로 구분된다. 여기에는 1)N_2가 단일어인 경우, 2)N_2가 합성어인 경우, 3)N_2가 파생어인 경우 등이 해당한다.

먼저, N_2가 단일어로 나타나는 예들을 살펴보자.

(18) N_2의 형태에 따라
(18-1) N_2가 단일어인 경우
ㄱ. 뒤-꼬리, 뒤-곁, 뒤-꼭지, 뒤-꽁무니, 뒤-끝, 뒤-대, 뒤-딱지, 뒤-땅, 뒤-뜰, 뒤-란, 뒤-대패, 뒷목^1,50) 뒤-바람, 뒤-범벅, 뒤-울, 뒤-짱구, 뒤-차, 뒤-창^1, 뒤-창자, 뒤-채$^{1/2}$, 뒤-치다꺼리, 뒤-코, 뒤-쪽, 뒤-턱, 뒤-통수, 뒤-틈, 뒤편-짝, 뒤-품, 뒤헛바닥-소리 ; 뒤바꿈-법(-法), 뒤-악절(-樂節), 뒤-차(-車), 뒤

---

50) '뒷목'은 '타작할 때에 북더기에 섞여 남거나 마당에 처진 찌꺼기 곡식'을 말한다.

-창(-窓)², 51) 뒤-처리(-處理), 뒤-치송(-治送), 뒤-탈
(-頉), 뒤-태(-態), 뒤-태도(-態度), 뒤-퇴(-退), 뒤-
파도(-波濤), 뒤-판(-板), 뒤-편(-便), 뒤-폭(-幅), 뒤
-표지(-表紙), 뒤-항(-項) ; 꼭 -뒤, 망건-뒤, 새벽-
뒤, 용수-뒤, 흙-뒤, 요-뒤, 밤-뒤, 낮-뒤, 두벌-뒤.

ㄴ. 뒷-가슴, 뒷-가지, 뒷-갈망, 뒷-갈무리, 뒷-거리¹ᐟ²,
뒷-걱정, 뒷-골, 뒷-공, 뒷-구멍, 뒷-군두, 뒷궁-자
리, 뒷-그루, 뒷-그림자, 뒷-글, 뒷-기둥, 뒷-길¹ᐟ²ᐟ³,
뒷-깃, 뒷-나무, 뒷-날, 뒷-내, 뒷-널, 뒷-논, 뒷-
눈, 뒷-다리, 뒷-담, 뒷-덜미, 뒷-도, 뒷-도랑, 뒷-
도련, 뒷-돈, 뒷-동, 뒷-동네, 뒷-동산, 뒷-들, 뒷-
등¹, 52) 뒷-등성이, 뒷-마구리, 뒷-마당, 뒷-마디, 뒷
-마루, 뒷-마을, 뒷-말, 뒷-맛, 뒷-맵시, 뒷-머리,
-모, 뒷-모개, 뒷-모도, 뒷-모습, 뒷-목¹ᐟ², 뒷-몸, 뒷
-무, 뒷-무릎, 뒷-물, 뒷물-대야, 뒷-바닥, 뒷-바대,
뒷-바라지₁ᐟ₂, 뒷-바람, 뒷-바퀴, 뒷-발, 뒷발-굽, 뒷
방-마누라, 뒷-밭, 뒷-배¹ᐟ², 뒷-볼, 뒷-불, 뒷-사람,
뒷-생각, 뒷-설거지, 뒷-셈, 뒷-소리, 뒷-손¹ᐟ²ᐟ³, 뒷
손-자리, 뒷-솔기, 뒷-심, 뒷-윷, 뒷-이야기, 뒷-
일, 뒷-자락, 뒷-자리, 뒷-장¹, 53) 뒷전-거리, 뒷전-
굿, 뒷전-무당, 뒷-조각, 뒷-죽, 뒷-줄, 뒷-지느러
미, 뒷-집 ; 뒷-간(-間), 뒷-감당(-堪當), 뒷-거래(-
去來), 뒷-거조(-擧措), 뒷-결박(-結縛), 뒷-경과(-經
過), 뒷-공론(-公論), 뒷-과장(-科場), 뒷-기약(-期
約), 뒷깃-선(-線), 뒷-단장(-丹粧), 뒷-담당(-擔當),
뒷-대문(-大門), 뒷-도장(-圖章), 뒷-동산(-山), 뒷-
등²(-燈), 54) 뒷-막(-幕), 뒷-면(-面), 뒷-면도(-面刀),
뒷-모양(模樣), 뒷-목₂(-木)55), 뒷-문(-門), 뒷문-거

---

51) ‘뒤창¹’은 ‘신이나 구두의 발뒤꿈치에 대는 창’을 가리킨다. ‘뒤창²’는 ‘뒤쪽으로 난 창(窓)
을’ 의미한다.

52) ‘등’을 강조하여 이르는 말이다.

53) ‘뒷장¹’은 ‘뒷일이나 뒤끝’을 뜻한다. 그리고 ‘종이의 뒷면이나 다음 장’을 의미하는 ‘뒷장³’
도 있지만 〈우리말 큰사전〉에서는 등재되지 않았다.

54) 뒤를 비추는 차의 등(燈).

래(-去來), 뒷-방(-房), 뒷방-공론(-公論), 뒷-배포(-排布), 뒷-보증(-保證), 뒷-산(-山), 뒷-세상(-世上), 뒷-소문(-所聞), 뒷-수쇄(-收刷), 뒷-수습(-收拾), 뒷-시대(-時代), 뒷-시세(-時勢), 뒷-시중(-侍從),56) 뒷-욕(-辱), 뒷-자손(-子孫), 뒷-장²(-場),57) 뒷-정리(-整理), 뒷-정신(-精神), 뒷-조사(-調査), 뒷짐-결박(-結縛).

(18-1)의 예들은 N₂가 단일어로 이루어진 예들을 제시한 것이다. '뒤-합성어'의 대부분이 여기에 해당한다. 이들은 대개가 명사이지만 '뒤-곁'의 '곁', '뒤-란'의 '란', '뒤-쪽'의 '쪽'에서처럼, 의존명사가 위치하는 예도 보인다. 한편, N₂가 단일어인 예 중에서 인상적인 것은 N₂의 위치에 '뒤' 하나만 나타나는 경우이다. '꼭-뒤, 망건-뒤, 새벽-뒤, 용수-뒤, 흙-뒤, 요-뒤, 밤-뒤, 낮-뒤, 두벌-뒤' 등의 예가 거기에 해당한다. 이는 (17-3)에서 언급되었듯이, 선행요소가 X인 예와 동일하다.

둘째, N₂의 자리에 합성어가 위치하는 경우이다.

(18-2) N₂가 합성어인 경우
　　ㄱ. 뒷-가슴마디, 뒷-골목, 뒷-골방, 뒷-발길, 뒷-발막, 뒷-발톱, 뒷-입맛, 뒤-어금니.
　　ㄴ. 뒤-꾐돌, 뒤-꾸밈음, 뒤-곁누르기.

(18-2)의 예에서 볼 수 있듯이, N₂에 합성어가 위치하는 예는 10개 정도 된다. 이들은 모두 후행요소가 'N₁+N₂'의 합성명사이지만 약간의 차이가 있다. (18-2ㄱ)은 후행요소의 구성소들이 모두 명사이지만, (18-2ㄴ)은 N₂가 복합적인 짜임으로 이루어져 있기 때문이다. 그러니까, '뒤-꾐돌'은 '꾐+돌', '뒤-꾸밈음'은 '꾸밈+음'의 구조를 가지는데,

---

55) '뒷목²'는 '뒤를 본 뒤에 밑을 닦을 때 쓰는 것'을 가리킨다.
56) 역사적으로 '시중'은 '시종(侍從)'에서 온 말이다. 따라서 여기서는 한자어로 처리한다.
57) '뒷장²'는 '다음 장날에 설 장, 한낮이 지나고 파장이 가까운 무렵의 장'을 뜻한다.

여기서 선행요소인 '굄'은 동사 '괴-'와 뒷가지 '-ㅁ'의 결합으로, '꾸밈음'은 동사 '꾸미-'와 접미사 '-ㅁ'의 결합으로 이루어져 있다. 그리고 '뒤-곁누르기'는 명사 '곁'과 파생명사 '누르-기'로 결합되어 있다. 이렇게 되면, (18-2ㄱ)의 낱말들은 모두 [뒤$_{N1}$+[N$_1$+N$_2$]$_{N2}$]$_N$의 짜임새를 가지지만 (18-2ㄴ)은 세부적으로 따지면 차이가 있다. 전체적으로는 마땅히 [N$_1$+N$_2$]$_N$의 짜임새이지만 N$_2$의 경우, '뒤-굄돌'이나 '뒤-꾸밈음'의 후행요소는 공히 [[V-ㅁ]N$_1$+N$_2$]$_N$의 짜임새를, '뒤-곁누르기'의 후행요소는 [N$_1$+[V-기]]$_{N2}$]$_N$의 짜임새를 가질 것이다.

마지막으로 N$_2$의 자리에 파생어가 위치하는 경우이다. 여기에는 접사의 결합 예에 따라 8가지 정도로 구분된다.

> (18-3) N$_2$가 파생어인 경우
> ㄱ. 뒤혀-홀소리, 뒤-홀소리 ; 뒷문-가출옥(假出獄).
> ㄴ. 뒷-걸음, 뒷-마감, 뒷-받침, 뒷-짐.
> ㄷ. 뒷-겨드랑이, 뒷전-소용돌이.
> ㄹ. 뒤-쓰레질, 뒷-발길질, 뒷-손질$_2$.
> ㅁ. 뒷-발치.
> ㅂ. 뒷-일꾼.
> ㅅ. 뒷-날개.
> ㅇ. 뒤-치배.

(18-3)은 N$_2$가 파생어, 즉 '어근-접사' 짜임새를 이루고 있는 예를 보인 것이다. 여기서 대부분은 접미사가 결합되어 파생어를 형성하고 있지만, 예외적으로 (18-3ㄱ)은 접두사가 결합된 경우에 해당한다. (18-3ㄱ)에서 '뒤혀-홀소리'와 '뒤-홀소리'의 N$_2$인 '홀소리'의 '홀-'은 '홀몸'이나 '홀아비', '홀어미' 따위에서처럼, 몇몇의 명사 앞에 붙어서는 '짝이 없이 혼자뿐인'의 의미를 더해 주는 기능을 가진 접두사이다. 한편, '뒷문-가출옥'의 '가(假)-' 또한 접두사의 기능을 가지고 있다. '가

(假)-'는 '가건물(假建物), 가계약(假契約), 가등기(假登記)' 따위의 일부 명사 앞에 붙어서 '가짜, 거짓' 혹은 '임시적인' 정도의 뜻을 부여하는 접두사이다. 따라서 이들은 $[N_1+[pre+N]_{N2}]_N$의 짜임새를 갖는다.

그리고 (18-3ㄴ)은 N_2가 모두 동사 어간에 접미사가 결합한 예들이다. '뒷-걸음'에서 '걸음'은 동사 '걷-'과 접미사 '-음'의 결합을 통해서, '뒷-마감'은 동사 '막-'에 '-암', '뒷-받침'은 동사 '받치-'에 '-ㅁ', '뒷-짐'의 '짐'은 동사 '지-'에 '-ㅁ'이 각각 결합됨으로써 합성어를 형성하고 있다. 따라서 이들은 공통적으로 $[뒷]_{N1}+[V-suf]_{N2}]_N$의 내부 짜임새를 갖는다.

(18-3ㄷ)은 후행요소에 접미사 '-이'가 결합됨으로써 '뒤-파생어'가 형성된 경우이다. '뒷-겨드랑이'와 '뒷전-소용돌이'는 각각 '겨드랑+-이', '소용돌-+이'의 짜임새를 갖는다. '겨드랑-이'는 명사에, '소용돌-이'는 '소용돌-'라는 합성동사에 접미사 '-이'가 결합된 꼴이다. 따라서 이들은 각각 $[N_1+[N-suf]_{N2}]_N$와 $[N_1+[V-suf]_{N2}]_N$의 내부 짜임새를 갖게 된다.

그리고 (18-3ㄹ)의 '뒤-쓰레질, 뒷-발길질' 따위는 모두 명사에 접미사 '-질'이 결합되어 N_2를 형성하고 있는 예이다. 여기서 '뒤-쓰레질'의 '쓰레-질'은 '쓰레'에 접미사 '-질'이 결합됨으로써 형성된 명사이다. '쓰레질'은 '비로 쓸어서 집 안을 깨끗이 하는 일'을 말하는데, 여기서 '쓰레'는 원래 동사 '쓸다'와 '에'가 결합되어 전성된 명사로 생각된다. 거기에 접미사 '-질'이 결합되어 '쓰레질'이 되고 다시 선행요소인 '뒤'가 결합됨으로써 '뒤-합성어'로 형성되었다는 것이다. 한편, 합성어 '뒤-쓰레질'은 '어떤 일을 마친 뒤에 그 자리의 쓰레기를 쓸어 내는 일'을 말한다. '뒷손질[2]'는 파생어 '손질'에 '뒷'이 결합됨으로써 형성된 합성어이다. '뒷손질[2]'는 각각 '일을 기본적으로 마치고 나서 다시 손을 대어 매만지거나 마무리하는 일', 혹은 '잘못되거나 망가진 데를 다시 고치는 일'의 의미를 가진다. 이로 보아 '뒤에 하는 손질'의 의미를 가진다는 점에서 1차적으로는 '뒤(뒷)+손질'로 분석되는 것이 옳다는 생각이다.

이렇게 볼 때, 이들의 짜임새는 공통적으로 [뒤$_{N1}$+[N-suf]$_{N2}$]$_N$이 된다.

(18-3ㅁ, ㅂ)의 '뒷-발치'와 '뒷-일꾼'은 각각 명사에 접미사 '-치'와 '-꾼'이 결합됨으로써 후행요소에 파생어를 위치시키고 있다. 후행요소가 [N-suf]로 구성되어 있다는 것인데, 따라서 이들의 내부 짜임새는 [N$_1$+[N-suf]$_{N2}$]$_N$의 짜임새를 갖는다.

반면, (18-3ㅅ, ㅇ)의 '뒷-날개'와 '뒤-치배'는 공통적으로 N$_2$가 동사에 접미사 '-개'와 '-배'가 결합된 꼴을 가지고 있다. 따라서 이들은 [N$_1$+[V-suf]$_{N2}$]$_N$의 짜임새를 가진다. 여기서 '뒤-치배'는 풍물놀이에서, '앞에서 상쇠가 친 가락에 대하여 뒤에서 받아치는 가락이나 사람'을 말한다.

이상에서 '뒤-합성명사'에 해당되는 예를 유형화하고 그 짜임새에 대해 분석해 보았다. 그 특징은 아래와 같이 정리된다.

1) '뒤-합성명사'는 '뒤'가 결합된 것과 '뒷'이 결합된 것이 있는데, '뒷-합성명사'가 세 배 가량 많이 나타난다.
2) '뒤-합성명사'는 선행요소인 N$_1$이 '뒤' 하나만으로 이루어진 경우와 '뒤+X'로 이루어진 경우가 있다.
3) '뒤-합성명사'는 N$_2$가 단일어인 경우, 합성어인 경우, 파생어인 경우로 구분된다.

동사 뒤-합성어

'뒤-합성어'에서, 합성동사는 합성명사와 달리 사이시옷이 결합된 예는 많지 않다. 그것은 선행요소가 합성어를 형성할 때에만 주로 가능한 것이기 때문이다. '뒤-합성어'에서 합성동사의 선행요소에는 모두 '뒤'가 결합된다. 이 같은 사실들은 결국 '뒤' 결합의 합성동사는 선행요소가 거의 '뒤' 하나만으로 이루어져 있다는 사실을 말해 준다. 선행요소와 후행요소로 구분하여 합성동사들을 분석해 보기로 하자.

먼저, 선행요소의 결합 형태에 따라 합성동사를 구분하면 다음 두 가지로 정리된다. 1)선행요소가 '뒤'만으로 이루어진 경우, 2)선행요소가 '뒤+X'로 이루어진 경우가 그것이다. 이 구분법에 따라 정리하면 아래와 같이 예시된다.

> (19) '뒤-합성동사'의 선행요소의 결합 양상에 따라
>
> ㄱ. 선행요소가 '뒤'만으로 이루어진 경우: 뒤-구르다, 뒤-꽂다, 뒤-내려긋다, 뒤-넘다, 뒤-노리다, 뒤-누르다, 뒤-다지다, 뒤-닫다, 뒤-대다2,[58] 뒤-돌다, 뒤-두다, 뒤-떨어지다, 뒤-돌아보다, 뒤-따르다, 뒤-미치다, 뒤-밟다, 뒤-싸주다, 뒤-서다, 뒤-싸주다, 뒤-조지다, 뒤-좇다, 뒤-쫓다, 뒤-처지다, 뒤-터지다.
>
> ㄴ. 선행요소가 '뒤+X'로 이루어진 경우[59]: 뒤넘기-치다, 뒤보아-주다, 뒤통수-치다 ; 뒷걸음-치다, 뒷북-치다, 뒷전-놀다, 뒷전-보다.

(19)는 선행요소의 결합 양상에 따라 구분한 것이다. (19ㄱ)은 선행요소가 '뒤' 하나만으로 이루어진 경우이다. 따라서 이들은 포괄적으로 [뒤-V]$_V$의 짜임새를 갖는다. 여기서 사이시옷 결합형인 '뒷'은 존재하

---

58) 뒤대다²: 뒤를 이어 보아주다, 뒷돈을 끊임없이 이어 주다.

59) 한편, 〈우리말 큰사전〉에서 한 낱말로 처리하고 있는 다음 예들은 관용적인 표현으로 생각해 빼기로 한다.(뒷구멍-캐다, 뒷구멍-파다, 뒷귀-먹다, 뒷귀-밝다, 뒷귀-어둡다, 뒷길-두다, 뒷다리-잡다, 뒷다리-긁다, 뒷배-보다, 뒷소리-치다, 뒷손-가다, 뒷손-내밀다, 뒷손보다, 뒷손-쓰다, 뒷손-없다, 뒷손-치다, 뒷장-보다, 뒷짐-지다, 뒷짐-짊다; 뒤집어-쓰다, 뒤집어-엎다, 뒤턱-놓다.)

지 않는다. 선행요소에 합성어가 형성된 예가 없기 때문이다.60) (19ㄴ)
은 선행요소가 '뒤'와 다른 요소가 결합된 꼴이다. 따라서 이들은 일차
적으로 [뒤+X]- V]ᵥ의 짜임새를 형성한다. X의 자리에는 명사가 올 수
도 있고 동사가 올 수도 있다. 여기서는 선행요소에 사이시옷이 결합된
합성동사가 존재한다. '뒷걸음-치다, 뒷북-치다, 뒷전-놀다, 뒷전-보
다' 따위가 그것인데, 이는 선행요소가 합성명사이기 때문에 가능한 일
이다.

한편, 선행요소가 '뒤'만으로 형성되어 있는 (19ㄱ)의 경우, 후행요소
는 (19ㄴ)과는 차이를 보인다. (19ㄴ)의 후행요소가 모두 단일어로서
나타나는 반면, (19ㄱ)의 동사들은 그렇지 않다. 단일어도 있고 합성어
도 있는 것이다. (20)은 후행요소의 결합 관계에 따라 이들을 구분해
본 것이다.

(20) '뒤-합성동사'의 후행요소의 결합관계에 따라
 ㄱ. 후행요소가 단일어인 경우: 뒤-구르다, 뒤-꽂다, 뒤-넘다,
   뒤-노리다, 뒤-누르다, 뒤-다지다, 뒤-닫다,61) 뒤-밟다,
   뒤-두다, 뒤-서다, 뒤-따르다, 뒤-대다², 뒤-돌다, 뒤-미
   치다, 뒤-살피다, 뒤-조지다, 뒤-좇다, 뒤-쫓다, 뒤-캐다.
 ㄴ. 후행요소가 합성어인 경우: 뒤-돌아보다, 뒤-보아주다, 뒤
   -떨어지다, 뒤-싸주다.

이 가운데 (20ㄱ)은 후행요소가 모두 동사로 형성된 단일어인데, 20
개 안팎의 수를 확인할 수 있다. 따라서 이들은 모두 [뒤+V]ᵥ의 짜임새
를 갖는다. 그리고 (20ㄱ)의 합성동사들이 낱말 형성 과정에서 보여주

---

60) 근대국어에서는 용언에서도 '뒤'의 변이형태인 '뒷'으로 쓰인 '뒷티다, 뒷치다'와 같은 예
  들이 보인다.
61) 북한어에서는 '뒤닫다'를 파생어로 처리하고 있다. 그 뜻은 '마구 앞으로 내딛다.'에 해당
  한다.(앞으로 뒤닫다.)

는 선행요소와 후행요소의 통사 환경에 따르면 모두 통사적 합성어에 해당된다. 이는 우리말이 갖는 기본적인 짜임새를 가지고 있다는 것인데, 크게 '목적어-서술어'의 짜임새, '부사어(방편, 위치)-서술어'의 짜임새를 보여준다. (20-1)은 이를 제시한 것이다.

> (20-1) 후행요소가 단일어인 '뒤-합성동사'의 짜임새 분류
> ㄱ. 목적어-서술어 짜임새: 뒤-노리다, 뒤-누르다, 뒤-다지다, 뒤-닫다, 뒤-대다², 뒤-두다, 뒤-따르다, 뒤-밟다, 뒤-조지다, 뒤-좇다, 뒤-쫓다, 뒤-캐다.
> ㄴ. 부사어(방편)-서술어 짜임새: 뒤-구르다, 뒤-넘다, 뒤-돌다.
> ㄷ. 부사어(위치)-서술어 짜임새: 뒤-꽂다, 뒤-서다.

반면, (20ㄴ)은 후행요소에 다시 합성동사가 나타나는 경우이다. 네 개 정도의 예를 확인할 수 있는데, 이들은 [뒤+[V₁-(아/어)-V₂]]ᵥ의 짜임새를 갖는다.

둘째, 선행요소가 '뒤'와 다른 요소의 결합으로 이루어진 '뒤+X'로 형성된 경우이다. 이는 (19ㄴ)에서 보다시피, 7개 정도의 예를 찾을 수 있다. 이들은 다시 선행요소의 결합관계에 따라 세분화할 수 있다.

> (21) '뒤-합성동사' 가운데 선행요소가 '뒤+X'인 경우의 분류
> ㄱ. 뒷북-치다, 뒷전-놀다, 뒷전-보다, 뒤통수-치다, 뒷걸음-치다.
> ㄴ. 뒤넘기-치다.

(21)에서, (21ㄱ)은 '뒷북', '뒷전', '뒤통수' 따위에서 보다시피, 선행요소가 '뒤+X'의 합성명사로 결합되어 있는 합성동사이다. 그리고 후행요소는 '치다', '놀다', '보다' 따위의 동사가 자리한다. 따라서 이들의 짜임새는 모두 [뒤+X]N+V]ᵥ로 정리할 수 있다. 이 가운데 '뒷걸음-치다'

는 선행요소의 일부가 파생어라는 점에서 차이가 있다. '뒷+걸음'에서 X에 해당되는 '걸음'을 두고 하는 얘기다. 따라서 '뒷걸음-치다'는 [[N₁+[V-음suf]N₂]+V]V의 짜임새를 가진다. 그리고 (21ㄴ)의 '뒤넘기-치다'는 선행요소인 '뒤넘기'가 파생으로 이루어져 있다. 합성동사 '뒤넘-'과 명사 형성 접사인 '-기'의 결합이라는 것이다. 따라서 '뒤넘기-치다'는 [[V-기suf]N+V]V의 짜임새를 가진다.

부사 뒤-합성어

아래 (22ㄱ)은 '뒤'가 결합되어 있는 합성부사를 제시한 것이다.

(22) ㄱ. 뒤뚝뒤뚝, 뒤뚱뒤뚱, 뒤스럭뒤스럭, 뒤슬뒤슬, 뒤치락엎치락, 엎치락뒤치락 ; 뒤미처.
　　 ㄴ. 뒤뚝거리다(뒤뚝대다, 뒤뚝하다, 뒤뚝뒤뚝하다), 뒤뚱거리다(뒤뚱대다, 뒤뚱하다, 뒤뚱뒤뚱하다), 뒤스럭거리다(뒤스럭대다, 뒤스럭뒤스럭하다), 엎치락뒤치락하다(뒤치락엎치락하다), 뒤슬뒤슬하다.

다른 합성어들에 비해 '뒤'가 결합된 합성부사의 숫자는 많지 않다. '뒤-합성부사'는 대체로 두 가지 정도의 특징을 보인다. 하나는, 대부분이 동일 형태가 반복되어서 형성된 예들이라는 사실이다. '뒤미처' 하나를 제외하고는 모두 이런 형태를 가지고 있다. 그것은 '뒤뚝뒤뚝'이나 '뒤뚱뒤뚱', '뒤스럭뒤스럭', '뒤슬뒤슬'처럼 전체가 반복되기도 하고, '엎치락뒤치락(뒤치락엎치락)'처럼 부분이 반복되는 예도 있다. 이와 같은 반복어 형성은 일반적으로 상징어에서 많은 예를 보이는 특징이 있다. 상징어는 다른 부사보다 동사와의 공기 관계에서 강한 제약을 가지고 소리나 꼴을 나타내는 동사와 주로 꾸밈 관계를 갖는 특징을 보인다.[62]

---

62) 상징어를 비롯한 부사(어)에 대한 전체적인 논의는 박선자(1996) 참조.

그리고 또 다른 특징은 (22ㄴ)에서 보다시피, 이들 상징어들은 접미사 '-거리다'나 '-대다', '-하다' 따위가 결합되어 형성된 동사들과 대응을 이루는 경우가 많다는 점이다. '뒤뚝뒤뚝'은 '뒤뚝거리다/대다/하다', '뒤뚱뒤뚱'은 '뒤뚱거리다/대다/하다', '뒤스럭뒤스럭'은 '뒤스럭거리다/대다, 뒤스럭뒤스럭하다',63) '뒤치락엎치락(엎치락뒤치락)'은 '뒤치락거리다/대다, 엎치락뒤치락하다', '뒤슬뒤슬'은 '뒤슬뒤슬하다'로 대응 관계를 형성하고 있다.64) 여기서 보면, 대개가 접사 '-거리다', '-대다', '-하다'는 의태어에 결합 가능하다는 사실을 보게 된다. 다만 '뒤슬뒤슬'은 '-거리다'와 '-대다'가 결합되지 않고 '뒤슬뒤슬하다'의 반복 어근만 가능하다.65) 다른 예에 비하여 제약이 더 심한 상징어인 셈이다. 또한 일반적으로 접사 '-거리다'나 '-대다'가 결합되는 선행 어근은 반복어 형태를 취하지 않는다. 이는 접사가 결합되는 순간 그 속에 이미 반복의 의미를 내포하고 있기 때문일 것이다.

한편, '뒤미처'의 경우, '뒤-미처'는 부사 '미처'에 명사 '뒤'가 결합됨으로써 다시 부사로 형성된 예이다. '뒤'가 결합된 예 가운데 반복어도 아니고 상징어도 아니라는 점에서 유일하다.

2.2 파생어에서

'앞'과 '뒤'가 갖는 큰 차이 가운데 하나는 '앞과는 달리 '뒤'는 접두사

---

63) '뒤스럭뒤스럭'은 '-거리다/-대다'는 '뒤스럭-', '-하다'의 결합은 '뒤스럭-'이 반복된 '뒤스럭뒤스럭'을 어근으로 한다.

64) 이 가운데 '뒤뚝뒤뚝', '뒤뚱뒤뚱'은 특히 '이다'와 결합하여 동사를 파생시킨다. 여기서 '이다'가 결합되는 상징어는 접사 '-거리다'가 결합 가능한 상징어에 한정되는 제약을 가진다. (22)의 예에서도 '뒤뚝거리다'나 '뒤뚱거리다'가 해당된다. 그리고 상징어와 '이다'가 결합해서 동사를 파생시키는 것은 보편적인 현상 가운데 하나이다. '펄럭이다, 헐떡이다, 반짝이다, 번득이다' 따위에서 이는 잘 드러난다.

65) '뒤슬뒤슬'은 '되지못하게 건방진 태도로 행동하는 모양'을 가리킨다.(한마디 불어 대고 싶은 듯도 한 눈치로 뜰 안에 나서며 간밤에 부랴부랴 걷어 가지고 떠났다는 소식을 첫 마디에 이르고는 뒤슬뒤슬 속 있는 웃음을 띠었다.⟨이효석, 장미 병들다⟩)

가 존재한다는 것이다. 여기서는 이처럼 '뒤'가 결합됨으로써 형성된 '뒤-파생어'를 중심으로 다룬다. '뒤-파생어'는 크게 '뒤'가 접두사로 결합됨으로써 형성된 경우와 '뒤'는 하나의 어근으로 결합되고 여타의 접미사에 의해 파생어로 형성된 경우로 구분할 수 있다. 이 같은 양상은 품사에 따라 다르게 나타난다. '뒤-파생어'를 낱말 범주에 따라 구분하면 각각 '파생명사', '파생동사', '파생부사'가 있다.

'뒤-파생어' 중 명사에 속하는 예들은 거의가 '뒤'에 따른 파생어 형성이 아니다. 이는 접미사에 의해 파생어가 형성되었다는 사실을 말한다. 그 결과를 제시하면 아래와 같다. 먼저, '뒤-파생어' 가운데 접미사에 의한 파생명사의 경우를 보자.

(23) '뒤'가 어근으로 결합된 파생명사[66]
　　ㄱ. 뒤걷이, 뒤걸어뜨기, 뒤걸이, 뒤꾼, 뒤꿈치, 뒤넘김, 뒤밀치기, 뒤뚱발이, 뒤로차기, 뒤로훑기, 뒤밀치기, 뒤틀림, 뒤뿔치기, 뒤집기, 뒤섞기, 뒤설레,[67] 뒤찌름, 뒤채잡이, 뒤턱따기, 뒤트기, 뒤풀이.
　　ㄴ. 뒷가리개, 뒷간질, 뒷갈이, 뒷거둠, 뒷걸음질, 뒷넘기, 뒷눈질, 뒷막이, 뒷밀이, 뒷발목걸이, 뒷발차기, 뒷방살이, 뒷욕질, 뒷전놀이, 뒷전풀이, 뒷질[1/2], 뒷짐질.
　　ㄷ. 앞뒤갈이, 앞뒷질.

---

66) 여기서 '뒤꾼'이나 '뒷질', '앞뒷질' 따위는 접미사 '-꾼', '-질'이 어근인 '(앞)뒤'에 바로 결합된 예이다. 나머지는 모두 어근인 '(앞)뒤'와 접미사 사이에 다른 요소가 개입되어 있다.
67) '뒤설레'의 '설레'는 '가만히 있지 아니하고 자꾸 움직이는 행동이나 현상'을 의미하는 의존명사이다.
　　ㄱ. 아이들 설레에 도무지 정신을 차릴 수가 없다.
　　ㄴ. 입 밖에 말을 내나 마나. 피차에 한동국 영감을 위해서, 또는 그이의 설레에 나선 바에야 잠자코 있을 수밖에 없지 않느냐는 생각이다.〈염상섭, 대를 물려서〉

(23)은 다양한 접미사가 결합됨으로써 형성된 파생명사 가운데, '뒤', '뒷', '앞뒤'가 선행 어근의 일부로 결합된 예를 차례대로 제시한 것이다. 그 가운데 (23ㄱ)은 선행 어근이 '뒤'인 경우, (23ㄴ)은 '뒷'이 선행 어근으로 결합된 경우, 그리고 (23ㄷ)은 '앞뒤'가 결합된 경우를 보인 것이다. 이들을 각각 파생어 형성 요소인 접미사에 따라 구분하면 (24)와 같다.

(24) 접미사에 의한 파생명사 분류
　　ㄱ. -기: 뒤턱따기, 뒤트기 ; 뒤로차기, 뒤로훑기, 뒷발차기, 뒤밀치기, 뒷넘기 ; 뒤걸어뜨기.
　　ㄴ. -이: 뒤걷이, 뒤걸이, 뒤풀이, 뒷갈이, 뒷밀이, 뒷발목걸이, 뒷전놀이, 뒷전풀이 ; 뒤뚱발이 ; 뒷막이, 뒤꽂이.
　　ㄷ. -질: 뒷간질, 뒷걸음질, 뒷눈질, 뒷발질, 뒷손질$^{1/2, 68)}$ 뒷손가락질, 뒷욕질, 뒷짐질, 앞뒷질, 뒷질.
　　ㄹ. -음(ㅁ): 뒤넘김, 뒤찌름 ; 뒷거둠.
　　ㅁ. -개: 뒷가리개.
　　ㅂ. -살이: 뒷방살이.
　　ㅅ. -잡이: 뒤채잡이.

(24)는 '뒤-파생어'가 접미사에 의해 형성된 예를 접미사의 유형에 따라 구분한 것이다. (24ㄱ)은 접미사 '-기'에 따른 파생명사 형성을 예시한 것이다. 이 같은 '-기'에 의한 파생어 형성은 중세 이후 우리말에서는 아주 생산적인 유형이다. 접미사 '-기'는 일반적으로 선행요소인 동사와 결합함으로써 파생명사를 형성한다. 이럴 경우 대개는 '어떤 행위'를 나타내거나 '사건'을 나타내게 된다. (24ㄱ)의 예들도 선행요소인 합성동사들이 특정 행위를 나타내고 있기 때문에 접미사 '-기'가 결합할 경우, 이들은 '어떤 행위를 나타내는 명사'가 될 것이다.

---

68) 뒷손질^1: 몸 뒤로 손을 돌리어서 손으로 하는 동작.
　　뒷손질^2: 어떤 일을 거의 마치거나 어떤 물건을 거의 다 만든 다음에 나머지 작은 부분들을 다듬어 마무리하는 일.

이런 과정에서 (24ㄱ)의 예들은 [[N+V]-기$_{suf}$]$_N$의 짜임새를 갖게 된다. 그리고 접미사가 결합하고 있는 선행 어근에 따라 몇 가지 유형을 볼 수 있다. 우선, '뒤턱따-기', '뒤트-기'는 선행 어근이 'N+V' 꼴로 이루어져 있는데, 이들은 모두 '목적어-서술어'의 짜임새를 갖고 있다. 이 같은 통사적 합성어에 접미사 '-기'가 실현됨으로써 파생명사를 형성하고 있다는 것이다.

또 '뒤로차-기', '뒤로훑-기'와 '뒷발차-기', '뒤밀치-기' 따위는 동사의 어간이 '부사어(방편)-서술어'의 통사적 합성어를 가진다는 공통점이 있다. '뒤로차-기'의 '뒤로차-'와 '뒤로훑-기'의 '뒤로훑-'는 각각 '뒤로#차다'와 '뒤로#훑다'라는 통사 환경이 녹아 붙은 결과 형성된 낱말이다. '뒤밀치-기'와 '뒷발차-기'는 각각 '뒤로#밀치다'와 '뒷발로#차다'라는 통사적 환경이 녹아 붙어서 형성된 것이다. 따라서 이들은 각각 [[뒤로+V]-기]$_N$과 [[뒤+V]-기]$_N$의 짜임새를 갖는다.

그리고 '뒤걸어뜨기'는 선행하는 어근 '뒤걸어뜨-'와 접미사 '-기'가 결합됨으로써 명사로 파생된 경우이다. 여기서 선행 어근은 연결어미 '-어'에 의해 V$_1$(뒤걸-)과 V$_2$(뜨-)가 결합된 짜임새를 보여준다. 따라서 '뒤걸어뜨-기'는 [[V$_1$-어+V$_2$]-기]$_N$의 짜임새를 갖게 된다.

(24ㄴ)의 접미사 '-이'에 의한 파생 또한 우리말에서 생산적인 경우에 해당한다. 이들은 '뒤뚱발-이'를 제외하고는 모두 선행요소로 'N+V' 꼴의 합성동사를 취한다는 공통점이 있다. 그리고 (24ㄴ)의 접미사 '-이'의 의미는 모두 동일한 것이 아니다. '-이'의 의미를 살피면 세 가지로 구분된다.

첫째, '뒤걷-이, 뒤걸-이, 뒤풀-이, 뒷갈-이, 뒷밀-이, 뒷발목걸-이, 뒷전놀-이, 뒷전풀-이' 따위는 모두 '-하는 일'을 의미하고 있다. 이는 아래 (25)의 뜻풀이에서 잘 드러난다.

(25) 접미사 '-이'가 '-하는 일'의 의미를 가진 경우[69]

뒤걷이: 뒷일을 수습하고 정리하는 일.

뒤걸이: 투전 따위의 노름에서, 돈을 걸라고 바닥에 몇 장 깐 것 가운데 맨 끝의 것에 돈을 거는 일. 또는 거기에 건 돈.

뒤풀이: 어떤 일이나 모임을 끝낸 뒤에 서로 모여 여흥(餘興)을 즐김. 또는 그런 일.

뒷갈이: 벼를 베고 난 논에 보리나 채소 따위를 심는 일. = 논뒷 갈이

뒷밀이: 수레나 차 따위의 뒤를 밀어줌. 또는 그런 사람.

뒷발목걸이: 씨름에서, 오른쪽 발목으로 상대편의 왼쪽 발목을 밖으로 밀어 넘어뜨리는 기술.

뒷전풀이: 굿을 끝맺는 마지막 거리에서 굿을 노는 일. = 뒷전 거리, 뒷전놀이

앞뒤갈이: 논이나 밭을 두 번째로 가는 일. = 두벌갈이

둘째, '뒤뚱발-이'는 '걸음을 뒤뚱거리며 걷는 사람을 낮잡아 이르는 말'이다. 따라서 여기서의 접미사 '-이'는 '-하는 사람'을 가리킨다.

셋째, '뒷막-이'는 '나무로 만든 가구의 뒤쪽에 대서 막는 널빤지 따위'를, '뒤꽂-이'는 '쪽을 찐 머리 뒤에 덧꽂는 비녀 이외의 장식품'을 가리킨다. 따라서 접미사 '-이'는 '-하는 물건, 도구'를 가리키는 의미를 지닌다. 이렇게 볼 때, (24ㄴ) 예들이 갖는 짜임새들은 '뒤뚱발-이'를 제외하면, 대체로 [[뒤(뒷)+V]-이]$_N$이 된다.[70] '뒤뚱발-이'는 [[뒤뚱+N]- 이]$_N$의 짜임새를 형성한다.

(24ㄷ)은 접미사 '-질'이 결합됨으로써 형성된 파생명사이다. 이 또한 현대국어의 파생어 형성에서는 아주 생산적인 접미사이다. 여기서는

---

69) (24ㄴ)의 예시를 바탕으로 정리한 것이다.

70) 한편, 송철의(1992: 126-143)에서는 접미사 '-이'를 세 가지로 구분하고 있다. 동사어간으로부터 명사를 파생시키는 기능을 갖는 접미사를 '-이¹', 형용사 어간과 결합하여 주로 척도명사를 파생시키는 기능을 갖는 접미사를 '-이²', 명사나 어근 혹은 의성어, 의태어에 결합하여 명사를 파생시키는 기능을 갖는 접미사를 '-이³'으로 구분한다.

'-질'이 결합되고 있는 선행요소들인 어근이 대체로 인체의 어떤 부위를 지칭하는 명사를 알 수 있다. 그 결과 접미사 '-질'은 선행요소인 인체가 행하는 반복적인 동작을 나타내주는 의미를 갖는다. 아래 (26)의 뜻풀이에서 보다시피, 그 가운데는 '뒷걸음-질'이나 '뒷짐-질', '(앞)뒷-질'처럼 객관적인 행위를 나타내는 경우도 있지만 '뒷눈-질'이나 '뒷손-질', '뒷욕-질' 따위처럼 특정의 행위를 비하하는 경우도 있다.

(26) (24ㄷ)의 낱말 뜻풀이
　　뒷간질: 배탈이 나거나 하여 잇따라 뒷간에 <u>드나드는 일</u>.
　　뒷걸음질: 발을 뒤로 떼어 놓으며 걸음을 <u>걷는 일</u>.
　　뒷눈질: 뒤쪽으로 눈을 <u>흘깃흘깃하는 짓</u>.
　　뒷발질: ㄱ. 짐승이 뒷발로 <u>걷어차는 짓</u> = 뒷발길질
　　　　　 ㄴ. 뒤로 차는 발길질
　　뒷손질¹: 1) 손을 몸 뒤로 돌려 하는 동작. 2) 남몰래 뒤로 손을
　　　　　 <u>쓰는 일</u> = 뒷손가락질
　　뒷손가락질: 직접 맞대 놓고는 못 하고 뒤에서 흉보거나 <u>비난</u>
　　　　　 <u>하는 일</u>. = 뒷손질¹
　　뒷욕질: ㄱ. 일이 다 끝난 뒤에 <u>욕해 대는 짓</u>.
　　　　　 ㄴ. 마주 대하고 있지 않은 자리에서 <u>욕해 대는 짓</u>.
　　뒷짐질: 두 손을 등 뒤로 젖혀 마주 잡는 일.
　　뒷질: 물에 뜬 배가 앞뒤로 <u>흔들리는 일</u> = 앞뒷질

　동시에 선행 어근들은 모두 명사로만 이루어진 특징도 보인다. 그것은 아마도 접미사 '-질'이 행위를 내포하고 있기 때문인 것으로 생각된다. '-질' 안에 모든 행위 양상들이 내포됨으로써 선행요소에 굳이 행동 동사가 나타날 이유가 없게 된 까닭이라는 것이다. 따라서 이들의 짜임새는 대개가 $[[뒷+N]-질_{suf}]_N$의 짜임새를 갖게 된다.[71]

---

71) (23ㄷ)의 경우 선행요소가 모두 '뒷'으로 결합된다는 공통점이 있다.

(24ㄹ)은 접미사 '-음'에 따라 형성된 파생명사를 보인 것이다. 접미사 '-음'은 대체로 동사와 결합해서 명사를 파생시키는 기능을 갖고 있다. 명사나 상징어가 어근으로 오지 않는다는 점에서 유사한 접미사인 '-이'와는 차이가 있다. 원래 접미사 '-음'은 '-이'보다 더 생산적이지만 '뒤-파생어'에서는 세 개 정도만 예를 보인다. '뒤넘김'이나 '뒤찌름', '뒷거둠' 정도인데, 이들 선행요소는 '뒤(뒷)+V'의 꼴을 가지기 때문에 마땅히 통사적 합성어를 형성한다. 따라서 이들은 포괄적으로 $[[N+V]_V$ $-\square_{suf}]_N$의 짜임새를 갖게 된다.

(24ㅁ)은 접미사 '-개'에 의해 파생된 예를 보인 것이다. '뒤-파생어' 가운데는 '뒷가리개' 하나만 살필 수 있다. 접미사 '-개'는 일반적으로 '덮개, 깔개, 이쑤시개, 지우개' 등에서 볼 수 있듯이, 동사에 결합하여 도구적인 명사를 파생시키는 기능을 한다. '뒷가리개' 또한 '말 안장의 뒷부분에 세워진 등받이'를 가리키는 것으로, 도구적인 기능을 보여주는 낱말이다. '뒷가리개'는 $[[뒷+V]-개_{suf}]_N$의 짜임새를 가진다.

(24ㅂ)의 '뒷방-살이'는 합성어인 '뒷방'에 접미사 '-살이'가 결합되어 형성된 파생명사로 처리하였다. '-살이'는 일부 명사 뒤에 결합하여 '어떤 일에 종사하거나 어디에 기거하여 사는 생활'의 뜻을 더하는 접미사이다. '감옥살이, 셋방살이, 종살이, 타향살이' 등에서 그 흔적을 찾을 수 있는데, '뒤-파생어' 가운데는 '뒷방살이'가 해당한다. '뒷방살이'는 '큰방에서 물러나 뒷방에서 지내는 생활. 주로 큰마누라 노릇을 빼앗긴 처지'를 비유적으로 이를 때 쓰는 말이다.[72] '뒷방살이'는 따라서 $[[뒷방]-살이_{suf}]_N$의 짜임새를 가진다.

(24ㅅ)의 '뒤채-잡이'는 접미사 '-잡이'에 의해 선행 어근인 '뒤채'를

---

72) '뒷방살이'가 단순히 '뒷방에서 사는 일'을 뜻한다면 '뒷방살-이'로 파악하여 뒷가지를 '-이'로 잡아야 할 것이다. '감옥살이'나 '처가살이'의 경우가 여기에 해당한다.

파생명사로 형성시킨다. '-잡이'는 '무엇을 다루는 사람'을 가리키는 접미사이다. 따라서 '뒤채-잡이'는 '가마나 상여 따위의 뒤채를 잡는 일, 또는 그 일을 하는 사람'을 가리키는 낱말이다. 여기서는 단순히 '뒤채를 잡는 사람'을 가리키기보다는 아예 직업화되어 있다는 의미에서 '-잡이'를 접미사로 설정하겠다는 것이다. 따라서 '뒤채-잡이'의 내부 구조는 [뒤채-잡이$_{suf}$]$_N$에 해당한다.

이상에서 '뒤-파생어' 가운데 '뒤'가 어근의 일부로 결합하고 다른 접미사에 의해 파생어를 형성하는 예들을 살펴보았다.

반면, 아래 (27)은 '뒤-파생어'에서 '뒤'가 접두사로 결합되어 있는 파생어 가운데 명사를 제시한 것이다.

(27) 접두사에 의한 파생명사: 뒤범벅, 뒤법석, 뒤틀림.

여기에는 '뒤범벅, 뒤법석, 뒤틀림' 등 세 개 정도의 예를 살필 수 있다. '뒤-범벅'은 '마구 뒤섞여서 하나하나가 구별이 되지 않는 상태'를, '뒤-법석'은 '여럿이 몹시 소란스럽게 떠드는 상태'를, '뒤틀림'은 '물건이 꼬이거나 틀어지는 것'을 말한다. 따라서 '뒤범벅'의 접두사 '뒤'는 '마구'의 의미를, '뒤법석'과 '뒤틀림'에서는 '뒤'가 '몹시'의 뜻을 가진 것으로 생각된다. 한편, 이들의 짜임새를 보면 '뒤범벅, 뒤법석'과 '뒤틀림'에는 차이가 존재한다. 전자의 둘은 [뒤$_{pre}$+N]$_N$의 짜임새를 갖는다. 이는 후행요소인 명사 '범벅'과 '법석'에 접두사 '뒤'가 결합되어 형성된 파생어임을 말하는 것이다. 반면, 후자의 '뒤틀림'은 비록 '뒤'가 접두사로 결합되어 있으나 낱말 자체를 파생어로 만들어 주는 것은 '뒤'가 아니라 접미사인 '-ㅁ'으로 생각된다는 것이다. 말하자면, 파생동사인 '뒤틀리다'에 명사 형성 접미사인 '-ㅁ'이 결합됨으로써 파생명사로 형성되었다는 것이다. 따라서 '뒤틀림'은 [뒤+[틀리-ㅁ]$_N$]$_N$이 아니라 [[뒤+틀리-]-

미]$_N$의 짜임새를 가지는 것으로 정리된다.

동사 뒤-파생어

다음으로 '뒤'가 구성 요소의 일부로 참여하여 형성된 파생동사의 예를 살펴보자. 파생명사와 마찬가지로 '뒤-파생동사'도 '뒤'가 접두사로 결합하여 파생어를 형성하는 경우도 있고, '뒤'는 어근으로 결합되지만 다른 접미사에 의해 파생어로 형성되는 경우도 있다. (28)은 그 예를 보인 것이다.

> (28) ㄱ. 뒤-꼬다, 뒤-끓다, 뒤-놀다.
> ㄴ. 뒤걷이-하다, 뒤놓-이다, 뒤세(서-ㅣ)우다.

(28ㄱ)은 '뒤'가 접두사로 결합되면서 파생동사를 형성한 경우이다. 여기서 '뒤'는 어휘적 의미는 전혀 갖지 않는다. 단지 '마구'나 '몹시'의 뜻을 가지고 이어지는 동사들의 의미를 수식하거나 강조해 주는 기능을 가질 따름이다. (28ㄴ)의 '뒤'는 어근으로 결합되고 다른 접미사에 의해 파생동사가 형성된 경우이다. 그러니까 (28ㄴ)의 예들이 파생어인 것은 접미사 '-하다'나 '-이-', '-우-'에 따른 것이라는 애기이다.

이 둘을 구분하여 정리해 보기로 한다. 먼저, '뒤'가 접두사로 결합됨에 따라 파생어가 형성된 예부터 살펴보자.

> (29) 접두사 '뒤'에 따라 형성된 파생동사
> ㄱ. 뒤-몰다, 뒤-바르다, 뒤-버무리다, 뒤-번지다², 73) 뒤-섞다, 뒤-쓰다, 뒤-얽다², 뒤-엉기다, 뒤-엉키다, 뒤-짊어지다, 뒤-쫓다², 74) 뒤-훑다, 뒤-재주치다, 뒤-볶다, 뒤-채다.

---

73) '뒤번지다²'는 '마구 엎어지다'의 뜻이다. "바구니가 뒤번지면서 달래, 냉이 따위의 나물이 사방에 흩어졌다."

ㄴ. 뒤-떨치다, 뒤-움치다, 뒤-덤벙거리다, 뒤-법석거리다.

ㄷ. 뒤-까부르다, 뒤-놀다, 뒤-눕다, 뒤-떠들다, 뒤-떨다, 뒤-둥그러지다, 뒤-뜨다, 뒤-보깨다, 뒤-설레다, 뒤-얽다$^{1/2}$.

ㄹ. 뒤-놓다, 뒤-바꾸다, 뒤-되다, 뒤-대다1, 뒤-받다, 뒤-엎다, 뒤-집다.

ㅁ. 뒤-덮다.

(29)는 '뒤'가 접두사로 결합됨으로써 형성된 파생동사를 예든 것이다. 이들은 다시 접두사 '뒤'가 가지는 의미에 따라 몇 가지로 구분할 수 있다. 알려져 있다시피, 접두사는 부사와 같은 기능을 갖는 측면이 있기 때문에 일정한 의미를 보유한다. (29ㄱ)은 접두사 '뒤'가 '마구'의 뜻을 가진 것으로 생각된다. 따라서 이들은 '마구 V하다'의 의미를 갖는다. (29ㄴ)의 접두사 '뒤'는 '몹시'의 뜻을 가진 것으로 보인다. 따라서 이들은 '몹시 V하다'로 해석된다. (29ㄷ)의 접두사 '뒤'는 '마구'와 '몹시'의 의미를 동시에 가지는 것으로 생각된다. 따라서 이들은 '마구/몹시 V하다'의 의미를 갖는다. (29ㄹ)의 접두사 '뒤'는 '거꾸로, 뒤집어' 정도의 뜻을 가진 것으로 생각된다. 따라서 이들은 '반대로/뒤집어 V하다'의 뜻을 갖게 된다. 그리고 (29ㅁ)의 접두사 '뒤'는 '온통'의 뜻을 가진 것으로 생각된다. 따라서 '뒤덮다'는 '온통 덮다'의 뜻을 갖는다. 이렇게 본다면, 접두사 '뒤'에 따라 형성된 파생동사들은 포괄적으로 보면 [뒤$_{pre}$-V]v의 짜임새를 가지게 된다.

한편, '뒤-파생어' 가운데는 접두사와 접미사가 모두 결합된 꼴을 보이는 예들도 있다.

(30) ㄱ. 뒤몰리다, 뒤섞이다, 뒤얽히다, 뒤범벅되다.

ㄴ. 뒤놓이다, 뒤바꾸이다(뒤바뀌다), 뒤꼬이다, 뒤집히다.

---

74) '뒤쫓다^{2}'는 '마구 쫓다'의 의미에 해당한다.

ㄷ. 뒤덮치다.
ㄹ. 뒤울리다, 뒤뻗치다.

(30)은 이를 제시한 것인데, 우선 (30ㄱ)의 '뒤몰리다, 뒤섞이다, 뒤얽히다' 따위는 각각 '뒤몰-, 뒤섞-', '뒤얽-' 등의 파생동사를 어근에 두고 접미사 '-리-', '-이-', '-히-' 따위가 결합됨으로써 피동동사를 형성하고 있다. 그리고 '뒤범벅되다'는 명사 '뒤범벅'에 접미사 '-되다'가 결합됨으로써 완성된 것이다. 이들에서 '뒤'는 '마구'의 의미를 가진다.

(30ㄴ)의 '뒤놓이다', '뒤바꾸이다', '뒤꼬이다'는 각각 '뒤놓-', '뒤바꾸-', '뒤꼬-'라는 파생동사인 어근에 접미사 '-이-'가 결합됨으로써 형성된 피동동사이다. 이들에서 '뒤놓이다, 뒤바꾸이다'의 '뒤'는 '뒤집어, 반대로'의 뜻을, '뒤꼬이다'에서는 '마구'의 뜻을 가진다. 그리고 '뒤집히다'는 파생동사 어근인 '뒤집-'에 접사 '-히-'가 결합함으로써 형성된 피동동사이다. 여기서 '뒤'는 마찬가지로 '뒤집어'의 뜻을 가진다. 이들 (30ㄱ, ㄴ)은 결국 이중의 파생어 형성 과정을 겪는다는 점에서 공통적이다. 따라서 낱말의 짜임새는 대체로 $[[뒤_{pre}+V]-suf]_V$의 짜임새를 갖게 된다. 물론 '뒤범벅-되다'는 $[[뒤_{pre}+범벅]_N-되다_{suf}]_V$의 짜임새이다.

그리고 (30ㄷ)의 '뒤덮치다'는 선행 어근 '뒤덮-'에 강세의 접미사 '-치-'가 결합됨으로써 형성된 파생동사이다.

한편, (30ㄹ)의 '뒤울리다'와 '뒤뻗치다'의 짜임새는 달리 설명해야 할 것으로 생각된다. 앞의 예시들이 '뒤'가 결합된 파생동사들에 접미사가 결합되어 형성된 동사들인데 비해, (30ㄹ)의 두 예는 오히려 그 반대로 형성된 것이다. 다시 말해, '울리다'와 '뻗치다'라는 파생어가 먼저 형성된 다음, 거기에 접사인 '뒤'가 결합됨으로써 형성된 낱말이라는 것이다. 이는 '뒤울다'나 '뒤뻗다'가 자연스러운 낱말로 처리되기 어렵다는 측면에서 이 같은 선택은 선명해진다. 따라서 '뒤울리다'와 '뒤뻗치다'는 먼저 '울다'와 '뻗다'라는 동사에 접사 '-리-'와 '-치-'가 우선 결합하여 일차 파생어를 형성한 후, 접두사 '뒤'가 최종 결합되어 형성된 파생어로 처리된다. 이렇게 보면, 이들 낱말이 가진 짜임새는 [뒤$_{pre}$+[V-suf]]$_V$가 될 것이다.

다음으로 '뒤'는 단지 어근의 일부로만 결합되고 다른 접미사에 의해 파생동사가 형성된 예들을 살펴보자.

접미사에 따른 '뒤-파생어'에서 가장 생산적인 양상을 보여주는 것은 '-하다'에 따른 형성이다. (31)은 그 예를 제시한 것인데, 이들은 다시 선행하는 어근의 형태에 따라 몇 가지 경우를 보여준다.

(31) 접미사 '-하다'에 따른 '뒤-파생동사' 구분[75]

　ㄱ. 뒤쓰레질하다, 뒤처리하다, 뒤치송하다, 뒷갈망하다, 뒷감기하다, 뒷감당하다, 뒷갱기하다, 뒷걸음하다, 뒷결박하다, 뒷거래하다, 뒷거름하다, 뒷걱정하다, 뒷공론하다, 뒷눈질하다, 뒷담당하다, 뒷마감하다, 뒷말하다, 뒷면도하다, 뒷물하다, 뒷발길질하다, 뒷바라지하다, 뒷방공론하다, 뒷배포하다, 뒷보증하다, 뒷받침하다, 뒷생각하다, 뒷설거지하다, 뒷손가락질하다, 뒷손질하다[1/2], 뒷셈하다, 뒷소리하다, 뒷수쇄하다, 뒷수습하다, 뒷시중하다, 뒷욕하다, 뒷전놀이하다, 뒷전풀이하다, 뒷정리하다, 뒷조사하다, 뒷짐결박하다.

　ㄴ. 뒤걷이하다, 뒷간질하다, 뒷갈이하다, 뒤풀이하다, 뒷걸음질하다, 뒷밀이하다, 뒷발질하다, 뒷욕질하다, 뒷짐질하다, 뒷질하다, 뒷거둠하다.

　ㄷ. 뒤뚝하다, 뒤뚝뒤뚝하다, 뒤뚱뒤뚱하다, 뒤숭숭하다 ; 뒤로하다.

---

75) 접미사 '-하다'는 어휘적인 의미 없이 단순히 선행요소에 동사성을 더하는 형식을 가진다. '공부하다, 사랑하다' 따위의 동사를 파생시키기도 하고 '가난하다'나 '다정하다' 따위의 형용사를 파생시키기도 한다. 그리고 '-하다'가 결합되는 선행요소는 명사뿐만 아니라 상징어 따위의 부사에 이르기까지 그 범위가 넓다는 사실을 알 수 있다.

(31)은 '뒤-파생어' 가운데, 접미사 '-하다'에 의해 파생어로 형성된 예를 선행하는 어근의 품사에 따라 구분해 본 것이다. (31ㄱ)1 선행 어근이 합성명사인 것, (31ㄴ)은 선행 어근이 파생명사인 것, (31ㄷ)은 선행 어근이 부사로 형성된 경우이다. 이렇게 보면, (31ㄱ, ㄴ)의 짜임새는 단순화시키면 [N-하다]$_V$, (31ㄷ)은 [AD-하다]$_V$가 될 것이다.

이 중에서도, 선행 어근이 합성어인 (31ㄱ)의 예들이 가장 많은 수를 보인다. 이는 '-하다'가 명사에 결합해서 동사를 형성해 주는 기능을 가진다는 점에서 상식적인 모습이다. 그런데, 이들 선행 어근은 '뒤-합성어'로 이루어져 있다는 공통점은 있지만, 그 형태가 동일하지가 않다. 이를 다시 구성 요소에 따라서 구분해 보기로 하자.

(32) 선행 어근의 짜임새에 따른 구분
  ㄱ. 뒤처리하다, 뒤치송하다, 뒷갈망하다, 뒷감기하다, 뒷감당하다, 뒷갱기하다, 뒷결박하다, 뒷거래하다, 뒷거름하다, 뒷걱정하다, 뒷공론하다, 뒷담당-하다, 뒷마감하다, 뒷말하다, 뒷면도하다, 뒷물하다, 뒷바라지하다, 뒷배포하다, 뒷보증하다, 뒷생각하다, 뒷설거지하다, 뒷소리하다, 뒷수쇄하다, 뒷수습하다, 뒷시중하다, 뒷욕하다, 뒷정리하다, 뒷조사하다 ; 뒷방공론하다, 뒷짐결박하다.
  ㄴ. 뒷걸음하다, 뒷받침하다, 뒷셈하다 ; 뒷눈질하다, 뒤쓰레질하다, 뒷손가락질하다, 뒷손질하다$^{1/2}$, 뒷발길질하다 : 뒷전놀이하다, 뒷전풀이하다.

(32ㄱ)의 예들은 선행 어근이 모두 합성명사를 형성하고 있는 예이다. '뒤+처리', '뒷+감기'와 같이 선행 어근이 합성명사를 형성하고 있다. 그 가운데, '뒷방공론하다'나 '뒷짐결박하다'의 경우에는 예외적으로 선행요소가 각각 '뒷방'과 '뒷짐'으로 '뒤+X'의 짜임새를 가진다는 특징이 있다. 따라서 이들은 [[N₁+N₂]-하다]$_V$라는 짜임새를 가진다. 한편,

(32ㄴ)의 예들은 선행 어근인 합성어의 후행요소가 파생명사로 결합되어 있다는 점에서 공통적이다. 가령, '뒷걸음하다'의 선행 어근인 '뒷걸음'의 후행요소인 '걸음'은 동사 '걷다'와 접미사 '-ㅁ'의 결합으로 이루어져 있는 파생명사라는 것이다. 여기서 보면, 선행 어근인 '뒷받침-', '뒷셈-' 따위는 모두 선행 어근인 동사에 명사 형성 접미사인 '-음(ㅁ)'이 결합된 합성어를 구성 요소로 가진다는 공통점을 가지고 있다. 따라서 이들은 공통적으로 [뒤(뒷)+[V-음$_{suf}$]-하다]$_V$의 짜임새를 갖는다. 또한 '뒷눈질-', '뒤쓰레질-', '뒷손가락질-', '뒷손질-' 따위는 후행요소가 접미사 '-질'에 의해서 명사로 형성이 되고 있다는 점에서 공통된다. 따라서 이들은 공통적으로 [[N-질$_{suf}$]-하다]$_V$의 짜임새를 갖는다. 마지막으로, '뒷전놀이-'와 '뒷전풀이-'는 선행 어근인 '놀-'와 '풀-'에 명사 형성 접미사인 '-이'를 결합시킴으로써 명사를 만들고 있는 점에서 공통된다. 또한 이 두 예는 선행요소가 각각 '뒷+X'라는 점도 공통적이다. 따라서 이들 예는 [[NV-이$_{suf}$]-하다$_{suf}$]$_V$의 짜임새를 가다.

그리고 (32ㄴ)의 파생동사들은 선행 어근이 파생어로 이루어져 있는 예들이다. 이들은 다시 선행 어근의 구성 요소에 따라 (33)과 같이 구분된다.

(33) 선행 어근의 구성소에 따른 구분
　　ㄱ. 뒤걷이하다, 뒷갈이하다, 뒤풀이하다, 뒷밀이하다.
　　ㄴ. 뒷간질하다, 뒷걸음질하다, 뒷발질하다, 뒷욕질하다, 뒷짐질하다, (앞)뒷질하다.
　　ㄷ. 뒷거둠하다.

여기서 보면, (33)은 모두 선행 어근이 파생어라는 공통점을 가지는데, (33ㄱ)과 (33ㄴ), (33ㄷ)은 각각 차이가 있다. (33ㄱ)은 모두 선행 어근인 동사에 접미사 '-이'를 결합시킴으로써 파생명사를 형성하고 있다. '뒤걷이-', '뒷갈이-', '뒤풀이-', '뒷밀이-' 따위가 모두 그렇다. 따라서 이들은 공통적으로 [[NV-이]$_N$-하다]$_V$의 짜임새를 갖는다. 반면, (33ㄴ)은 선행 어근을 형성하는 요인이 접미사 '-질'에 의해서이다. 여기서 '-질'의 선행요소는 모두 명사임을 알 수 있다. '뒷간-', '뒷걸음-', '뒷발-', '뒷욕-', '뒷짐-', '(앞)뒷-' 따위가 모두 그렇다. 따라서 이들은 공통적으로 [[[뒤(뒷)+N]-질$_{suf}$]-하다$_{suf}$]$_V$의 짜임새를 갖는다. 이들은 모두 접미사가 이중으로 나타나는 특징을 보인다. (33ㄷ)의 '뒷거둠-하다'는 선행 어근인 '뒷거둠'은 동사 '뒷거두-'에 접미사 '-ㅁ'이 결합된 것으로 파악한다. 후행요소인 '거둠'을 하나의 완결된 낱말로 보기 어렵다는 차원에서 '뒷거둠'을 파생어로 처리하겠다는 것이다.[76] 따라서 '뒷거둠하다'는 [N$_1$+[V-ㅁ]N$_2$-suf]$_V$의 짜임새를 가진다.

그리고 (33ㄷ)의 예들은 접미사 '-하다'의 선행요소에 '뒤뚝뒤뚝'이나 '뒤뚱뒤뚱' 따위의 상징어가 위치한다는 공통점을 가지고 있다. 상징어에 접미사 '-하다'를 결합시킴으로써 파생동사를 만들고 있다는 것이다. 예외적으로 '뒤로-하다'의 경우는 통사적 환경이었을 '뒤로#하다'가 녹아 붙어서 형성된 경우라 해야겠다.

그 외의 접미사에 의해 '뒤-파생동사'가 형성되는 경우도 많다. 먼저, 접미사 '-리-', '-우-', '-히-', '-기-', '-추-' 따위의 피동, 사동동사를 형성하는 예부터 살펴보자.

(34) 접미사 '-리-', '-우-', '-기-', '-추-' 등에 의한 '뒤-파생어' 구분
　ㄱ. -리-: 뒤달리다, 뒤돌리다, 뒤딸리다.
　ㄴ. -기-: 뒤쫓기다.[77]

---

76) 여기서 '뒷거두-' 또한 하나의 낱말로 보기는 어렵다. 이는 '해돋이'에서 '해돋-'이 완결된 낱말로 존재하지 않지만 '해돋이'라는 명사를 형성하기 위해 임시로 만들어진 꼴로 처리하는 것과 마찬가지다. 더 큰 복합어를 만들기 위한 인위적인 노력의 결과라는 것이다. 여기에 대한 논의는 송철의(1992)나 김창섭(1996) 등 참조.

ㄷ. -우-: 뒤세우다.
ㄹ. -추-: 뒤늦추다.

    (34)는 주로 피동, 사동동사로 만드는 기능을 가진 '접미사'와 그에 해당하는 예를 제시한 것이다. (34ㄱ)은 사동동사를 만드는 접미사 '-리-'에 의해 파생동사가 형성된 예들이다. 여기서 '뒤달리다'는 선행 어근인 '뒤닫-'에 결합함으로써 파생동사를 형성한 꼴이다. '뒤돌리다'는 선행 어근인 '뒤돌-'에 결합함으로써, '뒤딸리다'는 선행 어근인 '뒤따르-'에 결합함으로써 파생동사를 형성한 경우이다. (34ㄴ)의 '뒤쫓기다'는 선행 어근인 '뒤쫓-'에 피동동사를 만드는 역할의 접미사 '-기-'가 결합됨으로써 형성된 파생동사이다. (34ㄷ)의 '뒤세우다'는 선행 어근인 '뒤서-'에 사동동사 만드는 접미사인 '-(이)우-'가 결합됨으로써 형성된 파생동사이다. 그리고 (34ㄹ)의 '뒤늦추다'는 선행 어근 '뒤늦-'에 접미사 '-추-'가 결합됨으로써 형성된 파생동사이다. 이들은 공통적으로 동사 어근에 결합됨으로써 피동, 사동동사들을 만들고 있다는 점에서 공통적이다. 따라서 이들 낱말들은 모두 [V-suf]$_V$의 짜임새를 갖게 된다.

    그리고 아래 (35)의 예들 또한 접미사들에 의해 파생동사가 형성되는 경우이다.

    (35) 접미사 '-거리-', '-대-', '-치-', '-스럽-', '-되다' 등에 의한
        '뒤-파생어' 구분
      ㄱ. -거리-: 뒤뚝거리다, 뒤뚱거리다, 뒤덤벙거리다, 뒤스럭거
           리다, 뒤치락거리다.
      ㄴ. -대-: 뒤뚝대다, 뒤뚱대다, 뒤법석대다, 뒤덤벙대다, 뒤스
           럭대다, 뒤치락대다.

---

77) '뒤쫓다'는 1)뒤를 쫓다, 2)마구 쫓다 등 두 가지 의미를 가지는데, 여기서는 1)에 해당한다.

ㄷ. -치-: 뒤넘기치다.
ㄹ. -스럽-: 뒤넘스럽다, 뒤변덕스럽다, 뒤퉁스럽다[78].
ㅁ. -되다: 뒤죽박죽되다.

(35ㄱ)의 접미사 '-거리-'는 '반짝-거리다', '방실-거리다', '출렁-거리다' 등에서처럼, 주로 동작 또는 상태를 나타내는 일부 어근 뒤에 붙어서 '그런 상태가 잇따라 계속됨'의 뜻을 더하고 동사를 만드는 접미사이다. 이들은 예에서도 보다시피, 주로 선행 어근이 상징어인 경우가 대부분이다. (35ㄱ)의 '뒤뚝-', '뒤뚱-', '뒤스럭-', '뒤치락-' 또한 상징어와 직접적으로 관련되는 것들이다. 한편, 접미사 '-거리다'는 (35ㄴ)에서 보듯이, 또 다른 접미사 '-대다'와 일반적으로 대응되는 속성을 갖는다.[79]

따라서 이들은 [[뒤+X]-거리다/대다]$_V$의 짜임새를 갖는다. 또한 (35ㄷ)의 '뒤넘기치다'는 접미사 '-치-'에 의해 선행하는 어근인 '뒤넘기-'를 동사로 만드는 기능을 보여준다. '뒤넘기치다'는 '뒤로 넘겨뜨리다'나 '엎치락뒤치락하면서 서로 넘어뜨리다'의 뜻을 가지는데, 이는 [[뒤넘-기$_{suf}$]-suf]$_V$의 짜임새를 가진다. (35ㄹ)은 접미사 '-스럽-'에 의해 선행 어근이 동사로 되는 예이다. 따라서 '뒤넘스럽다'와 '뒤퉁스럽다'는 [어근-suf]$_V$의 짜임새를 갖게 된다. 끝으로 (35ㅁ)의 '-되다' 또한 선행 어근을 동사로 만드는 기능을 가진 접미사이다. 따라서 이는 [N-되다]$_V$의 짜임새를 갖는다.

---

78) 북한어에서 '뒤퉁뒤퉁'은 우리말 '뒤뚱뒤뚱'과 같은 의미로 쓰인다. 그리고 '뒤퉁스럽다'는 '미련하거나 찬찬하지 못하여 일을 잘 저지를 듯하다.'의 뜻이어서 '뒤퉁-'은 '뒤뚱뒤뚱'과 관련되는 표현으로 생각된다.

79) '-거리다/대다'는 '끈적거리다/대다', '건들거리다/대다', '꿈틀거리다/대다'에서와 같이 주로 동작성 어근을 결합의 주요 대상으로 삼는데, 그는 주로 반복적인 동작을 나타내는 의태어에 한정된다. 따라서 파생의 결과는 동사가 일반적이다. 이들은 '-하다'와는 달리, 선행요소의 의미적 특성과는 무관하게 결합하면 동사가 된다. (34)에 제시된 '뒤' 결합의 용언 또한 마찬가지임을 잘 보여주고 있다. 이에 대해서는 최동진(1997) 참조.

3. '앞'과 '뒤' 복합어의 의미[80]

여기에서는 '앞'과 '뒤'가 결합됨으로써 형성된 합성어와 파생어를 의미적 차원에서 다룬다. '앞·뒤-복합어'의 수는 수백 개를 헤아리는데, 이들은 각각 선행요소 아니면 후행요소에 '앞'이나 '뒤'가 결합되어 있다. 이들 '앞'과 '뒤'의 의미를 분석함으로써 의미에 따라 유형화해 보고, 또 그 의미구조에 대해서도 살피고자 한다.

복합어의 의미구조는 복합어를 형성하고 있는 구성요소들 간의 의미적 관계를 말한다. '앞', '뒤'가 결합하여 형성된 복합어에는 합성어가 파생어보다 그 개수에 있어서는 압도적인 우위를 보인다. '앞-복합어'가 모두 합성어만 존재하는데다가 '뒤-복합어' 또한 합성어가 훨씬 많기 때문이다. 따라서 여기에서는 합성어를 중심으로 전개하고 파생어를 추가하는 방식을 취한다.

전통적으로 합성어의 의미구조는 선행요소와 후행요소의 의미적 관계에 따라 대등하게 이어지는 대등적 합성어와 종속관계를 형성하는 종속적 합성어로 구분된다. 여기에 두 구성 요소가 녹아 붙어서 본디 의미가 제대로 유지되지 않는 유형인 융합 합성어를 추가하기도 한다.[81] 이는 허웅(1995), 이관규(1999), 고영근·구본관(2010) 등과 학교문법에서 널리 적용하는 구분법이다. 그러나 이 같은 구분법은 이 글에서 집중 논의하고 있는 '앞·뒤-합성어'를 제대로 파악하기는 어렵다고 생각된다. 왜냐하면 '앞·뒤-합성어'의 경우, 앞 절에서 살폈듯이 일부를 제외하고는 대부분이 종속 합성어에 해당하는 예들이기 때문이다. 이럴 경우

---

80) 의미에 대한 부분을, 2부에서 다루지 않고 4부 복합어에 제시하는 까닭은 복합어 내의 의미를 다루는 까닭에, 형태와 의미의 연관성 차원에서 더 적합하다고 봤기 때문이다.
81) 허웅(1995: 464-466))에서는 이를 가리켜 각각 '맞선 합친말', '딸린 합친말', '녹은 합친말'로 설정하고 있다.

'앞·뒤-합성어'는 '앞·뒤+X'의 틀을 가지고 있고, '앞·뒤'는 후행요소인 X의 위치를 나타내고 있다는 식의 파악만으로 대체적인 논의가 끝날 수도 있기 때문이다. 따라서 이 같은 전통적인 구분법은 '앞·뒤-합성어'를 논의하는 데 있어서는 그렇게 매력적인 방법론이 되지 못한다.

또한 정동환(1993)에서는 종속합성어의 의미구조를 밝히기 위해 합성 명사의 선행요소와 후행요소에 가능한 의미관계를 파악하기 위한 시도를 보이고 있다. '위치'나 '모양' 등 모두 24가지를 제시하고 있는데, 이는 그 기준의 정당성을 떠나 모든 합성어를 대상으로 한 것이기 때문에, 선행요소가 '앞·뒤'라는 특정 영역에 국한되어 있는 복합어들을 제대로 설명하기에는 무리라 생각된다. 최영환(1993)도 유사한 경우이다. 여기서는 명사의 속성에 따라 1차적 특성과 2차적 특성으로 구분하여 의미구조 파악에 접근하고 있는데, 이 또한 선행요소가 국한되어 있는 이 글의 논의와는 부합하지 않는다.

그 외에도 Nida(1946)가 단어간 의미적 상관관계로 규정한 주요 개념인 '포섭(inclusion)', '중첩(overlapping)', '상보(complementation)', '근접(contiguity)'의 네 가지 관계 유형을 바탕으로 합성어의 의미적 상관관계를 규명하고자 한 시정곤(1994)의 논의와 김일병(2000)의 논의도 마찬가지다. 시정곤은 '상보관계, 근접관계, 포섭관계'로, 김일병(2000)은 시정곤의 논의에 다시 '중첩관계'를 추가하여 의미구조를 다루고 있다. 그러나 이들 또한 합성어 전체의 의미구조를 목표로 삼은 논의라는 점에서 수용하는 데 한계가 있다.

이처럼 합성어의 의미구조를 다루고 있는 기존 논의는 모두 합성어 전체를 대상으로 한 논의에 해당한다.[82] 하지만 이 글에서는 합성어 가운데 '앞', '뒤'가 구성요소의 일부로 결합되어 있는 합성어, 곧 '앞·뒤-

---

82) 합성어의 의미구조에 대한 선행 논의는 김일병(2000) 참조.

합성어'에 국한시켜 논의하려는 목적을 가지고 있다. 따라서 이들 합성어에 어울리는 의미적 접근 방법이 요구된다.

'앞·뒤–합성어'의 경우, 합성어 가운데 '앞', '뒤'가 구성요소의 일부로 결합한 예들만을 대상으로 하기 때문에 그 결합관계는 지극히 제한적일 수밖에 없다. 여기서 제한적이라는 것은 다음 두 가지를 이야기한다. 첫째는 거의가 종속 합성어에 해당한다는 것이고, 둘째는 '앞·뒤'가 선행요소로 결합되는 것이 또한 대부분이라는 사실이다. 따라서 대등적, 종속적 합성어 따위의 의미적 구분법은 적어도 '앞·뒤–합성어'를 설명하는 데는 효과적이지 않다. 찾기 어려운 대등적 합성어와 'X+앞·뒤'의 짜임새를 가진 예들만 잠깐 제시하면 그만일 터이기 때문이다.[83]

이런 이유로 여기서는 전통적인 합성어의 의미구조에 관한 접근보다는 오히려 선행요소인 '앞', '뒤'가 가지는 다양한 의미에 따른 접근이 오히려 효과적일 수 있다고 보았다. '앞', '뒤'는 공간말로서 복수의 의미를 가진다. '앞', '뒤'의 합성어 형성에서 보다 중요한 것은 '앞과 '뒤'가 결합함으로써 형성된 '앞·뒤–합성어'에서도 이들 '앞', '뒤' 의미의 다양성은 살아 있다는 사실이다. 따라서 이들의 의미적 차이에 따른 구분은 반드시 필요한 측면을 갖게 되고, 이것이 전통적인 여러 구분법보다는 더 의의가 있을 것이라는 생각이다. 그 과정에서 선행요소인 '앞–합성어'와 '뒤–합성어'는 짝을 이루어서 나타나기도 하고 또 혼자만 나타나기도 한다. 이는 후행요소인 X가 갖는 의미적 속성과 연관성이 있을 것이라 생각한다. 이들에 대해서도 적절한 논의가 요구된다.

일반적으로 언중들에게 특히 많이 쓰이는 낱말들은 단지 한 형태, 한 의미로만 머무르지 않는다. 여러 상황에서 약간의 차이를 가진 채,

---

83) '앞'과 '뒤'가 결합된 합성어인 '앞뒤'를 제외하고는 대등적 합성어는 보이지 않는다.

뭇뜻을 갖기도 하고 그 뭇뜻이 다시 다른 형태를 만듦으로써 수많은 낱말들을 형성하기도 한다. '앞', '뒤' 또한 스스로 다양한 의미를 가지기도 하지만 합성어나 파생어를 통해 수많은 낱말들을 만들어 내고 있다. 이런 의미에서 '앞', '뒤'는 언중들에게 그 어떤 낱말보다 가까이 있는 예라 할 것이다. 합성어는 두 어근이 만나서 형성되는 낱말이다. 여기서는 합성어 형성요소로 기능하고 있는 '앞', '뒤'가 가진 의미에 따라 형성되는 낱말들을 중심으로 살피고자 한다. 이처럼 '앞', '뒤'의 의미에 따라 형성된 낱말은 다음 두 가지 유형으로 구분된다.

1) 본디 의미를 유지한 채 합성어를 형성한 경우
2) 전이된 의미로 합성어를 형성한 경우

앞에서, 현대국어에서 살필 수 있는 '앞', '뒤'의 의미를 '공간', '시간', '추상' 등 크게 세 경우로 구분하였는데, 그 중에서 각각 '앞'이 13개, '뒤'가 16개의 의미를 가진 것으로 파악하였다. 물론 이는 '앞', '뒤'가 단일어로서 갖는 의미의 가짓수이다. 비록 숫자에서는 차이가 있지만 '앞·뒤-합성어'에서도 다양한 의미들을 살필 수 있다.

한편, '앞·뒤-복합어' 가운데 파생어는 '뒤-파생어'만 존재한다. '앞-복합어'는 모두 합성어로서만 존재한다는 것이다. 이는 앞서 문법화 논의에서도 다루어진 부분이다. 뒤-파생어의 짜임새는 기본적으로 '뒤-합성어'와 동일하다. 다만 선행요소인 '뒤'가 어휘적인 의미가 약화되어 있다는 점이 다르다. 그렇다고 해서 어휘적인 의미를 전혀 감지할 수 없는 것은 아니다. 알다시피 접두사는 특히 파생동사의 경우 후행요소인 동사의 의미를 강조하거나 꾸며주는 역할을 하고 있다. 이는 어휘적인 의미가 일정 부분 남아 있음을 말해 주는 것이다. 그래서 더러는 합성어와의 구분에 어려움을 겪기도 한다.[84] 따라서 뒤-파생어 논의에서는 선행요소인 접두사 '뒤-'가 가지는 의미에 따라 구분하기로 한다.

3.1. 합성어에서

'앞·뒤-합성어'에서, '앞'과 '뒤'의 의미에 따라 구분해 보기로 한다. 먼저, '앞', '뒤'가 가지는 본디 의미에 따라 낱말을 살피도록 하자.

3.1.1. 본디 의미에 따른 낱말 형성

잘 알다시피, '앞', '뒤'는 전후관계를 나타내는 공간말이다. 공간을 나타내는 것이야말로 '앞', '뒤'가 가지는 본디 의미인 것이다. 이 같은 공간 개념의 '앞'과 '뒤'는 하나의 구성요소가 되어 수많은 합성어를 형성한다. 따라서 '앞·뒤-합성어'의 짜임새는 아래와 같이 정리된다.

> (36) ㄱ. 합성어 = 선행요소 + 후행요소
>   ㄴ. 앞·뒤-합성어 = 앞·뒤 +X[85]

(36)에서 보다시피, '앞·뒤-합성어'의 짜임새는 선행요소에 '앞·뒤'가 고정적으로 결합되어 있는 것이 일반적이다. '눈앞'이나 '코앞'처럼, '앞', '뒤'가 후행요소에 위치하기도 하지만 극히 일부에 지나지 않기 때문이다.[86] 선행요소인 '앞·뒤'는 단지 공간을 나타내는 요소로만 작용

---

84) '암·수-사슴'에서 '암, 수', '햇곡식, 햇밤' 따위에서 '해(햇)'은 대표적이다.

85) 물론 '앞·뒤-합성어'의 짜임새가 모두 이런 유형만 있는 것은 아니다. 일부이지만 'X+앞·뒤'의 짜임새를 가진 예들도 있다. 여기서는 '앞', '뒤'와 결합되어 형성된 합성어들을 대표하는 짜임새로 '앞·뒤+X'로 설정하려는 것이다.

86) '앞·뒤-합성어' 형성에서, '앞', '뒤'의 위치와 짜임새 사이에는 일정한 상관관계가 있다. '앞·뒤+X'의 경우는 X가 '앞·뒤'의 주체가 되고 'X+앞·뒤'에서 'X'는 '앞·뒤'의 기준점이 되는 차이가 있다. '코앞'이나 '눈앞'에서는 '코·눈의#앞·뒤'가 됨으로써 '코'와 '눈'이 기준점이 된다. 반면, '앞개울'이나 '뒷마당'의 경우, '개울'이나 '마당'은 기준점이 아니다. 여기서 기준점은 생략된 것으로 봐야 한다. '앞개울'은 '동네', '뒷마당'은 '집' 정도가 될 것이

하지 않는다. 기본 의미처럼, 그 의미가 10여 가지는 되지 않지만 합성어 형성에서도 복수의 의미를 보여준다는 것이다. 가장 기본적인 의미는 역시 본디 의미라 할 수 있는 구체적인 공간 개념이다. 하지만 이 또한 여러 가지로 구분된다.

먼저 '앞', '뒤'가 갖는 본디의 의미 바탕이라 할 수 있는 공간 개념을 가진 합성어에 대해서부터 살펴보자.

> (37) ㄱ. 우리 학교 {앞, 뒤}에는 큰 은행나무가 있다.
> ㄴ. 그녀는 연필 {앞, 뒤}를 입으로 계속 물어뜯었다.
> ㄷ. 그녀는 {앞, ?뒤}만 가린 채 뛰어나왔다.
> ㄹ. 그 아주머니는 의자에 {*앞, 뒤}를 붙이고 앉았다.
> ㅁ. 학생은 {*앞, 뒤}가 마려우면 왼쪽 눈을 자꾸 찌푸리더군요.
> 〈이상문, 황색인〉

(37)은 '앞', '뒤'가 단일어로서 가질 수 있는 공간 개념을 제시한 것이다. (37ㄱ)은 '앞', '뒤'가 가지는 가장 근본적인 의미를 보이는 예이다. '은행나무'의 위치는 '학교'라는 기준 대상의 '前/後'를 나타내는 구체적인 장소를 제시해 주고 있다. (37ㄴ)은 '전체의 어떤 부분'을 지칭하는 의미로 쓰인 것이다. '연필'이라는 대상 전체의 일부를 나타내는 지점으로서 '앞', '뒤'가 위치하고 있는 셈이다. 이는 (37ㄱ)보다는 약화되어 있지만 공간 개념의 울타리 속에 있는 것으로 생각된다. (37ㄷ, ㄹ, ㅁ)은 공간 개념을 직접 지시하지 않는다는 점에서, (37ㄱ, ㄴ)과는 차이가 있다. (37ㄷ)은 '가슴', (37ㄹ)은 '엉덩이'라는 신체의 일부를 대신 지칭하고 있다는 점에서 그렇다. 이들은 (37ㄱ)과 같은 구체적인 장소 따위의 공간 개념과는 다소 거리가 있지만, 신체 또한 물리적이라는 측면

다. 이들 의미는 '(마을) 앞에 있는 개울', '(집)의 뒤쪽에 있는 마당' 정도의 의미일 것이기 때문이다.

에서 공간 범주에 포함될 수 있다고 보았다. 그리고 (37ㅁ)은 '똥'을 간접 표현한 경우이다. 이 또한 신체와 관련되는 물질이라는 측면에서 공간 범주에 포함시키기로 한다. (37)의 예시에서 눈에 띄는 것은 공간 개념이 구체적인 것은 '전, 후' 구분이 선명하지만 거기에서 멀어질수록 한쪽만 가능하다는 사실이다.

이상에서 제시된 5가지는 단일어로서 '앞', '뒤'가 보여주는 공간 개념의 유형이다. 이 같은 '앞', '뒤'의 공간 의미는 합성어 형성 과정에서도 일정한 기여를 하고 있다. (38)은 (37)에서와 같이 단일어로서 '앞', '뒤'가 보여주는 공간 의미를 바탕으로 '앞·뒤-합성어'들을 유형화해 본 것이다. 이들은 다음 5가지 유형으로 구분된다.

(38) 공간 개념의 유형 구분
　ㄱ. 공간개념[1]: '앞·뒤-합성어' 중에서 '앞·뒤'가 장소나 위치 등으로 공간 개념이 또렷하게 드러나는 경우. '앞동산', '앞뜰', '뒷동산', '뒤뜰' 따위가 해당한다.
　ㄴ. 공간개념[2]: '앞·뒤-합성어'에서, '앞·뒤'가 나타내는 공간 개념이 전체의 일부를 지칭하는 것으로 실현되는 경우. '앞가슴', '앞날개', '앞바퀴', '뒷가슴', '뒷날개', '뒷바퀴' 따위가 해당한다.
　ㄷ. 공간개념[3]: '앞·뒤-합성어'에서, '앞·뒤'가 구체적인 대상이 아닌 것에서 공간 개념이 실현되는 경우. '앞가지', '앞토씨', '앞태', '앞홀소리', '뒷가지', '뒤태', '뒤홀소리' 따위가 해당한다.
　ㄹ. 공간개념[4]: '앞·뒤-합성어'에서, '앞·뒤'의 공간 개념이 약화되어 신체나 신체와 관련되는 것을 가리키는 경우. '뒷물', '뒷목', '뒷나무' 따위가 해당한다.
　ㅁ. 공간개념[5]: '앞·뒤-합성어'에서, '앞', '뒤'가 다른 낱말과 결합되는 과정에서 공간 개념이 관념화되는 경우. '눈앞', '코앞' 따위가 여기에 해당한다.[87]

---

[87] '턱밑'이나 '코밑' 따위도 유사한 경우에 해당된다. 신체어와 공간말이 결합되어 '아주 가까운'이라는 추상적인 공간 개념을 파생시킨다는 것이다.

여기서 공간개념[1]은 구체적인 공간 개념, 공간개념[2]는 전체의 일부로서 나타나는 공간 개념, 공간개념[3]은 [1,2]와는 달리 구체성이 결여된 상황에서 나타나는 공간 개념, 공간개념[4]는 신체의 일부로서 나타나는 공간 개념이다. 그리고 공간개념[5]는 주로 신체 관련어와 결합하여 추상적인 공간 개념을 나타내는 경우이다.

우선, (38ㄱ)의 공간개념[1]에서 '앞', '뒤'는 비록 한 낱말 속에서이지만 (37ㄱ)의 예에서 볼 수 있는, 일정한 대상을 기준으로 한 '前後' 개념을 가지고 있다. 그 기준은 (39)와 같이 통사적 짜임새로 복원해 보면 더욱 선명해진다.[88] '앞·뒷-동산'과 '앞·뒤-뜰'을 통해 알아보도록 하자.

> (39) ㄱ. 여진이는 마을 {앞, 뒤}의 동산에 산책하러 갔다.
>   ㄴ. 여진이는 집 {앞, 뒤}의 뜰에서 친구와 놀았다.

공간개념[1]에 속하는 합성어들은 대체로 '앞·뒤에 있는 X'의 의미틀을 가진다. 따라서 이들은 '앞·뒤에 있는 {동산, 뜰}' 정도의 의미를 갖는다. 여기서 '앞', '뒤'는 각각 '마을'과 '집'을 기준점으로 하여 구체적인 공간 개념이 드러나고 이로써 '동산'과 '뜰'의 위치가 선명하게 부각된다. 이렇게 볼 때, '앞·뒷-동산, 앞-뜰' 따위는 결국 (39)의 '앞·뒤(의)#동산', '앞·뒤(의)#뜰'이라는 통사적 짜임새였던 것이 그대로 녹아 붙어 합성어로 어휘화된 것으로 보인다. 특히, 여기서는 '앞', '뒤'가 공간 개념을 드러내는 과정에서 기준점과는 공간적으로 이격(離隔)되어 있다는 또 다른 특징을 갖는다. 이는 공간 개념을 가시적인 것으로 만듦으로써 공간을 선명하게 만드는 요인이 된다. 이들 외에도 '앞·뒤-

---

88) 합성어는 기본적으로 두 어근의 결합이기 때문에 원래는 통사적 짜임새였던 것이 의미의 변화 없이 형태적 짜임새로 합쳐진 양상이 있다. '앞·뒤-합성어'도 마찬가지인데, 여기서 통사적 환경으로 환원하게 되면 합성어에 내포된 공간 개념들이 선명해질 수 있다. 채현식(2003)에서 이야기하는 통사적 합성명사는 이를 지칭한 것이다.

합성어' 가운데는 (38ㄱ)과 같은 의미를 가진 예들이 많이 있다. (40)은 이들 예를 제시한 것이다.

(40) 공간개념[1] 앞·뒤-합성어의 예
   ㄱ. 앞-합성어: 앞거리, 앞길¹, 앞내, 앞자리, 앞집, 앞창¹,89) 앞
          채, 앞터, 앞개울.
   ㄴ. 뒤-합성어: 뒷거리, 뒷길¹, 뒷내, 뒷자리, 뒷집, 뒤창¹, 뒤채,
          ∅, ∅.

(41) 앞뒷-거리: 앞·뒤(의)#거리, 앞·뒷-길: 앞·뒤(의)#길, 앞·뒷-
          내: 앞·뒤(의)#내, 앞·뒷-자리: 앞·뒤(의)#자리,
          앞·뒷-집: 앞·뒤(의)#집, 앞·뒤-채: 앞·뒤(의)#채

(41)에서 보다시피, (40)의 예들은 '앞·뒤(의)#X'라는 통사적인 의미 틀이 그대로 적용된다. 여기서 공간은 일반적으로 구체적인 장소나 위치를 함의하고 있다.

(40)에서 보면, 이들 공간개념[1]은 대개 '앞'과 '뒤'가 짝을 이루는데, 이는 공간 인식이 구체적으로 드러나게 되는 까닭이 된다. 공간이 구체적일수록 기준 대상을 바탕으로 전후(前後)가 또렷하게 인식되는 것은 당연한 속성이다. 예로 제시된 '앞거리, 앞내, 앞자리, 앞집, 앞채' 따위는 모두 대응되는 '뒷거리, 뒷내, 뒷자리, 뒷집, 뒤채' 따위를 짝으로 형성한다. 이것은 이들 공간 개념의 기준이 모두 '마을'이나 '집' 따위의 구체적인 사물이기 때문이다. 하지만 '앞개울'과 '앞터'는 사전적으로 '뒷개울'과 '뒷터'로 짝을 이루지 못하고 있다. 그 이유는 무엇일까. 이들 또한 비록 사전에 등재되어 있지는 않지만 기준 대상을 바탕으로 한 전후관계를 내포하고 있기 때문에 현실에서는 충분히 가능한 낱말들이다.

---

89) '앞창'은 '앞쪽에 나 있는 창'을, '뒤창'은 '뒤쪽에 나 있는 창'을 가리킨다.

군이 공백으로 존재해야만 할 특별한 이유가 없다는 것이다. 다만 전통적으로 우리나라에서는 마을이 산을 등지고 개울을 앞쪽에 두는 구조를 가지는 생활양식과 연관되기 때문으로 생각된다. '개울'과 '터'는 '앞개울', '앞터'가 제격이었던 탓에 언중들에게 보다 넓은 선택을 받은 까닭일 수 있다는 것이다.

공간개념[2]는 공간 개념이 가시적으로 인식될 수 있다는 점에서는 공간개념[1]과 차이가 없지만 공간의 범위와 위치에서는 구분된다. 합성어 '앞·뒤-표지'와 '앞·뒤-바퀴'를 통해 살펴보자.

> (42) ㄱ. 나는 책 {앞, 뒤}의 표지에 사인했다.
>   나는 책의 {앞, 뒤}표지에 사인했다.
>   ㄴ. 나는 오늘 차 {앞, 뒤}의 바퀴를 갈았다.
>   나는 오늘 차 {앞, 뒤}바퀴를 갈았다.

(42)는 '앞·뒤-표지'와 '앞·뒤-바퀴'라는 합성어를 통사적 환경으로 환원시킨 경우이다. 애초에는 '앞·뒤(의)#표지'나 '앞·뒤(의)#바퀴' 따위처럼 통사적 짜임새였던 것이 점차 의미적 융합을 통해 합성어로 나아갔을 것이다. 여기서 보면, 통사적 환경이나 의미적인 틀에서 공간개념[1]과 차이가 없다. 그대로 '기준점+앞·뒤(의) X'의 짜임새를 가지고 '앞·뒤에 있는 X'의 의미적인 틀을 보유하고 있다. 그러나 [2]는 '앞', '뒤' 공간 개념이 무엇보다 기준 대상과 분리되지 않고 그것의 일부로 위치한다는 점에서 [1]과 구분된다. '앞·뒤-표지'는 '책'이라는 전체의 일부로서, '앞·뒤-바퀴'는 '차'라는 보다 큰 대상의 일부를 지칭하기 때문이다.

그리고 공간개념[2]는 아래 (43)의 예에서도 볼 수 있듯이, 오히려 공간개념[1]보다 합성어 형성에서 훨씬 생산적인 양상을 보인다. 이는 주로 대상을 나타내는 후행요소와 위치를 나타내는 선행요소인 '앞', '뒤'의 공간적 거리가 언중들의 인식에 영향을 미쳤기 때문일 것이다. 전체의 일부로 위치해 있기 때문에 [1]의 경우보다는 훨씬 밀착된 이미지를 형성할 수 있었다는 얘기다. 반면, [1]의 경우는 기준 대상과는 공간적인 이격(離隔)이 존재하기 때문에 웬만해서는 한 의미, 한 낱말로 굳어지기가 쉽지 않았을 것으로 생각된다. 아래 (43)은 공간개념[2]에 속한 것으로 생각되는 합성어 가운데 '앞', '뒤'가 짝을 이루는 경우에 해당한다.

(43) 공간개념[2]: '앞·뒤-합성어'가 짝을 이루는 경우
ㄱ. 앞-합성어: 앞가르마, 앞가리개, 앞가슴, 앞갈비, 앞갱기, 앞굽, 앞깃, 앞날개, 앞니, 앞다리, 앞대문, 앞바닥, 앞어금니, 앞자락, 앞전, 앞죽, 앞짱구, 앞창²,[90] 앞창자, 앞철기, 앞초리, 앞코, 앞턱, 앞판, 앞팔꿈, 앞폭, 앞표지, 앞품.
ㄴ. 뒤-합성어: 뒷가르마, 뒷가리개, 뒷가슴, 뒷갈비, 뒷갱기, 뒷굽, 뒷깃, 뒷날개, 뒷니, 뒷다리, 뒷대문, 뒷바닥, 뒤어금니, 뒷자락, 뒷전, 뒷죽, 뒤짱구, 뒤창², 뒤창자, 뒤철기, 뒤초리, 뒤코, 뒤턱, 뒤판, 뒤팔꿈, 뒤폭, 뒤표지, 뒤품.

(43)은 공간개념[2]에 속하는 예들 가운데, '앞·뒤-합성어'가 대응관계를 형성하는 예들이다. 이처럼 두 낱말이 짝을 이룰 수 있다는 것은 대칭관계를 형성하게 만드는 기준점이 있거나 거기에 준하는 요소가 있을 때 가능한 장면이다. 또한 (43)의 예들을 보면, 후행요소인 N_2가 모두 [+가시적인 대상]이라는 공통점이 있다. 이러한 조건들이 대칭관계를 형성케 하는 요인들이라 생각된다.

한편, (44)는 공간개념[2]에 속한다고 생각되는 예들 가운데, '앞·뒤

---

90) '앞창²'는 '신이나 구두의 앞쪽에 대는 창'을 말하고, '뒤창²'는 '신이나 구두의 뒤쪽에 대는 창'을 가리킨다.

-합성어'가 대응관계를 형성하지 못하는 예들이다.

> (44) 공간개념[2]: '앞·뒤-합성어'가 짝을 이루지 않는 경우
> ㄱ. 앞-합성어: 앞나비, 앞바탕, 앞이마, 앞정강이, 앞단, 앞섶,
> 앞조각.
> ㄴ. 뒤-합성어: 존재하지 않음.

(43)의 예를 보면, 공간개념[2]에 해당하는 합성어들은 특정 사물의 앞부분과 뒷부분을 가리키는 게 일반적이지만 이 같은 획일적인 대칭 관계를 형성하지 않는 경우도 있다. (44)에서 보다시피, 공간개념[2]의 범주에 속하지만 '앞'과 '뒤'가 대칭을 이루지 못하고 일종의 어휘적 공백으로 남은 예들을 볼 수 있다. 이처럼 대응관계를 형성하지 못하는 예들은 모두 '앞-합성어'만 존재한다는 특징이 있다. 반대로 '뒤-합성어'만 존재하는 예는 보이지 않는다. '앞나비, 앞돛대, 앞바탕, 앞이마, 앞정강이' 들이 모두 여기에 해당한다. 그 이유는 무엇일까. 이들 합성어의 의미를 통해서 해답을 찾아보자.

'앞나비'는 '집터 따위에서 앞면의 길이'를 말한다. '*뒷나비'가 존재하지 않은 까닭은 한 면을 재면 반대쪽의 것은 잴 필요가 없기 때문이었을 것이다. '앞바탕'은 '가구의 앞면이나 옆면에 붙이는 쇠 장식'을 말한다. 이는 가구의 뒷면은 벽에 붙이므로 장식이 필요치 않기에 '앞-합성어'만 존재하는 것으로 보인다. 따라서 이들은 굳이 '뒤-합성어'를 필요로 하지 않았던 데에서 생긴 공백이라는 점에서 공통점을 지닌다. '앞이마'는 '이마의 한가운데 부분'을 말하는데, 이는 이마가 앞에만 있기 때문이다. 이렇게 보면, '앞이마'는 '이마'와 같은 낱말이라 해야 할 것이다. '앞정강이'는 정강이를 강조하는 말이다. 이 또한 '정강이'와 같은 말이다. '앞단'은 '앞에 대는 단'의 뜻인데, '앞단'만으로도 '단'에 대한 모두

를 감당하기 때문에 '*뒷단'은 굳이 필요치 않았을 것으로 생각된다. 이들은 앞쪽에만 존재하기 때문에 '뒤-합성어'는 애써 요구할 필요가 없는 경우에 해당한다. 한편, '앞조각'은 ①물체의 앞쪽 부분. 또는 그 조각, ②여러 조각으로 이루어진 것에서 앞쪽에 있는 조각, ③먼저 떨어져 나간 부분 등의 의미를 갖는다. 이로 보면 '앞조각'은 대응되는 '뒷조각'을 충분히 가질 만하다는 점에서 어휘적 공백의 예로 생각된다.

이렇게 볼 때, '앞·뒤-합성어'가 짝을 이루지 못하는 예는 그 대상이 한쪽, 즉 '앞쪽'에만 존재하거나 그 반대쪽은 굳이 필요하지 않은 경우, 그리고 어휘적 공백으로 처리되는 경우로 구분된다.

공간개념[3]은 전체의 일부를 가리킨다는 점에서는 공간개념[2]와 공통적이다. [1]과 같이 기준 대상과 분리되어 있지 않다는 것인데, 하지만 공간개념[2]와는 다른 점이 있다. [2]의 전체는 가시적인 대상이었지만 [3]에서는 그것이 감각적으로 느낄 수 있는 대상이 아니라는 점이다. 여전히 '앞·뒤(의)#X'라는 의미적인 틀은 그대로이지만 여기서 X는 가시적인 대상으로서의 사물이 아니다. 아래 예를 보자.

(45) ㄱ. '앞·뒷가지'는 {앞, 뒤}의 가지를 말한다.
　　　ㄴ. '앞·뒤태'는 {앞, 뒤}의 태를 말한다.

(45)에서, '앞·뒤-가지'와 '앞·뒤-태'의 예를 보면, 공간개념[3]은 통사적 환경이나 의미적인 틀에 있어서는 앞엣것들과 차이가 없다. 마찬가지로 선행요소인 '앞·뒤'는 후행요소인 X의 위치를 지정해 주고 있다는 측면에서 공간 개념을 보유하고 있는 것은 분명하다. 하지만 '앞·뒷-가지'는 '가지의 앞·뒤', '앞·뒤-태(態)'는 '태의 앞·뒤'라는 기준에서 볼 때, '가지'나 '태(態)'라는 전체는 만질 수 있는 대상이 아니라는 점에서 차이가 있다. 또한 공간개념[3]의 경우 통사적 환경이나 의미적인

틀에 있어서도 [1, 2]와 별다른 차이를 보이지 않는다. '앞·뒤의#X'{각, 글, 웃, 태, 항, 홀소리}라는 통사적 환경으로서 전체의 위치를 나타내고 있다는 점에서도 마찬가지의 모습을 보여준다.

아래 (46)은 이 같은 특징을 가진 예들로서 '앞·뒤-합성어'가 각각 대칭을 이루고 있는 것들이다.

(46) 공간개념[3]에서 짝을 이루는 예
　ㄱ. 앞-합성어: 앞글, 앞태, 앞홀소리 ; 앞개, 앞걸, 앞도, 앞윷.
　ㄴ. 뒤-합성어: 뒷글, 뒤태, 뒤홀소리 ; 뒷개, 뒷걸, 뒷도, 뒷윷.

(47) 낱말 뜻풀이
　앞글: 한 편의 글에서 앞부분에 해당하는 글 = 前文
　뒷글: 책의 본문 뒤에 쓰는 글 = 後文
　앞태(態): 앞쪽에서 본 몸매
　뒤태(態): 뒤쪽에서 본 몸매나 모양
　앞홀소리: 혀의 앞쪽에서 발음되는 모음(母音) = 前舌母音
　뒤홀소리: 혀의 뒤쪽과 여린입천장 사이에서 발음되는 모음 =
　　　　後舌母音

(46)에 제시된 낱말들의 경우, 모두 '앞', '뒤'가 대응관계를 이루면서 전체의 일부를 나타내는 개념으로 파악된다. '앞·뒷-글'은 글 전체의 일부를, '앞·뒤-태'는 몸 전체의 일부를, '앞·뒷-홀소리'는 혀 전체의 일부로 설정한다는 것이다. 이들은 대체로 '前文', '後文' 따위의 한자말을 동의어로 삼고 있는데, 이들에서의 '前', '後'는 모두 중세국어에서와 같은 시간 개념이 아니라 공간 개념으로 파악된다. 한편, (46)에서 제시된 예들 가운데 '앞·뒷-개', '앞·뒷-걸', '앞뒷-도', '앞뒷-윷' 따위는 모두 윷놀이의 윷판에서 위치에 따라 선택된 용어들이다. 윷판이라는 전체에서 일부의 공간을 지칭하는 표현들이라 할 수 있다.

(48) 공간개념[3]에서 짝을 이루지 않는 예
ㄱ. 앞-합성어: 앞위, 앞주, 앞토씨.
ㄴ. 뒤-합성어: ∅ , ∅ , ∅ .

한편, (48)은 공간개념[3]에서 '앞·뒤-합성어'가 짝을 이루지 못하는 예를 제시한 것이다. 여기에는 각각 '앞위', '앞주', '앞토씨' 따위가 해당된다. 이들은 모두 '앞-합성어'만 존재하고, '뒤-합성어'만 나타나는 예는 보이지 않는다. '앞위'는 '닭의 모래주머니와 연결된 위의 일부분'을 가리킨다. 이는 몸기관과 관련되는 것인데, '*뒤위'에 해당되는 요소가 없기 때문에 나타나는 현상으로 생각할 수 있다. '앞주'는 '각 장(章)의 끝에 다는 주(註) 앞에 있는 큰 주'를 말하는데, 원래가 '주(註)'는 뒤쪽에 다는 것이기 때문에 '*뒷주'의 존재 이유는 없게 된다. '앞토씨'는 '전치사'에 대응되는 개념이다. 영어에서 '후치사'가 따로 존재하기 때문에 '*뒤토씨' 또한 충분히 설정 가능한 용어이다. 하지만 이는 학문적인 의견과 맞물려서 제외된 경우라 해야겠다. 이렇게 볼 때, 공간개념[3]에서 '뒤-합성어'가 나타나지 않은 예들은 그 대상이 없거나 기능이 존재하지 않음으로써 나타나는 현상으로 파악된다.

넷째, 공간개념[4]에 대해서 살펴보자. 공간개념[4]는 다른 경우에 비하여 공간 개념이 약화되어 있는 것인데, 주로 신체나 신체 관련 부분을 대신 가리키는 표현이다. 따라서 공간개념[3]과 같이 기준 대상이 존재하거나 '전체' 개념이 따로 존재하지 않는다.

(49) 한 사람의 내관이 매화틀과 뒷목을 가지러 대조전 쪽으로 달려
갔다.〈김동인, 운현궁의 봄〉[91]

---

[91] '뒷목'과 유사한 말에 '밑씻개'가 있다. '밑씻개'는 '똥을 누고 밑을 씻어 내는 종이 따위'를 이르는 말이다.(어릴 적, 우리는 신문지를 밑씻개로 썼다.)

(49)의 '뒷목'은 '뒤를 본 뒤에 밑을 닦을 때 쓰는 것'의 뜻이다. 여기서 '뒤'는 신체와 관련되는 것을 가리킨다. 공간개념[4]에 해당하는 예시들은 거의가 이처럼 신체에 해당하는 것들이다. 따라서 '앞-합성어'는 겨우 '앞바대'만 존재한다. 이는 본디 의미에서 그 만큼 멀리 와 있음을 말해 주는 것이다.

(50) 공간개념[4]를 나타내는 '앞·뒤-합성어'
ㄱ. 앞-합성어: '앞바대'92)만 존재.
ㄴ. 뒤-합성어: 뒷간, 뒷나무,93) 뒷목², 뒷물, 뒷물대야, 뒷바대, 뒷일².

(51) '뒤-합성어'의 낱말 뜻풀이
뒷간: '변소(便所)'를 완곡하게 이르는 말.
뒷나무: 밑씻개로 쓰는 가늘고 짧은 나뭇가지나 나뭇잎.
뒷목²: 뒤를 본 뒤에 밑을 닦을 때 쓰는 것.(뒷목¹: 타작할 때에 북데기에 섞이거나 마당에 흩어져 남은 찌꺼기 곡식)
뒷물: 사람의 국부나 항문을 씻는 일. 또는 그 일에 쓰는 물. = 후수(後水)
뒷물대야: 사람의 국부나 항문을 씻을 때 쓰는 대야. = 후수대야(後水대야)
뒷바대: 엉덩이에 덧대는 헝겊 조각.
뒷일²: 뒤를 보는 일.(뒷일¹: 어떤 일이 있은 뒤에 생기거나 일어날 일)

(52) ㄱ. 한 사람의 내관이 매화틀과 {뒷목, *앞목}을 가지러 대조전 쪽으로 달려갔다.〈김동인, 운현궁의 봄〉
ㄴ. {뒷물, *앞물}을 할 때에는 깨끗한 물을 써야 한다.

---

92) '앞바대'는 '옷의 가슴 윗부분에 대는 바대(헝겊 조각)'을 말한다.
93) '코앞'과 유사한 의미로 '코밑'이 있다.(시험이 {코밑, 코앞}으로 다가왔다.)

(50ㄱ, ㄴ)의 '뒤-합성어' 또한 마찬가지다. 여기서 '뒤'는 (51)의 해석에서 보다시피, 단순히 공간 의미를 가리키는 것이 아니라 항문이나 국부 주변의 신체 기관을 의미한다.[94] 따라서 '*앞목'이나 '*앞물' 따위와 같이 대응되는 표현은 존재하기 어렵다. 해당 신체 기관과 관계되는 어떤 행위이기 때문에 다른 기관을 지칭할 경우 그 의미는 달라질 것이기 때문이다. 이처럼 신체기관을 나타내는 용도로 쓰인 '뒤-합성어'의 경우 또한 '뒤+X'의 짜임새를 가지는데, 이들의 의미 틀은 '뒤에 쓰이는 X'로 나타난다. 물론 이는 '뒤'가 공간 의미가 아니라 신체 개념으로, X가 '어떤 물건'을 지칭할 경우에 한정된다. 이러한 의미가 'X+뒤'의 짜임새를 가진 예는 보이지 않는다.

공간개념[4]는 공간 개념을 인식하기가 쉽지 않다. 그만큼 본디의 의미에서 멀어져 있다는 것이다. 공간개념[1,2,3]은 모두 '앞·뒤'의 의미 자체를 직시할 수 있는 것이었지만, [4]의 경우는 이것이 간접적으로 암시받을 수 있기 때문이다. 따라서 그 수에 있어서도 생산적인 양상을 보이지는 않는다. 이 같은 비생산성은 신체 관련어에 국한되어 있다는 이유도 포함될 것이다. 또한 '뒤-합성어'만 예를 보이고 '앞-합성어'는 그 예를 보이지 않는 것은 공간개념[4]의 특징이다. 여기서 '뒤'는 모두 한 가지 대상, 의미와 관련되어 있는데, 거기에 대응되는 '앞'은 존재하지 않기 때문이다.

끝으로, 공간개념[5]가 가지는 가장 인상적인 것은 다른 공간 개념들과는 달리 공간 개념을 가시적으로 살피기 어렵다는 점이다. 공간말이 다른 요소와의 결합을 통해 본래적인 공간 의미를 상실하고 관념화된

---

94) '뒤'가 항문 따위의 신체 기관을 대신하는 의미로서 합성어를 취하는 예는 이미 중세국어에 그 모습들을 보인다. '뒷간⟨월석, 7.18⟩', '뒤보다⟨번노, 상37⟩', '뒤ㅅ니다⟨번노, 상37⟩' 등을 찾을 수 있다.

공간이기 때문이다. 여기에 해당하는 예로는 '눈앞', '코앞'이 대표적이다. 이들은 우선 다른 예들과는 달리 '앞'이 후행요소에 위치한다는 특징이 있다. 다른 '앞·뒤-합성어들'은 대체로 '앞·뒤+X'의 꼴을 취하는데, 공간개념[5]의 '앞-합성어'는 'X+앞'의 꼴을 취한다. 또한 [1,2,3]의 예들과는 달리 통사적 환경으로 환원할 경우에는 의미가 달라진다.

> (53) ㄱ. *내 눈의 {앞}이 침침하다.
>   내 {눈앞, *눈뒤}이 침침하다.
>   ㄴ. *내 코의 {앞}에서 사라져라.
>   내 {코앞, *코뒤}에서 사라져라.

(53)에서 보다시피, 통사적 환경인 '눈(의)#앞'이나 '코(의)#앞'은 합성어로서의 '눈앞'이나 '코앞'과는 의미에서 차이가 있다. 이 경우의 '앞, 뒤'는 공간개념[1]과 같이 '눈'이나 '코'는 기준점이 될 것이고, 따라서 '앞·뒤'는 이 기준점과 이격되어 공간 개념이 선명하게 드러나는 예가 될 것이다. 이렇게 본다면, 원래는 이러한 통사적 단위였던 것이 의미의 전이를 통해 형태적 짜임새로 융합됨으로써 나타난 합성어인 셈이다. 공간 의미로서 '앞' 의미를 잃어버리고 '눈'이나 '코'와 통합됨으로써 '아주 가까운 곳'이라는 의미의 형태적 짜임새를 갖게 된다는 것이다. 그 결과 의미는 관념적인 공간 개념을 가지게 된다.[95]

또한 이 두 낱말 모두 '뒤'와는 대칭되지 않는다는 점도 이 같은 의미의 변화를 보증해 주는 요소가 된다. '앞-합성어'만 존재한다는 것인데, 이는 '눈'이나 '코'가 신체기관으로서 한쪽, 즉 전방만 존재하기 때문이다.

---

95) '턱밑'이나 '코밑' 또한 신체어와 공간말이 결합하여 관념적인 공간 개념을 가진 경우가 될 수 있다.

이상에서 공간 의미를 가지는 '앞·뒤-합성어'를 5가지로 구분해서 그 특징을 기술해 보았다. 이들은 각각 공통적이면서도 동시에 차이점을 가지고 있다. 이를 대비해서 정리해 보면 다음과 같다.[96)]

〈표16〉 '앞/뒤-합성어'의 공간개념에 따른 분류와 특징

구분	공간개념[1]	공간개념[2]	공간개념[3]	공간개념[4]	공간개념[5]
1) 기본 짜임새	앞·뒤 + X	앞·뒤 + X	앞·뒤 + X	앞·뒤 + X	X+앞
2) 기본 의미	구체적인 공간	전체의 일부	전체의 일부	신체 기관 대신 의미	아주 가까운 공간
3) 의미적 틀	'앞·뒤에 있는 X'	'앞·뒤에 있는 X'	'앞·뒤에 있는 X'	'뒤에 쓰는 X'	'바로 앞에서'
4) 대칭 여부	대칭, 비대칭	대칭, 비대칭	대칭, 비대칭	대칭, 비대칭	비대칭 ('앞'만 존재)
5) 생산성	높음	가장 높음	보통	낮음	가장 낮음
6) 예시	앞뜰, 뒷동산	앞바퀴, 뒷날개	앞가지, 뒷글	뒷물, 뒷나무	눈앞, 코앞

3.1.2. 전이 의미에 따른 낱말 형성

앞에서 논의했듯이, '앞', '뒤'는 공간을 나타내는 것이 본디 의미이지만 단지 여기에서만 머무르지 않는다. 공간 의미를 바탕으로 점점 그 의미를 확장시켜 나간다. 차례 혹은 순서 개념, 시간 개념, 추상 개념 등이 거기에 속한다. 이 같은 의미의 전이는 '앞·뒤-합성어'에 와서도 마찬가지의 양상을 보인다. 물론 의미의 가짓수에 있어서는 단일어인 '앞', '뒤'의 그것에 비하여 많지 않다. 다음과 같은 순서에 따라 살피도록 한다.

1) 차례, 순서 의미에 따라
2) 시간 의미에 따라
3) 추상 의미에 따라

---

96) 여기서 '생산성'이란 공간 개념 5가지를 상대적으로 비교한 것이다.

'앞·뒤-합성어' 가운데 차례나 순서를 나타내는 의미의 영역은 다시 두 가지로 나뉜다. 첫째, 오직 차례나 순서만을 나타내고 있는 경우이다. 이 말은 어떤 행위나 상황에서 단지 차례만 나타낼 뿐이지 시간적 개념은 전혀 개입되지 않았음을 의미한다. 둘째, 차례나 순서를 나타내는 과정에서 시간적 개념이 함께 개입되어 있는 경우이다.

> (54) ㄱ. 그러나 이제 그런 일 저런 일도 다 뇌리에서 사라진 듯, 그저 멍멍한 상태가 되어 기계적으로 앞 사람을 따라가고 있을 따름이었다.〈하근찬, 야호〉
> ㄴ. 우리는 앞 세대 분들의 글에서 누적된 경험을 존중해야 한다.
>
> (55) ㄱ. 앞 선수보다는 저 뒤의 선수를 눈여겨봐야 한다.
> ㄴ. 친구는 대학 다니는 게 싫다고 중퇴를 한 뒤 농사와 김 양식업을 하며 살고 있었다.〈한승원, 해일〉

(54)에서 (ㄱ)의 '앞'은 '차례나 열에서 앞서는 곳'의 의미를 갖고 있다. 여기서 '앞 사람'은 '주인공이 가고 있는 것보다 앞쪽'이라는 의미로 쓰인다. 그 과정에서 선후관계의 순서가 생성된다. 그런데 여기서는 시간적인 의미가 내포되어 있다고 보기는 어렵다. '앞 사람'이나 '주인공'의 행위 가운데 어느 것이 시간적으로 앞서 있기보다는 동시적인 행위로 파악된다는 것이다. (55ㄱ)의 '뒤'도 유사한 상황에 있다. 여기서 '뒤'는 '앞 선수'와의 관련하여, 시간적인 순서보다는 동일 선상에서의 선후관계로 보는 것이 적절하다.

그러나 (54ㄴ)의 '앞 세대'에서 '앞'은 시간 개념이 내포되어 있다. '앞 세대'와 대응되는 것은 '뒤 세대'인데 여기서는 단순히 '차례'로서의 개념보다는 시간적 격차가 더 중요 사항이라는 생각이다. 이는 '전(前) 세대'로 대치 가능하다는 점에서도 확인된다. 중세국어에서 '전(前)'은 시간적인 개념을 나타내었던 것이기 때문이다. (55ㄴ)의 '뒤' 또한 마찬가지다. (55ㄴ)의 '뒤'는 '시간이나 순서상으로 다음이나 나중'을 나타낸다. '농사와 김 양식업을 하는 것'이 '중퇴를 한 것'보다 시간이나 순서상으로 뒤쪽이라는 사실을 말해 주고 있다는 것이다. 여기서는 순서와 시간 개념은 밀착되어 있다는 사실을 확인할 수 있다. 이는 '후(後)'로 대치 가능하다는 점에서도 또렷이 확인된다. 중세국어에서 '후(後)'는 시간적 의미를 담당했기 때문이다.

이처럼 '앞, 뒤'가 차례나 순서적인 의미를 가질 때에는 시간 개념이 개입된 경우도 있고 그렇지 않은 경우도 있다. 여기서는 이 두 가지를 구분해서 접근하기로 한다. 먼저, 차례 혹은 순서를 나타내는 의미영역에서부터 접근해 보자. 이 의미영역을 충족시키기 위한 조건을 다시 정리하면 아래와 같다.

(56) [차례·순서] 의미영역의 조건(I): '앞·뒤-합성어' 가운데, '앞·뒤'가 어떤 일이나 행위를 하는 과정에서 선후관계를 나타내는 것이어야 한다. 단, 시간 개념은 개입되지 않아야 한다.

아래 (57)은 '앞·뒤-합성어'에서 '앞·뒤'가 차례나 순서의 의미를 가진 가운데, 먼저 짝을 이루는 예를 제시한 것이다.

(57) 차례나 순서 개념의 '앞·뒤-합성어'에서 짝을 이루는 예
ㄱ. 앞-합성어: 앞차, 앞장, 앞줄, 앞치배, 앞갈망, 앞감당, 앞담당,97) 앞갈무리, 앞악절, 앞곤두, 앞항.
ㄴ. 뒤-합성어: 뒤차, 뒷장, 뒷줄, 뒤치배, 뒷갈망, 뒷감당, 뒷담당, 뒷갈무리, 뒤악절, 뒷곤두, 후항.

---

97) '앞감당'과 '앞담당'은 같은 뜻인데, 이들은 북한어에 나타나는 말이다.

이에 해당하는 예 몇 가지를 보자.

(58) ㄱ. 운전할 때는 {앞차', 뒤차'}와 충분히 거리를 둬야 한다.98)
ㄴ. 나는 학교에서 키 때문에 늘 {앞줄, 뒷줄'}에 앉았다.
ㄷ. 그가 매사에 {앞장, 뒷장}을 서는 바람에 내가 힘들다.

(57, 58)에서 보면, '앞차'는 '앞에 달리는 차', '뒤차'는 '뒤쪽에 이어
오거나 뒤에 있는 차'를 의미한다. 따라서 이들은 시간적인 차이보다는
동시적인 행위가 일어나는 과정에서 [전방]과 [후방]을 나타내는 선후
관계로서의 의미에 중심이 있다. (58ㄴ)의 '앞줄'과 '뒷줄' 또한 시간 개
념보다는 공간적인 선후관계에 더 초점이 있다. (58ㄷ)의 '앞장'은 '무
리의 맨 앞자리'를 가리킨다. '뒷장'은 '어떤 일이 뒤 끝에 따라 하는 일'
을 가리킨다. 이들은 시간 개념보다는 위치적인 개념이 우선한다.

그 외 '앞·뒤-치배'에서, '치배(-輩)'는 '농악에서, 타악기를 치는 사람
을 통틀어 이르는 말'이다. 따라서 '앞·뒤-치배'는 '앞·뒤의 치배', 곧
'앞에서 타악기를 치는 사람', '뒤에서 타악기를 치는 사람'이라는 점에
서 선후의 순서 관계를 찾을 수 있다. 이들은 통사적인 짜임새인 '앞뒤
(의)#차', '앞·뒤(의)#줄', '앞·뒤(의)#치배' 따위가 그대로 형태적 짜임새
로 전이되어 어휘화가 완성된 예로 보인다. 통사적인 짜임새에서의 의
미나 형태적인 짜임새의 의미에서 차이를 느낄 수 없다. 이는 이들 합
성어들이 '차례'나 순서적 의미를 습득하게 되는 것과도 연관될 뿐만 아
니라, 시간 개념을 내포하지 않은 상태이기에 가능한 대목이기도 하다.
'뒷갈망'은 '일의 뒤끝을 맡아서 처리하다'의 뜻인데, '앞갈망'과 대를 이

---

98) 하지만 '앞차'와 '뒤차'는 단순히 순서를 나타내는 것에 머무는 것이 아니라 의미의 전이를
거쳐 시간적인 개념을 함의하기도 한다. "선발대는 앞차로 갔으니, 저는 뒤차를 타고 가
겠습니다."에서 보면, '앞차'는 '앞서 먼저 떠난 차', '뒤차'는 '다음번에 오는 차'의 의미를
가지는데, 여기에서는 시간 의미가 내포되어 있다는 것이다.

루어 선후관계를 형성한다. '앞갈무리', '뒷갈무리'는 동일한 의미를 가진 '앞-합성어'이다. '뒷감당'은 '일의 뒤끝을 맡아서 처리하다'의 뜻인데, '앞감당'과 대를 이룬다. '뒷담당'과 '앞담당'은 각각 이와 유사한 의미를 갖는다.99) '앞악절'은 음악에서 '큰악절의 앞부분에 해당하는 작은 악절'이다. '뒤악절'은 '여덟 마디의 큰악절에서 뒷부분에 해당하는 작은 악절'을 가리킨다. 마찬가지로 여기에서 시간적 개념을 느끼기는 어렵다. 순서의 개념만 남아 있다는 것이다. 그리고 '앞·뒷-곤두'는 남사당패의 땅재주 놀이 가운데 하나인데, 각각 앞걸음과 뒷걸음으로 서너 발자국 걷다가 몸을 솟구쳐 한 번 곤두박질하고 바로 서는 동작을 가리킨다는 점에서 행위의 차례가 감지된다. 마지막으로 '앞항'은 '앞에 적혀 있는 사항'을 가리킨다. '뒤항'은 '뒤에 적힌 조항'을 의미한다는 점에서 순서적 개념이 인지된다. 이들은 각각 '전항(前項)', '후항(後項)'으로 대응되는데, 여기서 말하는 '전후(前後)'의 인식 또한 이 같은 개념 설정에 도움을 준다. 여기서의 '前後'는 시간 개념이라기보다는 위치를 나타내는 공간 개념으로 보는 게 적절할 것이다.

반면, 아래 (59)는 차례나 순서를 나타내는 '앞·뒤-합성어'가 짝을 이루지 못하는 예를 제시한 것이다.

> (59) 차례나 순서의 '앞·뒤-합성어'에서 짝을 이루는 못하는 예
> ㄱ. 앞-합성어만 가지는 경우: 앞교대, 앞장서다.
> ㄴ. 뒤-합성어만 가지는 경우: 뒷전거리, 뒷전놀이, 뒷전풀이,
>   뒷전무당.

---

99) 근대국어의 예에서도 이 같은 개념은 여러 곳에서 확인된다.
ㄱ. 삼 <u>수신</u>이 <u>압흐</u>로 한 줄의 셔고 그 <u>뒤흐</u>로 스물 닐곱 뎡관이 세 줄노 느러셔시니〈을병, 2〉
ㄴ. 두 <u>수신</u>이 압줄의 셔고 통관 흐나흔 <u>뒤흐</u>로 셔고〈을병, 2〉
(ㄱ, ㄴ)에서 '압ㅎ'과 '뒤ㅎ'는 같은 시간 선상에서 나타나는 선후 개념을 보여주고 있다. 따라서 여기서는 시간 개념은 개입되지 않고 순수하게 '선후'의 순서적 개념만이 나타난다.

(60) 낱말 뜻풀이

　앞교대: 번갈아 바꾸는 바로 앞 차례.

　앞장서다: 무리의 맨 앞에 서다.

　뒷전거리: 굿을 끝맺는 마지막 거리에서 굿을 노는 일.

　뒷전놀이: 굿을 끝맺는 마지막 거리에서 굿을 노는 일.

　뒷전풀이: 굿을 끝맺는 마지막 거리에서 굿을 노는 일.

　뒷전무당: 신이 내리지 않아 뒷전굿만을 맡아 하는 무당.

　(59ㄱ)에서 '앞교대(交代)'는 '번갈아 바꾸는 바로 앞 차례'를 가리킨다. 이는 언어적 공백의 예라 생각된다. 내용상으로 보면 '바로 뒤'를 가리키는 '*뒷교대'가 있을 법하기 때문이다. 또한 합성동사 '앞장서다'를 보면, '앞장–뒷장'을 대응을 이루는 합성명사와는 달리 '앞·뒤–동사'는 대칭을 이루지 않음을 볼 수 있다. 이는 '*뒷장서다'라는 쓰임새가 상대적으로 생산적이지 못해서 일어난 현상이라 생각된다. '앞장서다'는 통사적 짜임새인 '앞장(을)#서다'가 그대로 녹아 붙은 경우일 것이다. (59ㄴ)의 예들은 모두 '굿 행위'에서 일어나는 순서적인 현상들과 관련되는 말들이다. 순서상 맨 뒤에 있는 '마지막 거리'에서 행하는 장면을 가리키고 있다. 만약 굿 행위에서 앞쪽에 행해지는 장면이 있다면, 이를테면 '*앞전거리' 따위의 낱말이 존재했을 것이다.

　다음으로 차례나 순서의 의미영역에서 시간적 개념이 함께 스며있는 예들을 살펴보자. 이들은 단순히 어떤 일이나 행위의 순서만을 중시하는 것이 아니라 반드시 시간 개념이 함께 투입되어 있는 경우를 가리킨다. 따라서 이 같은 의미영역을 성립시키기 위해서는 다음과 같은 조건을 필요로 한다.

(61) [차례·순서] 의미영역의 조건(Ⅱ): '앞/뒤-합성어' 가운데, '앞
    ·뒤'가 어떤 일이나 행위를 하는 과정에서 선후관계를 나타내
    는 것이어야 한다. 단, 시간 개념이 반드시 개입되어야 한다.

이렇게 보면, 조건[Ⅱ]의 가장 중심이 되는 사항은 '순서'와 '시간'적 개
념이 개입되어 있어야 한다는 것이다. 이들 예 가운데는 '앞'과 '뒤'가
짝을 이루는 경우도 있고 그렇지 않은 경우도 있다. 먼저 짝을 이루는
예들에 대해 살펴보자.

(62) 순서 개념과 시간 개념의 '앞·뒤-합성어'에서 짝을 이루는 예
    ㄱ. 앞-합성어: 앞과장, 앞소리, 앞차².
    ㄴ. 뒤-합성어: 뒷과장, 뒷소리, 뒤차².

(62)의 예들은 모두 음악에서 쓰이는 것들이다. '앞과장'은 '공연할
때에 손님을 모으거나 흥을 돋우려고 하는 앞놀이'를 말한다. 일종의
식전 행사인 셈이다. 반대로 '뒷과장'은 '가면극 따위에서 앞과장이 끝
난 다음에 하는 본놀이'를 말한다. 따라서 '앞·뒷-과장'은 순서와 시간
적 개념을 동시에 살필 수 있다. '앞·뒷-소리'도 비슷한 상황을 보이는
낱말이다. '앞소리'는 '민요를 부를 때 한 사람이 앞서 부르는 소리'를
말한다.[100] 반대로 '뒷소리'는 '민요에서, 한 사람이 앞소리를 메기면
뒤따라 여럿이 함께 받아 부르는 소리'를 말한다. 그 과정에서 순서는
존재할 수밖에 없고, 따라서 시간적인 선후 관계도 개입될 수밖에 없다.
이들 또한 '앞·뒤(의)#과장'이나 '앞·뒤(의)#소리' 따위의 통사적 짜임
새가 그대로 형태적 짜임새로 어휘화를 이룬 예들이다. 그 과정에서 이
들은 원래 가졌던 '앞·뒤'의 의미가 전혀 훼손되지 않고 결합된다. 따라

---

[100] 주로 농악에서, '앞소리'는 '메기는 소리', '먹임소리'라고도 하고 '뒷소리'는 '받는 소리'라고
    도 한다.

서 의미의 차이는 전혀 느낄 수가 없다.

한편, (62)의 예와는 달리 차례나 순서의 의미를 보이는 예들 가운데 '앞'과 '뒤'가 대칭 관계를 보이지 않는 예들이 더 많다. 이들은 '어떤 행위나 일이 시작되기 전'의 의미와 '어떤 행위나 일이 끝난 이후'의 의미를 가진다. 여기서 시간적인 의미가 인식되는 것이다.

(63) 순서 개념과 시간 개념의 '앞·뒤-합성어'에서 대칭되지 않는 예
  ㄱ. '앞-합성어'만 가진 예: 앞놀이, 앞씨눈, 앞참.
  ㄴ. '뒤-합성어'만 가진 예: 뒤끝, 뒤처리, 뒤탈, 뒷말^1, 뒷일, 뒷배^1, 뒷사람, 뒷설거지, 뒷셈, 뒬일, 뒷전^2, 뒷거름, 뒷거조, 뒷공, 뒷공론, 뒷마감, 뒷맛, 뒷배포, 뒷불, 뒷세상, 뒷수쇄, 뒷수습, 뒷욕, 뒷이야기, 뒷입맛, 뒷전거리, 뒷전놀이, 뒷전풀이, 뒷전무당, 뒷전소용돌이, 뒷정리, 뒷정신.

(63ㄱ)은 '앞-합성어'만 존재하는 경우이다. 이들의 낱말 뜻풀이를 보면 다음과 같다.

(64) '앞놀이, 앞씨눈, 앞참'의 낱말 뜻풀이
  앞놀이: 농악대, 길군악대, 탈꾼 따위가 탈놀이 본마당에 들어가기 전에 탈춤을 놀 곳까지 풍악을 울리면서 가는 행렬.
  앞씨눈: 식물의 씨눈이 생기는 단계. 수정란의 분할부터 씨눈이 생길 때까지의 상태를 이른다. = 전배(前胚).
  앞참: 다음에 머무를 곳 = 전참(前站)

'앞놀이'는 '본마당에 들어가기 전'이라는 점에서 시간 개념을,[101] '앞씨눈'은 '생기는 단계'라는 점에서 시간 개념을, '앞참'은 '머무를 곳'이라는 점에서 미래의 시간 개념을 함의하고 있다.[102] 이들이 '뒤-합성어'가

---

[101] '뒷놀이'는 행위나 의미적인 측면에서 충분히 존재 가능한 말이지만 사전에 등재되어 있지는 않다. 그러나 실제로는 여기저기 쓰이고 있다.(경상남도 밀양 지방에 전승되어 오는 백중날의 민속놀이, 처음 농신제로 시작하여 작두말타기, 춤판, 뒷놀이로 구성된다.)

존재하지 않는 까닭은 그러한 단계나 행위가 없기 때문으로 생각된다. 대상이 없으면 거기에 해당되는 언어가 존재할 필요가 없을 것이기 때문이다.

(63ㄴ)은 순서와 시간 개념을 가지는 예 가운데 '뒤-합성어'만 존재하는 경우이다. 마찬가지로 이들 낱말이 가지는 뜻풀이를 통해 구체화해 보자.

(65) '뒤-합성어' 가운데 순서와 시간 개념 가진 낱말 뜻풀이
　　뒤끝: 어떤 일이 <u>있은 바로 뒤</u>나 좋지 않은 감정이 <u>있은 다음</u>
　　　　에도 여전히 남아 있는 감정.
　　뒤처리: 일이 벌어진 <u>뒤</u>나 끝난 <u>뒤끝</u>을 처리하는 일. = 후처리
　　　　(後處理)
　　뒤탈: 어떤 <u>일의 뒤</u>에 생기는 탈. = 후탈(後 -)
　　뒷말¹: 계속되는 <u>이야기의 뒤</u>를 잇거나 그런 말. 또는 일이 끝
　　　　난 뒤에 뒷공론으로 하는 말.
　　뒷일¹: 어떤 일이 <u>있은 뒤</u>에 생기거나 일어날 일. = 후사(後事),
　　　　홋일(後 -)

---

102) 한자 '前'이 미래의 시간을 함의하는 예는 드물다. 사전적으로도 '前'은 오직 과거 시간의 의미만 기술하고 있다. 〈표준국어 대사전〉을 참고해 보자.
　[Ⅰ]「명사」
　　「1」막연한 과거의 어느 때를 가리키는 말.
　　　¶ 그 사람을 전에 한 번 본 적이 있다. 그가 전 같으면 그렇게 행동하지 않았을 것이다.
　　「2」((일부 명사나 '-기' 다음에 쓰여))'이전'의 뜻을 나타내는 말.
　　　¶ 사흘 전. 조금 전. 그 전에 일을 해치워야 되겠다. 그가 본 그녀는 10년 전의 모습과 똑같았다. 그는 바로 2년 전에 만났던 사람이었다. 아침을 먹기 전, 서늘할 때 일을 하기 위해 연장을 챙겨 들고 산으로 오르려던 인부들이 숙소 앞으로 모여들었다.〈한수산, 유민〉
　　「3」'앞「8」'의 높임말.
　　　¶ 부모님 전 상서(上書).
　[Ⅱ]「관형사」
　　「1」((직함이나 자격을 뜻하는 명사 앞에 쓰여))이전의 경력을 나타내는 말.
　　　¶ 전 방송국 아나운서. 전 경찰청 형사과장.
　　「2」((일부 명사 앞에 쓰여))'이전' 또는 '앞', '전반기' 따위의 뜻을 나타내는 말.
　　　¶ 전 학기. 전 시대.

뒷설거지: 큰일을 <u>치른</u> 다음에 하는 설거지나 뒤처리.

뒷거름: 농작물에 첫 번 거름을 <u>준 뒤</u> 밑거름을 보충하기 위하여 더 주는 비료.

뒷거조: 어떤 일이 <u>있은</u> 다음에 취하는 행동거지.

뒷공: 당구에서, 한 번 친 공이 움직이다가 어느 위치에 <u>섰을</u> 때의 공.

뒷사람: 뒤에 있거나 <u>나중에</u> 온 사람. 또는 <u>다음</u> 세대의 사람. = 후임자(後任者)

뒷셈: 어떤 일이 끝난 다음에 하는 셈이나 그런 일.

뒷공론[1]: 일이 끝난 <u>뒤</u>에 쓸데없이 이러니저러니 다시 말하거나 겉으로 떳떳이 나서지 않고 뒤에서 이러쿵저러쿵 시비조로 말하는 일. = 후언(後言), 뒷방공론

뒷마감: <u>일의</u> 뒤끝을 맺어서 끝냄.

뒷맛: 음식을 먹고 난 <u>뒤</u>에 입에서 느끼는 맛. 또는 일을 <u>끝마친 뒤</u>에 남는 느낌.

뒷배포(排布): 어떤 일을 <u>이룬</u> 후에도 마음을 놓지 않고 더욱 다잡음. = 후비심(後備心)

뒷불: 산불이 <u>꺼진 뒤</u>에 타다 남은 것이 다시 붙어 일어난 불.

뒷수쇄: 일이 <u>끝난 뒤</u>에 뒤끝을 정리하는 일.

뒷수습: <u>일의 뒤끝을</u> 거두어 마무리함.

뒷욕(辱;): 일이 다 <u>끝난 뒤</u>에 욕함. 또는 그런 욕.

뒷이야기: 이어지는 이야기의 뒷부분이나 어떤 일이 <u>있은 뒤</u>에 나오는 이야기.

뒷입맛: 음식을 먹고 난 <u>뒤</u>에 입에서 느끼는 맛. 또는 일을 끝마친 뒤에 남는 느낌.

뒷정리(整理): <u>일의 끝</u>을 바로잡는 일.

뒷정신(精神): 자기가 한 일을 <u>나중</u>에 이내 기억하여 내는 총기.

뒤태도: 어떤 일이 <u>있은 뒤</u>의 태도.

뒷경과: 일이 <u>벌어진 뒤</u>의 경과.

뒷손질[2]: 일을 기본적으로 <u>마치고 나서</u> 다시 손을 대어 매만지거나 마무리하는 일.

뒷전소용돌이: 대형 제트기가 <u>비행한 후</u> 일어나는 소용돌이 모양의 난기류.

(65)에서, 30여 개의 '뒤-합성어'들의 뜻풀이를 보면 하나같이 '어떤 행위의 뒤나 다음에 일어나는 일'이라는 사실을 볼 수 있다. 이는 특정의 행동이 있은 후에 이루어지는 어떤 행위나 상황을 가리키는데, 그 과정에서 순서와 시간 개념이 개입된다. 한편, 시간이 개입된 순서 개념의 '앞·뒤-합성어'에서는 '뒤-합성어'에 해당하는 예시들이 압도적으로 많다는 사실을 알 수 있다. 이는 일차적으로 '뒤' 관련 합성어의 수가 그만큼 생산적이라는 점을 말해준다. '뒤'가 가진 의미영역이 언중들에게 쓰임새가 많다는 것인데, 이것이 합성어 형성과정에서도 그대로 반영된 것으로 생각된다.[103] '앞·뒤-합성어'가 '앞·뒤+X'의 짜임새를 가진다고 했을 때, '앞·뒤'가 대칭을 이루느냐의 여부는 오로지 후행요소인 X의 속성에 달려 있는 것으로 보인다. 선행요소인 '앞'과 '뒤'는 단지 후행요소의 공간 혹은 시간적 개념을 지시할 뿐, 스스로 '앞·뒤-합성어'의 핵심 개념을 주도하는 것은 아니기 때문이다. 다시 말해, '앞·뒤+X'의 짜임새에서 낱말의 핵심 의미는 X에 있다는 것이다. 이런 관점에서 접근하게 되면 후행요소인 X의 특징이 곧 '앞·뒤-합성어'를 대칭적으로 가지느냐, 아니면 하나만 가지느냐를 선택하게 된다는 것이다. 몇 예를 보도록 하자.

(66) ㄱ. 사람은 어떤 일이든 {뒤처리, *앞처리}를 잘 해야 인정받는다.
ㄴ. 이왕 시작한 일이니 {뒷마감, *앞마감}까지 잘해야 한다.
ㄷ. 그것은 먹을 때 바삭바삭한 느낌이 있고 {뒷맛, *앞맛}이 고소하다.

---

103) 중세와 근대국어의 시기만 하더라도 '앞'의 빈도가 압도적으로 많다. 그것은 중세와 근대국어의 '뒤'는 여전히 '後'나 '후'가 자리를 차지하고 있는 것이 대부분이었기 때문이다. 19세기 이후 '뒤'가 '후(後)'를 본격적으로 대신하기 시작하면서부터 그러한 입장이 역전되기 시작한다.

(66)에서 예든 '뒤처리, 뒷마감, 뒷맛' 따위는 모두 '앞-합성어'가 어울리지 않는다. 공백으로 남게 되는 셈인데, 그 이유는 후행요소인 X에 위치하는 '처리, 마감, 맛'이라는 명사가 갖는 속성 때문이라는 것이다. 여기서 '처리(處理)'는 '사무나 사건 따위를 절차에 따라 정리하여 치르거나 마무리를 짓다.'는 사전적인 뜻을 가진다. '처리' 속에 이미 일의 끝이라는 메시지가 포함되어 있음을 볼 수 있다. '*앞처리'라는 합성어가 존재할 수 없는 이유이다. '뒷마감'의 '마감' 역시 '하던 일을 마무리 지어 끝내거나 그런 때'를 가리키는 말이다. 마찬가지로 '*앞마감'이 존재할 수 없음을 말해 준다. '뒷맛'의 '맛'은 어떠한가. '맛'은 '음식 따위를 혀에 댈 때에 느끼는 감각' 혹은 '어떤 사물이나 현상에 대하여 느끼는 기분'을 의미할 수 있다. 이는 어떤 현상을 경험하고 난 이후에 가능한 표현인 것이다. 따라서 '*앞맛'이라는 표현은 존재할 수 없게 된다. 그 외에도 '뒤태도'에서 후행요소인 '태도(態度)'는 '몸의 동작이나 몸을 거두는 모양새'나 '어떤 사물이나 상황 따위를 대하는 자세'를 의미한다. 다시 말해서, 특정의 동작이나 상황이 이루어진 뒤에 나타나는 어떤 경향을 가리키는 것이다. 따라서 '앞'이 결합할 수 있는 조건이 안 된다. '뒷걱정'이나 '뒷경과'에서 '걱정'과 '경과' 또한 마찬가지다. '걱정'은 '안심이 되지 않아 속을 태우다', '경과'는 '일이 되어 가는 과정'을 의미하는데, 이들 또한 일정한 행위와 시간이 있은 이후의 문제를 가리킨다. 따라서 짝이 되는 '앞-합성어'는 나타날 수가 없다. 이를 통해 '앞·뒤-합성어' 가운데 한쪽에 대응하는 합성어를 갖지 못하는 까닭은 후행요소가 갖는 의미적 특성 때문임을 알 수 있다.[104]

---

104) 이 같은 현상은 보다 근본적으로 접근해서 인간이 가진 일반적인 행위와 관련지어 설명할 수 있겠다. 인간 생활에서의 모든 현상들은 반드시 어떤 행위나 시도가 이루어진 다음에 나타나는 결과물을 말한다. '앞'은 행위를 하기 이전 단계를 가리키므로 불확실성, 혹은 미완(未完)의 단계이다. 따라서 앞의 상황을 언어화하는 경우는 '뒤'의 그것에 비해

한편, '뒤처리'나 '뒤탈', '뒷일', '뒷사람', '뒷공론', '뒷배포' 따위의 '뒤
-합성어'는 각각 '후처리(後處理), 후탈(後 -), 후사(後事), 훗일(後 -), 후임자
(後任者), 후언(後言), 후비심(後備心)'과 같은 한자어를 동의어로 가진다. 이
들 한자어들은 공통적으로 앞가지처럼 '후(後)'를 결합시키고 있는데, 이
들은 모두 시간 개념을 가지고 있다는 사실을 암시해 주는 표지와 같
다. 중세국어에 시간 개념을 가졌던 '後'가 그대로 결합되어 있는 것이
기 때문이다.

시간 의미에 따라

다음으로 '앞·뒤-합성어'에서 '앞'과 '뒤'가 오롯이 시간 개념을 가지
는 예에 대해 살펴보자. 단일어로서 '앞', '뒤'는 과거나 미래 따위의 시
간적 개념으로 많이 쓰이고 있다. 이 같은 시간 개념은 합성어 형성에
서도 생산적인 양상을 보이는데, 때로는 정반대의 의미를 가진 '앞', '뒤'
가 동일한 시간 개념을 가지는 경우도 종종 보인다. 여기서 시간 개념
의 범위로 설정하는 기준은 '앞·뒤-합성어'의 의미가 과거나 미래의 시
간을 함의하는 경우에 한정된다. 이는 앞 절에서 논의된 [순서] 개념에
서 시간적인 의미를 가지는 예는 여기에 포함되지 않음을 말한다. [순
서] 개념은 일정한 '일'을 바탕으로 한 시간적인 개념보다는 선후관계에
초점을 두고 있기 때문에 달리 처리하자는 것이다.

(67) ㄱ. 지금보다 앞 세대의 고생은 짐작하기조차 힘들다.
　　　ㄴ. 이번 학기 강의가 끝난 뒤, 나는 하동에 다녀오기로 했다.

(68) ㄱ. 대불이 자네야말로 뚝심도 있고 꾀도 있어 상례만 익히고 앞
　　　소리만 좀 배우면 좋은 수번감이야.〈문순태, 타오르는 강〉

부족할 수밖에 없을 것이라는 생각이다.

ㄴ. 내가 한 병장님 찾아온 것 아무도 모르니까 <u>뒷일</u>은 걱정하
지 마세요.〈안정효, 하얀 전쟁〉

(67)의 '앞', '뒤'는 모두 순서적인 의미와 시간적인 개념을 동시에 함
의하고 있는 경우이다. (68ㄱ)의 '앞 세대'는 물론이고, (67ㄴ) 또한 '하
동에 다녀오는' 행위 이전에 이번 학기의 강의가 끝나야 하는 일이 먼
저여야 하는 순서가 있는 것이다. (67)의 합성어 또한 순서와 시간 개
념이 섞여 있는 경우이다. '앞소리'는 '민요를 부를 때 한 사람이 앞서
부르는 소리'를 가리키는데, 여기서 '뒷소리'가 '앞소리'에 이어 '여럿이
함께 받아 부르는 소리'를 의미하기 때문에 '앞소리'와 '뒷소리'에 사이
에는 짧지만 시간적인 간극이 발생한다. (68ㄴ)의 '뒷일'은 '어떤 일이
있은 뒤에 생기거나 일어날 일'을 가리킨다는 차원에서 마찬가지로 시
간적 개념이 개입된다. '한 병장님이 찾아온' 행위와 뒤에 일어날 수 있
는 일 사이에 시간적인 틈이 존재하고 있기 때문이다.

이처럼 순서적인 의미를 내포하는 '앞', '뒤'의 경우 시간 개념도 함께
함의하게 되는데, 여기서 논의하는 시간 개념의 경우에는 이 같은 순서
적 개념의 개입이 없이 순전히 시간적인 상황만 나타나야 한다는 것이
다. 이른 배경을 두고 '앞·뒤-합성어' 가운데 시간 범주에 속하는 낱말
들의 기준을 정리하면 다음과 같다.

(69) [시간] 의미영역의 조건: '앞·뒤-합성어' 가운데, '앞·뒤'가 오
로지 과거나 미래 따위의 시간 개념을 중심으로 낱말을 형성하
는 경우에 한정한다. 따라서 순서를 나타내는 '앞·뒤-합성어'
는 제외한다.

이 같은 조건에 속하는 예들 또한 '앞·뒤'가 대칭관계를 형성하는가 하
면 그렇지 않은 경우도 존재한다. 먼저 짝을 이루는 예들부터 살펴보자.

(70) 시간 개념의 '앞·뒤-합성어'에서 '앞·뒤'가 짝을 이루는 예
  ㄱ. 앞-합성어: 앞기약, 앞길², 105) 앞날, 앞생각, 앞시대, 앞일, 앞말. ²106)
  ㄴ. 뒤-합성어: 뒷기약, 뒷길², 뒷날, 뒷생각, 뒷시대, 뒷일, 뒷말².

　(70)의 예들은 모두 시간 개념을 가진다고 생각되는 예들이다. 그 이유는 무엇일까. 이들 짜임새는 예의 '앞·뒤+X'의 짜임새를 가지고 있다. 여기서 '앞·뒤'는 후행요소인 X와 결합하는 과정에서 시간적 개념을 파생시킨다. 이 경우, 후행요소에는 크게 세 가지 유형이 위치하는 것으로 생각된다. 첫째, 시간적인 개념을 함의하고 있는 낱말들이다. 여기에는 '앞·뒷-기약, 앞·뒷-날, 앞·뒷-시대' 따위가 해당된다. '기약이나 '날, 시대' 등에 이미 시간적 개념이 함의되어 있다는 것이다. 이는 선행요소로 '앞', '뒤'가 결합됨으로써 후행요소가 가진 시간 개념의 방향성을 암시해 주는 역할을 한다. 둘째, 추상적인 개념을 가진 낱말들이 위치하는 경우이다. 여기에는 '앞·뒷-생각, 앞·뒷-일, 앞·뒷-말' 따위가 해당한다. '생각'이나 '일, 말' 등의 후행요소는 의미적으로 객관적, 중립적 위치에 있다. 따라서 선행요소에 위치한 '앞', '뒤'가 결합됨으로써 비로소 시간적 개념을 가지게 된다. 셋째, 구체적인 공간 개념을 갖는 경우이다. 여기에는 '앞·뒷-길'이 해당되는데, '길'은 구체적인 공간 개념을 머금고 있는 낱말이다. 이들은 또한 모두 '앞', '뒤'가 결합됨으로써 분명한 시간 개념을 내포하게 된 것으로 생각된다. 여기서 '앞', '뒤'가 시간적 개념을 부가시킨다는 점이 선명하게 드러난다. 뜻풀이를 통해 다시 구체화해 보자.

---

105) '앞길²'는 '장차 살아갈 나날(앞길이 창창한 젊은이)'을, '뒷길²'는 '뒷날을 기약하는 앞으로의 과정(자식의 뒷길을 생각해야 한다.)'을 의미한다.
106) '앞말²'는 '앞으로 할 말("어서 말해", 앞말을 재촉했다.)'을, '뒷말²'는 '일이 끝난 뒤에 뒷 공론으로 하는 말(이번에는 뒷말이 많이 들린다.)'을 의미한다.

(71) 시간 개념의 '앞·뒤-합성어' 관련 낱말 뜻풀이107)

ㄱ. 앞기약: 앞일에 대한 약속. = 전약(前約), 선약(先約)

　　뒷기약: 뒷날을 두고 한 약속. = 후약(後約)

ㄴ. 앞날: 앞으로 닥쳐올 날이나 때. = 여일(餘日), 앞길, 전날(前-),

　　　　전도(前途)

　　뒷날: 앞으로 다가올 날. = 후일(後日), 훗날(後-), 일후(日後)

ㄷ. 앞시대: 지나간 시대. = 전시대(前時代)

　　뒷시대: 다음 시대. = 훗시대(後時代)

ㄹ. 앞생각: 앞으로 닥쳐올 일에 대한 생각.

　　뒷생각: 일이 벌어진 다음에 일어날 일을 생각함.

ㅁ. 앞일: 앞으로 닥쳐올 일.

　　뒷일: 어떤 일이 있은 뒤에 생기거나 일어날 일.(후사(後

　　　　事), 훗일(後-))

ㅂ. 앞말: 앞으로 할 말.

　　뒷말²: 일이 끝난 뒤에 뒷공론으로 하는 말.

ㅅ. 앞길²: 장차 살아갈 나날.

　　뒷길²: 뒷날을 기약하는 앞으로의 과정.

(71)에서 보면, '앞·뒷-기약'과 '앞·뒷-날'은 모두 후행요소에 시간을 나타내는 말이 위치해 있는 예들인데, 이들의 경우 모두 미래의 시간을 함의하고 있다. 그리고 '앞·뒷-시대'는 '과거'와 '미래'라는 상반된 시간 개념을 보여주고 있다. 또한 유사한 의미를 보이는 한자어에도 '前'이나 '後' 따위가 개입되어 있는 것은 이 같은 시간 개념을 보장해 준다. '앞기약'은 '선약(先約)/전약(前約)', '뒷기약'은 '후약(後約)'이 그렇다. 왜냐하면 중세·근대국어에서 '앞', '뒤'에 해당하는 한자인 '前'과 '後'는 기본적으로 시간 개념을 가지고 있었기 때문이다. 그리고 후행요소에 추상적인 요소들이 개입된 '앞·뒷-생각'이나 '앞·뒷-일, 앞·뒷-말'은

---

107) 일반적으로 '전(前)'은 과거의 시간 개념을 함의한다. 사전에서도 모두 과거의 시간 개념을 가지는 것으로 소개하고 있다. 그러나 '앞기약, '앞날'처럼 미래의 시간을 함의하는 경우에도 '전(前)'이 사용되고 있다. 물론 이는 낱말의 구성요소일 때에 한정된다. 단일어로서 '前'은 과거의 시간으로만 쓰인다.

모두 미래의 시간을 함의한다. 따라서 이들 또한 '앞', '뒤'가 과거-미래의 시간을 같이 인식한 것으로 봐야 할 것이다. 끝으로 공간 개념에서 파생된 '앞·뒷-길'도 공통적으로 미래의 시간을 머금고 있다.

이미 언급했듯이, 시간 개념을 보이는 '앞·뒤-합성어'의 경우 '앞'과 '뒤'가 동일 시간 개념을 보이는 예들이 많다는 특징을 보인다. '앞'과 '뒤'의 본디 의미라 할 수 있는 공간 개념에서는 대립적이지만, 유독 시간 개념의 합성어에서는 동일한 시간 의미를 함의하는 경우가 많다는 것이다. (71)의 경우에 겨우 '앞·뒷-시대' 정도만 과거-미래의 시간 구분이 선명하게 나타날 뿐이고, 나머지는 모두 미래의 시간을 함의하고 있다. 이 같은 현상이 일어나는 이유는 '뒤'가 '앞'의 의미를 보유한 데서 연유한다. 미래의 시간 의미는 '앞'이 가지는 것이 상식적인데, 여기에 대립적인 위치에 있어야 할 '뒤'까지 미래의 시간 개념을 가짐으로써 중복 현상이 불가피해졌다는 사실이다. 이는 중세국어의 언해 과정에서 '뒤'에 대응되는 한자가 '後'였다는 점과 관련된다. 앞에서 논의했듯이, 오늘날 시간을 나타내는 '뒤'의 존재는 중세국어에서는 거의 나타나지 않는다. 시간 개념을 '後'가 담당하고 있었기 때문이다. 하지만 현대국어로 이행되는 과정에서 '뒤'가 '後'를 대체하기 시작한 결과 오늘날 이와 같은 중복 현상이 생겼다는 것이다. 아래 (72)는 이를 잘 보여준다.

(72) ㄱ. 果를 ᄉ랑ᄒᆞᆫ 後에 因 닷고ᄆᆞᆯ 가ᄌᆞᆯ비니〈월석, 13.22〉
　　　ㄴ. 이 약이 만일 중의 마즈면 머근 후의 혹 정신이 아득ᄒᆞ고
　　　　〈납약, 22〉
　　　ㄷ. 두어 날 후의 ᄂᆞᆺ과 몸의 블근 덤이 만히 도다시니〈두창, 37〉

(72ㄱ-ㄷ)의 '後'나 '후'는 중세, 근대국어의 예인데, 이들은 '사랑한 뒤'나 '먹은 뒤', '두어 날 뒤'에서 보다시피, 오늘날 '뒤'로 바꾸어 해석

하더라도 그 의미는 전혀 달라지지 않는다. 이는 결국 '뒷길²⁾ 108)를 제외한 '뒷기약, 뒷날, 뒷생각, 뒷일'의 '뒤(뒷)'가 원래는 '後(후)'에서 유래했다는 사실을 믿게 한다. 시간 개념의 '앞·뒤-합성어'에서 미래의 시간을 갖게 된 까닭도 이와 연관될 것이다. 한편, 이 같은 인식에 대해 박경현(1985: 74–87)에서는 인간의 인지적 작용과 관련하여 설명하고 있다. 일에 대한 인식에서, 인간은 이미 이루어진 일은 쉽게 인식할 수 있다는 점에서 '앞'으로, 아직 성취하지 못하고 알지 못하는 일은 '뒤'로 파악한다. 이 같은 상황 인식들이 '앞'과 '뒤'의 시간 표현에서 혼란된 양상으로 나타난 것으로 본다. 그 결과 '10년 뒤'와 '10년 앞'은 동일한 시간 개념을 갖게 된다는 것이다. 하지만 여기서는 이 같은 인지적인 관점에서의 해석보다는 단지 언어적 현상으로 파악해야 한다고 본다. 중세 이후의 언해 과정에 나타나는 시간과 공간에 대한 '後'와 '뒤'의 이원적 의미 담당과 연결시켜 판단하는 것이 보다 논리적인 근거를 가진다는 생각이다.

그리고 (73)의 예는 (70)과 달리 시간 개념의 '앞·뒤-합성어'에서 짝을 이루지 않는 예들이다. 이와 같이 '앞·뒤-합성어'가 대응관계를 갖지 못하는 까닭은 대개 후행요소가 갖는 의미와 관련이 있다. 후행요소의 의미가 합성어의 중심이 되기 때문이다.

> (73) 시간 개념의 '앞·뒤-합성어'에서 '앞·뒤'가 짝을 이루지 않는 예
> ㄱ. '앞-합성어'만 가진 예: 앞수표(手票).
> ㄴ. '뒤-합성어'만 가진 예: 뒷자손, 뒷심(心)2, 뒷걱정, 뒷세상.

(73)의 예들이 시간 의미를 갖는다는 사실에 대해 언급해 보자. 이들

---

108) '뒷길²⁾의 경우는 '後'에서 기원한 것으로 보기는 어렵다. '뒷길²⁾의 경우, 공간 개념의 '뒷길'에서 전이된 것이기 때문이다. 여기서의 '뒤'는 중세에 공간 개념으로서의 '뒤'가 그대로 쓰인 예로 생각된다.

예가 '앞·뒤'로 대응되지 않고 있는데, 그것은 후행요소가 갖는 태생적인 의미에서 기인되는 경우가 많다. '앞수표(手票)'는 '실제 발행일보다 뒤에 있는 날을 발행일로 적은 수표'를 말한다. 이미 지나간 날짜를 발행할 수는 없는 일이다. '앞수표'의 '앞'은 사실 '뒤'의 의미와 중복된다. 따라서 '*뒤수표'나 '*후수표(後手票)'라는 말도 충분히 존재할 만하다. 또한 '뒷자손'에서, '자손(子孫)'은 결과적인 상황을 나타내는 것이기 때문에 거기에 대응되는 '*앞자손'을 상정할 수 없다. 현재 기준에서 '앞선자손'이라는 개념은 성립되기 어렵다. 그것은 이미 조상을 의미하는 것이기 때문이다. 그리고 '뒷심²'는 '당장은 내비치지 않으나 뒷날에 이룰 수 있는 어떤 일을 기대하는 마음'을 가리킨다. 여기서도 미래의 시간 개념은 확인된다. '뒷걱정'은 '뒤에 벌어질 일이나 뒤로 미루어 둔 일에 대하여 걱정하거나 또는 그런 걱정'을 말한다. 이 또한 다가올 시간에 대한 인식을 보여주고 있다. '뒷세상'은 '죽은 뒤에 다시 태어나 산다는 미래의 세상'을 이르는 표현이다. 비슷한 의미인 '내세(來世)'나 '후세(後世)'라는 한자어에서 미래의 시간 개념이 잘 드러난다.

추상 의미에 따라

한편, '앞·뒤-합성어'에서 선행요소인 '앞', '뒤'가 추상적 개념을 함의하는 예들이 있다. 아래 (74)는 이들 예를 제시한 것이다. '뒷문'과 '뒷돈'의 예를 보자.109)

---

109) 추상 의미를 보이는 예는 거의가 [배후]로서의 의미를 가지고 있다. 이는 '앞'이 함의하는 의미의 영역과는 무관한 것이다. 그것은 '앞'의 본디 의미가 가지는 속성 때문일 것이다. '앞'은 열려 있고 시각적으로 막힘이 없기 때문에 이 같은 의미를 인식할 수가 없는 것이다. 여기에 대해서는 박경현(1985)참조.

(74) ㄱ. 그는 회사를 {뒷문, *앞문}으로 들어갔다.
　　ㄴ. 거래에는 언제나 {뒷돈, *앞돈}이 오가기 마련이다.

(74)의 '뒷문'이나 '뒷돈'은 '뒤(뒷)'가 가지는 본디 의미인 공간 개념과는 무관한 것이다. '뒷문', '뒷돈'의 '뒤'는 공간 개념인 '뒤쪽'을 가리키지 않는다. 따라서 '뒤(의)#문'이나 '뒤(의)#돈' 따위의 통사적 환경으로 환원하게 되면 그 의미는 전혀 다른 방향이 된다. 이는 *앞문'이나 *앞돈' 따위와는 대응관계를 형성하지 못하게 만드는 근본 이유이기도 하다. 여기서 '뒤'는 [후방]으로서의 공간 개념이 아니라 몰래 행하는, [배후]의 의미를 내포하고 있는 추상적인 것이기 때문이다. 애초에는 공간 개념에서 출발했을 것이나 이미 의미의 전이를 거쳐 추상화된 상태에 있다는 것이다. 이 같은 예들은 모두 '뒤-합성어'만 존재하는 속성을 보인다. 따라서 대응관계를 형성하는 '앞-합성어'는 보이지 않는다.

이 같은 추상 의미에 속하는 예는 다시 [배후] 의미로서의 '뒤'와 [도움] 의미로서의 '뒤', 두 경우로 구분된다. 먼저, [배후]의 의미를 가지는 경우부터 살펴보자.

(75) '뒤-합성어'에서 '뒤'가 추상 개념을 가지는 예(1) : [배후]
　　뒷거래, 뒷도장, 뒷돈², 뒷문², 뒷문거래, 뒷공론², 뒷방공론, 뒷보증, 뒷소리², 뒷손가락질, 뒷소문, 뒷손², 뒷손질, 뒷시세, 뒷심, 뒷조사, 뒷전, 뒷줄².

(75)는 후행요소에 '뒤'가 선행요소로 결합함으로써 형성된 '뒤-합성어'가 [배후]의 의미를 내포한 예들을 모은 것이다. 여기서 [배후] 의미에 합치되기 위해서는 두 가지 조건이 요구되는데, 이는 [+은밀함]과 [+부정성]이다. 다시 말해, 어떤 행위가 은밀하게 이루어지고 거기에 부정적인 의도가 개입되어 있을 경우에 한해 [배후]의 의미영역을 할

당한다는 것이다. 따라서 [배후]의 의미영역에 속하기 위해서는 다음과
같은 조건을 충족시켜야 할 것이다.

(76) [배후] 의미영역의 조건: '뒤-합성어' 가운데 '뒤'가 [+은밀성]과
    [+부정성]의 의미 자질을 갖추어야 한다.

(77) ㄱ. 물건의 품귀 현상이 일어나자 뒷거래가 판을 쳤다.
    ㄴ. 그는 오늘 아침 흥신소에 뒷조사를 의뢰했다.
    ㄷ. 이미 결정된 일에 대하여 더 이상 뒷공론을 벌이는 것은 의
       미가 없다.

(77ㄱ)에서 '뒷거래'는 '남의 눈을 피해 몰래 하는 정당하지 않은 거
래 행위'를 가리킨다. 이는 은밀하면서도 부정적인 행위임이 분명하다.
'뒷거래'와 유사한 말이 '밀매매'나 '뒷문거래'라는 데서도 이 같은 의미
자질은 파악된다. 따라서 '뒷거래'는 [배후]의 의미를 가진 예로 볼 수
있다. '뒷조사'나 '뒷공론' 또한 마찬가지다. '뒷조사'는 '드러나지 않게
은밀히 살피고 알아보거나 그런 일'을 말한다. '뒷공론'은 '일이 끝난 뒤
에, 혹은 겉으로 떳떳이 나서지 않고 뒤에서 이러쿵저러쿵 시비조로 말
하는 일'을 가리킨다. 이들 또한 두 가지 요구 조건을 충분히 만족시키
고 있다.

이들 외에도, 이 같은 조건을 충족시키는 [배후] 범주에 들어갈
수 있는 예들은 (75)의 예에서처럼, 그 수가 많다. (78)에 그 예와
뜻풀이를 제시한다.

(78) '뒤-합성어'에서 [배후]의 의미를 가진 예
    뒷도장: 약속 어음의 뒷보증을 설 때 찍는 도장(사물).
    뒷문²: 어떤 문제를 정당하지 못한 방법이나 수단으로 해결하
        는 길을 비유적으로 이르는 말.
    뒷문거래(門去來) : 뒷거래.

뒷방공론(房公論): 겉으로 떳떳이 나서지 않고 뒤에서 이러쿵저
러쿵 시비조로 말하는 일(뒷공론).

뒷보증(保證): 정보증인이 의무를 이행하지 못할 때에 뒤에서
대신 그 의무를 이행하는 일. = 배서(背書).

뒷소리²: 맞대 놓고는 말을 못하고 뒤에서 치는 큰소리. = 뒷말.

뒷손가락질: 직접 맞대 놓고는 못하고 뒤에서 흉보거나 비난하
는 일.

뒷손질: 남몰래 뒤로 손을 쓰는 일.

뒷소문(所聞): ㄱ. 일이 끝난 뒤에 그 일에 관하여 들리는 소문.
ㄴ. 뒤에서 이러니저러니 하는 소문.

뒷조사(調査): 드러나지 않게 은밀히 살피고 알아봄. 또는 그런
일. = 속조사, 내사.

뒷시세(時勢): 뒷거래할 때 그때그때의 값.

뒷조사(調査): 드러나지 않게 은밀히 살피고 알아봄. 또는 그런 일.

뒷줄²: 드러나지 않은 배후의 세력.

뒷손²: 몰래 또는 뒤에서 손을 써서 하는 일.

뒷전: 겉으로 드러나지 않은 배후나 뒷면.

(78)에서 제시된 예들 또한 '뒤'가 결합됨으로써 [배후]의 의미를 가
졌다고 생각된다. 모두 '은밀하거나 부정적인 행위'와 관련되어 있다는
전제에서 그렇다. 이 같은 [배후]의 의미는 오로지 선행요소인 '뒤'로
인한 것이라고 봐야 한다. 후행요소인 '도장, 문, 거래, 공론, 보증, 소리,
손가락질, 손질, 소문, 소리, 조사, 시세, 조사, 줄, 손' 따위는 모두 어디
에도 치우쳐 있지 않은 중립적인 의미로 생각되기 때문이다. 따라서
[배후]의 의미영역은 오로지 선행요소인 '뒤'의 결합과 더불어 파생되
는 것으로 볼 수 있다. 이는 '뒤'에 대한 기본적인 인식과 관계될 것이
다. '뒤'는 '앞'과 달리 보이지 않는 방향이다. 보이지 않기 때문에 알지
못하는 영역에 있다. 밝음보다는 어둠의 공간으로 처리되는 것이 어울
린다. 이와 같이 '뒤'가 가지는 근원적 속성이 은밀함과 부정적인 속성

을 함의하게 되었다는 것이다.

무엇보다 '앞-합성어'가 전혀 나타나지 않는다는 점에서 이러한 방향은 예견된다. 또한 '뒤'는 시간 개념과는 무관하다. '後'와는 전혀 연관성을 갖지 않는다는 점도 이 같은 생각을 보완해 준다. 이렇게 본다면, 추상 개념으로 '뒤-합성어'에 실현되는 '뒤'는 모두 공간 개념의 '뒤'에서 파생된 의미라 할 것이다.

다음으로 또 다른 추상 의미인 [도움] 개념에 대해 살피도록 하자. 여기서 규정하고 있는 [도움] 의미는 크게 보아서는 [배후]와 한 범주에서 다룰 수도 있을 것이다. 그만한 공통점을 가지고 있다는 뜻이다. 이는 선행요소인 '뒤'의 의미가 유사하기 때문이다. 하지만 여기서는 공통점보다는 차이점에 기준을 두어 이 둘을 구분하고자 한다. [도움] 개념은 몰래 하는 행위라는 점에서는 [배후]의 개념과 동일하다. 그러나 [배후]가 은밀하면서도 부정적 이미지의 행위가 중심이었다면 [도움]은 개념 설정의 기준을 '돕는다'는 것에 둔다. 따라서 그 행위에는 이타적이고 긍정적인 의미를 부여할 수 있다. 정리하자면, [도움]의 추상 개념은 [+이타성]과 [+긍정성]을 [배후]의 추상 개념과 구분할 수 있는 의미 자질로 설정한다. 따라서 [도움]의 의미영역은 아래와 같은 조건을 충족시킨 경우에 한정한다.

(79) [도움] 의미영역의 조건: '뒤-합성어' 가운데 '뒤'가 [+이타성]과 [+긍정성]의 의미 자질을 갖추어야 한다.

다음 예를 보자.

(80) ㄱ. 어머니는 7남매 <u>뒷바라지</u>하느라 평생 편할 날이 없었다.
ㄴ. 그의 성공에는 형제들의 <u>뒷받침</u>이 큰 역할을 하였다.
ㄷ. 외국 유학 떠나는 아들 <u>뒤치송</u>에 여가가 없다

(80)에서 '뒷바라지'는 '뒤에서 보살피며 도와주는 일'을 말한다. '뒷받침'도 유사한 의미를 가진다. '뒤에서 지지하고 도와주는 일'이다. 둘 다 드러나지 않고 도움을 주는 행위이기 때문에 철저하게 긍정적인 효과만을 가진다. (80ㄷ)의 '뒤치송(治送)' 또한 '길 떠날 준비를 뒤에서 거들며 돌보아 주다.'의 의미를 가진다. 따라서 [도움] 개념에 속하는 자질들을 모두 보유하고 있다.

아래 (81)의 이들 개념에 속하는 예들을 정리한 것이다.

(81) '뒤-합성어'에서 '뒤'가 추상 개념을 가지는 예(2) : [도움]
뒷바라지, 뒤치다꺼리, 뒤치송(治送), 뒷배[2], 뒷받침, 뒷심[1], 뒷시중, 뒷일꾼

(82) (81)의 뜻풀이
뒷바라지: 뒤에서 보살피며 도와주는 일.
뒤치다꺼리: ㄱ. 뒤에서 일을 처리하고 보살펴 줌.
ㄴ. 일이 끝난 뒤에 그 남은 일을 정리하는 일.
뒤치송: 길 떠날 준비를 뒤에서 거들며 돌보아 줌. 또는 그런 일.
뒷배[2]: 겉으로 나서지 않고 뒤에서 보살펴 주는 일.
뒷받침: 뒤에서 지지하고 도와주는 일. 또는 그런 사람이나 물건.
뒷심[1]: 남이 뒤에서 도와주는 힘.
뒷시중: 뒤를 보살피며 옆에서 잔심부름을 하는 일.
뒷일꾼: 목수나 미장이 따위의 일을 보조하거나 허드렛일을 하는 일꾼.

(82)는 [도움] 개념에 해당하는 예들의 뜻을 풀이한 것이다. 그 의미들을 하나하나 살피면 '남을 우호적인 마음에서 몰래 돕다.'는 메시지를 찾을 수 있다.

3.2. 파생어에서

앞서 논의했듯이, '앞'이 접두사로 쓰인 예는 보이지 않는다. 따라서 '앞·뒤-복합어'에서 접두사가 결합함으로써 형성되는 파생어는 결과적으로 '뒤-파생어'만 존재하는 셈이다. 그렇다고 해서, '앞'이 결합되어 있는 복합어 가운데 파생어가 전혀 없다는 것은 아니다. 비록 '앞'은 복합어에서 어근으로만 결합된다 하더라도 '앞잡이'나 '앞가림하다'처럼 접미사에 의해서 파생어가 형성되는 경우도 있기 때문이다. 이렇게 본다면, '앞', '뒤'가 결합됨으로써 형성되는 파생어의 유형은 다음과 같이 정리된다.

(83) '앞', '뒤'가 결합된 파생어의 유형
   1) '앞'은 어근으로 결합하고 다른 접미사가 결합됨으로써 파생어가 형성된 경우: 앞소리꾼, 앞치레, 앞갈망하다, 앞발질하다 등.
   2) '뒤'는 어근으로 결합하고 다른 접미사가 결합됨으로써 파생어가 형성된 경우: 뒤세우다, 뒤풀이하다, 뒷걸음하다 등.
   3) '뒤'가 접두사로 결합됨으로써 파생어가 형성되는 경우: 뒤까부르다, 뒤끓다, 뒤떠들다, 뒤얽다, 뒤쪼다 등.
   4) '뒤'가 접두사로 결합하고 또 다른 접미사가 결합되어 파생어가 형성된 경우: 뒤꼬이다, 뒤덮이다, 뒤바꾸이다, 뒤섞이다, 뒤엎이다 등.

그런데 여기에서 관심 가지는 것은 파생어에서 나타나는 '앞', '뒤'의 의미 문제이다. 이는 접두사로 쓰인 경우를 말하는 것이므로, 결국 관심의 대상은 3)과 4)에 해당된다. 나머지는 앞에서 이미 다루었기 때문에 여기서는 3)과 4)의 경우에만 한정하여 논의하기로 한다. 그 가운데서도 '뒤'가 접두사로 결합됨으로써 형성된 파생어에서 '뒤'가 가진 의미를 중심으로 분석해 보려는 것이다.

먼저, 사전에서 제시되고 있는 접두사로서의 '뒤'의 의미에 대해 살펴
보자. 〈우리말큰사전(1992)〉과 〈표준국어대사전(2008)〉을 비교하기로 한다.

〈표17〉 사전에 나타난 접두사 '뒤'의 의미

구분	〈우리말 큰사전〉	〈표준국어대사전〉
의미의 구분과 예시	1) 어떤 동작이나 상태를 뜻하는 동사나 명사 앞에 붙어서 '마구'나 '몹시'의 뜻(뒤놀다, 뒤몰다, 뒤틀다, 뒤흔들다, 뒤변덕스럽다, 뒤범벅, 뒤설레	1) '몹시, 마구, 온통'의 뜻 (뒤꼬다, 뒤끓다, 뒤덮다, 뒤섞다, 뒤엎다, 뒤엉키다, 뒤흔들다)
	2) 일부 동사 앞에 붙어서 '반대로'의 뜻 (뒤바꾸다, 뒤엎다, 뒤받다)	2) '반대로' 또는 '뒤집어'의 뜻 (뒤바꾸다, 뒤받다, 뒤엎다)
	3) 일부 동사 앞에 붙어서 '온통'의 뜻 (뒤덮다)	

사전에서 보면, 〈우리말 큰사전〉에서는 '접두사'로서의 '뒤'의 의미
를 세 가지로 구분하고 있고, 〈표준국어 대사전〉에서는 두 가지로 정
리하고 있다. 차이가 있다면 〈표준국어 대사전〉에서는 '몹시, 마구, 온
통'의 의미를 하나로 묶어서 처리한 반면, 〈우리말 큰사전〉에서는 '마
구'와 '몹시'를 유사한 것으로 잡고 '온통'은 달리 파악했다는 점이다.

그러나 〈표준국어 대사전〉에서처럼, '몹시'나 '마구', '온통'은 문장 속
에서 아무 거리낌 없이 대치된다고 보기는 어렵다. 우선 이들의 사전적
의미부터 살펴보도록 하자.

　(84) '몹시', '마구', '온통'의 사전적 의미와 예시
　　1. 몹시: 더할 수 없이 심하게(<u>몹시</u> 힘든 일, <u>몹시</u> 추운 날씨,
　　　　기분이 <u>몹시</u> 상하다.)
　　2. 마구: 1) 몹시 세차게. 또는 아주 심하게(<u>마구</u> 때리다. <u>마구</u>
　　　　　　달리다. 눈물이 <u>마구</u> 쏟아진다. <u>마구</u> 흔들다. <u>마구</u>
　　　　　　졸음이 몰려왔다.)
　　　　　2) 아무렇게나 함부로(아무것이나 <u>마구</u> 사지 말고 필

요한 것만 사라. 쓰레기를 아무 데나 <u>마구</u> 버려 주
위가 지저분하다.)

3. 온통: 1) 있는 전부.

2) 쪼개거나 나누지 아니한 덩어리. 또는 온전한 것
(남편은 야유회에 수박을 <u>온통</u>으로 가져와 동료들
과 나누어 먹었다.)

3) 전부 다(차창을 스쳐 가는 풍경이 나를 <u>온통</u> 사로
잡았다. 하늘은 <u>온통</u> 검은 구름에 휩싸였다.)

(84)의 설명에서 보면, 우선 '몹시'와 '마구' 사이에는 공통적인 의미
가 보인다. '아주 심하게' 정도의 의미가 그것인데, 하지만 차이도 있다.
'몹시'보다 '마구'의 의미 영역이 더 큰 것이다. '마구'에는 '아무렇게나
함부로'라는 뜻이 더 있는데, 이는 '마구'가 [+부정성]의 의미를 내포한
것으로 생각된다. 나아가 '마구'가 '몹시'보다는 더 포괄적인 의미를 가
진다는 사실을 의미한다. 엄밀하게 작용할 경우, 다른 의미로 실현될
부분이 적지 않을 것이다. '온통'의 경우는 같은 의미의 범주에서 다루
기 어려운 것으로 생각된다. '몹시'나 '마구'와는 달리 '심하게'의 뜻이
전혀 없다. '전부 다'의 의미가 중심이다. 따라서 '온통'은 아예 다른 경
우로 분리하는 것이 마땅하다. 그런 점에서 보면, 〈우리말 큰사전〉의
구분법이 더 바람직한 측면이 있다.

그렇다고 해서 '마구'와 '몹시'를 같은 의미로 처리해야 한다는 것은
아니다. 접두사로서의 '뒤'의 의미를 분석하고자 하다면, '몹시'와 '마구'
도 구분해서 설명해야 할 것이다. 아래 예를 보자.

(85) '몹시'와 '마구'의 쓰임

ㄱ. 그는 통증이 너무 심해서 자기도 모르게 몸을 <u>뒤꼬았다.</u>

ㄴ. 어머니는 <u>뒤늦게</u> 시작한 공부에 열성을 보이셨다.

ㄷ. 아이들이 진흙을 온 동네에 <u>뒤발랐다.</u>

(86) ㄱ. {몹시, 마구} 꼬다.
　　ㄴ. {몹시, *마구} 늦다.
　　ㄷ. {*몹시, 마구} 바르다.

(85)는 사전에서 '몹시'와 '마구'의 뜻을 가지는 것으로 파악되는 예들
이다. 하지만 이들의 의미는 약간씩 차이를 보인다. 먼저 (85ㄱ)의 '뒤꼬
다'는 '함부로 마구 꼬다'의 뜻을 가지는 파생어이다. 여기서 '뒤'는 (86)
에서 보다시피 '몹시, 마구'의 뜻을 모두 가지는 것으로 생각된다. '몹시
꼬다'나 '마구 꼬다'나 모두 의미 전달에 문제가 없다는 것이다. 반면,
(85ㄴ, ㄷ)은 '몹시'와 '마구' 가운데 하나의 의미만 가지는 것으로 생각된
다. (85ㄴ)의 '뒤늦다'는 '제때가 지나 아주 늦다'의 뜻을 가지는데, 이 경
우에는 (86)에서 보다시피, '몹시 늦다'는 가능하지만 *'마구 늦다'는 부
자연스럽다. 그리고 (85ㄷ)의 '뒤바르다'는 '아무 데나 마구 바르다'의 뜻
을 가지는 파생어인데, 이는 '마구 바르다'는 자연스럽지만 *'몹시 바르
다'는 부자연스럽다. 이렇게 본다면, 접두사로서의 '뒤'가 가지는 의미는
다음 5가지로 정리된다.

(87) 접두사 '뒤'의 의미 구분
　　1) '마구'와 '몹시'의 의미를 동시에 가지는 경우
　　2) '몹시'의 뜻만 가지는 경우
　　3) '마구'의 뜻만 가지는 경우
　　4) '뒤집어' 또는 '반대로'의 뜻을 가지는 경우
　　5) '온통'의 뜻을 가지는 경우

물론, (87)에서 1-3)은 같은 방향에 있는 의미이기 때문에, 보다 크
게 묶자면 하나의 범주로 묶을 수도 있을 것이다. 여기서는 접두사 '뒤'
의 의미를 엄밀하게 정리해 보자는 차원에서, '뒤'의 의미가 5가지로 구
분될 수 있다는 전제를 두고 접근하고자 한다.

먼저, 접두사 '뒤'가 '마구'와 '몹시', 두 의미를 포괄하는 경우를 살펴기로 한다.

(88) ㄱ. 모두들 <u>뒤떠드는</u> 통에 정신이 없을 정도다.
ㄴ. 국이 냄비 뚜껑을 들썩이며 <u>뒤끓는다</u>.
ㄷ. 그는 통증이 너무 심해서 자기도 모르게 몸을 <u>뒤꼬았다</u>.

(88)의 '뒤떠들다', '뒤끓다', '뒤꼬다'는 모두 동사 '떠들다', '끓다', '꼬다' 등에 '뒤'가 접두사로 결합함으로써 형성된 파생동사들이다. (88ㄱ)의 '뒤떠들다'는 '왁자하게 마구 떠들다', (88ㄴ)의 '뒤끓다'는 '한데 마구 섞여서 몹시 끓다'나 '많은 사람이나 동물 따위가 한데 섞여서 마구 움직이다'의 뜻을 가진다. 그리고 (88ㄷ)의 '뒤꼬다'는 '함부로 마구 꼬다'의 뜻을 가지고 있다. 여기서 '뒤'는 후행요소인 동사들의 의미를 꾸며줌으로써 강조해 주는 기능을 가진다. 부사와 동일한 역할을 한다는 것이다.110) 이는 접두사가 일정 정도의 어휘적인 의미를 여전히 유지하고 있음을 말해 주는 것이다. (89)는 이를 보여주고 있다.

(89) ㄱ. 뒤떠들다: {몹시, 마구} 떠들다.
ㄴ. 뒤끓다: {몹시, 마구} 끓다.
ㄷ. 뒤꼬다: {몹시, 마구} 꼬다.

(89)에서 접두사 '뒤'는 부사인 '몹시'나 '마구' 등과 동일한 의미를 가지고 있음을 볼 수 있다. 여기서 '몹시'와 '마구'가 함께 쓰일 수 있다는 사실은 이들이 의미적으로 공통분모를 가지고 있음을 말해 준다. 그것은 '아주 심하게' 정도의 뜻인데, 특히 '마구'의 의미에는 화자가 부정적으로 인식하고 있음이 드러난다. 생각하기에 너무 심하게 '떠들고, 설레

---

110) 이를 가리켜 남기심·고영근(1987: 193-194)에서는 '부사성 접두사'로 처리하고 있다.

고, 꼬이는' 것으로 파악된다는 것이다.

> (90) ㄱ. 이 장롱은 특수 목재로 만들어 오랫동안 썼는데도 <u>뒤틀림</u>
> 이 전혀 없다.
> ㄴ. 환자의 집 식구 이외에 자식의 안부를 알려 모여든 남녀로
> 문전서부터 병실까지 <u>뒤법석</u>이요, 제각기 소리소리 지르고
> 야단들이다.〈염상섭, 그 초기〉

한편, (90)은 '몹시'와 '마구'의 뜻을 가지는 접두사 '뒤'가 결합되어 형성된 파생어 가운데 명사에 해당하는 예들이다.111) '뒤틀림'은 '물건이 꼬이거나 틀어지는 것'의 뜻을 가지는데, '틀림'이라는 명사가 존재하지 않는 것으로 보아 동사 '뒤틀리다'에서 파생된 명사로 생각된다. '뒤법석'의 경우, '여럿이 몹시 소란스럽게 떠듦'의 의미를 가지고 있다. '뒤법석대다'와 '뒤법석거리다'가 존재하는데, 이는 '법석거리다'나 '법석대다'가 존재하지 않는 것으로 보아 '뒤법석'을 어근으로 삼아 각각 접미사 '-거리다'와 '-대다'가 결합됨으로써 형성된 파생어로 보인다. 여기서 '뒤'는 후행요소인 '틀리-'이나 '법석' 따위의 동사나 명사를 꾸며주는 역할을 보인다. 마치 부사와 관형사 같은 역할을 한다는 것이다.112)

이렇게 보면, '몹시'와 '마구'의 뜻을 동시에 가지는 접두사 '뒤'가 결합된 파생어에는 파생동사와 파생명사가 존재한다는 사실을 알 수 있다. 이와 같이 '뒤'가 접두사로서 이 두 가지 의미를 가지는 예들은 쉽게 찾아볼 수 있다. 아래 (91)은 그 외 접두사 '뒤'가 '몹시'와 '마구'의 뜻을 동시에 가지는 예들과 그 뜻을 제시한 것이다.

> (91) 접두사 '뒤'가 '몹시'와 '마구'의 뜻을 동시에 가지는 예
> 뒤까부르다: 낟알 따위를 키에 담아서 이리저리 마구 까부르

---

111) '뒤'가 앞가지로 결합된 명사는 몇 안 되고 거의가 파생동사에 해당하는 예들이다.
112) 이를 가리켜 남기심·고영근(1987: 193)에서는 '관형사성 접두사'로 처리하고 있다.

다.(누나는 키에 담은 쌀을 <u>뒤까불러서</u> 티를 날려
　　보낸다.)

뒤꼬이다: '뒤꼬다'의 피동사.

뒤놀다: 1) 한 곳에 붙어 있지 않고 이리저리 몹시 흔들리다.(심
　　한 파도에 배가 <u>뒤논다</u>.)

　　2) 정처없이 여기저기 돌아다니다.

뒤눕다: 물체가 뒤집히듯이 몹시 흔들리다.(지척을 분별할 수
　　없고 다만 천지가 <u>뒤눕는</u> 듯 뇌성을 할 뿐이다.〈이기
　　영, 고향〉)

뒤떠들다: 왁자하게 마구 떠들다.(모두들 <u>뒤떠드는</u> 통에 정신이
　　없다.)

뒤떨다: 몸을 몹시 흔들며 떨다.(그는 학질을 앓는 사람처럼 몸
　　을 와들와들 <u>뒤떨었다</u>.)

뒤둥그러지다: 1) 뒤틀려서 마구 우그러지다.(솜을 두니 앞섶이
　　　　<u>뒤둥그러졌다</u>.)

　　　　2) 생각이나 성질이 비뚤어지다.(사고방식이 <u>뒤둥</u>
　　　　<u>그러진</u> 사람과 같이 일하려면 힘들다.)

　　　　3) 아주 세게 넘어지면서 구르다.(그는 발을 헛
　　　　디뎌 언덕 아래로 <u>뒤둥그러졌다</u>.)

뒤뜨다: 1) 뒤틀려서 들뜨다.(문살이 <u>뒤뜨다</u>.)

　　　　2) 뒤받아서 대들다.(어른 말에 함부로 <u>뒤뜨지</u> 마라.)

뒤보깨다: 1) 먹은 것이 소화가 잘 안 되어 배 속이 몹시 거북
　　　　하고 괴롭게 느껴지다.(과음을 했더니 종일 속이
　　　　<u>뒤보깬다</u>.)

　　　　2) 일이 뜻대로 되지 않아 마음이 몹시 번거롭게 쓰
　　　　이다.(이 일 저 일에 <u>뒤보깨어</u> 정신이 없다.)

뒤설레다: 몹시 설레다.(동료들이 온다는 말을 듣고 수난녀는
　　　　마음이 <u>뒤설레었다</u>.〈오유권, 대지의 학대〉

뒤얽다¹: 얼굴 따위에 마구 오목오목 흠이 나다.(예전에는 천연
　　　　두 때문에 얼굴이 <u>뒤얽은</u> 사람도 많았다.)

뒤얽다²: 마구 얽다.(칡덩굴이 나무 허리를 <u>뒤얽고</u> 있다).

뒤잡다: 마구 꽉 잡다.(상대 선수의 샅바를 단단히 <u>뒤잡았다</u>.)

뒤지르다: 마구 소리를 지르다.(목소리를 벼락같이 <u>뒤지르며</u>

　　　　달려들다.)

뒤흔들다: 1) 함부로 마구 흔들다.(바람이 나무를 <u>뒤흔든다</u>.)

　　　　　2) 큰 파문을 일으키다.(10일간 계속된 홍수가 한 나
　　　　　　라 경제를 <u>뒤흔들었다</u>.)

　　　　　3) 거침없이 마음대로 하다.(이사장은 회사를 자기
　　　　　　뜻대로 <u>뒤흔든다</u>.)

뒤법석거리다: 여럿이 몹시 소란스럽게 자꾸 떠들다.(집 안에
　　　　　서 <u>뒤법석거리지</u> 말고 나가 놀아라.)

뒤울리다: 세차게 마구 울리다.(간절한 호소가 사람들의 마음
　　　　을 <u>뒤울렸다</u>.)

다음 (92)는 '뒤'가 '마구'의 뜻만 가지는 경우이다.

(92) ㄱ. 김치는 배추에 갖은 양념을 골고루 <u>뒤버무려야</u> 맛있다.

　　 ㄴ. 바구니가 <u>뒤번지면서</u> 달래, 냉이 따위의 나물이 사방에 흩어
　　　　졌다.

　　 ㄷ. 아이들이 진흙을 온 동네에 <u>뒤발랐다</u>.

(92)의 '뒤버무리다', '뒤번지다', '뒤바르다' 따위는 모두 '뒤'가 '마구'
의 뜻을 가진 채 접두사로 결합되어 형성된 파생동사들이다. (92ㄱ)의
'뒤버무리다'는 '마구 뒤섞어 버무리다'의 뜻이고, (92ㄴ)의 '뒤번지다'
는 '액체 따위가 여러 군데에 젖어 마구 퍼져 나가다'의 뜻을 가지고 있
다.[113] 그리고 (92ㄷ)의 '뒤바르다'는 '아무 데나 마구 바르다'의 뜻을
가진다. 이로 보면, (92)의 세 예들의 접두사 '뒤'는 공통적으로 후행요
소인 동사 '버무리다', '번지다', '바르다'를 꾸며 주는 형국에 있다. 부사
같은 기능을 보여준다는 것이다. 이는 (93)을 통해 확인할 수 있다.

---

113) '뒤번지다'은 또 다른 뜻으로 '일이나 생각 따위가 갑자기 달라지거나 복잡해지다'를 갖
　　는다(시위가 전국으로 불길처럼 뒤번지고 있었다.). 한편, '뒤번지다'는 '마구 엎어지다',
　　'마구 이리저리 뒤치다' 따위의 의미를 갖고 있다.

(93) ㄱ. 뒤버무리다: {*몹시, 마구} 버무리다.
　　ㄴ. 뒤번지다: {?몹시, 마구} 번지다.
　　ㄷ. 뒤바르다: {?몹시, 마구} 바르다.

(93)에서 보면, 접두사 '뒤'는 부정적인 의미를 내포하고 있는 부사 '마구'의 뜻으로 쓰인다는 사실을 알 수 있다. 그리고 '몹시'의 의미는 다소 부적절한 것으로 파악된다. 한편, 이 같은 '마구'의 의미만을 가지는 접두사 '뒤'가 결합하여 명사를 형성하고 있는 예가 있다.

(94) ㄱ. 얼마나 울었는지 아이의 얼굴은 눈물과 콧물로 온통 <u>뒤범벅</u>이었다.
　　ㄴ. 그는 얼굴이 땀으로 <u>뒤범벅되었으나</u> 하얗게 웃고 있었다.
　　ㄷ. 소녀의 흰 얼굴이, 분홍 스웨터가, 남색 스커트가, 안고 있는 꽃과 함께 <u>범벅</u>이 된다.〈황순원, 소나기〉

(94ㄱ)의 '뒤범벅'은 명사 '범벅'에 접두사 '뒤'가 결합됨으로써 형성된 파생명사이다. '범벅'은 (94ㄷ)에서 보듯이, '여러 가지 사물이 뒤섞이어 갈피를 잡을 수 없는 상태'를 이르는 말이다. 여기에 '뒤'가 결합됨으로써 '마구 뒤섞여서 하나하나가 구별이 되지 않는 상태'라는 뜻을 가진 파생명사가 된다. 그리고 (94ㄴ)의 '뒤범벅되다'는 파생어 '뒤범벅'에 가지 '되다'가 결합됨으로써 피동(입음)의 의미를 가지는 파생동사이다.

이렇게 보면, 접두사 '뒤'가 '마구'의 뜻을 가지는 예는 파생동사와 파생명사가 존재함을 알 수 있다. 여기에 해당하는 예들 또한 많은 수를 보인다. 나머지 예들을 제시하면 다음과 같다.

(95) 접두사 '뒤'가 '마구'의 의미를 가지는 경우
　　뒤몰다: 마구 함부로 몰다(병아리 떼를 <u>뒤몰아</u> 닭장에 넣었다).
　　뒤몰리다: '뒤몰다'의 피동사.
　　뒤번지다²: 1) 마구 엎어지다.(바구니가 뒤번지면서 달래, 냉이

따위가 흩어졌다.)

2) 마구 이리저리 뒤치다.(쉬이 잠이 오지 않아 이
쪽저쪽으로 <u>뒤번져</u> 눕다가 겨우 잠이 들었다.)

뒤섞다: 1) 물건 따위를 한데 그러모아 마구 섞다.(시멘트를 모
래와 <u>뒤섞다.</u>)

2) 생각이나 말 따위를 마구 섞어 얼버무리다.(사회자
가 오히려 출연자들의 말을 <u>뒤섞어</u> 버리는 오류를
범하였다.)

뒤섞이다: '뒤섞다'의 피동사(여자 남자 옷이 <u>뒤섞여</u> 걸려 있었다.)

뒤쓰다: 얼굴이나 몸에 어떤 물건이나 가루, 액체 따위를 마구 덮
어쓰다.(얼굴에 분가루를 뽀얗게 <u>뒤쓰고</u> 집을 나선다.)

뒤얽다²: 마구 얽다.(칡덩굴이 나무 허리를 <u>뒤얽고</u> 있다.)

뒤얽히다: '뒤얽다²'의 입음움직씨(덩굴과 덩굴이 <u>뒤얽혀</u> 있다.)

뒤엉기다: 1) 여럿이 한 무리를 이루거나 떼를 지어 마구 달라붙
다.(그는 어떤 젊은이와 <u>뒤엉긴</u> 채 싸우고 있었다.)

2) 액체나 물기 있는 흙가루 따위가 한데 마구 뭉쳐
굳어지다.(그의 얼굴에는 먼지가 땀과 <u>뒤엉겨</u> 붙어
있었다.)

3) 냄새나 연기, 소리 따위가 한데 마구 섞이다.(그
는 어떤 젊은이와 <u>뒤엉긴</u> 채 싸우고 있었다.)

뒤엉키다: 마구 엉키다.(바다와 하늘이 온통 어둠 속에 한데 <u>뒤</u>
<u>엉키고</u> 있었다.)

뒤짊어지다: 마구 짊어지다.(너도나도 어깨에 피난 짐을 <u>뒤짊</u>
<u>어지고</u> 길을 떠났다.)

뒤훑다: 마구 훑다.(사람들이 그물로 잔챙이까지 <u>뒤훑어</u> 버리
니 강에 물고기가 남아나지 않는다.)

뒤재주치다: 1) 물건을 함부로 던져 거꾸로 처박히게 하다.(그
릇 깨질라 상자를 막 <u>뒤재주치지</u> 마라.)

2) 함부로 이리저리 뒤집어 놓다.(도둑이 온 집 안
을 <u>뒤재주쳐</u> 놓고 도망갔다.)

뒤볶다: 함부로 마구 볶다.(총소리가 콩을 <u>뒤볶는</u> 듯하다.)

뒤뻗치다: 마구 뻗치다.(다듬어 주지 않아서 나뭇가지가 아무
렇게나 <u>뒤뻗쳐</u> 있다.)

셋째, 접두사 '뒤'가 '몹시'의 의미를 가지는 경우이다. 여기에 해당하는 예는 앞선 두 경우보다는 많이 적은 편이다.

(96) 접두사 '뒤'가 '몹시'의 의미를 가지는 경우
  ㄱ. 어머니는 <u>뒤늦게</u> 시작한 공부에 열성을 보이셨다.(뒤늦다, 뒤늦추다)
  ㄴ. 그는 임진왜란이 일어나자 분연히 궐기해 그 이름을 전국에 <u>뒤떨쳤다.</u>(뒤떨치다)
  ㄷ. 그는 한기에 몸을 <u>뒤움치다</u>가 손을 떼고 창 밖을 응시하였다.

(97) ㄱ. 뒤늦다: {몹시, *마구} 늦다.
  ㄴ. 뒤떨치다: {몹시, ?마구} 떨치다.
  ㄷ. 뒤움치다: {몹시, ?마구} 움치다.

(96)은 접두사인 '뒤'가 '몹시'의 뜻만을 가지는 경우이다. '뒤늦다'는 형용사 '늦다'에 접두사 '뒤'가 결합됨으로써 '아주 늦다'의 의미를 가지는 파생동사이다. (96ㄴ)의 '뒤떨치다'는 '몹시 떨치다'의 뜻을 가진 파생동사이고, (96ㄷ)의 '뒤움치다'는 '몹시 움츠리다'의 뜻을 가진 파생동사이다. 이들은 모두 후행요소인 '늦다', '떨치다', '움치다' 따위의 동사들에 접두사 '뒤'가 결합됨으로써 형성된 경우들이다. 마찬가지로 이들은 (97)에서 보다시피, 접두사 '뒤'는 부사 '몹시'의 뜻을 가지고 후행하는 동사들을 꾸며주는 기능을 가지는 공통점을 보여주고 있다. 이처럼 '뒤'가 '몹시'의 의미만을 가지는 예는 앞의 두 경우에 비하면 그 수가 적은 편이다.

그리고 아래 (98)은 접두사 '뒤'가 보여주는 의미 중 네 번째인 '반대로', '뒤집어'의 뜻을 가진 경우이다.

(98) ㄱ. 석탄 냄새는 바람결에 코를 거슬러 비위를 <u>뒤놓으니</u> 두 손으로 걸상을 검쳐 붙들고 〈이해조, 고목화〉

ㄴ. 그녀는 내 예상을 완전히 <u>뒤엎었다</u>.

ㄷ. 그는 늙어 갈수록 <u>뒤되지</u> 않도록 모든 일에 조심하였다.

(99) ㄱ. 뒤놓다: [*몹시, 마구, 반대로] 놓다.

　　ㄴ. 뒤엎다: [*몹시, *마구, 반대로] 엎다.

　　ㄷ. 뒤되다: [*몹시, *마구, 반대로] 되다.

(98)의 '뒤놓다', '뒤대다', '뒤되다' 따위는 모두 동사 '놓다', '대다', '되다'에 앞가지 '뒤'가 결합됨으로써 형성된 파생동사들이다. (98ㄱ)의 '뒤놓다'는 '뒤집어 놓다'의 뜻을, (98ㄴ)의 '뒤엎다'는 '물건의 위, 아래가 뒤집히도록 엎어 놓다', '체제나 제도 따위를 없애거나 새것으로 바꾸다' 등의 뜻을 가진다.[114] 그리고 (98ㄷ)의 '뒤되다'는 '위치나 차례가 거꾸로 바뀌다'의 뜻을 가진 파생동사이다. 따라서 (99)에서 보다시피, 앞의 예들과는 달리 '몹시'나 '마구'의 의미로는 읽히지 않는다는 사실을 알 수 있다.

이들 외에 '뒤'가 '반대로'나 '뒤집어'의 뜻을 가지는 예들을 살펴보면 다음과 같다.

(100) 접두사 '뒤'가 '반대로', '뒤집어'의 의미를 가지는 경우

　　뒤대다': 1) 바로 말하지 아니하고 빈정거리는 태도로 비뚜로

　　　　　 말하다.(유경준은 최덕대의 <u>뒤대</u> 말하는 악센트와

　　　　　 금점꾼의 사투리를 흥미 있게 듣는 동시에…〈이기

　　　　　 영, 신개지〉)

　　　　 2) 거꾸로 가르치다.

　　뒤바꾸이다: '뒤바꾸다'의 피동사.

　　뒤받다: 1) 잘못을 지적받거나 꾸중을 듣고 도리어 말대답을 하

　　　　　 며 반항하다.(형님이 꾸중하는 말을 <u>뒤받아</u> 버리고

　　　　　 뛰쳐나왔다.)

---

114) "아버지는 밥상을 <u>뒤엎었다</u>." "그는 학회에서 기존의 학설을 <u>뒤엎는</u> 주장을 하였다."

2) 남의 의견에 반대가 되는 말로 받다.(남이 이야기
하면 항상 그 말을 <u>뒤받는</u> 사람이 있다.)

뒤바꾸다: 1) 차례나 위치 따위를 서로 반대로 바꾸거나 마구 뒤섞
이게 하다.(서로 처지를 <u>뒤바꿔서</u> 생각해 보자.)115)

2) 어떠한 상태를 정반대의 상태로 바꾸다.(뜻밖의 일
이 한 사람의 운명을 <u>뒤바꿀</u> 수도 있다.)

뒤집다: 1) 안과 겉을 뒤바꾸다.(그는 양말을 벗은 그대로 <u>뒤집</u>
<u>어</u> 놓는다.)

2) 위가 밑으로 되고 밑이 위로 되게 하다(영자가 손을
쫙 펴서 앞뒤로 <u>뒤집어</u> 보이면서 말했다.〈박완서,
오만과 몽상〉)

3) 일 따위의 차례나 승부를 바꾸다.(이미 대세를 <u>뒤집</u>
<u>어</u> 버리기에는 역부족이었다.)

뒤집히다: '뒤집다'의 피동사(개표 결과는 마지막 순간 <u>뒤집혔다</u>.)

한편, '뒤'가 접두사로 결합하여 '반대로'나 '뒤집어'의 뜻을 가진 예들 가운데 파생명사를 보이는 경우로 '뒤집기'가 있다. (101)은 이를 보인 것인데, 여기서 '뒤집기'는 파생동사 '뒤집–'에 명사 형성 접사인 '–기'가 결합함으로써 완성된 파생명사이다. '뒤집기'는 씨름에서 사용되는 하나의 기술을 의미한다.

(101) 이만기는 화려한 <u>뒤집기</u> 기술로 씨름판을 지배했다.

마지막으로, '뒤'가 접두사로서 가지는 의미는 '온통', '전부'의 뜻을 가진 경우이다. (102)의 '뒤덮다'와 '뒤덮이다' 정도의 예를 찾을 수 있다.

(102) ㄱ. 담쟁이덩굴이 본관 건물을 <u>뒤덮고</u> 있다.
ㄴ. 지리산은 어느새 비구름으로 <u>뒤덮였다</u>.

(103) 뒤덮다: {*몹시, 마구, 온통} 덮다.

---

115) '뒤바꾸다'의 경우에는 '마구'와 '반대로'의 의미를 동시에 가지는 드문 예이다.

(102ㄱ)에서는 '담쟁이덩굴이 본관 건물을 온통 덮고 있다.'는 뜻이고 (102ㄴ)은 '지리산이 온통 비구름에 덮여 있다.'는 의미를 가진다. 하지만 화자의 심리가 다소 부정적인 상태일 경우, (103)에서 보듯이 '마구 덮다'의 의미를 가질 수도 있을 것이다. 그래서 〈우리말 큰사전〉을 제외하고는 다른 사전들에서는 대체로 '마구'의 의미와 함께 다루는 경향을 보인다.

3.3. 낱말 형성의 의미적 특성

공간말 '앞', '뒤'는 단일어로서도 다양한 의미를 함의하지만 복합어의 한 요소가 되어서도 여러 가지 의미를 보여 준다. 다시 말해, 낱말의 형성에 관여함으로써 일정한 의미를 부여하고 있는 것이다. 그 결합 과정에 발생하는 의미에 따라 몇 가지 유형으로 구분할 수 있다. 무엇보다 '앞', '뒤'가 결합된 복합어들, '앞·뒤-복합어'는 다시 '앞·뒤-합성어'와 '앞·뒤-파생어'로 구분할 수 있다.

'앞·뒤-합성어'는 선행요소인 '앞'과 '뒤'가 가지는 의미가 절대적인 위치를 점유한다. 때로는 후행요소의 위치를 가리키기도 하고, 또 때로는 시간이나 추상적인 이미지를 만들어 내기도 하기 때문이다. 전자의 의미를 가지고 형성된 예들은 모두 본디 의미에 따라 형성되었다는 공통점이 있다. '앞', '뒤'의 본디 의미는 무엇보다 구체적인 공간 의미에 있다고 하겠는데, '앞·뒤-복합어'에서도 이 같은 의미를 유지하고 있는 경우이다. 후자의 의미를 통해 형성된 낱말들은 전이된 의미에 따른 낱말 형성이다. 이들은 본디 의미를 바탕으로 은유적 기제를 통해 시간 개념과 추상 개념의 다른 의미 범주로 확장되어 수많은 예시를 보인다.

'앞·뒤-합성어'에서는 '앞', '뒤'가 가지고 있는 본디 의미인 공간 개념을 가지는 예들을 많이 보여준다. 이들은 대개 '앞·뒤(의)#X'라는 통사적 짜임새를 고스란히 간직한 경우가 대부분이다. 통사적 짜임새가 그대로 형태적 짜임새가 된 경우이기 때문에, 그 의미 또한 어휘화 이전과 별 차이가 없다. 따라서 통사적 환경으로 당장 복원한다 하더라도 의미적 차이는 거의 나타나지 않는다. 이들 본디 의미에 바탕을 둔 예들은 다시 5가지로 구분된다. 공간 개념에 속하는 공간개념[1,2]의 예들은 거의가 후행요소의 자리에 구체적인 대상이 자리한다. 이는 사물이나 자연물이 대부분인데, 구체적인 공간을 의미한다는 점에서 보면 이는 당연한 귀결이라 할 것이다. 반면, 구체적인 대상이 아니더라도 위치적 개념이 선명한 경우에는 공간개념[3]으로 설정할 수 있다. 그리고 공간개념[4]는 주로 '뒤-합성어'를 형성하는 것이 거원데, 이는 은밀한 신체 부위를 지칭한다는 특징을 갖는다. 이 또한 공간 개념을 함의하고 있는 것으로 볼 수 있다. 마지막으로 공간개념[5]는 신체 관련말과 공간말이 어우러져 또 다른 공간 개념을 형성한 경우이다. 이들은 '눈앞, '코앞' 따위에서처럼, 이들은 대개가 'X+앞'의 짜임새를 보이는데, 그 의미는 구체적인 공간 개념이 아니라 '아주 가까운'이라는 관념화된 공간 개념을 새롭게 획득하고 있다. 이들 공간개념[1, 2, 3, 4, 5]는 모두 포괄적으로는 본디 의미를 그대로, 혹은 다소 변형된 꼴인 채 유지하는 것으로 생각된다.

다음으로 '앞', '뒤'의 본디 의미가 전이된 의미를 가지고 형성된 합성어에는 모두 세 가지가 있는 것으로 파악된다. 첫째, [차례]와 [순서]를 나타내는 경우이다. 여기에는 다시 어떤 일이나 행위의 순서를 시간적 개념이 개입됨으로써 형성된 경우와 시간과는 무관하게 오롯이 순서적 개념만 가지는 경우로 구분한다. 둘째, 과거나 미래 따위의 시간 개념이 중심을 이루는 합성어가 나타난다. 여기에는 어떤 일이나 행위의 기준점이 시간이 되고 있다. 셋째, 추상적인 개념이 중심 의미로 존재하는 예들이 있다. 이런 추상적 행위에는 은밀함이 중심을 이루는데, 여기에는 [배후]에 해당되는 추상 의미와 [도움]에 해당되는 추상 의미를 찾을 수 있다.

'앞·뒤-합성어'의 선행요소와 후행요소 간 의미구조에는 관계에 따라 '앞-합성어'와 '뒤-합성어'가 짝을 이루어 나타나는 경우가 있는가 하면, '앞', '뒤' 가운데 한쪽만 나타나는 경우도 있다. 그 까닭은 대개가 후행요소의 의미가 갖는 의미적 영역과 직접적인 연관성을 가진다. 그것은 그 대상이 아예 '앞', '뒤' 가운데 한쪽만 존재하는 것이거나 개념 자체에서 한쪽은 불가능한 경우가 그것이다. 가끔은 '앞', '뒤'가 결합하는 과정에서 낱말 전체의 의미와 관련되는 경우도 있다. 이는 결국 선행요소와 후행요소 간 긴밀한 의미 관계에 따라 '앞', '뒤'가 선택되는 것으로 볼 수 있다. 물론 그 선택의 중심에는 언중들의 인지적 판단이 있었을 것이다.

한편, 파생어의 경우는 '뒤-파생어'만 존재한다. '앞-파생어'는 존재하지 않는다. 이는 '앞'이 아직 어휘적인 의미를 잃어버리고 문법소로 전이된 예가 없음을 말해 주는 것이다. 동시에 '뒤'의 쓰임새가 '앞'보다 생산적이었음을 암시해 준다. 그리고 '뒤'가 접두사로 결합하지 않았지만 파생어로 처리되는 예들이 있다. 이는 합성어가 다시 여러 접미사와의 결합을 통해 파생어로 형성된 경우가 된다. 이른바, 합성어의 파생이다.

4. 정리

'앞'과 '뒤'로 형성된 복합어가 다른 복합어들과 차이 나는 점은 대부분이 '앞'과 '뒤'가 선행요소로 고정된다는 것이다. '앞', '뒤'가 후행요소에 속하는 '앞·뒤+X'의 짜임새를 가지는 예는 '앞·뒤-복합어' 가운데 십여 개에 불과하다. 이는 거의 고정된 짜임새로 보아도 무방할 정도이다. 따라서 '앞·뒤-복합어'를 논의함에 있어서는 기존의 다양한 복합어 논의 방법을 취할 필요가 없다.

또한 '뒤'는 형식요소인 접미사로 전이되는 예들을 다수 가지고 있으나 '앞'은 그러한 예가 없다는 점도 특이 사항이다. 이는 복합어 형성 과정에서 '뒤'가 접미사로 결합한 '뒤-파생어'는 존재하나 '앞'이 접두사로 결합한 '앞-파생어'는 존재하지 않게 되는 결과로 이어진다. 이는 '앞'보다 '뒤'가 언중들에게 훨씬 다양한 쓰임새를 가졌다는 사실을 말해 주는 것이다. 중세국어의 양상과는 정반대인 셈인데, 중세국어에서는 '앞'이 '뒤'보다 훨씬 생산적으로 쓰였기 때문이다.

이 같은 특징들로 인해, '앞·뒤-복합어'의 유형 분류는 합성어와 파생어를 기본으로 두고 품사로 세분화하는 방법을 취하였다. 이를 바탕으로 간단하게 정리하면 다음과 같다.

〈표18〉 '앞·뒤-복합어'의 유형

구분	앞-복합어			뒤-복합어		
1. 합성어	1) 명사 '앞-합성어'			1) 명사 '뒤-합성어'		
	2) 동사 '앞-합성어'			2) 동사 '뒤-합성어'		
	3) ∅			3) 부사 '뒤-합성어'		
2. 파생어	'앞'이 아니라 다른 접미사에 의한 파생어 형성	1) 명사		'뒤'가 접두사로 결합하여 형성된 파생어	1) 명사	
		2) 동사			2) 동사	
		3) 부사			3) ∅	

〈표18〉에서 보다시피, '앞-복합어'와 '뒤-복합어' 사이에 일정한 차이가 존재한다.

첫째, 합성어에서 '앞-합성어'는 명사와 동사는 존재하지만 부사는 보이지 않는다. '뒤-합성어'는 명사와 동사, 부사를 확인할 수 있다. 합성명사 논의에서는 각각 '앞과 '뒤'가 결합하는 위치에 따라 나타나는 특징과 예들을 중심으로 논의하였다. 그 가운데는 선행요소가 '앞·뒤'만으로 이루어지는 게 있는가 하면, '앞·뒤+X'의 꼴을 취하는 경우도 있다. '앞·뒤'가 후행요소로 나타나는 예 또한 선행요소에 나타나는 것에 비할 바는 아니지만 일부 찾을 수 있다. 합성동사는 선행요소와 후행요소가 결합되는 짜임새에 따라 구분된다. 동사에서 '앞·뒤'는 명사와는 달리 모두 선행요소에서만 나타난다. 이 같은 환경적 특징은 합성동사들이 모두 통사적 짜임새를 갖게 하는 요인이 된다.

둘째, 파생어에서는 확연한 차이를 보인다. '앞이 접두사로는 쓰이는 예가 없기 때문이다. 따라서 '앞-파생어'는 곧 다른 접미사에 의해 형성된 예를 말한다. 반대로 '뒤-파생어'는 '뒤'가 접두사로 쓰인 예를 다수 볼 수 있고, 또한 '앞-파생어'와 마찬가지로 '뒤'는 어근으로 쓰이고 다른 접미사에 의해 형성된 파생어도 존재한다. 그리고 '뒤-파생어'는 부사로 결합된 예가 보이지 않는다.

'앞-파생어'는 접미사에 의해 파생어로 형성되고 있다. 그 가운데는 '-질, -꾼, -감, -치레, -잡이' 따위의 명사 형성 접미사에 따른 것이 있고, 접미사 '-하다'에 의해 동사가 파생되는 경우도 있다. '뒤-파생어'는 '뒤'가 접두사로 결합한 경우 외에도 다른 접미사에 의한 것도 있다. 명사의 경우는 접두사에 의한 것 외에 '-기', '-이', '-질', '-음' 등 다양한 형태의 접미사가 결합하여 형성한다. 동사의 경우는 접두사 외에 '-하다'나 '-리-, -기-, -히-, -추-' 따위와 '-거리-, -대-, -치-, -스럽-' 등에 의한 예들이 있다.

'앞', '뒤'는 여러 공간말 가운데서도 가장 기본이 되는 말이다. 그래서 그 쓰임새 또한 공간에서 시간, 추상적인 것에 이르기까지 다양한 양상을 보인다. 이는 '앞', '뒤'에 대한 논의할 거리가 적지 않다는 사실을 말해 준다. 의미론적인 논의, 형태론적인 논의, 문법화에 대한 논의 등은 모두 '앞', '뒤' 논의에서 필요한 것들이다.

첫째, '앞', '뒤'는 중세와 근대에서 다양한 꼴을 보여준다. 그런데 '앞, 뒤'의 언해 과정을 검토해 보면, '前'은 거의가 '앞'으로 언해되는 반면, '後'는 극히 일부만 '뒤'로 언해되는 양상으로 전개된다. 이 같은 양상은, 특히 중세국어에서 '뒤'의 쓰임새가 철저하게 비생산적인 결과로 나타나는 것과 밀접한 연관성을 갖는다. 빈도수에서 보면, '앞'은 '뒤'보다 압도적인 우위를 보인다. 이는 현대국어와는 전혀 다른 양상이다. 현대국어에서는 오히려 '뒤'가 '앞'보다 모든 면에서 다양하고도 생산적인 모습을 보이기 때문이다.

한편, 중세국어에서 현대국어가 가지고 있는 '뒤'의 여러 의미 가운데, 시간적인 의미를 '後'가 함의한다. 이는 중세·근대국어에서 '後'의 빈도수가 '前'의 빈도수를 압도하는 결과로 이어진다. 따라서 '뒤'는 공간 의미를 나타낼 때 사용되고, '後'는 시간 의미를 나타낼 때 쓰게 되는 의미의 이원화 현상을 만들어 낸다. 중세국어의 이 같은 양상은 결국 현대국어에 이르기까지 [후방]의 의미바탕을 가진 '뒤'의 다양한 의미를 설명하는 데 중요한 요소가 된다.

둘째, '앞', '뒤'는 현대국어에 이르는 과정에서 많은 의미의 확장을 보여준다. 현대국어에서는 '앞'과 '뒤'가 모두 10여 가지의 의미를 가지는데 중세국어에서부터 그랬던 것은 아니기 때문이다. 구체적인 공간을 나타내는 것이 '앞', '뒤'가 가진 본디 의미이겠지만 중세국어와 근대국어를 거치면서 시간적, 추상적인 의미로 계속 확장되어 가는 양상을 보이는 것이다.

이와 같은 '앞', '뒤' 의미의 변화 양상은 일단의 문법화로도 이어지는 결과를 낳는다. 알다시피, 문법화는 본디 가지고 있던 의미를 잃어가는 것에서부터 시작되기 때문이다. '앞', '뒤' 모두 본디 의미에서 공간 또한 다양화될 뿐 아니라 시간적, 추상적 개념으로 분화되는 양상을 보인다. 그 과정에서 '앞과 '뒤'가 이르는 문법화의 종착점에는 엄밀한 차이가 존재한다. '뒤'가 다양한 의미의 변화를 보이는 가운데, 결국은 접두사라는 형식적인 요소에까지 문법화가 진행되는 반면, '앞'은 명백하게 문법적인 요소로 칭할 만한 형태를 보여 주지는 않기 때문이다.

셋째, 공간말 '앞과 '뒤'는 어휘 체계 속에서 단지 단일어로서만 남아 있는 것은 아니다. '앞과 '뒤'는 우리말의 어휘부에서 지극히 생산적인 예에 속한다. 기초 어휘를 비롯한 생산성이 높은 대부분의 어휘가 그러하듯이, '앞과 '뒤'는 다른 상위 층위 낱말의 구성 요소가 되어 새로운 낱말을 형성하는 수많은 예를 보여 준다. 다시 말해서 합성법과 파생법에 따라 형성되는 숱한 복합어들을 양산해 내고 있다는 것이다. 따라서 '앞과 '뒤'가 결합되어 있는 수많은 낱말들을 일정한 기준에 따라 분류해 보고 분석해 보는 것은 가치를 가질 수밖에 없다.

우선, 형태론적인 입장에서 '앞', '뒤'가 결합되어 형성된 '앞·뒤–복합어'들을 유형화시키고 그 짜임새를 분석해 보았다. 그 결과 '앞·뒤–복합어' 모두 파생어보다는 합성어의 개수가 훨씬 많은 양상을 보였다. 그것은 일차적으로 중세국어와 달리 현대국어에서 '뒤'의 쓰임새가 보다 생산적인 데에 이유가 있을 것이다. 나아가 '앞'의 경우 '앞–합성어'만 존재할 뿐, '앞'이 접사가 되어 형성해 내는 '앞–파생어'는 존재하지 않기 때문이다.

'앞·뒤–복합어'의 형태론적인 분류 방법은 품사를 분류의 기준 방식으로 선택하였다. 그것은 '앞·뒤–복합어'의 선행요소가 거의 '앞·뒤'로 고정되는 양상을 띠고 있기 때문에 다른 방법을 굳이 택할 필요가 없겠기 때문이다. 따라서 여기서는 '앞-합성어'를 명사와 동사로, '앞-파생어'를 명사, 동사, 부사로 구분하여 분석하였다. 몇 개의 예를 제외하고는 모두 '앞'이 선행요소로 자리하는 특징을 보여준다. 반면, '뒤-복합어'의 경우는 합성어와 파생어 모두 존재한다. 접두사로서의 '뒤' 또한 생산적이라는 점은 '앞-복합어'와 구분되는 가장 큰 특징이다. '뒤-합성어'는 명사, 동사, 부사로 구분되는데, 이들 또한 몇 예를 제외하고는 모두 선행요소에 '뒤'가 결합된다. '뒤-파생어'의 경우 명사와 동사를 볼 수 있다.

마지막으로, '앞'과 '뒤'가 가지는 의미를 기준으로 하여 '앞·뒤-복합어'를 의미론적 입장에서 분석해 보았다. 먼저, '앞·뒤-합성어'에서는 두 가지로 구분하여 접근하였는데, 1)본디 의미를 기준으로, 2)전이 의미를 기준으로가 그것이다. 본디 의미는 공간 의미를 가지는 경우를 말하는데, 다시 공간 영역의 특징에 따라 다섯 가지로 구분하였다. 전이 의미의 경우는 시간 의미와 추상 의미로 구분하여 접근하였다. 그리고 파생어는 '뒤-파생어'만 다루었는데, 접두사 '뒤'를 다시 그 의미에 따라 '몹시', '마구', '온통' 등으로 구분하여 설명하였다. 다른 접미사에 따라 형성되는 '뒤-파생어'도 존재하지만, 이는 형태론적인 입장에서 다루었기 때문에 '뒤'가 접두사로 결합된 경우만 분석 대상으로 삼았다.

여기서는 공간말 '위, 아래'가 형성해 내는 복합어들에 대한 논의를 진행한다. 현대국어에서 '위, 아래'에 또 다른 어근 X가 결합해서 이루어내는 형태는 아주 생산적이다. 그런데 '위, 아래' 결합의 복합어는 유사 위치 공간말인 '앞, 뒤'나 '안, 밖'과는 다른 점이 있다. 사이시옷 결합형의 합성어가 아주 많다는 것이다. 주지하듯이, 오늘날 합성어 형성의 사이시옷은 중세국어와 현대국어 간에 큰 차이가 있었다. 따라서 '위, 아래' 복합어 논의에서는 '위, 아래' 합성어에 결합된 사이시옷에 대한 논의가 필요하다 생각된다. 역사적인 논의를 해 보자는 것이다.[1]

먼저, 중세국어의 시기에 사용된 '위, 아래'에 'ㅅ'이 결합된 예들을 보자.

(1) ㄱ. 웃니〈석상, 23.7ㄴ〉, 아랫집〈선종−서, 15ㄱ〉, 아랫사룸〈오륜, 1.24ㄴ〉
    ㄴ. 웃 詰難〈능엄, 1.65ㄴ〉, 아랫 恩惠〈석상, 6.4ㄴ〉, 아랫 罪業因緣
       〈월석, 11.8ㄱ〉

(1)에서 '위, 아래'가 통합된 두 경우는 차이가 있다. (1ㄱ)은 선행하는 '위, 아래'와 후행요소가 긴밀하게 통합되는 것으로 생각된다. 이들은 합성어로 처리해도 무방할 듯하다. 반면 (1ㄴ)의 경우는 선행하는 '위,

---

[1] 제목은 '복합어'이지만, 실상은 합성어 중심으로 논의를 진행한다. 그 이유는 파생어인 '웃
   −' 결합어의 경우, 문법화 논의에서 따로 다루기 때문에 중복을 피하기 위해서이다

아래'와 후행요소 사이에는 다소 거리가 느껴진다. 따라서 선뜻 합성어로 파악하기가 쉽지 않다. 이는 사이시옷이 가지는 국어사적인 쓰임새와 무관하지 않아 보인다. 사이시옷은 중세국어의 시기까지는 통사적 구성에도 얼마든지 쓰였기 때문이다. 따라서 '위·아래–복합어'에 대한 논의를 역사적인 방향에서 접근할 경우, (1ㄴ)과 같이 선·후행 어근의 맺음이 다소 느슨한 예, 혹은 아예 통사적 구성의 예까지 다루어야 하는 수고를 감수해야 한다.

이 장에서의 논의 목적은 크게 두 가지이다. 첫째, '위, 아래' 복합어의 형성 과정에 대해 살피는 것이다. 현대국어에 '위, 아래' 결합의 복합어는 사이시옷 결합형이 많은 만큼, 중세국어 이후의 복합어 형성 과정을 추구해 볼 필요가 있다는 차원에서이다. 둘째, 현대국어 사전에 등재된 '위, 아래' 복합어들을 추출해 보고, 이들을 형태론적인 기준으로 분석해 보자는 것이다. 얘기한 대로, 위치 공간말의 경우 유난히 많은 복합어들을 만들어낸다. 그 규모를 가늠해 보는 측면에서도 논의가 필요하다는 생각에서 그렇다.

1. 합성어의 형성

합성어는 그 형성 과정을 보면, 크게 두 가지로 나뉜다. 먼저, 본디 통사적인 짜임새였던 것이 형태적인 짜임새로 나아간 경우이다. 어휘부 밖에 있던 요소가 어휘화됨으로써 비로소 어휘부 내로 들어오게 되는 예를 말하는 것인데, 합성어 형성의 가장 일반적인 경로라 할 수 있다.

(2) ㄱ. 개 (의) # 다리, 책(과) # 가방, 앞(의) # 길.
ㄴ. 개다리, 책가방, 앞길.

(2ㄴ)은 합성어이다. 그러나 이들이 애초부터 한 낱말의 합성어로 존재했던 것은 아니다. 원래는 (2ㄱ)과 같이, 선행요소인 '개, 책, 앞' 뒤에 조사인 '의'나 '과' 따위가 개입되어 있었던 통사적인 구성이었을 것이다. 그러다 오랜 시간 함께 쓰임으로써 두 요소가 하나로 묶이게 된 것이다. 이러한 형성 과정은 아주 자연스러운 모양새이다. 대다수 합성어의 형성은 이러한 과정을 거친다. 이른바 통사적 구성의 어휘화인 셈이다.[2]

그렇다고 해서 모든 합성어가 (2)와 같은 과정을 거치는 것은 아니다. (3)을 보자.

(3) ㄱ. 칼국수, 주먹코, 소나기밥.
ㄴ. *칼{과, 의} 국수, *주먹{과, 의} 코, *소나기{와, 의} 동네.

오늘날 (3ㄱ)은 완전한 합성어로 처리된다. 그러나 이들이 (2)의 경우처럼, (3ㄴ)으로 되돌릴 수 있는 것은 아니다. (3ㄴ)에서 (3ㄱ)으로의 단계를 거친 게 아니라는 얘기다. 따라서 이들은 (2)와 같은 통사적 구성의 어휘화 과정을 거쳐 오늘날 합성어에 이른 예가 아니다. 이들은 애초에 통사적 환경에 노출된 적이 없었다고 봐야 한다. 어휘부 내에서 어휘부의 조어 기제에 따라 형성된 예인 것이다. 합성어화 되는 환경이 애초부터 형태적인 환경이었던 셈이다. 채현식(2003: 126-143)에서는

---

2) 이는 합성어 가운데 통사적 합성어가 비통사적 합성어보다 훨씬 생산적이라는 사실과 맞닿아 있다. 비통사적 합성어라는 것이 우리말의 결합 방식과는 다른, 부자연스러운 결합인 탓도 있겠지만, 앞서 언급했듯이 애초에 통사적 구성이었던 것이 그대로 녹아 붙은 것이 합성어의 상당수를 차지하기 때문이다. 그리고 그 결합은 너무나 자연스러운 것이기 때문이다. '힘(이)#들다'가 '힘들다'로, '재미(가)#있다'가 '재미있다'로, '별(의)#집'이 '별집', '밤(과)#낮'이 '밤낮'으로 합성어화했다는 것이다. 그런 까닭에 통사적 합성어의 경우, 그 결합은 상대적으로 자연스러운 면이 있다. 물론 그 과정에서 꼴이 바뀌기도 하고 의미가 변하기도 한다. '촛불'이나 '좁쌀' 따위는 'ㅅ'과 'ㅂ'의 결합으로 꼴에 변화가 생긴 것이다. 반면, '밤낮'이나 '큰아버지' 따위는 결합 과정에서 의미에 변화가 생긴 경우이다.

(2)의 경우를 통사적 합성명사, (3)의 경우를 형태적 합성명사로 구분하였다.3)

공간말이 결합된 합성어의 경우, 형성 과정에서 대개는 (2)와 같은 양상을 띤다. 통사적인 환경에서 형태적인 구성으로 넘어오게 된다는 것이다. 그것은 공간말 합성어의 결합 구조가 갖는 환경적 특성에서 연유한다.

    (4) 앞개울, 뒷동산 ; 윗마을, 아랫수염 ; 안소매, 바깥마당.

(4)에서 보다시피, 공간말 합성어는 대개 선행 어근에 공간말이 위치한다. 공간말은 장소 개념을 머금은 말이다. 그리고 후행요소는 자연 그 장소가 위치한 대상이 된다. 따라서 그 의미는 'X(X=공간말)의 무엇', 혹은 'X에 있는 무엇'이 된다. 가령, '앞개울'이면 '앞(쪽)에 있는 개울', '윗마을'이면 '위쪽에 있는 마을' 하는 식이다. 그러나 이는 어디까지나 공시적인 자료를 바탕으로 한 유추일 따름이다. 세부적인 논의와 구체적인 근거를 제시하는 데는 한계를 가질 수밖에 없다. 이것으로는 (2)나 (4) 따위의 합성어가 역사적으로 언제부터 형성되었는지를 파악하기가 어렵다. 그러나 문헌자료를 추적하게 되면, 그 시작과 전개의 과정을 찾을 수 있다.

통사적인 구성에서 형태적인 구성으로 넘어간다는, 지극히 상식적인 논리는 중세국어의 문헌자료에서 그 흔적이 발견된다. 사이시옷에 대한 논의를 통해서이다.

    (5) ㄱ. 諸佛ㅅ [그지업슨 큰] 法을 너피며〈월석, 13.60ㄱ〉
       ㄴ. 本來ㅅ [볼ㄱㅣ] 비취요몰 發ᄒᆞ니라〈능엄, 4.117ㄱ〉

---

3) 김창섭(1996: 25)에서는 '구(句)의 단어화'로 규정하고 있다.

(5)는 중세국어 사이시옷의 쓰임을 예든 것이다. (5ㄱ)의 경우 '-ㅅ'과 직접적인 피수식어 관계에 있는 '法' 사이에는 '그지업슨 큰'이라는 수식어구가 결합되어 영락없는 통사적 구성을 보여주고 있다. (5ㄴ) 또한 '-ㅅ'이 '블근'이라는 수식어를 사이에 두고 명사 상당어 '비취윰'에 연결되어 있다. 따라서 이들은 모두 [[-ㅅ]#NP]$_{NP}$의 짜임새를 가진다. 사이시옷의 구성이 애초에는 통사적인 환경과 연관되어 있음을 짐작하게 하는 장면이다. 이후 근대국어의 시기를 거치는 과정에서 점차 합성어 내의 일부 요소로 정착되는 과정을 밟음으로써 'ㅅ-구성'은 형태적인 짜임새로 자리하게 된다. 'ㅅ'의 이 같은 속격 기능은 중세국어의 시기에는 아주 일반적인 것이었다.

(6) ㄱ. 高祖ㅅ 寡호 命을 壞티 마르쇼셔〈서전, 5.50ㄴ〉
　　ㄴ. 山家ㅅ 峯호 거시 崩ᄒ야〈시경, 11.24ㄴ〉
　　ㄷ. 湖南ㅅ 몰근 絶遠호 짜해 萬古애 호 번 기리 슬허〈두시-중, 6.29ㄴ〉

이러한 흐름은 (6ㄱ-ㄷ)의 '寡호'이나 '峯호', '몰근 絶遠호' 따위에서 보듯, 17세기까지도 계속된다.

18세기에도 여전히 통사적 구성의 흔적을 보이는 예들이 나타난다. (7)은 그 예를 보인 것이다.

(7) ㄱ. 이 漢ㅅ 아희들은 ᄀ장 ᄀ래는 이어니와〈노걸-중, 상. 7ㄱ〉
　　ㄴ. 屍ㅣ 瓦와 茅ㅅ 우희 이시디〈무원록, 3.45ㄱ〉

그러나 (7)의 18세기 자료 몇은 명사와 명사에 국한되어 가는 과정에 있음을 보여준다. 점차 N$_1$과 N$_2$가 단지 사이시옷을 매개로 하여 통합되는, [[N$_1$+ㅅ]#[N$_2$]]$_{NP}$의 짜임새로 재편되고 있기 때문이다.[4] 근대

---

4) 물론 '唐虞ㅅ 盛호 뻬를 즈음호고〈여사서, 4.6ㄴ〉'와 같이 드문 예가 있다. 그러나 이 경우는

국어는 오히려 (7)과 같은 통사적 구성의 예들보다는 형태적 구성으로 볼 수밖에 없음직한 예들이 지배적인 시기이다. 사이시옷이 형태론적 구성의 일부로 정착되어 가는 현장을 보여주는 시기인 셈이다. (8)은 그 예를 보인 것이다. 이들은 종내 (9)와 같이 하나의 합성어로 자리하게 될 것이다.

    (8) ㄱ. 담빗ㅅ대〈몽어-상, 47ㄴ〉
       ㄴ. 져직ㅅ거리〈몽어-상, 31ㄱ〉
       ㄷ. 들ㅅ보〈몽어-상, 26ㄴ〉

    (9) 담뱃대, 저잣거리, 들보.

중세국어에 그렇게 생산적이던 'ㅅ-통사적 구성'의 세력이 급격하게 약화되는 데는 'ㅅ'이 단지 합성어 형성요소로 국한되는 한계를 가지는 것과 직결된다. 실제로 'ㅅ-구성'은 근대국어 들어서는 거의가 형태론적인 상황에서만 등장한다. 현대국어에 등장하는, 사이시옷 결합의 수많은 합성어는 모두 이 같은 역사적인 흐름의 끝에 도달한 결과물일 것이다. '위, 아래'가 결합된 짜임새 또한 정도의 차이는 있으나 사이시옷의 이 같은 큰 흐름에서 벗어나지 않는 것으로 생각된다.

2. 중세국어의 복합어

다음 예는 중세국어에서 살필 수 있는 '위, 아래'의 모습이다. (10-12)의 예들은 중세국어에서 '위', '아래'가 통사적 구성으로 쓰였음을 알게 한다.

그야말로 특수한 것으로 처리해야 할 것이다.

(10) ㄱ. <u>웃 두 句</u>는 前을 結ᄒ시고〈선종-하, 95ㄴ〉
　　ㄴ. <u>웃 블근 거플</u>를 믄득 업게 ᄒ고〈구간, 3.42ㄱ〉
　　ㄷ. <u>웃 훈 굴비</u> 病 앗고〈선종-하, 27ㄱ〉

(11) ㄱ. <u>아랫 두 句</u>는 後를 내시니라〈선종-하, 95ㄴ〉
　　ㄴ. 솔 <u>아랫 몰굴</u> 브ᄅ미 잇글 쓰러〈남명-상, 72ㄴ〉
　　ㄷ. <u>아랫 브툴 고돌</u> 사ᄆ시니〈원각-상2, 1.4ㄱ〉

(12) <u>아륏 갑디 몯훈 恩</u>올 어루 갑도다〈금강, 3.43ㄴ〉

(10)의 예들은 공통적으로 '웃'과 피수식어인 N(句, 거플, 굴비) 사이에 '두, 블근, 훈' 따위의 꾸미는 말들이 개입되어 NP를 구축하고, 다시 '웃' 이 '두 句', '블근 거플', '훈 굴비' 따위의 NP를 수식하는 [웃#NP]$_{NP}$의 짜임새를 보인다. 통사적 상황에 직면해 있는 '웃'의 모습을 잘 보여준 다. (11) '아랫'의 경우 또한 마찬가지다. '아랫'이 피수식어인 '句, 브룸, 곧' 따위와 직접 통합되는 것이 아니라 '두, 몰곤, 브툴' 따위의 꾸미는 말을 전제하고 있는 모양새이다. 마땅히 [아랫#NP]$_{NP}$의 짜임새를 가진 다. 아울러 (12)는 드문 예이지만 '아륏-통사적 구성'도 존재했다는 사 실을 알게 한다. 결과적으로, (10-12)의 '웃', '아랫', '아륏'은 피수식어 들을 직접 꾸미는 것이 아니라 '수식어+N'의 NP를 수식하는 통사적 짜 임새의 일원으로 존재한다는 사실을 알게 한다. 모두 사이시옷이 결합 된 상태에서 후행하는 명사구를 수식하는 것으로, 이때의 'ㅅ'은 형태적 구성요소가 아니라 통사적인 기능, 이른바 속격의 기능을 하고 있다.[5)]
　이 같은 '웃·아랫·아륏-'의 통사적 구성, 중세국어에서는 아주 흔 하게 접하는 경우이다. (13-15)는 그 예를 보인 것이다.

---

5) 현대국어에서도 물론 '위', '아래'와 피수식어 사이에 다른 요소들이 개입하는 것은 얼마든 지 가능하다. '위·아래의 저 꽃'에서 보듯이 전혀 문제될 게 없다. 그러나 사이시옷이 결합 된 상태에서라면 달라진다. *윗·아랫의 저 꽃은 전혀 어울리는 조합이 아니다.

(13) 웃-통사적 구성

웃 두 德, 웃 세 뜯, 웃 흔 궐비, 웃 두 句, 웃 二敎, 웃 세 時, 웃
다삿 字, 웃 아홉 일훔, 웃 두 句, 웃 두 段, 웃 세 句, 웃 七段,
웃 一句, 웃 열 句, 웃 둘ㅎ, 웃 네 節, 웃 네 門, 웃 세 가지 것,
ㄱ룹 웃 프른 뫼ㅎ, 웃 블근 거플.

(14) 아랫-통사적 구성

ㄱ. 수플 아랫 禪人, 堂 아랫 補簷, 四諦 아랫 麤흔 感, 빗복 아랫
一寸, 허리 아랫 寶玦, 뎔 아랫 봀 가롬, 눈 아랫 비, 樓 아랫
긴 ㄱ룹, 허튓 아랫 노푼 바, 싸 아랫 蘇司業, 岷山 아랫 토
란, 머에 아랫 ᄆ야지, 싸 아랫 郞, 몰 아랫 사룸, 즘게 아랫
우믈, 발 아랫 일, 불휘 아랫 茯笭, 발 아랫 일, ᄲᅧ 아랫 오
목흔 딕, 世界 아랫 虛空 中, 아랫 ㄱ론 그믈, 겯 아랫 흔 寸,
솔 아랫 몰ㄱ 브롬, 누비옷 아랫 일, 古巖 아랫 일, 마촘 아
랫 누른 흙, 밠 엄지가락 아랫 ㄱ론 금, 평상 아랫 흙, 음낭
아랫 금.

ㄴ. 아랫 브툴 곧, 아랫 한 幻, 아랫 브툴 곧, 아랫 세 니ᄅ샨 經
文, 아랫 세 니라샴, 아랫 나믄 다숫.

(15) '아릿-통사적 구성'

아릿 갑디 몯흔 똔올 어루 갑도다〈금강, 3.43ㄴ〉

이 가운데 '웃-통사적 구성'은 문헌 속에서는 16세기 이후 그 흔적을
찾기가 쉽지 않다. 반면, '아랫-통사적 구성'의 경우 16세기는 물론 17세
기까지 어렵지 않게 살필 수 있다. 그리고 '아릿-통사적 구성'은 '웃-통
사적 구성'과 마찬가지로 16세기부터 그 예를 찾기가 어렵다. 통사적 구
성이 문헌상에서 사라지는 것은 형태적 구성으로 전이되는 시기와 맞
물린다. 그리고 이는 사이시옷의 통사적 구성의 변화 과정에 대한 전반
적인 논의와도 맥이 닿아 있다.

여기서 짚고 넘어가야 할 것은 '웃-통사적 구성'이 '아랫-통사적 구
성'에 비해 일찍 소멸의 단계로 나아갔다는 점이다. '웃-통사적 구성'이

'아랫-통사적 구성'보다 상대적으로 이른 시기에 사라지는 것은 아마도 '웃'이 가진 형태의 공고함 때문이 아닌가 한다. 사실 '웃'은 애초에는 '우ㅎ'에 'ㅅ'이 결합된 양상이었지만 점차 '웃'이 마치 하나의 형태소인 것처럼 쓰이는 경향을 보인다.6) 이는 '웃'이 '아랫'과 달리 1음절로 결합 된다는 점, 그리고 받침 'ㅎ'이 가지는 음운론적 허약성 등과도 연관성 이 있는 것으로 생각된다. 한편, '아릿-구성'은 '아랫-구성'과 달리 15세 기에 이미 그 끝을 보였다고 해야 할 것이다. 이는 '아릿-'이 '아랫-구 성'으로 통합되는 과정에서 그 생명을 일찍이 다한 것으로 생각된다. '아릿-구성'은 (12) 외 추가적인 예를 찾기가 어렵다는 점도 이러한 예 상을 가능케 한다.

그런데 중세국어의 시기에는, 앞서 제시된 수많은 통사적 구성 외에 형태적 구성으로 봐도 무방한 예들도 다수 존재한다.

(16) ㄱ. 卽字ㅣ 웃句에 브트니라〈선종-상, 3ㄴ〉
　　ㄴ. 열 對ㅅ 中에 다 웃句는 相이오〈원각-상1, 1.38ㄱ〉

(17) ㄱ. 아랫句는 性이라〈원각-상1, 1.38ㄱ〉
　　ㄴ. 아랫句는 衣롤 혜요미라〈선종-상, 23ㄱ〉

(16, 17)은 (13, 14)의 통사적 구성과 달리, 적어도 외형상으로는 형 태적 구성으로 파악된다. 선행요소인 '우ㅎ'과 '아래'가 사이시옷을 매개 로 후행요소인 명사에 바로 이어져 있기 때문이다. 물론 그렇다고 해서 이들 예가 형태적인 짜임새가 완성된 것으로 결론짓기는 어렵다. N_1-N_2 사이에 다른 요소들이 개입될 소지도 있고, 다른 요소가 생략된 경우로 파악할 수도 있기 때문이다. 앞서 보였던 중세국어의 통사적 구 성의 예들을 대입하면 쉽게 이해된다.

---

6) 유창돈(1971:375)에서는 '웃'을 아예 관형사로 처리하고 있다.

그런데 간과해서는 안 될 것이, 중세 이후 통사적 구성이 사라진다는 점이다. 정확히는 '웃-통사적 구성'은 더 이상 그 예를 찾을 수가 없다. '웃'은 형태적인 구성에서만 그 흔적을 찾을 수 있다. 이는 무엇을 이야기하는 것인가. 중세국어의 시기는 'ㅅ-통사적 구성'에서 'ㅅ-형태적 구성'으로 넘어가는 과도기로 봐야 한다는 것이다. 17세기부터는 형태적 구성요소의 일원으로만 'ㅅ'은 존재하기 때문이다. 물론 이는 '웃-'의 경우에 한정된 이야기다. '아랫-'은 17세기에도 여전히 생산적이기 때문이다. (18)은 중세국어의 시기에, '웃-'과 '아랫-'의 구성을 형태론적 구성으로 처리해도 될 만한 예들이 얼마나 일반화되어 있었는지를 잘 보여준다.

(18) ㄱ. 웃니, 웃사룸, 웃양ㅈ, 웃말, 웃물, 웃양ᄋ, 웃兩界, 웃웃, 웃數, 웃慧, 웃글, 웃句, 웃定, 웃ᄆ슴.
　　 ㄴ. 아랫닛므윰, 아랫부텨, 아랫은혜, 아랫일, 아랫뉘, 아랫諸佛, 아랫福, 아랫結, 아랫터ㅎ, 아랫供養, 아랫獄, 아랫世界, 아랫劫, 아랫사룸, 아랫果報, 아랫罪, 아랫因緣, 아랫命, 아랫券, 아랫六麤, 아랫ᄆ슴, 아랫因, 아랫五根, 아랫네ㅎ, 아랫블, 아랫ᄀ술, 아랫양, 아랫글.

(18)은 모두 사이시옷이 N_1과 N_2 사이에 매개됨으로써 N_1, N_2를 긴밀하게 엮어주고 있는 예들이다. 이들 가운데는 당장 형태론의 단위로 파악해도 무리가 없어 보이는 것도 있고, 아직은 여물지 않아서 형태론적 구성으로 판단하기에는 섣부른 예들도 있다.

이상을 참조해 볼 때, 중세국어에서 '위, 아래'가 통합된 짜임새의 유형은 세 가지로 파악된다. 첫째, 통사적인 구성이다. '웃 블근 거플', '아랫 세 니르샨 經文' 따위에서 볼 수 있다. 둘째, 수식어 개입 없이 결합된 유형이다. 외형적으로는 형태적 구성을 취하지만, 실제로 합성어로 보기는 어려운 경우이다. '웃구, 아랫구' 따위가 해당된다. 셋째, 형태적 구성의 합성어로 처리할 만한 유형이다. '웃니, 웃옷, 아랫사람' 따위를 말한다. 이렇게 본다면, 중세국어는 '웃-', '아랫-'의 경우 통사적 구성과 형태적 구성이 이미 혼란된 시기였음을 알 수 있다.

이제 중세국어의 복합어에 대해 본격적으로 이야기해 보자.[7]

'위·아래+X'의 유형은 거개가 합성어, 그 가운데서도 합성명사에 한정되어 있다.[8] '앞·뒤+X'의 유형이 합성동사의 예도 적지 않았던 것과는 전혀 다른 부분이다. 일부 접사로 전이된 것으로 볼 여지가 몇 있지만, 근대국어까지의 '위·아래+X'의 유형은 합성어에 국한된다고 하여도 지나치지 않을 것이다.

중세국어의 시기에도 합성어는 현대국어 못지않게 다양한 결합관계를 보여준다. 합성명사, 합성동사, 합성부사 등 다양한 합성어들이 존재할 뿐만 아니라, 합성명사만 하더라도 여러 형태의 결합 유형들을 살필 수 있다. '밤낮'〈두시-초, 8.67〉, '안팎'〈석상, 19.13〉 등의 'N₁+ N₂' 병렬 구성이나 '눖믈'〈번소, 9.34〉, '믌고기'〈방유, 2.30ㄴ〉 등의 'N₁+ (ㅅ)+N₂' 형, 혹은 '돌기앓'〈구간, 6.69〉, '머구릐밥'〈물명, 3.28〉 등의 'N₁+이/의+N₂' 형, '거믄춤뻬'〈구간, 6.67〉, '츤믈'〈중노, 1.21ㄴ〉 등의 'Vs+-은/을+N'의 관형구성도 보인다. 이는 합성동사나 합성부사도 마찬가지다.

그러나 '위·아래+X' 유형은 각 시대를 막론하고 합성명사의 숫자가 압도적으로 많다. 모두 합성명사로만 이루어져 있다고 해도 전혀 지나

---

7) 이 글에서 사용되는 문헌 예시 자료는 대부분 검색기 유니콩크를 통해 얻은 것이라는 사실을 밝혀 둔다. 그리고 여기서 논하는 합성어의 범위는 문헌자료에서 나타나는 '위·아래+X'의 구성을 포괄한다. 따라서 현대국어에서 정의하는 엄밀한 조건을 투영하여 설정한 범위는 아니다. 이는 현대국어의 인식과 사정으로 과거 문헌자료를 그대로 재단하는 것도 어렵거니와 무엇보다 포괄적인 범위에서 다루어보고 싶다는 생각에서이다.

8) 이 글에서의 '위+X', 혹은 '아래+X' 등은 다소 어색함이 있지만, 전개의 편의를 위해 형태적 구성과 통사적 구성을 포괄하는 표현으로 사용한다.

친 표현이 아닐 정도이다. 현대국어에서 각각 위-합성어는 74개 정도 조사되는데, 이 가운데 겨우 '위아랫물지다'라는 아주 구석진 합성동사를 제외하고는 모두 합성명사에 속한다. 반면, '아래+X' 유형의 경우는 조사된 79개가 아예 합성명사만 존재한다. 합성부사나 합성관형사 따위는 찾을 수 없다.[9]

이 같은 현상은 중세국어의 시기에도 별 차이가 없다. 먼저 '웃+X' 구성의 예로 조사된 것은 15세기 문헌자료에서 30여 개, 16세기 문헌자료에서 10여 개 정도인데, 모두 합성명사만 존재한다. '아랫+X' 구성의 예는 15세기가 60여 개, 16세기가 10여 개 정도인데 모두 합성명사이다. 아울러 '아릿+X'의 중세국어 예시 또한 28개 정도였는데, 모두 합성명사일 따름이다.

(19) 중세국어 '웃·아랫·아릿+X' 유형 합성어
  1) 웃+X
    ㄱ. (15세기) 웃니, 웃사롬, 웃양ㅈ, 웃말, 웃물, 웃양ㅇ, 웃兩界, 웃옷, 웃數, 웃慧, 웃글, 웃句, 웃定, 웃ㅁ숨, 웃일, 웃譬喻, 웃面, 웃詰難, 웃뜯, 웃對答, 웃말, 웃字, 웃句中, 웃畢, 웃입시울, 웃기슭, 웃行列, 웃플, 웃글, 웃臺, 웃거플, 웃글, 웃字.
    ㄴ. (16세기) 웃블, 웃골, 웃딕, 웃벼슬, 웃관원, 웃녁, 웃집, 웃스롬, 웃굿, 웃태우, 웃位, 웃글.
  2) 아랫+X
    ㄱ. (15세기) 아랫닛므윰, 아랫부텨, 아랫은혜, 아랫일, 아랫뉘, 아랫諸佛, 아랫福, 아랫結, 아랫터ㅎ, 아랫供養, 아랫獄, 아랫世界, 아랫劫, 아랫사롬, 아랫果報, 아랫罪, 아랫因緣, 아랫命, 아랫券, 아랫六塵, 아랫ㅁ숨, 아랫因, 아랫五根, 아랫네ㅎ, 아랫블, 아랫ㄱ술, 아랫양, 아랫글, 아랫빈,

아랫智, 아랫世, 아랫殃蘖, 아랫믜윰, 아랫사룸, 아랫둘ㅎ,
아랫界, 아랫天, 아랫位, 아랫業, 아랫文, 아랫집, 아랫아
홉, 아랫句, 아랫性宗, 아랫열ㅎ, 아랫字, 아랫解脫, 아랫大
圓覺證, 아랫句, 아랫兩口, 아랫道場加行, 아랫人中穴, 아랫
홁, 아랫옷, 아랫사룸, 아랫鐵絲箭, 아랫굴형, 아랫님금,
아랫뜯, 아랫盟誓, 아랫사룸, 아랫홁, 아릿비.

ㄴ. (16세기) 아랫밍셔, 아랫블, 아랫번당, 아랫사룸, 아랫옷,
아랫태웃벼슬, 아랫관원, 아랫사룸, 아랫관원, 아랫태우,
아랫坐, 아랫位.

3) 아릿+X

(15세기) 아릿비, 아리罪業因緣, 아릿殃, 아릿業, 아릿殃報, 아
릿業障, 아릿부톄, 아릿因, 아릿善根, 아릿智, 아릿命, 아릿熏,
아릿빋, 아릿聞熏, 아릿뉘, 아릿福, 아릿ㅁ슴, 아릿敎化, 아릿
福, 아릿慧, 아릿生, 아릿機, 아릿住, 아릿世, 아릿法, 아릿殃
孼, 아릿因緣, 아릿허믈.

위·아래-합성어가 이처럼 합성명사에 치우쳐 있는 까닭은 무엇보다
'위, 아래'가 합성어의 선행요소로 고정되어 있는 것과 무관하지 않을
것이다. 일종의 선점효과인 셈이다. 아무래도 한쪽이 특정 어근으로 고
정된다는 것은 품사 결정에서 그만큼 유리한 지점을 차지할 수밖에 없
겠기 때문이다. 또한 '위·아래+X'의 구성에서, 의미적으로 후행요소인
X가 존재하는 위치를 담당하게 되는 것이 선행요소인 '위, 아래'이다.
위치나 공간 개념은 정적인 개념을 가질 수밖에 없다. 'X하는 곳', 내지
는 'X가 있는 곳' 정도의 의미적 구성으로는 명사적인 성향을 띠는 것이
당연하다는 얘기다.[10] 아울러 '위, 아래'가 가지는 인지적 차원의 문제

10) 이런 사실은 '위·아래-합성어'의 경우 비통사적 합성어가 존재하지 않는다는 사실과 이
어진다. 중세국어 이후 수백 개의 '위·아래+X' 유형의 예들이 존재하지만, 이들 모두는
통사적 합성어이다. 이는 선행요소에 명사인 '위, 아래'가 고정적으로 박혀 있다는 것과
직결된다. 선행요소가 명사라는 것은 후행요소에 어떤 성질의 낱말이 오더라도 우리말의
기본적인 결합관계에서 벗어나기는 어려울 것이기 때문이다. 명사가 오면 N+N₂ 짜임새
로서, 동사가 오면 N+V의 짜임새로서 지극히 정상적인 우리말의 배열구조를 갖기 때문

도 있다고 본다. 유사한 위치말인 '앞, 뒤'의 경우는 합성어 형성 과정에서 일정량 합성동사를 가진다.[11] 이는 인간의 움직임의 방향성과 무관하지 않을 것이다. 인간은 앞뒤로 움직이는 것이 일반적인 데다가, 모든 사람은 '전진-후진'의 방향성을 가지는 것이 상식인 까닭이다. 반면, '위, 아래'의 경우, 인간의 움직임과는 다소 거리가 있다. 일반적인 움직임이 아니라는 얘기다. 따라서 그 움직임을 굳이 고정적인 어휘로 설정할 개연성이 떨어지게 된다는 것이다.

위의 자료에서 보듯이, 중세국어의 시기에 외형적으로 드러나는 '위·아랫+X' 짜임새에 해당하는 유형은 세 가지이다. '위'의 경우는 '웃+X'로 고정된 반면, '아래' 경우는 '아랫+X'와 '아릿+X'의 두 가지를 살필 수 있다. '웃+X' 유형은 중세국어 시절의 '위' 관련 어형이 '우ㅎ' 하나뿐인 것과 관련된다.[12]

한편, 중세국어의 '웃+X' 유형 가운데, 유일하게 '웃'을 접사로 파악할 만한 예로 '웃머리'〈법화, 4.29ㄱ〉가 있다. 이에 대해서는 3부 3장의 문법화 논의에서 다룬 바가 있다.

여기서 잠시 중세국어의 '아래-' 유형에 대해 좀 더 살피기로 하자. 중세국어의 시기에는 '아래+X'의 유형이 '웃+X' 유형보다 훨씬 생산적이기 때문이다. '아래-'에는 '아랫+X' 꼴과 '아릿+X' 꼴을 볼 수 있다. 같은 시기에 등장하는 이 두 꼴은 기본적으로 '아래'는 공간 개념으로, '아

이다. 비통사적인 구성이 되려면 '부사' 정도가 와야 하는데, '위·아래+X' 구성에 해당하는 예에서는 어울리기 힘든 형성이기 때문이다. 게다가 '위, 아래'는 후행요소에 위치하는 경우도 찾기가 어렵다. 겨우 '손위', '손아래(뻘)'를 찾을 수 있을 따름인데, 이 또한 N₁+N₂에 속한다. 따라서 '위·아래+X' 구성은 중세·근대국어를 망라하여 모두 통사적 합성어에 속하게 된다.

11) 현대국어의 앞·뒤-합성동사는 각각 10개, 30개 정도의 숫자가 파악된다. 이에 대해서는 손평효(2013: 141-142) 참조.

12) 중세국어와 달리, 현대국어에는 '아래'는 하나뿐이지만, [위]는 '위, 윗, 웃' 세 가지 꼴이 존재한다. 물론 여기서의 '웃'은 모두 접사로 처리되는 유형이다.

리'는 시간 개념으로 쓰인 듯하다. 그렇다고 '아래'가 시간 개념으로 쓰이는 경우가 전혀 없는 것은 아니다. 이는 '아래'가 결합된 '아래+X' 꼴 또한 공간 및 시간 개념으로 쓰일 수 있었음을 의미하는 것이다. 이렇게 보면, 중세국어의 시기는 애초에 '아래'와 '아리'가 명확하게 구분되어 쓰이던 기준이 웬만큼 흐려지는 시기였다고 볼 수 있다.

먼저 '아랫+X' 유형에 대해 살펴보자.

(20) ㄱ. 閻浮樹 <u>아래</u> 가샤〈석상, 3.15ㄴ〉
ㄴ. 千載 :<u>아래</u> 聖德을 술븡니〈용가, 76〉

(21) ㄱ. <u>아랫터헤</u> 노ᄒ니라〈석상, 24.32ㄱ〉
ㄴ. 내 :<u>아랫뉘</u>에 이 經을 바다 디녀〈석상, 19.34ㄱ〉

(20)은 '아래'가 단독형으로 쓰였을 때이다. (20ㄱ)은 '아래'가 'N#아래'로 통합된 것으로, '어떤 기준점에서의 아래쪽'을 나타내는 공간 개념으로 쓰이고 있다. 여기에 사이시옷이 결합된 예가 (21ㄱ)의 '아랫터ㅎ'이다. 이 또한 '아래쪽의 터' 정도의 의미일 것이니, 공간 개념을 그대로 함의한 채 후행요소인 '터ㅎ'와 결합된 경우이다. 반면, (20ㄴ)의 '아래'의 경우 시간 개념을 함의하고 있다. 여기서 '千載 아래'는 '천 년 전'이라는 시간적인 의미를 내포한다. (20ㄱ)의 '아래'와의 차이는 성조를 통해 드러난다. (20ㄱ)의 '아래'는 평성인 반면, (20ㄴ)의 '아래'는 상성이다. (21ㄴ) 또한 마찬가지다. (21ㄴ)의 '아랫뉘'는 '前生'의 뜻이라는 점에서, 이 또한 시간 개념으로 설정된다. 사이시옷을 통해 후행요소인 '뉘'와 결합된 형태적 구성이라 하더라도 상성으로 표시된다. 동일한 의미로서 '아리'가 결합된 '아릿뉘'〈법화, 3.80ㄴ〉가 존재한다는 점에서도 중세국어 시기의 표기나 의미의 혼란성이 잘 드러난다. 물론 이 가운데 중심이 되는 것은 공간 개념으로서의 '아래'이다.

앞 자료 (19)를 보면, '아랫-'가 '아릿-'보다 훨씬 생산적인 양상을 띤다.13) 이로 보면, 중세국어가 혼란된 시기였지만, '아래-'가 대표 형태로 자리하는 중임을 알게 된다. 짜임새의 위치로 보자면, '웃'의 경우와 마찬가지로 '아랫-'이나 '아릿-' 또한 모두 선행요소에만 나타난다. 이는 '{아래}+X' 구성에서는 일반적인 것이다. {아래}가 후행요소에 위치하는 것은 현대국어에서도 '손아래' 정도에서만 그 예를 찾을 수 있을 만큼 특이한 경우가 된다.

한편, '아랫-'의 경우에는 후행요소에 '-음' 따위의 명사형 요소가 결합된 유형이 있다. '아랫가줄뷤'과 '아랫미욤', '아랫믜윰' 등이 그것이다.14)

(22) ㄱ. 아랫가줄뷤미 어루 볼기리라〈능엄, 1.56ㄴ〉
ㄴ. 곧 아랫미욤과 버숨괏 여듦이니라〈원각-상1, 1.101ㄴ〉
ㄷ. 아랫믜유몰 뼈 釋種을 주겨늘〈능엄, 8.67ㄱ〉

(22)의 후행하는 '가줄뷤'과 '미욤', '믜윰'은 '웃-'의 예에서는 전혀 찾아보기 어렵다.15) '-가줄뷤'은 동사 '가줄비-'에 명사형 어미 '-움'이 결합된 것이고 '-미욤'은 역시 동사 '미이-'에 명사형 어미 '-옴'이 결합된 경우가 될 것이다. (22ㄷ)의 '-믜윰' 역시 동사 '믜이-'에 '-움'이 결합된 경우이다. 이들은 같은 시기 통사적 구성에서도 그 모습을 고스란히 보인다.

---

13) 이 자료의 기준은 외형적으로 '아래·아릿-N'의 환경에 있는 예들을 망라한 것이다. 따라서 이들이 모두 형태론적 구성이라는 얘기는 아니다.
14) 중세국어의 명사형 어미는 반드시 '-오/-우-'가 선행된다. 근대국어 시기에 '-오-/-우-'의 소멸과 더불어 명사형 어미 '-옴/-움'도 소멸된다. 그 자리를 '-기'가 대신하게 된다. 여기에 대해서는 안병희·이광호(1992)참조.
15) 그것은 '웃-'이 '아랫-'보다 더 이른 시기에 통사적 구성에서 형태적 구성으로 넘어갔기 때문으로 생각된다.

(23) ㄱ. <u>아랫</u> 세 니르샤미 알폴 브트니라〈원각-하1, 2.4〉
　　 ㄴ. <u>아랫</u> 한 幻 가줄뵤미 다 이롤 브터 아롤디니라〈원각-상2,
　　　　 1.8〉

또 하나 지적해야 할 사항은 '아랫빈－아릿빈', '아랫뉘－아릿뉘'의 관
계이다. 의미상으로 차이가 없어 보이는 이들은 동일 시기에 '아랫－'와
'아릿－'이 혼재되어 쓰이고 있다.16) (24, 25)에서 보듯이, 중세국어의
시기에 '아래'와 '아리'로 이원화되던 기존의 의미 분화에 혼란이 오기
시작했다는 점을 말해주고 있다.

(24) ㄱ. 이 사르몬 無始엣 <u>아랫비</u>들 훈쁴 가포물 뭇고〈능엄, 6.104ㄴ〉
　　 ㄴ. 阿難아 이둘히 다 <u>아릿비</u>들 모즈 가포므로〈능엄, 8.128ㄴ〉

(25) ㄱ. 내 <u>아랫뉘</u>예 이 經을 바다〈석상, 19.34ㄱ〉
　　 ㄴ. 나와 너희둘히 <u>아릿뉘</u>옛 因緣을〈법화, 3.80ㄴ〉

이러한 공존은 근대국어의 시기에 가서는 결국 '아릿－'이 점차 소멸
의 과정을 겪으면서 이들이 하나로 통합될 것이라는 전조를, 중세국어
의 시기에 이미 보여주는 것으로 해석된다. (26)은 그 예들을 제시한
것이다.

(26) ㄱ. <u>아랫</u>부텨 出家ᄒ샴도 이리 ᄒ시니라〈석상, 3.29ㄴ〉
　　　　 <u>아릿</u>부톄 져그샤미〈월석, 23.45ㄴ〉
　　 ㄴ. <u>아랫</u>모ᅀᆞ몰 제 더러뵈 너기는 둘 아라〈월석, 13.29ㄱ〉
　　　　 <u>아릿</u>모ᅀᆞ몰 제 더러이 너기는 둘 알오〈법화, 2.222ㄴ〉
　　 ㄷ. 宿命은 <u>아랫</u>命이니 디나건 劫엣 命엣 내며〈월석, 4.40ㄱ〉
　　　　 <u>아릿</u>命을 ᄉᆞᆷ 알오〈능엄, 5.51ㄴ〉

---

16) 문헌자료상의 생산성으로 보아서는 '아릿빈'보다는 '아릿빈'이 '아랫뉘'보다는 '아릿뉘'가
　 더 우위에 있다.

ㄹ. 아랫罪을 能히 滅除ㅣ 몯거든〈능엄, 7.2ㄴ〉

　　아릿罪을 닛디 아니ᄒᆞ야〈능엄, 5.39ㄴ〉

ㅁ. 네 아랫世예 摩登伽와 歷劫엣 因緣이라〈능엄, 7.5ㄱ〉

　　아릿世예 住ᄒᆞ실〈원각-상2, 2.94ㄱ〉

ㅂ. 아랫비 안히 허ᄒᆞ고〈구간, 3.120ㄱ〉

　　아릿비ᄒᆞᆯ 因ᄒᆞ야〈월석, 8.52ㄱ〉

ㅅ. 혼ᄢᅴ 아랫 因을 아라〈능엄, 4.73ㄴ〉

　　耶輸와 ᄒᆞᆫ가지로 아릿因을 아라〈능엄, 1.17ㄱ〉

ㅇ. 우리둘히 아랫福이 깁고 둗거버〈석상, 21.39ㄴ〉

　　아릿福이 두터우믈 니르시고〈법화, 2.157ㄱ〉

ㅈ. 내 아랫양ᄋᆞ로 바다〈월석, 25.45ㄱ〉

　　아릿양ᄋᆞ로 잡들면〈몽법, 7ㄱ〉

　　또한 후행요소에 따라 '아랫-'과 '아릿-'이 '웃-'과 짝을 이루기도 하고 안 되기도 한다. 그것은 후행요소가 어떤 공간적 개념을 함의하느냐의 여부와 연관된다. 만약 후행요소가 추상적인 대상일 경우에는 마땅히 선행요소에 있는 '웃-'은 '아랫-'과 대응되지 않는 것이 일반적이다. 이 가운데 '아랫-'이 '아릿-'보다 대응되는 예들이 많다. 이는 '아래'가 공간 개념 중심의 것이었던 데서 연유한다.

　　다음으로 '아릿+X' 유형에 대해 알아보자. 중세국어에서 '아리'는 주로 시간 개념인 '前', '예전에'의 의미로 나타난다.

(27) ㄱ. 光明이 아리 업던 거시 엇던 因緣으로〈월석, 14.19ㄱ〉

　　　ㄴ. 아리 부톄 阿難이 드리시고 城에 드르샤〈월석, 25.64ㄴ〉

　　(27)은 '아리'가 단독형으로 쓰인 경우를 제시한 것이다. 이는 '아래'가 단독형으로 쓰인 것과는 정반대의 경우이다. 문헌상 '아래'는 'X+아래'가, '아리'는 '아리+X' 구성이 절대적이다. 공간 개념으로서의 '아래'

는 선행 조건으로 'X의 아래'와 같은 공간의 기준점이 요구되고, 반대로 '시간' 등 다소 추상적인 상황에 쓰이는 '아릭'는 이 같은 전제가 필요치 않다. (28)은 그 예를 보인 것이다.

이 '아릭'가 사이시옷의 결합과 더불어 다른 요소와 결합된 형태적 구성으로 보이는 경우에서도 시간 개념으로 주로 쓰인다.

(28) ㄱ. <u>아릿生</u>에 져근 因緣이 이실시〈원각-서, 74ㄴ〉
ㄴ. <u>아릿世</u>예 住홀시〈원각-상2, 2.94ㄱ〉

(28)의 '아릿生'이나 '아릿世'에서의 '아릿'은 시간 개념이 선명하게 드러나고 있다. 나머지 예들도 후행요소가 모두 '生', 'ᄆᆞᅀᆞᆷ', '허믈, 因緣' 등 시간 내지는 추상적인 개념을 탑재한 경우들이다. 따라서 '아릿-'이 비공간적 상황에 쓰였다는 것은 사실로 봐야 할 듯하다. 물론 '아릿배' (월석, 8.52)와 같은 경우는 신체 어휘에 해당하는 예가 없는 것은 아니지만, 앞서 얘기했듯이, 이는 중세국어가 이미 혼란된 시기였음을 말해주는 예로 생각된다. 그러나 근대국어에 와서는 전혀 다른 양상이 시작된다.

이상에서 논의된 중세국어의 합성어를 정리하자면 이렇다. 첫째, '위·아래+X'의 구성은 통사적 구성과 형태적 구성이 혼재되어 있던 시기이다. 둘째, '웃+X'보다는 '아래+X' 꼴이 더 많은 빈도를 보여준다. 셋째, 드물게 '아릭-통사적 구성' 꼴이 보이지만, 16세기부터는 아예 보이지 않는다. 이는 '아래+X'의 꼴로 단일화되는 양상으로 이해된다. 넷째, '웃-' 결합의 통사적 구성은 16세기 이후 그 모습을 찾기 어려운데, 이는 형태적 구성으로 넘어간 까닭이다. 이미 중세국어의 시기가 통사적 구성과 형태적 구성이 함께하던 시기였음을 말해 준다. 다섯째, '아래-합성어'와 '아릭-합성어'는 중세국어에 모두 활발하게 나타나는데, '아래'는 공간적 개념, '아릭'는 시간적 개념으로 사용되다가 점차 구분 없이 쓰이는 경향을 보인다. 이는 근대국어에 가서 '아래'로 단일화될 전조를 보여주는 것으로 이해된다.

3. 근대국어의 복합어

다음으로 근대국어에 나타나는 '웃+X', '아랫·아릿+X' 짜임새에 대해 살피도록 하자. 근대국어의 시기는 중세국어의 기본을 그대로 유지하면서도 변화를 보이는 시기이다. 이는 '웃+X'의 유형은 아주 생산적으로 나타나지만, '아랫·아릿+X'의 유형은 중세국어와는 전혀 다르게 그 빈도가 극히 낮다는 것으로 나타난다. 먼저, '웃-'의 예부터 살펴보자.

(29) 웃+X 유형
ㄱ. (17세기) 웃쉬, 웃옷, 웃사름, 웃거흠, 웃시옭, 웃츔두됴, 웃입시울, 웃넛믜윰, 웃날, 웃옷, 웃터, 웃집, 웃니, 웃법, 웃거품, 웃네, 웃녀, 웃부믜, 웃글, 웃플, 웃기슭, 웃가지, 웃부리, 웃골, 웃거리, 웃풀쪽, 웃믈, 웃동(上身), 웃臺.
ㄴ. (18세기) 웃녁ㅎ, 웃옷, 웃층, 웃부리, 웃던, 웃던교, 웃병, 웃비유, 웃명, 웃자리, 웃사름, 웃짐, 웃권, 웃목, 웃동(上身), 웃ᄆ듸, 웃편, 웃젼례, 웃동니.
ㄷ. (19세기) 웃옷, 웃국슐, 웃짐, 웃말, 웃사름, 웃과ᄌ, 웃나라ㅎ, 웃태우, 웃믈, 웃ᄶ(上只), 웃픔(上品), 웃등(上等), 웃턱, 웃가지, 웃법, 웃불, 웃법, 웃어른, 웃ᄉ람, 웃디방, 웃경, 웃층, 웃말, 웃줌, 웃글, 웃어룬, 웃치, 웃동리, 웃대츄물골, 웃것, 웃경계, 웃아ᄌ, 웃관원, 웃입살, 웃아ᄌ, 웃다ᄌ, 웃여ᄌ, 웃간, 웃모통이, 웃방, 웃광, 웃ᄆ을, 웃죠회, 비웃죽엄(腹上尸), 웃바다(上洋), 웃말슴(上言), 웃영문(上營), 웃더울(上熱), 웃낫(上午), 웃웃듬(上元), 웃아래(上下), 웃구멍(上穴), 웃손(上客), 웃계교(上計), 웃긔운(上氣), 웃기동(上棟), 웃녜(上古), 웃벼슬(上官), 웃칙(上卷), 웃나라(上國), 웃믈(上馬), 웃

쌀(上米), 웃맛(上味), 웃나모(上木), 웃목(上項), 웃드릴(上納), 웃히(上年), 웃방(上房), 웃번(上番), 웃봉오리(上峰), 웃다음(上副使), 웃패(上牌), 웃칙(上篇), 웃픔수(上品), 웃들보(上樑), 웃뫼(上山), 웃집(上舍), 웃빗(上色), 웃맛흘(上司), 웃ᄒ여곰(上使), 웃비암(上巳), 웃글(上書), 웃비(上船), 웃소래(上聲), 웃시험(上試), 웃밥(上食), 웃글(上疏), 웃목숨(上數), 웃열흘(上旬), 웃조삭(上段), 웃논(上畓), 웃님금(上帝), 웃법(上典), 웃무리(上等), 웃끠ᄯ롤(上湯), 웃글월(上狀), 웃지조(上才), 웃지혜(上智), 웃님(上主), 웃반찬(上饌), 웃쳥(上聽), 웃층(上層), 웃바눌(上針), 웃풀(上草), 웃턱, 웃님금, 웃바람, 웃통, 웃저고리, 웃짐, 웃텯ᄌ, 웃진(上陣), 웃강, 웃사롬, 웃관원, 웃동리, 웃官員.

(30) 웃뎐〈계축-상, 7ㄱ〉, 웃뜬〈법화1, 180ㄱ〉, 웃각시〈계축-상, 20ㄴ〉, 웃문안〈서궁록, 9ㄴ〉, 웃뎌귈〈한중록, 250〉, 웃의논〈한중록, 542〉

(29)에서 보다시피, '웃+X' 유형은 17세기와 18세기에는 중세국어와 별 차이 없는 일정 숫자를 보여준다. 반면, 19세기에는 그 이전 시기와는 비교할 수 없을 만큼 많은 수를 보여주는데, 이에 대해서는 별다른 의미 부여를 할 필요는 없을 것이다. 19세기 들어 사전류 등 해당 시기의 어휘들을 모아둔 자료들이 많은 것 외에 다른 이유는 없을 것이기 때문이다. 근대국어 역시 중세국어와 마찬가지로 '웃-'은 주로 선행요소에 결합되어 있다. '웃'이 후행요소에 위치하는 예는 현대국어에서도 흔치 않은 일이다. 아울러 후행요소는 전형적인 명사로만 이루어져 있는 것도 중세국어와 마찬가지다.

한편, 3부에서 논의했듯이 (30)에 보이는 몇 예들은 합성어가 아니라 파생어로 보고자 한다. '웃'을 접사로 보자는 것인데, 의미나 '아래'와의 대응 관계 등을 고려해 볼 때 위치 공간말로서의 지위는 상실한 것으로 생각된다.

반면, 근대국어 시기의 '아랫·아릿+X' 유형은 그 수가 많지 않다는 점에서 중세국어와는 차이가 있다. 아예 나타나지 않는 시기도 존재한다. (31, 32)의 예는 이를 보인 것이다.

(31) '아랫+X' 유형
ㄱ. (17세기) 아랫굴헝, 아랫비, 아랫불휘, 아랫님금, 아랫뜰, 아랫사룸, 아랫반당, 아랫풀쪽, 아랫동, 입아랫나룻.
ㄴ. (18세기) 아랫사룸, 아랫옷, 아랫마, 아랫목, 아랫ᄆᆞ듸.
ㄷ. (19세기) 아랫관원, 아랫방, 아랫사람 ; 손아랫사람.

(32) '아릿+X' 유형
ㄱ. (17세기) 보이지 않음.
ㄴ. (18세기) 아릿쟝슈, 아릿사룸, 아릿망, 아릿목, 아릿동, 아릿비, 아릿類.
ㄷ. (19세기) 보이지 않음.

근대국어의 시기에 인상적인 것은 (32)에서 보다시피, '아릿-' 유형이 확연히 줄어든다는 사실이다. '아랫-'의 짜임새는 '웃-' 짜임새에 비할 바는 아니지만, 각 시기마다 일정 숫자의 예시를 보여주는 데 반해, '아릿-'의 경우에는 그렇지가 않다. 17세기에는 전혀 보이지 않고, 18세기 들어 몇 예를 보이다가는 다시 19세기 이후에는 아예 그 흔적을 감추고 있는 것이다. 이 같은 '아릿-' 유형의 급격한 감소는 사이시옷이 결합되지 않은 형태인 '아러+X'의 꼴이 생산적으로 나타나는 것과 연관된 것으로 보인다. 아래 (33)은 그 예를 제시한 것이다. 여기서 보면, '아러-'는 기존의 공간 개념은 물론, 신분, 시간 등 추상적인 개념에까지도 사용되고 있다. 이런 생산성이 문헌자료에서 '아릿-' 꼴을 사라지게 한 것이다. 그리 보면 17세기와 19세기는 정반대의 양상으로 전개되었음을 알 수 있다.

(33) 아리+X 유형

ㄱ. (17세기) 아리입시울〈마경-상, 3ㄴ〉, 아리글ㅈ〈마경-상, 10
ㄱ〉, 아리뽈〈곽씨, 119.6〉, 아리염왕〈권념, 2ㄱ〉, 아리신〈권념,
12ㄱ〉.

ㄴ. (18세기) 아리층〈을병3. txt(423)〉, 아리긔치〈을병4, txt(764)〉,
아리슈갑〈을병5, txt(116)〉, 아리사롬〈을병5, txt(329)〉, 아리
동방달〈을병5, txt(381)〉, 아리냥초〈삼역, 3.1ㄴ〉, 아리쟝슈
〈삼역, 4.19ㄱ〉, 아리군ㅅ〈삼역, 6.10ㄱ〉, 아리命〈오륜, 8.17
ㄱ〉,17) 아리앙화〈지장-중, 10ㄴ〉, 아러업쟝〈지장-하, 14ㄴ〉,
아리주〈천의-범녜, 1ㄴ〉, 아리염왕〈염불보, txt(301)〉, 아리
권〈명의록, 11ㄴ〉, 아리사롬〈경신, 2ㄴ〉, 아리방〈경신, 50
ㄴ〉, 아리부쳐〈경신, 84ㄴ〉, 아리마을〈슈선곡, 1ㄱ〉.

ㄷ. (19세기) 손아리〈징보, 14〉, 아리사롬〈한중록, 288〉, 아리듸
궐〈한중록, 240〉, 아리대〈한중록, 538〉, 아리의논〈한중록,
542〉, 아리바람〈잠상, 28ㄱ〉, 손아리ㅅ롬〈징보, 24ㄱ〉, 아리
관원〈독립, txt231)〉, 아리흉터〈독립, txt1506〉, 아리ㅇㅈ〈독
립, txt5894〉, 아리편〈독립, txt6873〉, 아리ㅁㅈ〈독립, txt6944〉,
아리화쵸〈독립, txt7108〉, 아리벼술〈독립, txt7476〉, 아리ㅈ
〈독립, txt7707〉,18) 아리여ㅈ〈독립, txt7707〉,19) 아리신문〈독
립, txt7769〉, 아리동리〈독립, txt9749〉, 아리죠관〈독립, txt
10303〉, 아리탐욕〈독립, txt10513〉, 아리ㅁ을〈독립, txt11366〉,
아리ㅅ정〈독립, txt13657〉, 아리비〈매일3, txt58〉, 아리군ㅅ

---

17) 15세기에는 '아랫命'과 '아릿命'이 각각 존재한다.
18) "웃ㅈ와 아리ㅈ를 ㄱ지고 놉고 나즌 말의 음을 분간홀〈독립, Txt7707〉"에서 '웃ㅈ'와
'아리ㅈ'에 'ㅅ' 결합의 차이가 있다.
19) "여ㅈ는 웃여ㅈ와 아리여ㅈ가 업스니〈독립, txt7707〉"에서 보면, '웃여ㅈ'에는 사이시옷
이 결합되어 있는 반면, '아리여ㅈ'에는 사이시옷이 결합되어 있지 않다. 이는 '웃'을 이
시기에 이미 단일 형태소로 인식하고 있었을 가능성이 크다. 아니면 '웃여ㅈ'는 한 단어
로, '아리여ㅈ'는 '아리#여ㅈ'의 두 단어로 인식한 이유일 것이다. 반면, 18세기 문헌에 보
면, "웃사롬이 立聽ㅎ고 아릿사롬의게 發放ㅎ면〈오륜, 1.24ㄴ〉"에서는 '웃사롬'과 '아릿사
롬'에 공히 사이시옷이 나타나는 예도 있다. 결국 근대국어의 시기에 이들이 혼용되어
쓰였다는 것으로 귀결된다.

〈매일3, txt605〉, 아리층〈매일5, txt102〉, 아리빅셩〈독립13, txt85〉, 아리턱〈독립16, txt781〉.

(33)에서 보면, '아리+X'형 짜임새는 충분히 사이시옷 결합형으로 나옴직한 예들이 가득하다. 중세국어 같으면 '아릿+X'의 짜임새를 보였을 예들이 모두 '아리-'의 꼴로 제시되어 있다. 특히, '아릿사룸'〈오륜, 1.24ㄴ〉의 경우 18세기 '아리사룸'〈경신, 2ㄴ〉, 19세기 '아리사룸'〈한중록, 288〉 등과 17세기 '아랫사룸'〈여훈-상, 41ㄱ〉, 18세기 '아랫사룸'〈선조, 113〉, 19세기 '아랫사룸'〈징보, 6ㄱ〉 등의 예에서 보다시피, '아랫-', '아릿-'의 꼴과 '아리-'의 세 가지 꼴이 더불어 혼용되고 있다. '아리관원'〈독립, txt231)〉과 '아랫관원'〈태평, 50ㄴ〉, '숀아리스룸'〈징보, 24ㄱ〉과 '숀아랫사람'〈징보, 14ㄴ〉 또한 마찬가지다. 이들을 통해서도 근대국어의 시기는 중세국어 시기에 존재했던 일정한 질서가 붕괴되었다는 사실을 알게 된다.

이상을 바탕으로, 근대국어에서의 '위, 아래' 결합형인 복합어를 정리하면 다음과 같다. 첫째, '아랫-' 결합형은 17세기 이후 근대국어 내내 일정한 숫자를 보여주지만, 생산적이라 보기는 어렵다. 둘째, '아릿-' 결합형은 16세기에 보이지 않다가 18세기에 몇 예를 보인다. 그러다가 다시 19세기부터는 아예 보이지를 않는다. 셋째, '아릿-'이 사라진 대신 'ㅅ'이 결합되지 않은 '아리+X' 꼴의 유형이 17세기 이후 20세기 초까지 생산적인 양상을 띤다. 이는 근대국어에서 '아릿-' 유형이 소멸되고 '아랫-' 꼴이 생산적이지 않은 현상과 궤를 같이한다. 넷째, '웃+X'의 꼴 가운데 파생어로 처리할 만한 예가 몇 보인다.

4. 현대국어의 복합어

여기서는 현대국어에서 공간말 '위'과 '아래'가 결합되어 쓰이는 복합어에 대해 정리해 본다. '앞, 뒤', '안, 밖' 등 대표적인 위치 공간말들의 경우와 마찬가지로, '위, 아래'가 결합된 복합어가 보여주는 양상 또한 크게 다르지 않다. 이들은 결합 양상에 따라 크게 세 가지로 구분된다.

(34) '위' 결합형 복합어
ㄱ. 위치마, 위턱.
ㄴ. 윗가지, 윗구멍.
ㄷ. 웃거름, 웃국 ; 웃돌다, 웃보다.

(35) '아래' 결합형 복합어
ㄱ. 아래통, 아래팔, 아랫니, 아랫다리.
ㄴ. 아랫소리, 아랫수, 아랫수염, 아랫심, 아랫자리, 아랫조각.

(36) '위아래' 결합형 복합어
ㄱ. 위아래, 위아랫막이 ; 위아랫물지다.
ㄴ. 아래위, 아래위턱, 아래윗간, 아래윗막이, 아래윗벌, 아래윗집.

(34)는 '위' 결합형 복합어, (35)는 '아래' 결합형 복합어의 예시이다. 그리고 (36)은 선행요소로 '위아래'가 위치한 경우이다. '아래'의 경우, 기본적으로 '아래'가 선행어로 결합된 '아래+X' 꼴의 합성어가 기본 패턴을 유지한다. 반면, '위' 결합형의 경우 '아래'의 것과 마찬가지로 '위'가 선행어로 결합된 '위(윗)+X' 꼴의 패턴이 중심이지만, (34ㄷ)에서 보다시피, 접사 '웃'이 결합된 파생어가 따로 존재한다는 차이가 있다. 그리고 다른 위치 공간말들의 복합어와 달리, '위, 아래' 모두 사이시옷 결합형들이 다수 존재한다는 점도 차이이다. 〈표준국어대사전〉과 〈우

리말큰사전)을 중심으로 가려 뽑은 위치 공간말 '위(윗)'가 결합된 복합어는 74개, '아래(아랫)'가 결합된 복합어는 79개, '위아래'가 결합된 복합어는 9개 정도를 찾을 수 있다.

우선 이들 복합어를 대강 정리해 보기로 하자.

(37) X가 단일어인 경우

ㄱ. 위-아래, 위-층, 위-치마, 위-짝, 위-쪽, 위-턱, 위턱-구름, 위턱-뼈, 위-팔, 위팔-뼈 ; 윗-가지, 윗-간, 윗-거죽, 윗-구멍, 윗-길, 윗-난, 윗-녘, 윗-누이, 윗-니, 윗-다리, 윗-대, 윗-도리, 윗-동강, 윗-동네, 윗-동아리, 윗-마구리, 윗-마기, 윗-마디, 윗-마을, 윗-말, 윗-머리, 윗-면, 윗-목, 윗-몸, 윗-물, 윗-바람, 윗-반, 윗-방, 윗-배, 윗-벌, 윗-변, 윗-볼, 윗-사람, 윗-사랑, 윗-삼, 윗-세장, 윗-소리, 윗-수, 윗-수염, 윗-실, 윗-심, 윗-아귀, 윗-알, 윗-옷, 윗-자리, 윗-주, 윗-중방, 윗-집.

ㄴ. 아래-뜸, 아래-뺄, 아래-아귀, 아래-알, 아래-옷, 아래-위, 아래-짝, 아래-쪽, 아래-채, 아래-청, 아래-층, 아래-치마, 아래-턱, 아래-통, 아래-팔, 아래-포청 ; 아랫-간, 아랫-거죽, 아랫-것, 아랫-골, 아랫-구멍, 아랫-길, 아랫-난, 아랫-녘, 아랫-놈, 아랫-니, 아랫-다리, 아랫-단, 아랫-대, 아랫-도리², 아랫-돌, 아랫-동네, 아랫-동아리, 아랫-마디, 아랫-마을, 아랫-말, 아랫-머리, 아랫-목, 아랫-몸, 아랫-물, 아랫-바닥, 아랫-바람, 아랫-반, 아랫-방, 아랫-배, 아랫-벌, 아랫-변, 아랫-볏, 아랫-볼, 아랫-사람, 아랫-사랑, 아랫-사침, 아랫-세장, 아랫-소리, 아랫-수, 아랫-수염, 아랫-심, 아랫-자리, 아랫-조각, 아랫-주, 아랫-중방, 아랫-집.

ㄷ. 아래편-짝.

(37ㄱ, ㄴ)은 후행요소인 X가 단일 어근이 위치한 경우를 예든 것이다. (37ㄱ)은 '위-', '윗-' 합쳐서 58개인데, 10여 개를 제외하고는 모두

여기에 해당된다. (37ㄴ)의 '아래-', '아랫-' 또한 마찬가지로 무려 62
개 정도의 예가 해당된다. 선행하는 요소가 '위, 아래' 등의 위치를 나타
내는 곳이라면 후행요소인 X는 그 해당 공간의 주체가 될 것이다. 여기
에는 구체적인 대상이 대부분인데, 이는 위치 개념으로 보자면 너무나
당연한 것이다. 아울러 상하로 대응되는 예들 또한 많다. (37ㄷ)은 X가
단일어이지만, 선행요소가 '아래+X'인 예이다.

(38) X가 합성어인 경우
　　ㄱ. 윗-눈시울, 윗-눈썹, 윗-잇몸, 윗-당줄, 윗-미닫이틀, 윗-
　　　　숨길.
　　ㄴ. 아랫-눈시울, 아랫-눈썹, 아랫-잇몸, 아래-대정맥, 아래-
　　　　큰정맥, 아랫-당줄, 아랫-미닫이틀.

　　반면, (38)은 후행요소인 X에 합성어가 오는 경우이다. 현대국어에서
여기에 해당하는 예는 '위-'가 6개, '아래-'가 7개 정도를 찾을 수 있다.
이들 후행요소인 X에는 대체로 '눈시울, 눈썹, 잇몸, 대정맥, 큰정맥' 등
신체 관련 어휘들이 많이 나타난다. 아울러 상하 대칭되는 경우도 많다.
'위, 아래'가 구체적인 대상을 요구하는 위치 개념어인 만큼, 당연한 결
과라 할 것이다. 여기서 '아래-큰정맥'과 '아랫-미닫이틀'은 후행요소
가 종합합성어라는 점에서 눈에 띈다.

(39) X가 파생어인 경우
　　ㄱ. 위아랫-막이, 윗놀음, 윗놀이 윗-막이, 윗-덧줄, 윗-넓이,
　　　　윗-입술.
　　ㄴ. 아래-가기, 아래-닿기, 아랫-덧줄, 아랫-입술.

　　(39)의 예시는 후행요소에 접사 결합의 파생어가 자리하는 경우이다.
(39ㄱ)의 경우 '막이, 놀음, 놀이, 넓이' 따위는 접미사 '-이, -음' 등이,

(39ㄴ)은 접사 '-기'가 주로 결합된 경우들이다.

이상의 논의를 기본으로 보다 세부적인 분석을 해 보자.

4.1. '위'의 복합어

공간말 '위'가 결합된 복합어는 합성어와 파생어로 구분된다. 합성어
는 '위'와 '윗'이 선행요소로 결합된 경우이고, 파생어는 '웃'이 접두사로
결합된 경우이다. 먼저 합성어를 제시하면 다음과 같다.[20]

> (40) 위-합성어
>   위층, 위치마, 위짝, 위쪽, 위턱, 위팔 ; 위턱구름, 위턱뼈, 위팔
>   동맥, 위팔뼈.

> (41) 윗-합성어
>   윗가지, 윗간, 윗거죽, 윗구멍, 윗길, 윗난, 윗녘, 윗누이, 윗니,
>   윗다리, 윗당줄, 윗대, 윗덧줄, 윗도리, 윗동강, 윗동네, 윗동아
>   리, 윗마구리, 윗마기, 윗마디, 윗마을, 윗말, 윗머리, 윗면, 윗
>   목, 윗몸, 윗물, 윗바람, 윗반, 윗방, 윗배, 윗벌, 윗변, 윗볼, 윗
>   사람, 윗사랑, 윗삼, 윗세장, 윗소리, 윗수염, 윗실, 윗심, 윗아
>   귀, 윗알, 윗옷, 윗자리, 윗주, 윗중방, 윗집, 윗숨길, 윗눈시울,
>   윗잇몸, 윗미닫이틀, 윗입술, 윗눈썹, 윗당줄, 윗놀음, 윗놀이,
>   윗막이, 윗덧줄, 윗넓이, 윗다리가락, 윗길지, 윗막이문골.

(40, 41)에서 보면, '위' 결합형이 10개, '윗' 결합형이 64개 정도로 조
사된다. 이 74개 안팎의 복합어는 모두 명사에 속한다. 이는 위치 공간
말에 어떤 형태가 결합하여 동사화하기가 쉽지 않다는 사실을 말하고

---

20) 현대국어에서 공간 '위쪽, 上'을 나타내는 형태로는 '위, 윗, 웃' 따위가 있다. 이 구분은
1988년 공시한 한글 맞춤법에서의 규약과 연관되어 있다. 맞춤법에서는 기본적으로 '위'
가 합성어를 이루는 경우, '윗'으로 적되, 다만 후행 어근의 첫소리가 거센소리나 된소리
가 이어질 경우에는 '위'를, 아래위 구분이 안 되고 접두사로 인식되는 경우에는 '웃'을 적
도록 규정하고 있다. 여기서의 구분도 이러한 경향에 바탕을 둔다.

있다. 주로 어근으로 위치할 수밖에 없는 공간 명사에 동사성을 부여하는 것이 그만큼 어렵다는 얘기다.

그리고 파생어로 처리되는 예는 다음과 같은데, 모두 21개가 파악된다.

(42) 웃-파생어
　　웃-거름, 웃-고명, 웃-국, 웃-기, 웃-길, 웃-날, 웃-더껑이,
　　웃-돈, 웃-비, 웃-소금, 웃-소리, 웃-어른, 웃-옷, 웃-짐 ;
　　웃기-떡, 웃그림-구이 ; 웃-돌다, 웃-보다, 웃-자라다, 웃-
　　치다 ; 웃거름-하다.

이들 '위-복합어'들을 다시 구성요소에 따라 정리해 보자. 먼저 선행어근이 '위(윗)' 단독형인 경우에 따라 세분화하면 아래와 같이 된다.

(43) 선행요소가 '위(윗)'인 경우
　가. 위(윗)+단일어[21]
　　ㄱ. 위-층, 위-치마, 위-짝, 위-쪽, 위-턱, 위-팔.
　　ㄴ. 윗-가지, 윗-간, 윗-거죽, 윗-구멍, 윗-길, 윗-난, 윗
　　　-녘, 윗-누이, 윗-니, 윗-다리, 윗-대, 윗-도리, 윗-
　　　동강, 윗-동네, 윗-동아리, 윗-마구리, 윗-마기, 윗-
　　　마디, 윗-마을, 윗-말, 윗-머리, 윗-면, 윗-목, 윗-몸,
　　　윗-물, 윗-바람, 윗-반, 윗-방, 윗-배, 윗-벌, 윗-변,
　　　윗-볼, 윗-사람, 윗-사랑, 윗-삼 윗-세장 윗-소리 윗
　　　-수염, 윗-실, 윗-심, 윗-아귀, 윗-알, 윗-옷, 윗-자
　　　리, 윗-주, 윗-중방, 윗-집.
　나. 위(윗)+합성어
　　윗-숨길, 윗-눈시울, 윗-잇몸, 윗-미닫이틀, 윗-눈썹, 윗-
　　당줄.

---

21) 한자어의 경우 뜻글자인 관계로 글자 한 자를 하나의 형태소로 처리하는 경향이 있지만, 여기서는 의미 기준으로 단위를 설정하여 하나의 의미를 나타내는 경우에는 한자라도 하나의 형태소로 처리하였다.

그 중 (43가)는 후행요소가 단일어인 경우, (41나)는 합성어인 경우를 예든 것이다. 보다시피, 후행요소에 단일어가 위치한 경우가 대다수를 차지한다.

다음 (44)는 선행요소가 '위+X'의 꼴의 합성어가 위치한 경우이다.

> (44) 선행요소가 '위+X'인 경우
> 윗다리-가락, 윗길-지, 윗막이-문골 ; 위턱-구름, 위턱-뼈, 위팔-
> 동맥, 위팔-뼈.

한편, 파생어의 경우 모두 21개 정도를 찾을 수 있다.[22] (43)에 이를 제시해 둔다.

> (45) ㄱ. 웃-거름, 웃-고명, 웃-국, 웃-기, 웃-길, 웃-날, 웃-더껑
> 이, 웃-돈, 웃-비, 웃-소금, 웃-소리, 웃-어른, 웃-옷,[23]
> 웃-짐 ; 웃기-떡, 웃그림-구이.
> ㄴ. 웃-돌다, 웃-보다, 웃-자라다, 웃-치다 ; 웃거름-하다.

(45ㄱ)은 '웃-파생어' 가운데 명사에 속하는 예인데, 16개 정도이다. (45ㄴ)은 동사인데 5개 정도를 찾을 수 있다. 대개의 예들이 선행요소에 접사 '웃-'만 위치하지만, (45ㄱ)의 '웃기-떡'이나 '웃그림-구이', (45ㄴ)의 '웃거름-하다'는 선행요소로 복합어를 가지는 예들이다. 특히, '웃거름-하다'의 경우, 파생명사 '웃거름'에 다시 접사 '-하다'가 결합함으로써 형성된 파생동사이다. 현대국어에서는 표기법과 관련하여 '웃-'이 선행요소로 결합된 경우는 모두 파생어로 처리된다. 반면, '위'나 '윗'이 접사로 결합된 예가 없는 까닭에, 중세, 근대국어와는 다르게 외형만으로도 파생어인지가 파악되는 셈이다.[24]

---

22) '웃'의 전반적인 논의에 대해서는 손평효(2013)를 참조할 것.
23) 겉옷.
24) '웃'의 접사적 특성에 대해서는 3부 3장에서 구체적으로 정리되고 있다.

4.2. '아래'의 복합어

다음으로 '아래(아랫)'가 결합함으로써 형성된 복합어에 대해 살펴보자. 편의상 '아래-'와 '아랫-'으로 구분한다.

(46) 아래-복합어

아래가기, 아래닿기, 아래댓사람, 아래대정맥, 아래뜸, 아래뻘, 아래아귀, 아래알, 아래옷, 아래짝, 아래쪽, 아래채, 아래청, 아래층, 아래치마, 아래큰정맥, 아래턱, 아래턱끼움, 아래뼈, 아래통, 아래팔, 아래편짝, 아래포청.

(47) 아랫-복합어

아랫간, 아랫거죽, 아랫것, 아랫골, 아랫구멍, 아랫길, 아랫난, 아랫녘, 아랫녘장수, 아랫놈, 아랫눈시울, 아랫눈썹, 아랫니, 아랫다리, 아랫단, 아랫당줄, 아랫대, 아랫닷줄, 아랫도리¹, 아랫도리²,²⁵⁾ 아랫도리사람, 아랫돌, 아랫동네, 아랫동아리, 아랫마디, 아랫마을, 아랫말, 아랫머리, 아랫목, 아랫몸, 아랫물, 아랫미닫이틀, 아랫바닥, 아랫바람, 아랫반, 아랫방, 아랫배, 아랫벌, 아랫변, 아랫볏, 아랫볼, 아랫사람, 아랫사랑, 아랫사침, 아랫세장, 아랫소리, 아랫수, 아랫수염, 아랫심, 아랫입술, 아랫잇몸, 아랫자리, 아랫조각, 아랫주, 아랫중방, 아랫집.

(46)은 '아래'가 선행요소로 결합하여 이루어진 복합어로 모두 23개 정도를 찾을 수 있다. 반면 (47)은 사이시옷 결합형인 '아랫'이 선행어로 결합하여 형성된 복합어로 56개 정도를 찾을 수 있다. '위-복합어'와 달리, '아래-복합어'의 경우 파생어로 처리되는 예가 극히 드물다.²⁶⁾ '아래'가 접사로 쓰이는 예를 찾기 어렵다는 얘기다.²⁷⁾

---

25) 처마 쪽에 있는 도리.
26) '아랫도리'는 '도리'를 '부분'의 의미를 가지는 나타내는 것으로 봐서 접미사로 파악할 수 있을 것이다.
27) 대표적인 위치 공간말 셋 가운데, '앞, 뒤'에서는 '뒤'가, '안, 밖'에서는 '밖(밭)'이, '위, 아래'에서는 '웃'이 각각 접사로 기능한다. 왜 이들 셋이 접사화되었는지를 살피기 위해서는

이들을 다시 구성요소에 따라 정리하면 아래와 같다. 먼저 '아래(아랫)'에 후행요소로 단일어가 결합된 경우이다. 가장 생산적인 경우에 해당한다.

(48) 후행요소가 '단일어'인 예

ㄱ. 아래-뜸, 아래-뻘, 아래-아귀, 아래-알, 아래-짝, 아래-쪽, 아래-채, 아래-청, 아래-층, 아래-치마, 아래-턱, 아래-통, 아래-팔, 아래-포청.

ㄴ. 아랫-간, 아랫-거죽, 아랫-것, 아랫-골, 아랫-구멍, 아랫-길, 아랫-난, 아랫-녘, 아랫-놈, 아랫-니, 아랫-다리, 아랫-단, 아랫-대, 아랫-도리[1], 아랫도리[2], 아랫-돌, 아랫-동네, 아랫-동아리, 아랫-마디, 아랫-마을, 아랫-말, 아랫-머리, 아랫-목, 아랫-몸, 아랫-물, 아랫-바닥, 아랫-바람, 아랫-반, 아랫-방, 아랫-배, 아랫-벌, 아랫-변, 아랫-볏, 아랫-볼, 아랫-사람, 아랫-사랑, 아랫-사침, 아랫-세장, 아랫-소리, 아랫-수, 아랫-수염, 아랫-심, 아랫-자리, 아랫-조각, 아랫-주, 아랫-중방, 아랫-집.

(49)는 후행요소가 합성어로 자리한 예이다. 모두 7개 정도의 예시를 찾을 수 있다. (50)은 후행요소가 '파생어'인 예로 모두 4개 정도가 나타난다.

(49) 후행요소가 '합성어'인 예
아래-대정맥, 아래-큰정맥, 아랫-눈시울, 아랫-눈썹, 아랫-당줄, 아랫-미닫이틀, 아랫-잇몸.

(50) 후행요소가 '파생어'인 예
아래-가기, 아래-닿기, 아랫-덧줄, 아랫-입술.

의미론적 차원의 엄밀한 접근이 요구된다.

그리고 (51)은 선행요소가 '아래+X'의 복합어로 형성된 경우인데, X는 모두 명사에 속한다.

(51) 선행요소가 '아래(아랫)+X'인 예
　　ㄱ. [아래+N]+단일어: 아래댓-사람, 아래턱-뼈, 아래팔-뼈, 아
　　　　　　　랫녘-장수, 아랫다리-가락, 아래팔-뼈,
　　　　　　　아랫다리-가락.
　　ㄴ. [아래+N]+파생어: 아래턱-끼움.

후행요소의 경우, (51ㄱ)처럼 단일어인 경우와 (51ㄴ)의 파생어인 경우가 파악된다. 후행요소가 파생어인 예는 (51ㄴ)의 '아래턱-끼움' 하나만 나타난다.

(52) 아랫-도리¹, 아랫도리-사람.

한편, (52)의 '아랫-도리'[28]는 '아래+접미사', '아랫도리-사람'은 선행어가 '아래+접미사'로 이루어진 예이다.

4.3. 그 외

끝으로, '아래위'가 선행어근으로 자리한 예로 5개 정도를 찾을 수 있다. (53)의 예가 그것인데, 이 중 (53ㄱ)은 단일어가 후행요소로 온 경우이고, (53ㄴ)은 파생어가 위치한 경우이다.

(53) 선행요소가 '아래위(윗)'인 예
　　ㄱ. 아래위-턱, 아래윗-간, 아래윗-벌, 아래윗-집.
　　ㄴ. 아래윗-막이.

---

28) 허리 아래의 부분.

그리고 귀한 예로 '위'와 '아래'가 선행요소 아닌, 후행요소로 자리한 예가 있다. '손위'와 '손아래'가 그것이다.

5. 정리

'위, 아래' 결합형의 복합어 특징은 '앞, 뒤', '안, 밖'의 예와 달리 사이시옷 결합형이 많다는 점이다. 이는 역사적인 전개 과정에서의 사이시옷에 대한 논의가 필요하다는 사실을 전제한다. 그런 전제에서 이 장의 논의 목적은 크게 두 방향으로 나아간다.

첫째, '위, 아래' 복합어의 형성 과정에 대해 살피는 것이다. 현대국어에 '위, 아래' 결합의 복합어는 사이시옷 결합형이 많은 만큼, 중세국어 이후의 복합어 형성 과정을 추구해 볼 필요가 있다는 차원에서이다. 둘째, 현대국어 사전에 등재된 '위, 아래' 복합어들을 추출해 보고, 이들을 형태론적인 기준으로 분석해 보자는 것이다.

중세국어의 시기에는 사이시옷이 통사적 구성의 일부로 존재하는 경우가 일반적이다. 그러다가 근대국어에 이르러 그러한 경향은 순식간에 사라진다. 중세국어에 그렇게 생산적이던 'ㅅ-통사적 구성'의 세력이 급격하게 약화되는 데는 'ㅅ'이 단지 합성어 형성요소로 국한되기 때문이다. 'ㅅ-구성'은 근대국어 들어서는 거의가 형태론적인 상황에서만 등장한다. 현대국어에 등장하는, 사이시옷 결합의 수많은 합성어는 모두 이 같은 역사적인 흐름의 끝에 도달한 결과물일 것이다. '위, 아래'가 결합된 짜임새 또한 정도의 차이는 있으나 사이시옷의 이 같은 큰 흐름에서 벗어나지 않는 것으로 생각된다.

중세국어의 합성어에 대한 정리는 이렇다. 첫째, '위·아래+X'의 구성은 통사적 구성과 형태적 구성이 혼재되어 있던 시기이다. 둘째, '웃+X'

보다는 '아래+X' 꼴이 더 많은 빈도를 보여준다. 셋째, 드물지만 '아리-통사적 구성' 꼴이 존재한다. 그러다가 16세기부터는 아예 보이지 않는다. 이는 '아래+X'의 꼴로 단일화되는 양상으로 이해된다. 넷째, '웃-' 결합의 통사적 구성은 16세기 이후 그 모습을 찾기 어려운데, 이는 형태적 구성으로 넘어간 까닭이다. 이미 중세국어의 시기가 통사적 구성과 형태적 구성이 함께하던 시기였음을 말해 준다. 다섯째, '아래-합성어'와 '아리-합성어'는 중세국어에 모두 활발하게 나타나는데, '아래'는 공간적 개념, '아리'는 시간적 개념으로 사용되다가 점차 구분 없이 쓰이는 경향을 보인다. 이는 근대국어에 가서 '아래'로 단일화될 전조를 보여주는 것으로 이해된다.

이상을 바탕으로, 근대국어에서의 '위, 아래' 결합형인 합성어를 정리하면 다음과 같다. 첫째, '아랫-' 결합형은 17세기 이후 근대국어 내내 일정한 숫자를 보여주지만, 생산적이라 보기는 어렵다. 둘째, '아릿-' 결합형은 16세기에 보이지 않다가 18세기에 몇 예를 보인다. 그러다가 다시 19세기부터는 아예 보이지를 않는다. 셋째, '아릿-'이 사라진 대신 'ㅅ'이 결합되지 않은 '아리+X' 꼴의 유형이 17세기 이후 20세기 초까지 생산적인 양상을 띤다. 이는 근대국어에서 '아릿-' 유형이 소멸되고 '아랫-' 꼴이 생산적이지 않은 현상과 궤를 같이한다.

아울러, 드물지만 중세와 근대국어의 시기에도 '웃'을 접사로 처리할 만한 예들이 몇 보인다.

현대국어의 복합어는 대개 '위+X', '아래+X'의 꼴로 형성된다. '위-'의 경우, 접사인 '웃-'의 결합형인 '웃+X' 꼴이 적지 않은 세력을 가진다는 점에서 중세·근대와 차이가 있다. '아래'가 접사로 쓰인 예는 없다. '위+X', '아래+X' 꼴에서, X에 단일어가 위치하는 복합어 유형이 대다수를 차지한다. X에 합성어가 오는 경우는 '위-, 아래-' 모두 대여섯 개에 불과하다. '위(윗)-합성어'는 모두 명사로 처리되고, 파생어는 21개 정도의 예시를 보인다. '아래(아랫)-복합어'는 '아랫도리'을 제외하고는 모두 합성어로 파악된다. 끝으로 '아래위'가 선행어인 예는 5개 정도, '위/아래'가 후행요소로 나타나는 예로는 '손위, 손아래' 정도를 찾을 수 있다.

여기서는 '안'과 '밖'이 결합되어 쓰이는 복합어에 대해 정리해 본다. 위치 공간말 '안'과 '밖'이 다른 형태와 결합하여 형성된 낱말들은 '앞, 뒤'나 '위, 아래'의 그것에 비하면 그 수가 적다. 이는 내외 개념어인 '안, 밖'의 쓰임새가 전후 개념어나 상하 개념어에 비해 언중들에게 필요한 상황이 적었다는 것과 연관될 것이다. 물론 이는 어디까지나 상대적으로 적다는 것이다. '안, 밖'과 관련되어 있는 예를 감안한다면 그 수는 훨씬 늘어날 수 있다.

결론적으로 '안, 밖'이 결합된 복합어의 경우, 거의가 합성어로 조사된다. 이는 당연하게도 '안'과 '밖'이 문법적인 요소로 쓰인, 다시 말해 접사로 쓰인 예가 드물다는 사실을 말하는 것이다.1) 단지 몇 개만이 파생어로 처리될 수 있는 것인데, 그것도 '안, 밖' 자체가 접사로 쓰인 것이 아니라, '-하다'나 '-기' 따위의 접사가 결합됨으로써 획득된 것으로, 2차 파생에 의한 예들이다. 따라서 '안, 밖'의 복합어 문제는 파생어보다는 합성어 논의가 중심이 된다.2)

---

1) 물론 여기서 말하는 접사의 범위는 '안'과 '밖'의 경우에 한정하여 얘기하는 것이다. 접사로 쓰이지 않는 '안'과 달리, '밖'의 경우 변이형태라 할 '밭-'은 접사로 쓰인 예가 많이 있다. 뒤에서 구체적으로 언급하기로 한다.

2) 복합어 정리 과정에서 늘 문제가 되는 것은 합성어와 파생어의 판별 기준이다. 특히 후행 요소에 '-기'나 '-이' 따위의 접사가 결합된 복합어 경우가 그렇다. 소위 '해돋이'류로 명명되는 예들이 그들인데, 여기서는 낱말의 정체성을 판단하자는 자리가 아니므로 상식적인 기준으로 접근하도록 한다. 이미 존재하는 어근이 결합된 경우에는 합성어, 그렇지 않은

〈표준국어대사전〉과 〈우리말큰사전〉에서 가려 뽑은 위치 공간말 '안' 이 결합된 복합어는 94개 정도이다. 이들의 대부분은 합성어이고, 파생 어는 13개에 불과하다. 합성어는 거개가 합성명사로 존재한다. 한편, 전체 94개 중 명사를 제외한 나머지는 동사인데 11개가 전부이다. 이는 당연한 측면이 있다. 복합어의 핵심, 즉 복합어 형성의 뿌리가 되는 '안' 이 명사이기 때문이다. 우리말에서, 명사가 동사로 나아가기 위한 장치 는 접사 '-하다'의 결합이 대표적이다. 그런 점에서 위치 공간말에 '-하 다'가 결합하기 위해서는, '안, 밖에 다른 요소가 결합된 다음, 다시 '-하다'가 결합되는 형식이어야 할 것이다. 그 수가 적은 것은 당연한 이 치일 터이다. 이런 전제에서, 우선 '안'이 결합되어 형성된 복합어들에 대해 접근해 보자.

1. '안'의 복합어

익히 알다시피, 어근끼리의 결합으로 이루어진 합성어는 어근이 가 진 범주에 따라 다시 여러 가지로 구분된다. 결합 요소에 따라 합성명 사가 될 수도 있고, 합성동사가 될 수도 있고, 합성부사, 합성관형사가 될 수도 있다. 하지만 '안, 밖의 경우 합성명사와 합성동사 두 경우만 등장한다. 이는 명사인 '안, 밖'이 합성어 형성의 주요 어근으로 자리하 기 때문이다.

'안-' 결합의 합성어는 모두 81개 정도인데, 선행 어근인 N_1의 성격에 따라 세분화하면 아래와 같이 된다.

경우에는 파생어로 처리한다. 이럴 경우, '해돋이'류는 '돋이'라는 어근이 존재하지 않으므로 '해돋-'에 접사 '-이'가 결합된 것으로 파악하여 파생어로 처리된다. '해돋-' 따위의 어근이 존재하느냐의 고민보다는 새 낱말을 파생하기 위해 임의로 가져올 수 있다는, 형성된 것에 더 무게를 두자는 것이다.

(1) 선행 어근의 구성에 따른 '안-합성어'
　　가. 어근1이 '안' 단독형인 경우
　　　　ㄱ. 어근2가 단일어인 경우
　　　　ㄴ. 어근2가 합성어인 경우
　　　　ㄷ. 어근2가 파생어인 경우
　　나. 어근1이 '안+X'인 경우
　　　　ㄱ. 어근2가 단일어인 경우
　　　　ㄴ. 어근2가 합성어인 경우
　　　　ㄷ. 어근2가 파생어인 경우

　먼저, '어근1+어근2'의 결합에서 어근1이 '안' 단독형으로 이루어진 경우이다. 이들은 다시 어근2의 결합 방식에 따라서 다음 세 가지로 구분된다.[3]

　첫째, 어근2가 단일어인 경우이다. 가장 많은 예시가 해당하는 경우인데, 이들은 전형적인 N_1+N_2의 합성어에 해당된다. 전체 '안-합성어' 가운데 61개를 차지하는데, 동사는 '안-틀다' 하나만 보인다.

　(2) 어근2가 단일어인 예[4]
　　ㄱ. 안-가업, 안-각, 안-감, 안-고름, 안-골, 안-굽, 안-귀, 안
　　　-그네, 안-깃, 안-껍데기, 안-낚시,[5] 안-날, 안-단, 안-달,
　　　안-대문, 안-댁, 안-돈, 안-들, 안-뜸,[6] 안-마누라, 안-마
　　　당, 안-마루, 안-맥, 안-면, 안-목¹,[7] 안-섶, 안-소, 안-소

---

3) 이들 가운데, '안+X' 꼴의 합성어에서 '안'과 '밖·바깥+X' 따위의 대립어가 존재하느냐의 여부에 따라 두 경우로 나뉜다. '안채-바깥채'처럼, 대립어가 있는 경우와 '안간힘'처럼, 대립어를 갖지 않는 경우가 그것이다.
4) 한자어의 경우, 의미를 기준으로 하여 낱말의 구조를 판단하기로 한다. 그러니까 두 자, 혹은 석 자로 이루어진 한자어라 하더라도 하나의 의미를 가진, 한 낱말로 쓰이는 경우에는 단일 어근으로 처리한다는 것이다. 가령 '안가업'에서 '가업(家業)'이나 '안-중문(中門)', '안-대문(大門)'에서 '중문, 대문'의 경우 하나의 형태소로 파악한다.
5) 안다리걸기.
6) 한 마을의 안쪽 구역. '바깥뜸'
7) 집의 칸살이나 모난 그릇의 안으로 잰 척수(尺數).

리, 안-소매, 안-속, 안-수장, 안-시루,8) 안-심부름, 안-어
버이, 안-옷, 안-주머니, 안-주인, 안-주장, 안-중문, 안-
지름, 안-지밀, 인-집, 안-짝, 안-쪽, 안-찜, 안-창¹,9) 안-
창²,10) 안-채, 안-촉, 안-측, 안-칠성, 안-침, 안-캘리퍼스,
안-통, 안-팎, 안-판, 안-편지, 안-표지, 안-해, 안-행차.
ㄴ. 안-틀다.11)

둘째, 어근2가 합성어인 경우이다. (3)의 7개 예가 해당되는데, 이 가
운데 '안-맞각'은 N₁+N₂의 구조가 아니라 동사 어간 '맞-'과 '각'의 결합
이어서 유일하게 비통사적 합성어를 이룬다. 따라서 [V+N]ₙ의 짜임새
를 가진 경우이다.

(3) 어근2가 합성어인 예
안-뒤꼍, 안-섶선, 안-소주방, 안-옷고름, 안-겉장, 안-간
힘12); 안-맞각.

셋째, 어근2가 파생어인 경우이다. (4)의 예가 그것인데, 접사 '-기,
-이, -님'에 의한 합성명사와 사동접사 '-리-'에 따른 합성동사가 있다.

(4) 어근2가 파생어인 예
ㄱ. 안-기울기, 안-여닫이, 안-손님.
ㄴ. 안-올리다.13)

다음으로는, 어근1이 '안+X'의 복합 구조로 이루어진 경우이다.

---

8) 뜰 밖에 나가 신을 맞이하여 대청으로 들어와 떡시루를 올리고 대접하는 굿.
9) 신의 안쪽 바닥에 까는 가죽이나 헝겊 따위. '밑창'
10) 겹창에서 방 안쪽에 있는 창.
11) 일정한 수효나 값의 한도 안에 들다. ¶부르는 값이 내가 바라는 선에 <u>안틀어서</u> 사기로 했
다.〈마해송, 아름다운 새벽〉
12) 여기서 '간힘'은 '숨 쉬는 것을 억지로 참으며 고통을 견디려고 애쓰는 힘'을 의미한다. ¶
아무리 간힘을 써도 바위를 움직일 수 없다.
13) 기구나 그릇 따위의 안쪽을 칠하다.

(5) 어근1이 '안+X'의 복합 구조로 이루어진 예

　　ㄱ. 안깃-선, 안단-감, 안뜨기-코, 안섶-선, 안짱-다리, 안촉-
　　　연귀14); 안쫑-잡다.15)

　　ㄴ. 안침-술집.16)

　　ㄷ. 안걸이-뒤집기.

(5ㄱ)은 어근2가 단일어인 경우, (5ㄴ)은 합성어, (5ㄷ)은 파생어로 이루어진 경우이다. 여기서 동사는 '안쫑-잡다' 하나만 보인다.

또한 이들은 선행 어근의 구성이 합성어인지, 파생어인지에 따라 아래와 같이 구분할 수 있다. (6ㄱ)이 합성어, (6ㄴ)이 파생어로 어근을 형성하고 있는 경우이다.

(6) ㄱ. 안깃-선, 앞섶-선, 안촉-연귀, 안침-술집, 안걸이-뒤집기.

　　ㄴ. 안뜨기-코, 안짱-다리, 안쫑-잡다.

다음은 '안-복합어'가 파생어로 처리되는 경우이다. (7)에서 보듯, '안'이 어근의 일부로 참여하여 형성된 파생어는 모두 13개 정도이다.

(7) ㄱ. 안가업-하다, 안달-하다, 안심부름-하다, 안주장-하다, 안
　　　편지-하다, 안갚음-하다, 안걸이-하다, 안뜨기-하다.

　　ㄴ. 안뜨-기, 안걸이당기-기, 안걸이잦히-기17) ; 안말-이.

---

14) 건축 용어로, '안쪽을 연귀로 하고 촉을 내어 물리게 한 연귀'를 말한다. (연귀: 두 재를 맞추기 위하여 나무 마무리가 보이지 않게 귀를 45도 각도로 비스듬히 잘라 맞춘 곳. '제비촉'이라고도 한다.)

15) '안쫑잡다'의 '안쫑'은 북한어에서 '마음속으로 종잡는 짐작이나 대중'의 뜻으로 쓰인다.

16) '접대부가 술자리에 나오지 않고 술을 순배로 파는 술집'의 뜻으로, '내외주점, 안방술집, 내외술집'이라고도 한다. ¶문밖에 용수는 달았으되 내외하는 안침술집이라 문간에 놓인 뒤트레방석에 앉아서 술들을 먹었다.〈홍명희, 임꺽정〉

17) 앞서 '안걸이-뒤집기'는 합성어로 처리하였다. 그는 '뒤집기'라는 씨름 기술이 따로 존재함으로써 '뒤집기'가 한 단어로 이미 쓰이고 있기 때문이다. 그런 점에서 '안걸이당기-기'나 '안걸이잦히-기' 또한 그 형태로 보면, 사실 합성어로 처리하는 것이 나아 보인다. 하지만 '잦히기'나 '당기기'가 아직 사전에 등재되지 않은 까닭에, 기술상의 통일을 위해 파생어로 처리해 둔다.

(7)에서, (7ㄱ)은 '-하다'의 결합으로, (7ㄴ)은 '-이'나 '-기' 따위의 접사의 결합으로 형성된 '안-파생어'들이다. 보다시피, 접사 '-하다'가 결합해서 이루어지는 '어근-하다'형 파생어가 다수를 차지하고 있다. 우리말에서 명사를 동사화하는 데 가장 요긴하고 간단한 것은 '-하다'를 결합시키는 것이다. '안' 또한 예외는 아니다. 그리고 '안-파생어'는 모두 어근이 복합어로 이루어져 있다는 공통점을 가진다. 다시 말해, '안'만의 단일어근으로 결합되어 형성된 파생어는 존재하지 않는다는 것이다.

이들을 다시 어근의 형태적 구성에 따라 구분하면 아래와 같다.

(8) ㄱ. 안가업-하다, 안달-하다, 안심부름-하다, 안주장-하다, 안
       편지-하다, 안걸이-하다 ; 안걸이당기-기, 안걸이잦히-기.
    ㄴ. 안갚음-하다, 안뜨기-하다 ; 안말-이18), 안뜨-기.
    ㄷ. 안-걸이

(8ㄱ)은 어근이 합성어로 이루어진 경우이다. 여기에는 어근이 N_1+N_2인 것, N+V인 것으로 구분된다. (8ㄴ)은 어근에 접미사 '-음'이나 '-기', '-이' 따위의 결합으로 파생어를 이루는 경우이다. 이 가운데, '안갚음-하다'나 '안뜨기-하다'는 이중의 접미사로 이루어진 복합어가 된다.19)

한편, 공간말 '안'의 대립어로는 접사인 '밖'뿐만 아니라 바깥, 그리고 접사인 '밭-', '겉-' 따위가 있다. 이들 또한 각각의 복합어를 형성한다. '안-복합어'는 이들 중, 그 대립어로 '밖-복합어'만을 가지지 않는다. 오

---

18) 머리털을 안으로 꼬부라지게 말아 놓은 머리 모양.
19) 다시 말해, '안갚음'의 '안갚-'이나 '안뜨기'의 '안뜨-' 따위는, 달리 어근으로 존재하는 것이 아니라 '-음'이나 '-이', '-기' 따위 접사와의 통합을 통해 파생어 형성을 목적으로 형성된 어근으로 본다. 임시 어근이라는 얘기다. 따라서 이들은 실재어(實在語)라기보다는 잠재어(潛在語, potential word)적인 성격을 띠고 있다. 잠재어에 대해서는 김창섭(1996: 19) 참조. 이 같은 잠재어 설정은 이 책에서의 '해돋이'류 성격의 낱말들은 모두 파생어로 처리된다는 전제를 둔다.

히려 '밭-', '바깥-'은 물론 '겉-' 등이 대신하는 경우가 더 많다. 따라서 이들은 '밖-'과는 그 형태는 다르나 의미는 다르지 않은 변이형태로서의 자격을 가진다. 이들 관련어를 각 형태에 따라 정리해 보면 아래와 같다.

(9) '안-'과 대립되는 말
    가. '안-'과 '밖-': 안여닫이-밖여닫이, 안굽-밖굽, 안목²-밖목,[20] 안주인-밖주인.
    나. '안-'과 '밭-': 안소주방-밭소주방(-燒廚房), 안지밀-밭지밀(-至密), 안짱다리-밭장다리.
    다. '안-'과 '바깥-': 안채-바깥채, 안촉-바깥촉, 안각-바깥각, 안마당-바깥마당, 안채-바깥채, 안소리-바깥소리, 안손님-바깥손님, 안심부름-바깥심부름, 안옷-바깥옷, 안주인-바깥주인, 안지름-바깥지름, 안짝-바깥짝, 안쪽-바깥쪽, 안채-바깥채.
    라. '안-'과 '겉-': 안판-겉판, 안옷고름-겉옷고름, 안섶-겉섶, 안섶선-겉섶선.

여기서 보면, '안-밖'의 대립보다는 '안-바깥'의 대립이 가장 생산적이라는 사실을 알 수 있다. '안-'과 대립적인 영역을 나타낸다는 점에서는 동일함에도 불구하고 왜 '밖-', '바깥-', '밭'뿐만 아니라 '겉-'에 이르기까지 그렇게 다양한 형태를 보이는지에 대해서는 엄밀한 접근이 요구된다. 왜 '안굽'에는 '밖-'이 대응되고, 왜 '안소주방'에는 '밭-'이 대응되는지, 나아가 '안채'는 왜 '바깥-'이, 그리고 '안옷고름'에는 '겉-'이 대응되는지를 규명하는 것은 예사로운 일이 아니다. 각 낱말이 함의하는

---

20) 안목: 통로의 안쪽에 있는 위치.
   밖목: 통로의 바깥쪽에 있는, 목으로 들어서는 초입 부분. 앞서 언급한 '안목'의 경우 사전에는 대립어가 보이지 않는다.

공간 개념의 속성에 따른 차이에 따른 것이겠지만, 보다 세세한 살핌이 있어야 적절한 원인 파악이 가능할 것이다.

이 외에도, 어휘적 혹은 문법적인 측면에서 보자면 접사로 처리될 '밭-'의 여러 형태들만 왜 문법소로 나아갔는지도 밝히기가 쉽지 않다. '앞, 뒤'가 일정한 시기에 '前, 後'와 끊임없이 상호 대체되는 데 반해, '밖'은 '外'로 대체되기보다는 고유어로 존재하는 게 더 생산적인지 밝히는 것도 시간을 요한다. 이는 의미적인 측면, 그리고 시대적인 측면 등의 포괄적인 연관성 속에서 해결될 문제이다.

그리고 '안'은 '속'이나 '밑' 등과 대체 가능한, 유의어를 형성하는 경우도 많다.

> (10) '안-'과 대치되는 말
> 가. '안-'과 '속-': 안옷-속옷, 안겉장-속표지, 안주머니-속주머니, 안창-속창, 안표지-속표지.
> 나. '안-'과 '밑-': 안창-밑창.
> 다. '안-'과 '내-': 안편지-내간(內簡), 내서(內書), 안판-내판(內板), 안각-내각(內角), 안맞각-내대각(內對角), 안면-내면(內面), 안소리-내성(內聲), 안소주방-내소주방(內燒廚房), 안손님-내객(內客)/내빈(內賓), 안지름-내경(內徑), 안옷-내의(內衣), 안주장-내주장(內主張), 안쪽-내측(內側)/내방(內方), 안채-내사(內舍).

(10)에서 보면, '안-'과 대체될 수 있는 위치말은 '속-', '안-', '내-' 따위가 있지만, 그 가운데 한자인 '內'가 압도적으로 많다. 이는 한자 '內'가 주로 '안'으로 언해되었음을 말해 주는 것이다. '안'의 대립어와 마찬가지로, 유사하게 분화된 연유를 캐내는 것은 쉽지 않다. 왜 '속옷'에서는 '속-'이어야 하고, '밑창'은 왜 '속창'이 아니어야 하는지, 왜 '內簡'이어야 하는지를 설명하는 것은 녹록치 않다.

2. '밖'의 복합어

한편, '밖-'이 형성하는 복합어의 수는 '안-'의 그것에는 비할 수 없을 만큼 적다. '밖-'만 따지자면, 겨우 9개 정도를 찾을 수 있을 따름이다. 이들은 모두 합성어에 국한되어 있다. 또한 선행 어근이 '밖'으로만 제한되어 있다. 따라서 '안-'의 그것처럼 여러 유형으로 구분할 필요가 없다. (11)에 이를 제시한다.[21]

> (11) 밖-굽, 밖-넓적다리, 밖-무리, 밖-복사뼈, 밖-사랑, 밖-여닫이, 밖-주인, 밖-캘리퍼스,[22] 밖-품.[23]

이와 같이, '밖-' 결합의 복합어의 수가 생산적이지 않은 까닭은 '밖-'의 변이형태가 오히려 생산적이라는 점과 맞물려 있다. 적어도 숫자적인 면에서 보자면, '밖-'은 내외 개념어의 중심 역할을 하지 못한다. '밭-'이나 '바깥-'에 훨씬 미치지 못한다. 따라서 이들에 대한 논의가 중심이 될 수밖에 없다.

먼저, '밭-'의 경우를 보자. 우리말에서 '밭-'은 23개 정도를 찾을 수 있는데, 이들은 모두 '바깥'의 뜻을 더하는 접두사로 처리된다.[24] 따라서 '밭+X' 꼴의 복합어는 마땅히 파생어로 파악돼야 한다. 하지만 '밭-' 결합의 복합어는 보다 복잡한 양상을 보인다. (12)의 세 가지 구분이 그것이다.

---

21) 한편, '밖'은 조사 '에'와 융합되어서 형성된 조사 '밖에'가 있다. 공간 개념어가 문법화된 경우이다.
22) 원통 따위의 바깥지름을 재는 데 쓰는 기구. 안캘리퍼스(-calipers).
23) 밖에 나가서 하는 노동.
24) 의미적으로 보자면, '밭-'은 접두사로서 다른 예들에 비하면 어휘적인 의미가 진하게 남아 있는 편에 속한다. '밭-'은 원의미인 '바깥(外)'의 의미를 거의 그대로 보존하고 있기 때문이다. 반면, 유사한 위치에 있는 '뒤-'나 '웃-'은 원 의미에서 명백히 벗어나 있다. '뒷돈'이나 '뒤엎다'의 경우 '뒤로 주는 돈'이거나 '뒤로 엎다'의 뜻이 아니기 때문이다. 아울러 '웃돈'이나 '웃어른'이 '위로 주는 돈'이나 '위에 있는 어른'의 뜻은 아니기 때문이다.

(12) ㄱ. 밭-각, 밭-걸이, 밭-당,25) 밭-둘렛간, 밭-둘렛기둥, 밭-
　　　 벽, 밭-번지기, 밭-부모, 밭-빗면, 밭-사돈, 밭-상제, 밭
　　　 -섶, 밭-소주방, 밭-어버이, 밭-주인, 밭-집, 밭-쪽, 밭-
　　　 칠성(七星).26)
　　 ㄴ. 밭걸이-하다 ; 밭다리감아돌리-기, 밭다리걸-기, 밭다리후
　　　 리-기.
　　 ㄷ. 밭장-다리.

(12ㄱ, ㄴ)은 모두 파생어로 파악된다. 하지만 (12ㄱ)과 (12ㄴ)의 파생어
형성의 이유는 다르다. (12ㄱ)은 '밭-'이 접두사로 결합됨으로써 형성된
파생어이다. 반면, (12ㄴ)의 예들은 '밭-'으로 인한 것이 아니라 다른 접
미사가 결합됨으로써 형성된 파생어이다. '밭걸이-하다'는 파생명사 '밭
걸-이'에 접사 '-하다'가 결합됨으로써, 나머지는 모두 접사 '-기'에 의
해 형성된 파생어인 것이다. 따라서 (12ㄱ)은 [Pre-N]$_N$의 짜임새를 이루
는 반면, (12ㄴ)의 예들은 [R-suf]$_V$이거나 [R-suf]$_N$의 짜임새를 가진다.
(12ㄷ)은 합성어로 처리되는 경우이다.

그리고 (13)은 '바깥-'이 선행어인 '바깥+X' 꼴로 이루어진 복합어로
모두 51개 정도를 찾을 수 있다. 이 가운데 합성어가 49개를 차지하고
파생어로 처리되는 예는 2개뿐이다.

(13) ㄱ. 바깥-귀, 바깥-기둥, 바깥-낚시걸이, 바깥-날, 바깥-노인,
　　　 바깥-눈, 바깥-다리, 바깥-담, 바깥-둘레, 바깥-등, 바깥-
　　　 떠돌이별, 바깥-뜰, 바깥-뜸,27) 바깥-마당, 바깥-목, 바깥
　　　 -무릎치기, 바깥-문, 바깥-문간, 바깥-바람, 바깥-반상,
　　　 바깥-방, 바깥-벽, 바깥-보루, 바깥-부모, 바깥-사돈, 바

25) 음악에서, 양금의 왼쪽 괘 왼편 첫 줄 소리인 '임종(林鍾)'을 구음(口音)으로 이르는 말
26) 제주에서, 집 뒤꼍에 모시는 여자 귀신. 뱀의 화신으로 재물을 관장한다고 하여 집 뒤꼍
　　 에 모신다고 한다. 몇 장의 기와로 울을 만들고 그 안에 오곡 낟알을 넣되, 밭벼를 맨 위
　　 에 놓고 짚가리로 덮는다. 대립어로 '안칠성(-七星)'
27) 한 마을의 바깥쪽 구역. '안뜸'

깥-사람, 바깥-상제, 바깥-소리, 바깥-소문, 바깥-소식, 바깥-손님, 바깥-식구, 바깥-심부름, 바깥-애,[28] 바깥-양반, 바깥-어른, 바깥-어버이, 바깥-옷, 바깥-일, 바깥-주인, 바깥-짝, 바깥-쪽, 바깥-차비, 바깥-차비소리, 바깥-채, 바깥-채비, 바깥-출입, 바깥-층, 바깥-치수.

ㄴ. 바깥샅바잡-기, 바깥심부름-하다.

(12)과 (13)을 대비해 보면, '밭-'과 '바깥-'이 함께 쓰이는 예를 어렵지 않게 찾을 수 있다. '밭사돈-바깥사돈', '밭벽-바깥벽', '밭부모-바깥부모', '밭어버이-바깥어버이' 따위가 그것인데, 이는 '밭-'이 '바깥'에서 파생된 접사임을 자연스럽게 알려주는 것이다.

그런데 (13)의 경우, 파생어로 처리될 수 있는 예는 (13ㄴ)의 두 개이다. 이는 장소를 나타내는 위치 공간말이 선행 어근으로 자리하는 까닭과 연관된다. 기본적으로 장소를 동사화하는 것은 어렵기 때문이다. 일반적으로 명사를 동사화하는 데는 접사 '-하다'가 일반적인데, '공간말+하다'의 직접 결합은 형태론적으로든 의미론적으로든 쉬운 일이 아니다. 그렇다면 공간말에 다른 어근이 결합한 다음, 거기에 다시 '-하다'를 결합하는 형태의 조어가 이루어져야 한다. 동사화하기 어려운 이유가 될 것이다. 그리고 의미적으로 보자면, 위치 공간말이 선행할 경우, 후행 어근에 대해 '-에 있는 무엇' 정도의 의미를 가질 수밖에 없기 때문에 그렇다. (13)의 예들 같으면, '바깥에 있는 무엇'의 의미를 갖게 된다는 것이다. '바깥기둥'은 '바깥에 있는 기둥', '바깥마당'은 '바깥에 있는 마당'이 그러한 예들이다.

결과적으로 '안-복합어'에 대응되는 변이형태를 포함한 '밖-복합어' 모두를 합치게 되면 둘은 큰 차이가 없다. '안-복합어'가 94개, '밖-복

---

28) 예전에, 여자 하인이 자기 남편을 웃어른에게, 또는 웃어른이 여자 하인에게 그 남편을 이르던 말.

합어'는 83개가 되기 때문이다. '밖-복합어'의 경우 '밖-'이 9개, '밭-'이 23개, '바깥-'이 51개이다. 양자의 큰 차이는 '밖(밭)-'이 접사로 쓰인 예가 압도적으로 많다는 점이다. '안-' 자체는 접사로 쓰인 경우가 없다. 반대로 '밖-'은 변이형태인 '밭-'의 예만 하더라도 23개에 이른다. 이들은 모두 접사로 처리되는 예이다.

한편, '안-'과 대립되는 말 가운데 '겉-'도 있다.

(14) '안-'과 '겉-': 안판-겉판, 안옷고름-겉옷고름, 안섶-겉섶, 안섶선-겉섶선.

그런데 이 '겉-'에 대해서는 잠시 설명을 요한다. (14)에 언급된 몇 예만 존재하는 것이 아니라 훨씬 많은 '겉-'이 존재한다. 정확히 말하자면, '겉-'이 접두사로 결합된 파생어들이 아주 생산적으로 쓰인다. 접두사의 유형도 여러 가지이고 그 예도 많다. 아래 (15)에 그 예를 보인다.

(15) '겉-'이 접사로 결합된 복합어
　　가. (수량이나 정도를 추측하는 명사나 동사 앞에 붙어) '겉으로만 보아 대강 한다'는 뜻을 더하는 접두사: 겉가량, 겉대중, 겉어림, 겉짐작, 겉잡다.
　　나. (일부 명사나 동사나 형용사 앞에 붙어) '실속과는 달리 겉으로만 그러하다'는 뜻을 더하는 접두사: 겉대답, 겉멋, 겉치레, 겉꾸미다, 겉마르다, 겉늙다, 겉바르다, 겉약, 겉핥다.
　　다. (일부 동사 앞에 붙어) '어울리거나 섞이지 않고 따로'라는 뜻을 더하는 접두사.: 겉놀다, 겉돌다.
　　라. (낟알이나 과일을 나타내는 명사 앞에 붙어) '껍질을 벗기지 않은 채로 그냥'이라는 뜻을 더하는 접두사: 겉밤, 겉수수.

(16)의 예는 〈표준국어대사전〉을 바탕으로 정리한 것이다. (15)의 예들을 포함하여, 접사 '겉-' 결합의 파생어를 정리하면 아래와 같다. (가)

는 명사, (나)는 동사에 해당하는 예들이다.

(16) 접두사 '겉-'이 결합된 예

가. 겉가량, 겉가루, 겉가죽, 겉갈이, 겉감, 겉겨, 겉고름, 겉고
삿, 겉고춧가루, 겉곡식, 겉골종, 겉귀, 겉귀샘, 겉그림, 겉
깃, 겉깃니, 겉깃선, 겉꺼풀, 겉껍더기, 겉껍덕, 겉껍데기,
겉껍질, 겉껍질세포, 겉꼴, 겉꽃뚜껑, 겉꾸림, 겉꾸밈, 겉나
깨, 겉날실, 겉낮, 겉넓이, 겉눈, 겉눈썹, 겉단추, 겉대, 겉
대답, 겉대중, 겉더께, 겉도랑, 겉도랑빼기, 겉동정, 겉땀,
겉똑똑이, 겉뜨기, 겉뜨기코, 겉뜨물, 겉막, 겉말, 겉멋, 겉
메밀, 겉면, 겉면앙금반응, 겉면적, 겉모습, 겉모양, 겉목,
겉물, 겉바람, 겉바탕, 겉발, 겉발림, 겉바탕, 겉발, 겉발림,
겉밤, 겉버선, 겉벌, 겉벽, 겉보기, 겉보기, 겉보기등급, 겉
보기팽창, 겉보리, 겉보릿단, 겉봉, 겉봉투, 겉불꽃, 겉뼈
대, 겉사주, 겉살, 겉섶, 겉섶선, 겉소리, 겉소매, 겉속곳,
겉수눅, 겉수수, 겉수습, 겉수작, 겉싸개, 겉쌓기, 겉씨껍
질, 겉씨식물, 겉아가미, 겉어림, 겉언치, 겉열매껍질, 겉
옷, 겉옷고름, 겉울음, 겉웃음, 겉잎, 겉자락, 겉잠, 겉잡이,
겉잣, 겉장, 겉재목, 겉저고리, 겉절이, 겉조, 겉족건, 겉주
름, 겉주머니, 겉짐작, 겉쪽, 겉찌름, 겉차비, 겉차비소리,
겉창, 겉채비, 겉층, 겉층알갱이, 겉치레, 겉치마, 겉치장,
겉칠, 겉켜, 겉켜바탕, 겉코, 겉탈, 겉틀, 겉판, 겉피, 겉허
울, 겉형태, 겉흙.

나. 겉가량하다, 겉갈이하다, 겉꾸리다, 겉꾸림하다, 겉날리다,
겉놀다, 겉늙다, 겉늙히다, 겉대중하다, 겉돌다, 겉뜨기하다,
겉뜨이다, 겉띄다, 겉량걸다, 겉량짚다, 겉마르다, 겉말하다,
겉맞추다, 겉목치다, 겉몰다, 겉물돌다, 겉바르다, 겉발림하
다, 겉약다, 겉어림하다, 겉여물다, 겉잡다, 겉절이다, 겉짐
작하다, 겉치레하다, 겉치장하다, 겉칠하다, 겉핥다.

그리고 마지막으로 '안'과 '밖'이 엮여서 '안팎'이 어근으로 형성된 복
합어들이 있다. 아래 제시된 예들이 그것인데, 모두 17개 정도의 예를

찾을 수 있다. 유사한 공간말인 '앞, 뒤'나 '위, 아래'의 경우, 이처럼 두 위치말이 묶여서 합성어나 파생어로 형성되는 예가 드물다. 반면, '안, 밖'은 상당히 생산적인 양상을 띤다.

(17) 안팎-복합어
안팎날찍개, 안팎노자, 안팎뗀석기, 안팎발걸이, 안팎벽, 안팎
살림, 안팎식구, 안팎심부름, 안팎연귀, 안팎일, 안팎장사, 안
팎중매, 안팎채, 안팎곱사등이, 안팎먹기.

그렇다면 문헌자료 속에서 이들 내외 개념어들은 어떻게 존재하고 있을까. 대개의 기초 어휘가 그렇듯이, 공간말 또한 일찍부터 언중들의 생활어 내에 포함되었으리라 생각된다. 물론 현대의 그것처럼 많은 수는 아니지만, 중세 문헌자료들에서 쉽게 확인된다. 아래 제시해 둔다.

(18) 중·근대 문헌자료 속 내외 개념어
ㄱ. 안녁, 안니기, 안ᄆᆞᆷ, 안방, 안뜰ㅎ, 안짱죠알이, 안쟝죠아
리, 안ㅅ손님, 안ㅅ집, 안녑ㅎ, 안짠, 안뜰, 안아히, 안옷, 안
쟈락, 안챵.
ㄴ. 밧쟝죠아리, 밧집, 밧편.
ㄷ. 안밧, 안팓, 안팟, 안팎, 안팟쑵장이.

(18ㄱ)은 '안-복합어', (18ㄴ)은 '밖-복합어', (18ㄷ)은 '안팎'에 대한 예시들이다. 보다시피, 대개의 예들은 '안-'에 속하는 것들이다. '밖-복합어'의 예가 거의 보이지 않는 것은 현대국어와 크게 차이가 나는 대목이다. 이는 현대국어에 많은 예를 보이는 '바깥-'이나 '밭-' 따위의 예들을 전혀 찾아보기 어렵다는 것과도 연관된다.[29] '밖'이나 '밭', '바깥' 등의 모습을 쉽게 볼 수 있는 것은 19세기에 와서이다.

---

29) 물론 여기서의 빈도 문제는 어디까지나 〈우리말 큰사전〉(옛말과 이두)과 〈이조어사전〉을 바탕으로 한 결과이다.

그리고 (19)는 (18)의 '안, 밖' 결합의 낱말들에 해당하는 문헌자료 예들을 제시한 것이다.

(19) 문헌자료 속의 '안', '밖' 결합의 낱말 예시

內族은 <u>안녁</u> 아ᅀᆞ미라〈삼강-충, 27〉

<u>안녀그로셔</u> 눈화 주시는 금〈두시-초, 21.8〉

두 손 엄지가락 <u>안녁</u> 숪토ᄫᆞ로셔〈구간-상, 29〉

合掌ᄒᆞ샤 <u>안ᄆᆞᅀᆞ모</u>로 世尊ㅅ 바래 禮數ᄒᆞ더시니〈월석, 10.9〉

모돈 學者ㅣ <u>안ᄆᆞ솜</u> 經을 디녀〈금육, 서.6〉

<u>안밧</u> 大小 佛殿과 팅 잇는 집과〈박해-상, 61〉

두 <u>안밧</u> 비단을 샹ᄒᆞ시니라〈박해-중, 53〉

<u>안밨</u>의 날 저기어든 씍 아니 씐 저기 업스며〈번소, 10.13〉

宮掖은 王ㅅ <u>안뜰</u>히라〈능엄, 1.31〉

<u>안땅죠알이</u>鴨脚〈역보, 20〉

져구리 속에 깁 적삼 <u>안셥히</u> 되 되어〈청언, 원.54〉

<u>안싼</u> 탕ᄌ애 드러가〈박번-상, 52〉

<u>안팟쏙쟝이</u>屋內地 안쓸〈한청, 9.73〉

침실 門 밧끠 니르샤 <u>안아히</u> 뫼셧는 이ᄃ려 무러 골ᄋ샤되〈소언, 4.11ㄱ〉

오늘 安否ㅣ 엇더ᄒᆞ시뇨 <u>안아히</u> 골오되 편안ᄒᆞ싱이다〈소언, 4.txt(32)〉

곧 <u>안아히</u> 뼈 文王끠 엳ᄌ와돈〈소언, 4.12ㄱ〉

값업슨 寶珠로 <u>안옷</u> 소배 미야〈법화, 4.43-44〉

底襟 <u>안쟈락</u>〈역해, 하:6〉

屋<u>안집</u> 실〈신합-상, 22〉

沒條 <u>안챵</u>〈한청, 11.13〉

년ᄒᆞ여 <u>안팟</u> 샹ᄉ놀 만나〈동신-효, 5.20〉

일로브터 <u>안팟</u> 根과 鹿꽤 妄心을 혀 니르와다〈원각-상2, 2.34〉

세흔 <u>안팟</u> 四大오〈원각-상2, 2.80〉

흘기눈에 <u>안팟쏙쟝이</u> 고쟈 男便을 망셕즁이라 안쳐 두고〈교시조, 16〉

三千大千世界 <u>안팟긔</u> 잇는 뫼히며 수프리며〈석상, 19.13〉

<u>안팟것</u> 大小 佛殿과 〈박번-상, 69〉

宮室을 지오되 <u>안팟글</u> 분변ᄒᆞ야〈소언, 2, 50〉

3. 정리

위치 공간말 '안'과 '밖'이 다른 형태와 결합하여 형성된 낱말들은 '앞, 뒤'나 '위, 아래'의 그것에 비하면 그 수가 적다. 이는 내외 개념어인 '안, 밖'의 쓰임새가 전후 개념어나 상하 개념어에 비해 언중들에게 필요한 상황이 적었다는 것과 연관될 것이다. 물론 이는 어디까지나 상대적으로 적다는 것이다. '안, 밖'과 관련되어 있는 예를 감안한다면 그 수는 훨씬 늘어날 수 있다.

결론적으로 '안, 밖'이 결합된 복합어의 경우, 거의가 합성어로 조사된다. 이는 당연하게도 '안'과 '밖'이 문법적인 요소로 쓰인, 다시 말해 접사로 쓰인 예가 드물다는 사실을 말하는 것이다. 단지 몇 개만이 파생어로 처리될 수 있는 것인데, 그것도 '안, 밖' 자체가 접사로 쓰인 것이 아니라, '-하다'나 '-기' 따위의 접사가 결합됨으로써 획득된 것으로, 2차 파생에 의한 예들이다. 따라서 '안, 밖'의 복합어 문제는 파생어보다는 합성어 논의가 중심이 된다.

'안'이 결합된 복합어의 대부분은 합성어이고, 거개가 합성명사로 존재한다. 복합어의 핵심, 즉 복합어 형성의 뿌리가 되는 '안'이 명사이기 때문이다. '안' 결합의 합성어는, 선행 어근인 N_1의 성격에 따라 세분화하면 다음과 같다.

첫째, 어근2가 단일어인 경우이다. 가장 많은 예시가 해당하는 경우인데, 이들은 전형적인 N_1+N_2의 합성어에 해당된다. 동사는 '안-틀다' 하나만 보인다.

둘째, 어근2가 합성어인 경우이다. 이 가운데 '안-맞각'은 N_1+N_2의 구조가 아니라 동사 어간 '맞-'과 '각'의 결합이어서 유일하게 비통사적 합성어를 이룬다. 따라서 $[V+N]_N$의 짜임새를 가진 경우이다.

셋째, 어근2가 파생어인 경우이다. 접사 '-기, -이, -님'에 의한 합성명사와 사동접사 '-리-'에 따른 합성동사가 있다.

넷째, 어근1이 '안+X'의 복합 구조로 이루어진 경우이다.

다음은 '안-복합어'가 파생어로 처리되는 경우이다. '안'이 어근의 일부로 참여하여 형성된 파생어는 모두 13개 정도이다.

한편, 공간말 '안'의 대립어로는 접사인 '밖'뿐만 아니라 바깥, 그리고 접사인 '밭-', '곁' 따위가 있다. 이들 또한 각각의 복합어를 형성한다. '안-복합어'는 이들 중, 그 대립어로 '밖-복합어'만을 가지지 않는다. 오히려 '밭-', '바깥-'은 물론 '곁-' 등이 대신하는 경우가 더 많다. 따라서 이들은 '밖-'과는 그 형태는 다르나 의미는 다르지 않은 변이형태로서의 자격을 가진다. 그리고 '안'은 '속'이나 '밑' 등과 대체 가능한, 유의어를 형성하는 경우도 많다.

한편, '밖-'이 형성하는 복합어의 수는 '안-'의 그것에는 비할 수 없을 만큼 적다. '밖-'만 따지자면, 겨우 9개 정도를 찾을 수 있을 따름이다. 이들은 모두 합성어에 국한되어 있다. 또한 선행 어근이 '밖'으로만 제한되어 있다. 따라서 '안-'의 그것처럼 여러 유형으로 구분할 필요가 없다.

이와 같이, '밖-' 결합의 복합어의 수가 생산적이지 않은 까닭은 '밖-'의 변이형태가 오히려 생산적이라는 점과 맞물려 있다. 적어도 숫자적인 면에서 보자면, '밖-'은 내외 개념어의 중심 역할을 하지 못한다. '밭-'이나 '바깥-'에 훨씬 미치지 못한다.

그리고 마지막으로 '안'과 '밖'이 엮여서 '안팎'이 어근으로 형성된 복합어들이 있다. 모두 17개 정도의 예를 찾을 수 있다. 유사한 공간말인 '앞, 뒤'나 '위, 아래'의 경우, 이처럼 두 위치말이 묶여서 합성어나 파생어로 형성되는 예가 드물다. 반면, '안, 밖'은 상당히 생산적인 양상을 띤다.

위치 공간말의 비교

05

5부에서는 위치 공간말 '앞, 뒤'와 '위, 아래', '안, 밖' 등을 서로 대비해서 다루기로 한다. 알다시피, 이들 주요 위치 공간말 셋은 유사하면서도 다른 점을 명확히 보유하고 있다. 마땅히 대비시킬 만한 요소들을 가진다. 크게 두 장으로 구분하였다.

[1장] '앞·뒤'와 '위·아래'의 비교

먼저 1장에서는 '앞, 뒤'와 '위, 아래'를 비교한다. 이들의 형태와 의미, 그리고 복합어 형성 등에 대해 세부적으로 검토해 본다.

(1) ㄱ. 그녀는 은행나무 {앞, 뒤}에서 기다렸다.
ㄴ. 오늘은 {앞, 뒤} 세대의 희생으로 존재한다.

(2) ㄱ. 까치가 은행나무 {위, 아래}에 앉았다.
ㄴ. 개방화의 물결 아래에서 모든 것은 변했다.

(1, 2)는 '앞, 뒤', '위, 아래' 쓰임새의 일부를 보인 것이다. (1ㄱ, 2ㄱ)은 선행요소인 '은행나무'의 '전후(前後)'와 상하(上下)의 위치를 나타낸다는 공통점을 가진다. 이는 구체적인 공간 개념을 나타낸 경우로 '앞, 뒤'와 '위, 아래'가 가지는 가장 기본적인 의미라 할 수 있다. 반면, (1ㄴ, 2ㄴ)은 (1ㄱ, 2ㄱ)이 가지는 공간 의미에서 벗어난 의미를 보인다. (1ㄴ)은 시간적인 개념을, (2ㄴ)은 '어떤 영향'이라는 추상적인 개념을 함의함으로써 의미가 확장되고 있는 경우이다.

그런데 '앞, 뒤'와 '위, 아래'는 단일어로서만이 아니라, 다른 요소와의 결합을 통해 숱한 복합어들을 생성한다. (3, 4)는 그 일부를 보인 것이다.

(3) ㄱ. 그녀는 <u>앞개울</u>에서 물장구치기를 좋아했다.

ㄴ. 사람은 언제나 <u>뒷날</u>을 대비해야 한다.

ㄷ. 관중들의 함성이 사직 야구장을 <u>뒤흔들었다</u>.

(4) ㄱ. 어제 <u>아래층</u>에 새댁이 이사를 왔다.

ㄴ. 아랫사람은 <u>윗사람</u>을 공경해야 한다.

ㄷ. 그 새댁은 내 나이를 한참 <u>웃보았다</u>.

(3ㄱ)과 (4ㄱ)은 각각 어근 '개울', '층'과 결합하여 합성어를 형성한 경우이다. 여기서의 '앞', '아래'는 후행요소의 위치를 나타내 준다는 점에서, 여전히 공간적인 의미를 내포한다. 하지만 (3ㄴ, 4ㄴ)의 '뒷날'과 '윗사람'에서의 '뒷'과 '윗'의 경우 합성어 형성 요소로 접근하고 있지만 이미 그 의미는 다르다. 공간 개념이 아니라 시간적인 의미와 '신분'이라는 추상적인 의미를 함의하고 있는 것이다. 그리고 (3ㄷ, 4ㄷ)의 '뒤'와 '웃'은 복합어의 형성 요소이지만 어휘적인 의미는 아예 퇴색된 경우로 생각된다. 단지 부가적인 의미만을 부여하는 파생어 형성의 접사로서 존재한다는 것이다.

이처럼 '앞, 뒤'와 '위, 아래'는 위치를 나타내는 공간말로서 뿐만 아니라, 그리고 단일어로서의 지위뿐만 아니라 의미와 형태적인 면 등에서 많은 유사점을 가진다. 동시에 여러 차이점도 가지고 있다. 이 같은 과제들을 개괄적으로 논의해 보고자 하는 것이 이 글의 목적이다. 논의의 방향은 공시적인 입장에 서겠지만 효율성을 극대화하기 위하여 역사적인 논의도 곁들일 것이다. 글은 다음 세 가지를 중심으로 전개된다.

1) 형태적인 측면에서

2) 복합어 형성의 측면에서

3) 의미 확장의 측면에서

1. 형태적인 측면에서

현대국어와 달리, 중세나 근대국어의 시기에는 공식적인 표기법에 대한 인식을 가졌던 시기가 아니었기 때문에 현실음과 표기법 사이에는 종종 괴리가 발생한다. 이로 인해 하나의 형태가 다양한 표기로 나타나는 경우가 많았다. 이런 점에서 본다면, 공간말 '앞, 뒤'와 '위, 아래'가 역사적으로 다양한 형태를 보이는 것은 일견 당연한 측면이 있다. 여기서는 '앞, 뒤'와 '위, 아래'의 형태를, 역사적인 논의를 통하여 대비해 보고자 한다. 이들의 역사적인 형태는 어떠하였는지, 그리고 그러한 형태를 갖게 된 연유는 무엇이며, 또 의미와는 어떤 연관성을 가지는지 등에 대해 살핀다.

여러 형태 가운데 가장 다양한 양상을 보이는 것은 음절말을 보유한 '앞'이다. 우선 '앞'의 형태에 대한 논의부터 시작해 보자.[1]

> (5) ㄱ. 앎서시니〈월석, 10.3ㄴ〉, 앏꾀해〈남명-하, 19ㄱ〉, 앏프로〈번소, 7.39ㄱ〉, 앏히〈소언, 3.16ㄱ〉, 압 여흘〈성산〉, 아프로〈소언, 5.70ㄴ〉.
> ㄴ. 압풀〈가례-도, 17〉, 압희〈동신-열, 1.70〉, 암 남(南)〈칠류, 1ㄴ〉, 앒면〈마경-하, 88ㄴ〉, 앞플〈명듀, 8.565〉, 앞흘〈명듀, 13.258〉.

(5)는 '앞'이 중세, 근대국어의 시기에 얼마나 다양한 형태들을 가졌는지를 잘 보여준다. (5ㄱ)은 중세국어의 예이다. 이 시기에 이미 '앞'은 '앎, 앏, 앏프, 앏ㅎ, 압, 앞 등 6가지의 형태를 보여주고 있다. 15세기에 '앞'은 '앎'과 '앏'의 두 꼴을 보여주는데, 이 중 '앏'이 대표 형태였던 것

---

[1] '앞'의 변이형태에 대해서는 이미 2부 1장에서 자세히 다룬 바 있지만, 다른 공간말과의 비교를 위하여 일부 재언급하기로 한다.

으로 생각된다. 〈석보상절〉(6권, 9권, 13권, 19권, 23권, 24권)에서 {앒}은 모두 17회 등장하는데, '앓과'〈석보, 19.10ㄱ〉 하나를 제외하고는 모두 '앒'의 꼴로 나타난다. 또 〈월인석보〉(1권, 2권, 7권, 8권, 9권, 10권, 13권, 14권, 17권, 18권)에 등장하는 {앒}은 모두 69개 정도였는데, 그 가운데 '앓뒤혯'〈월석, 1.52〉, '앓뒤히'〈월석, 8.32〉, '앓境'〈월석, 14.36ㄱ〉, '앓길히'〈월석, 14.76〉 등 4개의 예에서만 '앓'의 꼴을 볼 수 있을 따름이다. 〈남명집언해〉에서도 {앒}의 빈도는 31회 정도인데, 그 중 '앒'의 꼴이 아닌 경우는 '앓뫼해'〈남명, 하19ㄱ〉, '앓뒤'〈남명-하, 67ㄱ〉 등 겨우 3회에 불과했다. 이는 적어도 15세기의 중세국어에서는 공간말 '앞'을 대표하는 꼴은 '앒'이었다는 사실을 말해 준다.

'앒'과 '앓'의 빈도 차이가, 이처럼 많이 나는 까닭은 이들이 위치한 음운적 환경과 관련이 있는 것으로 보인다. 환경적으로 '앓'은 'ㄱ, ㄷ, ㅂ' 등의 자음 앞이나 휴지(休止) 앞에 위치한다. 반면, '앒'은 자음 앞이든 모음 앞이든 모두 가능하다. 우리말에서 모음으로 통합되는 조사가 얼마나 많은지를 감안한다면, 이들의 빈도 차이는 당연한 결과일 것이다. 이러한 현상은 두 형태의 경우, 표기와 의미 사이에는 특별한 연관성이 없음을 말하는 것이다. '앓 뫼해'〈남명-하, 19ㄱ〉, '門 알픗'〈남명-하, 27ㄴ〉에서 보듯이, 양자가 모두 공간 의미에서 사용되는 것으로 보아 의미보다는 음운적인 환경에 따른 변이형태로 보는 게 바람직하겠다. 16세기에는 다시 '앓프'〈번노-상, 3ㄱ〉, '앓ㅎ'〈소언, 3.16ㄱ〉, '압'〈성산〉, '앞'〈소언, 5.70ㄴ〉 따위가 추가된다. 이 가운데 16세기에 가장 생산적인 양상을 보이는 꼴은 '앓프'이다. 이 또한 모음 앞이라는, 가장 중요한 환경을 점유한 데서 가지는 후광으로 생각된다.[2]

---

2) 중세국어에 등장하는 '앞'의 변이형태들 가운데, 특히 '앒', '앓', '앓프' 따위는 현대국어 '앞'으로 귀결되는 과정에서, 결과적으로 받침에서의 음소 수가 줄어드는 특징을 보여준다.

(5ㄴ)은 근대국어에서의 {앒}의 예이다. 기존 (5ㄱ)의 형태에 '압ㅍ, 압ㅎ, 암, 앏, 앒ㅍ, 앒ㅎ' 등 다시 6개를 더 찾을 수 있다. '압ㅎ'〈동신-열, 1.70〉, '압ㅍ'〈가례-도, 17〉, '암'〈칠류, 1ㄴ〉,[3] '앏'〈마경-하, 88ㄴ〉 등이 17, 18세기에, '앒ㅍ'〈명듀, 8.565〉과 '앒ㅎ'〈명듀, 13.258〉은 19세기에 등장한다.[4] 여기서 인상적인 것은 중세국어에서 그렇게 생산적이었던 '앒'의 꼴이 거의 보이지 않는다는 사실이다.[5] 19세기 즈음에 와서는 '앏ㅍ' 또한 아예 찾기 어려워진다. 이 같은 표기의 혼란은 20세기에 이르러서조차 '압'〈운수 조흔날, 144〉, '앞'〈모밀꽃〉, '압ㅍ'〈소낙비, 24〉, '압ㅎ'〈春星, 19〉 따위가 쓰일 만큼 내내 이어진다.[6]

(6) ㄱ. 뒤롤〈두시-초, 23.56〉, 뒤흘〈남명-하, 67〉, 뒷뫼히〈남명-하, 19〉.
    ㄴ. 집 뒤〈박통-중, 28ㄴ〉, 뒤헷〈두시-중, 22.13ㄱ〉, 뒷다리〈마경
       -상, 4ㄴ〉, 뒫뫼〈동신-열, 6.83ㄴ〉.

'ㄹㅍ'이나 'ㄹㅂ', 'ㄹㅂㅍ' 들이 'ㅍ'으로 단일화되었다는 것이다. 이런 점에서 음소의 축소 현상을 보여주는 예로 판단된다(구본관2004: 339-340).

3) '앒 남(南)'〈칠류, 1ㄴ〉는 〈훈몽자회〉(1527)에서는 '南 앒 남'〈훈몽, 중47〉이었다. '앒'이 '암'으로 표기가 바뀌었다는 것인데, 이 또한 표기와 의미 사이에는 필연성이 없음을 말해 주는 것이다.

4) '압ㅎ'은 '앒'의 받침 'ㅍ'이 재분석된 것으로 설명할 수 있을 것이다. '압ㅍ'은 받침 'ㅂ'이 음절의 끝소리 현상을 보인 것이고 초성의 'ㅍ'은 본래 받침의 모습을 상기시킨 것인데, 결과적으로는 거듭적기의 꼴을 보이고 있다. 그리고 '암', '앏' 두 꼴은 보기 드문 예이다. '암'은 '남쪽'을 가리키는 표현으로, '앞산'을 '남산'으로 부르기도 했던 것과 관련되는 표현으로 보인다. 이 '암' 꼴은 이 시기에만 예를 보이고 나머지의 시기에서는 찾기가 어렵다. '앒 남(南)'〈칠류, 1ㄴ〉은 콧소리 'ㄴ'의 영향으로 'ㅍ(ㅂ)'이 'ㅁ'으로 실현된 것이라 생각된다. '앏'의 꼴 또한 다른 예를 찾기가 어렵다. '앏'에서 'ㅂ'뒤에 'ㄹ'이 추가된 것은 과잉 분석의 예로 보인다. 음절의 끝소리 'ㅂ'에 본래의 'ㄹ'을 덧붙였다는 것이다. '앒ㅍ'은 'ㅍ'의 거듭적기의 양상을 보인 것이고 '앒ㅎ'은 'ㅂ+ㅎ'의 혼란 양상으로 생각된다. 이들은 모두 받침 'ㅍ'을 기본으로 하고 있다는 점에서 현대국어 '앞'으로 이행되는 전 단계를 보여준다.

5) 〈역어유해〉(1715)에서 조사된 {앒}의 꼴은 모두 14회 정도인데, 그 중 '앒'은 하나도 보이지 않는다. 자음 앞에서는 '앏'과 '압'이 번갈아 쓰이는 혼란 양상을 보여준다.

6) {앒}이 가졌던 의미는 중세, 근대국어의 시기에는 크게 '공간-시간 의미'와 관련하여 6가지 정도가 있었던 것으로 생각된다. '장소, 부분, 목전(目前), 방위' 등의 공간 의미와 '차례, 미래'를 나타내는 시간 개념이 그것이다. 하지만 오늘날 가장 많은 예를 보이는 추상 의미는 문헌자료에서 찾기 어렵다. '앞'에 대응되는 한자인 '前'도 병행되었는데, 이때의 '前'은 과거의 시간 개념만을 함의했던 것으로 생각된다(손평효2012: 39-69 참조).

'뒤'의 경우는 사이시옷 결합형인 '뒷'을 포함해서 4개의 형태를 살필 수 있다. (6ㄱ)은 중세국어 '뒤'의 모습들을, (6ㄴ)은 근대국어에 나타나는 '뒤'의 형태들이다. '뒤, 뒤ㅎ, 뒷'의 꼴은 20세기 초의 문헌자료에서도 확인된다.[7] 중세국어에 나타나는 '뒤', '뒤ㅎ', '뒷' 가운데 가장 생산적인 모습을 보이는 것은 '뒤ㅎ'이다. {뒤}의 대표 꼴인 셈이다. 음절말에 'ㅎ'이 결합된 꼴은 {앞}에서는 '앒ㅎ, 압ㅎ, 앞ㅎ' 등 세 가지를 찾을 수 있다. '뒤ㅎ'이 생산적인 양상을 보이는 까닭은 '뒤헤'〈남명-하, 65ㄴ〉, '뒤흘'〈남명-하, 67ㄱ〉, '뒤헨'〈두시-초, 25.27ㄴ〉, '뒤흐로'〈금삼, 2.38〉 따위에서 보듯, 조사가 모음으로 이어지는 환경에서는 어김없이 위치하기 때문이다. 이는 중세에 '앞'이 생산적이었던 것과 마찬가지의 이유이다. 또한 'ㅎ'이 결합되지 않은 꼴인 '뒤'가 있다. 이는 '뒤 븍(北)'〈훈몽-중, 4〉, '앒뒤'〈남명-하, 67ㄱ〉, '뒤도라'〈석보, 13.29〉, '뒤축'〈법화, 2.12〉, '뒤보기'〈번노-상, 37〉, '뒤돈뇨미'〈번노-상, 37〉 따위에서 보듯, 주로 휴지(休止)나 자음 앞의 환경에 쓰인 것으로 보인다. 이는 15세기의 '앒'에 대응되는 꼴인 셈이다. 한편, '뒷'은 합성어 형성 과정에서 나타나는 유형이다. '뒷東山'〈석보, 13.31〉, '뒷내해'〈박번-초, 상21〉, '뒷가너'〈월석, 7.18〉, '뒷뫼히'〈남명-하, 19〉 따위에서처럼, 흔한 예를 보여준다.[8] 이렇게 보면, '뒷'은 형태론적인 환경과 관련되고, '뒤', '뒤ㅎ'은 후행하는 음운적 환경과 연관된다는 사실을 알 수 있다.[9]

---

7) '뭍'의 꼴은 17, 18세기에만 드물게 확인된다. 뭍간〈동국신-열, 1.42ㄴ〉, 뭍뫼〈동국신-열, 6.83ㄴ〉, 뭍공수〈인어, 5.19ㄱ〉

8) 사이시옷은 합성어에 쓰이는 것이 일반적이었는데 이는 현대국어에서도 마찬가지다. 하지만 중세국어에서는 통사적 환경에서도 곧잘 쓰였다. '나랏 사르미'〈석보, 9.12〉, 여듧힛 스싀예〈석보, 6.45〉, 狄人ㅅ 서리예 가샤〈용가, 4〉, '뻐쁦ㅅ 소리라〈월석, 8.16〉' 따위에서 보면 사이시옷은 체언 간 통사적 환경에서 관형격표지로 나타난다. 한자어 뒤에까지 결합된 것을 보면 지극히 생산적이었음을 알 수 있다. '의, 의'가 주로 체언에만 통합된 반면, '-ㅅ'은 부사('며느리 쟝츠 일이 잇거든'〈어내훈, 1.47ㄱ〉)나 조사(눈 알픳 差別〈남명, 상48ㄱ〉) 뒤에서도 결합되었다. 그 외 표기법 전반에 대한 것은 이익섭(1992) 참조.

9) 중세국어에서 {뒤}는 모두 한자 '後'의 언해에 해당하는 표현이다. 그런데 '後'는 {뒤}로 언해

근대국어에 와서는 기존의 '뒤'와 '뒤ㅎ', '뒷' 외에 새로운 형태 '뒫'이 추가된다. '뒫뫼희'〈어부, 춘〉, '뒫간'〈신속-열, 1.42〉에서처럼, 근대국어에서는 받침에 'ㅅ' 대신 'ㄷ'이 대체된 '뒫'의 예가 보인다. 중세국어에서의 'ㄷ'은 체언의 말음이 '-ㄴ'인 경우, 그 아래에서 주로 쓰였지만 근대국어에 와서는 모음 아래에서 사용된다. 대체로 합성어 표지로서 기능하여 'ㅅ'과 혼용되는 양상을 보이며, 17세기 문헌에서 주로 등장한다(홍윤표, 1994: 436).

반면, '위, 아래'의 경우는 역사적으로 {앞}과 달리 음절말의 부재로 인해 형태면에서는 복잡하지가 않다. {위}의 꼴은 '우, 우ㅎ, 위, 윗, 웃' 등의 다섯 가지를 확인할 수 있는데, 그 가운데 {위}의 대표형은 '우ㅎ'이라 생각된다. '우ㅎ'은 15세기 이후 20세기에 이르기까지, '우히'〈석상, 3.10ㄱ〉, '우흘'〈번노-상, 21ㄴ〉, '우희'〈오륜-효, 13ㄴ〉, '우회'〈청노, 7.21ㄱ〉, '우흔'〈이언, 2.33ㄴ〉, '우흐로'〈신학, 1.400〉 등 모음 앞에 위치하며 전 세기에 걸쳐 등장한다. 그런 까닭에 의미적으로도 '우ㅎ'은 공간 의미나 시간 의미, 그리고 추상적인 의미에 이르기까지 모든 의미와 관련되는 양상을 보여준다.

되지 않고 한자 그대로 쓰이는 경우도 많았다. 그러니까 '後'와 '뒤'가 이원적으로 사용되었다는 것인데, 이는 의미에 따른 다른 선택이 있었던 것으로 추정된다. 다시 말해 공간적인 의미에서만 '뒤'로 언해가 되고 시간적인 의미에서는 언해되지 않고 '後'를 그대로 사용했다는 것이다. 이는 현대국어와는 전혀 다른 측면일 뿐만 아니라 당대의 '前'과 '앞'의 관계와도 차이가 나는 형국이다. 한자 '前'은 고스란히 {앞}으로 언해가 되기 때문이다. 이는 중세국어에서 {앞}과 {뒤}의 빈도 사이에 엄청난 차이가 발생하게 되는 요인이 된다. 한편, 중세국어의 시기에 '뒤'의 의미는 '장소', '방위'를 나타내는 공간 의미와 시간의 일부를 나타내는 '순서' 정도의 의미를 보인다. 시간에 대한 본격적인 의미 부여는 언해되지 않은 '後'가 담당하였다. 이는 근대국어에서도 마찬가지였는데, 시간 개념을 '뒤'가 담당하기 시작한 것은 19세기에 와서의 일로 파악된다. 근대국어에서의 '뒤'의 의미는 '장소, 신체, 방위' 등의 공간 의미와 시간 개념을 머금은 '순서' 정도로 파악된다. '뒤'가 추상의미를 가지는 것으로 확장되어 쓰이는 것은 현대국어에 와서 본격 확인된다. 그리고 현대국어에서 '뒤'의 의미는 대략 16가지 정도로 파악된다(손평효, 2002: 40-47).

(7) ㄱ. 무덤 <u>우희</u> 엱고〈월석, 23, 76ㄱ〉

　　ㄴ. 千載上ㄴ 즈믄 힛 <u>우히라</u>〈월석, 1, 2ㄱ〉

　　ㄷ. <u>우흘</u> 恭敬ᄒᆞ야〈내훈, 2, 99ㄱ〉

(7ㄱ)의 '우ㅎ'은 공간 의미를, (7ㄴ)의 '우ㅎ'은 시간 의미를, (7ㄷ)의 '우ㅎ'은 '지위나 신분'이라는 추상적인 의미를 함의하는 데서 이는 잘 드러난다.10) 이처럼 다양한 의미영역에 모두 쓰였다는 것은 형태와 의미 간 연관성은 없는 것으로 생각된다.

그리고 '우'는 주로 자음 앞이나 휴지 앞에서 쓰였던 듯하다. '곳 우마다'〈석보, 6.31ㄱ〉, '우브터'〈석보, 24.48ㄱ〉, '하ᄂᆞᆯ 우 하늘 아래'〈월석, 1.107〉, '우 업슨'〈월석, 8.53〉 등의 예에서 이는 확인된다. 하지만 '우' 꼴은 역사적으로 그 예가 많지 않다.

'윗'은 19세기 이전에는 보이지 않는다. 19세기에 와서야 '윗옷'〈여소학, 232〉, '윗사람'〈십구, 2.94ㄴ〉 등 사이시옷의 자리에서 찾을 수 있다. 19세기 이전에는 대신 '웃'이 광범위하게 쓰인 것으로 보이는데, 오늘날 '윗'의 쓰임새까지 '웃'이 담당하였던 듯하다. '웃'은 이미 15세기부터 생산적인 쓰임새를 보인다. '웃 對答'〈능엄, 4.127ㄱ〉, '웃 句'〈영가—상, 3ㄴ〉 등에서 보듯, '웃'은 오늘날의 접사 개념으로 쓰인 것이 아니었다. 합성어 형성 표지 등 사이시옷이 감당해야 하는 환경에서 폭넓게 사용되었던 것이다. 19세기는 '윗'과 '웃'이 공존하던 시기이다. 19세기 문헌자료에 '웃사람'〈독립, 1899〉과 '윗사람'〈십구, 2.94ㄴ〉이 동시에 등장하는 데서 이는 증명된다. 이 같은 혼재의 시기를 거쳐 현대국어에서 '윗'과 '웃'

---

10) {위}는 이미 15세기에 10가지 안팎의 의미들을 보여주고 있다. '기준, 표면, 꼭대기, 일부, 상류, 방향, 앞 내용' 등의 공간 의미와 '과거'를 나타내는 시간 의미, '정도, 신분' 따위를 나타내는 추상 의미에 이르기까지 현대국어와 별 차이 없는 다양한 의미들을 찾을 수 있다. 이는 '앞, 뒤'가 보여주는 의미의 그것과는 차이가 나는 부분이다. '앞, 뒤'의 경우 중세는 일부의 의미만 찾을 수 있을 따름이기 때문이다.

으로 구분되었을 것이다.

그리고 '위'는 근대국어까지는 그 흔적을 보이지 않는다. 이로 보면, 전통적으로 '上'의 의미에는 '우, 우ㅎ, 웃' 등 '우' 계열이 주된 표기였으나 근대국어 이후 '위, 윗' 등 '위' 계열이 주된 표기가 된 것으로 생각된다. 오늘날도 표준어와 달리, 방언에 '우, 웃'이 고스란히 남아 있는 것도 이 같은 흐름의 반영이 아닌가 한다.[11]

이렇게 본다면, 역사적으로 {위}의 대표형은 '우ㅎ'과 '웃'으로 설정될 것이다. 기본적인 쓰임에서는 모두 '우ㅎ'이, 그리고 합성어 형성 등 사이시옷이 요구되는 지점에서는 '웃'이 담당한 셈이다. 반면, '윗'이나 '위' 따위는 모두 근대국어의 끝 무렵이나 20세기에 와서 등장하게 된다. 그 교체기는 19세기로 생각된다. 이로 보면 '웃', '윗' 등은 형태론적인 환경에서, '우, 우ㅎ' 등은 음운론적인 환경에서 선택된 것이라 하겠다.

한편, {아래}는 역사적으로 '아래'와 '아리', 그리고 사이시옷 결합형인 '아랫', '아릿'을 찾을 수 있다. '아래'는 15세기 이후, 지금까지 주로 공간을 나타내는 환경에서 쓰이는 대표형이다. 그러나 엄밀히 보자면, 중세국어에서 '아래'는 성조에 따라 2가지 양상으로 구분된다. '아래'의 첫 음절 '아'가 평성이면 '下'를 의미하는데, 이는 공간적인 의미를 나타내는 경우이다. 반면, '아'가 상성이면 '前'을 의미하는데, 이는 시간 의미나 '신분, 나이' 등을 나타내는 경우에 쓰인다. 이렇게 보면, 오늘날 공간 의미를 나타내는 경우는 평성의 '아래¹'과 관련되고, '시간' 등 추상적인 의미를 나타내는 경우는 상성의 '아래²'와 연관성이 있음이 짐작된다.[12] 이는 '앞, 뒤'와 달리, '아래'의 경우 표기보다는 성조와 의미적인

---

11) 특히, 경상도 방언에서는 '위'를 쓰는 경우는 거의 없다. 단독형에서든(책상 우에 있다.), 합성어에서든(저 웃집에 갖다 주라.) '위' 계열이 아니라 '우' 계열로 고정되어 있다.
12) '아래'의 경우에도 이미 15세기에 현대국어와 큰 차이 없는 다양한 의미영역을 보여준다. '閻浮樹 아래〈석상. 3.1 5ㄴ〉'에서의 공간 의미, '千載 아래〈용가. 7 6〉'에서의 시간 의

측면 사이에 어느 정도의 관련성이 있음을 시사한다.

(8) ㄱ. 나모 아래 안자샤〈월곡, 117〉
   ㄴ. 千載 :아래 聖德을 술뵹니〈용가, 76〉

(9) ㄱ. 아·랫·옷〈내훈, 1.4〉
   ㄴ. :아·랫:뉘〈월석, 1. 6〉, :아·랫:사룸〈삼강-충, 20〉

(8ㄱ)의 '나모 아래'에서, '아래'는 공간적인 의미를 가지는데, 이는 평성인 '아래'에 해당한다. 반면, (8ㄴ)의 '千載 :아래'에서는 시간적인 의미를 가지는데, 이는 상성인 '아래'에 해당한다. 이 같은 흐름은 복합어 형성에도 그대로 이어진다. (9)에서, 평성인 '아래'가 결합된 (9ㄱ)의 '아랫옷'에서는 공간 개념으로서 '下'의 의미를, 상성인 '아래'가 결합된 (9ㄴ)에서는 시간·추상적인 개념이 함의된 것을 찾아볼 수 있다. 여기서 '아랫뉘'는 '前生'의 의미이다.[13] 그리고 사이시옷 결합형인 '아랫'은 형태적으로 15세기에서 20세기 초에 이르기까지 공간 의미와 시간 의미 등 사이시옷이 요구되는 환경에서 등장한다.

한편, '아릭'는 15-20세기 초까지 널리 쓰인다. 중세국어의 시기에는 주로 시간적인 의미인 '前'의 의미로 쓰이다가,[14] 근대국어에 와서는 공간 의미로서의 '下'와 시간 의미인 '前'의 의미에 함께 쓰였던 듯하다.[15]

미, '아래롤 거느리고져〈내훈, 2.4 6 ㄴ〉'에서의 추상 의미(신분) 따위가 그것이다.

13) 前世生은 아랫뉘옛 生이라〈월석, 1.6〉

14) 그래서 중세국어에서 '아릭'가 쓰인 예를 보면, 'N#아릭'의 짜임새는 찾기 어렵고 대개가 단독으로 쓰이거나 오히려 '아릭#N'인 경우가 많다. 이런 짜임새로는 공간 개념을 나타내는 것이 'N#아릭'보다 부자연스럽다. 반대로 '아래'의 경우는 대개가 'N#아래'의 짜임새를 형성하고 있다.

15) 근대국어의 시기인 17, 18세기에 와서는 오히려 '위치'를 나타내는 경우가 '시간'을 나타내는 예보다 훨씬 많다. 19세기에 와서는 공간과 시간, 신분 등 다양하게 나타난다. "삼쳔 년 우 아릭 일을 쪠치고〈이언-발, 2ㄴ〉"의 경우 '아릭'가 시간 의미로 쓰였음을 잘 나타낸다.

(10) ㄱ. 이 相을 :아릭 보디 몯ᄒ얫다니〈법화, 3.118〉
　　 ㄴ. 下 아리(한청, 1. 49) 下首 아리녁〈한청, 1.49〉

(11) ㄱ. 아릿 生애 져근 因緣이 이실식〈원각-서, 74ㄴ〉
　　 ㄴ. 아릿 世예 住홀식〈원각-상2, 2.94ㄱ〉
　　 ㄷ. 웃사ᄅᆞᆷ이 立束聽ᄒ고 아릿사ᄅᆞᆷ의게 發放ᄒ면〈오전, 1. 24ㄴ〉
　　 ㄹ. 小肚 아릿비〈방유-신부방언, 17ㄴ〉

(10ㄱ)은 중세문헌에 나타나는 '아릭'의 예인데, 여기서는 '이전에' 정도의 시간 의미를, (10ㄴ)은 근대문헌자료에 나타나는 '아릭'인데, 여기서는 공간 의미인 '下'의 뜻으로 나타난다. 그리고 사이시옷 결합형인 '아릿'은 (11ㄱ, ㄴ)에서 보듯이, 중세국어의 시기에는 주로 시간 개념으로 많이 쓰였다가, 18세기에 이르러서는 (11ㄷ)의 '신분', (11ㄹ)의 '위치' 등 추상 의미와 공간 의미까지 담당한 것으로 생각된다. '아릿'은 15세기에 집중적으로 등장하다가 16~17세기에는 흔적을 찾기 어렵다. 다시 18세기에 일부 등장하고[16] 19세기 이후에는 아예 보이지 않는다.

이상의 논의를 정리해 보면 다음과 같다. '앞, 뒤'의 수많은 변이형태들은 대체로 후행하는 음운적 환경과 관련되어 선택된 것으로 생각된다. 역사적으로 '앒, 앏ㅍ'과 '뒤ㅎ' 등이 생산적인 양상을 띠는데, 이는 공통적으로 모음으로 시작되는 조사와 결합되었다는 특징을 가진다.[17] '위, 아래'의 경우에는 현대국어와 달리 '우ㅎ, 웃'이 중심적인 형태로 사용되었고 '아래'와 '아릭'는, 초기에는 의미에 따라 분리되어 사용되었지만 근대국어 이후에는 통합되는 양상으로 전개된다.

---

16) 아릿 類도 먹엇다〈몽노, 7.6ㄱ〉, 맛치 아릿사ᄅᆞᆷ의 官長을 뫼시는 道理니라〈노걸-중, 하44ㄱ〉
17) 주요 형태 가운데, '앒, 앏ㅍ, 뒤ㅎ, 우ㅎ' 등은 모음 앞에서, '앏, 뒤, 우' 등은 자음이나 휴지 앞에서 사용된다.

2. 복합어 형성의 측면에서

'앞, 뒤'와 '위, 아래'는 모두 다른 낱말과의 결합을 통해 수많은 복합어들을 양산하고 있다. 이들 복합어의 형성을, 생산성과 구성요소 간 결합 관계 등을 통해 대비해 보고자 한다.[18] 먼저 합성어부터 살펴보자.

2.1. 합성어 형성에서

'앞, 뒤', '위, 아래'가 구성요소로 참여하고 있는 합성어는 그 수가 수백 개에 이를 정도로 생산적이다. 특정 범주에 속하는 낱말들의 규모를 효율적으로 판단하기 위해서는 품사에 따른 분류가 가장 기초적인 방법이 된다. 더불어 내부 짜임새 및 결합 관계를 통한 접근도 합성어의 면모를 구체화하는 데 보탬이 될 것이다.

앞·뒤-합성어와 위·아래-합성어의 품사 분류에서 가장 생산적인 입장에 있는 것은 합성명사이다. (12)는 그 예의 일부를 보인 것이다.

> (12) ㄱ. 앞이마, 앞바퀴, 앞일, 앞가지 ; 뒤짱구, 뒤차, 뒤표지, 뒷가지.
> ㄴ. 위층, 위치마, 윗길, 윗누이 ; 아래짝, 아래쪽, 아래층, 아래옷, 아랫배, 아랫방.

앞·뒤-합성어나 위·아래-합성어에서 합성명사가 가장 많은 범위를 차지하는 것은 '앞, 뒤'와 '위, 아래'가 위치를 나타내는 명사라는 것과 연관된다. (12ㄱ, ㄴ)의 '앞이마, 뒤표지, 윗길, 아랫배' 따위는 모두 후행하는 요소인 '이마, 표지, 길, 배' 등이 존재하는 위치를 선행요소인 '앞, 뒤', '위, 아래'가 나타내고 있다. 이들은 몇 예를 제외하고는 대개가 '앞·뒤+X' 내지는 '위·아래+X'의 짜임새로 형성되어 있다. 존재하는 모든

---

18) 논의의 편의를 위해, '앞·뒤, 위·아래'가 결합된 복합어들을 '앞·뒤-복합어', '위·아래-복합어' 따위로 명명하도록 한다. 합성어나 파생어 또한 동일한 원리에 따르도록 한다.

사물은 위치 의미를 가지게 된다. 따라서 X의 자리에 사물을 가리키는 어떤 요소가 오더라도 성립될 가능성이 존재한다. 게다가 '앞, 뒤', '위, 아래'는 위치말 가운데 가장 생산적인 말이다. 합성명사가 많을 수밖에 없는 이유를 알게 된다. 앞·뒤-합성어에서, 조사된 앞-합성어는 160개 정도인데, 여기서 합성명사는 무려 149개를 차지한다. 나머지는 합성동사이다. 마찬가지로 뒤-합성어는 모두 260개 정도였는데, 이 가운데 합성명사는 228개를 차지한다. 나머지는 합성동사와 합성부사이다. 이 같은 상황은 위·아래-합성어 또한 마찬가지로 전개된다. '위-합성어'는 조사된 79개 가운데 '위아랫물지다'를 제외한 모두가 합성명사였으며 '아래-합성어'는 조사된 89개 전부가 합성명사였다. 위·아래-합성어는 모두 합성명사라는 결론을 내려도 무방할 정도이다.

한편, 앞·뒤-합성명사나 위·아래-합성명사는 내부 짜임새로 볼 때, 모두 통사적 합성명사에 해당된다. 통사적 합성명사란 원래는 통사적 구성이었던 것이 어휘부 안으로 들어온 경우를 가리키는데,[19] '앞·뒤 # X' 내지는 '위·아래 # X'의 통사적 구성이 그대로 녹아 붙어서 형성된 합성명사라는 것이다. 이렇게 본다면, 의미적으로 이들은 '앞·뒤의 X', '위·아래의 X' 정도이거나 '앞·뒤에 있는 X', '위·아래에 있는 X' 정도가 된다. 그러니까 '앞이마', '뒤차'는 '앞의 # 이마', '뒤의 # 차'라는 통사적 구성이, '위치마', '아래층'은 '위의 # 치마', '아래의 # 층'이라는 통사적 구성이었던 것이 합성어화 했다는 것이다.

　　(13) ㄱ. 앞두다, 앞서다, 앞세우다 ; 뒤좇다, 뒤돌다, 뒤서다.
　　　　ㄴ. 위아랫물지다[20]

---

19) 통사적 합성명사에 대해서는 채현식(2003)을 참조할 것.
20) ㄱ. (두 가지의 액체가)한 그릇 안에서 서로 섞이지 않고 위아래로 겉돌다.
　　ㄴ. (둘 이상의 사람이)나이나 계급의 차이로 서로 어울리지 않고 따로 떨어져 행동하다.

(13)은 합성동사를 제시한 것이다. 앞·뒤-합성동사는 '앞'의 경우가 10개 안팎, '뒤'의 경우가 30개 정도 확보된다.[21] 적은 수는 아니지만 합성명사에 비할 바는 아니다. 기본적으로 사물의 이름에 비해 움직임을 나타내는 수가 적을뿐더러, 전방(前方) 혹은 후방(後方)의 방향성과 관련된 제약 속에서 갖는 움직임이라는 차원에서 보면 당연한 결과일 수 있다. 위·아래-합성동사는 (13ㄴ)의 예시 하나를 찾을 수 있을 뿐이다. 이는 또 앞·뒤-합성동사와 큰 차이가 있다. 이와 같은 차이는 인간 동작의 보편적인 방향성과 관련이 있는 것으로 생각된다. 일반적으로 사람은 전후(前後)로 움직이지 상하(上下)로는 지속적인 혹은 일반적인 움직임을 가질 수 없을 것이기 때문이다. (14)에 제시된 앞·뒤-합성동사는 인간의 전후 움직임을 고스란히 반영하고 있는 예이다.

(14) ㄱ. 앞지르다, 앞장서다, 앞나서다, 앞두다, 앞서다, 앞서가다.
ㄴ. 뒤서다, 뒤따르다, 뒤쫓다, 뒤처지다, 뒤돌다, 뒤밟다.

한편, 합성형용사의 경우는 더더욱 찾기가 어렵다. 겨우 앞-합성어 가운데 '앞차다'[22] 하나만을 찾을 수 있을 따름이다. '뒤'와 '위·아래'의 경우 합성형용사는 아예 존재하지 않는다. '위치'를 나타내는 공간말인 '앞, 뒤'와 '위, 아래' 따위가 '어떤 상태'를 나타내는 형용사와는 근본적으로 거리가 있기 때문이 아닌가 한다.

합성부사의 경우에는 우선 '뒤미처'를 찾을 수 있다. 부사 '미처'에 '뒤'가 결합해서 형성된 합성어이다. 여기에 시늉을 나타내는 의태어들

---

21) 그 외 앞-합성동사에는 '앞차다, 앞다투다, 앞지르다, 앞장서다, 앞나서다, 앞넣다, 앞서가다' 등이 있고 뒤-합성동사에는 '뒤구르다, 뒤꽂다, 뒤내려긋다, 뒤넘다, 뒤노리다, 뒤누르다, 뒤다지다, 뒤닫다, 뒤대다, 뒤두다, 뒤떨어지다, 뒤돌아보다, 뒤따르다, 뒤미치다, 뒤밟다, 뒤싸주다, 뒤조지다, 뒤쫓다, 뒤처지다, 뒤터지다, 뒤넘기치다, 뒤보아주다, 뒤통수치다, 뒷걸음치다, 뒷북치다, 뒷전놀다, 뒷전보다' 등이 있다.

22) '앞차다'는 '앞을 내다보는 태도가 믿음직하고 당차다.'의 뜻이다.(그의 태도가 앞차다.)

이 일부 존재한다. '뒤뚝뒤뚝, 뒤뚱뒤뚱, 뒤스럭뒤스럭, 뒤슬뒤슬, 뒤치락엎치락' 등의 반복합성어(repetitive compounds)들이 해당한다. 앞-합성부사나 위·아래-합성부사는 존재하지 않는다.

이상의 내용은 다음과 같이 정리된다. '앞, 뒤'나 '위, 아래'가 결합되어 형성된 합성어들은 품사 분류에서는 합성명사가 절대 다수를 차지한다. 그리고 이들은 통사적 합성명사로 이루어져 있다. 합성동사는 '앞·뒤'의 경우는 다수의 예를 살필 수 있었으나 '위, 아래'는 제대로 찾을 수 없다. 합성부사는 뒤-합성부사만 일부 존재하고 형용사의 경우는 거의 존재하지 않는다.

다음으로 두 합성어의 내부적인 짜임새를 '앞, 뒤'와 '위, 아래'의 위치를 중심으로 논의해 보자.

첫째, '앞, 뒤', '위, 아래'는 (15, 16)에서 보다시피 대부분 선행요소에 결합된다. 하지만 결합 방식에서는 단일하지가 않다.

(15) ㄱ. 앞길, 앞동산, 앞표지, 앞서다, 앞두다 ; 뒤꼬리, 뒷동산, 뒷가지, 뒤따르다, 뒤쫓다.
ㄴ. 위층, 위턱, 윗가지, 윗몸 ; 아래옷, 아래치마, 아랫동네, 아랫수염.

(16) ㄱ. 앞깃선, 앞판싸움, 앞줄댕기 ; 뒤안굿, 뒤안길, 뒷문거래, 뒷깃선.
ㄴ. 위턱구름, 위턱뼈, 위팔동맥 ; 아래턱끼움, 아래턱뼈, 아래팔뼈.
ㄷ. 앞선음, 앞선자, 뒤선자 ; 앞트기식, 앞지르기경기.
ㄹ. 앞뒷문, 앞뒷일, 앞뒤짱구, 앞뒷집, 앞뒤갈이 ; 위아랫막이, 아래윗막이.

(15)는 '앞, 뒤', '위, 아래'가 선행요소에 단독으로 자리한 경우이고,

(16)은 다른 요소와 합성어를 형성한 상태에서 선행요소로 자리한 경우이다.23) 따라서 (15)는 선행요소에 '앞, 뒤'나 '위, 아래'만 결합된 예인데, 대부분의 예가 여기에 해당한다. 반면, (16)의 경우는 선행요소가 '앞·뒤+X', '위·아래+X'의 형태로 이루어져 있는데, 이때 X에는 다양한 형태들이 결합된다. (16ㄱ, ㄴ)처럼, X의 자리에 명사가 오는 경우도 있고, (16ㄷ)의 '앞선자, 앞선음'과 같이 X의 자리에 관형사형 어미가 결합되거나 '앞트기식, 앞지르기경기'와 같이 '-기' 따위의 접사가 결합된 파생어가 자리하는 경우도 있다. 이들은 [[앞서-ㄴ]+음]ₙ 또는 [[앞트-기]+식]ₙ 따위의 짜임새를 가짐으로써 종합합성어(synthehtic compounds)의 조건을 갖춘 경우가 된다. '앞·뒤-합성어'에서, 조사된 앞-합성어 160여 개 가운데 선행요소가 'X+앞'의 짜임새를 가진 예는 7개, 뒤-합성어 260여 개 가운데 'X+뒤'의 짜임새를 가진 예는 9개 정도로 많지 않다.24) 반대로 위·아래-합성어에서는 선행요소에 파생어가 오거나 굴절형이 오는 예를 찾을 수 없고, 합성명사의 예만 존재한다. 그리고 (16ㄹ)의 '앞뒷-문, 앞뒷-일, 위아랫-막이'와 같이 '앞, 뒤'나 '위, 아래'가 서로 합성어를 형성하여 선행요소로 나타나는 경우도 몇 보인다.

(17) 웃기떡

한편, (17)의 '웃기떡'은 선행요소에 파생어가 형성된 유일한 예이다. '웃기떡'은 '웃기'와 같은 말인데, '웃기(떡)'는 '떡, 포, 과일 따위를 괸 위

---

23) 중세, 근대국어에서 '웃'은 접사로서의 기능보다는 현대국어 '윗'의 역할을 포함한 것으로 생각된다. 형태적, 통사적인 환경에 모두 쓰였다는 점에서 '윗'보다는 더 적극적인 기능이 있었다. '웃사롬⟨석상, 9.14ㄱ⟩, 웃일⟨월석, 22.27ㄴ⟩, 웃옷⟨월석, 12.16ㄱ⟩, 윗집⟨백련, 17ㄱ⟩, 웃날⟨마경-상, 48ㄱ⟩' 등은 '웃'이 합성어 형성요소 로서의 역할을 보인 것이다. 반면, '웃 兩界⟨11.16ㄱ⟩, 웃 對答⟨능엄, 4.127ㄱ⟩, 웃 블근 거플⟨구간, 3.42ㄱ⟩' 등에서는 '웃'이 낱말 경계를 넘어서 통사적 구성의 일원으로서의 역할을 하고 있다.

24) 이 외에 '앞'이 후행요소에 결합된 합성어는 '망건앞, 베틀앞기둥, 짧은앞꾸밈음' 등이고, '뒤'가 후행요소에 결합한 예는 '꼭뒤, 망건뒤, 용수뒤, 요뒤, 두벌뒤' 정도가 된다.

에 모양을 내기 위하여 얹는 재료'를 말한다.[25]

둘째, 후행요소의 경우에는 우선 '앞, 뒤'나 '위, 아래'가 후행요소에 단독으로 결합된 예를 지적할 수 있다. 이들이 후행요소에 결합한 예는 몇 개만 존재한다. (18)은 그 예를 제시한 것이다.

> (18) ㄱ. 눈앞, 불앞, 코앞, 인모앞 ; 밤뒤, 낮뒤, 흙뒤, 새벽뒤.
>   ㄴ. 손위 ; 손아래(뻘).

(18ㄱ)은 '앞, 뒤'가 후행요소에 위치한 예를, (18ㄴ)은 '위, 아래'가 후행요소에 결합된 예이다. 위·아래–합성어의 경우 각각 '손위', '손아래(뻘)'의 예만 찾을 수 있다. 한편, 후행요소에 '앞, 뒤'가 올 때에는 의미적으로 공간 개념보다는 선행요소와 융합되어 추상화되는 경향이 있다. '눈앞', '코앞'은 '눈의 앞', '코의 앞'이 아니라 '아주 가까운 곳이나 장래'를, '밤뒤'는 '밤의 뒤'가 아니라 '밤에 대변을 보는 일'을 의미한다는 것이다. 그 외의 후행요소 형태는 다음과 같은 유형을 보인다.

> (19) ㄱ. 앞개울, 앞길, 앞방, 앞두다, 뒤끝, 뒤울, 뒤틈, 뒤좇다 ; 윗가지, 윗구멍, 아래턱, 아랫목.
>   ㄴ. 앞가슴마디, 앞토씨, 뒷입맛, 뒷가슴마디, 뒷발길, 뒤돌아보다 ; 윗미닫이틀, 아랫미닫이틀.
>   ㄷ. 앞걸음, 앞놀이, 뒷걸음, 뒷짐, 뒷일꾼 ; 윗넓이, 윗놀음, 아래윗막이, 아래턱끼움, 아랫덧줄.

(19ㄱ)은 후행요소에 단일어가 위치한 경우이다. (19ㄴ)은 합성어가, (19ㄷ)은 파생어가 결합된 예이다. (19ㄱ)의 예들은 결국 $[N_1+N_2]_N$나 $[N+V]_V$의 짜임새를 가지게 되는데, 많은 예들이 여기에 속한다. 앞·뒤–합

---

25) '웃기'에 다시 '떡'이 가미되어 '웃기떡'이라는 낱말이 형성된 것은 '떡'의 이미지를 선명하게 하고자 하는 언중들의 무의식적인 노력의 결과물이라 생각된다. "갖가지 떡 위에 웃기로 얹은 주악은 딸아이가 수놓은 작은 염낭처럼 색스럽고 앙증맞았다."〈박완서, 미망〉

성어에서 이런 합성명사가 각각 115개, 165개 정도가 존재하고 합성동
사는 각각 8개와 19개 정도가 존재한다. 위·아래-합성어에서는 이런
예의 합성명사가 각각 60개 안팎이 존재한다. 후행요소에 합성어가 오
는 (19ㄴ)의 경우는 결국 $[N_1+[N_1+N_2]N_2]_N$이거나 $[[N+[V_1+V_2]_V]_V$의 짜임새
를 갖게 된다.26) 끝으로, (19ㄷ)처럼 파생어가 나타나는 경우, 이들은
대개 '-음, -이, -개, -치, 꾼' 등의 접미사를 대동하는데 $[N_1+[V/N-suf]$
$N_2]_N$의 짜임새를 갖게 된다.27)

끝으로, 합성어의 구성요소 간 배열관계를 통하여 앞·뒤-합성어나
위·아래-합성어를 살필 수 있다. 이들은 합성명사와 합성동사가 주류
를 이루기 때문에 합성어 구성요소의 배열관계에서 보면 통사적 합성
어에 해당된다. N_1+N_2의 짜임새를 가진 합성명사는 물론, N+V 구조의
합성동사조차도 비통사적 합성어는 찾기 어렵다. 이는 선행요소로 '앞,
뒤'나 '위, 아래' 등 명사가 그 자리를 차지하고 있는 것과 관련된다. 그
것은 N_1+N_2, N+V 구조에서 선행요소에 위치하는 N은 주어나 목적어,
부사의 역할을 수행할 수밖에 없을 것이기 때문이다. 이는 앞·뒤-합성
어나 위·아래-합성어가 가지고 있는 구조적인 문제와 직결되는 것으
로, 우리말의 일반적인 결합 범위에서 벗어나지 않게 된다.

이상 합성어에서의 논의를 정리하면 다음과 같다. 앞·뒤-합성어가
위· 아래-합성어보다 훨씬 생산적이다. 특히 동사의 경우, '위, 아래'는

---

26) 후행요소가 합성어인 경우는 앞-합성명사로 '앞가슴마디, 앞발굽, 앞붉은점빛불나방, 앞
   어금니, 앞토씨, 앞팔꿉, 앞편짝, 앞꾸밈음' 등을, 뒤-합성명사로 '뒷가슴마디, 뒷골목,
   뒷골방, 뒷발길, 뒷발막, 뒷발톱, 뒷입맛, 뒤어금니, 뒤꾐돌, 뒤꾸밈음, 뒤곁누르기' 등을
   찾을 수 있다. 뒤-합성동사는 '뒤돌아보다, 뒤보아주다, 뒤떨어지다' 등이 있고 앞-합성
   동사는 보이지 않는다. 그리고 위-합성명사에는 '윗숨길, 윗눈시울, 윗잇몸, 윗미닫이틀,
   윗당줄' 등이 있고, 아래-합성명사에는 '아랫눈시울, 아랫당줄, 아랫미닫이틀, 아랫잇몸'
   등이 있다.
27) 위·아래-합성어에서 후행요소에 파생어가 오는 낱말에는 '윗넓이, 윗놀음, 윗놀이, 윗막
   이, 윗눈썹', '아래턱끼움, 아랫덧줄, 아랫눈썹' 등을 찾을 수 있다.

거의 존재하지 않는다. 이는 인간의 근원적인 움직임에서 '앞, 뒤'가 '위, 아래'보다는 훨씬 밀착된 관계에 있는 낱말이라는 사실을 말해 주는 것이다. 그리고 '앞, 뒤'나 '위, 아래'는 대개가 선행요소에 결합되는 것이 지배적이었으며 위·아래-합성어의 경우는 '손위, 손아래' 정도만 후행요소로 자리한다. 합성어의 짜임새와 관련해서는 모두 통사적 합성어라는 사실을 알 수 있었는데, 그것은 '앞, 뒤', '위, 아래'가 선행요소로 위치하는 것과 연관된다. 선행요소에 명사가 결합됨으로써 비통사적인 합성어가 될 만한 여지를 줄였기 때문이다.

2.2. 파생어 형성에서

파생어는 접사의 결합으로 완성된다. 앞·뒤-파생어와 위·아래-파생어에서 '앞, 뒤'나 '위, 아래'가 접사로 결합되는 경우는 제한적이다. 다음 예를 보자.

(20) ㄱ. 뒤범벅, 뒤법석 ; 뒤틀림.
ㄴ. 뒤몰다, 뒤놓다, 뒤덮다, 뒤섞다.

(21) ㄱ. 웃국, 웃길 ; 웃미닫이틀, 웃그림구이 ; 웃놀음, 웃더껑이.
ㄴ. 웃돌다, 웃보다, 웃자라다, 웃치다.
ㄷ. 웃거름하다.

(20)의 예는 '뒤'가 접사로 결합하여 형성된 뒤-파생어를, (21)은 '웃'이 접사로 결합하여 형성된 웃-파생어를 제시한 것이다. 이는 '앞', '뒷', '위', '윗' 등은 복합어 형성의 어근으로만 존재하며 접사에 의한 파생어 형성은 '뒤'의 일부와 '웃'에만 국한된다는 사실을 말한다.[28]

---

28) '뒤'가 접사로 쓰이기 시작한 것은 언제부터일까. 그 예가 많지는 않지만 중세국어의 시기에 이미 접사의 역할을 가졌던 것으로 생각된다. '뒤트논'〈두시-상, 63〉, '뒤이즈며'〈노언-초, 상19〉, '뒤젓다'〈노언-상, 19〉, '뒤버므리다'〈첩해, 6.20〉 등에서 '뒤'는 이미 어근으로

(20ㄱ)은 '뒤'가 접사로서 기능하는 뒤-파생명사라는 점에서는 공통적이다. 하지만 '뒤범벅, 뒤법석'과 '뒤틀림'은 짜임새에서 차이가 있다. 전자의 경우, 어근 '범벅'과 '법석'에 접사 '뒤-'가 결합된 경우이다. 따라서 '뒤범벅', '뒤법석'은 [[뒤]pre+N]$_N$의 짜임새를 갖게 된다. 반면, '뒤틀림'은 [[뒤]pre+[틀림]N]$_N$이 아니라 동사 '뒤틀리-'에 접사가 결합된 [[뒤틀리-]-ㅁ]$_N$의 구조를 가진다. 여기서 '뒤틀림'을 파생어로 만드는 결국의 역할은 '뒤-'가 아니라 접미사 '-ㅁ'이라는 것이다. 뒤-합성어에서 '뒤'가 접사로 결합하여 형성된 파생명사는 (20ㄱ) 정도의 예시밖에 찾을 수 없다. (21ㄱ)은 '웃-'이 접사로 결합하여 형성된 웃-파생명사들이다. 웃-파생어에서는 파생명사가 절대적인 범위를 차지한다. 이는 뒤-파생어와는 다른 점이다. 웃-파생명사는 22개 정도를 찾을 수 있는데, 5개 정도인 파생동사의 4배에 달하는 수치를 보인다. 웃-파생명사의 후행요소에는 '웃국, 웃길' 등에서처럼, 단일어가 위치하는 것이 대부분이지만 합성어가 오는 경우(웃미닫이틀, 웃그림구이), 파생어가 오는 경우(웃놀음, 웃더껑이)도 드물게 나타난다.[29)

(20ㄴ)과 (21ㄴ)은 기존의 동사 어근에 접사 '뒤'와 '웃'이 결합된 파생동사의 예들이다. 웃-파생동사와 달리, 뒤-파생동사는 아주 생산적인 양상을 띤다. 이는 뒤-파생명사의 소극적인 양상과 대비되는 점이다.

'뒤'가 접사로 결합되어 형성되는 파생동사는 40개 이상이 될 만큼 생산적이다. (22)는 그 일부를 제시한 것이다.

서의 역할보다는 후행하는 어근의 뜻을 강조 내지는 더해주는 기능을 가지고 있다.
29) '웃더껑이'는 '웃+더껑이'의 결합으로 생각된다. 후행요소인 '더껑이'는 다시 동사 어근인 '덖-'에 접미사 '-엉이'가 결합된 파생어로 정리한다.

(22) ㄱ. 뒤몰다, 뒤놓다, 뒤바꾸다, 뒤흔들다, 뒤덮다.
　　 ㄴ. 뒤몰리다, 뒤울리다 ; 뒤섞이다, 뒤놓이다 ; 뒤덮치다, 뒤뻗
　　　　 치다.

　(22ㄱ, ㄴ)은 '뒤'가 접사로 결합된 예이지만 약간의 차이가 있다.
(22ㄱ)의 후행요소가 '몰다, 놓다, 바꾸다, 흔들다, 덮다' 따위의 단일
어인 반면, (22ㄴ)의 경우는 파생어라는 점이다. (22ㄴ)의 예들은 후
행요소에 다시 '-리-, -이-, -치-' 따위의 접미사가 결합되어 있다.
말하자면, (22ㄱ)은 접사가 하나인 반면, (22ㄴ)의 경우는 접사가 둘
이 되는 셈이다. 따라서 이들의 짜임새는 (22ㄱ)이 [[뒤]pre+V]$_V$이지
만 (22ㄴ)은 [[뒤]pre+[V-suf]$_V$]$_V$가 될 것이다.

　(21ㄴ, ㄷ)은 '웃'이 접사로 결합된 웃-파생동사의 예를 모두 제시한
것이다. (21ㄴ)의 경우 후행요소가 단일어로 형성된 경우이다. (21ㄷ)
의 '웃거름하다'는 두 개의 접사, 곧 접두사 '웃'과 접미사 '-하다'가 동
시에 적용되는 낱말이다. 이 낱말이 파생동사인 까닭은 마땅히 접미사
'-하다'의 몫이 된다.

(23) ㄱ. 뒤트기 ; 뒤걸이 ; 뒤찌름 ; 뒷방살이 ; 뒤채잡이.
　　 ㄴ. 뒤쓰레질하다, 뒤처리하다 ; 뒤걷이하다, 뒤풀이하다 ; 뒤뚝
　　　　 하다, 뒤뚱뒤뚱하다.
　　 ㄷ. 윗도리, 아랫도리.

　한편, (23)은 '뒤-'나 '웃-'에 의해서가 아니라, 아예 다른 접미사에
의해 형성된 파생명사이다. (23ㄱ)은 '뒤-'가 아니라 '-기'나 '-이', '-
ㅁ' 따위에 의해 파생어가 형성되고 있다. 이들이 결합된 선행요소를
보면 '뒤트-', '뒤걸-', '뒤찌르-'처럼, 잠재어로 인식될 만한 합성동사
인 경우와30) '뒷방', '뒤채'처럼 합성명사인 경우로 구분된다. 따라서
'뒤트기'는 [[[뒤]N+V]$_V$-suf]$_N$의 짜임새를, '뒤채잡이'는 [[뒤+채]$_N$+잡이

suf]$_N$의 짜임새를 가지는 것으로 본다. 이와 같이 다른 접사에 의해 형성된 뒤-파생명사는 30여 개에 이른다.[31] (23ㄴ)은 '뒤-'에 의해서가 아니라 다른 접사인 '-하다'에 의해 형성된 뒤-파생동사이다. 여기서 '뒤'는 물론 어근으로 자리하게 된다. '-하다'에 따른 합성동사는 '-하다'의 생산성으로 인해 대략 60여 개의 예를 찾을 수 있다. 이들은 각각 선행 어근이 합성명사(뒤쓰레질-, 뒤처리-), 파생명사(뒤걷이-, 뒤풀이-), 부사(뒤뚝-, 뒤뚱뒤뚱-) 등으로 다양하게 위치한다. 따라서 이들은 대개 [N-하다suf]$_V$나 [Ad-하다suf]$_V$의 짜임새를 갖게 된다.[32] 그리고 (23ㄷ)의 '윗도리, 아랫도리'는 위·아래-파생어로 유일한 것인데, '위, 아래'를 어근으로 '어떤 부분'을 의미하는 접미사 '-도리'에 의해 형성된 파생명사로 처리한다.[33]

이상에서 논의된 파생어 형성과 관련하여 앞·뒤-파생어와 위·아래-파생어의 특징을 정리하면 다음과 같다. '뒤'의 일부와 '웃-'은 위치 공간말 가운데 접사로 전이되었다는 점에서 공통적이다. 일반적으로 접사는 한 종류의 품사를 어근으로 갖는 것이 일반적인 제약이지만 '뒤-'와 '웃-'은 명사와 동사의 양쪽에 걸쳐 있다는 점도 유사하다. 그러나 '뒤-'는 명사보다는 동사인 어근에 집중적인 결합 양상을 보이는 반면,

---

30) 잠재어에 대해서는 김창섭(1996) 참조할 것.

31) 앞-파생어도 '앞'이 접사에 의해서가 아니라 다른 접사에 의해 형성되는 앞-파생명사의 수는 상당히 많다. 품사도 다양해서 합성명사, 합성동사, 합성부사까지 살필 수 있다. 파생명사는 접미사 '-기, -ㅁ, -이, -질, -꾼, -치레' 따위에 의해서 형성되는데, '앞감기, 앞가림, 앞갈이, 앞발질, 앞소리꾼, 앞치레' 등 30개 안팎에서 예를 찾을 수 있다. 합성동사의 경우는 접미사 '-하다'에 의해 형성된 파생동사가 대다수인데, '앞갈망하다, 앞갈무리하다, 앞면도하다, 앞가림하다, 앞걸음하다, 앞갈이하다, 앞뒷질하다, 앞발질하다, 앞잡이질하다, 앞뒤하다, 앞세우다' 등 10여 개를 찾을 수 있다. 그리고 접미사 '-이'에 의해 형성된 파생부사로 '앞앞이'를 찾을 수 있다.

32) 이 가운데 '뒤쓰레질하다'는 접미사가 중복되는 예이다. [[뒤+[쓰레-질suf]]$_N$-하다suf]$_V$의 짜임새를 가진다는 것이다.

33) 한편, '-도리'는 접미사로 설정한다. '부분'의 뜻을 나타내는 접미사 '-도리'의 예는 이미 16세기에 그 흔적을 찾을 수 있다. 무룹도리〈번박-상: 26-27〉, 무룹도리〈박언-중: 51〉.

'웃-'은 명사 어근에 집중된다는 차이가 있다. 또한 '뒤'는 공시적으로 접사 외에 어휘적인 낱말로서의 '뒤'가 공존하지만 '웃'은 모두 접사로만 쓰인다는 차이가 있다. 생산성 면에서는 '뒤-'가 '웃-'보다 월등한 모습인데, 이는 근원적으로 '앞, 뒤'가 '위, 아래'보다 쓰임새가 많다는 것과 관련될 것이다.[34]

3. 의미 확장의 측면에서

'앞, 뒤'와 '위, 아래'는 의미의 다양한 확장을 보여 준다. 그런데 여기서의 의미 확장 논의는 복합어 형성 과정에서 갖게 되는 것에 한정한다.[35]

3.1. 합성어 결합 의미에 따라

한 낱말이 다른 낱말과 더불어 합성어를 형성할 때, 본디 의미를 그대로 유지하기도 하지만 다른 의미로 전이되기도 한다. 앞·뒤-합성어와 위·아래-합성어에서의 '앞, 뒤'와 '위, 아래' 또한 이 같은 점이 발견된다.

> (24) ㄱ. 앞동산, 앞뜰, 앞길 ; 뒷동산, 뒤뜰, 뒷길.
> ㄴ. 위채, 위층, 윗목 ; 아래채, 아래층, 아랫목.

(24)는 '앞, 뒤'와 '위, 아래'가 합성어의 어근으로 결합한 예들이다.

---

34) 아울러 '웃풍(風)' 정도를 제외하면, 접사 '뒤-'와 '웃-'에 결합되는 후행요소에 한자어가 결합되는 예를 찾기 어렵다는 공통점도 가진다. 한자어 접두사는 후행요소에 한자어가 오는 경우(불규칙, 불성실 ; 미등록, 미등기)도 있고, 고유어가 오는 경우(시누이, 시아버지, 시어머니)도 있지만 고유어 접사는 고유어를 후행요소로 삼는 경향이 있다.

35) '앞, 뒤'와 '위, 아래'의 단일어의 의미에 대한 논의는 박경현(1985), 신은경(2005), 손평효 (2012)를 참조할 것.

이들은 선행 어근으로 결합하여 '앞·뒤+X' 내지는 '위·아래+X'라는 공통의 짜임새를 보여주는데, 여기서의 '앞, 뒤'나 '위, 아래'는 구체적인 공간 개념으로 자리하고 있다. (24ㄱ)의 경우, 선행요소인 '앞, 뒤'는 후행요소인 '동산'과 '뜰', '길'이 존재하는 위치 개념을 선명하게 제시한다. (24ㄴ)의 '위, 아래' 또한 후행요소인 '채, 층, 목' 따위의 위치 개념을 또렷이 나타내고 있다. 그래서 이들은 '앞·뒤에 있는 X'이거나 '위·아래에 있는 X'의 의미를 함의한다. 이런 점에서 (24)의 합성어에 제시된 구성요소로서의 '앞, 뒤', '위, 아래'는 모두 낱말이 보유한 본디 의미로 결합된 경우가 된다.36) 하지만 (25)의 예들에서는 그 의미가 달라진다.

(25) ㄱ. 앞기약, 앞날, 앞생각, 앞일 ; 뒷기약, 뒷날, 뒷생각, 뒷일.
ㄴ. 윗대 ; 아랫대.

(25ㄱ)의 앞·뒤-합성어들은 '앞, 뒤'가 다른 어근과 결합되는 과정에서 공간 개념이 아니라 시간적 개념을 띠는 경우이다. 이 어근 중에는 '기약'이나 '날'과 같이 시간 개념을 머금은 예도 있지만, '생각'이나 '일'처럼 중립적인 개념을 가진 예도 있다. 후자의 경우는 '앞, 뒤'가 결합됨으로써 합성어 전체가 시간적 개념을 가진 것으로 봐야 할 것이다. 이럴 경우, '앞, 뒤'가 시간성을 내포한다는 메시지는 더욱 또렷해진다. (25ㄴ)의 '위, 아래' 또한 시간 개념을 내포하고 있는 예로 생각된다. '윗대'는 '조상(祖上)의 대' 또는 '상대(上代)'의 의미를 가진다. '아랫대'는

---

36) 같은 공간 개념이라도 정도의 차이에 따라 더 세분화된 단계를 상정할 수 있다. 1)'앞·뒤-날개', '앞·뒤-바퀴'에서의 '앞, 뒤'는 위치 의미를 가지지만, 그 위치가 대상 전체의 일부를 지칭한다는 범위 제한이 있는 경우이다. 2)'앞·뒷-가지', '앞·뒤-태'에서의 '앞, 뒤'는 구체적이지 않은 대상에서의 위치 개념을 가진 경우에 속한다. 3)'뒷-물', '뒷-목', '뒷-나무' 등에서의 '뒤'는 신체와 관련된 예이다. 4) '눈-앞', '코-앞' 등에서의 '앞'은 선행요소인 '눈'과 '코'와 어울려서 '그만큼 아주 가까운 거리'를 비유적으로 언급한 합성어이다. 공간 개념을 유지는 하되 구체적이지 않은 관념화된 공간으로 볼 수 있다. 마땅히 1)에서 4)로 갈수록 공간 개념의 구체성은 약화된다.

거기에 상반되는 시간 개념의 합성어이다. (25)의 경우는 의미적으로 '앞·뒤의 X' 내지는 '위·아래의 X'라는 의미적인 틀을 가진다.

이와는 달리 (26)은 아예 추상적인 의미를 함의한 예로 보인다.[37]

   (26) ㄱ. 뒷거래, 뒷문, 뒷소문 ; 뒷바라지, 뒷받침, 뒷일꾼, 뒷심.
       ㄴ. 윗사람, 윗자리, 손위 ; 아랫사람, 아랫자리, 손아래, 아랫것.

   (27) ㄱ. 뒷거래: 은밀하게 사고팔거나 주고받음.
       ㄴ. 뒷문: 어떤 문제를 정당하지 못한 방법으로 해결하는 길을
            비유적으로 표현.
       ㄷ. 뒷소문: 뒤에서 이러니저러니 하는 소문.

(26ㄱ)의 '뒤'는 (27)의 뜻풀이에서 보듯이, '거래, 문, 소문' 따위의 객관적인 의미를 가진 어근에 결합하여 낱말 전체의 의미를 부정적인 양상으로 몰아가고 있다. '거래'나 '문, 소문' 따위는 중립적인 의미를 가진 낱말들이다. 여기에 '뒤'가 결합됨으로써 [배후]의 의미가 가미되어 부정적인 뉘앙스를 갖게 되었다는 것이다. 이는 '뒤'가 함의하는 의미 속에 부정적인 성향이 내포되어 있음을 말해 준다.[38] '뒤'의 의미는 또한 '뒷바라지'나 '뒷받침, 뒷일꾼, 뒷심' 등에서는 '뒤'가 공통적으로 [도움]이라는 추상적인 의미를 함의하고 있다. 이렇게 볼 때, 앞·뒤-합성

---

37) 중세국어의 위·아래-합성어 가운데 '웃'이나 '아래, 아릭'가 시간 개념을 유지하고 있는 예는 찾기 어렵다. 물론 단일어로서 [위], [아래]가 시간 개념을 함의하는 경우는 어렵지 않게 찾을 수 있다. "아랫 恩惠롤 니저브리샤〈석보, 6.4〉"나 "千世 우희 미리 定ᄒᆞ샨〈용가, 125〉"에서 '아래'는 '이전의'라는 시간 개념을 내포하고 있다. 그런데 현대국어에 와서는 '위, 아래'가 중세국어에 비해 시간 개념으로 쓰이는 예가 생산적이지 않다. 그리고 '앞'이 복합어 형성에서 추상적인 의미를 가진 예는 찾기 어렵다.

38) '앞에 비해, '뒤'가 대체로 부정적인 의미를 내포하고 있는 것은 분명해 보인다. 그 원인은 인지적인 측면에서 찾아야 할 듯하다. '뒤'는 보이지 않는 공간이다. 따라서 어둡고 확인할 수 없는 방향이어서 불확실한 이미지와 연결될 수밖에 없다. 반대로 '앞'은 탁 트인 곳이며 또렷하고 선명한, 밝은 곳이다. 방향이 주는 이러한 대립성이 '앞'이 결합된 말에는 대체로 긍정적인 의미가 집중되고 '뒤'가 결합된 것에는 대체로 부정적인 의미가 개입되는 원인이 되었다는 것이다. 채완(1987: 125-127) 참조.

어에서 '앞, 뒤'는 공간 개념, 시간 개념, 추상 개념을 내포하고 있음이 파악된다. (26ㄴ)의 위·아래-합성어에서는, 마찬가지로 '위, 아래'가 추상적인 의미를 내포한 것으로 본다. 여기서 '위, 아래'는 공간 개념과는 이미 동떨어져 있다. '윗·아랫-사람', '윗·아랫-자리'에서 '위, 아래'는 '신분'이거나 '지위', 그리고 '나이'를 의미하기 때문이다. 이처럼 '앞, 뒤', '위, 아래'는 합성어 형성 과정에서 공간 의미로서가 아니라 시간적, 추상적인 의미로 전이된 합성어를 형성하기도 한다는 사실이 확인된다.[39]

이상의 논의에서, '앞·뒤'와 '위·아래'의 결합 의미로 볼 때, 다음과 같은 결론에 도달한다. 앞·뒤-합성어, 위·아래-합성어에서는 '공간 의미, 시간 의미, 추상 의미' 들이 모두 확인된다. 또한 합성어 형성에서 '앞, 뒤'가 '위, 아래'보다 시간 의미를 더욱 선명하게 가지는데, 이는 언중들이 시간에 대한 인식을 수평적으로 했다는 것과 연관된다.[40]

3.2. 접사의 의미에 따라

접사라고 해서 어휘적인 의미가 전혀 없는 것은 아니다. 물론 '얄밉다'나 '짓밟다'에서의 '얄-, 짓-' 따위는 어휘성을 따지기가 쉽지 않다. 반면, '설익다, 헛수고'에서 '설-'과 '헛-'은 어휘적인 의미가 상당 부분 감지된다. 뒤-파생어의 '뒤-'와 웃-파생어에서의 '웃-' 또한 일정 정도의 어휘적인 의미를 살필 수 있다. 그것은 '뒤'와 '위'가 공시적으로 어휘적인 낱말로 공존하고 있는 것과 관련될 것이다.

---

39) 이는 결국 문법화 현상으로 나아가게 되는 바탕이 된다.
40) 중세국어의 시기에는 현대국어에 비해 '위, 아래'가 시간적인 상황에서 훨씬 많이 사용된다. '즈믄 힛 우희'〈월석1, 10.22〉, '無量劫 우희'〈월천, 33ㄴ〉, '아래는 三世옛 道理'〈석상, 13.50ㄱ〉, '千載 아래'〈금삼-서, 11ㄴ〉 등은 모두 '위, 아래'가 시간적인 개념을 함의한 예이다.

(28) ㄱ. 뒤꼬다, 뒤끓다, 뒤흔들다, 뒤섞다, 뒤덮다 : [마구, 몹시,
　　　 온통]
　　 ㄴ. 뒤바꾸다, 뒤받다, 뒤엎다 : [반대로, 뒤집어]

(28)은 〈표준국어대사전〉을 기준으로 하여 '뒤'가 접두사로 결합한
예들을 분류한 것인데, 접사 '뒤-'의 의미를 두 경우로 구분하고 있다.
(28ㄱ)의 예들에서는 '뒤-'를 '마구, 몹시, 온통'의 뜻을 가진 것으로,
(28ㄴ)의 예들에서는 '반대로, 뒤집어'의 뜻을 가진 것으로 처리하였다.
하지만 '뒤-'를 단지 두 가지 의미로 묶기에는 다소 무리가 있어 보인
다. 아래 (29)를 보자.

(29) ㄱ. 그는 통증이 너무 심해서 자기도 모르게 몸을 뒤꼬았다.
　　 ㄴ. 아이들이 진흙을 온 동네에 뒤발랐다.

(29ㄱ)의 파생어 '뒤꼬다'에서 '뒤'는 '몹시'와 '마구'의 뜻을 모두 가
질 수 있다. 그러니까 '몹시 꼬았다'와 '마구 꼬았다'의 의미 해석이 동
시에 가능하다는 것이다. 반면, (29ㄴ)의 '뒤발랐다'의 경우, [?]'몹시 발랐
다'보다는 '마구 발랐다'가 보다 적절하다. 이런 식으로 접근했을 때, 접
두사로서 '뒤-'가 가지는 의미는 모두 5가지 정도의 의미로 구분하는
것이 가능해진다.

(30) ㄱ. 모두들 뒤떠드는 통에 정신이 없을 정도다.
　　 ㄴ. 그는 한기에 몸을 뒤움치다가 손을 떼고 창 밖을 응시하였다.
　　 ㄷ. 김치는 배추에 갖은 양념을 골고루 뒤버무려야 맛있다.
　　 ㄹ. 다른 사람과 처지를 뒤바꿔서 생각할 줄 알아야 한다.
　　 ㅁ. 담쟁이덩굴이 본관 건물을 뒤덮고 있다.

첫째, '마구'와 '몹시'의 의미를 동시에 가지는 경우이다. 따라서 이들
은 '몹시/마구 X하다'의 의미를 가지게 된다. 여기에는 '뒤까부르다, 뒤

놓다, 뒤눕다, 뒤떠들다, 뒤둥그러지다, 뒤뜨다, 뒤보깨다, 뒤설레다, 뒤얽다, 뒤집다, 뒤지르다, 뒤흔들다, 뒤법석거리다, 뒤울리다' 따위가 해당한다.

둘째, '몹시'의 뜻만 가지는 경우이다. 따라서 이들은 '몹시 X하다'의 의미를 가지게 된다. 여기에는 '뒤늦다, 뒤떨치다, 뒤움치다', '뒤법석' 따위가 해당한다.

셋째, '마구'의 뜻만 가지는 경우이다. 따라서 이들은 '마구 X하다'의 의미를 가지게 된다. 여기에는 '뒤버무리다, 뒤번지다, 뒤바르다, 뒤몰다, 뒤몰리다, 뒤섞다, 뒤쓰다, 뒤얽히다, 뒤엉기다, 뒤짊어지다, 뒤훑다, 뒤재주치다, 뒤볶다, 뒤뻗치다' 따위가 해당한다.

넷째, '뒤집어, 반대로'의 뜻을 가지는 경우이다. 따라서 이들은 '뒤집어/반대로 X하다'의 의미를 가지게 된다. 여기에는 '뒤대다, 뒤받다, 뒤바꾸이다, 뒤집다, 뒤집히다, 뒤놓다, 뒤엎다' 따위가 해당한다.

다섯째, '온통, 마구'의 뜻을 가지는 경우이다. 따라서 이들은 '온통/마구 X하다'의 의미를 가지게 된다. 여기에는 '뒤덮다'와 '뒤범벅' 따위가 해당한다.

한편, '위', '윗', '웃' 등 {위}의 꼴 가운데 접사의 의미를 가진 것은 '웃'에 국한되어 있다. '위'나 '윗'이 접사로 쓰인 예는 보이지 않는다.[41] 접사 '웃-'의 의미는 기본적으로 '위[上]'의 의미를 내포하는 것과 '바깥[外]'의 의미를 가지는 것으로 크게 양분된다. 그러나 거기에서 벗어난 의미들도 존재한다. 먼저 '웃-'이 '上'의 의미를 내포하는 경우를 보자.

첫째, '위에 있거나 덧붙은' 또는 '위쪽으로 올린'의 뜻을 가진 경우

---

41) 한편, '웃'의 접사화 시기를 손평효(2013:154)에서는 20세기 초 '위'의 등장 시기와 연관 지었으나, 이 책(3부 3장)에서는 중세국어에서부터 이미 그 흔적을 볼 수 있는 것으로 판단하였다. 생각과 논의가 바뀐 셈이다.

이다. '웃고명, 웃국, 웃더껑이, 웃물' 등이 해당한다. '웃고명'은 '음식의 모양과 빛깔을 돋보이게 하고 음식의 맛을 더하기 위하여 음식 위에 얹거나 뿌리는 것을 통틀어 이르는 말'이다. '웃국'은 '간장이나 술 따위를 담가서 익힌 뒤에 맨 처음에 떠낸 진한 국'을 말한다. 맨 처음의 것이니 맨 위쪽의 것이 될 것이다. '웃더껑이'는 '물건의 위에 덮어 놓는 물건'을 이르는 말이다. '웃물'은 '담가 우리거나 죽 따위가 삭았을 때 위에 생기는 국물'을 가리킨다. '겉물'과 유사하게 쓰이는 점에서 의미가 선명해진다. 사실 이 경우에는 공간적인 위치 개념이 여전한 것이 분명하다. 어휘적인 의미가 강하게 인식된다는 것인데, 다만 '웃–' 자체가 단순히 공간 개념을 가진다기보다는 후행요소와 융합된 상태에서 가지는 의미라는 데 차이가 있다.

둘째, '윗사람인', '나이가 많은'의 뜻을 가진 경우이다. 여기에는 '웃어른'이 대표적이다. 여기서의 '웃–'은 '위쪽에 있는 어른'이라는 뜻이 아니라 '나이가 많다'는 추상화된 개념으로 전이되었다는 점에서 공간 개념과는 차이가 있다.

셋째, '본래의 것에 덧붙은' 또는 '본래의 것보다 나은'의 뜻을 가진 경우이다. '웃돈'이 여기에 해당한다.

넷째, '본래의 것을 넘어서서' 또는 '본래의 것을 넘어서게'의 뜻을 가진 경우이다. 여기서 '넘어서다'는 '일정 기준보다 이상의 것'이라는 의미가 내포되어 있다. '웃돌다, 웃보다, 웃자라다, 웃치다' 따위가 해당되는데, 후행요소가 모두 동사라는 특징이 있다. 아래 (31)을 통해 이는 확인된다.

(31) ㄱ. 웃돌다: 어떤 정도를 넘어서다.(아이들의 범죄 양상은 일반
　　　　인의 상상을 훨씬 웃돌았다.)
　　ㄴ. 웃보다: 나이 따위를 실제보다 더 위로 보다(사람들은 그를
　　　　항상 실제 나이보다 웃본다.)
　　ㄷ. 웃자라다: 쓸데없이 보통 이상으로 많이 자라 연약하게 되
　　　　다.(벼는 웃자라기만 해서 키만 껑충했다.)
　　ㄹ. 웃치다: 실력이나 값 따위를 기준보다 높이 평가하거나 인정
　　　　하다.(중개인이 집을 실거래 액보다 웃쳐서 팔아 주겠다고 약
　　　　속했다.)

　　다음으로 '웃-'이 '上'이 아니라 '外'의 뜻을 가진 경우이다. '웃옷'이나
'웃바람, 웃풍' 따위의 예가 해당되는데, '맨 겉에 입는 옷(웃옷)', '방 안
의 천장이나 벽 사이로 스며들어 오는 찬 기운(웃바람, 웃풍)' 등의 예
를 살필 수 있다. 여기서 '웃-'은 '바깥쪽에 있는' 또는 '바깥쪽에서 들어
온'의 뜻을 가진다.

　　그 외 '웃-'을 어디에도 포함시키기가 어려운 의미를 가진 예로 '웃
날'(흐렸을 때의 날씨를 이르는 말)과 '웃비'(아직 비가 올 듯한 기운은
있으나, 세차게 내리다가 그친 비)가 있다.

　　이상에서 논의된 '뒤·웃-파생어'는 모두 '(뒤·웃-)+X(N/V)'의 짜임새
를 가지는데, 여기서 '뒤-'나 '웃-'은 의미적으로 후행하는 요소들을 꾸
며주는 특징이 있다. 또한 접사로서의 '뒤-'는 어근에 결합되었을 때,
대체로 부정적인 어감이 강해진다는 특징을 보인다. 그것은 '뒤'가 가진
[+비가시성]의 이미지와 연관된 것으로 생각된다. '웃-'은 다른 어근에
결합되었다고 해서 기존의 의미가 부정적이거나 긍정적인 이미지를 가
지지는 않는다. 그보다는 일정 단계 이상이라는 특정의 상태를 나타내
기 위한 쓰임으로 보인다.

4. 정리

'앞, 뒤'와 '위, 아래'는 모두 위치를 나타내는 공간말로서 공간 개념을 인식하는 데 가장 기본적인 말이다. 공간말 가운데서는 가장 널리 쓰일 뿐만 아니라 복합어 형성에도 적극적으로 관여한다. 이 같은 공통점에 의거하여 형태와 복합어 형성, 그리고 의미의 확장 등 논의해야 할 거리가 많다고 보았다.

형태적인 면에서는 다양한 변이형태들이 언제 시작되었는지를 알고자 하였고 형태와 의미 사이의 상관성을 살피고자 하였다. 하지만 대부분의 변이형태들은 음운적 환경이나 성조 등의 환경에 따른 것이었지 형태와 의미 사이에 직접적으로 관련되는 특징은 찾기 어려웠다.

복합어 형성에서는 합성어 형성과 파생어 형성으로 구분하여 접근하였다. 합성어 형성에서는 앞·뒤-복합어와 위·아래-복합어의 제대로 된 규모를 파악하기 위해 품사에 따른 분류와 내부적인 짜임새, 그리고 결합관계에 대해 살폈다. 그 결과 합성명사가 압도적인 빈도를 보였는데, 위·아래-합성어보다는 앞·뒤-합성어가 특히 많았다. 합성동사의 경우 '위/아래'에서는 찾기가 어려웠다. 파생어 형성에서는 '뒤'와 '웃'만이 해당되었는데, '뒤'는 어근으로 쓰이는 예도 있었지만 '웃'은 접사로만 국한되는 양상을 보였다. '웃'은 역사적으로는 접사로서의 기능보다는 합성어 형성의 주된 요소로 작용했다는 사실도 알 수 있었다.

의미의 확장에 있어서는 복합어에 나타난 '앞, 뒤'와 '위, 아래'의 의미 파악에 몰두하였다. 그 결과 합성어에서는 공간 의미라는 본디 의미로서만 쓰이는 게 아니라 후행요소에 따라 또는 주체적으로 시간 의미, 추상 의미 등으로 전이되는 예들을 볼 수 있었다. 특히, 시간 의미에서는 '앞, 뒤'가 '위, 아래'보다 훨씬 선명한 의미를 내포하였다. 또한 접사로 쓰인 '뒤'와 '웃'의 의미에 대해 세부적으로 검토하였다.

이상의 논의를 통해, '앞, 뒤', '위, 아래'의 역사적인 모습들을 관찰할 수 있었다. 그리고 이들이 단순히 위치 공간말로서의 의미만이 아니라 훨씬 다양한 의미를 함의하고 있음도 살필 수 있었다.

[2장] '앞·뒤'와 '위·아래', '안·밖'의 비교

공간을 나타내 주는 말을 가리켜 공간말이라 한다.[1] 공간과 관련되는 말들은 아주 많은데, 그것은 인간이 늘 공간 속에서 존재하기 때문일 것이다. '하늘'이나 '산, 강', '학교'와 같이 눈에 보이는 모든 것들은 공간이 될 수 있다. 나아가 이런 구체적인 대상이 아닌 막연한 지점을 가리킬 때도 공간말의 작용을 통해 인지할 수 있다. 위치를 나타내 주는 말들이 여기에 해당한다. '위, 아래'와 '앞, 뒤, 왼쪽, 오른쪽, 안, 밖, 옆, 곁, 꼭대기, 속, 겉' 따위들이 포함된다. 이들은 대상에 대한 인간의 인지 기능과 아주 밀접한 까닭에, 언어생활 속에 깊숙이 개입되어 있다. 따라서 아주 생산적인 양상을 띨 뿐만 아니라, 때로는 그 본디 의미에서 벗어나 다른 의미의 영역까지 감당하기도 한다. 이들 중, 대표적인 것이 대상의 전후(前後)를 가리키는 '앞, 뒤'와 상하(上下) 관계를 나타내는 '위, 아래', 좌우(左右) 개념의 '왼-, 오른-', 내외(內外) 개념의 '안, 밖' 등이다.

여기서는 이들 위치 공간말이 가진 의미와 그 변화 과정을 논의하고

---

1) 공간을 나타내는 말은 공간말, 공간어, 공간개념어 등으로 불리는데, 이 글에서는 '공간말'로 설정한다. 공간말의 개념에 대한 구체적인 논의는 박경현(1985)을 비롯하여 민현식(1999), 이수련(2001), 임혜원(2004), 변정민(2005), 신은경(2005), 노재민(2009), 정수진(2011), 손평효(2012) 등이 있다. 아울러 공간말의 개념이나 유형 등, 공간말의 전반적인 정리에 대해서는 달리 하지 않는다. 이 점에 대해서는 박경현(1985)이나 정수진(2011)을 비롯한 여러 글, 그리고 저 앞쪽에서 충분히 논의되었다고 생각하기 때문이다.

자 하는 데 목적이 있다. 위치 공간말 가운데 좌우(左右) 개념의 '왼-, 오른-'은 중심 논의에서 제외하고 보조적인 차원에서만 접근하기로 한다. 그 까닭은 좌우(左右) 개념의 경우, 공시적으로든 역사적으로든 의미의 확장이나 변화, 생산성에 있어서 다른 말들에 비하여 다양한 변화를 보여 주지 않을뿐더러 생산적인 쓰임새를 보이는 예도 아니기 때문이다. 따라서 '위, 아래'와 '앞, 뒤', '안, 밖' 등의 위치 공간말을 중심으로 개별 공간말이 가지는 지시 의미의 유형과 그에 대한 분석, 그리고 문헌자료 중심의 통시적인 논의를 부가함으로써 진행된다.

공간말에 대한 기존의 논의들은 대개가 인지의미론의 입장에서 접근한 것이거나 개별 공간말의 의미 등에 대한 논의들이 있지만, 주로 공시적인 측면에 머문 것이었다.[2] 그러나 역사적으로 이들 공간말은 그 형태와 의미에서 다양한 양상을 띠기 때문에, 보다 복합적인 논의가 필요하다는 생각이다.

앞서 언급했듯이, 위치 공간말들은 단순히 '부산역 앞'의 '앞'과 같은 기본적인 위치 개념으로만 존재하지 않는다. '5천 년 위'에서의 '위'는 시간 개념으로 읽히고, '우정 안에서'의 '안'은 추상적인 어떤 범위를 나타내는 것으로 생각된다. 구체적인 개념의 공간말이 의미 전이의 과정을 보이는 것이다.

특히, '위, 아래', '앞, 뒤', '안, 밖' 따위에서 이 같은 양상은 두드러진다. 그것은 이들이 다른 공간말들에 비해 훨씬 생산적이라는 점과 관련이 있을 것이다. 이는 다양한 논의의 필요성이 요구되는 바탕이 된다.

---

2) 공간말의 전반적인 논의는 박경현(1985)을, 통시적인 논의는 신은경(2005)을, 동사 문제와 관련해서는 이수련(2001)을, 인지의미론 관련해서는 임혜원(2004), 변정민(2005), 노재민(2009), 정수진(2011) 등을, '앞, 뒤'와 '위, 아래'의 형태, 의미 등 다양한 논의에 대해서는 손평효(2012ㄱ, 2012ㄴ)를, 그리고 공간어와 시간어의 상관성에 대해서는 민현식(1999)를 참조할 것.

여기서는 구체적인 장소나 위치를 나타내는 경우를 '공간 의미'를 가지는 것으로, 시간적인 상황을 제시하는 경우를 '시간 의미'를 가지는 것으로, 가시적인 대상이 아니라 추상적인 의미를 제시하는 것을 '추상 의미'를 가지는 것으로 파악하여 살핀다. 아울러 문헌자료를 바탕으로 하여, 이들의 다양한 의미 변화의 양상을 알아보고자 한다.

1. 공간 의미에 따라

공간이나 장소 따위는 위치 공간말들이 갖는 가장 기본적인 의미이다. 먼저 공간 개념을 가지는 것부터 살펴보자.

(1) 지붕 {위, 아래}, 인문대{앞, 뒤}, 성 {안, 밖}

(1)의 위치 공간말들은 모두 특정 대상을 기준으로 존재한다. '위, 아래'는 '지붕', '앞, 뒤'는 '인문대', '안, 밖'은 '성'이라는 기준점을 바탕으로 '상부(上部), 하부(下部)', '전면(前面), 후면(後面)', '내부(內部), 외부(外部)'라는 공간 개념을 제시해 주고 있다. 이처럼 위치 공간말은 다른 대상과의 관계를 토대로 목표점을 구체적으로 지시해 주는 공통점을 가진다. 물론 위치 공간말이 단순히 장소 따위의 기본적 개념만을 보유한 것은 아니다. 훨씬 다양한 공간적 의미영역을 함의하고 있다.[3] 먼저, '위, 아래'부터 살피자.

(2) ㄱ. 산 <u>위</u>, 장대 <u>위</u>, 장판 <u>위</u>
ㄴ. 강의 아래보다는 <u>위</u>가 더 맑다.
ㄷ. 구체적인 내용은 <u>위</u>에서 밝힌 것과 같다.

---

3) 이 글에서 다루는 '공간'의 범위는 물리적인 범위를 지칭한다. 이 범위에는 '위치'나 '장소' 따위의 공간적 개념이 선명한 것 외에 '신체' 등 가시적으로 인지 가능한 부분이 해당된다.

(3) ㄱ. 산 <u>아래</u>
　　ㄴ. 결론은 본론 <u>아래</u>에 위치하는 것이 마땅하다.
　　ㄷ. 목욕탕에 불이 나자 사람들은 <u>아래</u>도 채 가리지 못하고 뛰
　　　쳐나왔다.

　(2, 3)은 〈표준국어대사전〉에서 찾은 '위', '아래'가 가지는 여러 의미 가운데 공간 의미에 포함된다고 생각되는 경우를 제시한 것이다.4) 이들은 모두 '어떤 기준보다 더 높거나 낮은 위치'의 의미를 바탕으로 하고 있다. (2ㄱ)의 '산 위'와 (3ㄱ)의 '산 아래'는 각각 '산'을 기준점으로 그보다 높고 낮은 공간을 지시하고 있다. 그리고 (2ㄱ)의 '장대 위'는 '어떤 대상의 꼭대기나 그쪽에 가까운 곳', '장판 위'는 '특정 사물의 거죽이나 표면'을 지칭한다. (2ㄱ)의 '위'는 모두 대상과의 관계에서 상대적으로 결정되고 그 대상의 일부와 접해 있는 지점이라는 공통점이 있다. 그러나 '초가지붕 <u>위</u> 가을하늘'에서와 같이, 대상(지붕)과 이격된 위치를 나타내는 경우도 존재하는 터여서 세부적인 구분이 요구된다. 그리고 (2ㄴ)의 경우는 '방향' 차원에서 공간말의 범주에서 다룰 수 있다.

　한편, (2ㄷ)의 '위'는 공간 개념이 많이 희석된 경우로 '글 따위에서 앞에 밝힌 내용'을 가리킬 때 쓰인다. 이는 (4)에서와 같이 '앞'과 대치 가능하다. '위'와 '앞'에 대한 언중들의 공간 인식이 겹치는 영역이 있음을 말해 준다.

(4) ㄱ. 구체적인 내용은 <u>앞</u>에서 밝힌 것과 같다.
　　ㄴ. 글의 목적은 이미 <u>앞</u>에서 밝혔다.

　그리고 (3ㄴ)의 '아래'의 경우, '글 따위에서 뒤에 오는 내용'을 의미하는데, 이 또한 (5ㄱ, ㄴ)과 같이 '뒤'와 '<u>밑</u>'으로도 대체될 수 있다. 이는

---

4) 지금부터 '사전'이라 함은 〈표준국어대사전〉을 지칭한다.

'아래-뒤-밑' 등이 함의하는 공간 의미에는 일정한 공통분모가 존재한다는 사실을 말해 주는 것이다.

(5) ㄱ. 결론은 본론 뒤에 위치하는 것이 마땅하다.
    ㄴ. 결론은 본론 밑에 위치하는 것이 마땅하다.

끝으로, (3ㄷ)의 '아래'의 경우, 단순히 신체의 아랫부분인 '하체(下體)'를 의미하는 것이 아니다. 은밀한 신체의 일부인 '음부(陰部)'를 대신하는 표현이다. 이는 은밀한 신체 부위를 직접 지칭하는 것에 대한 부담을 완화하기 위해 위치 공간말을 차용한 것으로 생각된다. 이 '아래'는 (6)과 같이 '앞'으로 대치 가능하여 두 공간말이 의미적으로 겹친다는 사실을 알게 한다.5)

(6) 목욕탕에 불이 나자 사람들은 앞도 채 가리지 못하고 뛰쳐나왔다.

이상에서와 같이, 사전에 기준한 의미 구분을 보면, '위'가 '아래'보다 공간 의미가 더 세분화되는 듯 보인다.6)

이러한 '위, 아래'의 공간 의미는 일찍이 중세, 근대국어의 시기에서도 쉽게 확인된다.

---

5) 물론 여기서 '앞'은 '하체 쪽'의 은밀한 부위만을 가리키지는 않는다. '상체 쪽'의 은밀한 부위도 포함한다는 점에서 의미가 더 넓다. 한편, '앞'이 상·하체의 주요 부위를 모두 지칭하는 것은 여성에게만 해당되는 사항이다. 반면 이에 대응되는 '위'의 경우는 단순히 '상체'를 의미할 수는 있겠으나 은밀한 신체 부위를 지칭하지는 않는다.

6) 그러나 (2)의 '위'가 가지는 의미 하나하나에 '아래'를 대응시키더라도 별 무리가 없다고 생각된다. 실제로 손평효(2012ㄴ: 307)에서는 공간 의미로서의 '위', '아래'의 의미를 보다 세분화하여 각각 7개의 의미를 부여하고 있다. '위'의 경우 1)어떤 사물의 중간보다 높은 쪽, 2)신체에서 허리보다 위쪽 등 2가지를 추가하고 있고, '아래'의 경우에는 무려 4가지를 더 추가하였다. 1)높이를 지닌 물체에서 지면에 가까운 부분이나 바닥 부분, 2)서로 겹쳐진 가운데 다른 것에 의해 가려진 부분, 3)일정 공간에서 입구 또는 시선의 출발점으로부터 상대적으로 먼 곳, 또는 방위 상 남쪽, 4)강 따위의 물이 흘러가는 쪽, 그 부분 등이 그것이다.

(7) ㄱ. 神通力으로 樓 <u>우희</u> ᄂᆞ라 올아〈석상, 6.3ㄱ〉

ㄴ. 須彌 뎡바깃 <u>우콰</u> 大海ㅅ 믌겴 가온ᄃᆡ왜로다〈금삼, 2.48ㄱ〉

ㄷ. 하ᄂᆞᆯ콰 짯 ᄉᆞᅀᅵ에 글 <u>우흿</u> 말왐 ᄀᆞᆮ호라〈두시, 8.15ㄴ〉

ㄹ. 河水ㅅ <u>우희</u> 가 부텻긔 드러 禮數ᄒᆞ숩고〈월석, 10.17〉

ㅁ. 道는 길 앗윌씨니 <u>우희</u> 닐온 海師ㅣ라〈월석, 22.35ㄴ〉

(8) ㄱ. 부톄 그 나모 <u>아래</u> 안ᄌᆞ샤〈석상, 3.39ㄴ〉

ㄴ. <u>아래</u> 니ᄅᆞ샨 지은 견ᄎᆞ로 업숨 아니라〈원각-서, 70ㄱ〉

ㄷ. 각시 더러븐 <u>아래</u> ᄀᆞ린 거시 업게 ᄃᆞ외니〈월천, 25ㄴ〉

(2, 3)에서 현대국어의 '위', '아래'의 의미를 각각 5가지와 3가지로 제시했다. 그런데 (7, 8)의 예에서 보듯, 중세국어의 시기에도 이미 그런 정도의 의미는 찾을 수가 있다. (7ㄱ, 8ㄱ)의 '우ㅎ', '아래'는 '樓'나 '나모' 등의 기준점을 바탕으로, '어떤 기준보다 더 높은 쪽, 혹은 낮은 쪽'의 기본적인 의미이다. 이들은 중세 문헌자료에서 아주 많이 발견된다. 여기서의 기준이 되는 대상은 마땅히 구체적이고 가시적인 것이다. (7ㄴ)의 '우ㅎ'은 (2ㄴ)과 마찬가지로 '꼭대기'를 의미하고, (7ㄷ)의 '우ㅎ'은 (2ㄱ)의 '어떤 사물의 거죽이나 바닥의 표면'을 가리킨다. 이 또한 어렵지 않게 발견된다. (7ㄹ)의 '우ㅎ'는 (2ㄴ)의 '강의 흐름과 반대되는 방향'을 가리키는 의미를 가진다. 그리고 (7ㄹ, 8ㄴ)의 '우ㅎ', '아래'는 (2ㄷ, 3ㄴ)과 마찬가지로 '글 따위에서, 앞이나 뒤에서 밝힌 내용'을 가리킬 때 쓰는 표현이라는 점에서 짝을 이룬다. 한편, (8ㄷ)의 '아래'는 (3ㄷ)과 마찬가지로 '여성의 음부'를 간접적으로 지칭하고 있다.

근대국어의 시기에서도 이 같은 양상은 마땅히 이어진다. '셩 우ㅎ'〈계축-상,39ㄴ〉, '언덕 우ㅎ'〈박통-상, 61ㄱ〉, '기슭 아래'〈마경-하, 48ㄱ〉, '효경다리 아래'〈치명, 587〉에서와 같이, 일정한 대상을 기준으로 상하 위치를 나타내기도 하고 '혀 우ㅎ'〈마경-하,15ㄴ〉, '가슴 우ㅎ'〈벽온.97〉, '귀 아래'〈증수, 1.62ㄴ〉에서처럼 신체상의 위치를 나타내는 경우도 보인다. '묏부리 우ㅎ'〈두시-중,13.18ㄴ〉, '막대 우ㅎ'〈을병,3.525〉 따위는 '사물의 꼭대기'를 나타내는 예이고, '호칭 아래'〈징보,13ㄴ〉, '이름 아래'〈징보, 23ㄴ〉는 뒤 내용을 가리키며, 漢水ㅅ 우ㅎ'〈두시-중, 15.30ㄴ〉에서의 '위'는 '상류쪽'을 제시한다. 근대국어에서 이런 공간 개념의 '위, 아래'는 쉽게 발견된다.

이와 같이, 공간 개념을 제시하는 '위', '아래' 따위의 위치 공간말이 중세와 근대, 현대국어의 것에 별반 차이가 없는 까닭은 무엇보다 공간 개념이 갖는 기본적인 속성 때문일 것이다. 특히, 공간말 중에서도 이들 위치 공간말은 인간이 인지 활동을 제대로 하기 시작한 무렵부터는 필요할 수밖에 없는 필수 개념일 것이라는 점에서이다.

다음은 '전후(前後)' 개념의 공간말 '앞'과 '뒤'가 가진 기본적인 의미를 제시한 것이다.

(9) ㄱ. 우리는 학교 앞 네거리에서 만나기로 약속했다.
ㄴ. 노인이 앞에 앉은 젊은이의 어깨를 툭툭 쳤다.
ㄷ. 그녀는 겨우 앞만 가린 채 거기를 도망 나왔다.

(10) ㄱ. 우리 집 뒤에는 작은 산이 있다.
ㄴ. 아이는 뒤가 마려워서 뒤뚱거리며 뛰었다.
ㄷ. 의자에 털썩 뒤를 붙이고 앉았다.
ㄹ. 그 영화는 뒤로 갈수록 재미가 없었다.

(9ㄱ, 10ㄱ)의 '앞'과 '뒤'는 '향하고 있는 쪽이나 반대되는 방향을 나타내는 경우에 쓰인다. 이들은 구체적인 기준이 되는 대상과의 관계 속에서 선택된다. (9ㄴ)의 '앞'은 '차례나 열에서 앞서는 곳'을 지칭할 때 쓰인다. (9ㄷ)의 '앞'은 신체와 관계되는 표현인데, 주로 여성의 경우를 지칭한다. 그런 점에서 (9ㄷ)의 '앞'은 은밀한 공간을 함의하는 것으로, 앞

서 (3ㄷ)에서 논의한 '아래'의 의미영역과 겹친다. 그러니까 '아래만 가린 채'로 대치하더라도 의미 상 별다른 차이가 없을 것이라는 얘기다. 이처럼 위치 공간말이 신체와 관련된다는 점에서 본다면, (10ㄴ, ㄷ)도 마찬가지다. (10ㄴ)의 '뒤'는 '사람의 똥'을 나타내는데, '더러움'의 메시지를 완곡하게 표현한 것이고, (10ㄷ)의 '뒤'는 '엉덩이'를 가리킨다는 점에서 신체 지칭의 공간말이다. (10ㄹ)의 '뒤'는 '어떤 일의 끝이나 마지막 부분'을 지칭한다. 이들에 의미를 더 추가한다면, (9ㄴ)의 대칭적인 의미로 '뒤'의 의미를 설정할 수가 있을 것이다. 그러나 (10ㄴ-ㄹ)에 대칭되는 '앞'을 설정할 경우, 그 쓰임새가 억지스럽거나 대치가 되지 않는다. 이는 그 의미가 기본 의미에서 많이 벗어나 있음을 암시한다. 동시에 '앞'보다는 '뒤'가 다양한 의미를 가졌음을 말해 주는 것이기도 하다.

그러나 '위, 아래'와 달리, '전후(前後)'의 의미를 가지는 '앞'과 '뒤'의 중세국어의 의미 실현 양상은 현대국어의 그것과는 약간의 차이를 갖는다. (11, 12)는 '앞', '뒤'가 공간 의미를 가지는 경우를, (9)에 한정하여 중세국어의 예를 제시한 것이다.

> (11) ㄱ. 比丘ㅅ 알픠 세 번 절ᄒ시고〈월석, 8.92〉
> ㄴ. 가슴 알픠 卍字를 스리오〈남명-하, 65〉
>
> (12) ㄱ. 아바닚 뒤헤 셔샤〈용가, 28〉
> ㄴ. 뒷심ᄭᅩᆯ(北泉洞)〈용가, 2.31〉, 北 뒤 븍〈훈몽-중, 2〉

(11ㄱ)과 (12ㄱ)은 '앞', '뒤'가 가지는 가장 기본적인 의미이다. 따라서 이들은 중세국어에서도 아주 생산적이어서 새삼스러울 게 없다. 반면, (11ㄴ)의 경우 신체와 관련된 위치 개념을, (12ㄴ)의 '뒤'는 '북쪽'이라는 방위로서의 위치 개념을 제시하고 있다. 이와 맞물려, 근대 문헌자료에 '南 압 남'〈칠장, 21〉, '南 앏 남'〈송광, 21〉 따위의 '앞' 관련 자료들이 있

는 것으로 봐서 중세국어의 시기에서도 '방위' 개념으로서의 '앞'은 존재했을 것이라 생각된다.

한편, '뒤'의 경우에는 근대국어의 시기에 오면 '귀 뒤희'〈두창, 6〉나 '곡뒤 뒤혜'〈가례, 146〉에서 보듯, 중세국어에 안 보이던 신체 관련 어휘들도 빈번하게 등장하게 된다. 다시 말해, '뒤'의 출현 빈도가 중세국어의 시기와는 비교할 수 없을 만큼 생산적이라는 것인데, 이는 '앞'과 '뒤'의 언해 과정의 문제와 연관성이 있는 것으로 생각된다. '앞'의 경우 해당 한자인 '前'이 그대로 대응되어 언해된 반면, '뒤'의 경우 '後'가 가지는 모든 의미가 대응되어 언해된 것이 아니기 때문이다. 이는 시간 의미에서 더욱 선명하다(손평효 2012: 40-47 참조). 그러니까 근대국어의 시기에 와서는 중세국어의 시기에 '뒤'로 언해되지 않았던 '後'가 '뒤'로 언해되어서 나타난다는 것이다.

다음은 '안'과 '밖'이 공간 개념을 함의하는 경우이다.

(13) ㄱ. 극장 안과 밖의 날씨는 완전히 달랐다.
 ㄴ. 회사에서 일어난 일은 회사 안에서 처리하시오.
 ㄷ. 저고리에 명주로 안을 넣다.
 ㄹ. 아버지께서 사랑에서 안으로 들어가셨다.
 ㅁ. 변변치 않지만 제 안이 차린 음식입니다.

(14) ㄱ. 극장 안과 밖의 날씨는 완전히 달랐다.
 ㄴ. 옷장 안은 깨끗했으나, 밖은 긁힌 자국으로 엉망이었다.
 ㄷ. 어머니는 동구 밖에까지 따라 나오며 우리를 배웅하셨다.
 ㄹ. 당장 머물 곳이 없으니 밖에서 밤을 지새워야 할 판이다.
 ㅁ. 밖에서 하는 일을 제가 어찌 알겠습니까?

(13ㄱ)의 '안'은 '어떤 물체나 공간의 둘러싸인 가에서 가운데로 향한 쪽'을, (14ㄱ)의 '밖'은 '무엇에 의하여 둘러싸이지 않은 공간이나 그쪽'을

가리킨다. 이들의 쓰임새는 기본적인 것인 만큼, '내외(內外)'의 의미영역 중에서는 가장 널리 쓰인다. (13ㄴ)의 '안'은 '조직이나 나라 따위를 벗어나지 않은 영역'의 뜻을 내포하고 있다. (13ㄱ)의 '안'이 특정의 물리적 공간 개념만을 가리키는 것이라면, (13ㄴ)은 비가시적인 영역의 개념을 가진다는 차이가 있다. 한편, (13ㄷ)의 '안'은 구체적인 공간 개념에서는 이미 벗어나 있다. 무엇보다 '밖'과 직접 대응되지 않는다는 점에서 이는 또렷하다. 여기서의 '안'은 '옷 안에 받치는 감(옷감)'을 말한다. '안감을 대다', '양복 안감' 따위로 쓰이는데, 주로 옷과 관련해서만 쓰인다는 제약이 있다. 물론 '옷의 내부'라는 측면에서 여전히 공간 개념의 흔적은 가지고 있다. (13ㄹ)의 '안'은 '사랑방, 사랑채'와 대를 이루는 '안방', '안채'의 의미로 쓰이는 경우이다. 마찬가지로 '일정 기준의 내부'라는 의미의 공통분모를 가지고 있지만, 이 또한 한정된 영역에서만 쓰이는 제약을 가진다. 그리고 (13ㅁ)의 '안'은 구체적인 공간 의미는 더욱 약화된 채 쓰이는 경우로 '아내'를 가리킨다. '안사람' 정도에서만 그 흔적을 찾을 수 있을 만큼, 그 쓰임새는 극히 제한적이다. 이렇게 본다면, (13ㄷ, ㄹ, ㅁ)의 경우에는 'X의 내부(內部)'라는 점에서는 공통점을 가지지만 (13ㄱ, ㄴ) 따위의 기본 의미에 비하면 그 의미가 제한적이고 일부 추상화된 상태에 있는 경우라 해야겠다.[7]

반면, (14ㄴ)이나 (14ㄷ)의 '밖'은 (14ㄱ)의 공간 의미와 큰 차이는 없지

---

7) 한편, '안'과 유사한 위치 공간말로 '속'이 있다. '속'이 가지는 기본적인 의미는 두 가지다. 첫째, '거죽이나 껍질로 싸인 물체의 안쪽 부분'을 가리킨다. '수박 속'이나 '연필 속', '속은 벌레가 다 먹었다.' 따위로 쓰인다. 둘째, '일정하게 둘러싸인 것의 안쪽으로 들어간 부분'을 가리킨다. '이불 속'이나 '우물 속', '적진 속으로 뛰어들다.' 따위가 그것인데, 첫째보다는 다소 추상화된 느낌도 가진다. 여기서 보면, 둘째의 경우 '안'으로 대치될 수 있는 요소가 보인다. '이불 안'이나 '우물 안' 따위는 충분히 대치가 가능한 경우가 된다. (13)의 '안'의 경우는 모두 '속'으로 대치하는 것은 무리라 생각된다. (13ㄱ, ㄴ)의 경우 '속'의 첫째 의미와는 거리가 있고, 나머지 (13ㄷ-ㅁ)의 경우는 이미 중심 의미에서 많이 벗어난 까닭으로 판단된다.

만 보다 국한된 개념이라는 차원에서 차이가 있다. (14ㄴ)의 '밖'은 '겉이 되는 쪽이나 부분', (14ㄷ)의 '밖'은 '어떤 선이나 금을 넘어선 쪽'이라는 점에서 (14ㄱ)보다는 제약이 있다. 물론 '어떤 기준의 바깥쪽'이라는 공통분모는 여전히 유지한 상태이다. 그러나 (14ㄹ, ㅁ)의 경우에는 이들 의미에서 다분히 추상화된 경향의 공간 개념이 가미된다. (14ㄹ)의 '밖'은 '사방, 상하를 덮거나 가리지 아니한 곳, 곧 집채의 바깥'을 의미한다. 그런 점에서 '한데'라는 말과도 대치 가능할 것이다. 끝으로 (14ㅁ)의 '밖'은 공간 개념보다는 사람 관련 의미가 더 크게 덧입혀진 말이다. 여기서 '밖'은 '바깥양반', 즉 '아내'와는 대칭적인 '남편'의 의미를 지닌다. 따라서 (13ㅁ)의 '안'과는 짝이 되는 개념이라 해야겠다. 이 또한 '대문'이라는 특정의 기준을 바탕으로 한 공간 개념이 의미 확장된 경우이다. '대문의 밖'이라는 구체적인 공간에서 '남편'이라는 의미의 지칭어로 의미의 전이가 발생한 것이다.8)

'안'과 '밖'이 공간 의미를 가지게 된 것 또한 오래 전의 일이다. 중·근대국어의 문헌자료에는 이들과 관계되는 자료를 흔히 볼 수 있다. '위, 아래'나 '앞, 뒤'와 마찬가지로 인간의 생활과 밀착된 표현들인 까닭에 훨씬 이전부터 발달했으리라 생각된다.

중세국어의 시기를 보면, '宮 안ㅎ'〈석상, 3.6ㄴ〉, '大闕 안ㅎ'〈석상, 24.19ㄱ〉과 '門 밧긔'〈석상, 3.21ㄱ〉, '城 밧긔'〈석상, 24.51ㄴ〉 따위에서, '안, 밖'의 가장 기본적인 의미들을 쉽게 살필 수 있다. 이들은 모든 문

---

8) '안'과 '속'이 유사한 공간말의 영역을 보인다면, '밖'은 '겉'이 대응된다. '겉'의 경우 '밖'에 비하면 지칭하는 의미의 범위가 아주 좁다. 사전에서는 공간의 구체성을 띠는 의미를 한 가지로 처리하고 있다. '물체의 바깥 부분'을 의미한다는 것인데, "봉투 겉에 주소를 쓰다."와 같이 나타난다. "이 화로는 겉은 쇠로 되어 있고, 안은 황토를 두껍게 발라 만들었다."에서 보면 '안'과 '겉'으로 대칭적인 의미를 보여준다. "뫼비우스의 띠는 안과 겉을 구별할 수 없는 곡면으로 되어 있다."의 쓰임 또한 마찬가지다. 이로 보면, '안, 속', '밖, 겉' 따위에서도 의미적인 영역이 겹치는 부분이 있음을 알게 된다.

헌자료에서 발견된다고 할 만큼, 지극히 생산적이다. 뿐만 아니라, '비 안ㅎ'〈구급-상, 18ㄴ〉, '목 안ㅎ'〈구급-상, 44b〉, '입 안ㅎ'〈구급, 1.108ㄱ〉, '몸 밧긔'〈능엄, 1.53ㄱ〉, '입 밧긔'〈내훈, 1.5ㄴ〉 따위에서 보듯, 특정 신체를 기준으로 한 '안, 밖'의 쓰임새도 흔히 발견된다. 모든 사물이나 대상에는 '내부'와 '외부'의 개념적 구분이 요구되는 까닭에 일찍이 높은 생산성을 보였을 것이다. 그런 생산성은 구체적인 대상뿐만 아니라 그 범위를 넓혀 다소 추상적인 대상에까지 확장되어 나타난다.

(15) ㄱ. 四海ㅅ 안히〈논어, 3.21ㄴ〉, 三界 밧긔〈석상, 3.20ㄴ〉, 娑婆世界 밧긔〈월석, 1. 21ㄴ〉, 湏彌山 밧긔〈월석, 1.22ㄴ〉, 虛空 밧긔〈능엄, 3.33ㄱ〉.
ㄴ. 思議 밧긔〈원각-서, 40ㄴ〉, 말 밧긔〈선종-서, 11ㄴ〉.

(15ㄱ)의 경우, 구체적인 공간 개념으로서가 아니라 '어떤 세계'를 기준으로 하고 있는 '안'과 '밖'이다. 그것은 '湏彌山 밧긔'와 같이 구체적인 공간 개념을 기준으로 할 수도 있고, '虛空 밧긔'나 '娑婆世界 밧긔'처럼 다소 관념적, 추상적인 공간을 기준으로 하기도 한다. 이 같은 공간 개념은 (15ㄴ)과 같이 결국은 추상적인 대상의 경계에까지 나아가게 된다. 여기에 대해서는 뒤에서 세부적으로 다루기로 한다.

당연한 것이지만, 근대국어에 와서도 이런 예는 많이 발견된다. '사발 안해'〈두창-하, 50ㄱ〉, '遼東 잣 안해셔'〈노걸-하, 14ㄱ〉, '문 밧긔'〈서궁, 27ㄱ〉, '동문 밧긔'〈산성, 38〉의 경우들은 구체적인 기준점을 가진 '내부/외부'의 공간 개념을 보이는 경우다. 반면, '눈 안히'〈마경-하, 22ㄴ〉, '목 안히'〈벽온, 2ㄱ〉, '입 밧긔'〈서궁, 35ㄱ〉 따위는 신체를 기준으로 한 '내부/외부'의 의미를 보이는 예가 된다.

이 같은 생산성은 결국 '이, 그, 저' 따위의 지시 관형사가 기준점을 대신 제시하는 예들까지 익숙하게 만나게 한다. 이런 간접 표현이 이미 중세국어의 시기에 그 흔적을 보인다는 점에서, 위치 공간말이 얼마나 일찍부터 생산적으로 쓰이기 시작했는지를 인지할 수 있다. (16, 17)은 그 예의 일부를 보인 것이다. (16)은 중·근대국어의 예를, (17)은 중세국어 시기에 한정하여 제시한 것이다.

(16) ㄱ. 그 안해 사룸 罪 줄 연자올 地獄 구티 밍구느니라〈석상, 24.14ㄱ〉
ㄴ. 하눐콰 짜쾌 그 안해 잇고〈금강, 1.11ㄴ〉
ㄷ. 그 안히 엇디 ㅎ시뇨〈순천, 3.18〉
ㄹ. 의 안희 대저 널여듧 곳이 이시딕〈을병3. txt(509)〉[9]
ㅁ. 의 밧긔 쏘 본 거시 업느냐〈텬로, 54ㄱ〉

(17) ㄱ. 이 밧긔 느외야〈월석, 11.93ㄴ〉
ㄴ. 이 밧긔 쏘 어늬 親ㅎ료〈금강, 5.6ㄴ〉
ㄷ. 그 밧긔 各別히 더으라〈월석, 25.56ㄱ〉
ㄹ. 그 밧긔 이리 므스 이리〈순천, 163.5〉

끝으로 (13ㅁ, 14ㅁ)과 마찬가지로, '안'과 '밖'이 '아내'와 '남편'을 표현하는 예들이 문헌자료에서는 다수 발견된다.

(18) ㄱ. 믈읫 안히며 밧기 둙이 처엄 울어든 다 셰슈ㅎ고〈소학, 2.5ㄱ〉
ㄴ. 밧과 안히 우물을 흔가지로 아니ㅎ며 湢을 흔가지로 ㅎ야 〈소학, 2.52ㄱ〉
ㄷ. 아비며 아둘이며 형이며 아이며 안히며 밧기며 큰 이며〈소학, 4.54ㄱ〉

(18)의 '안ㅎ'과 '밧'의 경우 단순히 공간 개념으로 쓰인 것이 아니라 '부부(夫婦)'의 의미로 쓰였다. 물론 공간말로서의 '안'과 '밖'으로부터 의

---

9) 이와 같은 출전 표기는 검색기 '유니콩크'에서 참조한 것을 가리킨다.

미 전이된 것이다. 현대국어에서는 이런 쓰임새는 간혹 가능하기도 하지만 점차 사라져 가는 추세에 있다. 그러나 중세, 근대국어의 경우에는 상식적인 쓰임새였던 것으로 보인다. 과거 유교 사회에서 여자는 늘 집 안에 거주하는 존재였고, 남자는 주로 밖에 머무는 시간이 많은 존재였던 사회 분위기가 언어에 그대로 반영되었기 때문이다. '안사람'이나 '바깥양반'이라는 낱말에서 일부 그 흔적이 감지된다.

이상에서 '위, 아래', '앞, 뒤', '안, 밖', 따위의 위치 공간말들이 가진 기본 개념에 대해 살폈다. 주지하다시피, 이들 공간말들은 그 본디 의미에 국한되어 쓰이는 것이 아니라, 시간이나 추상적인 의미에까지 나아간다. 이들 의미 전이는 때로는 동일 시대에, 혹은 시대를 달리하여 나타난다.

2. 시간 의미에 따라

시간 개념을 함의하고 있는 말들은 대개 사물이나 공간 개념에서 차용된다는 것이 상식이다. 우리말에서 명사인 '해'와 '달'이 그렇고 '틈'이나 '사이'가 그렇다. 동사의 경우도 마찬가지다. '시간이 {가다, 나다, 넘다, 남다, 없다}' 따위는 모두 '시간'을 주어로 하여 짝을 이룰 수 있는 동사들이다. 영어에서도 이런 예는 쉽게 찾아진다. "put a book on the table."(책을 책상 위에 놓다), "Write on paper."(종이에 쓰다) 따위에서 on은 '위쪽'이라는 공간 개념이 선명하게 확인된다. 그러나 'on Monday'(월요일에), 'every hour on the hour'(정시에)에서의 on은 이와 달리 시간적인 상황에서 놓인다. out도 마찬가지다. 'go out for a walk'(산책하러 나가다)에서는 공간 개념이 또렷하지만 'time out of mind'(아주 오랜 옛날)에서는 반대로 시간 개념을 함의하고 있다.[10]

위치 공간말의 일부도 이 같은 경향을 보인다.

(19) 한반도의 역사는 <u>위</u>로는 5천 년 이상이지만, <u>아래</u>로는 언제까지
　　　일까?

(19)의 예는 '위', '아래'가 시간 개념으로 충분히 쓰일 수 있음을 보여
준다. 여기서 '위'의 경우, '시간적 순서가 먼저 오는 것'의 의미로 설정
된다. 반대로 '아래'의 경우 '시간적 순서가 나중에 오는 것'으로 개념
규정할 수 있을 것이다.11) '나중'은 곧 '뒤쪽'과 연결된다. 그래서 시간
개념에서 '아래'는 '뒤'나 '밑'과 그 의미가 중복되고 서로 대치되더라도
의미 전달에 크게 무리가 없다. 반대로 '위'는 '앞'과 유사한 시간 개념
이 확인된다. (20)은 그 예를 보여준다.

(20) 한반도의 역사는 {위, 앞}로는 5천 년 이상이지만, {아래, 뒤,
　　　밑}로는 언제까지일까?

한편, (19)에서와 같이, 시간 개념을 '위쪽'과 '아래쪽'으로 설정했다
는 것은 시간을 '上下', 즉 수직의 개념으로 인식했다는 것을 말해준다.
이 같은 언중들의 시간 인식은 오히려 중세국어의 시기에 더욱 자연스
럽게 파악된다.

(21) ㄱ. 千載上온 즈믄 힛 우희라〈월석1, 10.22〉
　　　ㄴ. <u>千世 우희</u> 미리 定ᄒ샨 漢水北에 累仁開國ᄒ샤〈용가, 125〉

(21ㄱ, ㄴ)의 '우ㅎ'은 모두 시간 개념을 머금고 있다. '천 년의 위쪽'이

---

10) 공간어와 시간어의 상관성 내지는 영향 관계에 대한 전반적인 논의는 민현식(1999:53-76)
　　참조.
11) 사전에서 '아래'가 시간 개념을 함의하는 것으로는 언급하지 않고 있다. 그러나 '아래'의
　　쓰임에서 시간 개념을 충분히 인지할 수 있는바, 사전적 의미에 추가해야 할 것으로 생각
　　된다.

라 함은 '천 년 이전'이라는 뜻으로 시간 개념이 분명히 확인된다. 중세국어에서 이런 형태의 시간 표현을 찾는 것은 과히 어렵지가 않다. 문헌상으로는 오히려 16세기 이후, '위'가 시간 개념으로 쓰인 경우를 찾기가 어렵다. 물론, 제한된 문헌자료만을 가지고 16세기 이후에는 '위'가 시간 개념을 함의하지 않은 시기라고 규정하는 것은 무리다.

'아래'의 경우 또한 시간 개념으로 설정되는 예를 어렵지 않게 찾을 수 있다.

(22) ㄱ. 宗室에 鴻恩이시며 모딘 相올 니ᄌ실ᄊᆞᆯ 千載 아래 盛德을 술
  ᄫᅵ니〈용가, 76〉
  ㄴ. 우리둘히 千載 아래 나 맛남 어려운 보비롤 맛나〈금강—서,
  11ㄴ〉
  ㄷ. 그 어버일 니ᄌ려 삼 년 아래 긔년복졔도 이시며〈정속, 17ㄱ〉

(23) ㄱ. 몃 쳔빅 년 아래 셩현의 말ᄉᆞᆷ이 즉금 셰샹을 경계ᄒᆞᆫ 둧ᄒᆞ믈
  〈어제경, 22ㄱ〉
  ㄴ. 져 사롬은 年歲가 내게셔 五六年 아래오듸〈인어, 8.15ㄴ〉

(22ㄱ, ㄴ)의 '千載 아래'는 '천 년 아래'의 뜻이니, 중세국어의 시기에는 '미래'의 시간을 함의하는 것으로 널리 쓰였다는 사실을 알 수 있다. 한편, (23ㄱ, ㄴ)은 18세기의 자료인데, '몇 천백년 이후'나 '오륙 년 밑'이라는 뜻으로 '아래'가 시간 개념을 가졌음을 보게 되는데, 이는 흔한 경우였음을 알 수 있다. 그리고 전통적으로 시간을 '위, 아래, 뒤, 밑'과 같이 '상하(上下)'의 수직 개념으로 인식했다는 판단도 가능해진다.[12]

---

[12] 다음 예들도 '아래'가 시간 개념을 함의한 것으로 생각된다. 주로 〈석보상절〉에 등장한 예인데, '이전에, 과거에' 정도의 의미로 파악된다.
  ㄱ. 아래 즈조 듣ᄌᆞᄫᆞᆫ 마론 즉자히 도로 니저〈석상, 6.11ㄱ〉
  ㄴ. 아래 제 버디 주거 하늘해 갯다가 ᄂᆞ려와〈석상, 6.19ㄴ〉
  ㄷ. 그듸 이 굼긧 개야미 보라 그듸 아래 디나건〈석상, 6.36ㄴ〉
  ㄹ. ᄒᆞᆮ가 아래 人間애 이싫 저긔〈석상, 9.16ㄱ〉

한편, 전형적인 시간 개념은 아니지만 '위, 아래'가 '나이'를 가리키는
경우도 시간 범주에 포함시켜 논의하기로 한다.

　(24) ㄱ. 그 사람은 나보다 서너 살 <u>위</u>로 보였다.
　　　 ㄴ. 그는 나보다 두 살 <u>아래</u>다.

(24)에서 보듯, 나이를 상하 관계의 수직 개념으로 파악하고 있다는
점에서 시간의 인식과 동일하다. 여기서 (24ㄴ)의 '아래'의 경우, 또 다
른 위치 공간말인 '밑'으로 대치가 가능하다. 하지만 시간 개념과는 달
리 '뒤'와는 대치가 어렵다. 그것은 '나이'에 대한 언중들의 기본 인식이
상하(上下)의 개념이지 전후(前後)의 문제로 인식하지 않았음을 말해 준다.
　나이에 대한 이런 상하 개념의 인식은 문헌자료 상이기는 하지만 중
세국어의 시기에는 그 예를 찾기가 쉽지 않다. (25)는 18세기 근대국어
의 시기에 보이는 예들인데, 문헌자료 상으로는 이 시기에 상하 개념의
공간말인 '아래'가 '나이'와 관련되어 사용되고 있음이 확인된다.[13)]

　(25) ㄱ. 혹 삼세 오세 십세 <u>아래</u> 부모을 일커나〈지장, 12ㄱ〉
　　　 ㄴ. 저 사롬은 年歲가 내게서 五六年 <u>아래</u>오되〈인어, 8.15ㄴ〉

　위치 공간말 가운데, 시간 개념과 가장 밀접한 연관성을 가지는 경우
는 '전후(前後)' 개념의 '앞', '뒤'이다. 이는 전통적으로 시간 개념을 수평
적인 것으로 인식했다는 것과 연관된다. (26)은 '앞'과 '뒤'가 시간 개념
을 함의하는 예를 제시한 것이다.

ㅁ. 부톄 <u>아래</u> 百千萬億無數諸佛ㅅ긔 갓가비 ᄒᆞ야〈석상, 9.37ㄴ〉
13) 의외로 '위'가 '나이' 개념을 함의하는 예를 찾기가 어렵다. 중세, 근대국어의 시기에 보이
　 지 않는다.

(26) ㄱ. 우리는 <u>앞</u> 세대 분들의 글에서 누적된 경험을 존중해야 한다.

ㄴ. 리더는 <u>앞</u>을 내다보는 안목이 있어야 한다.

ㄷ. 그 문제는 <u>뒤</u>에 다시 얘기하자.

ㄹ. 그 가수의 <u>뒤</u>를 이어 더욱 기대되는 신인 가수가 출현했다.

(27) 우리는 <u>앞</u> 세대에게는 고마움을, <u>뒤</u> 세대에게는 미안함을 가져야 한다.

(26ㄱ, ㄴ)은 '앞'이, (26ㄷ, ㄹ)은 '뒤'가 시간 개념을 함의한 예이다. (26ㄱ)의 경우 '이미 지나간 시간'을 '앞'으로, (26ㄴ)은 '장차 올 시간'을 '앞'으로 설정하고 있는데, 여기서 특이한 점은 '앞'이 '과거'와 '미래'의 양극단의 시간 개념을 동시에 가진다는 것이다. 이는 'X의 앞'이라고 했을 때, X의 '前後'가 모두 '앞'으로 이해되는 것과 한가지로 생각된다. 그리고 (26ㄷ)의 '뒤'는 '시간'과 '순서'가 동시에 개입된 경우이다. (26ㄹ)의 '뒤' 또한 '선행한 것의 다음을 잇는 것'이라는 의미에서 순서적 개념이 강한 경우라 해야겠다. 한편, (27)의 경우, '앞', '뒤'를 나란히 세워 시간 개념을 살핀 것인데, 여기서 보면 '뒤'도 미래의 시간을 함의할 수 있음을 보게 된다. 그러니까 '앞, 뒤' 모두 아직 오지 않은 '미래'라는 시간 개념을 함께 가질 수 있다는 얘기로 풀이된다. 이 같은 시간 인식은 합성어에서도 고스란히 확인된다. (28)에서 합성어 선행 요소로 쓰인 '앞, 뒤'는 모두 의미적으로 '아직 오지 않은 시간'이 개입된 것으로 판단된다.

(28) ㄱ. 앞기약, 앞길, 앞날, 앞생각, 앞일, 앞말.

ㄴ. 뒷기약, 뒷길, 뒷날, 뒷생각, 뒷시대, 뒷일, 뒷말, 뒷걱정, 뒷세상.

한편, 15세기 중세국어 시기에 '앞'은 시간 개념이 선명하게 확인되지만, '뒤'의 경우는 16세기가 되어서야 일부 확인되고 근대국어에 가서 다수가 확인된다.

(29) ㄱ. 現前僧은 알픽 現호 즁이라〈월석, 8.72〉
　　 ㄴ. 부텨 滅度호 後에 알픽 부텨 업슨 적 외예는〈석상, 13.62〉

(30) ㄱ. 둘흐란 호여 뒤헤 즘숭모라 오게 호고〈번노-상, 66ㄱ〉
　　 ㄴ. 므슴 갈 곧 업수미 늘근 뒤 쥐 쐬쏘레 드롬 ㄱ티야〈선가, 16ㄴ〉

(29ㄱ)은 '앒'이 '前'을 언해한 시간 표현임을 보여준다. (29ㄴ) 또한 '이전의 부처' 정도의 뜻으로 시간 개념을 함의하고 있다. 이들은 모두 15세기 문헌자료에서 확인된다. 반면, (30)은 '뒤'가 시간 개념을 함의하는 것으로 생각되는 예인데, 15세기에는 찾기가 어렵고, 16세기에나 살필 수 있다. 그 까닭은 앞서 언급했듯이, '後'가 그 자리를 감당하고 있었기 때문이다.

(31) ㄱ. 알픽 빗나며 後에 그추미 곧호리오〈남명-상, 31〉
　　 ㄴ. 冬至 니른 後에 회 처엄 기니〈두시-초, 10.43〉

(31)의 예에서, '後' 대신 '뒤'가 쓰임직하다. 여기서 '後'는 시간 개념의 자리인데, 중세국어의 시기에는 '뒤'가 아니라 모두 '後'가 쓰였다. 공간 개념과는 달리, 시간 개념에는 '뒤'가 아니라 언해되지 않은 '後'가 그 자리를 차지했다는 얘기다. 그 결과 중세국어의 시기에 '뒤'는 대개 공간적 상황에서만 확인되고 시간 개념의 자리에서는 확인되지 않는다. 근대국어의 시기가 되어서야 비로소 시간 개념의 '뒤'가 제대로 확인된다.

끝으로 (32)는 '안', '밖'이 시간 개념을 가지는 경우를 제시한 것이다.[14]

---

14) '안'과 '밖'은 일정한 기준이나 대상의 '안쪽'과 '바깥쪽'의 위치를 가리킨다. 이 같은 공간

(32) ㄱ. 한 시간 안에 문제를 다 풀어야 한다.

ㄴ. 리더는 최소 10년 밖을 내다볼 수 있어야 한다.

(32ㄱ)의 '안'은 '일정한 표준이나 한계를 넘지 않은 정도'의 의미로 처리하고 있는데, 이는 시간적인 범위로 한정될 때 설정 가능한 경우이다. (32ㄴ)의 '밖' 또한 시간적 개념과 연관되는 것으로 생각된다. 물론 이와 같은 쓰임새가 흔한 경우는 아니다. 그 외에도 비록 조사로 처리되고 있지만, "한 시간밖에 안 걸렸다." 따위에서 시간성이 감지되는 예를 찾을 수 있다. 이는 공간 개념의 명사인 '밖'과 조사 '에'가 융합되어 '그것 말고는', '그것 이외에는' 따위의 조사로 문법화된 경우인데, 시간적인 개념은 여전히 남아 있는 경우이다.

'안', '밖'의 시간 문제에서는 현대국어보다는 오히려 중세, 근대국어에서 관심 가져야 할 게 많다. 다음 예를 보자.

(33) ㄱ. 四時 츠례로 가맨 <u>百年 안햇</u> ᄆᆞ미로다〈두시-초. 10.13ㄱ〉

ㄴ. 사ᄅᆞ미 사로미 <u>빅 년 안해</u> 病병이 이시며〈번소. 3.4ㄴ〉

(33)의 '안ᇂ'은 흔치는 않으나 중세국어에서 살필 수 있는 시간 개념을 함의한 경우에 속한다. '百年 안햇'과 '빅 년 안해'의 '안ᇂ'은 시간적인 의미가 분명히 내포되어 있는 것으로 생각된다. '밖'의 경우는 중세 문헌자료에서 쉽게 찾아지지 않는다.15) 그런데, 근대국어의 자료에서

개념이 시간의 범위로 전이된 것이다. 이 가운데 '밖'보다는 '안'이 시간 개념에 보다 적절한 것으로 언중들은 판단하는 듯하다. 그도 그럴 것이 어떤 기한이나 약속을 할 경우, 마땅히 '특정 시간의 이내'를 한정할 것이기 때문이다. 반대로 '밖'의 경우, 시간 개념을 가진 예가 '안'에 비하면 흔한 것이 아니다. "시간이 넘었다."라는 말에서 보듯이, '밖'은 특정 시간 범위를 지났을, 넘었을 때의 시간 개념을 갖는다. '밖'이라는 위치 개념은 특정의 기준점을 넘었을 때 가리키는 개념이다. '담 밖', '문 밖' 등에서의 위치 개념이 시간 개념으로 범주 이동했다는 것이다.

15) 한편, 조남호(1998: 304)에서는 '열 由旬 밧기러니〈능엄. 7.65ㄴ〉'이나 '八萬里 밧긔다가〈석상. 23.57ㄴ〉' 따위를 시간 개념어로 파악하고 있는데, 둘 모두 시간보다는 '거리'를 수치

는 '안', '밖'이 시간 개념을 함의한 예들이 무더기로 발견된다. (34)의 예들은 17세기 문헌자료들을 제시한 것인데, 선행어가 모두 시간 의미를 내포한 말들이 자리하고 있다. 이 시기에는 공간말의 시간 개념어로의 전이가 아주 활발했다는 사실이 확인되는 셈이다.16)

(34) 섯쯀 안해〈두창-상, 5ㄴ〉, 닷쇄 안해〈두창-상, 12ㄴ〉, 빅일 안해〈두창-하, 3ㄱ〉, 열 달 안해〈태산, 32ㄴ〉, 석 둘 다숫 둘 닐굽 둘 안해〈태산, 32ㄴ〉, 百日 안희〈가례, 9.42ㄴ〉, 훈 히 안희〈벽온, 1ㄱ〉, 사흘 안희〈벽온, 2ㄱ〉, 빅 날 안희〈벽온, 17ㄴ〉, 二三日 안희〈첩해-초, 7.14ㄱ〉, 빅 일 안희〈납약, 31ㄱ〉.

중세문헌자료에서 발견되지 않던 '밖'의 예 또한 근대문헌자료에서는 여럿 발견된다. 다음을 보자.

(35) ㄱ. 닷쇄 안해 돋거든 즉제 그치라 닷쇄 밧긔 없느니는 역질이 아니라〈두창-상, 12ㄴ〉
ㄴ. 금산 뫼 가온대 가만이 무덧더니 마온 날 밧긔 처엄으로 넘습흐니〈동신-충, 1:37ㄴ〉
ㄷ. 네 孔子ㅣ 沒커시놀 三年 밧긔 門人이 任을 다스려〈맹률, 3.31ㄴ〉
ㄹ. 만일 어린 아히 나히 十歲 밧긔오 눌으고〈무원록, 3.82ㄴ〉
ㅁ. 劉儀애 닐오듸 百日 안희는 닐오듸 졈라 흐고 百日 밧긔는 服次ㅣ라 흐고〈가례, 9.41ㄴ〉

화한 표현으로 처리해야 하는 게 아닌가 싶다. 여기서 '由旬'은 고대 인도의 이수(里數) 단위로, '소달구지가 하루에 갈 수 있는 거리'를 가리킨다는 점에서, 시간 개념보다는 거리 개념으로 파악해야 한다는 것이다. '유순'에는 80리인 대유순, 60리인 중유순, 40리인 소유순의 세 가지가 있다.

16) (34)의 예시는 주로 17세기 문헌자료의 예를 제시한 것이다. 18세기에도 '안'이 시간 범위를 지칭해 주는 예들은 쉽게 찾을 수 있다. '십 년 안ㅎ'〈을병2, txt650〉, '열 년 안ㅎ'〈천의, 3ㄱ〉, '오일 안ㅎ'〈천의, 1.21ㄱ〉, '두세 히 안ㅎ'〈박신, 1.12〉, '이틀 안ㅎ'〈박신, 2.20ㄱ〉, '칠일 안ㅎ'〈어제경, 23ㄱ〉, '흐로 밤 안ㅎ'〈증수, 3.90ㄴ〉, '흐로 밤 안 ㅎ'〈병학, 10ㄱ〉, '삼 년 안ㅎ'〈한중록, 86〉, '열흘 안ㅎ'〈삼역, 4.7ㄱ〉, '사흘 안ㅎ'〈삼역, 4.8ㄱ/4.10ㄴ〉, '삼 일 안'〈어제경, 28ㄴ〉, '三日 안'〈박신, 3.53ㄱ〉 등이 그들이다.

(35ㄱ)은 '닷새 넘어 없는 것은 역질이 아니다'로, (35ㄴ)은 '40일이 지나 처음으로 염습을 하니' 정도로 이해된다. 따라서 여기서의 '밖'은 '초과(超過)'의 의미로 시간 개념을 함의한 것으로 보인다. 특히, (35ㄱ)의 '닷쇄 밖'이나 (35ㅁ)의 '百日 밖'은 선행하는 '닷쇄 안ㅎ', '百日 안ㅎ'과 맞물려 그 시간적 범위가 또렷이 확인된다. (34, 35)의 예를 보면, '안'과 '밖'의 선행 자리에는 늘 기간을 나타내는 수치가 빠짐없이 자리하고 있다. '안, 밖'의 원래 의미 범주라면 '담 안/밖'이나 '학교 안/밖'처럼 공간 개념의 선행어가 왔을 자리다. 여기서 '안'의 경우에는 현대국어에서도 시간 개념으로 쓰이는 것이 아주 생산적인 측면이 있지만, '밖'의 경우는 그렇게 일상적으로 쓰이는 예가 아니다. 이 같은 현상은 문헌자료 상으로 볼 때, 17세기부터 극명하게 대비된다. 근대국어의 시기에는 '안'이 시간 개념을 함의하는 예들이 많이 발견된다. 현대국어에서도 이는 마찬가지다. 그러나 '밖'이 시간 개념으로 쓰인 예는 흔치가 않다. 이 또한 현대국어에서도 마찬가지인데, 현대국어에서는 '밖' 대신에 '외(外)', '이외(以外)' 따위의 한자어가 그 자리를 대체하고 있다. 반대로 '안'은 '내(內), 이내(以內)'보다는 여전히 생산적이다. 이는 '안'이 '밖'보다는 시간 개념을 표현하는 데는 훨씬 적절한 개념이라는 사실을 말해주는 것이다.[17]

---

17) 그런데 이 즈음에서 언급되어야 할 것은 '거리' 개념을 수치화한 표현들이다. 시간이나 거리 따위의 추상적인 개념을 수치화, 계량화하였다는 점에서 함께 다루어야 할 필요성이 있다는 생각에서다. 이러한 표현은 현대국어보다 오히려 중·근대국어에서 훨씬 생산적인 양상을 보인다.
  (1) ㄱ. 室羅筏城 四十里 안히 흔쁴 氣分을 맏느니〈능엄, 3.24ㄱ〉
     ㄴ. 千 尺 안해 사리 몯 드더니〈남명-상, 53ㄱ〉
     ㄷ. 八萬里 밧긔 다 가 더뎌 사기 봇아디게 호리라〈석상, 23.57ㄴ〉
     ㄹ. 귀 머근 사루미 百步 밧긔 디나 모긔 소리 듣돗ᄒᆞ야〈능엄, 4.3ㄴ〉
     ㅁ. 善ᄒᆞ면 千里 밧긔 應ᄒᆞᄂᆞ니〈주역, 5.15ㄱ〉
  (2) ㄱ. 17세기: 萬里 안해〈두시-중, 2.65ㄱ〉, 오십 보 안히〈연병, 3ㄱ〉, 일빅 거롬 안히〈연병, 6ㄱ〉, 쉰 거롬 안히〈연병, 23ㄴ〉, 빅 보 안히〈병학, 6ㄴ〉 ; 萬里 밧긔〈두시-중, 21.16ㄱ〉, 빅 보 밧글〈을병5.txt354〉, 수빅 니 밧긔〈동국신-효, 6.71ㄴ〉.

그런데 여기서 특이한 점은 중세국어의 시기에는 '안ㅎ'보다는 대응되는 한자인 '內'가 오히려 시간 개념의 자리에 더 활발하게 쓰였다는 점이다. (36)은 그 예를 보인 것이다.

(36) ㄱ. 天下를 ㅎ룷 內예 다 도라오샤터〈월석, 1.28ㄱ〉
ㄴ. 百年 內예 사라시며 주구믈 보니〈두시-초, 24.39ㄴ〉
ㄷ. 八萬劫 外는 어드워 보미 업서〈능엄, 10.7ㄴ〉
ㄹ. 三更 外예 자디 말며 거리예 나디 말며〈몽산-심원사, 9ㄴ〉

(36ㄱ, ㄴ)의 'ㅎ룷 內', '百年 內'에서의 '內'와 (36ㄷ, ㄹ)의 '八萬劫 外', '三更 外'의 '外'는 시간 개념을 함의하는 것이 분명하다.[18] 이들은 '안과 밖'으로 대치하더라도 의미에 전혀 문제될 게 없다. 이를 통해 중세국어의 시기에 왜 '안과 밖'이 시간 개념을 함의하는 예를 보기 힘든가에 대한 의문이 해결된다. 시간 개념의 경우 한자 '內, 外'가 '안, 밖'으로 언해되지 않은 채 그대로 쓰였기 때문이다. 아래 (37)의 많은 예는 이를 증명해 준다.

(37) 닐웻 內예〈월석, 8.54ㄱ〉, 七七日 內예〈월석, 21.104ㄱ〉, ㅎ룷 內예〈월석, 25.90ㄱ〉, 三年 內에〈구급-하, 73ㄱ〉, 닐웻날 內예〈구급-하, 91ㄴ〉, 百年 內예〈두시-초, 3.13ㄱ〉杜, 혼 둛 內예〈삼강-효, 11〉, ㄱ옰 內예〈삼강-충, 28〉, 一歲 內예〈간벽, 1ㄴ〉, 七年ㅅ 內예〈맹자, 7.23ㄴ〉.

ㄴ. 18세기: 열두어 거룸 안희〈병학, 18ㄴ〉, 오십 보 안히〈병학, 19ㄴ〉 ; 수십 니 밧긔〈을병1. txt 492〉, 빅 니 밧긔〈오륜-효, 4ㄱ〉, 수천 리 밧긔셔〈오륜-열, 50ㄱ〉, 오 리 밧근〈경신, 54ㄱ〉.

(1)의 예는 '안과 밖'이 거리 개념을 띠는 중세국어의 예들이다. 그리고 (2ㄱ)은 17세기, (2ㄴ)은 18세기 문헌자료의 예들이다. 여기서 보면, '안, 밖'의 선행어에는 주로 '理, 尺' 따위의 거리 개념어가 자리하고 있다. 보다시피, 이들은 중세국어에서나 근대국어에서 아주 흔한 예들이다. 그런 측면에서 시간 개념의 '안, 밖'과는 차이가 있다. 이는 '시간' 개념에 비해 '거리' 개념이 여전히 공간 개념을 많이 내포한 까닭과 연관성이 있는 것으로 생각된다.

18) 현대국어의 경우, '밖-外'가 '안-內'와 같이 시간 개념으로 자연스럽게 쓰이지는 않는다.

중세국어의 문헌자료에서 시간 표현의 '밖'은 아예 찾기가 어렵고 '안'의 경우에는 겨우 한두 개를 찾을 수 있을 따름인데 반해, 대응되는 한자에서 특히 '內'의 경우 (37)에서 보다시피, 중세국어의 시기만 하더라도 수십 개를 거뜬히 찾아낼 수가 있다. 이로 볼 때, 근대국어의 시기에 와서 시간 개념의 '안', '밖'이 상대적으로 생산적인 양상을 보이는 까닭은 '內, 外'가 '안', '밖'으로 전환되는 시기인 것과 연관된다는 생각이다. 시간 개념을 담당하였던 한자 '內, 外'가 점차 '안, 밖'으로 언해되어 갔다는 것이다.19)

이 같은 현상은 '안, 밖'에만 일어나는 현상은 아니다. 다른 위치 공간말에서도 유사하게 전개된다. '앞, 뒤'의 경우를 보자.

(38) ㄱ. 아바닚 뒤헤 셔샤〈용가, 28〉
　　 ㄴ. 집 앏과 집 뒤헤 다 보맃 므리로소니〈두시-초, 22.5〉
　　 ㄷ. 우리가 이 터 뒤헤 잇ㄱ젓 초댱이니〈번노, 상56〉

(39) ㄱ. 부텨 업스신 後에 法 디녀〈석상, 6.12〉
　　 ㄴ. 冬至 니른 後에 히 처엄 기니〈두시-초, 10.43〉
　　 ㄷ. 一日 後에 蓮ㅅ 고지 프리니〈월석, 8.3〉

(38)의 '뒤'는 모두 'X의 후방(後方)'이라는 의미로 구체적인 장소를 제시하고 있다. 그런데 중세국어의 시기에 '뒤'가 시간 개념을 함의하는 예는 찾기가 어렵다. 이는 현대국어와 다른 점이다. 시간 개념은 모두 (39)의 '後'가 담당하였기 때문이다. 그러다가 근대국어의 시기에 와서 시간 개념의 '뒤'의 빈도가 높아진다. 그 이유는 '뒤'가 점차 시간 개념

---

19) 물론 '안'과 '밖'이 그 빈도에서 비슷하게 나타나는 것은 아니다. '外'와 '밖'은 '內'와 '안'에 비하면 그 수가 턱없이 부족하다. 그 까닭은 역시 '밖'의 의미 바탕이 '안'에 비해 시간 개념을 함의하기에는 자연스럽지 않았던 이유에 있을 것이다. 현대국어에서 보면, '안, 內'의 경우 모든 시간 개념에 쓰일 수 있지만, '밖'의 경우는 오히려 '넘다'나 '초과(超過)' 따위의 낱말들을 사용하는 것이 일반적이다.

도 담당하게 되었기 때문이다. 이 '앞'과 대응되는 '前'에서도 유사한 상황이 있다. '앞'이 물론 시간적인 의미를 가지는 경우가 전혀 안 보이는 것은 아니다. 그러나 중세국어에서 시간 개념을 주로 담당하는 것은 '前'이었는데, (40)에서 이를 엿볼 수 있다.

(40) ㄱ. <u>二萬 劫 前</u>엔 안죽 方等般若教롤 니르시니〈월석, 14.43ㄴ〉
　　 ㄴ. 이 말스미 <u>三十 年 前</u>엔 시러 굴히여 아디 몯ᄒ고〈금삼, 4.62ㄴ〉

정리하자면, 중세국어의 시기에는 '안, 밖'이나 '앞, 뒤'가 시간 개념을 함의하는 경우는 드문데, 그것은 '內, 外'와 '前, 後' 등의 한자가 그 역할을 맡고 있었기 때문이다. 그러던 것이 근대국어의 시기에 '안, 밖', '앞, 뒤'가 시간 개념까지 담당하게 되면서 이들의 쓰임새가 다양화되었다는 것이다. 한편, '위, 아래'에 대응되는 '上, 下'가 애초부터 시간 개념을 함의한 경우는 보이지 않는다.[20] '위, 아래', '앞, 뒤'가 모두 시간 개념이 선명한 것은 전통적으로 우리 조상들의 시간에 대한 인식이 '상하(上下)'와 '전후(前後)'의 관계를 중심으로 하고 '내외(內外)'의 개념을 덧붙여 인식했음을 의미한다. 반면 '좌우(左右)'의 위치 개념을 함의하는 '옆'이나 '곁' 등도 마찬가지다. 이들이 시간적인 의미를 정면으로 의미하는 표현은 찾기가 어렵다.

3. 추상 의미에 따라

추상적인 의미는 구체적인 공간을 나타내던 말들이 의미 확장의 끝자락에 도달한 경우라 할 것이다. 위치 공간말 또한 대상과의 상대적인

---

20) '前, 後'나 '內, 外'는 '앞, 뒤'와 '안, 밖' 따위를 대체해서 쓰이는 경우가 많다. 그러나 현대국어에서도 마찬가지이지만 '위, 아래'의 자리에 '上, 下'가 허용되기는 어렵다. 아울러 '하루 前/後'나 '하루 內/外'에서처럼, 선행어에 고유어가 자리했을 때에도 '上, 下'는 위치하지 않는다.

관계를 통하여 구체적인 장소나 위치를 나타내던 것이 추상적인 개념을 함의하게 되는 예들이 많다. 다음 (41)의 '위, 아래' 예시에서 구체적인 공간 개념은 찾아보기 어렵다.

> (41) ㄱ. 우리 고유 문화의 바탕 <u>위</u>에 외국 문화를 받아들여야 한다.
> ㄴ. 그는 아직 부모의 보호 <u>아래</u>에 있다.

(41)에서의 '위'와 '아래'는 공간 개념이 아니라 '어떤 테두리나 범위, 조건, 영향 따위가 미치는 범위'를 나타내고 있다. 여기에서 구체적인 공간 개념의 의미는 찾아보기 어렵다.21) (41ㄱ)의 경우, 늘 'X의 위에'의 꼴로 쓰여서 통사적인 쓰임새에 많은 제약이 있다. X에는 언제나 추상적인 메시지를 담은 선행어가 오게 된다. (41ㄴ)의 '아래' 또한 '조건이나 영향 따위가 미치는 범위'의 의미를 가지는데, (41ㄱ)과는 대칭적인 의미이다. '위, 아래'가 가진 추상적인 의미는 이들 외에도 여럿 더 있다.

> (42) ㄱ. 얼굴은 알아보지 못하게 부서져서 피투성이가 된 <u>위</u>에, 한쪽 광대뼈가 불쑥 튀어나와 있었다〈김정한, 사하촌〉.
> ㄴ. 영희 노래 실력은 오빠보다는 한 수 <u>위</u>이지만, 언니보다는 한 수 <u>아래</u>이다.
> ㄷ. 자고로 위가 맑아야 <u>아래</u>가 맑은 법이다.

(42ㄱ)은 언제나 '-위에'의 꼴로 쓰여 '어떤 것의 바깥이나 이외'의 의

---

21) 〈표준국어대사전〉에서는 '위, 아래'의 의미를 각각 9개, 5개 정도로 파악한다. 이 가운데 추상적인 의미에 해당되는 것은 각각 3개, 2개 정도이다. '위'의 경우, 1)신분, 지위, 연령, 등급, 정도 따위에서 어떠한 것보다 더 높거나 나은 쪽. 2)((주로 '위에' 꼴로 쓰여))어떤 일이나 조건 따위에 의하여 특징지어지는 테두리나 범위. 3)((주로 '위에' 꼴로 쓰여))어떤 것의 바깥이나 이외 등이 포함된다. '아래'의 경우에는, 1)신분, 연령, 지위, 정도 따위에서 어떠한 것보다 낮은 쪽. 2)조건, 영향 따위가 미치는 범위 등이 포함된다. 이를 기준으로 본다면, '위, 아래'는 '신분'과 '범위' 등에서는 대칭되는 공통의 의미를 가지고 있다. 여기서는 '아래'의 의미에 하나를 더 추가하여 '위'와 동일하게 대응되는 것으로 처리하였다.

미를 가진다. 그러니까 "피투성이가 된 것 외에도 광대뼈가 튀어 나와 있었다."라는 얘기다. (41ㄱ)과 마찬가지로 환경적인 제약을 가진다. 그런데 이 예는 현실에서는 사실 잘 쓰이지도 않을뿐더러 그 쓰임새를 찾기가 쉽지 않은 경우이다. 의미나 쓰이는 환경에 한계가 많은 만큼, (42ㄱ)의 '위'의 경우 대응되는 '아래'의 쓰임새는 찾기 어렵다. 의미가 추상화되는 것과 환경에 제약이 많다는 것에는 연관성이 있다.

(42ㄴ)의 '한 수 위'와 '한 수 아래'에서 '위, 아래'는 '일정 기준보다 수준이나 정도, 등급 따위가 나은 쪽(낮은 쪽)'의 의미를 가진다. (42ㄴ)은 '수준'의 개념이 늘 개입된 상황에 쓰이는 까닭에 '수준이 높다/낮다'의 표현으로 대치되어 쓰이는 경우가 많다. 그리고 (42ㄷ)의 '위'는 '높은 지위에 있는 사람, 상급의 위치에 있는 기관' 등을 나타낼 때 쓰인다. (42ㄷ)의 '아래'는 반대로 '낮은 지위나 기관'을 가리킨다는 점에서 의미적으로 대칭적이다. '신분'이라는 게 '上下'의 수직적인 문제가 있다는 점에서, '위, 아래'의 위치 공간말이 차용된 것으로 생각된다.

추상화된 의미로서의 '위, 아래'는 이미 중세국어의 시기에서도 흔히 발견된다. 마찬가지로 위치 공간말이 언중들에게 생산적인 쓰임새였다는 사실이 반영된 결과일 것이다.

(43) ㄱ. 내 엇뎨 <u>우흐로</u> 先帝ㅅ 뜨들 지여ㅂ리고 <u>아래</u>로 先人의 德을 ㅎ야ㅂ려〈내훈2, 47ㄴ〉

ㄴ. <u>우흘</u> 恭공敬경ㅎ고 <u>아랠</u> 슌념ㅎ며〈육조-중, 21ㄴ〉

ㄷ. 내 벼슬이 비록 <u>우희</u> 이시나 녯 사른미 다 스양ㅎ며 피ㅎ야 <u>아래</u> 좌애 안쪄〈번소, 7.47ㄱ〉

(44) ㄱ. 힘뻐 君子의 澤을 너르게 ㅎ면 이에 <u>우희</u> 평안ㅎ고 <u>아릭</u> 順 ㅎ야〈여사서, 3.79ㄱ〉

ㄴ. 내 엇디 공경ㅎ야 밧드러 우흐로 종샤롤 완전케 ㅎ고 <u>아래</u>

로 싱녕을 보존케〈산성, 114〉

ㄷ. <u>우흐</u>로 王公國都로브터 아래로 閭巷잇 婦人〈여훈-상, 20ㄱ〉

ㄹ. 엇디 <u>우흐</u>로 우리 님금을 져비리며 <u>아릭</u>로 비혼 바롤〈오륜, 5.1ㄴ〉

(43ㄱ-ㄷ)에 제시된 '우ㅎ'이나 '아래'는 모두 중세국어의 예시인데, '지위'나 '신분' 따위를 나타내는 추상적인 의미로 생각된다. 그리고 (44)의 '위, 아래'는 근대국어의 예들을 몇 제시한 것인데, 이들 또한 마찬가지다. 상하(上下) 개념어인 '위, 아래'가 신분이나 지위 등, 인간관계 상에서의 수직적인 관념을 대신해 주고 있다. 이 같은 예들은 중세, 근대 문헌자료들을 통해 쉽게 접할 수 있는데, 유교적인 정서로 가득 차 있던 조선시대임을 생각해 볼 때, 문헌자료 상에 이런 유형의 낱말들이 다수 발견되는 것은 당연한 측면이 있다.

다음의 예도 '위, 아래'가 추상적인 메시지를 머금고 있는 경우이다.

(45) ㄱ. 이 法華經도 쏘 이 곧ᄒᆞ야 諸經ㅅ 中에 못 <u>우히</u> ᄃᆞ외니라〈법화, 6.164ㄴ〉

ㄴ. 涅槃ㅅ 길 <u>우희</u> ᄒᆞ오ᅀᅡ 녀며 ᄒᆞ오ᅀᅡ 걷논디라〈남명-상, 29ㄱ〉

ㄷ. 사르미 져제 ᄆᆞ라 허믈 <u>우희</u> ᄒᆞᄅᆞ 서너 번곰 볼로ᄃᆡ〈구급, 6.94ㄱ〉

(46) ㄱ. 불효ᄒᆞᆫ 죄 <u>우흐</u>로 하눌과 갓치 통ᄒᆞ니〈응진경, 4ㄱ〉

ㄴ. 만 가지 힝실 <u>우희</u> 쵸월ᄒᆞ야〈성해, 11ㄴ〉

ㄷ. 쏘 은혜 <u>우희</u> 은혜롤 엇는지라〈신약-요, 1.16〉

(45ㄱ)의 '諸經ㅅ 中에 못 우히'에서 '우ㅎ'은 '여러 경전 가운데 가장 위'라는 의미로 해석된다. 따라서 여기서는 '어떤 수준이나 정도, 등급 따위가 일정 기준보다 나은 쪽'의 의미를 가진다. (45ㄴ, ㄷ)은 '涅槃ㅅ 길', '허믈'이라는 관념과 결합하여 추상적인 메시지를 전달한다. 마찬가

지로 근대국어 (46)의 '죄'나 '힝실', '은혜' 따위의 선행어들은 모두 추상적인 의미를 간직한 것들이다.

'앞'이나 '뒤'의 경우, 중세와 근대국어의 시기에 추상적인 개념을 함의하는 예는 찾기가 어렵다. 물론 이는 어디까지나 문헌자료 상의 문제이기 때문에 당시 실제 언어생활에서까지 그러했을 것이라는 생각은 섣부른 것이다. 현대국어에서는 '앞', '뒤'가 각각 2가지, 3가지 정도의 추상적인 의미를 가지는 것으로 생각된다.

(47) ㄱ. 그는 자기 앞도 못 가리는 사람이다.
ㄴ. 냉엄한 현실 앞에서 그들도 어쩔 수가 없었다.

(47ㄱ)의 '앞은 '주어진 처지'이거나 '당면한 일' 등을 뜻한다. '자기 앞'이라는 것은 당연히 공간 개념으로서의 '자기의 전방(前方)'을 얘기하는 게 아니다. 추상화된 의미의 '처지나 일' 따위를 가리킨다. (47ㄴ)의 '현실 앞'도 마찬가지다. 이미 선행요소인 '현실' 자체가 추상적인 개념이다. 따라서 이 경우의 '앞은 '어떤 조건, 상태'로서의 추상적인 의미이다.

(48)의 '뒤'에 관한 예시 또한 마찬가지다.

(48) ㄱ. 혼자된 그의 뒤는 이제 누가 돌보아 주나.
ㄴ. 수술 뒤가 좋지 않다.
ㄷ. 그는 성격이 괄괄하지만 뒤는 없는 사람이다.

(48ㄱ)의 '뒤'는 '그의 후방(後方)'을 지칭하는 공간 개념으로 쓰인 것이 아니다. '어떤 돕는 힘'이라는 추상적인 의미를 가지고 있다. (48ㄴ)의 '수술 뒤'에서의 '뒤'는 '흔적, 결과', (48ㄷ)의 '뒤' 또한 '남은 감정' 정도의 추상적인 의미이다. 이들은 구체적인 대상과의 상관관계를 나타내

는 게 아닌 만큼, 뚜렷한 가시적인 기준점을 가지지 않는다. 따라서 '앞'과 대치되지 않는다.

'안'과 '밖'의 경우, 각각 두 가지 정도의 추상 의미를 갖는다.

(49) ㄱ. 사업은 내 <u>꿈 안</u>에는 없다.
ㄴ. 그녀는 <u>기대 밖</u>의 높은 점수를 얻었다.

(49)의 '안'이나 '밖'이 물리적인 경계를 기준으로 하여 '내외(內外)'의 공간 개념을 제시하는 것이 아니다. '꿈'이나 '기대'는 추상적인 전제이고 여기서 '안, 밖'은 '어떤 범위의 이내/이외'의 의미를 가진다.

한편, '안'과 '밖'은 중세국어의 시기에서도 추상적인 개념으로서의 쓰임새를 보인다.

(50) ㄱ. 오직 제 色心 <u>안해</u> 迷홀씨〈월석, 14.7ㄱ〉
ㄴ. 네 ᄆᆞᅀᆞᆷ 안해 나미 片雲이 大淸 <u>안해</u> 點혼 ᄃᆞᆺᄒᆞ니〈능엄, 9.44ㄴ〉
ㄷ. ᄆᆞᅀᆞ미 靈코 ᄉᆞᄆᆞ촌 用ᄋᆞ로 緣慮ㅅ <u>안해</u> 수므며〈금강, 2.34ㄱ〉

(51) ㄱ. 부텻 律義 <u>밧긔</u> 精苦롤 ᄯᅩ 더ᄒᆞ야〈능엄, 9.103ㄴ〉
ㄴ. 色心ㅅ <u>밧긔</u> 죰즈미 得ᄒᆞ리니〈법화, 1.148ㄴ〉
ㄷ. 내 ᄆᆞᅀᆞᆷ <u>밧긔</u> 各別히 佛敎ㅣ 잇ᄂᆞ니라〈원각-상1, 1.96ㄴ〉

(50)은 '안'이, (51)은 '밖'이 각각 추상적인 의미를 함의하는 예들이다. 이 시기에는 주로 불경자료들이 많은 까닭에 불교적인 메시지가 깃든 추상 의미들이 대부분이다. 그런데 이런 양상은 근대 문헌자료에서는 다소 달리 나타난다. '밖'의 자료들은 흔하지만 '안'과 관련된 예시들이 찾기가 쉽지 않다.

(52) ㄱ. 당초의 환난을 <u>념 밧긔</u> 만나〈계축-상, 43ㄴ〉
ㄴ. 오늘은 <u>싱각 밧긔</u> 술술이 ᄆᆞᆺ니〈첩해-초, 4.5ㄱ〉

(53) ㄱ. 聰明이 사롬의 <u>뜻 밧긔</u> 나샤 詩와 書롤 더욱 됴ᄒᆞ더시니〈어
내, 2.77ㄱ〉

ㄴ. 내 <u>마음 밧긔</u> 의논과 몸의 업ᄂᆞᆫ 일이면〈어제자-외, 20ㄴ〉

ㄷ. 쳔쳔만만 <u>몽샹 밧긔</u> 나히 칠십에 니ᄅᆞ니〈어제경, 39ㄴ〉

ㄹ. 원 <u>진휼 밧긔</u> 별노 ᄒᆞᆫ 슌을 먹이믄〈사윤음, 4ㄴ〉

(54) ㄱ. 다 텬리 <u>인졍 밧긔</u> 버셔나지 안ᄂᆞᆫ고로〈이언, 1.06ㄱ〉

ㄴ. 본국 대셩들은 다 이 <u>말숨 밧긔</u> 잇ᄉᆞᆷ이오〈셩해, 34ㄱ〉

ㄷ. 갑신 이월 쳐분은 하 쳔만 <u>몽미 밧긔</u>니〈한즁록, 288〉

자료에서, (52)는 17세기, (53)은 18세기, (54)는 19세기의 자료이다. 보다시피, '밖'이 추상적인 의미를 함의하는 예는 어렵지 않게 찾을 수 있다. 반면, 거기에 대응되는 '안'의 예들은 중세국어의 경우를 제외하고는 찾기가 어렵다. 이는 언중들에게 '밖'의 쓰임새가 '안'보다는 훨씬 많았다는 얘기가 된다. 그 결과 다른 요소와의 결합을 통하여 본디 의미와 기능에서 달리 쓰이는 예들이 근대국어의 시기에 이미 출현함을 엿볼 수 있다.

(55) ㄱ. 聰明이 사ᄅᆞ미 <u>뜯 밧긔</u> 나샤 詩와 書와롤 더욱 즐기더시니
〈내훈, 2.86ㄴ〉[22]

ㄴ. 자 <u>뜯 밧긔</u> 註엣 말을 아오로 드려 사겨시모로〈소학-범, 1ㄱ〉

ㄷ. 聰明이 사롬의 <u>뜻 밧긔</u> 나샤 詩와 書롤 더욱 됴ᄒᆞ더시니〈어
훈, 2.77ㄱ〉

ㄹ. 邂逅相逢 <u>ᄯᅳᆮ밧긔</u> 만나다〈동문-하, 59ㄴ〉

ㅁ. <u>ᄯᅳᆮ밧긔</u> 오늘 아ᄎᆞᆷ이 됴ᄉᆞ오니〈개슈10-즁, 9ㄴ〉

(55ㄱ, ㄴ)은 중세국어 시기의 '밖'이 추상 의미인 '뜯(뜻)'을 선행요소로

---

22) "<u>뜯 안해</u> 길며 뎔우미 마ᄌᆞ니 모미 못도록〈두시-초, 11.23ㄱ〉"에서, '뜯 안해'가 '뜯 밧긔'
와 대응관계를 형성한 듯 보이는데, 이는 아직 '밖'이 선행요소와 통합된 의미로 쓰이지는
않았음을 보여주는 것이다.

둔 예를 제시한 것이다. 여기서는 '뜻'이 선행요소와 아직 융합이 되지 않은 듯 보인다. (55ㄷ)의 '뜻 밧긔' 또한 아직 통합된 의미처럼 보이지 않는다. 그런데 18세기 자료인 (55ㄹ, ㅁ)의 경우 통합된 의미로 읽힌다. 다시 말해, 현대국어의 '뜻밖에'의 의미인 '생각이나 기대 또는 예상과 달리'로 이해된다는 것이다. 이후 19세기 들어서는 통합된 의미로서의 '뜻밖에'가 아주 흔하게 관찰된다. 이는 18세기 무렵에는 '뜯'과 '밧긔'가 융합하기 시작하여 한 낱말로 쓰이기 시작했다는 사실을 말해준다. 이런 추상화의 흐름은 오늘날 문법적인 기능을 갖게 되는 경우까지 나아가게 된다.

(56) ㄱ. 대한을 흥왕케 ᄒ랴면 교육<u>밧긔</u>는 업다 ᄒ노라〈독립. txt (12385)〉

ㄴ. 긔독도ㅣ 싱각ᄒ되 죽을 수<u>밧긔</u> 업다 ᄒ고 슯히 울며〈텬로, 20ㄴ〉

(56)이 그 예를 보인 것인데, 문법화의 과정을 거쳐 조사의 지위를 갖게 되는 과정을 가리킨다. 적어도 19세기의 '밧긔'는 문법적인 요소로 굳어진 것으로 파악된다.[23]

이러한 문법화는 어휘적인 요소가 추상화되는 마지막 단계라 할 것이다. 구체적이고 가시적이던 어휘적 의미가 약화되어 오로지 형식적인 기능만 남아 있는 상태이기 때문이다. 위치 공간말 가운데는 앞서 논의된 '밖'과 '위', 그리고 '뒤'가 그런 단계까지 나아가는 예를 보인다. '뒤흔들다, 뒤바뀌다, 뒤엎다, 뒤끓다'에서의 '뒤'는 더 이상 '뒤쪽'이라

---

[23] 한편, '밖'의 선행요소로 관형어가 자리하는 예들이 여럿 발견된다. 문법적인 직관으로 본다면, 이때의 '밖'은 의존명사로 처리됨 직하다. 이런 유형은 현대국어에서는 쉽게 찾을 수 있는 예들이 아니지만, 근대국어의 시기에는 흔한 꼴이다.

ㄱ. 마로의 안자 스부롤 맛는 밧긔 일즉이 뜰히 느리디 아니ᄒ며〈어속, 10ㄱ〉

ㄴ. 오직 것는 밧긔 안즈면 견철ᄒ니 이제 됴셥을 당ᄒ야 누으미 아니오〈어제경, 37ㄱ〉

는 공간 개념은 함의하지 않는다. 접사로서의 기능만 남은 것이다. '웃돈'이나 '웃어른, 웃거름, 웃자라다'에서의 '웃' 또한 마찬가지다. 한 낱말의 구성요소인 접사라는 기능적인 요소로 작용하고 있다.

4. 정리

위치를 나타내는 여러 공간말 가운데 가장 생산적으로 쓰이는 것은 '위, 아래', '앞, 뒤', '안, 밖'이다. 여기서는 이 '상하(上下), 전후(前後), 내외(內外)'의 개념어들이 갖는 의미를 문헌자료를 중심으로 그 변화 과정을 살피고자 하였다.

무엇보다 이들은 구체적인 대상과의 상대적인 관계 속에서 파악되는 공간적인 의미를 함의하는 데 그치지 않는다는 공통점이 있다. 시간 의미와 추상 의미로 변화되고 확장되어 간다는 것이다. 그 의미 전이의 주요 기제로 작용하는 것은 시간의 흐름이다. 공간말 연구에 통시적인 논의가 필요한 까닭이다.

공간말의 기본 의미인 공간 의미에서 '위, 아래', '앞, 뒤', '안, 밖'은 모두 생산적인 쓰임새를 보인다. 이미 중세국어의 시기에서조차 현대 국어와 다를 바 없는 의미의 다양성을 보여준다. 이는 이 위치 공간말이 인간의 생활과 밀착된 개념을 나타내는 말이기 때문일 것이다. 위, 아래'는 기준이 되는 대상을 기준으로 '상부(上部), 하부(下部)'의 개념을, '앞, 뒤'는 '전방(前方), 후방(後方)'의 개념을, '안, 밖'은 '내부(內部), 외부(外部)'의 개념을 나타내는 공간말이다. 이들이 가지는 위치말로서의 기본적인 의미 외에 인상적인 것은 서로 간에 동일한 개념들을 공유하는 경우가 있다는 점이다. 우선 신체 개념의 공간말에서 '아래'와 '앞', 그리고 '밑'은 대체 가능한 예들이다. 이들은 모두 특정 신체 부위(음부)를 완곡하게 표현하기 위해 동원되는 위치 공간말이다. '안, 밖'의 경우 '집안과 생활'과 관련된 의미들이 여럿 있다. '옷'과 관련된 '안'의 의미나 '안채'에서의 '안'이 가지는 의미, 그리고 '부부'의 의미를 가지는 '안, 밖' 등이 그렇다. 중세국어 이후 이들의 쓰임새는 아주 생산적인데, 결국은 지시관형사인 '이, 그, 저'를 기준점으로 하여 '안, 밖'이 통합되기도 한다.

시간 의미 바탕의 낱말들은 기본적으로 공간 의미의 낱말들에서 기원을 두는 경우가 많다. 위치 공간말들의 경우도 마찬가지여서 이들 세 부류의 공간말들은 모두 시간 개념을 가진다. 이들에서 가장 시간과 밀착된 예는 전후 개념어인 '앞, 뒤'이다. 각각 과거와 미래의 시간을 함의하는데, 이는 시간 개념에 대한 인식을 전후의 것으로 인식했다는 결론에 도달한다. '위, 아래' 또한 과거와 미래를 각각 함의하는데, 이는 시간을 상하의 개념으로 인식한 결과로 생각된다. '안, 밖' 또한 일정 기준점을 바탕으로 '내부, 외부'의 시간 개념을 지시한다. 마찬가지로 이들 시간 개념은 중세국어에서부터 이미 그 쓰임새를 보여준다. 한편, 시간 개념에서도 중복된 의미가 눈에 띈다. '앞'은 과거와 미래의 시간을 동시에 함의하기 때문에 미래의 시간을 갖는 '뒤'와 아울러 미래의 시간을 함께 지시할 수도 있다. '위' 또한 과거의 시간을 함의한다는 점에서 '앞'과 대치 가능하다. 그리고 중세국어의 시기에는 '뒤'가 시간 개념을 갖지 않는데, 그것은 한자 '後'가 시간 개념을 담당하고 있었기 때문이다. 근대국어에 들어서 '後'가 '뒤'로 언해되면서 시간 개념으로서의 '뒤'가 본격적으로 나타나게 된다.

끝으로, 위치 공간말이 추상적인 의미를 띠게 되는 경우는 두 가지로 구분된다. 우선 위치 공간말 그 자체가 추상적인 의미를 함의하는 경우이다. 여기에는 '위, 아래'가 대표적인데, '지위'나 '신분'을 '위, 아래'가 대신 지시한다. 둘째는 선행어에 추상적인 표현이 왔을 경우이다. 이런 경우에는 '추상 표현+위치 공간말'의 짜임새를 갖게 되어 해당 위치 공간말은 자연스럽게 추상적인 의미를 함의하게 되는 것이다. 이때의 추상 의미는 선행어의 유형만큼 다양해질 수밖에 없다.

정리하자면, 이들 위치 공간말들은 우선 개별 공간말이 갖는 의미 범위를 각자 유지하고 있다. 동시에 일부는 동일한 의미 범위를 가지는 예도 있다. 이런 경우에는 문맥에서 대치도 가능하게 된다.

06

맺음말

이 책은 위치 공간말 '앞'과 '뒤', '위'와 '아래', '안'과 '밖' 등의 의미, 형태, 변화 등에 대해 살피기 위해 쓰였다. 의미는 세 위치 공간말의 기본적인 의미에서부터 확장된 의미, 나아가 문법적인 의미에 대해 접근하였다. 형태는 이들 위치 공간말들이 생성해 낸 수많은 복합어 문제에 대해 다루었다. 그리고 변화의 문제는 역사적인 문헌자료를 바탕으로 하여, 세 위치 공간말의 의미, 형태, 문법 등의 변화 과정에 대해 기술하였다. 그간의 논의를 정리함으로써 맺음말에 대신한다.

공간말은 공간을 나타내는 말을 가리킨다. 공간말에 대한 개념이나 범위는 단일하지 않을 수 있는데, 여기서는 구체적인 공간 개념을 애초에 머금고 있는 낱말들에 국한하였다. 그 범위 내의 공간말 중 집중적으로 다루고자 한 것이 전후 개념어인 '앞, 뒤', 상하 개념어인 '위, 아래', 내외 개념어인 '안, 밖'이다.

먼저 '앞, 뒤'는 의미의 변화에 따른 형태의 변화는 보여주지 않는다. 15세기의 '앞'과 '뒤'가 보여주는 의미의 변화 양상은, 시대에 따라 의미가 마치 부챗살처럼 퍼져 나가는 양상으로 전개된다. 다의화를 통한 의미의 확장 양상을 일정하게 보여주는 것이다. 그리고 그 의미 확장의 중심에는 한자인 '前, 後'의 언해 과정이 자리하고 있다. 그 과정을 순서에 따라 정리해 보면 '앞, 뒤' 의미의 변화 과정을 보다 수월하게 관찰할 수 있을 것이다. '앞'은 중세에서부터 적지 않은 수의 의미 영역을 보여주는 반면, '뒤'의 경우는 겨우 3가지 의미만 보여준다. 이는 중세의 대응 한자인 '前, 後'의 언해 과정이, 결국 시대별 '앞, 뒤' 의미를 결정하는 데 있어 하나의 기제로 작용한 이유에서이다. '前'은 그대로 {앞}으로 언해되는 데 반해, '後'는 {뒤}로 언해되지 않은 경우가 훨씬 많았기 때문이다. 중세국어에서 '後'가 갖는 가장 대표적인 의미는 [시간]이었다.

무엇보다, [전방]과 [후방]이라는 공간에 대한 언중들의 인식이 언해하는 과정에서 각각 '앞—前', '뒤—後'로 구분되었을 것으로 생각된다. 이후 시대를 거듭하면서 의미가 점차 다양해졌을 것이다. 이를 정리하면 아래와 같다. 첫째, '앞'은 [전방]의 개념이 중세에는 {앒}, '前'으로 구분된다. 여기서 '{앒}'은 6가지의 의미를 보인다. '前'은 '시간(과거)'의 의미를 가진다. 이는 근대에도 동일한 양상으로 전개된다. 현대국어에서 '前'은 '前'과 '앞'으로 세분되어 '시간(과거)'의 의미를 보여준다. 물론 중심은 '前'이 아니라 '앞'이었다. 나머지 '앞'의 의미는 모두 중세국어 {앒}의 의미에서 파생된 것으로 생각된다.

　둘째, '뒤'는 [후방]의 개념이 중세에는 '{뒤}', 後'로 구분되어 나타난다. '{뒤}'는 중세, 근대국어에서 '장소'나 '방위' 등의 공간 개념을 중심 의미로 가지지만 시간 개념을 가지는 경우도 간혹 보인다. 현대국어에서는 시간 개념을 제외한 의미가 모두 여기서 파생된다. '後'는 중세에서 시간 의미를 전담하다시피 하고, 근대에서는 시간을 나타내는 '後·후(시간)'와 역시 시간을 나타내는 '뒤(시간)'를 보인다. 시간 개념으로 쓰인 '뒤'가 문헌자료에서 본격적으로 나타나는 시기는 19세기에 와서이다. 이는 그대로 현대국어까지 이어진다.

　또한 '앞'과 '뒤'의 의미 변화에는 일정한 패턴이 있는 것으로 보인다. 우선 장소를 중심으로 한 공간 의미를 기본으로 하여 점차 시간적인 의미를 나타내다가 종국에는 추상적인 의미까지로 나아간다는 것이다. 이는 문법화 과정에서 공간 개념이 보여주는 전형적인 변화의 양상을 고스란히 보여주는 것이다.

　결국 현대국어에서 보여주는 '앞'과 '뒤'의 다양한 의미는 중세국어의 의미들이 공간과 시간으로 구분되고, 그것이 확장되면서 현대국어에 이른 것으로 볼 수 있다. 그리고 이는 언해 과정에서 드러나는 형태와 의미의 이원적 구조와 관계되는 것으로 정리된다.

'앞'과 '뒤'가 보여 주는 이 같은 의미의 변화 과정은 실상 '앞', '뒤'에만 국한된 것은 아니다. 특히, 시간적인 표현들은 대개가 공간을 나타내던 말에서 전이되는 경우가 많기 때문이다. '위'나 '아래'가 그러하고 '틈'이나 '사이'가 그러하다. 이처럼 공간말이 시간을 나타내는 말로, 나아가 추상적인 의미에 이르기까지 다양한 의미의 확장 과정을 보이는 까닭은 무엇보다 특정 표현이 필요한 언어적 상황이 있기 때문이다. 인간이 기존에 가진 언어들로서는 모든 상황이나 장면을 표현해 낼 수는 없다. 그리고 새로운 언어가 필요한 상황들은 언제나 새롭게 생성되고 파생되기 마련이다. 그 때마다 인간은 새로운 말들을 만들어 낼 수는 없다. 기억하는 데 한계가 있을 뿐만 아니라 창조 내지는 시간의 한계성도 있다. 따라서 일반적으로는 기존의 형태나 의미 가운데에서 유사한 예를 발췌하거나 기존 의미의 경계를 확장시키는 방법을 택하게 된다. 이는 합성어의 형성 과정과 일맥상통하는 점이다. 특히, 시간 개념은 면이 아니라 선적인 개념이기 때문에 '앞', '뒤'가 본디 가지는 의미적 속성과 잘 맞닿아 있다. 역사적으로 '위'나 '아래'가 '앞', '뒤'와 유사한 시간적인 개념을 가지기도 하였지만, 결국 '앞', '뒤'가 선택을 받은 까닭은 시간 개념을 나타내는 데 가장 유리하고 합당하였기 때문이다.

공간을 나타내는 말을 가리켜 공간말이라 했을 때, '위'와 '아래'는 전형적인 공간말이라 할 수 있다. '위'와 '아래'는 대상을 기준으로 한 상하관계(上下關係)에 있는 위치 개념을 여러 방면에서 구체화해 주는 역할을 담당하고 있기 때문이다. '위, 아래'의 공간말 논의에서는 이러한 공간 개념말인 '위'와 '아래'가 가지는 기본 의미와 의미의 확장에 대해 살피고자 하였다.

'위'와 '아래'의 의미를 분석해 본 결과, 공간 의미를 나타내는 것, 시간 의미를 나타내는 것, 추상 의미를 나타내는 것 등 세 경우로 구분되었다. 이는 '위', '아래'가 단순히 공간 개념만 함의하는 것이 아니라, 때로는 시간적인 의미를 함축하기도 하고 더 추상화된 개념을 나타내기도 한다는 것이다. 공간 개념 내에서도 단순히 일정 기준을 중심으로 한 상하관계만을 나타내는 데 그치지 않고, 다시 몇 가지의 공간 의미가 존재함을 살필 수 있었다. 이는 공간 개념 내에서도 미세한 의미의 확장이 나타났음을 말해주는 것이다. 시간 의미는 과거의 시간과 나이를 나타내는 경우로 구분하였다. 추상 의미는 '수준'이나 '범위', '지위', '이전 내용' 등의 의미로 파악하였다. 그리고 공간, 시간 의미에서 '앞, 뒤'와 '위, 아래'의 의미가 서로 대치되는 의미적 유연성 또한 찾을 수 있었다.

　'위', '아래'의 의미가 구체적인 공간 개념에서 점차 그 의미가 확장되는 현상은 자연스럽게 문법화의 과정과 연계된다. '위'와 '아래'를 문법화의 측면에서 볼 때, '아래'가 문법화의 최종 단계에 이른 예는 보이지 않았다. 의미 확장 단계에서 머문 셈이다. 반면, '위'는 변이형태인 '웃'을 통하여 접두사로 기능하는 예들을 볼 수 있었다. 이는 '뒤'의 경우와 유사한 경우에 해당된다. 정리하자면, '아래'는 문법화 초기 단계인 의미 확장에 그치지만 '위'는 그 일부가 문법 요소에까지 나아간 경우가 있다는 것이다.

　사전 기준으로 '안'과 '밖'은 구체적인 공간 개념에서 시간, 추상적인 개념에 이르기까지 다양한 의미를 가진다. '안'과 '밖'은 대표적인 내외 개념어라 할 수 있는데, 여기에는 '속'이나 '바깥', '겉' 따위도 포함된다. 이들과의 대비를 통하여, '안', '밖'의 의미를 더욱 세부적으로 추출할 수 있었다.

'안'과 '밖'의 의미는 크게 1)공간 의미, 2)시간 의미, 3)추상 의미, 4)문법 의미로 구분하였다.

공간 개념은 단일하지가 않다. 공간 개념 내에서도 의미의 확장이 이루어지는 까닭이다. 이에 대해서는 역사적인 논의를 필요로 하였다. 구체적인 장소 개념의 '안, 밖'은 중세와 근대국어의 시기에 모두 생산적인 양상을 보인다. 또한 의미의 확장을 통해, '안, 밖'이 신체 개념과도 연관되는 예들도 확보되는데, 주로 의학서들에서 그 예를 찾을 수 있다. 한편, '안, 밖'은 역사적으로 '四海'나 '娑婆世界' 따위의 추상화된 공간, '아내'나 '남편'을 대신하는 표현으로도 나타난다.

공간 개념은 곧잘 시간 개념으로 전용된다. '안, 밖'의 경우도, 역사적으로 그 흔적이 잘 드러난다. 그런데 중세국어의 시기를 보면, '안'의 경우 드물게나마 그 예를 찾을 수 있지만, '밖'은 찾기가 어렵다. 근대국어 들어서는 '안, 밖' 모두 생산적인 양상을 띤다. 중세국어 시기, '안'의 쓰임새가 빈약한 까닭은 대응 한자인 '內'가 상대적으로 생산적이었기 때문이다. 반대로 시간 개념으로서의 '밖'이나 '外'는 모두 그 예를 찾기가 어렵다. 이는 시간 관련어로서는 '안'이 중용되었음을 의미한다.

그리고 '안, 밖'이 추상적인 환경에서 쓰인 예들은 중세·근대국어를 통해 자주 발견된다. 그런데 '안'의 경우, 중세국어에서는 생산적이지만 근대국어의 시기에서는 찾기가 어렵다. '밖'은 중세와 근대국어 모두 생산적인 모습을 보인다. 대응 한자인 '內, 外'는 모두 빈도가 극히 낮다. 추상적인 상황에서는 대응 한자인 '內, 外'보다는 '안, 밖'이 담당했던 것으로 생각된다.

끝으로, '안'과 '밖'에서 '안'이 문법적인 의미로 쓰인 예는 없다. 반대로 '밖'은 본디 의미를 유지한 채, 문법적인 의미도 가지는 형태로 나아간다. 접사인 '밭-'과 조사인 '밖에'가 거기에 해당한다.

문법화 논의는 '앞, 뒤'의 경우 '뒤'를 중심으로, '위, 아래'의 경우 '위'를 중심으로, '안, 밖' 경우 '밖'을 중심으로 이루어진다. '앞, 아래, 안' 따위가 문법적인 요소로 나아간 예는 없기 때문이다. 문법화의 본령은 어휘적인 요소가 문법적인 요소로 변화되는 것에 있다. 물론 그 범위를 넓히면 의미나 형태에서, 변화의 과정에 있는 것 또한 문법화에 포함시킬 수 있다.

'앞, '뒤'의 경우는 전자보다는 후자의 영역에 속한다. '앞, '뒤' 모두 문법소로 완결되었다고 보기는 어렵기 때문이다. 그러나 '앞, '뒤'는 문법화의 정도성에서 확연한 차이를 보인다는 특징이 있다. '앞'은 문법화의 단계에서 의미의 변화 단계에 머물러 있다고 해야 할 것이다. 의미의 변화를 거쳐 기능적 요소에까지 이른 예는 아직 또렷하게 보이지 않는다. 그러나 10여 가지의 다양한 의미 가운데는 시간이나 추상적인 의미로 전이된 예를 여럿 살필 수 있다. 또한 '앞서다'를 포함한 여러 합성어 예시를 통해 범주의 변화가 심화되는 예들도 보인다.

반면, '뒤'는 '앞'에 비해 보다 다양한 양상을 띤다. 우선, '앞'과 마찬가지로 시간이나 추상적인 의미 등으로 다양한 의미 변화를 보인다는 점에서는 '앞'과 다를 바가 없다. 하지만 '뒤'는 결정적으로 '앞'에서는 엿볼 수 없는 형식 요소로까지 변화된 결과를 보여준다는 점에서 차이가 있다. 체언이나 용언과의 결합을 통해 접두사로 전이되는 기능의 변화를 보여주기 때문이다. 이는 언중들에게 있어 '앞'보다는 '뒤'가 더욱 다양한 쓰임새와 방향성을 가졌음을 의미하는 것이다.

'앞'과 '뒤'의 문법화 과정을 살펴보면, 한 가지 특이한 점이 발견된다. 자립적인 명사의 일반적인 문법화 과정에서는 대개 의존명사의 단계를 거쳐 문법소에 이르는 특징을 보인다. 그러나 '앞'과 '뒤'는 이 같은 의존명사 단계가 보이지 않는다. 일반적으로 자립적인 명사의 문법화 과정은 의존명사의 단계를 거친다. 오늘날 문법소로 변했거나 의존명사로 존재하는 예들은 이를 잘 반영한다. '즈음'이나 '터, 데'는 문법소로 전이된 경우에, '셈, 바람, 김, 지경, 나름, 노릇' 따위는 현재 의존명사 단계에 머물러 있는 경우에 해당된다. 하지만 '앞', '뒤'는 그렇지 않다. 아직 문법화 초기 단계에 머물러 있는 '앞'이야 그렇다 하더라도 '뒤'의 경우는 이미 문법화의 마지막 단계를 보여주고 있기 때문이다.

그 까닭은 '뒤'가 보여주는 문법화의 최종 단계가 어떤 문법소로 종결되었느냐와 관련된다. 자립명사의 문법화는 그 종착지가 어미이거나 조사인 것이 일반적이다. 이런 경우의 문법화 과정은 반드시 문장 내 선후 환경과 밀착되어 있다. 통사적인 환경을 전제한다는 것이다. 선행하는 체언이나 용언과의 친소 관계에 따라 짙은 영향 관계를 가진 상황에서 때로는 어미로, 때로는 조사로 문법화된다. 그 과정에서 통사적 짜임새가 형태적 짜임새로 융합되는 과정을 거치게 되는데, 일반적으로 어미의 경우에는 선행어의 어미와 융합되고, 조사의 경우는 선행어의 조사와 결합하거나 단독으로 조사화되기도 한다.

그런데, '뒤'의 경우 문법화의 최종 단계는 조사나 어미가 아닌 낱말 구성체의 일부인 접두사이다. 접두사는 파생어의 한 구성 요소에 해당한다. 다시 말해 선·후행하는 통사적 환경으로 인해 문법화가 이루어진 것이 아니라는 논리다. 파생어는 낱말 차원에 있는 것이지 통사적 차원의 것으로 보기 어렵다는 것이다. 그보다는 의미적인 측면에서 관계 맺은 결과로 생각된다. 공간 의미를 가진 '뒤'가 선행하는 어떤 요소의 영향 때문이 아니라, 점차 어휘적인 의미를 상실함으로써 접두사로 형성되었다는 것이다. '뒤'가 가진 어휘적 의미의 속성과 접두사로서의 필요 의미가 일치되었던 까닭에 진행될 수 있었음을 말한다.

'뒤'의 문법화 과정에서 의존명사 단계가 빠져 있는 이유는 이 같은 차원에서 기인한다. 이렇게 볼 때, '뒤'가 접두사로 문법화되는 과정은 자립적인 요소였던 것이 합성어로 형성된 연후에, 다시 접두사로 파생된 것으로 정리된다. 이미 어휘적 의미를 상실한 상태에서 다른 요소와 결합한 것으로 보기는 어려울 것이기 때문이다. 이는 다른 예시에서도 마찬가지의 양상을 띤다. 그러니까 의미가 확장되고 추상화되는 의존명사의 단계는 거치지 않는다는 것이다. 의존명사를 거치는 경우는 조사나 어미 따위의 문법소로 나아간 경우가 일반적이다.

파생접사로 문법화되는 경우에는 의미의 확장이나 의존명사의 단계는 거치지 않는다. 바로 다른 요소와의 결합을 통해 합성어를 형성하는 과정에서 문법소로 전화(轉化)된다는 것이다. '암탉'이나 '수퇘지'에 나타나는 '암, 수'는 접두사인데, 이들이 의미의 확장을 거치거나 의존명사로 쓰인 예는 찾기 어렵다. 마찬가지로 '햇곡식'이나 '햇나물, 햅쌀'에 위치하는 '햇-, 햅-' 따위는 '해'에서 유래한 접두사인데, 이 또한 마찬가지다.

이상에서의 논의를 바탕으로 공간말 '앞'과 '뒤'가 보여주는 문법화를 정리하면 다음과 같다. 첫째, '앞'과 '뒤'는 문법화의 양상과 방향에서 차이를 보인다. '앞'은 문법화의 완결 상태는 보이지 않고 다양한 방향에서 의미의 확장을 보인다. 반면, '뒤'는 의미의 확장을 통해 형식 요소로의 전이를 보여준다. 어휘적 요소와 형식적 요소를 동시에 보여준다는 것이다. 둘째, '앞', '뒤'의 문법화 양상은 여타의 명사가 보여주는 문법화와 다른 점이 있다. 일반적으로 명사가 문법화 과정을 거칠 때에는 의존명사의 단계가 있지만, '앞', '뒤'의 경우 생략되고 있다. 이는 문법화의 최종 단계가 조사나 어미가 아니라 접두사인 것과 연관된다. 기본적으로 의존명사는 선행어에 매어 있는 꼴이므로, 문법화가 더 진행되면 조사나 어미와 같이 중심부의 뒤쪽에 결합되는 문법소로 나아가는 속성을 보이기 때문이다.

'위, 아래'에서 '위' 계열의 '웃'은 오늘날 접사로 처리된다. 그런데 오늘날 '위' 계열은 '위, 윗, 웃' 등 세 형태가 존재한다. 그 가운데 '웃'이 결합된 모든 예는 파생어로 처리된다. 그 과정에서 여러 의문들이 발생한다. 이런 의문은 공시적인 접근만으로는 해결하기가 쉽지 않다. 역사적인 논의가 뒤따라야 하는 이유이다. 문헌자료를 통한 역사적인 논의를 하게 되면 '웃'의 세부적인 모습을 밝힐 수 있을 것으로 보았다.

그런데 중세국어 시기의 '웃'은 현대국어의 '웃-'과 달리 접사로만 쓰이는 게 아니었다. 나아가 '웃'은 하나의 형태소가 아니라 '우ㅎ'과 'ㅅ'이 결합된 형태였던 것이다. '웃'이 쓰이는 환경 또한 형태론적인 상황뿐만 아니라 통사적인 구성에서도 아주 활발하게 사용되었다. 명사와 명사가 만나서 합성어를 형성할 때, 일정한 환경이 주어지면 거기에 사이시옷이 개입되는 현대국어와는 달리, 중세국어의 시기에는 사이시옷이 보다 복잡한 양상을 띠고 있었던 셈이다. 그래서 통사적인 환경에서의 사이시옷은 속격조사 등으로 취급하여 문법적인 측면에서 접근해야 한다는 생각에 공감할 수밖에 없다.

자연히 중세국어 '웃'에 대한 논의는 사이시옷과 관련하여 접근하게 된다. 그 결과 중세국어에서 '웃'이 쓰인 두 가지 유형, 곧 통사적인 구성과 형태적 구성은 시간적 측면에서 선후 관계에 있다는 판단에 도달했다. 그러니까 원래는 통사적 구성에서의 '웃' 짜임새에서 형태적 구성으로 전이되었다는 것이다. 그 결과 '웃+X'의 짜임새에서 'ㅅ'은 통사적 구성이었던 과거의 흔적이 남아 있는 것으로 본다는 것이다. 원래는 거리가 있던 선·후행요소를 사이시옷으로 인해 의미적 결합체를 형성하게 되는데, 그게 형태적 구성으로 나아가게 만들었다는 사실이다. 이 같은 흐름은 근대국어로 넘어가는 시기에 굳어진 것으로 생각된다. 사실 16세기 이후 '웃-통사적 구성'의 예는 찾기가 어렵다. 모두 '웃+N'의 예시들만 가득하다. 이 가운데 '웃'이 중세국어의 시기에 이미 접사로서의 기능을 담당하는 '웃머리', '웃뜯' 등의 예들이 몇몇 존재하는 것으로 보았다. 이들에서 '웃'은 공간 개념을 가지는 것도 아니고 상하 구분의 대응관계에 있는 것도 아니어서, 현대국어 '웃-'이 가지는 접사로서의 기능을 오롯이 가지는 것으로 보았기 때문이다. 따라서 접사로서의 '웃 -'은 중세국어에 이미 시작된 것으로 생각하였다.

한편, '안, 밖'에서는 '밖'이 문법화로 나아간다. '밖'는 후행하는 조사 '에'와 융합됨으로써, 오늘날의 또 다른 조사 '밖에'를 형성한다. 현대국 어 '밖에'가 갖는 다양한 모습들을, 문헌자료를 통하여 어휘화와 조사화, 어미화로 구분하여 '밖'의 문법화 과정을 살피고자 하였다.

우선 '뜻밖에'는 중세국어를 포함, 17세기 이전까지는 '쯧'과 '밧긔'가 통합된 것이 아니라, '쯧'이 선행 요소에 얽매여 있던 통사적 구성이었다. 18세기 근대국어에서는 한 단어로 처리할 수밖에 없는 예들이 통사적 구성인 예와 함께 등장, 통사적 구성과 형태적 구성이 혼재된 시기였고, 이후 19세기 말과 20세기 초에 이르러서는 완전한 하나의 낱말로 굳어져 오늘에 이르게 된다.

한편, 오늘날 조사로서의 '밖에'는 선행어가 자립명사인 경우와 의존 명사인 경우로 구분하였다. 우선 자립명사 뒤의 '밖에'는 중세국어의 시기에는 '-의 바깥에'라는 어휘적인 의미로서만 존재하였다. 17세기 근대국어의 시기에 '밧긔'가 조사의 양상을 띠는 모습을 보이다가, 19세기에 집중적으로 등장하여 20세기로 이어진다. 그리고 의존명사 뒤의 '밖에'는 19세기에 들어와서 갑자기 그 형태를 드러낸다. 의존명사 '수'와 결합된 '수밖에'가 그것인데, 그 뿌리는 같은 시기에 대량으로 등장하는 '-ㄹ 밖에 슈가 없다'의 꼴이라 생각된다. 이때의 '-ㄹ 밖에'는 의존명사 구성으로, 후행하는 '슈'와 결합하는 과정에서 자립명사였던 '슈'가 의존명사로 추상화되고 '밖에'는 조사화된 것으로 보았다.

종결어미 '-ㄹ밖에'는 종결어미가 가지는 기본적인 문법 기능을 감당하고 있다. '-ㄹ밖에'의 기원은 '밖에'가 관형사형 어미와 통합되는 환경에서 찾아야 하는데, 이런 모양새는 이미 중세국어에서부터 그 모습을 보인다. 그러나 어미 '-ㄹ'과 통합되는 모양새인 '-ㄹ#밖에'의 출현은 18세기에 들어서이다. 종결어미 '-ㄹ밖에'의 기원은 여기서 시작된 것으로 생각된다.

공간말의 복합어 형성은 아주 적극적이다. 따라서 많은 양의 복합어들을 만날 수 있다. 이는 위치 공간말들이 언중들의 언어 생활과 얼마나 밀접한 연관을 가지는지를 대변해 준다.

'앞'과 '뒤'로 형성된 복합어가 일반적인 복합어들과 다른 점은 대부분이 '앞'과 '뒤'가 선행요소로 고정된다는 것이다. '앞', '뒤'가 후행요소에 속하는 '앞·뒤+X'의 짜임새를 가지는 예는 '앞·뒤-복합어' 가운데 십여 개에 불과하다. 이는 거의 고정된 짜임새로 보아도 무방할 정도이다. 따라서 '앞·뒤-복합어'를 논의함에 있어서는 기존의 다양한 복합어 논의 방법을 취할 필요가 없다.

또한 '뒤'는 형식요소인 접미사로 전이되는 예들을 다수 가지고 있으나 '앞'은 그러한 예가 없다는 점도 특이 사항이다. 이는 복합어 형성 과정에서 '뒤'가 접미사로 결합한 '뒤-파생어'는 존재하나 '앞'이 접두사로 결합한 '앞-파생어'는 존재하지 않게 되는 결과로 이어진다. 이는 '앞'보다 '뒤'가 언중들에게 훨씬 다양한 쓰임새를 가졌다는 사실을 말해 주는 것이다. 중세국어의 양상과는 정반대인 셈인데, 중세국어에서는 '앞'이

'뒤'보다 훨씬 생산적으로 쓰였기 때문이다.

이 같은 특징들로 인해, '앞·뒤-복합어'의 유형 분류는 합성어와 파생어를 기본으로 두고, 품사로 세분화하는 방법을 취하였다.

'앞-복합어'와 '뒤-복합어' 사이에 일정한 차이가 존재한다. 첫째, 합성어에서 '앞-합성어'는 명사와 동사는 존재하지만 부사는 보이지 않는다. '뒤-합성어'는 명사와 동사, 부사를 확인할 수 있다. 합성명사 논의에서는 각각 '앞'과 '뒤'가 결합하는 위치에 따라 나타나는 특징과 예들을 중심으로 논의하였다. 그 가운데는 선행요소가 '앞·뒤'만으로 이루어지는 게 있는가 하면, '앞·뒤+X'의 꼴을 취하는 경우도 있다. '앞·뒤'가 후행요소로 나타나는 예 또한 선행요소에 나타나는 것에 비할 바는 아니지만 일부 찾을 수 있다. 합성동사는 선행요소와 후행요소가 결합되는 짜임새에 따라 구분된다. 동사에서 '앞·뒤'는 명사와는 달리 모두 선행요소에서만 나타난다. 이 같은 환경적 특징은 합성동사들이 모두 통사적 짜임새를 갖게 하는 요인이 된다.

둘째, 파생어에서는 확연한 차이를 보인다. '앞'이 접두사로는 쓰이는 예가 없기 때문이다. 따라서 '앞-파생어'는 곧 다른 접미사에 의해 형성된 예를 말한다. 반대로 '뒤-파생어'는 '뒤'가 접두사로 쓰인 예를 다수 볼 수 있고, 또한 '앞-파생어'와 마찬가지로 '뒤'는 어근으로 쓰이고 다른 접미사에 의해 형성된 파생어도 존재한다. 그리고 '뒤-파생어'는 부사로 결합된 예가 보이지 않는다.

'앞-파생어'는 접미사에 의해 파생어로 형성되고 있다. 그 가운데는 '-질, -꾼, -감, -치레, -잡이' 따위의 명사 형성 접미사에 따른 것이 있고, 접미사 '-하다'에 의해 동사가 파생되는 경우도 있다. '뒤-파생어'는 '뒤'가 접두사로 결합한 경우 외에도 다른 접미사에 의한 것도 있다. 명사의 경우는 접두사에 의한 것 외에 '-기', '-이', '-질', '-음' 등 다양한 형태의 접미사가 결합하여 형성한다. 동사의 경우는 접두사 외에 '-하다'나 '-리-, -기-, -히-, -추-' 따위와 '-거리-, -대-, -치-, -스럽-' 등에 의한 예들이 있다.

'앞, '뒤'는 여러 공간말 가운데서도 가장 기본이 되는 말이다. 그래서 그 쓰임새 또한 공간에서 시간, 추상적인 것에 이르기까지 다양한 양상을 보인다. 이는 '앞, '뒤'에 대한 논의할 거리가 적지 않다는 사실을 말해 준다. 의미론적인 논의, 형태론적인 논의, 문법화에 대한 논의 등은 모두 '앞, '뒤' 논의에서 필요한 것들이다.

첫째, '앞, '뒤'는 중세와 근대에서 다양한 꼴을 보여준다. 그런데 '앞, 뒤'의 언해 과정을 검토해 보면, '前'은 거의가 '앞'으로 언해되는 반면, '後'는 극히 일부만 '뒤'로 언해되는 양상으로 전개된다. 이 같은 양상은, 특히 중세국어에서 '뒤'의 쓰임새가 철저하게 비생산적인 결과로 나타나는 것과 밀접한 연관성을 갖는다. 빈도수에서 보면, '앞'은 '뒤'보다 압도적인 우위를 보인다. 이는 현대국어와는 전혀 다른 양상이다. 현대국어에서는 오히려 '뒤'가 '앞'보다 모든 면에서 다양하고도 생산적인 모습을 보이기 때문이다.

한편, 중세국어에서 현대국어가 가지고 있는 '뒤'의 여러 의미 가운데, 시간적인 의미를 '後'가 함의한다. 이는 중세·근대국어에서 '後'의 빈도수가 '前'의 빈도수를 압도하는 결과로 이어진다. 따라서 '뒤'는 공간 의미를 나타낼 때 사용되고, '後'는 시간 의미를 나타낼 때 쓰게 되는 의미의 이원화 현상을 만들어 낸다. 중세국어의 이 같은 양상은 결국 현대국어에 이르기까지 [후방]의 의미바탕을 가진 '뒤'의 다양한 의미를 설명하는 데 중요한 요소가 된다.

둘째, '앞, '뒤'는 현대국어에 이르는 과정에서 많은 의미의 확장을 보여준다. 현대국어에서는 '앞'과 '뒤'가 모두 10여 가지의 의미를 가지는데, 중세국어에서부터 그랬던 것은 아니기 때문이다. 구체적인 공간을 나타내는 것이 '앞', '뒤'가 가진 본디 의미이겠지만 중세국어와 근대국어를 거치면서 시간적, 추상적인 의미로 계속 확장되어 가는 양상을 보이는 것이다.

이와 같은 '앞', '뒤' 의미의 변화 양상은 일단의 문법화로도 이어지는 결과를 낳는다. 알다시피, 문법화는 본디 가지고 있던 의미를 잃어가는 것에서부터 시작되기 때문이다. '앞', '뒤' 모두 본디 의미에서 공간 또한 다양화될 뿐 아니라 시간적, 추상적 개념으로 분화되는 양상을 보인다. 그 과정에서 '앞'과 '뒤'가 이르는 문법화의 종착점에는 엄밀한 차이가 존재한다. '뒤'가 다양한 의미의 변화를 보이는 가운데, 결국은 접두사라는 형식적인 요소에까지 문법화가 진행되는 반면, '앞'은 명백하게 문법적인 요소로 칭할 만한 형태를 보여 주지는 않기 때문이다.

셋째, 공간말 '앞'과 '뒤'는 어휘 체계 속에서 단지 단일어로서만 남아 있는 것은 아니다. '앞'과 '뒤'는 우리말의 어휘부에서 지극히 생산적인 예에 속한다. 기초 어휘를 비롯한 생산성이 높은 대부분의 어휘가 그러하듯이, '앞'과 '뒤'는 다른 상위 층위 낱말의 구성 요소가 되어 새로운 낱말을 형성하는 수많은 예를 보여 준다. 다시 말해서 합성법과 파생법에 따라 형성되는 숱한 복합어들을 양산해 내고 있다는 것이다. 따라서 '앞'과 '뒤'가 결합되어 있는 수많은 낱말들을 일정한 기준에 따라 분류해 보고 분석해 보는 것은 가치를 가질 수밖에 없다.

우선, 형태론적인 입장에서 '앞', '뒤'가 결합되어 형성된 '앞·뒤-복합어'들을 유형화시키고 그 짜임새를 분석해 보았다. 그 결과 '앞·뒤-복합어' 모두 파생어보다는 합성어의 개수가 훨씬 많은 양상을 보였다. 그것은 일차적으로 중세국어와 달리 현대국어에서 '뒤'의 쓰임새가 보다 생산적인 데에 이유가 있을 것이다. 나아가 '앞'의 경우 '앞-합성어'

만 존재할 뿐, '앞'이 접사가 되어 형성해 내는 '앞-파생어'는 존재하지 않기 때문이다.

'앞·뒤-복합어'의 형태론적인 분류 방법은 품사를 분류의 기준 방식으로 선택하였다. 그것은 '앞·뒤-복합어'의 선행요소가 거의 '앞·뒤'로 고정되는 양상을 띠고 있기 때문에 다른 방법을 굳이 택할 필요가 없겠기 때문이다. 따라서 여기서는 '앞-합성어'를 명사와 동사로, '앞-파생어'를 명사, 동사, 부사로 구분하여 분석하였다. 몇 개의 예를 제외하고는 모두 '앞'이 선행요소로 자리하는 특징을 보여준다. 반면, '뒤-복합어'의 경우는 합성어와 파생어 모두 존재한다. 접두사로서의 '뒤' 또한 생산적이라는 점은 '앞-복합어'와 구분되는 가장 큰 특징이다. '뒤-합성어'는 명사, 동사, 부사로 구분되는데, 이들 또한 몇 예를 제외하고는 모두 선행요소에 '뒤'가 결합된다. '뒤-파생어'의 경우 명사와 동사를 볼 수 있다.

마지막으로, '앞'과 '뒤'가 가지는 의미를 기준으로 하여 '앞·뒤-복합어'를 의미론적 입장에서 분석해 보았다. 먼저, '앞·뒤-합성어'에서는 두 가지로 구분하여 접근하였다. 1)본디 의미를 기준으로, 2)전이 의미를 기준으로가 그것이다. 본디 의미는 공간 의미를 가지는 경우를 말하는데, 다시 공간 영역의 특징에 따라 다섯 가지로 구분하였다. 전이 의미의 경우는 시간 의미와 추상 의미로 구분하여 접근하였다. 그리고 파생어는 '뒤-파생어'만 다루었다. 접두사 '뒤'는 다시 그 의미에 따라 '몹시', '마구', '온통' 등으로 구분하여 설명하였다. 다른 접미사에 따라 형성되는 '뒤-파생어'도 존재하지만, 이는 형태론적인 입장에서 다루었기 때문에 '뒤'가 접두사로 결합된 경우만 분석 대상으로 삼았다.

'위, 아래' 결합형의 복합어 특징은 '앞, 뒤', '안, 밖'의 예와 달리 사이시옷 결합형이 많다는 점이다. 이는 역사적인 전개 과정에서의 사이시옷에 대한 논의가 필요하다는 사실을 전제한다. 그런 전제에서 이 장의 논의 목적은 크게 두 방향으로 나아간다.

첫째, '위, 아래' 복합어의 형성 과정에 대해 살피는 것이다. 현대국어에 '위, 아래' 결합의 복합어는 사이시옷 결합형이 많은 만큼, 중세국어 이후의 복합어 형성 과정을 추구해 볼 필요가 있다는 차원에서이다. 둘째, 현대국어 사전에 등재된 '위, 아래' 복합어들을 추출해 보고, 이들을 형태론적인 기준으로 분석해 보자는 것이다.

중세국어의 시기에는 사이시옷이 통사적 구성의 일부로 존재하는 경우가 일반적이다. 그러다가 근대국어에 이르러 그러한 경향은 순식간에 사라진다. 중세국어에 그렇게 생산적이던 'ㅅ-통사적 구성'의 세력이 급격하게 약화되는 데는 'ㅅ'이 단지 합성어 형성요소로 국한되기 때문이다. 'ㅅ-구성'은 근대국어 들어서는 거의가 형태론적인 상황에서만 등장한다. 현대국어에 등장하는, 사이시옷 결합의 수많은 합성어는 모두 이 같은 역사적인 흐름의 끝에 도달한 결과물일 것이다. '위, 아래'가 결합된 짜임새 또한 정도의 차이는 있으나 사이시옷의 이 같은 큰 흐름에서 벗어나지 않는 것으로 생각된다.

중세국어의 합성어에 대한 정리는 이렇다. 첫째, '위·아래+X'의 구성은 통사적 구성과 형태적 구성이 혼재되어 있던 시기이다. 둘째, '웃+X'보다는 '아래+X' 꼴이 더 많은 빈도를 보여준다. 셋째, 드물지만 '아리-통사적 구성' 꼴이 존재한다. 그러다가 16세기부터는 아예 보이지 않는다. 이는 '아래+X'의 꼴로 단일화되는 양상으로 이해된다. 넷째, '웃-' 결합의 통사적 구성은 16세기 이후 그 모습을 찾기 어려운데, 이는 형태적 구성으로 넘어간 까닭이다. 이미 중세국어의 시기가 통사적 구성과 형태적 구성이 함께하던 시기였음을 말해 준다. 다섯째, '아래-합성어'와 '아리-합성어'는 중세국어에 모두 활발하게 나타나는데, '아래'는 공간적 개념, '아릭'는 시간적 개념으로 사용되다가 점차 구분 없이 쓰이는 경향을 보인다. 이는 근대국어에 가서 '아래'로 단일화될 전조를 보여주는 것으로 이해된다.

이상을 바탕으로, 근대국어에서의 '위, 아래' 결합형인 합성어를 정리하면 다음과 같다. 첫째, '아랫-' 결합형은 17세기 이후 근대국어 내내 일정한 숫자를 보여주지만, 생산적이라 보기는 어렵다. 둘째, '아릿-' 결합형은 16세기에 보이지 않다가 18세기에 몇 예를 보인다. 그러다가 다시 19세기부터는 아예 보이지를 않는다. 셋째, '아릿-'이 사라진 대신 'ㅅ'이 결합되지 않은 '아리+X' 꼴의 유형이 17세기 이후 20세기 초까지 생산적인 양상을 띤다. 이는 근대국어에서 '아릿-' 유형이 소멸되고 '아랫-' 꼴이 생산적이지 않은 현상과 궤를 같이한다.

현대국어의 복합어는 대개 '위+X', '아래+X'의 꼴로 형성된다. '위-'의 경우, 접사인 '웃'의 결합형인 '웃+X' 꼴이 적지 않은 세력을 가진다는 점에서 차이가 있다. '아래'가 접사로 쓰인 예는 없다. '위+X', '아래+X' 꼴에서, X에 단일어가 위치하는 복합어 유형이 대다수를 차지한다. X에 합성어가 오는 경우는 '위-, 아래-' 모두 대여섯 개에 불과하다. '위(윗)-합성어'는 모두 명사로 처리되고, 파생어는 21개 정도의 예시를 보인다. '아래(아랫)-복합어'는 '아랫도리'을 제외하고는 모두 합성어로 파악된다. 끝으로 '아래위'가 선행어인 예는 5개 정도, '위/아래'가 후행요소로 나타나는 예로는 '손위, 손아래' 정도를 찾을 수 있다.

위치 공간말 '안'과 '밖'이 다른 형태와 결합하여 형성된 낱말들은 '앞, 뒤'나 '위, 아래'의 그것에 비하면 그 수가 적다. 이는 내외 개념어인 '안, 밖'의 쓰임새가 전후 개념어나 상하 개념어에 비해 언중들에게 필요한 상황이 적었다는 것과 연관될 것이다. 물론 이는 어디까지나 상대적으로 적다는 것이다. '안, 밖과 관련되어 있는 예를 감안한다면 그 수는 훨씬 늘어날 수 있다.

결론적으로 '안, 밖'이 결합된 복합어의 경우, 거의가 합성어로 조사된다. 이는 당연하게도 '안'과 '밖'이 문법적인 요소로 쓰인, 다시 말해 접사로 쓰인 예가 드물다는 사실을 말하는 것이다. 단지 몇 개만이 파생어로 처리될 수 있는 것인데, 그것도 '안, 밖' 자체가 접사로 쓰인 것이 아니라, '-하다'나 '-기' 따위의 접사가 결합됨으로써 획득된 것으로, 2차 파생에 의한 예들이다. 따라서 '안, 밖'의 복합어 문제는 파생어보다는 합성어 논의가 중심이 된다.

'안'이 결합된 복합어의 대부분은 합성어이고, 거개가 합성명사로 존재한다. 복합어의 핵심, 즉 복합어 형성의 뿌리가 되는 '안'이 명사이기 때문이다. '안' 결합의 합성어는, 선행 어근인 N_1의 성격에 따라 세분화하면 다음과 같다.

첫째, 어근2가 단일어인 경우이다. 가장 많은 예시가 해당하는 경우인데, 이들은 전형적인 N_1+N_2의 합성어에 해당된다. 동사는 '안-틀다' 하나만 보인다. 둘째, 어근2가 합성어인 경우이다. 이 가운데 '안-맞각'은 N_1+N_2의 구조가 아니라 동사 어간 '맞-'과 '각'의 결합이어서 유일하게 비통사적 합성어를 이룬다. 따라서 $[V+N]_N$의 짜임새를 가진 경우이다. 셋째, 어근2가 파생어인 경우이다. 접사 '-기, -이, -님'에 의한 합성명사와 사동접사 '-리-'에 따른 합성동사가 있다. 넷째, 어근1이 '안+X'의 복합 구조로 이루어진 경우이다.

다음은 '안-복합어'가 파생어로 처리되는 경우이다. '안'이 어근의 일부로 참여하여 형성된 파생어는 모두 13개 정도이다.

한편, 공간말 '안'의 대립어로는 접사인 '밖'뿐만 아니라 바깥, 그리고 접사인 '밭-', '겉' 따위가 있다. 이들 또한 각각의 복합어를 형성한다. '안-복합어'는 이들 중, 그 대립어로 '밖-복합어'만을 가지지 않는다. 오히려 '밭-', '바깥-'은 물론 '겉-' 등이 대신하는 경우가 더 많다. 따라서 이들은 '밖-'과는 그 형태는 다르나 의미는 다르지 않은 변이형태로서의 자격을 가진다. 그리고 '안'은 '속'이나 '밑' 등과 대체 가능한, 유의어를 형성하는 경우도 많다.

한편, '밖-'이 형성하는 복합어의 수는 '안-'의 그것에는 비할 수 없을 만큼 적다. '밖-'만 따지자면, 겨우 9개 정도를 찾을 수 있을 따름이다. 이들은 모두 합성어에 국한되어 있다. 또한 선행 어근이 '밖'으로만 제한되어 있다. 따라서 '안-'의 그것처럼 여러 유형으로 구분할 필요가 없다.

이와 같이, '밖-' 결합의 복합어의 수가 생산적이지 않은 까닭은 '밖-'의 변이형태가 오히려 생산적이라는 점과 맞물려 있다. 적어도 숫자적인 면에서 보자면, '밖-'은 내외 개념어의 중심 역할을 하지 못한다. '밭-'이나 '바깥-'에 훨씬 미치지 못한다.

그리고 마지막으로 '안'과 '밖'이 엮여서 '안팎'이 어근으로 형성된 복합어들이 있다. 아래 제시된 예들이 그것인데, 모두 17개 정도의 예를 찾을 수 있다. 유사한 공간말인 '앞, 뒤'나 '위, 아래'의 경우, 이처럼 두 위치말이 묶여서 합성어나 파생어로 형성되는 예가 드물다. 반면, '안, 밖'은 상당히 생산적인 양상을 띤다.

'앞, 뒤'와 '위, 아래', '안, 밖'은 위치 개념어라는 공통 분모를 가진 까닭에 유사한 점이 아주 많다. 동시에 공간의 방향과 개념이 다르고, 나아가 그들이 결합함으로써 형성되는 수많은 복합어들이 있기 때문에 차이점 또한 많을 수밖에 없다. 그런 점에서 상호 비교함으로써 얻게 되는 메시지 또한 많을 것으로 생각했다. 무엇보다 셋은 모두 위치를 나타내는 공간말로서 공간 개념을 인식하는 데 가장 기본적인 말이다.

공간말 가운데서는 가장 널리 쓰일 뿐만 아니라 복합어 형성에도 적극적으로 관여한다. 따라서 형태와 복합어 형성, 그리고 의미의 확장 등 논의할 거리가 많다.

먼저 '앞, 뒤'와 '위, 아래'의 형태, 의미 등에 대해 비교해 보았다. 형태적인 면에서는 다양한 변이형태들이 언제 시작되었는지를 알고자 하였고, 형태와 의미 사이의 상관성을 살피고자 하였다. 하지만 대부분의 변이형태들은 음운적 환경이나 성조 등의 환경에 따른 것이었지 형태와 의미 사이에 직접적으로 관련되는 특징은 찾기 어려웠다.

복합어 형성에서는 합성어 형성과 파생어 형성으로 구분하여 접근하였다. 합성어 형성에서는 앞·뒤–복합어와 위·아래–복합어의 제대로 된 규모를 파악하기 위해 품사에 따른 분류와 내부적인 짜임새, 그리고 결합관계에 대해 살폈다. 그 결과 합성명사가 압도적인 빈도를 보였는데, 위·아래–합성어보다는 앞·뒤–합성어가 특히 많았다. 합성동사의 경우 '위/아래'에서는 찾기가 어려웠다. 파생어 형성에서는 '뒤'와 '웃'만이 해당되었는데, '뒤'는 어근으로 쓰이는 예도 있었지만 '웃'은 접사로만 국한되는 양상을 보였다. '웃'은 역사적으로는 접사가 아니라 합성어 형성 표지였다는 사실도 알 수 있었다.

의미의 확장에 있어서는 복합어에 나타난 '앞, 뒤'와 '위, 아래'의 의미 파악에 몰두하였다. 그 결과 합성어에서는 공간 의미라는 본디 의미로서만 쓰이는 게 아니라 후행요소에 따라 또는 주체적으로 시간 의미, 추상 의미 등으로 전이되는 예들을 볼 수 있었다. 특히, 시간 의미에서는 '앞, 뒤'가 '위, 아래'보다 훨씬 선명한 의미를 내포하였다. 또한 접사로 쓰인 '뒤'와 '웃'의 의미에 대해 세부적으로 검토하였다.

'앞, 뒤', '위, 아래'의 역사적인 모습들을 관찰할 수 있었다. 그리고 이들이 단순히 위치 공간말로서의 의미만이 아니라 훨씬 다양한 의미를 함의하고 있음도 살필 수 있었다.

'위, 아래', '앞, 뒤', '안, 밖'의 비교도 이루어졌다. 위치를 나타내는 여러 공간말 가운데 가장 생산적으로 쓰이는 것은 '위, 아래', '앞, 뒤', '안, 밖'이다. 여기서는 이 '상하(上下), 전후(前後), 내외(內外)'의 개념어들이 갖는 의미를 문헌자료를 중심으로 그 변화 과정을 살피고자 하였다.

무엇보다 이들은 구체적인 대상과의 상대적인 관계 속에서 파악되는 공간적인 의미를 함의하는 데 그치지 않는다는 공통점이 있다. 시간 의미와 추상 의미로 변화되고 확장되어 간다는 것이다. 그 의미 전이의 주요 기제로 작용하는 것은 시간의 흐름이다. 공간말 연구에 통시적인 논의가 필요한 까닭이다.

공간말의 기본 의미인 공간 의미에서 '위, 아래', '앞, 뒤', '안, 밖'은 모두 생산적인 쓰임새를 보인다. 이미 중세국어의 시기에서조차 현대국어와 다를 바 없는 의미의 다양성을 보여준다. 이는 이 위치 공간말이 인간의 생활과 밀착된 개념을 나타내는 말이기 때문일 것이다. 위, 아래'는 기준이 되는 대상을 기준으로 '상부(上部), 하부(下部)'의 개념을, '앞, 뒤'는 '전방(前方), 후방(後方)'의 개념을, '안, 밖'은 '내부(內部), 외부(外部)'의 개념을 나타내는 공간말이다. 이들이 가지는 위치말로서의 기본적인 의미 외에 인상적인 것은 서로 간에 동일한 개념들을 공유하는 경우가 있다는 점이다. 우선 신체 개념의 공간말에서 '아래'와 '앞', 그리고 '밑'은 대체 가능한 예들이다. 이들은 모두 특정 신체 부위(음부)를 완곡하게 표현하기 위해 동원되는 위치 공간말이다. '안, 밖'의 경우 '집안과 생활'과 관련된 의미들이 여럿 있다. '옷'과 관련된 '안'의 의미나 '안채'에서의 '안'이 가지는 의미, 그리고 '부부'의 의미를 가지는 '안, 밖' 등이 그렇다. 중세국어 이후 이들의 쓰임새는 아주 생산적인데, 결국은 지시관형사인 '이, 그, 저'를 기준점으로 하여 '안, 밖'이 통합되기도 한다.

시간 의미 바탕의 낱말들은 기본적으로 공간 의미의 낱말들에서 기원을 두는 경우가 많다. 위치 공간말들의 경우도 마찬가지여서 이들 세 부류의 공간말들은 모두 시간 개념을 가진다. 이들에서 가장 시간과 밀착된 예는 전후 개념어인 '앞, 뒤'이다. 각각 과거와 미래의 시간을 함의하는데, 이는 시간 개념에 대한 인식을 전후의 것으로 인식했다는 결론에 도달한다. '위, 아래' 또한 과거와 미래를 각각 함의하는데, 이는 시간을 상하의 개념으로 인식한 결과로 생각된다. '안, 밖' 또한 일정 기준점을 바탕으로 '내부, 외부'의 시간 개념을 지시한다. 마찬가지로 이들 시간 개념은 중세국어에서부터 이미 그 쓰임새를 보여준다. 한편, 시간 개념에서도 중복된 의미가 눈에 띈다. '앞'은 과거와 미래의 시간을 동시에 함의하기 때문에 미래의 시간을 갖는 '뒤'와 아울러 미래의 시간을 함께 지시할 수도 있다. '위' 또한 과거의 시간을 함의한다는 점에서 '앞'과 대치 가능하다. 그리고 중세국어의 시기에는 '뒤'가 시간 개념을 갖지 않는데, 그것은 한자 '後'가 시간 개념을 담당하고 있었기 때문이다. 근대국어에 들어서 '後'가 '뒤'로 언해되면서 시간 개념으로서의 '뒤'가 본격적으로 나타나게 된다.

끝으로, 위치 공간말이 추상적인 의미를 띠게 되는 경우는 두 가지로 구분된다. 우선 위치 공간말 그 자체가 추상적인 의미를 함의하는 경우이다. 여기에는 '위, 아래'가 대표적인데, '지위'나 '신분'을 '위, 아래'가 대신 지시한다. 둘째는 선행어에 추상적인 표현이 왔을 경우이다. 이런 경우에는 '추상 표현+위치 공간말'의 짜임새를 갖게 되어 해당 위치 공간말은 자연스럽게 추상적인 의미를 함의하게 되는 것이다. 이때의 추상 의미는 선행어의 유형만큼 다양해질 수밖에 없다.

참고 문헌자료 목록

〈15, 16세기〉

용비어천가	1447
월인천강지곡	1447
석보상절	1447
훈민정음언해	450년 경
월인석보	1459
구급방언해	1461
능엄경언해	1463
선종영가집언해	1464
원각경언해	1465
법화경언해	1466
몽산어법언해	1467
목우자수심결	1467
삼강행실도	1471
내훈	1475
두시언해(초간본)	1481
금강경삼가해	1482
남명집언해	1482
구급간이방언해	1489
금양잡록	1492
순천김씨언간	15세기
번역노걸대	1510년 경
번역박통사	1510년 경
속삼각행실도(초간본)	1514
번역소학	1518
정속언해	1518
여씨향약	1518
이륜행실도(초간본)	1518
여씨향약언해	1518

훈몽자회	1527
성산별곡	1560
선가귀감	1564
칠대만법	1569
선가귀감	1569
천자문(광주본)	1575
안락국태자전	1576
백련초해	1576
신증유합	1576
경민편언해(초간본)	1579
속삼강행실도(중간본)	1581
소학언해	1588
논어언해	1590
효경언해	1590
맹자언해	1590
장수멸죄호제동자다라니경	16세기 경
유합	16세기 경

〈17, 18, 19세기〉

주역언해	1606
언해두창집요	1608
언해태산집요	1608
사제곡	1611
연병지남	1612
계축일기	1612
시경언해	1613
동국신속삼강행실도	1617
가례언해	1632
두시언해(중간본)	1632

산성일기	1636	윤음언해	1781
병자일기	1636년 경	첩해몽어	1790
권념요록	1637	몽어노걸대	1790
벽온신방	1653	인어대방	1790
어록해	1657	증수무원록	1792
칠장천자	1661	오륜행실도	1797
두창경험방	1663	광재물보	1798
두창경험방	1663	을병연행록	18세기
농암가	1665	한중록	1800년 경
노걸대언해	1670	규합총서	1809
첩해신어	1676	물명고	1820년 경
박통사언해	1677	이언언해	1875
마경초집언해	1682	조군영적지	1881
역어유해	1690	명성경언해	1883
언해납약증치방	7세기 경	잠상촬요	1884
두창경험방언해	1711	사민필지	1889
오륜전비언해	1721	텬로역정	1895
청구영언(대학본)	1728	독립신문	1896 이후
송광천자문	1730	한영자전	1897
삼강행실도	1730	한영자전	1897
여사서언해	1736	명성쥬현신개운던	19세기
어제내훈	1736		
첩해몽어	1737		

〈20세기〉

천의소감언해	1744	신학월보	1900
동문유해	1748	대한매일신보	1904
개수첩해신어	1748	경향보감	1906
지장경언해	1762	고목화(이해조)	1907
청어노걸대	1765	그 초기(염상섭)	
몽어유해	1768	임꺽정(홍명희)	1928
십구사략언해	1772	젊은 그들(김동인)	1931
삼역총해	1774	운현궁의 봄(김동인)	1933
명의록언해	1777	고향(이기영)	1933
방언유석	1778	이런 음악회(김유정)	1936
한청문감	1779		

생의 반려(김유정)	1937		머나먼 쏭바강(박영한)	1977
형(김유정)	1939		사람의 아들(이문열)	1979
대를 물려서(염상섭)	1958		녹두장군(송기숙)	1981
광장(최인훈)	1960		유민(한수산)	1982
새날의 지성(박종홍)	1962		불의 제전(김원일)	1983
회색인(최인훈)	1964		쌈짓골(김춘복)	1984
소시민(이호철)	1964		황색인(이상문)	1987
대지의 학대(오유권)	1964		타오르는 강(문순태)	1987
한국의 인간상(정병욱)	1967		태백산맥(조정래)	1989
토지(박경리)	1969		미망(박완서)	1990
장한몽(이문구)	1971		해일(한승원)	1991
야호(하근찬)	1972		토지(박경리)	1994
돼지꿈(황석영)	1973		혼불(최명희)	1996
도시의 흉년(박완서)	1975			

참고문헌

1. 사전 및 문헌자료

국립국어원(2018. 현재), 표준국어대사전(인터넷 판).

대제각 편(1988), 중세·근대 문헌자료 여러 권.

박성훈(2009), 『노걸대 언해 사전』, 태학사.

박성훈(2010), 『번역 박통사 사전』, 태학사.

박재연(2001), 『고어사전』-낙선재 필사본 번역고소설 중심으로-, 이회.

박재연, 김영, 이민숙(2005), 『홍루몽 고어사전』, 이회.

백문식(2010), 『우리말 부사사전』, 도서출판 박이정.

유창돈(1964), 『이조어사전』, 연세대학교 출판부.

최동전(1990), 『조선말사전』, 동광출판사.

한글학회(1992), 『우리말 큰사전(1,2,3)』, 어문각.

한글학회(1992), 『우리말 큰사전(4)』(옛말과 이두 편), 어문각.

현대문학 여러 작품.

홍문각 편(1988), 중세·근대 문헌자료 여러 권.

홍윤표(1995), 『17세기 국어사전(상, 하)』, 태학사.

2. 논문 및 저서

강명윤(1997), 「언어 변화: 혼돈과 질서」, 『국어사연구』(국어사 연구회), 태학사.

강우원(1996), 『국어 이음말의 문법』, 인제대 출판부.

고영근(2005), 「형태소의 교체와 형태론의 범위」, 『국어학 46집』, 국어학회.

고영근구본관(2008·2010), 『우리말 문법론』, 집문당.

고영진(1995), 국어 풀이씨의 문법화 과정에 관한 연구, 연세대 박사논문.

구본관(1998), 『15세기 국어 파생법에 대한 연구』, 국어학총서30, 국어학회.

구본관(2004), 「어휘의 변화와 현대국어 어휘의 역사성」, 『국어학 45집』, 국어학회.

구본관(2004), 「현대국어와 역사성」, 『국어학 45』, 국어학회.

구현정·이성하(2001), 「조건 표지에서 문장종결 표지로의 문법화」, 『담화와 인지8』, 담화·인지언어학회.

국립국어연구원(1996), 『국어의 시대별 변천·실태 연구1(중세국어)』, 일신정판사.

권경근(2005), 「현대국어의 음운론적 역사성」, 『국어학 45』, 국어학회.

권경근(2012), 「음운론과 형태론의 인접 현상으로서의 동화」, 『우리말 연구31집』,

　　　　우리말학회.

권영환(1993), 우리말 도움풀이씨 연구, 부산대 석사논문.

권용경(1993), 「15세기 국어 사이시옷의 예외적인 쓰임에 대하여」, 『국어사 자료와
　　　　국어학의 연구』(안병희 선생 회갑기념논총: 서울대대학원 국어연구회 편),
　　　　문학과 지성사.

권용경(2000), 국어 사이시옷에 대한 통시적 연구, 서울대 대학원 박사학위논문.

기주연(1994), 『근대국어 조어론 연구(I)』, 태학사.

김광해(1994), 「한자 합성어」, 『국어학24』, 국어학회.

김기혁(1994), 「문장 접속의 통어적 구성과 합성동사의 생성」, 『국어학24』, 국어학회.

김동식(1994), 「복합명사를 찾아서」, 『국어학24』, 국어학회.

김미령(1996), 우리말 겹이름씨 연구, 부산대 석사 논문.

김봉모(1984), 「국어 'N1-N2' 구조 연구」, 『새결 박태권 선생 회갑 기념 논총』, 제일
　　　　문화사.

김수태(2005), 『마침법 씨끝의 융합과 그 한계』, 박이정.

김양진·김유범(2002), 「중세국어 이어긔, 그어긔, 뎌어긔'에 대하여」, 『진단학보92』,
　　　　진단학회.

김언주(2005), 『역주 능엄경언해II』, 세종출판사.

김영선(2010), 「국어 활용형의 통시적 변화 연구」, 『동남어문논집 30집』, 동남어문학회.

김영욱(1995), 『문법형태의 역사적 연구』, 박이정.

김영일(2009), 「한국어 어휘 비교의 재인식」, 『한글』, 한글학회.

김영희(1984), 「하다': 그 대동사의 허실」, 배달말 9.

김유범(2004), 「언어 변화 이론과 국어 문법사 연구」, 『국어학 43집』, 국어학회.

김유범(2006), 「우리말 접사의 국어사적 고찰」, 『우리말 연구 19집』, 우리말학회.

김인균(2002), 「합성명사의 의미관계와 사이시옷에 대하여」, 『한국어 의미학11』. 한
　　　　국어 의미학회.

김인균(2005), 『국어의 명사 문법I』, 도서출판 역락.

김일병(2000), 『국어 합성어 연구』, 도서출판 역락.

김일웅(1991), 「낱말과 월성분」, 『우리말 연구1』, 우리말 연구회.

김정대(1985), 「화용 양상에서 통사 양상으로」, 『새결 박태권 선생 회갑 기념 논총』,
　　　　제일문화사.

김정은(1995), 『국어 단어형성법 연구』, 박이정.

김주필(1998), 「음운변화와 표기의 대응관계」, 『국어학 32집』, 국어학회.

김창섭(1996), 『국어의 단어형성과 단어구조 연구』, 태학사.

김창섭(1997), 「합성법의 변화」, 『국어사연구』(국어사 연구회), 태학사.

김창섭(2002), 「합성어」, 『새국어생활 11-1』, 국립국어연구원.

김태곤(2002), 「국어어휘의 변천 연구(6)」, 『언어학 연구』, 제주 언어학회.

김태엽(1998), 「국어 비종결어미의 종결어미화에 대하여」, 『언어학22』, 한국언어학회, 48-67.

김태엽(2000), 「국어 종결어미화의 문법화 양상」, 『어문연구33』, 충남대 어문연구회.

김현정(1997), 국어 명사의 문법화 과정 연구, 건국대 석사논문.

노재민(2009), 공간어에 관한 인지의미론적 연구, 충북대학교 박사논문.

남기심·고영근(1987), 『표준 국어문법론』, 탑출판사.

남성우(1997), 「어휘 의미의 변화」, 『국어사연구』(국어사 연구회), 태학사.

남성우(2002), 「국어 어휘의 변화」, 『언어과학연구 20』, 언어과학회.

마성식(2001), 「Ullman의 의미변화 이론과 그 적용(II)」, 『한국어 의미학6』, 한국어 의미학회.

민현식(1990), 「시간어와 공간어의 상관성」, 『국어학20』, 국어학회.

민현식(1999), 『국어문법 연구』, 도서출판 역락.

박경현(1985), 현대국어 공간개념어의 의미 연구, 명지대 박사논문.

박선자(1996), 『한국어 어찌말의 통어의미론』, 세종출판사.

박성훈(2009), 『노걸대 언해 사전』, 태학사.

박성훈(2010), 『번역 박통사 사전』, 태학사.

박소영(2017), 「분산 형태론의 이론적 동향과 한국어 문법」, 『우리말 연구49집』, 우리말학회.

박재연(2010), 「이형태 교체와 관련한 몇 문제」, 『국어학58』, 국어학회.

박창원(1997), 「연구 방법과 변화 유형」, 『국어사연구』(국어사 연구회), 태학사.

배도용(2002), 『우리말 의미 확장 연구』, 한국문화사.

백문식(2010), 『우리말 부사사전』, 도서출판 박이정.

변정민(2005), 『우리말의 인지 표현』, 도서출판 월인.

서정수(1975), 『동사 '-하'의 문법』, 형설 출판사.

서정수(1993), 「형태」, 『국어학 강좌3』, 태학사.

석주연(2009), 「국어 형태의 통시적 변화와 문맥」, 『국어교육126』, 한국어 교육학회.

손옥현·김영주(2009), 「한국어 구어에 나타난 종결어미화된 연결어미 양상 연구」, 『한국어 의미학28』, 한국어의미학회.

손평효(1997), 중세국어 대이름씨 '그어긔'의 문법화 연구, 부산대 석사논문.

손평효(2011), 「'앞', '뒤' 연구(1)-의미와 변화를 중심으로-」, 『우리말 연구29집』, 우리말학회.

손평효(2011), 공간말 '앞'과 '뒤'의 의미와 복합어 구성 연구, 부산대 박사논문.

손평효(2012), 『공간말 '앞'과 '뒤'의 연구』, 박이정.

손평효(2012), 「공간말 '위', '아래'의 의미」, 『한국어 의미학』39, 한국어 의미학회.

손평효(2013), 「'앞'·'뒤'와 '위'·'아래'의 비교 연구」, 『인문논총』31집(경남대 인문과
　　학연구소).

손평효(2013), 「통시적 논의로 보는 '웃-'의 정체성 연구」, 『우리말연구』 제35집, 우
　　리말학회.

손평효(2016), 「위치 공간말의 의미와 변화 양상」, 『우리말연구』 제45집, 우리말학회.

손평효(2017), 「'밖에'의 어휘화, 문법화 연구」, 『우리말연구』 제49집, 우리말학회.

송철의(1992), 『파생어 형성 연구』, 국어학회, 태학사.

송철의(1993), 「언어 변화와 언어의 화석」, 『국어사 자료와 국어학의 연구』, 문학과
　　지성사.

송철의(2002), 「파생어」, 『새국어생활11-2』, 국립국어연구원.

시정곤(1994), 『국어의 단어형성 원리』, 국학자료원.

시정곤(2006), 「우리말 접사의 통사론적 고찰」, 『우리말 연구19집』, 우리말학회.

신은경(2005), 『국어 공간어의 의미변화 연구』, 고려대 박사논문.

심재기(1980), 『국어 어휘론』, 집문당.

안병희(1992), 「중세국어의 속격어미 '-ㅅ'」, 『국어사 연구』, 문학과 지성사, 47-56.

안병희·이광호(1990), 『중세국어문법론』, 학연사.

안주호(1997), 『한국어 명사의 문법화 현상 연구』, 한국문화사.

유창돈(1964·1987), 『이조어사전』, 연세대 출판부.

유창돈(1971·1984), 『어휘사 연구』, 이우출판사.

유현경(2003), 「연결어미의 종결어미적 쓰임에 대하여」, 『한글261』, 한글학회.

이광호(1993), 「중세국어의 '사이시옷' 문제와 그 해석 방안」, 『국어사 자료와 국어
　　학의 연구』(안병희 선생 회갑기념논총: 서울대대학원 국어연구회 편), 문학
　　과 지성사, 311-351.

이광호(2009), 『국어 파생 접사의 생산성과 저지에 대한 계량적 연구』, 국어학총서
　　65(국어학회), 태학사.

이기문(1971), 『국어사 개설(개정판)』, 민중서관.

이동석(1998), 「근대국어의 파생법」, 『근대국어 문법의 이해』(홍종선 엮음), 박이정.

이상억(2007), 『한국어 체언의 음변화 연구』, 서울대학교출판부, 103.

이선웅(2012), 『한국어 문법론의 개념어 연구』, 도서출판 월인.

이선영(2006), 『국어 어간복합어 연구』, 국어학총서53(국어학회), 태학사.

이성하(1998), 『문법화의 이해』, 한국문화사.

이수련(1988), 한국어 풀이씨의 공간론적 의미연구, 부산대 박사논문.

이수련(2001), 『한국어와 인지』, 박이정.

이승연(1998), 「근대국어의 합성법」, 『근대국어 문법의 이해(홍종선 엮음)』, 박이정.

이양혜(2006), 「우리말 접사의 형태론적 고찰」, 『우리말연구 19집』, 우리말학회.

이지양(1998), 『국어의 융합현상』, 국어학총서22(국어학회), 태학사.

이지영(1989), 「{안/속/밖/겉}의 언어학적 분석-쓰임과 의미를 중심으로」, 『霽曉 李庸周 博士 回甲紀念論文集』, 도서출판 한샘.

이윤재(1947), 『표준조선말사전』, 아문각.

이현정(2014), 「종결어미적 용법의 '-게'에 대한 고찰」, 『언어학연구19』, 한국언어연구학회

임지룡(1980), 「국어에 있어서의 시간과 공간 개념」, 『국어교육연구12』, 국어교육학회.

임지룡(1997), 『인지 의미론』, 탑 출판사.

임지룡(2003), 『국어 의미론』, 탑 출판사.

임혜원(2004), 『공간 개념의 은유적 확장』, 한국문화사.

이익섭(1992), 『국어 표기법 연구』, 서울대학교 출판부.

이태영(1997), 「국어 격조사의 변화」, 『국어사연구』(국어사 연구회), 태학사.

이현희(2005), 「현대국어의 화석과 그 역사적 해석」, 『국어학 45』, 국어학회.

이호승(2002), 「단어 형성 과정의 공시성과 통시성」, 『형태론3-1』, 박이정.

이희승(1961), 『국어대사전』, 민중서림.

이희승·안병희(1989·2001), 『새로 고친 맞춤법 강의』, 신구문화사.

임홍빈(1980), 「사이시옷 문제의 해결을 위하여」, 『국어학 10』(국어학회).

임홍빈·장소원(1998), 『국어문법론I』, 한국방송대학교출판부.

임지룡(2003), 『국어의미론』, 탑 출판사.

장윤희(2005), 「현대국어 문법요소와 통시적 정보」, 『국어학』45, 국어학회.

전상범(1995), 『형태론』, 한신문화사.

전정례(2005), 『언어변화이론』, 박이정.

전철웅(1990), 「사이시옷」, 『국어연구어디까지 왔나』(서울대학교 대학원 국어연구회 편).

정경숙(1989), 「공간말과 시간말의 의미론적 상관성」, 『국어국문학26』, 부산대 국어국문학과.

정동경(2010), 「'즈음'과 '쯤'의 관계에 대한 통시적 연구」, 『국어학 58집』, 국어학회.

정수진(2011), 국어 공간어의 의미 확장 연구, 경북대 박사논문.

정 진(2013), 「종결어미화된 '-고(요)의 통사 구조와 담화 기능」, 『담화와인지20(1)』, 담화·인지언어학.

정진영(2004), 관형구성 합성명사 연구, 부산대 석사논문.

정희정(2000), 『한국어 명사 연구』(연세대 언어 정보 개발 연구원), 한국문화사.

조남호(1998), 「內外 槪念語의 변천사」, 『國語 語彙의 基盤과 歷史(심재기 편)』, 태학사.

조남호(2004), 「의미변화 이론의 수용과 전개」, 『국어학 43집』, 국어학회.

조미희(2016), 「국어의 주관화 과정과 문법화의 범위에 대하여」, 『한민족어문학 제 73집』, 한민족어문학회, 68-88.

차윤정(2007), 「조선어 학습서에 나타난 한국어의 변화」, 『일본어문학』38, 일본어문 학회.

채현식(2003), 『유추에 의한 복합명사 형성 연구』, 국어학총서46(국어학회), 태학사.

최경봉(1998), 『국어 명사의 의미 연구』, 태학사.

최규수(1982), 「문법에서의 장소의 문제」, 『국어국문학』, 문창어문학회.

최규수(2006), 「형태론의 체계와 문법 용어 사용의 문제」, 『우리말 연구18집』, 우리 말학회.

최규수(2010), 「어근과 어간의 개념에 대한 국어학사적 검토」, 『한글 290』, 한글학회.

최동진(1997), 「시늉풀이씨의 구조와 특성」, 『국어국문학 제34집』, 부산대학교 국 어국문학과.

최창렬(1985), 「우리말 시간 계열어의 어원적 의미」, 한글188, 한글학회.

최현배(1971), 『우리말본』, 정음사.

최형용(1999), 「국어의 단어 구조에 대하여」, 『형태론』1권 2호(가을), 박이정.

최형용(2003), 『국어 단어의 형태와 통사』, 국어학 총서45(국어학회), 태학사.

최형용(2007), 「합성어 형성과 어순」, 『국어국문학143』, 국어국문학회.

하치근(1993), 『국어 파생형태론(증보)』, 남명문화사.

하치근(2006), 「국어 조어론 여구의 어제·오늘」, 『우리말 연구 19집』, 우리말학회.

한갑수(1968), 『바른 말 고운 말』, 용문사.

홍용철(2007), 「한국어의 명사 확장 범주」, 『언어1-4』, 한국언어학회.

홍재성(2002), 「한국어의 명사」, 『새국어생활』11-3/4, 국립국어연구원.

홍윤표(1994), 『근대국어연구(I)』, 태학사.

홍윤표(1995), 『17세기 국어사전(상, 하)』, 태학사.

홍종선 엮음(1998), 『근대국어 문법의 이해』, 도서출판 박이정.

홍종선 외(2006), 『후기 근대국어 형태의 연구』, 도서출판 역락.

허 웅(1989), 『국어학』, 샘문화사.

허 웅(1975·1992), 『우리 옛말본』, 샘 문화사.

허 웅(1995), 『20세기 우리말의 형태론』, 샘 문화사.

검색기 〈유니콩크〉

Bauer, L.(1983), English word-formation, Cambridge: Cambridge University press.

Givon, Talmy, *On Understanding Grammar*, University of California, LA, Academic Press, 문법이해론(이기동 옮김, 1981), 범한서적 주식회사.

John L, Austin(1975), *How to do Things with Words*, Havard University Press(김영진 옮김. 1992. 말과 행위, 서광사.

Nida,E(1946), *Morphology*, University of Michingan Press.

Lakoff, G & Johnson M(1980), *Metaphor We Live by*, University of Chicago Press (노양진·나익주 옮김, 1995, 삶으로서의 은유, 서광사.)

Markus Schroer(2006), *Raume, Orte, Grezen-Auf dem Weg wu einer Soziologie des Raums*, Suhrkamp Verlag Frankfurt am Main(정인모/배정희(2010), 공간, 장소, 경계-공간의 사회학 이론 정립을 위하여, 에코라브르.

Paul J. Hopper, Elizabeth Closs Traugott, *Grammaticalization*, Cambridge University.

Paul J. Hopper, Elizabeth Closs Traugott(1993), *Grammaticalization*, Cambridge University Press.(김은일, 박기성, 채영희 옮김(1999), 문법화, 한신문화사).

Plag, l,(2003), Word-formation in English, Cambridge: Cambridge University Press.

Specer, D.(1991), Morphological theory: an introduction to Word Structure in Generative Grammer, Cambridge University Press.

Wolfgang Klein(2001), *Time in Language*(언어와시간: 신수송 역), 도서출판 역락.

찾아보기

저자 소개

손평효

경남 하동에서 태어나 부산대학교 국어국문학과에서 문학박사 학위를
받았다. 현재 부산대학교 국어국문학과와 교양원에서 강의와 연구에 전
념하고 있다. 그간 공간말 연구에 많은 시간을 할애하였고, 지금은 문법
형태의 역사적인 변화를, 문헌자료를 통해 실증하는 연구에 꾸준한 관
심을 가지고 있다.

▌한국어 위치 공간말의 이해

초 판 1쇄 인쇄 2018년 11월 25일
초 판 1쇄 발행 2018년 11월 30일
저 자 손평효
펴낸이 이대현
편 집 박윤정
디자인 홍성권
펴낸곳 도서출판 역락 | 등록 제303-2002-000014호(등록일 1999년 4월 19일)
주 소 서울시 서초구 동광로46길 6-6 문창빌딩 2층
전 화 02-3409-2058(영업부), 2060(편집부) | 팩시밀리 02-3409-2059
전자우편 youkrack@hanmail.net
홈페이지 http://www.youkrackbooks.com
블로그 http://blog.naver.com/youkrack3888
ISBN 979-11-6244-229-6 93710

■ 정가는 표지에 있습니다.
■ 잘못된 책은 교환해 드립니다.

■ 이 도서의 국립중앙도서관 출판예정도서목록(CIP)은 서지정보유통지원시스템 홈페이지(http://seoji.nl.go.kr)와
국가자료공동목록시스템(http://www.nl.go.kr/kolisnet)에서 이용하실 수 있습니다.(CIP제어번호: CIP2018038705)